CHRISTIAN RINK

Die Pflicht zur Teilnahme am ärztlichen Bereitschaftsdienst

Schriften zum Gesundheitsrecht

Band 57

Herausgegeben von Professor Dr. Helge Sodan,
Freie Universität Berlin,
Direktor des Deutschen Instituts für Gesundheitsrecht (DIGR)
Präsident des Verfassungsgerichtshofes des Landes Berlin a.D.

Die Pflicht zur Teilnahme am ärztlichen Bereitschaftsdienst

Eine verfassungsrechtliche Kritik der Bereitschaftsdienstordnungen von Ärztekammern und Kassenärztlichen Vereinigungen

Von

Christian Rink

Duncker & Humblot · Berlin

Die Rechts- und Wirtschaftswissenschaftliche Fakultät der Universität Bayreuth hat diese Arbeit im Jahre 2020 als Dissertation angenommen.

Bibliografische Information der Deutschen Nationalbibliothek

Die Deutsche Nationalbibliothek verzeichnet diese Publikation in der Deutschen Nationalbibliografie; detaillierte bibliografische Daten sind im Internet über http://dnb.d-nb.de abrufbar.

Satz: 3w+p GmbH, Rimpar
Druck: CPI buch.bücher.de, Birkach
Printed in Germany

ISSN 1614-1385
ISBN 978-3-428-18049-3 (Print)
ISBN 978-3-428-58049-1 (E-Book)

Gedruckt auf alterungsbeständigem (säurefreiem) Papier
entsprechend ISO 9706 ♾

Internet: http://www.duncker-humblot.de

Vorwort

Die vorliegende Arbeit wurde im Wintersemester 2019/2020 von der Rechts- und Wirtschaftswissenschaftlichen Fakultät der Universität Bayreuth als Dissertation angenommen. Wesentliche Änderungen der Literatur, Rechtsprechung und Gesetzgebung – in Bezug auf letztgenannte ist besonders der Referentenentwurf des Bundesministeriums für Gesundheit vom 08.01.2020 zur geplanten Reform der Notfallversorgung zu nennen – konnten bis Anfang Februar 2020 berücksichtigt werden.

Danken möchte ich an erster Stelle meinem Doktorvater Prof. Dr. Stephan Rixen für seine wertvolle Unterstützung. Dank gebührt auch Prof. Dr. Markus Möstl für die zügige Erstellung des Zweitgutachtens.

Größte Dankbarkeit gilt meiner Familie. Hervorzuheben sind hierbei meine Eltern, Dr. med. Reingard Egert-Rink und Gunther Rink, sowie meine Frau, Ariadna Rink, denen diese Arbeit gewidmet ist.

Bayreuth, im Mai 2020 *Christian Rink*

Inhaltsverzeichnis

Abkürzungsverzeichnis

a. A.	andere Ansicht
a. F.	alte Fassung
ÄK	Ärztekammer
Art.	Artikel
BÄK	Bezirksärztekammer
BAT	Bundesangestelltentarifvertrag
BayRDG	Bayerisches Rettungsdienstgesetz
Beschl.	Beschluss
BGBl.	Bundesgesetzblatt
BGH	Bundesgerichtshof
BlnHKG	Berliner Heilberufekammergesetz
BMV-Ä	Bundesmantelvertrag-Ärzte
BO	Berufsordnung
BO-BB	Berufsordnung der Ärztekammer Brandenburg
BO-BE	Berufsordnung der Ärztekammer Berlin
BO-BW	Berufsordnung der Ärztekammer Baden-Württemberg
BO-BY	Berufsordnung der Ärztekammer Bayern
BO-HB	Berufsordnung der Ärztekammer Bremen
BO-HE	Berufsordnung der Ärztekammer Hessen
BO-HH	Berufsordnung der Ärztekammer Hamburg
BO-MV	Berufsordnung der Ärztekammer Mecklenburg-Vorpommern
BO-NI	Berufsordnung der Ärztekammer Niedersachsen
BO-RP	Berufsordnung der Ärztekammer Rheinland-Pfalz
BO-SH	Berufsordnung der Ärztekammer Schleswig-Holstein
BO-SN	Berufsordnung der Ärztekammer Sachsen
BO-TH	Berufsordnung der Ärztekammer Thüringen
BO-WL	Berufsordnung der Ärztekammer Westfalen-Lippe
BR-Drs.	Bundesrats-Drucksache
BT-Drs.	Bundestags-Drucksache
BVerfG	Bundesverfassungsgericht
BVerwG	Bundesverwaltungsgericht
bzw.	beziehungsweise
ders.	derselbe
DFZ	Der Freie Zahnarzt (Zeitschrift)
d. h.	das heißt
dies.	dieselben
DStR	Das Deutsche Steuerrecht
EKMR	Europäische Kommission für Menschenrechte
f.	folgend
ff.	fortfolgend
Fn.	Fußnote

FS	Festschrift
GesR	Gesundheitsrecht (Zeitschrift)
GewArch	Gewerbearchiv
GG	Grundgesetz
ggf.	gegebenenfalls
GKV-VSG	Gesetz zur Stärkung der Versorgung in der gesetzlichen Krankenversicherung
GKV-VStG	Gesetz zur Verbesserung der Versorgungsstrukturen in der gesetzlichen Krankenversicherung
HBG-HE	Heilberufsgesetz Hessen
HBKG-BW	Heilberufe-Kammergesetz Baden-Württemberg
HBKG-SH	Gesetz über die Kammern und die Berufsgerichtsbarkeit für die Heilberufe Schleswig-Holstein
HeilBerG-BB	Heilberufsgesetz Brandenburg
HeilBerG-HB	Heilberufsgesetz Bremen
HeilBerG-MV	Heilberufsgesetz Mecklenburg-Vorpommern
HeilBerG-NW	Heilberufsgesetz Nordrhein-Westfalen
HeilBG-RP	Heilberufsgesetz Rheinland-Pfalz
HKaG-BY	Heilberufe-Kammergesetz Bayern
HKG-NI	Kammergesetz für die Heilberufe Niedersachsen
HmbKGH	Hamburgisches Kammergesetz für die Heilberufe
HNO	Hals-Nasen-Ohren-Heilkunde
Hrsg.	Herausgeber(in)
Hs.	Halbsatz
i. S. d.	im Sinne des/der
i. V. m.	in Verbindung mit
JA	Juristische Arbeitsblätter
JuS	Juristische Schulung
Kap.	Kapitel
KGHB-LSA	Gesetz über die Kammern für Heilberufe Sachsen-Anhalt
KV	Kassenärztliche Vereinigung
KZV	Kassenzahnärztliche Vereinigung
Losebl.	Loseblattsammlung
LSG	Landessozialgericht
MBO-Ä	Musterberufsordnung für die in Deutschland tätigen Ärztinnen und Ärzte
MedR	Medizinrecht (Zeitschrift)
m. w. N.	mit weiteren Nachweisen
NJW	Neue Juristische Wochenschrift
NWVBl	Nordrhein-Westfälische Verwaltungsblätter
NZS	Neue Zeitschrift für Sozialrecht
OVG	Oberverwaltungsgericht
PsychThG	Gesetz über die Berufe des Psychologischen Psychotherapeuten und des Kinder- und Jugendlichenpsychotherapeuten
Rn.	Randnummer
RsDE	Beiträge zum Recht der sozialen Dienste und Einrichtungen
RVO	Reichsversicherungsordnung
SächsHKaG	Sächsisches Heilberufekammergesetz
SGB	Sozialgesetzbuch
SGG	Sozialgerichtsgesetz

SHKG	Saarländisches Heilberufekammergesetz
sog.	sogenannte(s)
ThürHeilBG	Thüringer Heilberufegesetz
Urt.	Urteil
v.	vom
v. a.	vor allem
VerfGH	Verfassungsgerichtshof
VG	Verwaltungsgericht
VGH	Verwaltungsgerichtshof
v. H.	von Hundert
VSSR	Vierteljahreszeitschrift für Sozialrecht
VwGO	Verwaltungsgerichtsordnung
VwVfG	Verwaltungsverfahrensgesetz
z. B.	zum Beispiel

Einleitung: Gegenstand, Grenzen und Ziel der Untersuchung

Der ambulante ärztliche Bereitschaftsdienst ist neben dem Rettungswesen und der Notaufnahme der Krankenhäuser Teil des dreigliedrigen Notfallsystems in Deutschland.[1] Seine Bedeutung für die bundesweite Gesundheitsversorgung lässt sich bereits daran erahnen, dass jährlich rund 3,9 Millionen Menschen in Deutschland den Bereitschaftsdienst einer Kassenärztlichen Vereinigung oder Ärztekammer in Anspruch nehmen.[2] Auch in zeitlicher Hinsicht ist die Bedeutsamkeit des Bereitschaftsdienstes nicht zu unterschätzen: Geht man von einer durchschnittlichen Sprechstundenzeit eines jeden Arztes von sechs bis acht Stunden am Tag aus, wird die ambulante Versorgung an zwei Dritteln des Tages vom Bereitschaftsdienst abgedeckt.[3] Trotz – oder gerade wegen – dieser hohen Inanspruchnahme sieht sich der ärztliche Bereitschaftsdienst besonders in jüngerer Zeit zunehmender Kritik der an ihm beteiligten oder von ihm betroffenen Akteure ausgesetzt, die sich freilich je nach Interessenlage sehr unterschiedlich darstellt. So empfindet der Großteil der zur Teilnahme verpflichteten Ärzteschaft insbesondere die zeitliche Belastung des Dienstes,[4] der aus der Natur seiner Sache heraus zumeist nach Feierabend oder am Wochenende abgeleistet und aufgrund sinkender Ärztezahlen vor allem in ländlichen Regionen[5] von jedem Arzt und jeder Ärztin[6] immer häufiger abgehalten werden

---

[1] *Augurzky/Beivers/Giebner/Kirstein*, in: Klauber/Geraedts/Friedrich/Wasem (Hrsg.), Krankenhaus-Report 2015, S. 77 (83); *Mißlbeck*, Berliner Ärzte 5/2012, 14 (14); entgegen dieser gängigen Sichtweise sprechen *Slowik/Wehner/Dräther/Fahlenbrach/Richard*, in: Klauber/Geraedts/Friedrich/Wasem (Hrsg.), Krankenhaus-Report 2018, S. 233 (234) unter Einbeziehung der Notfallversorgung zu den Sprechzeiten der niedergelassenen Ärzte und der intramuralen stationären Notfallversorgung von einem fünfgliedrigen Notfallsystem.

[2] *Bahner*, Recht im Bereitschaftsdienst, S. 1; *Briers*, Der Patient im ärztlichen Bereitschaftsdienst, S. 6.

[3] *Staffa,* Analyse der Inanspruchnahme des kassenärztlichen Notfalldienstes in einem Hamburger Notfalldienstbezirk im Zeitraum August 1996 bis August 1997, S. 1.

[4] *Wenner*, Vertragsarztrecht nach der Gesundheitsreform, § 20 Rn. 9.

[5] *Niehues*, Notfallversorgung in Deutschland, S. 32; siehe zum Problem des Ärztemangels ausführlich etwa *Kühl*, Sicherstellung ambulanter medizinischer Versorgung in ländlichen Regionen, S. 19 ff.; so bereits im Jahre 1986 *Thomsen*, Der ärztliche Notfalldienst, S. 2 f.

[6] Zur besseren Lesbarkeit wird im Folgenden die Bezeichnung „Arzt“ verwendet, hiermit sind aber selbstverständlich auch Ärztinnen umfasst.

muss,[7] als unzumutbar und im Hinblick auf den hohen Aufwand als unzureichend vergütet.[8] So verwundert es nicht, dass sich flächendeckend eine sinkende Bereitschaft der Ärzteschaft zur Ableistung des Bereitschaftsdienstes ausmachen lässt[9] und der Bereitschaftsdienst zur Aufrechterhaltung seiner Funktionsfähigkeit bereits seit langem einer Verpflichtung der Ärzte bedarf, während dies zu Beginn noch auf rein freiwilliger Teilnahmebasis möglich war.[10] Auch von Patientenseite genießt der ärztliche Bereitschaftsdienst nicht den besten Ruf. Die Kritik hieran ist vielfältiger Natur und reicht von mangelnder Erreichbarkeit[11] über zu hohe Auslastung[12] bis hin zu Zweifeln an der Qualität der ärztlichen Behandlung.[13] Voraussetzung für Äußerung von Kritik ist allerdings, dass potenziellen Patienten der ambulante ärztliche Bereitschaftsdienst überhaupt ein Begriff ist. Denn trotz der Vielzahl der im Rahmen des Bereitschaftsdienstes durchgeführten Behandlungen ist der Bereitschaftsdienst der Kassenärztlichen Vereinigungen und Ärztekammern vielen Patienten noch immer unbekannt.[14] Doch selbst in Kenntnis der Existenz des ambulanten Bereitschaftsdienstes nehmen Patienten oftmals dennoch sofort die Notaufnahmen der Krankenhäuser in Anspruch, wenngleich häufig eine Versorgung durch den Bereitschaftsdienstarzt ausreichend gewesen wäre.[15] Diese auf mangelnder Bekanntheit oder Unwillen beruhende Nichtinanspruchnahme des ambulanten Bereitschaftsdienstes führt wiederum dazu, dass zahlreiche Krankenhäuser eine Überlastung ihrer Notaufnahmen beklagen[16] und die nicht kostendeckende Vergütung der Behandlung von Notfällen bemängeln.[17] Sowohl der Gesetzgeber als auch die Kassenärztlichen

---

[7] *Augurzky/Beivers/Giebner/Kirstein*, in: Klauber/Geraedts/Friedrich/Wasem (Hrsg.), Krankenhaus-Report 2015, S. 77 (84); *Frankenhauser-Mannuß/Götz/Scheuer/Szecsenyi/Leutgeb*, Gesundheitswesen 2014, 428 (431 f.).

[8] *Frankenhauser-Mannuß/Götz/Scheuer/Szecsenyi/Leutgeb*, Gesundheitswesen 2014, 428 (431).

[9] *Frankenhauser-Mannuß*, Die zentrale Koordination von Hilfeersuchen im ärztlichen Bereitschaftsdienst, S. 10.

[10] *Martens*, NJW 1970, 494 (494); BGH, Urt. v. 01.03.1955, 5 StR 583/54, NJW 1955, 718 (718).

[11] *Köster/Wrede/Herrmann/Meyer/Willms/Broge/Szecsenyi*, Ambulante Notfallversorgung, S. 16.

[12] *Naumann/Skibbe*, Das Versorgungsstrukturgesetz in der Praxis, S. 42.

[13] *Köster/Wrede/Herrmann/Meyer/Willms/Broge/Szecsenyi*, Ambulante Notfallversorgung, S. 16.

[14] *Köster/Wrede/Herrmann/Meyer/Willms/Broge/Szecsenyi*, Ambulante Notfallversorgung, S. 16.

[15] *Hobusch*, Recht im Gesundheitswesen für Juristen und Nichtjuristen, S. 94; *Lippert*, in: Ratzel/Lippert, Kommentar zur Musterberufsordnung der Ärzte (MBO), § 26 Rn. 4; *Niehues*, Notfallversorgung in Deutschland, S. 32; *Wenner*, MedR 2015, 175 (179).

[16] *Ulsenheimer*, Arztstrafrecht in der Praxis, Rn. 567; *Werner/Gerlof*, Schmerzmedizin 2016, 52 (52).

[17] Hierzu *Staber*, in: Hartweg/Proff/Elsner/Kaestner/Agor/Beivers (Hrsg.), Aktuelle Managementstrategien zur Erweiterung zur Erweiterung der Erlösbasis von Krankenhäusern, S. 1 (4 f.).

Vereinigungen und Ärztekammern sehen sich daher unter Zugzwang, durch Gesetzesänderungen[18] respektive Umstrukturierung und Reorganisation der Bereitschaftsdienste[19] den erwähnten Kritikpunkten und Problemen Abhilfe zu schaffen.[20] In diesem Zusammenhang hervorzuheben ist die vom Bundesministerium für Gesundheit geplante Reform der Notfallversorgung,[21] welche unter anderem die teilweise organisatorische Zusammenlegung des vertragsärztlichen Bereitschaftsdienstes und der Notaufnahmen zu sog. Integrierten Notfallzentren vorsieht und – soweit bisher möglich – in der Arbeit Berücksichtigung gefunden hat.

Angesichts der dargestellten Bedeutung des ärztlichen Bereitschaftsdienstes verfolgt die vorliegende Arbeit zum einen das Ziel, einen Beitrag zu seiner praktischen Umsetzung zu leisten, indem sie die hierzu erlassenen rechtlichen Rahmenbedingungen einer verfassungsrechtlichen Analyse unterzieht sowie Vorschläge unterbreitet, wie die Ärztekammern und Kassenärztlichen Vereinigungen die Teilnahmepflicht in ihren Bereitschaftsdienstordnungen normieren sollten. Zum anderen möchte die Arbeit dem ärztlichen Bereitschaftsdienst jedoch auch einen breiteren Platz in der wissenschaftlichen Diskussion verschaffen. Denn trotz seiner gesellschaftlichen und gesundheitspolitischen Relevanz stellt nicht nur im Speziellen die Teilnahmepflicht des Arztes, sondern auch im Allgemeinen der ambulante ärztliche Bereitschaftsdienst selbst in der Rechtswissenschaft allenfalls eine Randerscheinung dar. In einschlägigen Kommentaren wird die Thematik zumeist denkbar knapp dargestellt und wenig diskutiert.[22] Rechtswissenschaftliche Aufsätze, die sich speziell mit dem Bereitschaftsdienst auseinandersetzen, lassen sich praktisch an einer Hand abzählen.[23] „Standardwerke", wie sie sich zu anderen Themen des Sozial- und Gesundheitsrechts finden, sucht man vergebens. Das einzige Werk der vergangenen Jahrzehnte,[24] welches sich speziell und ausführlich aus rechtlicher Sicht mit dem

---

[18] Siehe zu einzelnen Maßnahmen *Köster/Wrede/Herrmann/Meyer/Willms/Broge/Szecsenyi*, Ambulante Notfallversorgung, S. 11.

[19] Siehe zu einzelnen Maßnahmen *Frankenhauser-Mannuß*, Die zentrale Koordination von Hilfeersuchen im ärztlichen Bereitschaftsdienst, S. 9.

[20] So wurde ab dem 16.04.2012 etwa die bundesweit einheitliche Rufnummer 116117 für den ärztlichen Bereitschaftsdienst eingeführt.

[21] Siehe hierzu den Referentenentwurf des Bundesministeriums für Gesundheit v. 08.01.2020, abrufbar unter: https://www.bundesgesundheitsministerium.de/fileadmin/Dateien/3_Downloads/Gesetze_und_Verordnungen/GuV/N/Referentenentwurf_zur_Reform_der_Notfall versorgung.pdf (Stand: 06.02.2020).

[22] Vgl. dazu etwa die Kommentierung zu § 75 Ib SGB V von *Schuler-Harms/Isbarn*, in: Berchtold/Huster/Rehborn (Hrsg.), Nomos Kommentar Gesundheitsrecht SGB V und SGB XI, § 75 SGB V Rn. 34 ff.

[23] Zumal die „Hochphase" der Diskussion des Bereitschaftsdienstes schon lange zurückliegt, wenn man sich vor Augen führt, dass die meisten einschlägigen Aufsätze wie *Martens*, NJW 1970, 494 und *Eberle*, NJW 1973, 2225 aus den 1970er Jahren stammen.

[24] Darüber hinaus findet sich auch in weiter zurückliegenden Jahrzehnten speziell zum ärztlichen Bereitschaftsdienst lediglich die 1976 veröffentlichte Dissertationsschrift von *Mötzung*, Der ärztliche Notfalldienst in rechtlicher Sicht, die sich mit dem Bereitschaftsdienst

ärztlichen Bereitschaftsdienst beschäftigt, richtet sich bezeichnenderweise nicht an Juristen, sondern an die vom Bereitschaftsdienst betroffenen Ärzte.[25] Diese weitgehende Nichtbeachtung in der Rechtswissenschaft verwundert umso mehr, als Rechtsfragen in Bezug auf den ärztlichen Bereitschaftsdienst – und hierbei wiederum insbesondere zur Teilnahmepflicht – seit Jahrzehnten einen festen Platz in der (höchstrichterlichen) Rechtsprechung einnehmen, wie unzählige hierzu ergangene Entscheidungen zeigen.[26]

Früh zeigte sich bei der Erforschung dieser Thematik jedoch, dass sich die Rechtsmaterie des ärztlichen Bereitschaftsdienstes – trotz der von vornherein vorgenommenen Beschränkung auf eine Analyse aus verfassungsrechtlicher Perspektive sowie der Ausklammerung europarechtlicher Fragestellungen – derart umfassend darstellt, dass es vermessen wäre, in diesem doch beschränkten Rahmen einer Dissertation den ärztlichen Bereitschaftsdienst aus verfassungsrechtlicher Sicht in detaillierter Form in all seinen Teilaspekten umfassend abzudecken. Dementsprechend beschränkt sich die vorliegende Arbeit auf die Pflicht des Arztes zur Teilnahme am Bereitschaftsdienst als Ausgangspunkt für alle sich für den Arzt im Rahmen des ärztlichen Bereitschaftsdienstes ergebenden Verpflichtungen, aber auch Rechte:[27] Ohne Teilnahmepflicht müsste der Arzt seinen Bereitschaftsdienst nicht antreten, hätte sich nicht an dessen Kosten zu beteiligen, würde sich bei fehlerhafter Behandlung nicht haftbar machen, ihn träfe keine spezielle Fortbildungspflicht, er müsste sich bei persönlicher Verhinderung nicht um einen Vertreter kümmern oder einen behaupteten Anspruch auf Befreiung erstreiten – die Liste ließe sich fortführen.

Trotz dieser thematischen Einschränkung reichen die Ausführungen der vorliegenden Arbeit über die bloße Teilnahmepflicht hinaus. Denn möchte man sich dieser in aller Ausführlichkeit annähern, ergeben sich unweigerlich Fragestellungen, welche sich auch auf andere Aspekte des Bereitschaftsdienstes übertragen lassen. So stellt sich zu Beginn die Frage, was unter dem ärztlichen Bereitschaftsdienst überhaupt zu verstehen ist – ohne Kenntnis davon, wozu der Arzt verpflichtet werden soll, lässt sich die Teilnahmepflicht schwerlich korrekt behandeln. Von großer Relevanz nicht nur für die Teilnahmepflicht selbst, sondern den Bereitschaftsdienst im Allgemeinen, ist daran anschließend auch die Problematik, wem für diese Materie überhaupt die Gesetzgebungskompetenz zusteht. Ebenso verhält es sich mit den darauffolgenden Ausführungen zur rechtlichen Ausgestaltung des Bereitschaftsdienstes, in welche neben der Teilnahmepflicht auch die übrigen dort bestehenden

allerdings – wie sich dem Titel bereits entnehmen lässt – nicht nur aus öffentlich-rechtlicher, sondern auch zivil- und strafrechtlicher Perspektive befasst.

[25] Dabei handelt es sich um *Bahner*, Recht im Bereitschaftsdienst aus dem Jahre 2013.

[26] Allein dieser Arbeit liegen über 200 Urteile und Beschlüsse zu Grunde.

[27] Mit Ausnahme des Rechts auf Teilnahme am Bereitschaftsdienst als Gegenstück zur Teilnahmepflicht. Zu der Frage, ob dem Arzt – insbesondere im Hinblick auf Art. 12 Abs. 1 S. 1 GG – ein solches Recht zusteht, siehe etwa *Hencke*, in: Peters, Handbuch der Krankenversicherung Teil II – SGB V Band 3, § 95 SGB V Rn. 27; *Mötzung*, Der ärztliche Bereitschaftsdienst in rechtlicher Sicht, S. 120 f.

Rechte und Pflichten eingebettet sind. So ergibt sich ein erstes Kapitel, welches trotz seiner prinzipiellen Beschränkung auf die Teilnahmepflicht – freilich mit gewissen Einschränkungen – inhaltlich nicht nur im Wesentlichen auf die übrigen Rechte und Pflichten übertragbar ist, sondern durchaus auch als Einführung für den ärztlichen Bereitschaftsdienst im Allgemeinen herzuhalten vermag. Das den Kern der Arbeit bildende zweite Kapitel befasst sich dann jedoch freilich mit der titelgebenden Teilnahmepflicht. Hier stellt sich – letztlich in Weiterführung der Darstellungen zur Gesetzgebungskompetenz – die Frage, ob sich die die Ärzte zum Dienst heranziehenden Ärztekammern und Kassenärztlichen Vereinigungen hierfür überhaupt auf eine ausreichende Ermächtigungsgrundlage berufen können. Darüber hinaus ist wie bei jeder belastenden Maßnahme auch bei der Teilnahmepflicht deren Vereinbarkeit mit den Grundrechten der betroffenen Ärzte zu erörtern. Ist dies geklärt, kann sich der Teilnahmepflicht im Detail gewidmet werden, indem sowohl deren konkreter Adressatenkreis als auch ihr zeitlicher Umfang begutachtet wird. Den dritten und mit Abstand praxisrelevantesten Teil der Arbeit bildet mit dem dritten Kapitel schließlich eine umfassende Analyse aller bestehenden Bereitschaftsdienstordnungen der Ärztekammern und Kassenärztlichen Vereinigungen dahingehend, ob diese die Teilnahmepflicht auch in Einklang mit den zuvor aufgestellten Grundsätzen geregelt haben. Auf dieser Grundlage sowie anhand der zuvor gewonnenen Erkenntnisse sollen anschließend in einem vierten Kapitel Vorschläge unterbreitet werden, wie die Ärztekammern und Kassenärztlichen Vereinigungen die Teilnahmepflicht in ihren Bereitschaftsdienstordnungen regeln sollten. Ein abschließendes fünftes Kapitel fasst die vorangegangenen Ergebnisse in Thesen zusammen.

Kapitel 1

Grundlegendes zum ärztlichen Bereitschaftsdienst

Wie eingangs beschrieben, ist es empfehlenswert, sich zunächst grundlegend mit der Rechtsmaterie des ärztlichen Bereitschaftsdienstes zu befassen. Neben der Frage, wie der ärztliche Bereitschaftsdienst zu definieren ist (A.), soll hierbei auch ein eingehender Blick auf die Gesetzgebungskompetenzen geworfen werden (B.), um abschließend näher auf die rechtliche Ausgestaltung und Organisation des Bereitschaftsdienstes einzugehen (C.).

A. Der Begriff des ärztlichen Bereitschaftsdienstes

Es gilt, sich zunächst Klarheit darüber zu verschaffen, was unter dem Gegenstand der Untersuchung überhaupt zu verstehen ist. Daher soll im Folgenden der Begriff des ärztlichen Bereitschaftsdienstes, wie er sich im Kontext dieser Arbeit darstellt, definiert, sein Umfang abgesteckt und – um eventuellen Missverständnissen vorzubeugen – insbesondere zu den anderen Formen der Notfallversorgung abgegrenzt werden.

I. Uneinheitlicher Sprachgebrauch

1. Im Hinblick auf den Bereitschaftsdienst

Zunächst sei zur Vermeidung von Unklarheiten jedoch auf den uneinheitlichen Sprachgebrauch hingewiesen, wenn es um die Bezeichnung des ärztlichen Bereitschaftsdienstes geht. So wird dieser wahlweise auch als „Notdienst“[1], „Notfalldienst“[2] oder „Notfallvertretungsdienst“[3] bezeichnet.[4] Teilweise werden mehrere dieser Begriffe auch nebeneinander verwendet, ohne dabei jedoch zu erläutern,

---

[1] So etwa *Riedel/Derpa*, Kompetenzen des Bundes und der Länder im Gesundheitswesen, S. 63; *Wendtland*, in: Giesen/Kreikebohm/Rolfs/Udsching, BeckOK Sozialrecht, § 75 SGB V Rn. 8; LSG Schleswig-Holstein, Beschl. v. 18.07.2007, L 4 B 445/07 KA ER, Rn. 1 (juris).

[2] So etwa *Kern/Rehborn*, in: Laufs/Kern/Rehborn, Handbuch des Arztrechts, § 19 Rn. 1; *Rieger*, Lexikon des Arztrechts, Rn. 1271; BSG, Urt. v. 12.10.1994, 6 RKa 29/93, Rn. 8 (juris).

[3] *Thomsen*, Der ärztliche Notfalldienst, S. 11.

[4] Ein recht alter, aber kompakter Überblick zu den verschiedenen Begriffen findet sich auch bei *Thomsen*, Der ärztliche Notfalldienst, S. 8 ff.

worin der Unterschied der gewählten Bezeichnungen liegen soll.[5] Selbst auf normativer Ebene ist es nicht gelungen, eine einheitliche Bezeichnung durchzusetzen: Während auf Bundesebene in § 75 Abs. 1b S. 1 SGB V vom „Notdienst" die Rede ist, wird derselbe Dienst etwa in der Bereitschaftsdienstordnung der Kassenärztlichen Vereinigung Bayerns[6] als „Ärztlicher Bereitschaftsdienst" bezeichnet,[7] während für das berufsrechtliche Äquivalent zum vertragsärztlichen[8] Bereitschaftsdienst § 16 Abs. 2 Nr. 4 SächsHKaG vom „Notfall- und Bereitschaftsdienst" und § 3 Abs. 1 Nr. 4 HBKG-SH wiederum vom „Notfallbereitschaftsdienst" spricht.

Woher dieser uneinheitliche Sprachgebrauch herrührt, ist unklar. Gewiss ist hingegen, dass dieser nicht nur zu sprachlichen Unklarheiten, sondern darüber hinaus unter Umständen zu weitaus folgenschwereren Problemen für Leib und Leben der Patienten führen kann: Gerade die Bezeichnung als „Notdienst" oder „Notfalldienst" kann dazu führen, dass Patienten in lebensbedrohlichen Situationen statt des eigentlich hierfür zuständigen – und entsprechend ausgestatteten – Rettungsdienstes versehentlich den Bereitschaftsdienst benachrichtigen, wodurch im schlimmsten Falle lebenswichtige Zeit verloren geht.[9] Wenngleich derartige Vorfälle aufgrund der – im Gegensatz zur deutschlandweiten Rufnummer des Bereitschaftsdienstes (116117) – weitläufig bekannten allgemeinen Notrufnummer (112) wohl eher selten sind, sollte insbesondere der Gesetzgeber auch aus Gründen der Rechtsklarheit auf einen einheitlichen Sprachgebrauch achten. Hierfür empfiehlt sich die Bezeichnung als „(ärztlicher) Bereitschaftsdienst", wenngleich diese durchaus Verwechslungsgefahr mit dem internen Bereitschaftsdienst an Krankenhäusern birgt[10] und die Beschränkung der Versorgung auf die sprechstundenfreien Zeiten womöglich nicht so sehr zu verdeutlichen vermag wie der Begriff des „Notfalldienstes".[11] Entscheidend für die Bezeichnung als „(ärztlicher) Bereitschaftsdienst" spricht jedoch nicht nur die bessere Unterscheidbarkeit zu den Notaufnahmen der Krankenhäuser,[12] sondern vor allem die aufgrund seines Wortlauts geringere (potenziell lebensbedrohliche) Verwechslungsgefahr mit dem Rettungsdienst, weshalb im Folgenden

---

[5] So spricht etwa *Wiegand*, Kassenarztrecht, § 75 Rn. 5 vom „Not- und Bereitschaftsdienst"; *Tiller*, Der ärztliche Notfalldienst, S. 4 bezeichnet den Dienst entgegen des Titels seiner Arbeit in der Einleitung als „Notfall- oder Bereitschaftsdienst".

[6] Für sämtliche Kassenärztlichen Vereinigungen wird im Folgenden die Abkürzung „KV" verwendet.

[7] Siehe beispielhaft § 1 Abs. 1 S. 1 der Bereitschaftsdienstordnung der KV Bayern: „Der Ärztliche Bereitschaftsdienst umfasst den Allgemeinen Ärztlichen Bereitschaftsdienst sowie ggf. nach Maßgabe von § 7 eingerichtete Fachärztliche Bereitschaftsdienste."

[8] Zum wiederum irreführenden Begriff des „Vertragsarztes", der die Bezeichnung als „Kassenarzt" weitgehend abgelöst hat, siehe *Boerner*, Normenverträge im Gesundheitswesen, S. 42 f.

[9] *Bahner*, Recht im Bereitschaftsdienst, S. 3.

[10] *Mötzung*, Der ärztliche Notfalldienst in rechtlicher Sicht, S. 3.

[11] *Vogt*, Ärztliche Selbstverwaltung im Wandel, S. 609.

[12] *Clemens*, in: Quaas/Zuck/Clemens/Gokel, Medizinrecht, § 19 Rn. 68.

vom „ärztlichen Bereitschaftsdienst" die Rede sein wird.[13] Von dieser Bezeichnung umfasst sind dabei – sofern nichts Gegenteiliges angemerkt – sowohl der Bereitschaftsdienst der Kassenärztlichen Vereinigungen (sog. vertragsärztlicher Bereitschaftsdienst) als auch dessen berufsrechtliches Pendant, der Bereitschaftsdienst der Ärztekammern. Nicht erfasst werden dahingegen zum einen auf freiwilliger Basis organisierte Bereitschaftsdienste von Nicht-Vertragsärzten,[14] da diese nicht Teil des öffentlich-rechtlichen Regelungskomplexes sind. Zum anderen ist der ärztliche Bereitschaftsdienst auch vom zahnärztlichen Bereitschaftsdienst zu unterscheiden, der zwar nicht Gegenstand dieser Arbeit sein wird, in Regelung und Organisation jedoch weitestgehend mit erstgenanntem vergleichbar ist.[15]

2. Im Hinblick auf die beteiligten Akteure

Wie bei den Einrichtungen der Notfallversorgung selbst birgt auch die Bezeichnung der daran beteiligten Akteure Verwechslungsgefahr. Für den Arzt im Bereitschaftsdienst sind insbesondere „Notfallarzt", „Bereitschaftsarzt" oder „Bereitschaftsdienstarzt" geläufig. Zur besseren Unterscheidbarkeit zum im Rettungsdienst tätigen „Notarzt" und zur Vermeidung potenziell lebensbedrohlicher Verwechslungsgefahren[16] ist erstgenannte Bezeichnung jedoch abzulehnen und stattdessen die Bezeichnung als „Bereitschaftsarzt" oder „Bereitschaftsdienstarzt" zu empfehlen.[17]

II. Definition des ärztlichen Bereitschaftsdienstes

Unter dem ärztlichen Bereitschaftsdienst wird die Sicherstellung der ambulanten ärztlichen Versorgung in dringenden Fällen zu den sprechstundenfreien Zeiten

---

[13] So auch *Bahner*, Recht im Bereitschaftsdienst, S. 3 f.; *Hesral*, in: Schlegel/Voelzke/Engelmann (Hrsg.), juris Praxiskommentar SGB V, § 75 Rn. 83; *Nellessen*, NJW 1979, 1919 (1920); anders dagegen *Killinger*, Die Besonderheiten der Arzthaftung im medizinischen Notfall, S. 17, der in Anlehnung an § 75 Abs. 1b S. 1 SGB V für die Bezeichnung als „Notdienst" plädiert; a. A. ebenfalls bei *Mötzung*, Der ärztliche Notfalldienst in rechtlicher Sicht, S. 2, der die Bezeichnung „Ärztlicher Notfalldienst" für vorzugswürdig hält.

[14] Zu deren Zulässigkeit neben den öffentlich-rechtlichen Bereitschaftsdiensten siehe etwa BGH, Urt. v. 20. 05. 1999, I ZR 40/97, Rn. 33 (juris).

[15] Darüber hinaus erlangt der zahnärztliche Bereitschaftsdienst im weiteren Gang der Untersuchung noch im Rahmen des Teilnahmeumfangs von zugelassenen Mund-Kiefer-Gesichtschirurgen am ärztlichen Bereitschaftsdienst Bedeutung, da diese sowohl zur vertrags- als auch zur vertragszahnärztlichen Versorgung zugelassen sind. Siehe hierzu unten, Kap. 2 D. III. 6.

[16] Vgl. hierzu die vorigen Ausführungen zu den möglichen Konsequenzen bei der Bezeichnung des ärztlichen Bereitschaftsdienstes als „Notdienst" oder „Notfalldienst", Kap. 1 A. I. 1.

[17] Anders dagegen wiederum *Killinger*, Die Besonderheiten der Arzthaftung im medizinischen Notfall, S. 20 f., der die Bezeichnung „Notfallarzt" verwendet.

verstanden.[18] Diese gängige Begriffsbestimmung deckt sich weitgehend mit der gesetzgeberischen Legaldefinition des vertragsärztlichen Bereitschaftsdienstes in § 75 Abs. 1b S. 1 SGB V, der die Verpflichtung der Kassenärztlichen Vereinigungen zur Einrichtung eines „Notdienstes"[19] vorschreibt. Dort heißt es:

> Der Sicherstellungsauftrag nach Absatz 1 umfasst auch die vertragsärztliche Versorgung zu den sprechstundenfreien Zeiten (Notdienst) [...].

In den einschlägigen berufsrechtlichen Regelungen der Länder zum ärztlichen Bereitschaftsdienst findet sich demgegenüber keine Legaldefinition. Vielmehr ist dort lediglich von einer Verpflichtung zur Teilnahme am Bereitschaftsdienst die Rede, ohne diesen zu definieren. Im Ergebnis kann dort jedoch nichts anderes gelten als beim vertragsärztlichen Bereitschaftsdienst i. S. d. § 75 Abs. 1b S. 1 SGB V.[20] Dies wird nicht zuletzt daran deutlich, dass die Kassenärztlichen Vereinigungen und Ärztekammern ihren jeweiligen Bereitschaftsdienst auch gemeinsam regeln können.[21]

1. Zeitlicher Umfang

Im Hinblick auf den zeitlichen Umfang grenzt die obige Definition den Bereitschaftsdienst auf die sprechstundenfreien Zeiten ein. Damit sind diejenigen Zeiträume erfasst, in denen die niedergelassenen Ärzte eines Bereitschaftsdienstbereichs keine Sprechstunden anbieten, ihre Praxen für Patienten also nicht zur Behandlung offenstehen. Dieser Zeitraum ist insoweit gleichbedeutend mit der Nichterreichbarkeit eines niedergelassenen Arztes.[22] Unter die „sprechstundenfreien Zeiten" fallen Nächte (zumeist ab 19:00 oder 20:00 Uhr bis zum darauffolgenden Morgen um 07:00 oder 08:00 Uhr), Wochenenden und Feiertage, allerdings häufig auch Mittwochnachmittage ab 13:00 Uhr.[23] Aufgrund orts- und praxisbedingter Unterschiede hinsichtlich der gewöhnlichen Öffnungszeiten ist eine genaue Eingrenzung

---

[18] *Bahner*, Recht im Bereitschaftsdienst, S. 4; *Martens*, NJW 1970, 494 (495); *Mötzung*, Der ärztliche Notfalldienst in rechtlicher Sicht, S. 2; *Rieger*, Lexikon des Arztrechts, Rn. 1271; *Steinmeyer*, in: Bergmann/Pauge/Steinmeyer (Hrsg.), Nomos Kommentar Gesamtes Medizinrecht, § 75 SGB V Rn. 7; *Vogt*, Ärztliche Selbstverwaltung im Wandel, S. 609; BSG, Urt. v. 19. 10. 1971, 6 RKa 24/70, Rn. 13 (juris); BGH, Urt. v. 12. 11. 1992, III ZR 178/91, Rn. 7 (juris).

[19] „Notdienst" ist hierbei als Synonym zu „Bereitschaftsdienst" zu verstehen. Siehe zum uneinheitlichen Sprachgebrauch bereits Kap. 1 A. I. 1.

[20] So auch *Killinger*, Die Besonderheiten der Arzthaftung im medizinischen Notfall, S. 17 f.; siehe hierzu auch die inhaltsgleiche Definition des berufsrechtlichen Bereitschaftsdienstes von *Lippert*, in: Ratzel/Lippert, Kommentar zur Musterberufsordnung der Ärzte (MBO), § 26 Rn. 3.

[21] Siehe hierzu unten, Kap. 1 C. II. 4. b).

[22] Vgl. *Clemens*, in: Quaas/Zuck/Clemens/Gokel, Medizinrecht, § 19 Rn. 72.

[23] *Bahner*, Recht im Bereitschaftsdienst, S. 6; vgl. auch *Legde*, in: Hänlein/Schuler (Hrsg.), Lehr- und Praxiskommentar Sozialgesetzbuch V, § 75 SGB V Rn. 6.

des Zeitraums des Bereitschaftsdienstes jedoch nicht pauschal möglich, sondern vielmehr eine Sache der jeweils zuständigen Ärztekammer bzw. Kassenärztlichen Vereinigung.

Der zeitliche Umfang des vertragsärztlichen Bereitschaftsdienstes der Kassenärztlichen Vereinigungen könnte allerdings durch die geplante Reform der Notfallversorgung beträchtlich erweitert werden. Der hierzu veröffentlichte Referentenentwurf vom 08.01.2020 sieht eine Neufassung des § 75 Abs. 1b SGB V vor, im Zuge dessen § 75 Abs. 1b S. 1 SGB V dahingehend geändert werden soll, dass der Sicherstellungsauftrag der Kassenärztlichen Vereinigungen nunmehr die vertragsärztliche Versorgung von dringenden Fällen „24 Stunden täglich an sieben Tagen in der Woche“[24] erfassen soll. Unklar ist bislang allerdings, ob von dieser zeitlichen Ausweitung auch der Fahr- und Telefondienst betroffen sein soll – was angesichts der Tatsache, dass sich während der Sprechstundenzeiten hierfür kaum genügend Vertragsärzte finden lassen werden, weder praktikabel noch so vom Gesetzgeber intendiert erscheint. Vielmehr bezieht sich die zeitliche Erweiterung wohl allein auf die geplanten Integrierten Notfallzentren, welche an ausgewählten Krankenhäusern gemeinsam von Kassenärztlichen Vereinigungen und Krankenhäusern betrieben werden und sowohl den Sitzdienst als auch die dortigen Notfallambulanzen ersetzen sollen.

2. Qualitativer Umfang der medizinischen Versorgung

Bezüglich des qualitativen Umfangs der medizinischen Versorgung im ärztlichen Bereitschaftsdienst ist ausweislich der Definition die ambulante Versorgung in dringenden Fällen sicherzustellen.

a) Rein ambulante Versorgung

Im deutschen Krankenversicherungsrecht ist noch immer die grundsätzliche Trennung der ambulanten und stationären Versorgung vorherrschend.[25] Die herkömmliche Definition des ärztlichen Bereitschaftsdienstes macht dies noch einmal deutlich, indem sie exklusiv von der ambulanten Versorgung spricht. Damit ist in Abgrenzung zur stationären Behandlung im Krankenhaus die Behandlung des Patienten ohne Aufnahme und Eingliederung in das organisatorische Gefüge des sta-

---

[24] Siehe S. 8 des Referentenentwurfs zur Reform der Notfallversorgung vom 08.01.2020, abrufbar unter: https://www.bundesgesundheitsministerium.de/fileadmin/Dateien/3_Downloads/Gesetze_und_Verordnungen/GuV/N/Referentenentwurf_zur_Reform_der_Notfallversorgung.pdf (Stand: 06.02.2020).

[25] Siehe hierzu etwa *Ebsen/Klein/Wenner*, in: Ebsen (Hrsg.), Handbuch Gesundheitsrecht, S. 117 (152); *Quaas*, Rechtsfragen der ambulanten Versorgung im Krankenhaus, S. 29 ff.; *Vogt*, Ärztliche Selbstverwaltung im Wandel, S. 459.

tionären Sektors der Gesundheitsversorgung gemeint.[26] Demgegenüber findet sich diese ausdrückliche Nennung in der Legaldefinition des ärztlichen Bereitschaftsdienstes nach § 75 Abs. 1b S. 1 SGB V nicht. Eine ausdrücklichen Beschränkung ist dort allerdings schon deshalb obsolet, weil es in § 75 Abs. 1b S. 1 SGB V um die vertragsärztliche Versorgung – sprich die Versorgung durch niedergelassene Vertragsärzte – geht und diese stets ausschließlich nur die ambulante Versorgung erfasst.[27] Mithin wäre die ausdrückliche Nennung der ambulanten Versorgung in § 75 Abs. 1b S. 1 SGB V überflüssig.

b) Beschränkung auf dringende Fälle

Eine weitere bedeutsame Einschränkung des Versorgungsumfangs erfährt der ärztliche Bereitschaftsdienst dadurch, dass er auf die Behandlung dringender[28] – teilweise auch als akut bezeichnete[29] – Fälle beschränkt ist. Damit sind solche Behandlungsfälle gemeint, deren Versorgung ex ante betrachtet[30] keinen Aufschub bis zu den regulären Sprechzeiten der niedergelassenen Ärzte duldet, aber auch nicht derart akut im Sinne einer lebensbedrohlichen Notfallsituation sind, dass es des für letztere zuständigen Rettungsdienstes[31] bedarf.[32] Als häufig auftretende Beispiele für derartige dringende Fälle, für die sich eine Zuständigkeit des Bereitschaftsdienstes ergibt, sind etwa Atemwegsinfekte, Schmerzen am Bewegungsapparat oder grippale Infekte zu nennen.[33] In der Theorie ist damit eindeutig geklärt, welche Säule des Notfallsystems für welche Behandlungsfälle zuständig ist. In der Praxis gestaltet sich die richtige Einordnung des konkreten Falles als akuter Behandlungsfall in Abgrenzung zum „normalen", d. h. nicht akuten Behandlungsfall auf der einen und zur lebensbedrohlichen Notfallsituation auf der anderen Seite dagegen aufgrund der fließenden Grenzen und der nötigen ex-ante-Betrachtung im Einzelfall häufig schwierig. Daher verwundert es nicht, dass oftmals Patienten beim Bereitschaftsdienst mit einer Situation vorstellig werden, deren Behandlung auch bis zur Öffnung

---

[26] Siehe zur Abgrenzung die Definition der stationären Krankenhausbehandlung bei *Gamperl*, in: Körner/Leitherer/Mutschler/Rolfs (Hrsg.), Kasseler Kommentar Sozialversicherungsrecht, § 39 SGB V Rn. 15ff.

[27] *Wenner*, Vertragsarztrecht nach der Gesundheitsreform, § 3 Rn. 4.

[28] So etwa *Bielitz*, MedR 2013, 559 (559); *Dettling*, in: Dettling/Gerlach (Hrsg.), Kommentar zum Krankenhausrecht, § 75 SGB V Rn. 10; *Killinger*, Die Besonderheiten der Arzthaftung im medizinischen Notfall, S. 17.

[29] Siehe etwa *Bahner*, Recht im Bereitschaftsdienst, S. 4. Die Begriffe sind insoweit synonym zu verstehen.

[30] *Bielitz*, MedR 2013, 559 (559); LSG Bayern, Urt. v. 25. 10. 2006, L 12 KA 677/04, Rn. 34 (juris).

[31] Zur genaueren Abgrenzung der dringenden Behandlungsbedürftigkeit zur lebensbedrohlichen Notfallsituation (für die sich eine Zuständigkeit des Rettungsdienstes ergibt) siehe unten, Kap. 1 A. III. 1. b).

[32] *Bahner*, Recht im Bereitschaftsdienst, S. 4.

[33] *Bahner*, Recht im Bereitschaftsdienst, S. 5.

der regulären Sprechstundenzeiten hätte abgewartet werden können.[34] Demgegenüber alarmieren Patienten häufig auch den Rettungsdienst, obwohl – jedenfalls ex post – im ärztlichen Bereitschaftsdienst ebenfalls eine ausreichende Versorgung hätte sichergestellt werden können.[35]

c) Eingeschränkter Versorgungsumfang

aa) Umfang der ärztlichen Versorgung

Hinsichtlich des konkreten Umfangs der ärztlichen Versorgung im Bereitschaftsdienst bei Vorliegen der erforderlichen Dringlichkeit der Behandlung ist anzumerken, dass der Bereitschaftsdienst vom diensthabenden Arzt gerade keine optimale Versorgung der Patienten fordert.[36] Vielmehr hat sich die Behandlung durch den Bereitschaftsdienstarzt auf solche Maßnahmen zu beschränken, die bis zum erneuten Einsetzen der regulären Sprechstundenzeiten erforderlich sind;[37] der Behandlung im Bereitschaftsdienst kommt daher lediglich eine überbrückende Funktion[38] im Sinne einer Erstversorgung zu.[39] Konkret bedeutet dies für den Aufgabenumfang des Bereitschaftsdienstarztes dreierlei: Die Abwehr lebensbedrohlicher Gefahren für den Patienten, die Linderung von Schmerzen sowie die Untersuchung, ob zur weiteren Versorgung des Patienten eine anschließende ambulante Behandlung zu den regulären Sprechstundenzeiten oder die stationäre Aufnahme in ein Krankenhaus erforderlich ist.[40] Insoweit wird auch treffend von einem eingeschränkten Versorgungsauftrag gesprochen.[41] Die soeben geschilderte Beschränkung der Versorgung auf die Überbrückung bis zum erneuten Einsetzen der regulären ambulanten Versorgung vermag im Hinblick auf das Wohl des Patienten fraglich erscheinen. Zu beachten ist allerdings, dass der verringerte Umfang der ärztlichen Versorgung nicht gleichzusetzen ist mit einem geringeren ärztlichen Standard. Wenngleich letztgenannter im Rahmen der Behandlung im Bereitschaftsdienst im Vergleich zur gewöhnlichen ambulanten Versorgung im Hinblick auf seinen Umfang geringer sein mag, bedeutet dies nicht, dass es als ausreichend angesehen werden kann, dass der im

---

[34] *Gürkan*, Gesundheitsökonomie & Qualitätsmanagement 2018, 173 (173).

[35] *Rademacker*, in: Körner/Leitherer/Mutschler/Rolfs (Hrsg.), Kasseler Kommentar Sozialversicherungsrecht, § 75 SGB V Rn. 36.

[36] *Lipp*, in: Laufs/Katzenmeier/Lipp, Arztrecht, IV. Rn. 7.

[37] *Martens*, NJW 1970, 494 (495); *Mötzung*, Der ärztliche Notfalldienst in rechtlicher Sicht, S. 7; *Schiller*, in: Schnapp/Wigge (Hrsg.), Handbuch des Vertragsarztrechts, § 5 A Rn. 139.

[38] *Janda*, Medizinrecht, S. 111; *Mötzung*, Der ärztliche Notfalldienst in rechtlicher Sicht, S. 7.

[39] *Dettling*, in: Dettling/Gerlach (Hrsg.), Kommentar zum Krankenhausrecht, § 75 SGB V Rn. 15.

[40] BSG, Urt. v. 12.12.2012, B 6 KA 5/12 R, Rn. 15 (juris); zustimmend *Clemens*, in: Quaas/Zuck/Clemens/Gokel, Medizinrecht, § 19 Rn. 72.

[41] Vgl. bezogen auf den vertragsärztlichen Bereitschaftsdienst BSG, Urt. v. 17.09.2008, B 6 KA 51/07 R, Rn. 18 (juris).

Bereitschaftsdienst tätige Arzt den Patienten „lediglich besser als ein Laie“[42] zu versorgen im Stande ist. Selbstverständlich ist auch vom Arzt im Bereitschaftsdienst eine medizinisch fachgerechte Behandlung zu erwarten.[43] Insofern ergeben sich durch den begrenzten Umfang der ärztlichen Versorgung im Hinblick auf das Patientenwohl jedenfalls auf den ersten Blick keine durchgreifenden Bedenken. Unterschlagen werden darf dabei allerdings nicht die Tatsache, dass zum (allgemeinen) Bereitschaftsdienst auch Ärzte verpflichtet werden, die aufgrund ihrer fachärztlichen Spezialisierung teilweise seit Jahrzehnten nicht mehr in Berührung mit solchen Fällen gekommen sind, die für gewöhnlich im Bereitschaftsdienst auftreten. Ob diese Ärzte den Bedürfnissen der Patienten ebenso gerecht zu werden vermögen wie Hausärzte, Allgemeinmediziner oder Internisten, die sich auch im Rahmen ihrer hauptberuflichen Tätigkeit mit derartigen Fällen auseinandersetzen, ist noch an anderer Stelle ausführlich zu diskutieren.[44]

bb) Keine Besonderheiten bezüglich des vertragsärztlichen Bereitschaftsdienstes nach § 75 Abs. 1b S. 1 SGB V

Hinsichtlich des Umfangs des Bereitschaftsdienstes spricht § 75 Abs. 1b S. 1 SGB V in Bezug auf den Dienst der Kassenärztlichen Vereinigungen davon, dass er der (üblichen) vertragsärztlichen Versorgung zu entsprechen hat. Damit sind sowohl die hausärztliche als auch die fachärztliche Versorgung umfasst.[45] Dagegen möchte die Vorschrift allerdings nicht den eben erläuterten Umfang der ärztlichen Versorgung während des Bereitschaftsdienstes erweitern;[46] eine Versorgung der Patienten im vollen Umfang der vertragsärztlichen Versorgung i. S. d. Katalogs des § 73 Abs. 2 SGB V kann vom Arzt im vertragsärztlichen Bereitschaftsdienst nicht erwartet werden. Vielmehr möchte der Passus wohl darstellen, dass die an der vertragsärztlichen Versorgung teilnehmenden Ärzte auch außerhalb der Öffnungszeiten ihrer Praxen für die Versorgung der Patienten Sorge zu tragen haben.[47] Da sie – jedenfalls nach sozialgerichtlicher Rechtsprechung – hierzu aufgrund ihrer Zulassung auch ohne eine derartige ausdrückliche Normierung verpflichtet sind,[48] diene § 75 Abs. 1b

---

[42] *Kern/Rehborn*, in: Laufs/Kern/Rehborn, Handbuch des Arztrechts, § 19 Rn. 27.

[43] Vgl. BSG, Urt. v. 17.09.2008, B 6 KA 51/07 R, Rn. 18 (juris).

[44] Siehe unten, Kap. 2 C. I.

[45] *Nebendahl*, in: Spickhoff (Hrsg.), Medizinrecht, § 75 SGB V Rn. 21.

[46] Vgl. die Beschreibung des Umfangs des vertragsärztlichen Bereitschaftsdienstes bei *Hesral*, in: Schlegel/Voelzke/Engelmann (Hrsg.), juris Praxiskommentar SGB V, § 75 Rn. 89; *Schuler-Harms/Isbarn*, in: Berchtold/Huster/Rehborn (Hrsg.), Nomos Kommentar Gesundheitsrecht SGB V und SGB XI, § 75 SGB V Rn. 36.

[47] Vgl. *Rademacker*, in: Körner/Leitherer/Mutschler/Rolfs (Hrsg.), Kasseler Kommentar Sozialversicherungsrecht, § 75 SGB V Rn. 32.

[48] Siehe hierzu noch ausführlich unten, Kap. 2 A. II.

S. 1 SGB V letztlich lediglich der Konkretisierung[49] des Sicherstellungsauftrags und der sich daraus für den Vertragsarzt ergebenden Pflichten. Die Norm stellt demgegenüber aber gerade keine im Vergleich zum berufsrechtlichen Bereitschaftsdienst erhöhten Anforderungen.

cc) Konsequenzen des eingeschränkten Umfangs der medizinischen Versorgung

Die eben dargestellte Beschränkung des Behandlungsumfangs im ärztlichen Bereitschaftsdienst hat insbesondere Auswirkungen auf die Vergütung des Bereitschaftsdienstarztes: Abrechnungsfähig sind nur solche Leistungen, die zur Erstversorgung auch erforderlich waren.[50] Sofern der Bereitschaftsdienstarzt demnach Leistungen erbringt, die vom Umfang des Bereitschaftsdienstes nicht erfasst sind, werden diese von der Kassenärztlichen Vereinigung auch nicht vergütet.[51] Dieser stark eingeschränkte abrechnungsfähige Leistungskatalog ist nicht zuletzt Grund dafür, dass sich die Bereitschaft zur Übernahme des Dienstes bei einem Großteil der verpflichteten Ärzteschaft in Grenzen hält. Darüber hinaus ergeben sich aus dem eingeschränkten Versorgungsumfang im Hinblick auf den Haftungsmaßstab bei ärztlichen Behandlungsfehlern auch strafrechtliche Konsequenzen, deren Behandlung den Umfang dieser Arbeit allerdings sprengen würde.

III. Abgrenzung

Die korrekte Zuordnung eines Behandlungsfalles zum Zuständigkeitsbereich des Bereitschaftsdienstes bereitet insbesondere aufgrund der in Deutschland bestehenden Dreiteilung der ambulanten Notfallversorgung in den ärztlichen Bereitschaftsdienst, den Notarztdienst im Rahmen des Rettungsdienstes und die Notfallaufnahme im Krankenhaus[52] häufig Probleme und bedarf daher einer genauen Abgrenzung.[53] Weitere erörterungsbedürftige Abgrenzungsfragen ergeben sich darüber hinaus auch zur Notfallbehandlung nach § 76 Abs. 1 S. 2 SGB V und zum internen Bereitschaftsdienst der Krankenhäuser sowie der Hilfeleistungspflicht im Unglücksfall.

---

[49] BSG, Urt. v. 15.09.1977, 6 RKa 8/77, Rn. 28 (juris); BSG, Urt. v. 15.09.1977, 6 RKa 12/77, Rn. 20 (juris); BSG, Urt. v. 12.10.1994, 6 RKa 29/93, Rn. 10 (juris).

[50] Vgl. BSG, Urt. v. 12.12.2012, B 6 KA 5/12 R, Rn. 15 (juris).

[51] BSG, Urt. v. 17.09.2008, B 6 KA 51/07 R, Rn. 18 (juris).

[52] *Augurzky/Beivers/Giebner/Kirstein*, in: Klauber/Geraedts/Friedrich/Wasem (Hrsg.), Krankenhaus-Report 2015, S. 77 (83); *Hobusch*, Recht im Gesundheitswesen für Juristen und Nichtjuristen, S. 93 f.; *Orlowski/Preusker*, in: Halbe/Orlowski/Preusker/Schiller/Wasem (Hrsg.), Versorgungsstrukturgesetz (GKV-VStG), S. 21.

[53] So auch *Hobusch*, Recht im Gesundheitswesen für Juristen und Nichtjuristen, S. 93 f.; vgl. *Prütting*, Rettungsgesetz Nordrhein-Westfalen, § 2 Rn. 29.

1. Abgrenzung zum Notarztdienst im Rahmen des Rettungsdienstes

Die wohl bedeutsamste Abgrenzung ist diejenige zum Rettungsdienst und dem dort eingesetzten Notarzt.

a) Überblick zum Rettungsdienst

Der Rettungsdienst[54] dient der Daseinsvorsorge[55] und umfasst die Bereiche des Krankentransports[56] und der Notfallrettung.[57] Letztere meint hierbei die präklinische medizinische Versorgung von Notfallpatienten.[58] Die ärztliche Beteiligung als zwar vom Rettungsdienst in begrifflicher und rechtlicher Hinsicht verschiedener, aber dennoch notwendiger Bestandteil des Rettungsdienstes[59] wird dabei als Notarztdienst bezeichnet,[60] der daran teilnehmende Arzt folglich als Notarzt.[61] Unter dem Notarztdienst wird dabei im Allgemeinen die Einrichtung zur Versorgung von Notfallpatienten am Notfallort und – falls erforderlich – der anschließende Transport durch notfallmedizinisch ausgebildete Ärzte im planmäßigen Zusammenwirken mit dem Rettungsdienst verstanden.[62] Demnach sind Ärzte nicht bereits kraft ihres abgeschlossenen Medizinstudiums zur Teilnahme am Notarztdienst befähigt, sondern bedürfen hierfür eines speziellen Ausbildungsnachweises.[63] Kompetenzrechtlich fällt der Rettungsdienst nach Art. 30, 70 GG in die Zuständigkeit der Länder.[64] Dies macht auch § 75 Abs. 1b S. 1 SGB V deutlich, wonach die notärztliche Versorgung im Rahmen des Rettungsdienstes im Gegensatz zum vertragsärztlichen Bereitschaftsdienst mittlerweile grundsätzlich nicht vom Sicherstellungsauftrag der Kas-

---

[54] Einen zwar teils veralteten, aber ausführlichen Überblick zum Rettungsdienst bietet *Lippert/Weissauer*, Das Rettungswesen.

[55] *Janda*, Medizinrecht, S. 111; *Plute*, Krankenkassen und Rettungswesen, S. 20.

[56] Zum Begriff ausführlich *Plute*, Krankenkassen und Rettungswesen, S. 16ff.

[57] *Orlowski*, Der Rettungsdienst und die Berufsfreiheit des Art. 12 Absatz 1 GG, S. 27.

[58] *Ahnefeld/Dick/Knuth/Schuster*, Notfall & Rettungsmedizin 1998, 68 (69).

[59] Die Notwendigkeit der ärztlichen Beteiligung am Rettungsdienst in Form des Notarztdienstes ergibt sich daraus, dass der Rettungsdienst ohne ärztliches Fachpersonal nicht zur medizinisch ausreichenden Versorgung der meisten Notfälle imstande wäre, vgl. BGH, Urt. v. 16.09.2004, III ZR 346/03, NJW 2005, 429 (431).

[60] BGH, Urt. v. 09.01.2003, III ZR 217/01, Rn. 15 (juris).

[61] Nicht zu verwechseln mit dem Notfalldienstarzt als Synonym für den Bereitschaftsdienstarzt, dazu bereits oben, Kap. 1 A. I. 1.

[62] Siehe statt vieler *Lippert/Weissauer*, Das Rettungswesen, Rn. 28; vgl. beispielhaft auch die Definition in Art. 2 Abs. 3 S. 1 BayRDG: „Notarztdienst ist die Mitwirkung von Notärzten in der Notfallrettung."

[63] *Fehn/Lechleuthner*, MedR 2000, 114 (114); vgl. auch Art. 2 Abs. 3 S. 2 BayRDG: „Notärzte sind Ärztinnen und Ärzte, die über besondere medizinische Kenntnisse, Fähigkeiten und Fertigkeiten für die Behandlung und den Transport von Notfallpatienten verfügen (Notarztqualifikation)."

[64] BGH, Urt. v. 16.09.2004, III ZR 346/03, NJW 2005, 429 (431).

senärztlichen Vereinigungen umfasst ist.[65] Allerdings können die Länder nach § 75 Abs. 1b S. 1 Hs. 2 SGB V durch eine entsprechende Regelung die Sicherstellung des Rettungsdienstes auf die Kassenärztliche Vereinigung übertragen.[66] Von dieser Regelungsmöglichkeit haben unter anderem Bayern und Thüringen Gebrauch gemacht. Nach § 75 Abs. 1b S. 4 i. V. m. S. 3 SGB V besteht in diesem Fall die Besonderheit, dass auch die im Rettungsdienst tätigen Notärzte insoweit an der vertragsärztlichen Versorgung teilnehmen.[67] Trotz dieser Möglichkeit der Bündelung – jedenfalls des vertragsärztlichen – Bereitschaftsdienstes und der notärztlichen Versorgung im Rahmen des Rettungsdienstes bei den Kassenärztlichen Vereinigungen, nimmt die Differenzierung der beiden Institutionen dennoch gerade im Hinblick auf die optimale Versorgung des einzelnen Behandlungsfalles und damit letztlich für das Wohlergehen des Patienten eine wichtige Rolle ein. So ist der Bereitschaftsdienst nicht nur strukturell für den Großteil der Behandlungsfälle, die in den Aufgabenbereich des Rettungsdienstes fallen, gar nicht ausgestattet.[68] Auch fehlt es den zum Bereitschaftsdienst verpflichteten Ärzten mangels entsprechender Ausbildung in der Regel an der fachlichen Eignung zur Behandlung lebensbedrohlicher Notfälle.[69] Kommt es daher versehentlich zu einer Zuweisung eines Behandlungsfalles zum Bereitschaftsdienst statt zum eigentlich zuständigen Rettungsdienst, kann dies im schlimmsten Fall lebensbedrohliche Konsequenzen für den Patienten nach sich ziehen.

b) Die medizinische Dringlichkeit der Behandlung als Abgrenzungskriterium

Eine gesetzlich festgeschriebene Abgrenzung des ärztlichen Bereitschaftsdienstes zum Notarztdienst als Teil des Rettungsdienstes existiert nicht. Vielmehr erfolgt diese in erster Linie über den Grad der medizinischen Dringlichkeit der Behandlung.[70] Während in Fällen akuter bzw. dringender Behandlungsbedürftigkeit der Bereitschaftsdienst zuständig ist, fallen Notfälle in den Aufgabenbereich des Rettungsdienstes.[71] Unter erstgenannte werden – wie dargestellt – Fälle subsumiert,

---

[65] Zur historischen Entwicklung der Zuständigkeit für die Einrichtung eines Notarztdienstes siehe *Killinger*, Die Besonderheiten der Arzthaftung im medizinischen Notfall, S. 8 f.; *Lippert*, in: Ratzel/Lippert, Kommentar zur Musterberufsordnung der Ärzte (MBO), § 26 Rn. 17; *ders.*, MedR 1983, 167 ff.

[66] *Legde*, in: Hänlein/Schuler (Hrsg.), Lehr- und Praxiskommentar Sozialgesetzbuch V, § 75 SGB V Rn. 6.

[67] Vgl. *Hiddemann*, in: Schnapp/Wigge (Hrsg.), Handbuch des Vertragsarztrechts, § 14 Rn. 10.

[68] *Fehn/Lechleuthner*, MedR 2000, 114 (115).

[69] *Bahner*, Recht im Bereitschaftsdienst, S. 8 f.

[70] Vgl. *Bäune*, in: Eichenhofer/v. Koppenfels-Spies/Wenner (Hrsg.), Kommentar zum Sozialgesetzbuch V, § 75 Rn. 7; *Hesral*, in: Schlegel/Voelzke/Engelmann (Hrsg.), juris Praxiskommentar SGB V, § 75 Rn. 35.

[71] Vgl. BSG, Urt. v. 05.02.2003, B 6 KA 11/02 R, Rn. 13 (juris).

deren Behandlung keinen Aufschub bis zu den regulären Sprechzeiten der niedergelassenen Ärzte duldet, bei denen aber keine akute Lebensgefahr droht.[72] Bei den letztgenannten Notfällen handelt es sich dagegen – in Übereinstimmung mit dem medizinischen Begriffsverständnis[73] – um Behandlungsfälle, in denen sich der Patient in akuter Lebensgefahr[74] befindet oder jedenfalls schwere gesundheitliche Schäden zu befürchten sind, wenn es nicht unverzüglich zu einer der Situation angemessenen medizinischen Versorgung kommt.[75] Hierfür typische Fälle sind etwa Herzinfarkte und Schlaganfälle.[76] Sofern also keine akute Lebensgefahr besteht oder schwere Gesundheitsschäden zu befürchten sind, ergibt sich im Umkehrschluss damit in der Regel die Zuständigkeit des ärztlichen Bereitschaftsdienstes.

Wenngleich die Abgrenzung in der Theorie damit inhaltlich keine großen Probleme bereitet,[77] ergeben sich in der Praxis hierbei dagegen wie angedeutet teils erhebliche Schwierigkeiten. Bedingt sind diese insbesondere dadurch, dass die erste Einschätzung in Person des Patienten oder seiner Angehörigen zumeist von Laien vorgenommen wird.[78] Doch selbst medizinischem Fachpersonal ist häufig erst ex post eine eindeutige Zuordnung des Behandlungsfalles möglich. Erschwerend kommt hinzu, dass im Behandlungsfall oftmals unter Zeitdruck über die Zuständigkeit entschieden werden muss. So geschieht es nicht selten, dass statt des ärztlichen Bereitschaftsdienstes der Rettungsdienst verständigt wird und umgekehrt. Während in erstgenanntem Fall eine ausreichende Versorgung des Patienten durch den Notarzt in der Regel keine Probleme bereitet, kann letztgenannter Fall für den Patienten aufgrund der fehlenden Ausstattung und fachlichen Qualifikation des Bereitschaftsdienstarztes zu schweren Gesundheitsschäden oder gar zum Tod führen.[79] Nicht zuletzt deshalb erscheint es daher dringend notwendig, den Bereitschaftsdienst und Rettungsdienst respektive Bereitschaftsdienstarzt und Notarzt durch klar voneinander zu trennende Bezeichnungen unterscheidbar zu machen.[80]

---

[72] *Bahner*, Recht im Bereitschaftsdienst, S. 5; *Niehues*, Notfallversorgung in Deutschland, S. 31.

[73] Danach handelt es sich bei einem Notfall um einen akuten, lebensbedrohlichen klinischen Zustand durch Störung der Vitalfunktion oder Gefahr plötzlicher, irreversibler Organschädigung, *Pschyrembel*, Klinisches Wörterbuch, S. 1282.

[74] *Lippert*, in: Ratzel/Lippert, Kommentar zur Musterberufsordnung der Ärzte (MBO), § 26 Rn. 16; *Thomsen*, Der ärztliche Notfalldienst, S. 16.

[75] *Bahner*, Recht im Bereitschaftsdienst, S. 6 f.; *Legde*, in: Hänlein/Schuler (Hrsg.), Lehr- und Praxiskommentar Sozialgesetzbuch V, § 75 SGB V Rn. 6; *Prütting*, Rettungsgesetz Nordrhein-Westfalen, § 2 Rn. 36; *Quaas*, Rechtsfragen der ambulanten Versorgung im Krankenhaus, S. 148 f.; *Zuck*, Rechtsfragen der Ambulanz, Rn. 340; BSG, Urteil vom 11.05.2011, B 6 KA 23/10 R, Rn. 23 (juris).

[76] BSG, Urteil vom 11.05.2011, B 6 KA 23/10 R, Rn. 23 (juris).

[77] *Lippert*, in: Ratzel/Lippert, Kommentar zur Musterberufsordnung der Ärzte (MBO), § 26 Rn. 16.

[78] Vgl. *Killinger*, Die Besonderheiten der Arzthaftung im medizinischen Notfall, S. 22.

[79] *Fehn/Lechleuthner*, MedR 2000, 114 (116).

[80] Siehe hierzu oben, Kap. 1 A. I.

Darüber hinaus kommt es auch vor, dass ein Patient – bedingt durch die charakteristische Plötzlichkeit des Auftretens eines Notfalls – erst nach Aufsuchen des Bereitschaftsdienstes von einem akuten Behandlungsfall, für den der Bereitschaftsdienst zuständig wäre, zu einem Notfall wird, der vom Notarzt im Rettungsdienst zu versorgen wäre. Schließlich kann es aufgrund von Kapazitätsengpässen des Rettungsdienstes dazu kommen, dass bis zum Eintreffen des Notarztes der ärztliche Bereitschaftsdienst zur überbrückenden Versorgung des Notfallpatienten beauftragt wird.[81] In den beiden letztgenannten Fällen vermag auch die eindeutige begriffliche Unterscheidung keine Abhilfe zu verschaffen.

2. Abgrenzung zur Notfallaufnahme der Krankenhäuser

Wie eingangs bereits erwähnt, suchen viele Patienten statt des eigentlich zuständigen ärztlichen Bereitschaftsdienstes die Notfallaufnahmen der Krankenhäuser zur Behandlung auf. Daher erscheint es besonders bedeutsam, den ärztlichen Bereitschaftsdienst von den Notfallaufnahmen der Krankenhäuser als dritter Säule der Notfallversorgung in Deutschland abzugrenzen.

a) Überblick zu den Notfallaufnahmen der Krankenhäuser

Nach dem System der gesetzlichen Krankenversicherung obliegt die Sicherstellung der ambulanten Versorgung grundsätzlich den zur vertragsärztlichen Versorgung zugelassenen niedergelassenen Ärzten. Die Mitwirkung anderer Leistungserbringer ist nur bei Bestehen einer ausdrücklichen gesetzlichen Regelung zulässig.[82] Damit sind auch Krankenhäuser regelmäßig nicht zur Erbringung ambulanter Leistungen berechtigt.[83] Ihnen obliegt daher auch im Rahmen der Notfallversorgung grundsätzlich nur die Sicherstellung der stationären Versorgung.[84] Allerdings ergeben sich hierbei zwei Ausnahmen:

b) Teilnahme am Bereitschaftsdienst nach § 75 Abs. 1b S. 2 und 3 SGB V

Nach § 75 Abs. 1b S. 2 SGB V sollen die Kassenärztlichen Vereinigungen zur Sicherstellung des vertragsärztlichen Bereitschaftsdienstes auch mit zugelassenen

81 *Bahner*, Recht im Bereitschaftsdienst, S. 106.

82 BSG, Urt. v. 13.03.2011, B 6 KA 11/10 R, Rn. 21 (juris).

83 *Wenzel*, in: Wenzel, Handbuch des Fachanwalts Medizinrecht, Kapitel 4 Rn. 699.

84 *Management Consult Kestermann GmbH*, Gutachten zur ambulanten Notfallversorgung im Krankenhaus – Fallkostenkalkulation und Strukturanalyse, S. 3., https://www.dkgev.de/fileadmin/default/Mediapool/2_Themen/2.2_Finanzierung_und_Leistungskataloge/2.2.3._Ambulante_Verguetung/2.2.3.4._Ambulante_Notfallvehandlung_durch_Krankenhaeuser/2015-02-17_Gutachten_zur_ambulanten_Notfallversorgung_im_Krankenhaus_2015.pdf (Stand: 03.02.2020).

Krankenhäusern kooperieren. Ergänzt wird dies durch die Bestimmung in § 115 Abs. 2 S. 1 Nr. 3 Hs. 1 SGB V zum Abschluss dreiseitiger Verträge zwischen Krankenkassen, Krankenhäusern und Vertragsärzten,[85] wobei die Norm hierbei auf den vertragsärztlichen Bereitschaftsdienst und damit die ambulante Versorgung beschränkt ist und daher nicht die stationäre Notfallversorgung eines Krankenhauses umfasst.[86] Sofern eine derartige Kooperation besteht, sind die jeweiligen Krankenhäuser gem. § 75 Abs. 1b S. 3 SGB V in Durchbrechung der grundsätzlichen sektoralen Trennung von ambulanter und stationärer Versorgung ausdrücklich zur Teilnahme am ambulanten vertragsärztlichen Bereitschaftsdienst berechtigt und insoweit auch in die vertragsärztliche Versorgung eingebunden:

> Nicht an der vertragsärztlichen Versorgung teilnehmende zugelassene Krankenhäuser [...], die aufgrund einer Kooperationsvereinbarung mit der Kassenärztlichen Vereinigung in den Notdienst einbezogen sind, sind zur Leistungserbringung im Rahmen des Notdienstes berechtigt und nehmen zu diesem Zweck an der vertragsärztlichen Versorgung teil.

Da die Notaufnahmen der Krankenhäuser in diesem Falle also Teil des vertragsärztlichen Bereitschaftsdienstes sind, ist eine Abgrenzung zu den übrigen Teilnehmern am vertragsärztlichen Bereitschaftsdienst – namentlich insbesondere zu den zur vertragsärztlichen Versorgung zugelassenen Ärzten in eigener Niederlassung – im Grunde nicht erforderlich, da beide insoweit gleichrangige Teilnehmer am Bereitschaftsdienst sind.

c) Teilnahme an der Notfallbehandlung nach § 76 Abs. 1 S. 2 SGB V

Darüber hinaus können die Notaufnahmen der Krankenhäuser auch nach § 76 Abs. 1 S. 2 SGB V an der ambulanten Versorgung von Notfällen teilnehmen.[87] Nach früherer Rechtslage war § 76 Abs. 1 S. 2 SGB V sogar alleinige Rechtsgrundlage für die Teilnahme der nicht an der vertragsärztlichen Versorgung teilnehmenden Notaufnahmen am vertragsärztlichen Bereitschaftsdienst. Durch die Einfügung des § 75 Abs. 1b S. 3 SGB V zum 23.07.2015 im Zuge des GKV-VSG, der nicht an der vertragsärztlichen Versorgung teilnehmende zugelassene Krankenhäuser nunmehr ausdrücklich in den vertragsärztlichen Bereitschaftsdienst einbezieht, bindet § 76 Abs. 1 S. 2 SGB V im Falle einer Notfallbehandlung den Leistungserbringer zwar weiterhin in die vertragsärztliche Versorgung ein,[88] sein Anwendungsbereich be-

---

[85] *Kingreen/Bogan*, in: Giesen/Kreikebohm/Rolfs/Udsching, BeckOK Sozialrecht, § 115 SGB V Rn. 8a.

[86] *Quaas*, Rechtsfragen der ambulanten Versorgung im Krankenhaus, S. 150.

[87] Zu den Voraussetzungen des § 76 Abs. 1 S. 2 SGB V, weiteren Adressaten der Norm sowie dem Konkurrenzverhältnis zum vertragsärztlichen Bereitschaftsdienst siehe sogleich, Kap. 1 A. III. 3.

[88] BSG, Urt. v. 12.12.2012, B 6 KA 3/12 R, Rn. 27 (juris); BSG, Urt. v. 13.09.2011, B1 KR 4/11 R, Rn. 22 (juris). An dieser Rechtsprechung ändert sich auch nach Inkrafttreten des neuen § 75 Abs. Ib S. 3 SGB V nichts, vgl. *Legde*, in: Hänlein/Schuler (Hrsg.), Lehr- und Praxis-

schränkt sich nunmehr allerdings auf die Versorgung von Notfällen durch diejenigen Notaufnahmen der Krankenhäuser, die nicht bereits nach § 75 Abs. 1b S. 2 und 3 SGB V durch Kooperationsvereinbarungen in die vertragsärztliche Versorgung im Bereich des Bereitschaftsdienstes einbezogen sind.[89] Folglich begründet § 76 Abs. 1 S. 2 SGB V keine Einbindung der Notaufnahmen in den vertragsärztlichen Bereitschaftsdienst mehr, sondern regelt im Gegenteil nunmehr die Notfallversorgung durch Notaufnahmen außerhalb der Versorgung durch den vertragsärztlichen Bereitschaftsdienst.[90] Alleinige Rechtsgrundlage zur Leistungserbringung durch die Notaufnahmen der Krankenhäuser innerhalb des vertragsärztlichen Bereitschaftsdienstes stellt damit nun vielmehr § 75 Abs. 1b S. 2 und 3 SGB V dar.[91] Sofern also zwischen einem Krankenhaus und der Kassenärztlichen Vereinigung keine Kooperationsvereinbarung i. S. d. § 75 Abs. 1b S. 2 SGB V besteht, sind die in den Notaufnahmen erbrachten Notfallleistungen – unabhängig davon, ob sie rein tatsächlich von dessen Behandlungsumfang erfasst wären – nicht Teil des vertragsärztlichen Bereitschaftsdienstes. Nur in diesem Fall ergibt sich dann die Notwendigkeit der Abgrenzung zu den Teilnehmern am vertragsärztlichen Bereitschaftsdienst, da die Notaufnahmen der Krankenhäuser im Falle des § 75 Abs. 1b S. 2 und 3 SGB V wie dargestellt selbst zu diesem Teilnehmerkreis gehören.

3. Abgrenzung zu den übrigen Adressaten des § 76 Abs. 1 S. 2 SGB V

Des Weiteren bedarf es im Hinblick auf den vertragsärztlichen Bereitschaftsdienst nach § 75 Abs. 1b S. 1 SGB V neben den eben behandelten Fällen der Notaufnahmen der Krankenhäuser auch einer Abgrenzung zu den übrigen Adressaten des § 76 Abs. 1 S. 2 SGB V.

a) Übersicht zu § 76 Abs. 1 S. 2 SGB V

Denn über die Notaufnahmen hinaus sind mit „andere[n] Ärzte[n]“ i. S. d. § 76 Abs. 1 S. 2 SGB V auch solche Ärzte gemeint, die außerhalb der Notaufnahmen mangels Zulassung oder Ermächtigung nicht an der vertragsärztlichen Versorgung

kommentar Sozialgesetzbuch V, § 76 SGB V Rn. 13; *Rademacker*, in: Körner/Leitherer/Mutschler/Rolfs (Hrsg.), Kasseler Kommentar Sozialversicherungsrecht, § 76 SGB V Rn. 7 und 9.; *Steinmeyer*, in: Bergmann/Pauge/Steinmeyer (Hrsg.), Nomos Kommentar Gesamtes Medizinrecht, § 76 SGB V Rn. 10.

[89] *Hesral*, in: Schlegel/Voelzke/Engelmann (Hrsg.), juris Praxiskommentar SGB V, § 75 Rn. 130; *Rademacker*, in: Körner/Leitherer/Mutschler/Rolfs (Hrsg.), Kasseler Kommentar Sozialversicherungsrecht, § 76 SGB V Rn. 9.

[90] Zur Vergütung derartiger Leistungen siehe etwa *Quaas*, Rechtsfragen der ambulanten Versorgung im Krankenhaus, S. 151 ff., *Weber/Braun*, NZS 2002, 400 ff.; BSG, Urt. v. 16. 04. 1986, 6 RKa 34/84, Rn. 11 ff (juris).

[91] *Rademacker*, in: Körner/Leitherer/Mutschler/Rolfs (Hrsg.), Kasseler Kommentar Sozialversicherungsrecht, § 76 SGB V Rn. 9.

teilnehmen.[92] Unter Notfälle i. S. d. § 76 Abs. 1 S. 2 SGB V fallen nach einhelliger Auffassung solche Fälle, bei denen eine dringende Behandlungsbedürftigkeit des Patienten besteht und darüber hinaus aus tatsächlichen oder zeitlichen Gründen kein an der vertragsärztlichen Versorgung teilnehmender Arzt zur Verfügung steht.[93] Letzteres ist dem Wortlaut des § 76 Abs. 1 S. 2 SGB V nicht ausdrücklich zu entnehmen, ergibt sich aber aus dem Telos der Norm, wonach Patienten der gesetzlichen Krankenversicherung im Grundsatz nur die zur vertragsärztlichen Versorgung zugelassenen oder ermächtigten Ärzte und Einrichtungen in Anspruch nehmen dürfen.[94] Wären sie demgegenüber nach § 76 Abs. 1 S. 2 SGB V in jedem Fall dringender bzw. akuter Behandlungsbedürftigkeit dazu befugt, jeden beliebigen Arzt aufzusuchen, obwohl auch ein an der vertragsärztlichen Versorgung teilnehmender Arzt zur Verfügung stünde, würde dieser Grundsatz stark verwässert.

Nach mittlerweile überholter Rechtsprechung waren von § 76 Abs. 1 S. 2 SGB V neben Fällen dringender Behandlungsbedürftigkeit auch solche Behandlungsfälle erfasst, die über den Aufgabenbereich des ärztlichen Bereitschaftsdienstes hinausgehen und stattdessen in die Zuständigkeit des Rettungsdienstes fallen.[95] Folglich sollten auch solche Fälle inbegriffen sein, in denen sich der Patient in akuter Lebensgefahr befindet oder jedenfalls schwere gesundheitliche Schäden zu befürchten sind, wenn es nicht unverzüglich zu einer der Situation angemessenen medizinischen Versorgung kommt. Deren Argumentation, dass sich der Sicherstellungsauftrag der Kassenärztlichen Vereinigungen auch auf den Rettungsdienst beziehe, läuft seit der Neufassung des § 75 Abs. 1b S. 1 SGB V, der nunmehr die notärztliche Versorgung im Rahmen des Rettungsdienstes vorbehaltlich entgegenstehender landesrechtlicher Regelungen ausdrücklich vom Sicherstellungsauftrag herausnimmt, allerdings ins Leere.[96] Vielmehr knüpft die Regelung des § 76 Abs. 1 S. 2 SGB V inhaltlich an die

---

[92] *Killinger*, Die Besonderheiten der Arzthaftung im medizinischen Notfall, S. 30; vgl. noch zu § 368d Abs. 1 RVO *Tiemann/Tiemann*, Kassenarztrecht im Wandel, S. 291.

[93] *Andreas/Debong/Bruns*, Handbuch Arztrecht in der Praxis, S. 285; *Joussen*, in: Knickrehm/Kreikebohm/Waltermann (Hrsg.), Kommentar zum Sozialrecht, § 76 Rn. 2; *Lang*, in: Becker/Kingreen, SGB V Kommentar, § 76 SGB V Rn. 18; *Legde*, in: Hänlein/Schuler (Hrsg.), Lehr- und Praxiskommentar Sozialgesetzbuch V, § 76 SGB V Rn. 13; *Clemens*, in: Quaas/Zuck/Clemens/Gokel, Medizinrecht, § 19 Rn. 73; *Sproll*, in: Krauskopf, Kommentar Soziale Krankenversicherung und Pflegeversicherung Band 2, § 76 SGB V Rn. 15; *Wendtland*, in: Giesen/Kreikebohm/Rolfs/Udsching, BeckOK Sozialrecht, § 76 SGB V Rn. 17; BSG, Urt. v. 18.07.06, B 1 KR 24/05 R, Rn. 30 (juris); BSG, Urt. v. 08.09.2018, B 1 KR 14/14 R, Rn. 14 (juris).

[94] *Killinger*, Die Besonderheiten der Arzthaftung im medizinischen Notfall, S. 30.

[95] Siehe BSG, Urt. v. 27.10.1987, 6 RKa 60/86, Rn. 21 (juris); BGH, Urt. v. 12.11.1992, III ZR 178/91, Rn. 16 (juris); BVerwG, Urt. v. 23.06.1995, 8 C 14/93, Rn. 16 (juris), die allesamt noch zu § 368d Abs. 1 S. 2 RVO als Vorgängervorschrift des § 76 Abs. 1 S. 2 SGB V ergangen sind.

[96] *Killinger*, Die Besonderheiten der Arzthaftung im medizinischen Notfall, S. 31; *Rademacker*, in: Körner/Leitherer/Mutschler/Rolfs (Hrsg.), Kasseler Kommentar Sozialversicherungsrecht, § 76 SGB V Rn. 20.

Ärztewahl gerade im Rahmen der vertragsärztlichen Versorgung an.[97] Vom Begriff des Notfalls gem. § 76 Abs. 1 S. 2 SGB V sind daher lediglich Fälle dringender Behandlungsbedürftigkeit erfasst. Im Ergebnis ist der Notfallbegriff damit insoweit weitgehend mit den Fällen dringender bzw. akuter Behandlungsbedürftigkeit i. S. d. § 75 Abs. 1b S. 1 SGB V gleichzusetzen.[98]

Bei Vorliegen der genannten Voraussetzungen des § 76 Abs. 1 S. 2 SGB V nehmen die Leistungserbringer im durch die Vorschrift begrenzten Rahmen an der vertragsärztlichen Versorgung teil. Zu beachten ist aber, dass sie demgegenüber jedenfalls seit Inkrafttreten des neuen § 75 Abs. 1b S. 3 SGB V zum 23.07.2015 nicht mehr in den vertragsärztlichen Bereitschaftsdienst des § 75 Abs. 1b S. 1 SGB V einbezogen werden, sondern lediglich zur Notfallbehandlung außerhalb dieses Dienstes berechtigt sind.[99]

b) Abgrenzung zu § 75 Abs. 1b S. 1 SGB V

Da sich wie dargestellt der Notfallbegriff des § 76 Abs. 1 S. 2 SGB V mit dem Zuständigkeitsbereich des vertragsärztlichen Bereitschaftsdienstes für Fälle dringender bzw. akuter Behandlungsbedürftigkeit im Ergebnis weitgehend deckt, erfolgt die Abgrenzung nicht – wie etwa bei der Unterscheidung zum Rettungsdienst – über die Dringlichkeit der Behandlung, sondern über den zur Behandlung befugten Ärztekreis: § 75 Abs. 1b S. 1 SGB V richtet sich an die zur vertragsärztlichen Versorgung zugelassenen Ärzte, während § 76 Abs. 1 S. 2 SGB V diejenigen Ärzte adressiert, die mangels Zulassung normalerweise nicht an der vertragsärztlichen Versorgung teilnehmen.[100]

4. Abgrenzung zum internen Bereitschaftsdienst der Krankenhäuser[101]

Insbesondere aufgrund der gleichlautenden Bezeichnung als Bereitschaftsdienst und der damit einhergehenden Verwechslungsgefahr ist weiterhin eine Abgrenzung zum internen Bereitschaftsdienst der Krankenhäuser erforderlich. Unter letzterem wird die Anordnung des Arbeitgebers an die im Krankenhaus angestellten Ärzte verstanden, sich außerhalb der regelmäßigen Arbeitszeit[102] am Krankenhaus auf-

---

[97] Vgl. *Nebendahl*, in: Spickhoff (Hrsg.), Medizinrecht, § 76 SGB V Rn. 1.

[98] Vgl. *Killinger*, Die Besonderheiten der Arzthaftung im medizinischen Notfall, S. 31.

[99] Siehe hierzu schon oben in Bezug auf die Notaufnahmen der Krankenhäuser, Kap. 1 A. III. 2. c).

[100] Vgl. Fn. 29 bei *Weber/Braun*, NZS 2002, 400 (401).

[101] Eine ausführliche rechtliche Darstellung des internen Bereitschaftsdienstes am Krankenhaus bietet etwa *Schulz*, Der Bereitschaftsdienst an öffentlich-rechtlich organisierten Krankenhäusern.

[102] *Rieger*, Lexikon des Arztrechts, Rn. 345.

zuhalten,[103] um im Bedarfsfall die Versorgung der Patienten zu gewährleisten.[104] Beim internen Bereitschaftsdienst am Krankenhaus handelt es sich um zusätzliche Arbeitszeit, zu deren Ableistung der Arzt aufgrund seines Arbeitsvertrages verpflichtet ist.[105] Dabei sind die diensthabenden Ärzte häufig über ihre Station bzw. ihren Fachbereich hinaus auch für die Versorgung der Patienten auf den übrigen Stationen zuständig.[106] Im Gegensatz zum ambulanten ärztlichen Bereitschaftsdienst ist der Bereitschaftsdienst am Krankenhaus Teil der stationären Versorgung.[107] Zur besseren Unterscheidung der beiden Einrichtungen empfiehlt es sich, stets vom Bereitschaftsdienst am Krankenhaus zu sprechen sowie den Zusatz „intern“ voranzustellen. Daraus wird deutlich, dass es sich um einen in sich geschlossenen Dienst der Einrichtung Krankenhaus handelt.

5. Abgrenzung zur Hilfeleistungspflicht im Unglücksfall

Schließlich ist der ärztliche Bereitschaftsdienst noch von der Hilfeleistungspflicht im Unglücksfall zu unterscheiden, deren Unterlassen in § 323c StGB unter Strafe gestellt ist. Diese gilt für jedermann, also auch für Ärzte und somit unabhängig davon, ob ein Arzt im Einzelfall zum ärztlichen Bereitschaftsdienst verpflichtet ist oder nicht.[108]

IV. Fazit

Unter dem ärztlichen Bereitschaftsdienst wird die Sicherstellung der ambulanten ärztlichen Versorgung in dringenden Fällen zu den sprechstundenfreien Zeiten verstanden. Seinem Zuständigkeitsbereich sind dabei enge zeitliche und inhaltliche Grenzen gesetzt. Erstgenannte folgen aus der Beschränkung auf die sprechstundenfreien Zeiten. Letztere ergeben sich zum einen aus dem Erfordernis der dringenden Behandlungsbedürftigkeit sowie des eingeschränkten Versorgungsumfangs, zum anderen resultieren diese auch aus der konkurrierenden Zuständigkeit insbesondere mit den weiteren Säulen der Notfallversorgung.

---

[103] *Andreas/Debong/Bruns*, Handbuch Arztrecht in der Praxis, S. 63.

[104] *Conze*, in: Conze/Karb/Wölk, Personalbuch Arbeits- und Tarifrecht öffentlicher Dienst, Rn. 961; *Schulz*, Der Bereitschaftsdienst an öffentlich-rechtlich organisierten Krankenhäusern, S. 36 f.; vgl. auch § 15 Abs. 6a S. 1 BAT: „Der Angestellte ist verpflichtet, sich auf Anordnung des Arbeitgebers außerhalb der regelmäßigen Arbeitszeit an einer vom Arbeitgeber bestimmten Stelle aufzuhalten, um im Bedarfsfalle die Arbeit aufzunehmen (Bereitschaftsdienst).“

[105] *Schulz*, Der Bereitschaftsdienst an öffentlich-rechtlich organisierten Krankenhäusern, S. 39.

[106] Fn. 30 bei *Lipp*, in: Laufs/Katzenmeier/Lipp, Arztrecht, IV. Rn. 7.

[107] Vgl. BVerwG, Urt. v. 12. 12. 1972, I C 30.69, NJW 1973, 576 (577).

[108] *Kohlhaas*, Medizin und Recht, S. 63; *Mötzung*, Der ärztliche Notfalldienst in rechtlicher Sicht, S. 6.

B. Die Gesetzgebungskompetenz zur Regelung des ärztlichen Bereitschaftsdienstes

Wie dem bisherigen Verlauf bereits zu entnehmen war, nehmen sowohl der Bund als auch die Länder eine Kompetenz für die Rechtsmaterie eines ärztlichen Bereitschaftsdienstes für sich in Anspruch, da nicht nur der Bundes- in § 75 Abs. 1b SGB V, sondern auch die Landesgesetzgeber in ihren jeweiligen Heilberufe-Kammergesetzen Regelungen über den ärztlichen Bereitschaftsdienst getroffen haben. Dementsprechend halten sich auch beide für befugt, Ärzte zur Teilnahme an ihrem Dienst verpflichten zu können. Dies ist freilich nur möglich, falls den Ländern und dem Bund nach der momentanen Kompetenzverteilung der Art. 70 ff. GG für die Einrichtung eines ärztlichen Bereitschaftsdienstes überhaupt eine Gesetzgebungskompetenz zusteht.

I. Gesetzgebungskompetenz der Länder zur Regelung des ärztlichen Bereitschaftsdienstes

Getreu dem Regel-Ausnahme-Prinzip der Art. 30 und Art. 70 GG und im Umkehrschluss zu Art. 74 Abs. 1 Nr. 19 GG, der dem Bund lediglich die Kompetenz für Zulassungsregelungen zuspricht,[109] fällt die Regelung der ärztlichen Berufsausübung – mit Ausnahme der Zulassung zu den Heilberufen, den berufsbezogenen Strafvorschriften und dem Vertragsarztrecht[110] – in die ausschließliche Kompetenz der Länder.[111] Ihnen steht für das ärztliche Berufswesen insoweit eine Residualkompetenz zu.[112] Als Bestandteil der Berufsausübung[113] ergibt sich daher auch für die Einrichtung eines ärztlichen Bereitschaftsdienstes eine Zuständigkeit der Länder.[114] Hierbei sind diese auch befugt, dessen rechtliche Ausgestaltung – wie das BVerfG

---

[109] *Sodan*, in: Ehlers/Fehling/Pünder (Hrsg.), Besonderes Verwaltungsrecht Band 2, § 53 Rn. 25.

[110] BVerfG, Urt. v. 27. 10. 1998, 1 BvR 3206/96, Rn. 166 (juris).

[111] *Bösche*, Deutsches Ärzteblatt 1981, A-1157 (A-1158); *Graml*, Das ärztliche Verbot der Zuweisung gegen Entgelt, S. 82 f.; *Heberer*, Das ärztliche Berufs- und Standesrecht, S. 265; *Igl*, in: Igl/Welti (Hrsg.), Gesundheitsrecht, § 15 Rn. 17; *Laufs*, NJW 1997, 3071 (3072); *Montgomery/Hübner/Dörfer/Kreitz/Lehmann*, MedR 2015, 555 (555); *Riedel/Derpa*, Kompetenzen des Bundes und der Länder im Gesundheitswesen, S. 28; *Rixen*, VSSR 2007, 213 (225); *Sodan*, in: Ehlers/Fehling/Pünder (Hrsg.), Besonderes Verwaltungsrecht Band 2, § 53 Rn. 25; BVerfG, Urt. v. 19. 11. 1985, 1 BvR 934/82, Rn. 30 (juris); BSG, Urt. v. 28. 10. 1992, 6 RKa 2/92, Rn. 16 (juris); BSG, Urt. v. 18. 10. 1995, 6 RKa 52/94, Rn. 24 (juris); BSG, Urt. v. 01. 06. 1997, 6 RKa 58/96, Rn. 22 (juris); BSG, Urt. v. 29. 01. 1997, 6 RKa 81/95, Rn. 15 (juris).

[112] *Prehn*, MedR 2015, 560 (564).

[113] *Mötzung*, Der ärztliche Notfalldienst in rechtlicher Sicht, S. 55; BVerwG, Urt. v. 12. 12. 1972, I C 30.69, NJW 1973, 576 (577).

[114] Vgl. *Riedel/Derpa*, Kompetenzen des Bundes und der Länder im Gesundheitswesen, S. 36; *Starck*, Grundgesetz und ärztliche Berufsordnungen, S. 29.

schon 1972 in Bezug auf die Facharztordnungen in seinem Facharztbeschluss festgestellt hat[115] – der jeweiligen Ärztekammer als von ihnen im Rahmen ihrer Kompetenz für das Berufsrecht der Heilberufe geschaffene Körperschaft des öffentlichen Rechts[116] zu übertragen.[117]

II. Gesetzgebungskompetenz des Bundes zur Regelung des ärztlichen Bereitschaftsdienstes

Ob daneben auch der Bund seinerseits zur Einrichtung eines ärztlichen Bereitschaftsdienstes befugt ist, entscheidet sich danach, ob ihm hierfür nach dem Grundgesetz eine entsprechende Gesetzgebungskompetenz zusteht. Anders als für die Regelung eines allgemeinen ärztlichen Bereitschaftsdienstes für alle niedergelassenen Ärzte, der als Berufsausübungsregelung unstreitig dem allgemeinen ärztlichen Berufsrecht und damit der Kompetenz der Länder zuzuordnen ist, erscheint die Zuständigkeit des Bundes allenfalls zur Normierung eines – wie in § 75 Abs. 1b S. 1 SGB geschehen – *vertragsärztlichen*, d. h. auf die zur vertragsärztlichen Versorgung zugelassenen Ärzte beschränkten Bereitschaftsdienstes aufgrund seines eingeschränkten Adressatenkreises möglich. Für das Gesundheitswesen steht dem Bund keine allumfassende Kompetenz zu. Vielmehr kann sich dessen Zuständigkeit nur punktuell aus den Art. 73 und 74 GG ergeben.[118] Nachdem es sich bei der Einrichtung eines vertragsärztlichen Bereitschaftsdienstes unstreitig um eine Berufsausübungs- und gerade keine Zulassungsregelung handelt, scheidet Art. 74 Abs. 1 Nr. 19 GG hierfür jedoch aus.[119] Ebenso wenig lässt sich eine entsprechende Kompetenz aus Art. 74 Abs. 1 Nr. 19a GG ableiten, da dieser lediglich die wirtschaftliche Sicherung der Krankenhäuser umfasst.[120] In Betracht kommt letztlich nur Art. 74 Abs. 1 Nr. 12 GG,[121] der dem Bund eine konkurrierende Gesetzgebungskompetenz unter anderem für den Bereich der Sozialversicherung zuschreibt. Auch der Kompetenztitel des Art. 74 Abs. 1 Nr. 12 GG nennt die Regelung eines vertragsärztlichen Bereitschaftsdienstes nicht ausdrücklich. Ob dieser dennoch der

[115] BVerfG, Beschl. v. 09.05.1972, 1 BvR 518/62, NJW 1972, 1504 (1505).

[116] *Welti*, in: Igl/Welti (Hrsg.), Gesundheitsrecht, § 10 Rn. 39.

[117] *Montgomery/Hübner/Dörfer/Kreitz/Lehmann*, MedR 2015, 555 (555).

[118] *Wollenschläger/Schmidl*, GesR 2019, 542 (544).

[119] *Hufen*, Zur verfassungsrechtlichen Beurteilung der Gebietsabgrenzung Hausarzt/Facharzt in § 73 SGB V, S. 8 f.; *Maunz*, in: Maunz/Dürig, Grundgesetz Kommentar, Art. 74 GG Rn. 215; *Pieroth*, in: Jarass/Pieroth, Grundgesetz Kommentar, Art. 74 GG Rn. 50a; *Riedel/Derpa*, Kompetenzen des Bundes und der Länder im Gesundheitswesen, S. 65; vgl. auch *Plantholz*, Funktionelle Selbstverwaltung des Gesundheitswesens im Spiegel der Verfassung, S. 196; BVerfG, Urt. v. 27.10.1998, 1 BvR 3206/96, Rn. 173 (juris).

[120] *Riedel/Derpa*, Kompetenzen des Bundes und der Länder im Gesundheitswesen, S. 65; *Schmidt am Busch*, Die Gesundheitssicherung im Mehrebenensystem, S. 239 f.

[121] Insoweit bedarf es damit keiner horizontalen Abgrenzung zu anderen Bundeskompetenzen; hierzu *Höfling/Rixen*, GewArch 2008, 1 (4).

Kompetenzmaterie der Sozialversicherung und damit der Zuständigkeit des Bundes zuzuordnen ist, muss zunächst durch eine exakte Auslegung dieser Kompetenznorm ermittelt werden.[122] Bei Bejahung dieser Frage verbleibt anschließend zu klären, ob die vom Bundesgesetzgeber auf dieser Grundlage erlassene Norm auch tatsächlich unter diesen Kompetenztitel fällt. Während vorliegend in einem ersten Schritt also auf die Zielsetzung des Art. 74 Abs. 1 Nr. 12 GG abzustellen ist (1.), bedarf es im zweiten Schritt der Prüfung, ob § 75 Abs. 1b S. 1 SGB V als vom Bund zur Regelung des ärztlichen Bereitschaftsdienstes erlassene Norm dem Kompetenztitel des Art. 74 Abs. 1 Nr. 12 GG auch tatsächlich unterfällt (2.).[123]

1. Einordnung des vertragsärztlichen Bereitschaftsdienstes unter den Begriff der „Sozialversicherung" i. S. d. Art. 74 Abs. 1 Nr. 12 GG

Wie soeben ausgeführt, kann dem Bund aus Art. 74 Abs. 1 Nr. 12 GG höchstens eine Kompetenz zur Regelung eines *vertragsärztlichen* Bereitschaftsdienstes erwachsen. Sofern also bereits die übergeordnete Regelungsmaterie des Vertragsarztrechts nicht unter den Begriff der „Sozialversicherung" i. S. d. Art. 74 Abs. 1 Nr. 12 GG zu subsumieren ist, kann dem Bund auch keine Kompetenz bezüglich eines vertragsärztlichen Bereitschaftsdienstes zustehen. Bevor sich also dieser spezifischen Materie gewidmet wird, ist zunächst zu klären, ob Art. 74 Abs. 1 Nr. 12 GG überhaupt den übergeordneten Regelungskomplex des Vertragsarztrechts erfasst.[124]

a) Vertragsarztrecht als Gegenstand der Sozialversicherung i. S. d. Art. 74 Abs. 1 Nr. 12 GG

Der Bereich der Sozialversicherung[125] wird seit jeher von neuen Herausforderungen und sich wandelnden Sicherungsbedürfnissen geprägt.[126] Der Begriff der Sozialversicherung im Sinne des Art. 74 Abs. 1 Nr. 12 GG wird daher traditionell weit gefasst.[127] Trotz fehlender unmittelbarer Anhaltspunkte im Wortlaut[128] zählt

---

[122] *Rozek*, in: v. Mangoldt/Klein/Starck, Kommentar zum Grundgesetz Band 2, Art. 70 Rn. 49.

[123] Vgl. *Degenhart*, in: Sachs (Hrsg.), Grundgesetz Kommentar, Art. 70 Rn. 50.

[124] Vgl. *Prehn*, MedR 2015, 560 (563).

[125] Zum Begriff der Sozialversicherung allgemein und insbesondere i. S. d. Art. 74 Abs. 1 Nr. 12 GG siehe *Bieback*, VSSR 2003, 1 ff. sowie *Bettermann/Merten*, Zwei Gutachten zur Verfassungsmäßigkeit des Krankenversicherungskostendämpfungsgesetzes 1977, S. 17 ff.

[126] Vgl. *Degenhart*, in: Sachs (Hrsg.), Grundgesetz Kommentar, Art. 70 Rn. 53; Art. 74 Rn. 56; vgl. auch *Isensee*, in: Badura/Dreier (Hrsg.), FS 50 Jahre Bundesverfassungsgericht, Zweiter Band, S. 719 (741 f.).

[127] BVerfG, Urt. v. 10.05.1960, 1 BvR 190/58, Rn. 19 (juris); BVerfG, Beschl. v. 08.04. 1987, 2 BvR 909/82, Rn. 95 (juris); siehe auch *Axer*, in: Kahl/Waldhoff/Walter (Hrsg.), Bonner

hierzu als eine der tragenden Säulen der sozialen Sicherung unstreitig auch die gesetzliche Krankenversicherung.[129] Im System der gesetzlichen Krankenversicherung nehmen insbesondere Ärzte als Erbringer gesundheitlicher Leistungen eine bedeutende Rolle ein. Dies bedeutet freilich nicht, dass damit automatisch auch die Kompetenz zur Regelung sämtlicher die Ärzteschaft betreffenden Belange einhergeht. Der Bundesgesetzgeber darf unter Berufung auf Art. 74 Abs. 1 Nr. 12 GG nur solche Sachverhalte als Bestandteil der Krankenversicherung und damit der Sozialversicherung regeln, die vom Verfassungsgeber auch als Bestandteile dieser verstanden werden konnten.[130] So liegt etwa die Ermächtigung zur Normierung der ärztlichen Berufsausübungsregelungen wie vorab dargestellt grundsätzlich bei den Ländern. Allerdings kommt dem Sozialversicherungsrecht neben den allgemeinen ärztlichen Berufsausübungsregelungen der Länder selbstständige Bedeutung zu.[131] Dem Bund kann daher aus Art. 74 Abs. 1 Nr. 12 GG zwar keine allumfassende Kompetenz hinsichtlich sämtlicher die Ärzte betreffenden Regelungsbereiche erwachsen; vielmehr ist diese auf die Zielbestimmung des Art. 74 Abs. 1 Nr. 12 GG beschränkt. Innerhalb dieser Grenzen muss es dem Bund demgegenüber aber gleichwohl zustehen, auch die Berufsausübung betreffende Regelungen zu erlassen. Denn wenngleich das Arztrecht als Ganzes nicht von Art. 74 Abs. 1 Nr. 12 GG erfasst ist, bewegt sich das *Vertrags*arztrecht – jedenfalls dem Grunde nach – innerhalb dieser Grenzen. Die zur vertragsärztlichen Versorgung zugelassenen Ärzte tragen als Leistungserbringer im System der gesetzlichen Krankenversicherung entscheidend zu dessen Funktionieren bei und sind daher als immanenter Bestandteil der gesetzlichen Krankenversicherung und damit der Sozialversicherung i. S. d. Art. 74 Abs. 1 Nr. 12 GG anzusehen. Es schiene daher widersinnig, dem Bund als Gestalter des sozialversicherungsrechtlichen Systems eine Kompetenz zur Normierung von Regelungen abzusprechen, welche speziell die Rolle des Arztes in der vertragsärztlichen Versorgung und damit einen bedeutenden Faktor für das Sozialversicherungssystem betreffen. Vom Begriff der Sozialversicherung i. S. d. Art. 74 Abs. 1 Nr. 12 GG wird daher nach weitgehend einhelliger Auffassung – entweder direkt oder jedenfalls als Annex[132] – grundsätzlich auch das Vertragsarztrecht erfasst.[133]

Kommentar zum Grundgesetz Ordner 15, Art. 74 Nr. 12 GG Rn. 40; *Schnapauff*, in: Hömig/Wolff, Handkommentar Grundgesetz, Art. 74 GG Rn. 11.

128 *Rixen*, Sozialrecht als öffentliches Wirtschaftsrecht, S. 295.

129 Vgl. statt vieler BVerwG, Urt. v. 09.06.1982, 3 C 21/81, Rn. 25 (juris); zustimmend etwa *Graml*, Das ärztliche Verbot der Zuweisung gegen Entgelt, S. 74; *Rixen*, Sozialrecht als öffentliches Wirtschaftsrecht, S. 295 f.

130 *Isensee*, in: Badura/Dreier (Hrsg.), FS 50 Jahre Bundesverfassungsgericht, Zweiter Band, S. 719 (741 f.); vgl. auch BVerfG, Urt. v. 19.10.1982, 2 BvF 1/81, Rn. 141 f. (juris).

131 *Schnitzler*, Das Recht der Heilberufe, S. 202.

132 So etwa *Prehn*, MedR 2015, 560 (564); *Riedel/Derpa*, Kompetenzen des Bundes und der Länder im Gesundheitswesen, S. 65.

133 *Degenhart*, in: Sachs (Hrsg.), Grundgesetz Kommentar, Art. 74 Rn. 58; *Maunz*, in: Maunz/Dürig, Grundgesetz Kommentar, Art. 74 GG Rn. 175; *Montgomery/Hübner/Dörfer/Kreitz/Lehmann*, MedR 2015, 555 (555); *Peikert*, in: Medizinrecht heute: Erfahrungen, Ana-

b) Ärztlicher Bereitschaftsdienst als Gegenstand der Sozialversicherung i. S. d. Art. 74 Abs. 1 Nr. 12 GG

Damit ist allerdings noch nicht geklärt, ob auch der ärztliche Bereitschaftsdienst Teil des Vertragsarztrechts und damit Gegenstand der Sozialversicherung i. S. d. Art. 74 Abs. 1 Nr. 12 GG ist. Vielmehr bedarf es hierfür einer gesonderten Prüfung dergestalt, dass dem Bund hierfür nur insoweit eine Kompetenz zustehen kann, wie die Regelungsmaterie speziell die Aufgaben des Arztes in der gesetzlichen Krankenversicherung – mithin das Vertragsarztrecht – betrifft, sprich das Krankenversicherungsrecht eine derartige Regelung erforderlich macht.[134] Dem Bund steht es wie dargestellt daher nicht zu, einen allgemeinen ärztlichen Bereitschaftsdienst ohne Differenzierung hinsichtlich des verpflichteten Adressatenkreises zu treffen. Derartige Regelungen betreffen die allgemeine Berufsausübung sämtlicher Ärzte und können daher nur von den Ländern erlassen werden. Der Regelungsbereich der Sozialversicherung umfasst keine Befugnis zur Regelung der allgemeinen Berufsausübung.[135] Dagegen ist es aber grundsätzlich nicht zu beanstanden, wenn der Bundesgesetzgeber einen ärztlichen Bereitschaftsdienst regelt, der sich exklusiv an die zur vertragsärztlichen Versorgung zugelassenen Ärzte richtet. Denn wie eingangs beschrieben, geht es beim ärztlichen Bereitschaftsdienst darum, die ärztliche Versorgung der Bevölkerung auch zu den sprechstundenfreien Zeiten zu gewährleisten. Dies gilt nicht nur für die ärztliche Versorgung im Allgemeinen, sondern ohne Abstriche im Speziellen auch für die Versorgung gesetzlich Versicherter durch die hierfür zuständigen Vertragsärzte. Eine derartige Regelung verfolgt gerade nicht das Ziel, die Teilnahme aller niedergelassenen Ärzten an einem Bereitschaftsdienst als deren berufliche Pflicht zu regeln – dies ist den Ländern vorbehalten –, sondern bezweckt vielmehr die zeitlich umfassende Sicherstellung der vertragsärztlichen Versorgung. Die Sicherstellung der vertragsärztlichen Versorgung auch außerhalb der gewöhnlichen Öffnungszeiten der Praxen ist daher immanenter Bestandteil des Vertragsarztrechts, welches der Bund kraft seiner Kompetenz aus Art. 74 Abs. 1 Nr. 12 GG zu regeln befugt ist. Folglich muss es ihm auch zustehen, Regelungen über

lysen, Entwicklungen, FS 10 Jahre Arbeitsgemeinschaft Medizinrecht im DAV, Luxenburger/Beeretz/Dahm/Harneit/Ratzel/Schulz-Hillenbrand/Stegers (Hrsg.), S. 389 (391); *Ratzel*, in: Ratzel/Luxenburger (Hrsg.), Handbuch Medizinrecht, S. 64; *Rixen*, VSSR 2007, 213 (225); *Vogt*, Ärztliche Selbstverwaltung im Wandel, S. 611; *Wollersheim*, in: Terbille/Clausen/Schroeder-Printzen, Münchener Anwaltshandbuch Medizinrecht, § 6 Rn. 26; BVerwG, Urt. v. 09.06.1982, 3 C 21/81, Rn. 25 (juris); BSG, Urt. v. 08.03.1998, B 6 KA 23/97 R, Rn. 19 (juris); BVerfG, Urt. v. 27.10.1998, 1 BvR 2306/96, Rn. 166 (juris); VGH Baden-Württemberg, Urt. v. 03.11.1998, 9 S 3399/96, Rn. 19 (juris); kritisch dagegen *Pestalozza*, Kompetentielle Fragen des Entwurfs eines Vertragsarztrechtsänderungsgesetzes (BR-Drs. 353/06), S. 12 ff.; nur mit Einschränkungen zustimmend *Sodan*, Das Verbot kollektiven Verzichts auf die vertragsärztliche Zulassung als Verfassungsproblem, S. 36 ff.

[134] Vgl. *Prehn*, MedR 2015, 560 (564).

[135] *Graml*, Das ärztliche Verbot der Zuweisung gegen Entgelt, S. 81.

einen vertragsärztlichen Bereitschaftsdienstes erlassen zu können.[136] Hierbei ist er nicht auf die reine Finanzierung eines derartigen Dienstes beschränkt, sondern vielmehr auch zu dessen konkreter Einrichtung und Durchführung befugt – Art. 74 Abs. 1 Nr. 12 GG umfasst nicht nur die Kompetenz zur Finanzierung der Sozialversicherung, sondern auch diejenige zur Leistungserbringung.[137]

c) Zwischenergebnis

Sofern sich die Regelungen auf die zur vertragsärztlichen Versorgung zugelassenen Ärzte beschränken, es sich mithin um einen *vertragsärztlichen* Bereitschaftsdienst handelt, ist dem Bund hierfür grundsätzlich eine Kompetenz aus Art. 74 Abs. 1 Nr. 12 GG zuzusprechen. Zwar deckt sich dieses Ergebnis mit der hierzu ergangenen Rechtsprechung.[138] Gänzlich unumstritten ist oder war diese Einordnung allerdings nicht, wie folgende Ausführungen zeigen.

d) Verneinung der Zuständigkeit aufgrund Art. 72 Abs. 2 GG?

So standen etwa *Riedel/Derpa* einer Zuständigkeit des Bundesgesetzgebers insoweit ablehnend gegenüber, als dem Bund nach der damals geltenden Fassung des Art. 72 Abs. 2 GG[139] auch im Bereich des Art. 74 Abs. 1 Nr. 12 GG nur dann eine Kompetenz zustand, wenn dies im gesamtstaatlichen Interesse zur Herstellung gleichwertiger Lebensverhältnisse oder zur Wahrung der Rechts- oder Wirtschaftseinheit erforderlich war und dies für den Bereich des ärztlichen Bereitschaftsdienstes nicht ersichtlich sei.[140] Wenngleich dieser Argumentation im Hinblick auf den damaligen Art. 72 Abs. 2 GG zugestimmt werden kann, läuft sie seit der Neufassung des Art. 72 Abs. 2 GG im Zuge der Förderalismusreform I zum 01.09. 2006 ins Leere. Zwar sind die dort genannten Voraussetzungen zur Bejahung einer Zuständigkeit des Bundes im Bereich der konkurrierenden Gesetzgebung gleichgeblieben. Allerdings muss Art. 74 Abs. 1 Nr. 12 GG mangels Nennung in der ab-

---

[136] Vgl. etwa BSG, Urt. v. 21.11.1972, 6 RKa 41/71, Rn. 9 f. (juris); BVerwG, Urt. v. 09.06. 1982, 3 C 21/81, Rn. 25 (juris); BSG, Urt. v. 28.10.1992, 6 RKa 2/92, Rn. 16 (juris).

[137] *Axer*, in: Kahl/Waldhoff/Walter (Hrsg.), Bonner Kommentar zum Grundgesetz Ordner 15, Art. 74 Nr. 12 GG Rn. 43 f.

[138] Siehe etwa BSG, Urt. v. 21.11.1972, 6 RKa 41/71, Rn. 9 f. (juris); BVerwG, Urt. v. 09.06.1982, 3 C 21/81, Rn. 25 (juris); BSG, Urt. v. 28.10.1992, 6 RKa 2/92, Rn. 16 (juris).

[139] Art. 72 Abs. 2 GG in der vom 15.11.1994 bis 01.09.2006 geltenden Fassung lautete: „Der Bund hat in diesem Bereich das Gesetzgebungsrecht, wenn und soweit die Herstellung gleichwertiger Lebensverhältnisse im Bundesgebiet oder die Wahrung der Rechts- oder Wirtschaftseinheit im gesamtstaatlichen Interesse eine bundesgesetzliche Regelung erforderlich macht."

[140] *Riedel/Derpa*, Kompetenzen des Bundes und der Länder im Gesundheitswesen, S. 66; siehe allgemein zu den Anforderungen des Art. 72 Abs. 2 GG im Hinblick auf Art. 74 Abs. 1 Nr. 12 GG in der damals geltenden Fassung *Rixen*, Sozialrecht als öffentliches Wirtschaftsrecht, S. 298 ff.

schließenden Aufzählung in der heutigen Fassung des Art. 72 Abs. 2 GG diesen Anforderungen nicht mehr genügen,[141] um eine Kompetenz des Bundes bejahen zu können.

e) Verneinung der Zuständigkeit aufgrund speziellerer Kompetenz des Art. 74 Abs. 1 Nr. 19 GG?

Demgegenüber verneinte *Hagedorn* eine Zuständigkeit des Bundes mit dem Argument, dass dem Bund bei der Konkurrenz einer allgemeinen (vorliegend: Recht der Sozialversicherung aus Art. 74 Abs. 1 Nr. 12 GG) und einer spezielleren Gesetzgebungskompetenz (vorliegend: Recht der Zulassung zu den ärztlichen Heilberufen aus Art. 74 Abs. 1 Nr. 19 GG) lediglich letztere zustehe. Nachdem diese aber ausdrücklich nur Berufszulassungsregeln, nicht aber Berufsausübungsregelungen umfasse und die Einrichtung eines ärztlichen Bereitschaftsdienstes keine Zulassungsregelungen darstellten, stünde dem Bund keine entsprechende Kompetenz aus Art. 74 Abs. 1 Nr. 19 GG zu.[142] Aufgrund des soeben dargestellten Vorrangs des Art. 74 Abs. 1 Nr. 19 GG vor Art. 74 Abs. 1 Nr. 12 GG als speziellerem Kompetenztitel sei es aber auch nicht möglich, eine Zuständigkeit des Bundes aus Art. 74 Abs. 1 Nr. 12 GG abzuleiten. Vielmehr sei die Regelung des ärztlichen Bereitschaftsdienstes daher alleinige Angelegenheit der Länder.[143] Diese Argumentation vermag allerdings kaum zu überzeugen.[144] Zwar betrifft der ärztliche Bereitschaftsdienst richtigerweise nicht die Zulassung, sondern die Berufsausübung und fällt daher nicht unter Art. 74 Abs. 1 Nr. 19 GG. Allerdings ist die Sozialversicherung nach Art. 74 Abs. 1 Nr. 12 GG ebenso Gegenstand der konkurrierenden Gesetzgebung wie die Zulassung zu den Heilberufen nach Art. 74 Abs. 1 Nr. 19 GG. Inwieweit in deren Verhältnis eine allgemeinere und eine speziellere Kompetenz zu sehen sein soll, begründet *Hagedorn* nicht und ist auch nicht ersichtlich, da der Bereich der Sozialversicherung als einen seiner Kernbereiche die gesetzliche Krankenversicherung beinhaltet, welche wiederum denknotwendig das Vertragsarztrecht als einen der zentralen Bestandteile der gesetzlichen Krankenversicherung umfasst.[145] Allein aus der Tatsache, dass sich der Adressatenkreis der von den Zu-

---

[141] *Clemens*, in: Quaas/Zuck/Clemens/Gokel, Medizinrecht, § 18 Rn. 34; *Sannwald*, in: Schmidt-Bleibtreu/Hofmann/Henneke, Kommentar zum Grundgesetz, Art. 74 GG Rn. 142; *Schüffner/Schnall*, Hypertrophie des ärztlichen Sozialrechts, S. 17.

[142] So auch – dieser Ansicht allerdings nicht zustimmend, sondern nur deren Folgen darstellend – *Schnitzler*, Das Recht der Heilberufe, S. 202.

[143] *Hagedorn*, NJW 1973, 2262 (2263); zustimmend *Mötzung*, Der ärztliche Notfalldienst in rechtlicher Sicht, S. 82 ff.

[144] So auch, allerdings mit anderer Argumentation *Thomsen*, Der ärztliche Notfalldienst, S. 48.

[145] *Maunz*, in: Maunz/Dürig, Grundgesetz Kommentar, Art. 74 GG Rn. 175; *Wollersheim*, in: Terbille/Clausen/Schroeder-Printzen, Münchener Anwaltshandbuch Medizinrecht, § 6 Rn. 26; BVerwG, Urt. v. 09. 06. 1982, 3 C 21/81, Rn. 25 (juris); VGH Baden-Württemberg, Urt. v. 03. 11. 1998, 9 S 3399/96, Rn. 19 (juris).

lassungsregelungen nach Art. 74 Abs. 1 Nr. 19 GG betroffenen Personen und derjenige der Vertragsärzte als Teil des von Art. 74 Abs. 1 Nr. 12 GG erfassten Vertragsarztrechts überschneidet,[146] kann nicht geschlossen werden, dass die Kompetenz zur Regelung der Zulassung der ärztlichen Heilberufe spezieller sein soll als die Kompetenz zur Regelung der Sozialversicherung. Nur weil Art. 74 Abs. 1 Nr. 19 GG ausdrücklich lediglich die Regelung der Zulassung zu den ärztlichen Heilberufen nennt, bedeutet dies nicht, dass sich aus einem anderen Kompetenztitel des Art. 74 Abs. 1 GG nicht eine weitere die Ärzteschaft, auch die Berufsausübung betreffende Regelungskompetenz ergeben kann.[147] Zwar mag gegenteilige Auffassung im Hinblick auf die gesamte Ärzteschaft noch vertretbar sein; für den Bereich des Vertragsarztwesens kann dies jedoch nicht gelten, da dieser wie beschrieben unter den Regelungsbereich der Sozialversicherung nach Art. 74 Abs. 1 Nr. 12 GG fällt und daher nicht von der Beschränkung der Kompetenz auf die Zulassung erfasst wird.[148] Art. 74 Abs. 1 Nr. 12 GG und Art. 74 Abs. 1 Nr. 19 GG betreffen voneinander unterschiedliche Regelungsbereiche und stehen daher in keinem wie von *Hagendorn* angenommenen Konkurrenzverhältnis. Dass es hierbei dem Bundesgesetzgeber im Rahmen des Art. 74 Abs. 1 Nr. 12 GG dennoch nicht möglich sein kann, einen Bereitschaftsdienst für alle Ärzte zu regeln, steht außer Frage. Warum dem Bund nicht die Kompetenz zur Einrichtung eines *vertragsärztlichen* Bereitschaftsdienstes zustehen sollte, wenn er für den Bereich des Vertragsarztrechtes als Teil der Sozialversicherung zuständig ist, erschließt sich hingegen nicht. Sofern sich die Regelung des Bundes daher auf die Einrichtung eines vertragsärztlichen Bereitschaftsdienstes beschränkt, ist diese – den Sinn des Nebeneinanders von bundes- und landesrechtlicher Kompetenz zur Schaffung eines ärztlichen Bereitschaftsdienstes dahingestellt[149] – kompetenzrechtlich nicht zu beanstanden. Vielmehr wäre die Ablehnung der Zuständigkeit des Bundes – die Argumentation von *Riedel/Derpa* zu Art. 72 Abs. 2 GG in der Fassung vom 15. 11. 1994 bis 01. 09. 2006 aufgreifend – zum damaligen Zeitpunkt insoweit überzeugend gewesen, als bereits in der Fassung des Art. 72 Abs. 2 GG bis zum 15. 11. 1994[150] für die Bejahung der Kompetenz des Bundes Voraussetzungen erforderlich waren, die wohl im Hinblick auf bereits bestehende Regelungen der Länder zum ärztlichen Bereitschaftsdienst zu verneinen gewesen wären. Unabhängig davon, dass *Hagedorn* dieses Argument gar nicht

---

[146] *Martens*, NJW 1970, 494 (494 f.).

[147] *Schnitzler*, Das Recht der Heilberufe, S. 202; vgl. auch *Plantholz*, Funktionelle Selbstverwaltung des Gesundheitswesens im Spiegel der Verfassung, S. 196.

[148] Vgl. *Maunz*, in: Maunz/Dürig, Grundgesetz Kommentar, Art. 74 GG Rn. 218.

[149] Dazu unten, Kap. 1 B. VI.

[150] Art. 72 Abs. 2 GG in der vom 24. 05. 1949 bis 15. 11. 1994 geltenden Fassung lautete: „Der Bund hat in diesem Bereiche das Gesetzgebungsrecht, soweit ein Bedürfnis nach bundesgesetzlicher Regelung besteht, weil 1. eine Angelegenheit durch die Gesetzgebung einzelner Länder nicht wirksam geregelt werden kann oder 2. die Regelung einer Angelegenheit durch ein Landesgesetz die Interessen anderer Länder oder der Gesamtheit beeinträchtigen könnte oder 3. die Wahrung der Rechts- oder Wirtschaftseinheit, insbesondere die Wahrung der Einheitlichkeit der Lebensverhältnisse über das Gebiet eines Landes hinaus sie erfordert."

aufgreift, ist es – wie schon in Bezug auf die Argumentation von *Riedel/Derpa* – im Hinblick auf die heutige Fassung des Art. 72 Abs. 2 GG aber ohnehin gegenstandslos.

f) Verneinung der Zuständigkeit aufgrund eines Vorrangs des allgemeinen Berufsrechts?

Weitaus größeren Bedenken unterliegt die Zuordnung der Materie des vertragsärztlichen Bereitschaftsdienstes unter die Kompetenz des Bundes aus Art. 74 Abs. 1 Nr. 12 GG dagegen aufgrund der Tatsache, dass es sich bei dem ärztlichen Bereitschaftsdienst um ärztliche Berufsausübungsregelungen handelt, für die grundsätzlich eine alleinige Kompetenz der Länder besteht. Im Kern geht es also darum, ob der Bundesgesetzgeber für den Bereich des Bereitschaftsdienstes ausnahmsweise auch Berufsausübungsregelungen treffen darf, obwohl hierfür eigentlich die Länder zuständig sind.[151] Dies ist insoweit problematisch, als insbesondere in der älteren Rechtsprechung des BSG – aber auch von großen Teilen der Literatur – den Regelungen für das allgemeine ärztliche Berufsrecht und damit der Zuständigkeit der Länder ein grundsätzlicher ungeschriebener Vorrang vor denen des Vertragsarztrechts – d. h. der Kompetenz des Bundes aus Art. 74 Abs. 1 Nr. 12 GG – eingeräumt wurde und wird.[152] Schon 1965 sprach das BSG von einer nicht näher begründeten „Gebundenheit der kassenärztlichen Tätigkeit an die Normen des allgemein – ärztlichen Berufsrechts.“[153] Ansatzpunkt für die Begründung eines derartigen Anwendungsvorrangs war (oder ist) die Auslegung derjenigen Vorschriften des SGB V, die das Vertragsarztrecht zum Gegenstand haben, in der Weise, dass der Bundesgesetzgeber mit dem Erlass dieser Vorschriften – letztlich aus Respekt vor dem Landesgesetzgeber – keinesfalls die Regelungen der Länder zur ärztlichen Berufsausübung antasten wolle.[154] Damit wurde dem Bundesgesetzgeber letztendlich unterstellt, unter dem Gesichtspunkt des bundestreuen Verhaltens – welches die Länder nicht nur dem Bund, sondern umgekehrt auch der Bund den Ländern schuldet – seinen Regelungen zum Vertragsarztrecht nur insoweit Geltung verschaffen zu wollen, wie die Materie nicht schon von den Ländern im Rahmen ihrer Zuständigkeit

---

151 Vgl. *Pitschas*, Vertragswettbewerb in der ambulanten Gesundheitsversorgung, S. 62.

152 BSG, Urt. v. 27.10.1987, 6 RKa 34/86, Rn. 20 (juris); BSG, Urt. v. 18.06.1997, 6 RKa 58/96, Rn. 22 (juris); so wohl auch BSG, Urt. v. 20.03.1996, 6 RKa 34/95, Rn. 11 (juris); siehe auch *Axer*, in: Kahl/Waldhoff/Walter (Hrsg.), Bonner Kommentar zum Grundgesetz Ordner 15, Art. 74 Nr. 12 GG Rn. 44; *Peikert*, in: Medizinrecht heute: Erfahrungen, Analysen, Entwicklungen, FS 10 Jahre Arbeitsgemeinschaft Medizinrecht im DAV, Luxenburger/Beeretz/Dahm/Harneit/Ratzel/Schulz-Hillenbrand/Stegers (Hrsg.), S. 389 (391); *Rixen*, Sozialrecht als öffentliches Wirtschaftsrecht, S. 276; *Rixen*, VSSR 2007, 213 (217); *Schnapp/Nolden*, in: Schnapp/Wigge (Hrsg.), Handbuch des Vertragsarztrechts, § 4 Rn. 6; vgl. auch *Riedel/Derpa*, Kompetenzen des Bundes und der Länder im Gesundheitswesen, S. 28.

153 BSG, Urt. v. 28.05.1965, 6 RKa 1/65, Rn. 22 (juris).

154 *Hufen*, Zur verfassungsrechtlichen Beurteilung der Gebietsabgrenzung Hausarzt/Facharzt in § 73 SGB V, S. 10; *Prehn*, MedR 2015, 560 (564).

zur Normierung des allgemeinen Berufsrechts geregelt worden ist.[155] Intention dieser Auslegung des gesetzgeberischen Tätigwerdens des Bundes war es wohl, von vornherein einen sonst unausweichlichen Konflikt der sich gegenüberstehenden Regelungen von Bund und Ländern im Hinblick auf Art. 31 GG zu vermeiden[156] und die Gesetzgebung der Länder zur ärztlichen Berufsausübung vor einer Überlagerung durch vertragsarztrechtliche, auf Art. 74 Abs. 1 Nr. 12 GG gestützte bundesrechtliche Regelungen zu schützen.[157] Nach dem Grundsatz des Vorrangs des allgemeinen Berufsrechts der Länder vor den vertragsärztlichen Regelungen des Bundes erscheint daher diesbezüglich eine restriktive Auslegung des Art. 74 Abs. 1 Nr. 12 GG erforderlich.[158] Konkret bedeutet dies: Stellen Regelungen des Bundes zum Vertragsarztrecht gleichzeitig auch allgemeine, alle Ärzte betreffende Berufsausübungsregelungen dar, sind diese kompetenzrechtlich grundsätzlich unzulässig, da für die allgemeine Berufsausübung den Ländern eine ausschließliche Gesetzgebungskompetenz zukommt. Eine derartige Konstellation trifft auch auf die Einrichtung eines vertragsärztlichen Bereitschaftsdienstes durch den Bund zu.[159] Zwar richten sich diesbezügliche Regelungen speziell an Vertragsärzte, stellen aber kraft Natur der Sache auch Berufsausübungsregelungen dar, die die Vertragsärzteschaft gleichzeitig als Adressaten der Kompetenz der Länder zur Regelung der allgemeinen Berufsausübung betreffen. Aufgrund des Vorrangs des allgemeinen Berufsrechts vor dem Vertragsarztrecht erscheint es daher fraglich, ob der Bund tatsächlich einen vertragsärztlichen Bereitschaftsdienst betreffende Regelungen erlassen darf, da dadurch letztlich bundesrechtliche Vorschriften im Vertragsarztrecht angesiedelt werden, die auch die in die Zuständigkeit der Länder fallende allgemeine Berufsausübung berühren.[160]

---

[155] *Hufen*, Zur verfassungsrechtlichen Beurteilung der Gebietsabgrenzung Hausarzt/Facharzt in § 73 SGB V, S. 10; BT-Drs. 16/2474, S. 38; siehe auch *Prehn*, MedR 2015, 560 (564 f.) sowie *Pitschas*, Vertragswettbewerb in der ambulanten Gesundheitsversorgung, S. 63, der von einem „spezifisch kompetenzielle[n] Übermaßverbot der berufsrechtlichen Regulierung als Annex zu den sozialversicherungsrechtlichen Regulierungsschritten" spricht.

[156] Diese Argumentation greift freilich nur, sofern man – wie vorliegend vertreten – auch den Ländern eine Kompetenz für die Regelung eines ärztlichen Bereitschaftsdienstes zuspricht, da die Regelungen der Länder andernfalls bereits wegen des Verstoßes gegen Kompetenznormen nichtig wären und es keines Rückgriffs auf die Kollisionsregelung des Art. 31 GG bedürfte; siehe etwa *Hellermann*, in: Epping/Hillgruber (Hrsg.), BeckOK Grundgesetz, Art. 31 GG Rn. 5; *Korioth*, in: Maunz/Dürig, Grundgesetz Kommentar, Art. 31 Rn. 1.

[157] *Prehn*, MedR 2015, 560 (564).

[158] *Rixen*, Sozialrecht als öffentliches Wirtschaftsrecht, S. 297.

[159] Das Problem ebenso erkennend *Axer*, in: Kahl/Waldhoff/Walter (Hrsg.), Bonner Kommentar zum Grundgesetz Ordner 15, Art. 74 Nr. 12 GG Rn. 44.

[160] Vgl. *Schnapp/Nolden*, in: Schnapp/Wigge (Hrsg.), Handbuch des Vertragsarztrechts, § 4 Rn. 6.

aa) Hinfälligkeit des Vorrangs des allgemeinen Berufsrechts

Diese Interpretation der bundesgesetzgeberischen Intention beim Erlass der das Vertragsarztrecht betreffenden und dabei das allgemeine Berufsrecht berührenden Normen ist allerdings aus heutiger Sicht nicht mehr mit den Regelungsabsichten des Bundesgesetzgebers vereinbar. Nicht nur geht dieser mittlerweile davon aus, dass ihm die Kompetenz zur eigenständigen Setzung von Berufsausübungsregelungen für Vertragsärzte zusteht, soweit dies als notwendig für das Vertragsarztrecht als Teil des Krankenversicherungssystems zu erachten ist.[161] Er fühlt sich vielmehr bei der Ausübung seiner Gesetzgebungskompetenz aus Art. 74 Abs. 1 Nr. 12 GG nicht mehr an die berufsrechtlichen Vorgaben der Länder gebunden.[162] Darüber hinaus wird ihm gar eine gezielte Ausnutzung des Vertragsarztrechts vorgeworfen, um quasi-berufsrechtliche Regelungen zu erlassen, welche die Regelungen der Länder zum ärztlichen Berufsrecht verdrängen sollen.[163] Der Bundesgesetzgeber scheint damit aus eigener Hand den bisherigen Grundsatz des Vorrangs landesrechtlicher Vorschriften zugunsten eigener bundeseinheitlicher Regelungen aufgegeben zu haben. Das Verhalten des Bundesgesetzgebers steht damit mittlerweile im krassen Gegensatz zur Annahme, der Bund würde seine Regelungen zum Vertragsarztrecht unter Berücksichtigung der Regelungen der Länder zum ärztlichen Berufsrecht erlassen, und kann daher nicht mehr als Begründung für einen Vorrang des allgemeinen Berufsrechts vor dem Vertragsarztrecht herhalten. Damit ist dem Argument zur Begründung des Vorrangs des allgemeinen Berufsrechts jedwede Grundlage entzogen. Die Begründung des gesetzlich nicht normierten Vorrangs des allgemeinen Berufsrechts vor dem Vertragsarztrecht erweist sich zumindest nach heutigem Stand als realitätsfern und ist folglich nur schwer haltbar. Insofern steht dieser damit veraltete Grundsatz der Annahme einer Gesetzgebungskompetenz des Bundes aus

---

[161] BT-Drs. 16/2474, S. 16; siehe auch *Wollersheim*, in: Terbille/Clausen/Schroeder-Printzen, Münchener Anwaltshandbuch Medizinrecht, § 6 Rn. 225; anders – und damit wohl noch im Einklang mit der älteren Rechtsprechung – sah dies dagegen der Bundesrat in seiner Stellungnahme zum VÄndG (BR-Drs. 353/06, S. 6 f.), wenn er davon spricht, dass „das Recht der heilberuflichen Berufsausübung […] ausschließlich den Ländern vorbehalten" sei und der Bund „schon nach dem verfassungsrechtlichen Gebot der Bundestreue gehalten [sei], diese Kompetenzverteilung bei der Normsetzung ausdrücklich zu respektieren".

[162] Siehe hierzu den Referentenentwurf des Bundesministeriums für Gesundheit für ein Gesetz für den Schutz vor Masern und zur Stärkung der Impfprävention, S. 19, abrufbar unter: https://www.bundesgesundheitsministerium.de/fileadmin/Dateien/3_Downloads/Gesetze_und_Verordnungen/GuV/M/Masernschutzgesetz-RefE.pdf (Stand: 18. 10. 2019).

[163] *Prehn*, MedR 2015, 560 (569); *Rixen*, VSSR 2007, 213 (216 f.); *Schüffner/Schnall*, Hypertrophie des ärztlichen Sozialrechts, S. 22; *Sodan*, NZS 2001, 169 (171 f.); *ders.*, NJW 2006, 3617 (3618); vgl. in Bezug auf die Krankenhausplanung *Wollenschläger/Schmidl*, GesR 2019, 542 (544); siehe auch *Deutscher Ärztetag*, Beschlussprotokoll zum 109. Deutschen Ärztetag, S. 5, https://www.bundesaerztekammer.de/fileadmin/user_upload/downloads/Beschluss109DAET.pdf (Stand: 03. 02. 2020), in welchem dem Bundesgesetzgeber eine „Versozialrechtlichung" des Arztbildes vorgeworfen wird.

Art. 74 Abs. 1 Nr. 12 GG zur Regelung des vertragsärztlichen Bereitschafsdienstes nicht (mehr) entgegen.[164]

Dies sieht wohl mittlerweile auch das BSG so, wenn es in seiner jüngeren Rechtsprechung den zuvor behaupteten Vorrang des allgemeinen Berufsrechts nunmehr nicht mehr so stark ins Gewicht nimmt oder gar gänzlich unerwähnt lässt, sondern ganz im Gegenteil davon ausgeht, „dass von einer selbstständigen Bedeutung der Sozialversicherung auszugehen ist, in der eigenständige Regelungen möglich sind [...], die mit denen des ärztlichen Berufsrechts nicht notwendig übereinstimmen."[165] Noch deutlicher gegen einen Vorrang des allgemeinen Berufsrechts gegenüber dem Vertragsarztrecht spricht es sich in seinem Urteil vom 29.01.1997 aus, wenn es zwar grundsätzlich „die Kompetenz zur Regelung des ärztlichen Berufs- und Weiterbildungsrechts [...] den Ländern [...]"[166] zuspricht, aber gerade für den Bereich der gesetzlichen Krankenversicherung einschließlich des Vertragsarztrechts den Bundesgesetzgeber für vorrangig zuständig erklärt:

> „Zur Regelung *ärztlicher Berufsausübung im Rahmen der gesetzlichen Krankenversicherung* ergibt sich hingegen die Gesetzgebungskompetenz des Bundes aus Art 74 Abs 1 Nr 12 GG, wonach er im Rahmen der konkurrierenden Gesetzgebung für die Sozialversicherung zuständig ist. Zu ihr zählt das Recht der gesetzlichen Krankenversicherung einschließlich des zugehörigen Leistungserbringungsrechts, also auch des Kassen- bzw Vertragsarztrechts (einheitlich: Vertragsarztrecht)."[167]

Diese Auffassung wurde insoweit auch vom BVerfG bestätigt, wenn es in Bezug auf die Regelung der §§ 73 Abs. 1 lit. a) bis c) und 95a Abs. 1 bis 3 SGB V eine Kompetenzwidrigkeit mit dem Argument verneint, dass der Sozialversicherung eine selbstständige Bedeutung zukomme, „in der eigenständige Regelungen auf Grundlage ihres Auftrages jederzeit möglich sind."[168] Mit anderen Worten kann der Bundesgesetzgeber nach Ansicht des BVerfG neben Berufsausübungsregelungen der Länder selbstständige Regelungen treffen, sofern sie in Ansehung des Sozialversicherungssystems getroffen werden und sich auf das Vertragsarztrecht beschränken. Von einem Festhalten der Rechtsprechung am Vorrang des allgemeinen Berufsrechts vor den Regelungen des Bundes zum Vertragsarztrecht nach Art. 74 Abs. 1 Nr. 12 GG kann daher keine Rede mehr sein. Ohnehin hat der von der Rechtsprechung selbst begründete Vorrang des allgemeinen Berufsrechts diese in all den Jahren dennoch nie

---

164 Vgl. im Ergebnis *Clemens*, in: Quaas/Zuck/Clemens/Gokel, Medizinrecht, § 18 Rn. 32; *Graml*, Das ärztliche Verbot der Zuweisung gegen Entgelt, S. 84; *Wenner*, Vertragsarztrecht nach der Gesundheitsreform, § 20 Rn. 59.

165 BSG, Urt. v. 28.10.2009, B 6 KA 11/09 R, Rn. 29 (juris); so auch schon BSG, Urt. v. 09.04.2008, B 6 KA 40/07 R, Rn. 27 (juris).

166 BSG, Urt. v. 29.01.1997, 6 RKa 81/95, Rn. 15 (juris).

167 BSG, Urt. v. 29.01.1997, 6 RKa 81/95, Rn. 15 (juris) (Hervorhebungen durch den Verfasser).

168 BVerfG, Beschl. v. 17.06.1999, 1 BvR 2507/97, Rn. 21 (juris).

daran gehindert, die Einrichtung eines vertragsärztlichen Bereitschaftsdienstes der Kompetenz des Bundes zuzusprechen.[169]

Damit ist der lange Zeit geltende Vorrang des allgemeinen Berufsrechts vor den Regelungen des Bundes zum Vertragsarztrecht mittlerweile[170] als obsolet anzusehen[171] oder bedarf jedenfalls unter Berücksichtigung des konkreten Regelungsgegenstands des Vertragsarztrechts einer differenzierteren Betrachtung. Hält man mit guten Gründen den Vorrang des allgemeinen Berufsrechts der Länder daher für überholt, steht der zuvor begründeten Kompetenz des Bundes für die Regelung eines vertragsärztlichen Bereitschaftsdienstes aus Art. 74 Abs. 1 Nr. 12 GG trotz ihres Charakters einer Berufsausübungsregelung nichts entgegen, sofern sie alleine die vertragsärztliche Tätigkeit,[172] also explizit die Aufgaben des Vertragsarztes im System der sozialen Krankenversicherung betrifft,[173] die über das allgemeine ärztliche Berufsrecht hinausgehen.[174] Vielmehr stellt sich damit ganz im Gegenteil die umgekehrte, noch zu erörternde Frage, ob denn nicht die Kompetenz des Bundes zur Regelung des vertragsärztlichen Bereitschaftsdienstes aus Art. 74 Abs. 1 Nr. 12 GG als lex specialis Vorrang vor der Kompetenz der Länder zur Normierung des allgemeinen ärztlichen Berufsrechts genießt.[175]

Doch selbst bei einem grundsätzlichen Festhalten am genannten Vorrang mit jedoch differenzierter Betrachtung insoweit, als für jede Teilmaterie des Regelungsgegenstands des Vertragsarztrechts einzeln festgestellt werden muss, ob diesem eine vorrangige berufsrechtliche Länderregelung entgegensteht, gelangt man im Falle des ärztlichen Bereitschaftsdienstes schlussendlich zu keinem anderen Ergebnis, wie die folgenden Darlegungen zeigen.

---

[169] BSG, Urt. v. 21.11.1972, 6 RKa 41/71, Rn. 9 f. (juris); BVerwG, Urt. v. 09.06.1982, 3 C 21/81, Rn. 25 (juris); BSG, Urt. v. 28.10.1992, 6 RKa 2/92, Rn. 16 (juris).

[170] Falls er denn für den vertragsärztlichen Bereitschaftsdienst jemals überhaupt Geltung besaß, nachdem die Rechtsprechung dessen Kompetenzmäßigkeit wie eben gesehen nie angezweifelt hat; vgl. auch *Rixen*, VSSR 2007, 213 (217), der schon 2007 davon sprach, dass der Vorrang des allgemeinen Berufsrechts „bisher allgemein anerkannt […]" sei.

[171] So auch *Clemens*, in: Quaas/Zuck/Clemens/Gokel, Medizinrecht, § 18 Rn. 32; *Wenner*, Vertragsarztrecht nach der Gesundheitsreform, § 20 Rn. 59; siehe auch *Wollersheim*, in: Terbille/Clausen/Schroeder-Printzen, Münchener Anwaltshandbuch Medizinrecht, § 6 Rn. 225.

[172] *Wollersheim*, in: Terbille/Clausen/Schroeder-Printzen, Münchener Anwaltshandbuch Medizinrecht, § 6 Rn. 225; *Wenner*, Vertragsarztrecht nach der Gesundheitsreform, § 20 Rn. 59.

[173] *Prehn*, MedR 2015, 560 (567).

[174] *Wollersheim*, in: Terbille/Clausen/Schroeder-Printzen, Münchener Anwaltshandbuch Medizinrecht, § 6 Rn. 225.

[175] Hierzu unten, Kap. 1 B. IV.

bb) Bejahung der Bundeskompetenz auch bei Weitergeltung des Vorrangs des allgemeinen Berufsrechts

(1) Begründung einer differenzierteren Betrachtungsweise

Hielte man ausnahmslos am Grundsatz des Vorrangs des allgemeinen Berufsrechts fest, wäre dem Bund die Kompetenz zur Einrichtung eines vertragsärztlichen Bereitschaftsdienstes abzusprechen. In der Konsequenz wäre die nahezu einstimmige Zuordnung des Vertragsarztrechts zur Gesetzgebungskompetenz des Bundes aus Art. 74 Abs. 1 Nr. 12 GG in Bezug auf Berufsausübungsregelungen ohne jeden praktischen Wert, weil die Vertragsärzte als Regelungsadressaten auch stets den allgemeinen Berufsausübungsregeln der Länder unterworfen sind und letztgenannte damit vorrangig wären. Dies hätte aufgrund der danach fehlenden Bundeskompetenz nicht nur die Rechtswidrigkeit sämtlicher Berufsausübungsregelungen, welche die Kassenärztlichen Vereinigungen zur Erfüllung ihres ihnen vom Bundesgesetzgeber nach § 75 Abs. 1b S. 1 SGB V erteilten Sicherstellungsauftrags zum vertragsärztlichen Bereitschaftsdienst getroffen haben, zur Folge, da die Bundesgesetze, auf welche sich die Regelungen der Kassenärztlichen Vereinigungen jeweils stützen, als formell verfassungswidrig zu bewerten wären.[176] Vielmehr wäre der Bund im Allgemeinen seiner Zuständigkeit für das Vertragsarztrecht in beträchtlichem Maße beraubt. Die Einrichtung eines vertragsärztlichen Bereitschaftsdienstes als Teil der gesetzlichen Krankenversicherung und damit des Sozialrechts für den sozialversicherungspflichtigen Teil der Bevölkerung erscheint jedoch schon deshalb geboten, weil es denkbar wäre, dass die Ärztekammern der Länder keinen ausreichenden Bereitschaftsdienst für die gesamte Bevölkerung bereitstellen und folglich die Versorgung der in der gesetzlichen Krankenversicherung versicherten Patienten gefährdet wäre.[177]

Eine Einschränkung des Vorrangs des Berufsausübungsrechts vor dem Vertragsarztrecht erscheint daher fast schon denknotwendig. Natürlich vermag dies im Rahmen einer rechtlichen Untersuchung nur bedingt argumentatives Gewicht zu entfalten. Darüber hinaus ist es aufgrund der grundgesetzlichen Konzeption der Aufteilung der Gesetzgebungszuständigkeiten an Bund und Länder allerdings auch geradezu typisch, dass die Regelung eines Lebensbereiches nicht vollständig nur dem Bund oder nur den Ländern zufällt, sondern vielmehr nach Teilbereichen zwischen dem Bund und den Ländern aufgeteilt ist.[178] Diese Aufteilung der Gesetzgebungskompetenzen gilt dabei im Besonderen für das Gesundheitswesen.[179] Die Unterteilung des ärztlichen Bereitschaftsdienstes in einen vertragsärztlichen Dienst des Bundes und einen berufsrechtlichen Dienst der Länder stellt daher keine

[176] Vgl. in Bezug auf Regelungen zur Krankenhausversorgung *Wollenschläger/Schmidl*, GesR 2019, 542 (548).

[177] *Riedel/Derpa*, Kompetenzen des Bundes und der Länder im Gesundheitswesen, S. 65.

[178] *Höfling*/Rixen, RsDE 2007, 1 (41); *Rixen*, VSSR 2007, 213 (215); *Wollenschläger/Schmidl*, VSSR 2014, 117 (126).

[179] *Wollenschläger/Schmidl*, VSSR 2014, 117 (124).

kompetenzrechtliche Anomalie, sondern ganz im Gegenteil – die Sinnhaftigkeit dieses Nebeneinanders zunächst einmal dahingestellt[180] – vielmehr den Regelfall dar. Des Weiteren erscheint eine zu strenge Handhabung des Vorrangs des allgemeinen Berufsrechts vor dem Vertragsarztrecht auch deshalb nicht geboten, da das Grundgesetz anders als häufig angenommen gerade keine Anhaltspunkte für den Vorrang einer Landesgesetzgebungskompetenz vor einer Zuständigkeit des Bundes hergibt.[181]

(2) Bundeskompetenz auch bei Weitergeltung des Vorrangs des allgemeinen Berufsrechts

Dem Bund ist daher selbst bei der Annahme der Weitergeltung des Vorrangs der allgemeinen Berufsausübungsregeln eine eigenständige Normsetzung zu gestatten, wenn es sich hierbei um Regelungen handelt, die zwar letztlich auch die allgemeine ärztliche Berufsausübung tangieren, jedoch speziell die Aufgaben des Vertragsarztes in der gesetzlichen Krankenversicherung betreffen.[182] Dies gilt jedenfalls dann, wenn die Regelungen des Bundes gegenüber denjenigen der Länder nicht-modifizierend sind, sie also rechtlich gesehen einen bloßen Verweis auf die Regelungen der Länder darstellen, ohne aber eine Änderung in der Sache vorzunehmen.[183] Denn in diesem Fall bleibt es den Landesgesetzgebern bzw. den jeweiligen Ärztekammern weiterhin möglich, Änderungen vorzunehmen, ohne dass es einer Mitwirkung des Bundesgesetzgebers bedarf.[184] Wird letztgenannter hingegen modifizierend tätig, d. h. er erlässt eigenständige Regelungen, ist deren Zulässigkeit davon abhängig zu machen, ob diese berufsrechtseinschränkender oder berufsrechtserweiternder Natur sind.[185] Schränkt die bundesrechtliche Regelung das Berufsrecht ein, treten also eigene Regelungen für Vertragsärzte lediglich neben die berufsrechtlichen Regelungen der Länder und nicht an deren Stelle, lassen letztgenannte also unangetastet,[186] so sind diese kompetenzrechtlich nicht zu beanstanden und folglich zulässig.[187] Grundsätzlich unzulässig sind demgegenüber berufsrechtserweiternde Regelungen des Bundesgesetzgebers, die den Anspruch haben, nicht nur Vertragsärzte als Teil des

---

180 Hierzu unten, Kap. 1 B. VI.

181 *Rixen*, Sozialrecht als öffentliches Wirtschaftsrecht, S. 297.

182 *Rixen*, VSSR 2007, 213 (226); zustimmend *Pitschas*, Vertragswettbewerb in der ambulanten Gesundheitsversorgung, S. 62 und *Prehn*, MedR 2015, 560 (567).

183 *Rixen*, VSSR 2007, 213 (227 f.); *Schüffner/Schnall*, Hypertrophie des ärztlichen Sozialrechts, S. 23; BSG, Urt. v. 18.03.1998, B 6 KA 23/97 R, Rn. 19 (juris); zu einer abweichenden, jedoch im Ergebnis auf das Gleiche hinauslaufenden Abstufung des gesetzgeberischen Tätigwerdens des Bundesgesetzgebers im Bereich der Berufsausübung *Graml*, Das ärztliche Verbot der Zuweisung gegen Entgelt, S. 76 ff.

184 *Schüffner/Schnall*, Hypertrophie des ärztlichen Sozialrechts, S. 23.

185 *Rixen*, VSSR 2007, 213 (227).

186 *Prehn*, MedR 2015, 560 (566).

187 *Rixen*, VSSR 2007, 213 (228 f.) unter Bezugnahme auf BVerfG, Beschl. v. 27.04.2001, 1 BvR 1282/99, Rn. 3 (juris); ferner in Bezug auf das VÄndG in BT-Drs. 16/2474, S. 42.

gesetzlichen Krankenversicherungssystems, sondern darüber hinaus auch alle niedergelassenen Ärzte als Adressaten des Berufsrechts zu treffen und dabei einen Regelungsgehalt aufweisen, der über denjenigen des Berufsrechts der Länder hinausgeht;[188] Regelungen also, die dem Berufsrecht der Länder Normen hinzufügen, welche dieses bisher nicht kannte.[189] In diesem Fall kann sich für den Bund unter engen Voraussetzungen allenfalls eine Annexkompetenz kraft Sachzusammenhang ergeben.[190]

Ob der Bundesgesetzgeber nach der momentanen Kompetenzverteilung des Grundgesetzes zur Einrichtung eines vertragsärztlichen Bereitschaftsdienstes auch bei der Weitergeltung des Vorrangs des allgemeinen Berufsrechts der Länder zuständig ist, hängt folglich zum einen davon ab, ob die bundesrechtlichen Regelungen zum vertragsärztlichen Bereitschaftsdienst speziell die Aufgaben des Vertragsarztes in der gesetzlichen Krankenversicherung betreffen (a) und zum anderen, welcher der eben genannten Regelungsformen diese zuzuordnen sind (b).

(a) Vertragsärztlicher Bereitschaftsdienst als spezielle Aufgabe des Vertragsarztes in der gesetzlichen Krankenversicherung

Zu den Leistungen, auf die Versicherte in der gesetzlichen Krankenversicherung Anspruch haben, gehört insbesondere die ärztliche Versorgung rund um die Uhr. Um diese auch zu den sprechstundenfreien Zeiten zu gewährleisten, hat der Bund in § 75 Abs. 1b S. 1 SGB V den Kassenärztlichen Vereinigungen als Teil ihres Sicherstellungsauftrags auch die Einrichtung eines vertragsärztlichen Bereitschaftsdienstes übertragen. Zwar legt auch das Berufsrecht der Länder allen niedergelassenen Ärzten die Pflicht auf, rund um die Uhr für die Versorgung der Patienten Sorge zu tragen. Die ärztliche Rund-um-die-Uhr-Versorgung ist per se daher keine spezielle Aufgabe des Vertragsarztes gegenüber seinen nicht zur vertragsärztlichen Versorgung zugelassenen Kollegen. Anderes gilt jedoch für die durchgängige Versorgung durch einen *Vertragsarzt.* Diese kann denknotwendig nur durch die Vertragsärzteschaft gewährleistet werden. Da sich die vom Bund erlassene Regelung explizit nur an Vertragsärzte richtet, Nicht-Vertragsärzte[191] dagegen außen vorlässt, stellt die Einrichtung eines *vertragsärztlichen* Bereitschaftsdienstes somit sehr wohl eine spe-

[188] *Rixen*, VSSR 2007, 213 (229).

[189] *Prehn*, MedR 2015, 560 (566).

[190] Siehe hierzu *Graml*, Das ärztliche Verbot der Zuweisung gegen Entgelt, S. 81 ff.; *Hufen*, Zur verfassungsrechtlichen Beurteilung der Gebietsabgrenzung Hausarzt/Facharzt in § 73 SGB V, S. 11 ff.; *Prehn*, MedR 2015, 560 (567); *Rixen*, VSSR 2007, 213 (229 ff.); in Bezug auf § 95b Abs. 1 SGB V auch *Sodan*, Das Verbot kollektiven Verzichts auf die vertragsärztliche Zulassung als Verfassungsproblem, S. 39 f.

[191] Die nicht an der vertragsärztlichen Versorgung teilnehmenden Ärzte werden häufig auch als „Privatärzte" bezeichnet. Aus Gründen der Einheitlichkeit wird im Folgenden auf diese Begriffsbezeichnung verzichtet und stattdessen durchgängig von „Nicht-Vertragsärzten" bzw. „Ärzten ohne Zulassung (zur vertragsärztlichen Versorgung)" gesprochen. Sofern in der Arbeit zitierte gesetzliche Regelungen und gerichtliche Entscheidungen von Privatärzten sprechen, sind damit – soweit nicht anders gekennzeichnet – Nicht-Vertragsärzte gemeint.

zielle Aufgabe des Vertragsarztes in der gesetzlichen Krankenversicherung dar. Denn obgleich sich sowohl die Kompetenz der Länder als auch die des Bundes mit dem Bereich des ärztlichen Bereitschaftsdienstes befassen, fokussieren beide diesen Lebenssachverhalt unter unterschiedlichen Aspekten:[192] Die Länder normieren den Bereitschaftsdienst als besondere Berufsausübungspflicht der niedergelassenen Ärzte, während der Bund mit der Einrichtung eines vertragsärztlichen Bereitschaftsdienstes die ausreichende Versorgung der gesetzlich Krankenversicherten sicherstellen möchte und als Bestandteil der vertragsärztlichen Pflichten begreift. Eine darüber hinausgehende anderweitige Abgrenzung der Kompetenzen verlangt das Grundgesetz gerade nicht.[193]

An diesem Ergebnis vermag auch die Tatsache, dass aufgrund der Teilnahme der großen Mehrheit der niedergelassenen Ärzte an der vertragsärztlichen Versorgung auch der weit überwiegende Teil der Ärzteschaft von bundesrechtlichen Regelungen zum vertragsärztlichen Bereitschaftsdienst erfasst wird und sich diese für viele Ärzte daher faktisch als allgemeine Berufsausübungsregelungen darstellen, nichts zu ändern. Denn zum einen betreffen derartige Regelungen zwar den Großteil, aber eben dennoch nicht die Gesamtheit der niedergelassenen Ärzteschaft; niedergelassene Ärzte, die nicht an der vertragsärztlichen Versorgung teilnehmen, werden von Regelungen des Bundesgesetzgebers zu einem vertragsärztlichen Bereitschaftsdienst gerade nicht erfasst. Von *allgemeinen*, d. h. für alle Ärzte geltenden Berufsausübungsregelungen kann daher schon überhaupt keine Rede sein. Zum anderen sollte für die Frage, ob dem Bund eine Gesetzgebungskompetenz zusteht, nicht die tatsächliche Auswirkung seines gesetzgeberischen Tätigwerdens in der Praxis eine Rolle spielen. Entscheidend muss hierfür vielmehr der normative Gehalt der bundesgesetzlichen Bestimmungen sein.[194] Danach, d. h. die praktischen Auswirkungen ausblendend, ist dem Bund eine Kompetenz zur Normierung eines vertragsärztlichen Bereitschaftsdienstes zuzustehen. Denn mit der Regelung zur Einrichtung und Durchführung eines vertragsärztlichen Bereitschaftsdienstes beschränkt sich der Bundesgesetzgeber ausdrücklich auf den Bereich des Vertragsarztrechts, für welchen ihm eine Kompetenz aus Art. 74 Abs. 1 Nr. 12 GG zuzuschreiben ist. Dass er mit einer derartigen Regelung aufgrund der großflächigen Überschneidung des Adressatenkreises von niedergelassenen und zur vertragsärztlichen Versorgung zugelassenen Ärzten in seiner praktischen Auswirkung faktisch allgemeine Berufsausübungsregelungen erlässt, für die eigentlich die Länder zuständig sind, ist dem bestehenden System der Zweiteilung der Krankenversicherung in einen gesetzlichen und privaten Zweig geschuldet. Ob ein niedergelassener Arzt sich neben den allgemeinen Berufsausübungsregelungen auch den Regelungen des Vertragsarztrechts unterwirft, ist – wirtschaftliche Zwänge einmal außer Acht lassend – darüber hinaus

---

[192] Vgl. im Allgemeinen zu den unterschiedlichen Zielsetzungen von Berufsrecht und Vertragsarztrecht *Montgomery/Hübner/Dörfer/Kreitz/Lehmann*, MedR 2015, 555 (555); *Rompf*, MedR 2015, 570 (570).

[193] *Rixen*, Sozialrecht als öffentliches Wirtschaftsrecht, S. 297.

[194] Vgl. *Rixen*, VSSR 2007, 213 (217).

auch eine freie Entscheidung des jeweiligen Arztes und keine vom Bundesgesetzgeber auferlegte Pflicht. Die Aufteilung in eine gesetzliche und eine private Krankenversicherung, die zu der bereits angesprochenen Überschneidung des Vertragsarztrechts mit dem allgemeinen Berufsausübungsrecht führt, darf daher nicht dazu führen, die Gesetzgebungskompetenzen des Bundes im Rahmen des Vertragsarztrechtes zu beschneiden.

(b) Ausgestaltung des vertragsärztlichen Bereitschaftsdienstes als modifizierende, berufsrechtseinschränkende Regelung

Der Bund verweist in § 75 Abs. 1b S. 1 SGB V nicht etwa bloß auf die Regelungen der Länder, nach deren jeweiligen Heilberufe-Kammergesetzen die Ärztekammern für den Bereitschaftsdienst verantwortlich sind, sondern hat mit der Delegation der Einrichtung und Organisation des vertragsärztlichen Bereitschaftsdienstes auf die Kassenärztlichen Vereinigungen eine eigene, von den Ländern unabhängige und damit modifizierende Regelung geschaffen. Diese hat allerdings nicht den Anspruch, allgemeines Berufsrecht zu regeln, sondern lässt die Regelungen der Länder zum Bereitschaftsdienst für niedergelassene Ärzte – auch wenn sich der Adressatenkreis der Vertragsärzteschaft und derjenige der niedergelassenen Ärzte stark überschneidet – unberührt. Der Bund möchte mit seinen Regelungen zum vertragsärztlichen Bereitschaftsdienst gerade nicht – wie ihm in anderen Fällen durchaus zurecht vorgeworfen wird – die landesrechtlichen Normen zum allgemeinen Berufsrecht ersetzen;[195] es geht für den Regelungsgegenstand des Bereitschaftsdienstes nicht, wie in so vielen anderen diskutierten Fällen,[196] darum, im Verhältnis zum Berufsrecht der Länder Beschränkungen oder Erleichterungen zu schaffen. Vielmehr möchte der Bundesgesetzgeber *neben* einem ärztlichen Bereitschaftsdienst auf berufsrechtlicher Grundlage auch einen vertragsärztlichen Bereitschaftsdienst auf sozialversicherungsrechtlicher Grundlage einrichten, um den eigenen Regelungszwecken des Vertragsarztrechts – vorliegend der Sicherstellung der vertragsärztlichen Versorgung außerhalb der Sprechstundenzeiten – gerecht zu werden.[197] Die hinter der bundesrechtlichen Regelung stehende Intention ist daher grundlegend verschieden zu derjenigen der Länder. § 75 Abs. 1b SGB V tritt mithin nicht an die Stelle der berufsrechtlichen Regelungen, sondern vielmehr neben diese, weshalb das gesetzgeberische Tätigwerden des Bundes darüber hinaus als berufsrechtseinschränkend einzuordnen ist. Die Regelungen des Bundesgesetzgebers ergänzen dabei die Regelungen der Länder zum Bereitschaftsdienst auch nicht,[198] sondern schaffen ein gänzlich neues – im Ergebnis aufgrund desselben sachlichen Regelungsgegenstandes freilich sich häufig ähnelndes – Regelungswerk. Dem Bund kann im Hinblick auf

[195] Vgl. *Graml*, Das ärztliche Verbot der Zuweisung gegen Entgelt, S.78.

[196] Siehe *Ratzel*, in: Ratzel/Luxenburger (Hrsg.), Handbuch Medizinrecht, S. 65.

[197] Vgl. allgemein zur Zulässigkeit von Berufsausübungsregelungen des Bundes i. R. d. Vertragsarztrechts *Rixen*, VSSR 2007, 213 (228).

[198] Wie dies wohl der Regelfall ist, siehe *Prehn*, MedR 2015, 560 (566).

den ärztlichen Bereitschaftsdienst daher nicht vorgeworfen werden, die Gesetzgebung der Länder überformen zu wollen.

(c) Zwischenergebnis

Mit § 75 Abs. 1b S. 1 SGB V hat der Bundesgesetzgeber eine modifizierende, berufsrechtseinschränkende Regelung und damit neben den Bestimmungen der Länder zum ärztlichen Bereitschaftsdienst kompetenzrechtlich zulässige Norm geschaffen. Selbst unter der Annahme eines Vorrangs des allgemeinen Berufsrechts der Länder vor vertragsärztlichen Regelungen des Bundes lässt sich für den ärztlichen Bereitschaftsdienst daher eine Kompetenz des Bundes begründen, da hier insoweit strikt zwischen einem allgemeinen ärztlichen Bereitschaftsdienst und einem sich speziell an Vertragsärzte gerichteten Bereitschaftsdienst zu differenzieren ist, bei denen es sich trotz ihrer sachlichen Nähe um unterschiedliche Regelungsgegenstände handelt. Für letztgenannten steht dem Bund als vertragsarztspezifischem Teil des Arztberufes daher trotz der Zuständigkeit der Länder für die allgemeine ärztliche Berufsausübung eine Regelungskompetenz aus Art. 74 Abs. 1 Nr. 12 GG zu.[199]

cc) Zwischenergebnis

Aufgrund der vorigen Ausführungen wird folglich weder bei einer Ablehnung noch bei einer Annahme der Weitergeltung des Vorrangs des allgemeinen Berufsrechts – jedenfalls unter Zugrundelegung einer differenzierten, einzelfallabhängigen Betrachtungsweise – eine Kompetenz des Bundes für die Regelung eines *vertragsärztlichen* Bereitschaftsdienstes durch von den Ländern erlassene Regelungen zum ärztlichen Bereitschaftsdienst berührt.

2. Zuordnung des vertragsärztlichen Bereitschaftsdienstes zum Kompetenztitel der „Sozialversicherung" i. S. d. Art. 74 Abs. 1 Nr. 12 GG

Nachdem soeben dargelegt wurde, dass der vertragsärztliche Bereitschaftsdienst der Sozialversicherung i. S. d. Art. 74 Abs. 1 Nr. 12 GG und damit der Kompetenz des Bundes zuzuordnen ist, bleibt – wie einleitend schon ausgeführt – zu klären, ob die vom Bund erlassene Regelung zum vertragsärztlichen Bereitschaftsdienst auch tatsächlich der Regelungsmaterie des vertragsärztlichen Bereitschaftsdienstes zugeordnet werden kann. Mit anderen Worten muss § 75 Abs. 1b S. 1 SGB V auch tatsächlich den vertragsärztlichen Bereitschaftsdienst zum Regelungsgegenstand haben. Entscheidend sind hierbei nicht etwa die praktischen Auswirkungen der in Frage stehenden Regelung, sondern vielmehr deren normativer Gehalt.[200] Die Beantwortung dieser Frage gestaltet sich im Gegensatz zu den vorangegangenen

---

199 So auch *Rixen*, VSSR 2007, 213 (225).

200 Vgl. *Rixen*, VSSR 2007, 213 (217).

Ausführungen zu dem grundlegenden Problem, ob der vertragsärztliche Bereitschaftsdienst überhaupt der Bundeskompetenz aus Art. 74 Abs. 1 Nr. 12 GG zuzuordnen ist, weitaus einfacher. Die Regelung des § 75 Abs. 1b S. 1 SGB V findet sich nicht nur im Fünften Buch Sozialgesetzbuch und damit im Normenwerk des Bundes für die Regelung der gesetzlichen Krankenversicherung, sondern spricht darüber hinaus ausdrücklich und exklusiv auch nur von der Regelung des *vertragsärztlichen* Bereitschaftsdienstes:

> Der Sicherstellungsauftrag nach Absatz 1 umfasst auch die vertragsärztliche Versorgung zu den sprechstundenfreien Zeiten (Notdienst), nicht jedoch die notärztliche Versorgung im Rahmen des Rettungsdienstes, soweit Landesrecht nichts anderes bestimmt.

Die Norm lässt sich daher ohne Weiteres unter den weit zu verstehenden Begriff der Sozialversicherung i. S. d. Art. 74 Abs. 1 Nr. 12 GG, der eben auch die Einrichtung eines vertragsärztlichen Bereitschaftsdienstes umfasst, subsumieren.

3. Ergebnis

Zwar handelt es sich bei der Einrichtung eines vertragsärztlichen Bereitschaftsdienstes um Berufsausübungsregelungen, die grundsätzlich in die alleinige Zuständigkeit der Länder fallen. Nach obigen Ausführungen ist daneben allerdings nach der aktuellen Kompetenzverteilung des Grundgesetzes dennoch eine Kompetenz des Bundes zur Regelung eines Bereitschaftsdienstes aus Art. 74 Abs. 1 Nr. 12 GG für den Bereich des Vertragsarztrechts als spezielle vertragsarztrechtliche Berufsausübungsregelung zu bejahen, sofern die hiernach erlassenen Regelungen ausschließlich die zur vertragsärztlichen Versorgung zugelassenen Ärzte betreffen[201] und nicht anstelle, sondern neben den Regelungen der Länder bestehen sollen. Da § 75 Abs. 1b S. 1 SGB V ausdrücklich nur den vertragsärztlichen Bereitschaftsdienst regelt und keinerlei alleinige Geltungshoheit gegenüber den landesrechtlichen Berufsregeln zum Bereitschaftsdienst beansprucht, hält sich der Bundesgesetzgeber an eben genannte Einschränkungen. Daran ändert auch die Tatsache nichts, dass sich die bundesgesetzlichen Regelungen zum vertragsärztlichen Bereitschaftsdienst aufgrund des sich stark überschneidenden Adressatenkreises mit der niedergelassenen Ärzteschaft in ihrer praktischen Auswirkung für den Großteil der Ärzte faktisch als allgemeine Berufsausübungsregelungen darstellen. Die aktuelle bundesgesetzliche Regelung des Bereitschaftsdienstes ist daher zulässig und wird auch nicht durch die Zuständigkeit der Länder zur Regelung der allgemeinen ärztlichen Berufsausübung ausgeschlossen.[202] Hierfür spielt es wie gesehen keine Rolle, ob man den Grundsatz des Vorrangs des allgemeinen Berufsrechts der Länder vor den Regelungen des Vertragsarztrechts als überholt ablehnt oder unter Einschränkungen weitergelten lässt.

---

[201] Regelungen des Bundes, die auch Nicht-Vertragsärzte betreffen, wären hingegen unzulässig, siehe *Graml*, Das ärztliche Verbot der Zuweisung gegen Entgelt, S. 84.

[202] Vgl. BSG, Urt. v. 12.101994, 6 RKa 29/93. Rn. 11 (juris).

III. Ergebnis: „Doppelzuständigkeit" von Bund und Ländern für niedergelassene Vertragsärzte

Damit ergibt sich die aus kompetenzrechtlicher Sicht durchaus ungewöhnliche Konstellation, dass bezüglich der Einrichtung eines ärztlichen Bereitschaftsdienstes letztlich eine weitgehend deckungsgleiche, sprich kumulative[203] Bundes- und Länderkompetenz besteht: Beide Zuständigkeiten haben nicht nur denselben sachlichen Regelungsbereich[204] – die Sicherstellung der ärztlichen Versorgung außerhalb der sprechstundenfreien Zeiten, kurzum den ärztlichen Bereitschaftsdienst – zum Gegenstand, sondern betreffen im Wesentlichen auch den gleichen Adressatenkreis.[205] Denn wenngleich sich die Kompetenz des Bundes aus Art. 74 Abs. 1 Nr. 12 GG und damit die Zuständigkeit der Kassenärztlichen Vereinigungen auf diejenigen Ärzte beschränkt, die nach den §§ 95 f. SGB V zur vertragsärztlichen Versorgung zugelassen sind,[206] erstreckt sich die Länderkompetenz auf alle niedergelassenen Ärzte und damit auch auf die von der Bundeskompetenz erfassten Vertragsärzte, welche den weit überwiegenden Anteil der in Deutschland niedergelassenen Ärzte ausmachen. Infolge dieses „Dualismus von Vertragsarztrecht und Berufsrecht"[207] ergibt sich in Bezug auf die niedergelassene Vertragsärzteschaft hinsichtlich der Einrichtung eines ärztlichen Bereitschaftsdienstes eine „Doppelzuständigkeit" von Bund und Ländern,[208] die zuweilen auch als Kompetenzgemengelage bezeichnet wird.[209] Hierbei darf der Begriff der „Doppelzuständigkeit" jedoch nicht insoweit verstanden werden, als bestünde für den ärztlichen Bereitschaftsdienst tatsächlich eine deckungsgleiche Zuständigkeit von Bund und Ländern. Diese wäre nach der Konzeption der Art. 70 ff. GG nicht zulässig.[210] Vielmehr ergibt sich eine Zuständigkeit des Bundes für den Bereitschaftsdienst der Vertragsärzte, während die Länder für die Einrichtung eines Bereitschaftsdienstes für alle niedergelassenen Ärzte verant-

---

[203] So *Heberer*, Das ärztliche Berufs- und Standesrecht, S. 258.

[204] *Hesral*, in: Schlegel/Voelzke/Engelmann (Hrsg.), juris Praxiskommentar SGB V, § 75 Rn. 102; *Rademacker*, in: Körner/Leitherer/Mutschler/Rolfs (Hrsg.), Kasseler Kommentar Sozialversicherungsrecht, § 75 SGB V Rn. 37; BSG, Urt. v. 28. 10. 1992, 6 RKa 2/92, Rn. 16 (juris).

[205] *Mötzung*, Der ärztliche Notfalldienst in rechtlicher Sicht, S. 73; *Rademacker*, in: Körner/Leitherer/Mutschler/Rolfs (Hrsg.), Kasseler Kommentar Sozialversicherungsrecht, § 75 SGB V Rn. 37.

[206] Siehe zu den Voraussetzungen zur Zulassung zur vertragsärztlichen Versorgung etwa *Hartmannsgruber/Schroeder-Printzen*, in: Ratzel/Luxenburger (Hrsg.), Handbuch Medizinrecht, S. 370 ff.

[207] *Kremer/Wittmann*, Vertragsärztliche Zulassungsverfahren, Rn. 1497.

[208] Vgl. *Riedel/Derpa*, Kompetenzen des Bundes und der Länder im Gesundheitswesen, S. 64.

[209] Siehe *Vogt*, Ärztliche Selbstverwaltung im Wandel, S. 611.

[210] *Degenhart*, in: Sachs (Hrsg.), Grundgesetz Kommentar, Art. 74 Rn. 62; BVerfG, Beschl. v. 28. 11. 1973, 2 BvL 42/71, Rn. 28 (juris); BVerfG, Urt. v. 19. 10. 1982, 2 BvF 1/81, Rn. 150 (juris); BVerfG, Urt. v. 24. 10. 2002, 2 BvF 1/01, Rn. 206 (juris).

wortlich sind. Trotz ihrer weitflächigen Überschneidung handelt es sich um zwei voneinander verschiedene Materien – zum einen den Bereitschaftsdienst als Teil der Sozialversicherung, zum anderen den Bereitschaftsdienst als Teil des ärztlichen Berufsrechts. Dass durch das Nebeneinander der Kompetenzen von Bund und Ländern im Hinblick auf solche niedergelassenen Ärzte, die gleichzeitig zur vertragsärztlichen Versorgung zugelassen sind, großflächige Überschneidungen entstehen und sich hieraus durchaus beträchtliche Probleme insbesondere in der praktischen Ausgestaltung eines ärztlichen Bereitschaftsdienstes ergeben können, ist dabei kein durch die Verteilung der Gesetzgebungskompetenzen verursachter Umstand, sondern vielmehr der in Deutschland bestehenden Zweiteilung der Krankenversicherung in eine gesetzliche und eine private Versicherung geschuldet.

IV. Verhältnis der Zuständigkeiten von Ländern und Bund

Klärungsbedürftig bleibt darüber hinaus jedoch, in welchem Verhältnis die Zuständigkeiten von Bund und Ländern zueinanderstehen. Diese Frage stellt sich jedenfalls insoweit, als sie denselben Adressatenkreis – die niedergelassenen Vertragsärzte – betreffen. Demgegenüber ergeben sich hinsichtlich der übrigen Adressaten – der niedergelassenen Nicht-Vertragsärzte – keine Schwierigkeiten, da dem Bund dahingehend aus Art. 74 Abs. 1 Nr. 12 GG keine Kompetenz erwächst.

1. Subsidiarität des Bereitschaftsdienstes auf länderrechtlicher Grundlage?

Da dem Bund für den Bereitschaftsdienst der Vertragsärzte als Teil des Regelungskomplexes der Sozialversicherung eine Regelungskompetenz aus Art. 74 Abs. 1 Nr. 12 GG zukommt und diese den überwiegenden Teil der niedergelassenen Ärzte ausmachen, für deren Bereitschaftsdienst wiederum eine Zuständigkeit der Länder besteht, könnte man aufgrund der sich daraus ergebenden Tatsache, dass der Regelungsbereich des Bundes insoweit „enger" ist, zu der Schlussfolgerung gelangen, dass der Bereitschaftsdienst der Kassenärztlichen Vereinigungen spezieller sei.[211] Der Bundesgesetzgeber könnte für den Bereich des Bereitschaftsdienstes damit letztlich ein „vertragsärztliches Berufsrecht"[212] schaffen. Als Konsequenz daraus könnte geschlossen werden, dass die Regelungen der Länder zum Bereitschaftsdienst hinsichtlich der niedergelassenen Vertragsärzte subsidiär gegenüber dem vertragsärztlichen Bereitschaftsdienst des Bundes wären. Infolgedessen blieben

---

[211] So *Clemens*, in: Quaas/Zuck/Clemens/Gokel, Medizinrecht, § 18 Rn. 32; vgl. auch BVerwG, Urt. v. 09.06.1982, 3 C 21/81, Rn. 25 (juris); OVG Nordrhein-Westfalen, Urt. v. 22.06.2009, 13 A 3775/66, Rn. 22 (juris).

[212] *Kremer/Wittmann*, Vertragsärztliche Zulassungsverfahren, Rn. 1497.

den Ländern nur noch die niedergelassenen Nicht-Vertragsärzte als Regelungsadressaten ihres Bereitschaftsdienstes erhalten.

2. Nebeneinander der Zuständigkeiten

Zwar ist es richtig, dass Art. 74 Abs. 1 Nr. 12 GG bezüglich der Vertragsärzte im Vergleich zur Zuständigkeit der Länder zur Regelung der ärztlichen Berufsausübung die speziellere Gesetzgebungskompetenz darstellt. Dies bedeutet allerdings nicht, dass dadurch die Gesetzgebungskompetenz der Länder für die allgemeinen ärztlichen Berufsausübungsregelungen verdrängt werden.[213] Vielmehr bleibt damit auch die Befugnis der Ärztekammern bestehen, in den Regelungsbereich ihres Bereitschaftsdienstes auch diejenigen niedergelassenen Ärzte einzubeziehen, die zugleich zur vertragsärztlichen Versorgung zugelassen sind. Ein in eigener Praxis tätiger Arzt bleibt auch nach seiner Zulassung zur vertragsärztlichen Versorgung ein niedergelassener Arzt, für den kraft seiner Niederlassung die von den Ländern gemäß ihrer Zuständigkeit nach den Art. 30 und Art. 70 GG aufgestellten Berufsausübungsregelungen gelten. Für eine gegenteilige Auffassung finden sich weder normative Anhaltspunkte in den Art. 70 ff. GG, noch ist ein entsprechender gesetzgeberischer Wille erkennbar. Denn der Bundesgesetzgeber zielt mit der Normierung eines vertragsärztlichen Bereitschaftsdienstes wie dargestellt gerade nicht darauf ab, die Regelungen der Länder zu ersetzen, sondern stellt diese vielmehr als spezielles Regelwerk für die Vertragsärzteschaft *neben* die berufsrechtlichen landesrechtlichen Regelungen. Es existiert für den ärztlichen Bereitschaftsdienst daher kein Hierarchieverhältnis i. S. d. Art. 31 GG, wonach die bundesrechtlichen die landesrechtlichen Regelungen brechen würden und letztere in der Folge als nichtig anzusehen wären.[214] Die Regelungen der Kassenärztlichen Vereinigungen und der Ärztekammern stehen daher in keinem Konkurrenzverhältnis der Subsidiarität bzw. Spezialität,[215] sondern gelten neben- und unabhängig voneinander.[216] Treffend erscheint daher auch die gelegentlich in diesem Zusammenhang verwendete Bezeichnung als

---

[213] *Montgomery/Hübner/Dörfer/Kreitz/Lehmann*, MedR 2015, 555 (559); OVG Nordrhein-Westfalen, Urt. v. 22.06.2009, 13 A 3775/66, Rn. 22 (juris); kritisch auch in Bezug auf zulässige Rechtsformen von MVZ nach Bundesrecht im Verhältnis zum allgemeinen Berufsrecht der Länder *Ziermann*, MedR 2004, 540 (541).

[214] Vgl. hierzu allgemein zum Verhältnis von Berufs- und Vertragsarztrecht *Prehn*, MedR 2015, 560 (566); siehe auch SG Dresden, Beschl. v. 27.01.2009, S 11 KA 46/08, Rn. 22 (juris). Die Verdrängung des ärztlichen Berufsrechts unter Verweis auf *Huber*, in: Sachs (Hrsg.), Grundgesetz Kommentar, Art. 31 Rn. 18 dagegen bejahend *Graml*, Das ärztliche Verbot der Zuweisung gegen Entgelt, S. 75.

[215] So auch BSG, Urt. v. 21.11.1972, 6 RKa 41/71, Rn. 10 (juris); vgl. auch VGH Baden-Württemberg, Urt. v. 03.11.1998, 9 S 3399/96, Rn. 19 (juris).

[216] *Lippert*, in: Ratzel/Lippert, Kommentar zur Musterberufsordnung der Ärzte (MBO), § 26 Rn. 10; OVG Nordrhein-Westfalen, Beschl. v. 22.06.2009, 13 A 3775/06, Rn. 22 (juris); so wohl auch *Bahner*, Recht im Bereitschaftsdienst, S. 21; vgl. auch *Montgomery/Hübner/Dörfer/Kreitz/Lehmann*, MedR 2015, 555 (559); *Rixen*, VSSR 2007, 213 (229).

Kompetenzgemengelage.[217] Darüber hinaus kann dies – wie das BSG in seinem Urteil vom 28. 10. 1992 zutreffend ausführt – ohnehin häufig offen gelassen werden, da sich in der Praxis in zahlreichen Bundesländern das System einer gemeinsamen Bereitschaftsdienstordnung von Kassenärztlicher Vereinigung und Ärztekammer etabliert hat und sich die eben behandelte Fragestellung eines etwaigen Konkurrenzverhältnisses aufgrund der gemeinsamen Regelung daher jedenfalls in der praktischen Ausführung gar nicht stellt.[218]

V. Konsequenzen der sich überschneidenden Zuständigkeiten

Soweit sich wie gesehen die Zuständigkeiten der Kassenärztlichen Vereinigungen und Ärztekammern überschneiden – d. h. in Bezug auf die niedergelassenen Vertragsärzte – hat dies Auswirkungen einschließlich der damit einhergehenden Folgeproblematiken auf zahlreiche Bereiche des Regelungskomplexes des ärztlichen Bereitschaftsdienstes, welche im weiteren Gang der Untersuchung noch Beachtung finden werden. So wirkt sich die „Doppelzuständigkeit" von Kassenärztlicher Vereinigung und Ärztekammer für die niedergelassenen Vertragsärzte unter anderem auf die Organisationsformen der Bereitschaftsdienstordnungen,[219] die Teilnahmeverpflichtung der Vertragsärzte,[220] die Zuständigkeit für die Heranziehung zum Bereitschaftsdienst[221] und die Frage des richtigen Rechtswegs im Streitfall[222] aus.

VI. Plädoyer für alleinige Kompetenz der Länder oder des Bundes

Wenngleich das derzeitige Modell weder kompetenzrechtlich noch im Hinblick auf die „Doppelzuständigkeit" für die niedergelassenen Vertragsärzte zu beanstanden ist, lässt sich demgegenüber die Sinnhaftigkeit der momentanen Regelung durchaus in Zweifel ziehen. Unabhängig von noch zu erörternden rechtlichen Fragestellungen sorgt nämlich das Nebeneinander der Bundes- und Länderkompetenz dafür, dass sowohl die Kassenärztlichen Vereinigungen als auch die Ärztekammern zur Erfüllung ihres vom Bund bzw. den Ländern übertragenen Auftrags jeweils die hierfür notwendige Infrastruktur schaffen müssen, die aufgrund desselben sachlichen Regelungsgegenstandes nahezu identisch ist. Die dadurch entstehenden Doppel-

---

[217] Siehe *Vogt*, Ärztliche Selbstverwaltung im Wandel, S. 611.

[218] BSG, Urt. v. 28. 10. 1992, 6 RKa 2/92, Rn. 16 (juris).

[219] Kap. 1 C. II. 4.

[220] Kap. 2 B. I. 3. c) ee) (1).

[221] Kap. 2 F.

[222] Kap. 2 G.

strukturen sorgen dabei für einen unnötig hohen Kosten- und Verwaltungsaufwand, der – ohne ins Detail zu gehen – jedenfalls schwerlich dem Wirtschaftlichkeitsgebot in der gesetzlichen Krankenversicherung[223] entsprechen kann. Nicht umsonst bestehen daher bereits in zahlreichen Bundesländern nicht mehr zwei getrennte, sondern eine gemeinsame Bereitschaftsdienstordnung der Kassenärztlichen Vereinigungen und Ärztekammern. Zwar stellen diese durch den Abbau ineffizienter Doppelstrukturen durchaus ein probates Mittel dar, den zweispurigen Kosten- und Verwaltungsaufwand zu senken. Allerdings geht die gemeinsame Organisation einer Bereitschaftsdienstordnung auch mit einigen rechtlichen Problemen einher, weshalb es auf lange Sicht sinnvoller erscheint, die Organisation des Bereitschaftsdienstes durch eine alleinige Zuständigkeit des Bundes oder der Länder zu ersetzen.[224]

VII. Fazit

Für die Einrichtung eines ärztlichen Bereitschaftsdienstes steht sowohl dem Bund als auch den Ländern eine Gesetzgebungskompetenz zu. Hiervon haben beide durch entsprechende Regelungen Gebrauch gemacht. Zu beachten ist hierbei allerdings, dass dem Bund und damit den kassenärztlichen Vereinigungen aus Art. 74 Abs. 1 Nr. 12 GG lediglich eine Zuständigkeit im Hinblick auf die Gruppe der Vertragsärzte zusteht, während die Zuständigkeit der Länder und folglich der Ärztekammern alle niedergelassenen Ärzte erfasst und insofern weiterreicht. Bezüglich der niedergelassenen Ärzteschaft, die gleichzeitig zur vertragsärztlichen Versorgung zugelassen ist, besteht hierbei die kompetenzrechtliche Besonderheit des Nebeneinanders der Zuständigkeit von Bund und Ländern und damit der Kassenärztlichen Vereinigungen und Ärztekammern. Weder diese „Doppelzuständigkeit", noch die Ableitung der Bundeskompetenz aus Art. 74 Art. 1 Nr. 12 GG sind hierbei rechtlich zu beanstanden. Aus ökonomischer Perspektive kann das derzeitige Modell allerdings insoweit nicht überzeugen, als die durch das Nebeneinander der Zuständigkeiten für niedergelassene Vertragsärzte bestehenden Doppelstrukturen zu einem unnötig hohen Kosten- und Verwaltungsaufwand führen. Mit der Schaffung zahlreicher gemeinsamer Bereitschaftsdienstordnungen ist bereits ein erster Schritt getan.[225] Für

---

[223] Zum Wirtschaftlichkeitsgebot ausführlich *Neugebauer*, Das Wirtschaftlichkeitsgebot in der gesetzlichen Krankenversicherung.

[224] So auch *Hagedorn*, NJW 1973, 2262 (2263); *Riedel/Derpa*, Kompetenzen des Bundes und der Länder im Gesundheitswesen, S. 66. Angesichts der Tatsache, dass die vom Bundesministerium für Gesundheit geplante Reform der Notfallversorgung nach dem Referentenentwurf v. 08.01.2020 (abrufbar unter: https://www.bundesgesundheitsministerium.de/fileadmin/Dateien/3_Downloads/Gesetze_und_Verordnungen/GuV/N/Referentenentwurf_zur_Reform_der_Notfallversorgung.pdf (Stand: 06.02.2020)) diesbezüglich keine Änderungen vorsieht, erscheint eine alleinige Zuständigkeit allerdings in mittelbarer Zukunft unwahrscheinlich.

[225] *Schuler-Harms/Isbarn*, in: Berchtold/Huster/Rehborn (Hrsg.), Nomos Kommentar Gesundheitsrecht SGB V und SGB XI, § 75 SGB V Rn. 42.

eine noch weitergehende Einsparung finanzieller und zeitlicher Ressourcen empfiehlt es sich jedoch, die Einrichtung des Bereitschaftsdienstes künftig nur noch den Ländern oder dem Bund zu überlassen, was allerdings angesichts der vom Bundesministerium für Gesundheit angedachten Reform der Notfallversorgung,[226] in welcher von einer alleinigen Kompetenz nicht die Rede ist, in naher Zukunft allem Anschein nach nicht Realität werden wird.

C. Die rechtliche Ausgestaltung und Organisation des ärztlichen Bereitschaftsdienstes

Zum Abschluss dieses Kapitels soll noch ein Blick auf die rechtliche Ausgestaltung und Organisation des ärztlichen Bereitschaftsdienstes geworfen werden.

I. Ermächtigung zur Einrichtung eines Bereitschaftsdienstes

Diese Aufgabe wird seit der Verrechtlichung des Bereitschaftsdienstes von den Kassenärztlichen Vereinigungen und Ärztekammern wahrgenommen. Hierzu bedürfen diese allerdings jeweils auch einer ausreichenden Ermächtigungsgrundlage.

1. Ermächtigung der Kassenärztlichen Vereinigungen zur Einrichtung eines vertragsärztlichen Bereitschaftsdienstes

Lange Zeit war strittig, ob die Ermächtigung der Kassenärztlichen Vereinigungen zur Einrichtung eines vertragsärztlichen Bereitschaftsdienstes durch den Bundesgesetzgeber auf einer ausreichenden gesetzlichen Grundlage beruhte. Die Problematik rührte daher, dass § 386n Abs. 1 RVO a.F. – die „Vorgängerversion" des heutigen § 75 Abs. 1 SGB V – den Kassenärztlichen Vereinigungen zwar den Auftrag zur Sicherstellung der ärztlichen Versorgung übertrug, dabei allerdings nicht ausdrücklich die Einrichtung eines vertragsärztlichen Bereitschaftsdienstes miteinschloss. Dennoch wurde eine diesbezügliche Ermächtigung der Kassenärztlichen Vereinigungen insbesondere vom BSG anerkannt und neben dem eben genannten § 386n Abs. 1 RVO a.F. auch auf § 6 Abs. IV BMV-Ä über die Sicherstellung eines Bereitschaftsdienstes gestützt.[227] An dieser Auffassung hielt das Gericht auch nach

[226] Siehe den Referentenentwurf v. 08.01.2020, abrufbar unter: https://www.bundesgesundheitsministerium.de/fileadmin/Dateien/3_Downloads/Gesetze_und_Verordnungen/GuV/N/Referentenentwurf_zur_Reform_der_Notfallversorgung.pdf (Stand: 06.02.2020).

[227] BSG, Urt. v. 19.10.1971, 6 RKa 24/70, Rn. 12 (juris); BSG, Urt. v. 21.11.1972, 6 RKa 41/71, Rn. 9 (juris); BSG, Urt. v. 07.10.1976, 6 RKa 5/76, Rn. 7 (juris).

dem Facharztbeschluss des BVerfG[228] fest. Während das BVerwG in Anlehnung an die Rechtsprechung des BVerfG nunmehr verlangte, dass gesetzliche Bestimmungen der Ärztekammern über den Bereitschaftsdienst als Berufsausübungsregelungen mit erheblicher Eingriffsintensität in die Berufsfreiheit der Ärzte einer hinreichend bestimmten gesetzlichen Grundlage bedürften,[229] sah das BSG das Bestehen einer entsprechenden Ermächtigungsgrundlage für die Kassenärztlichen Vereinigungen weiter nicht als erforderlich an.[230] Zur Begründung führte es aus, dass sich der Vertragsarzt durch seine Zulassung freiwillig einem öffentlich-rechtlichen Versorgungssystem unterworfen habe und die Teilnahme am Bereitschaftsdienst lediglich eine in dieser Zulassung enthaltene Sozialbindung der vertragsärztlichen Berufsausübung sei.[231] Daher bedürfe es – im Gegensatz zu der entsprechenden Regelung eines Bereitschaftsdienstes durch die Ärztekammern – im Rahmen des Vertragsarztrechts keiner ausdrücklichen gesetzlichen Ermächtigungsgrundlage der Kassenärztlichen Vereinigungen zur Einrichtung eines Bereitschaftsdienstes. Wenngleich diese nicht unumstrittene Begründung[232] im Rahmen der Teilnahmepflicht noch von einiger Relevanz sein wird,[233] hatte die Problematik jedenfalls in Bezug auf die Anforderungen an eine hinreichend bestimmte gesetzliche Grundlage für die Einrichtung eines Bereitschaftsdienstes bereits kurze Zeit später erheblich an Bedeutung verloren, da zum 01.01.1977 § 386n Abs. 3 RVO n. F. eingefügt wurde, der nunmehr ausdrücklich die Einrichtung eines vertragsärztlichen Bereitschaftsdienstes in den Sicherstellungsauftrag der Kassenärztlichen Vereinigungen einbezog. Infolgedessen erkannte auch das BVerwG die bestehenden Regelungen als ausreichende gesetzliche Ermächtigungsgrundlage für die Schaffung eines Bereitschaftsdienstes durch die Kassenärztlichen Vereinigungen an.[234]

Auch nach heutiger Gesetzeslage hat der Bundesgesetzgeber von der ihm zustehenden Gesetzgebungskompetenz Gebrauch gemacht und in § 75 Abs. 1b S. 1 SGB V die Einrichtung eines vertragsärztlichen Bereitschaftsdienstes ausdrücklich dem den Kassenärztlichen Vereinigungen obliegenden – in Abgrenzung zum allgemeinen Sicherstellungsauftrag der Ärzte, Zahnärzte, Psychotherapeuten, Medizinischen Versorgungszentren[235] und Krankenkassen nach § 72 Abs. 1 S. 1 SGB V –

[228] BVerfG, Beschl. v. 09.05.1972, 1 BvR 518/62, NJW 1972, 1504 ff.

[229] BVerwG, Urt. v. 12.12.1972, I C 30.69, NJW 1973, 576 (577).

[230] Anders dagegen etwa *Hagedorn*, NJW 1973, 2262 (2262); *Mötzung*, Der ärztliche Bereitschaftsdienst in rechtlicher Sicht, S. 74 ff.

[231] BSG, Urt. v. 15.09.1977, 6 RKa 8/77, Rn. 28 (juris); BSG, Urt. v. 15.09.1977, 6 RKa 12/77, Rn. 20 (juris).

[232] Kritisch etwa *Hänlein*, Rechtsquellen im Sozialversicherungsrecht, S. 318; *ders.*, VSSR 1993, 169 (197); *Mötzung*, Der ärztliche Bereitschaftsdienst in rechtlicher Sicht, S. 74 ff.

[233] Siehe unten, Kap. 2 A. II.

[234] BVerwG, Urt. v. 90.06.1982, 3 C 21/81, Rn. 25 (juris).

[235] Medizinische Versorgungszentren werden im Fließtext im Folgenden mit der gängigen Bezeichnung MVZ abgekürzt.

besonderen Sicherstellungsauftrag[236] zugewiesen. Damit obliegt es den 17 Kassenärztlichen Vereinigungen,[237] in ihrem jeweiligen Zuständigkeitsbereich[238] für die Einrichtung und den Bestand eines vertragsärztlichen Bereitschaftsdienstes zu sorgen. Hieran wird auch die im Zuge der geplanten Reform der Notfallversorgung vom Referentenentwurf vom 08.01.2020[239] beabsichtigte Neufassung des § 75 Abs. 1b S. 1 SGB nichts ändern, da nach diesem zwar der „Sitzdienst" durch sog. Integrierte Notfallzentren ersetzt werden soll, die Kassenärztlichen Vereinigungen aber neben den weiter bestehenden und nunmehr sogar ausdrücklich genannten „telemedizinischen" und „aufsuchenden" Bereitschaftsdiensten auch für die Leitung der Integrierten Notfallzentren zuständig sein sollen und damit weiterhin eine ausreichende Rechtsgrundlage für die Einrichtung eines Bereitschaftsdienstes bestehen wird.

2. Ermächtigung der Ärztekammern zur Einrichtung eines ärztlichen Bereitschaftsdienstes

Analog zur bundesgesetzlichen Ermächtigung der Kassenärztlichen Vereinigungen ist es fraglich, ob die Heilberufe-Kammergesetze der Länder jeweils eine ausreichende Ermächtigungsgrundlage für die Einrichtung eines ärztlichen Bereitschaftsdienstes durch die Ärztekammern beinhalten. Im Gegensatz zur Rechtsprechung des BSG bezüglich des vertragsärztlichen Bereitschaftsdienstes der Kassenärztlichen Vereinigungen urteilte das BVerwG in Anlehnung an den Facharztbeschluss des BVerfG[240] insbesondere in Bezug auf die Teilnahmepflicht am ärztlichen Bereitschaftsdienst, dass die Verpflichtung der niedergelassenen Ärzte zur Teilnahme nicht bereits aus ihrer Zugehörigkeit zur Ärztekammer folge. Vielmehr stelle die Teilnahme am Bereitschaftsdienst eine über die sich aus der Zugehörigkeit zur Ärztekammer ergebende Pflicht dar, die als Berufsausübungsregelung mit erheblicher Eingriffsintensität in die Berufsfreiheit der Ärzte einer hinreichend bestimmten gesetzlichen Grundlage bedürfe.[241] Nichts anderes kann damit konsequenterweise auch für die Befugnis der Ärztekammern gelten, den Bereitschaftsdienst überhaupt regeln zu können. Die bloße Ermächtigung der Ärztekammern in den Heilberufe-

---

[236] *Legde*, in: Hänlein/Schuler (Hrsg.), Lehr- und Praxiskommentar Sozialgesetzbuch V, § 75 SGB V Rn. 1; *Schneider*, Handbuch des Kassenarztrechts, Rn. 316.

[237] Mit Ausnahme von Nordrhein-Westfalen, welches in zwei Kassenärztliche Vereinigungen aufgeteilt ist (KV Nordrhein und KV Westfalen-Lippe), existiert pro Bundesland eine Kassenärztliche Vereinigung.

[238] Zuständigkeitsbereich einer Kassenärztlichen Vereinigung ist das jeweilige Bundesland. Eine Ausnahme ergibt sich wiederum für Nordrhein-Westfalen, in welchem die Zuständigkeit unter der KV Nordrhein und der KV Westfalen-Lippe aufgeteilt ist.

[239] Abrufbar unter: https://www.bundesgesundheitsministerium.de/fileadmin/Dateien/3_Downloads/Gesetze_und_Verordnungen/GuV/N/Referentenentwurf_zur_Reform_der_Notfall versorgung.pdf (Stand: 06.02.2020).

[240] BVerfG, Beschl. v. 09.05.1972, 1 BvR 518/62, NJW 1972, 1504 (1505).

[241] BVerwG, Urt. v. 12.12.1972, I C 30.69, NJW 1973, 576 (577); zu den rechtlichen Anforderungen an die Teilnahmepflicht siehe noch ausführlich unten, Kap. 2 A. I.

Kammergesetzen der Länder zum Erlass einer Berufsordnung kann demnach nicht als ausreichend angesehen werden. Vielmehr ist eine explizite Ermächtigung der Ärztekammern zur Einrichtung eines Bereitschaftsdienstes erforderlich.[242] Ob eine solche für alle Ärztekammern besteht, ist noch an anderer Stelle zu klären.[243]

II. Die rechtliche Ausgestaltung des ärztlichen Bereitschaftsdienstes durch die Ärztekammern und Kassenärztlichen Vereinigungen

Nachdem soeben dargelegt wurde, dass sowohl dem Bund als auch den Ländern eine Gesetzgebungskompetenz für die Einrichtung eines ärztlichen Bereitschaftsdienstes zusteht und beide zur Erfüllung dieser Aufgabe Körperschaften des öffentlichen Rechts – namentlich die Kassenärztlichen Vereinigungen respektive Ärztekammern – ermächtigt haben, ist nunmehr darzustellen, wie die beiden Körperschaften ihren jeweiligen Auftrag umgesetzt haben. Auch hier ergeben sich – der eben aufgezeigten „Doppelzuständigkeit“ geschuldet – zahlreiche Überschneidungen. Zunächst soll jedoch ein Blick auf die jeweiligen Regelungsformen geworfen werden, auf denen die Einrichtung und Sicherstellung der ärztlichen Bereitschaftsdienste von Kassenärztlichen Vereinigungen und Ärztekammern beruhen.

1. Die Regelung des Bereitschaftsdienstes durch die Ärztekammern

Die Ärztekammern sind kraft der ihnen als Körperschaften des öffentlichen Rechts[244] zukommenden Satzungsautonomie befugt, den Bereitschaftsdienst als autonomes Recht, mithin auch in Satzungsform, zu regeln.[245] Ermächtigungsgrundlage hierfür stellt das jeweilige Heilberufe-Kammergesetz dar,[246] welches den Bereitschaftsdienst aber lediglich in seinen Grundzügen regelt[247] und dessen genauere Ausgestaltung vielmehr den Ärztekammern überlässt. Die diesbezüglich von den Ärztekammern erlassenen Bestimmungen finden sich hierbei sowohl in den jeweiligen Berufs- als auch den speziell hierfür erlassenen – im Folgenden in

[242] Vgl BVerwG, Urt. v. 12.12.1972, I C 30.69, NJW 1973, 576 (577).

[243] Siehe ausführlich für jede einzelne Ärztekammer die jeweiligen Ausführungen in Kap. 3.

[244] Vgl. exemplarisch Art. 10 Abs. 1 S. 3 HKaG-BY in Bezug auf die Ärztekammer Bayern: „Sie ist eine Körperschaft des öffentlichen Rechts.“

[245] Vgl. *Igl*, in: Igl/Welti (Hrsg.), Gesundheitsrecht, § 13 Rn. 2; *Lippert*, in: Ratzel/Lippert, Kommentar zur Musterberufsordnung der Ärzte (MBO), Einleitung Rn. 3; *Mötzung*, Der ärztliche Notfalldienst in rechtlicher Sicht, S. 21.

[246] Ob alle Landesgesetzgeber tatsächlich eine ausreichende Ermächtigungsgrundlage geschaffen haben, sei noch an anderer Stelle zu klären. Siehe hierzu ausführlich für jede einzelne Ärztekammer die jeweiligen Ausführungen in Kap. 3.

[247] *Schüffner/Schnall*, Hypertrophie des ärztlichen Sozialrechts, S. 19.

Übereinstimmung mit der hier präferierten Bezeichnung des Dienstes als Bereitschaftsdienst einheitlich benannten – Bereitschaftsdienstordnungen.

a) Regelung des Bereitschaftsdienstes in der Berufsordnung

Die in den Berufsordnungen der einzelnen Ärztekammern getroffenen Regelungen zum Bereitschaftsdienst sind Bestandteil der beruflichen Pflichten der niedergelassenen Ärzte,[248] die sich durch ihre Approbation und der damit verbundenen Pflichtmitgliedschaft in der Ärztekammer deren Regelungsgewalt unterworfen haben.[249] Zur Gewährleistung eines bundesweit möglichst einheitlichen Berufsrechts[250] hat der Deutsche Ärztetag die Musterberufsordnung für die deutschen Ärztinnen und Ärzte beschlossen. Danach zählt auch die Teilnahme am ärztlichen Bereitschaftsdienst zu den Berufspflichten eines jeden niedergelassenen Arztes, wie § 26 MBO-Ä zeigt:

> Ärztinnen und Ärzte sind nach Maßgabe der Kammer- und Heilberufsgesetze der Länder und der auf ihrer Grundlage erlassenen Satzungen zur Teilnahme am Notfall- bzw. Bereitschaftsdienst verpflichtet.

Bei der Musterberufsordnung handelt es sich allerdings lediglich um einen unverbindlichen Vorschlag des ohne eigene Rechtsetzungskompetenz ausgestatteten[251] Deutschen Ärztetages – der Hauptversammlung der Bundesärztekammer,[252] die wiederum eine nicht-rechtsfähige, privatrechtliche Arbeitsgemeinschaft der Ärztekammern darstellt – zur Ausgestaltung der Reglungen durch die Ärztekammern.[253] Daher kommt der Musterberufsordnung weder eine unmittelbare rechtliche Wirkung zu, noch sind die Ärztekammern verpflichtet, deren Normtext zu übernehmen.[254] Verbindliche Rechtswirkung entfalten vielmehr erst die jeweiligen Berufsordnungen der Ärztekammern,[255] die diese im Rahmen ihres Satzungsrechts erlassen.[256] Dort haben alle Ärztekammern ausnahmslos in § 26 ihrer jeweiligen Berufsordnung den ärztlichen Bereitschaftsdienst geregelt.[257] Diese stimmen inhaltlich mit der Mus-

---

[248] *Wollersheim*, in: Terbille/Clausen/Schroeder-Printzen, Münchener Anwaltshandbuch Medizinrecht, § 6 Rn. 175.

[249] *Fahlbusch*, Ambulante ärztliche Behandlung in Europa, S. 54.

[250] *Heberer*, Das ärztliche Berufs- und Standesrecht, S. 266; *Igl*, in: Igl/Welti (Hrsg.), Gesundheitsrecht, § 13 Rn. 2.

[251] *Narr*, Ärztliches Berufsrecht, S. 133.

[252] *Berger*, Die Bundesärztekammer, S. 47.

[253] *Rixen*, VSSR 2007, 213 (218).

[254] *Heberer*, Das ärztliche Berufs- und Standesrecht, S. 266; *Vogt*, Ärztliche Selbstverwaltung im Wandel, S. 303.

[255] *Laufs*, NJW 1997, 3071 (3072).

[256] *Igl*, in: Igl/Welti (Hrsg.), Gesundheitsrecht, § 14 Rn. 2.

[257] *Starck*, Grundgesetz und ärztliche Berufsordnungen, S. 15.

terberufsordnung überein.[258] Auch sie normieren allesamt die Teilnahmepflicht des niedergelassenen Arztes am Bereitschaftsdienst,[259] enthalten teils aber detailliertere Ausführungen,[260] etwa zu den in Betracht kommenden Befreiungsgründen.

b) Regelung des Bereitschaftsdienstes in der Bereitschaftsdienstordnung

Daneben können oder – falls das entsprechende Heilberufe-Kammergesetz dies ausdrücklich vorschreibt – müssen die Ärztekammern die Organisation des ärztlichen Bereitschaftsdienstes auch in einer Bereitschaftsdienstordnung regeln.[261] Hierbei handelt es sich wie auch bei den Berufsordnungen der Ärztekammern[262] in der Regel um autonomes, mithin über die bloße Organisation der Kammern hinausgehendes Satzungsrecht.[263]

c) Verhältnis von Berufsordnung und Bereitschaftsdienstordnung

Das Verhältnis von Berufsordnung und Bereitschaftsdienstordnung stellt sich bei allen 17 Ärztekammern jedenfalls dem Grunde nach wie folgt dar: Die Berufsordnung normiert – ganz ihrer Zielsetzung folgend, die ärztlichen Berufspflichten festzulegen – meist lediglich die Teilnahmepflicht des niedergelassenen Arztes am Bereitschaftsdienst. Sie dient daher nicht der detaillierten Organisation des Bereitschaftsdienstes, sondern stellt vielmehr nur klar, dass es sich auch bei der Teilnahme am Bereitschaftsdienst um eine Berufspflicht der niedergelassenen Ärzte handelt. Die nähere Ausgestaltung und Organisation des Bereitschaftsdienstes kommt hingegen den Bereitschaftsdienstordnungen zu.

---

[258] So wie dies letztlich auf alle anderen Normen der Musterberufsordnung zutrifft, siehe *Hollenbach*, Grundrechtsschutz im Arzt-Patienten-Verhältnis, S. 103; *Hörnemann*, Die Selbstverwaltung der Ärztekammern, S. 100.

[259] *Kern/Rehborn*, in: Laufs/Kern/Rehborn, Handbuch des Arztrechts, § 19 Rn. 2; *Lippert*, in: Ratzel/Lippert, Kommentar zur Musterberufsordnung der Ärzte (MBO), Einleitung Rn. 4.

[260] Auch § 26 MBO-Ä enthielt zunächst detaillierte Ausführungen zur Teilnahmepflicht und möglichen Befreiungstatbeständen. Mit Beschluss des 114. Deutschen Ärztetages wurde der Inhalt der Vorschrift jedoch auf den bloßen Verweis auf die jeweiligen landesrechtlichen Vorschriften und Satzungen der Ärztekammern reduziert, *Lippert*, in: Ratzel/Lippert, Kommentar zur Musterberufsordnung der Ärzte (MBO), § 26 Rn. 1.

[261] Siehe hierzu ausführlich für jede einzelne Ärztekammer die jeweiligen Ausführungen in Kap. 3.

[262] *Mötzung*, Der ärztliche Notfalldienst in rechtlicher Sicht, S. 32.

[263] Zu der Frage, ob diese im Einzelfall tatsächlich als Satzung ausgestaltet sind, siehe für jede einzelne Ärztekammer, welche eine Bereitschaftsdienstordnung erlassen hat, die jeweiligen Ausführungen in Kap. 3.

2. Die Regelung des Bereitschaftsdienstes durch die Kassenärztlichen Vereinigungen

Auch die Kassenärztlichen Vereinigungen regeln Organisation und Durchführung des ärztlichen Bereitschaftsdienstes in Bereitschaftsdienstordnungen. Anders als die Ärztekammern, welche den Bereitschaftsdienst – jedenfalls in seinen Grundzügen – auch in ihren Berufsordnungen kodifiziert haben, verzichten erstgenannte jedoch auf eine zusätzliche Normierung. Ausreichende Ermächtigungsgrundlage für die Einrichtung eines vertragsärztlichen Bereitschaftsdienstes durch die Kassenärztlichen Vereinigungen ist § 75 Abs. 1b S. 1 SGB V, der diese Aufgabe nunmehr ausdrücklich in deren Sicherstellungsauftrag einbezieht.[264] Zu diesem Zwecke haben die 17 Kassenärztlichen Vereinigungen allesamt zumeist in Form einer Satzung[265] Regelungen zum Bereitschaftsdienst erlassen. Aufgrund des ihnen als Körperschaft des öffentlichen Rechts (§ 77 Abs. 5 SGB V) eingeräumten weiten Gestaltungsspielraums hinsichtlich der Erfüllung ihrer gesetzlichen Aufgaben[266] steht es ihnen allerdings frei, den Bereitschaftsdienst auch auf andere Weise, etwa als Verwaltungsvorschriften oder Richtlinien, zu regeln.[267] Beschlossen werden die Regelungen von der Vertreterversammlung der jeweiligen Kassenärztlichen Vereinigung.[268] Die Bereitschaftsdienstordnungen sind dabei nicht Bestandteil der Satzung der Kassenärztlichen Vereinigung i. S. d. § 81 Abs. 1 SGB V, sondern stellen vielmehr eigenständige Regelungen dar. Es handelt sich also um sonstiges autonomes Recht, welches über die reine Organisation der Kassenärztlichen Vereinigungen hinausgeht.[269] Sofern die Kassenärztlichen Vereinigungen damit ihrem Sicherstellungsauftrag nachkommen, sind sie nicht nur in der Wahl der Rechtsform, sondern auch in

---

[264] Zur lange umstrittenen Frage, ob für die Einrichtung eines vertragsärztlichen Bereitschaftsdienstes durch die Kassenärztlichen Vereinigungen eine hinreichend bestimmte gesetzliche Ermächtigungsgrundlage besteht bereits oben, Kap. 1 C. I. 1.

[265] *Nebendahl*, in: Spickhoff (Hrsg.), Medizinrecht, § 75 SGB V Rn. 21; *Schirmer*, Vertragsarztrecht kompakt, S. 101; SG Marburg, Urt. v. 18.01.2006, S 12 KA 49/05, Rn. 18 (juris); SG Marburg, Urt. v. 05.07.2006, S 12 KA 712/05, Rn. 22 (juris); SG Marburg, Urt. v. 17.09. 2014, S 12 KA 466/13, Rn. 20 (juris).

[266] LSG Bayern, Urt. v. 25.04.2001, L 12 KA 60/00, Rn. 33 (juris); BSG, Urt. v. 06.09. 2006, B 6 KA 43/05 R, Rn. 12 (juris); BSG, Urt. v. 11.05.2011, B 6 KA 23/10 R, Rn. 17 (juris); LSG Nordrhein-Westfalen, Urt. v. 25.08.2011, L 11 KA 13/11 B ER, Rn. 26 (juris); BSG, Urt. v. 11.12.2013, B 6 KA 39/12 R, Rn. 21 (juris); SG München, Urt. v. 06.05.2015, S 38 KA 284/ 15 ER, Rn. 10 (juris); LSG Bayern, Urt. v. 05.04.2017, L 12 KA 125/16, Rn. 21 (juris).

[267] Vgl. *Schuler-Harms/Isbarn*, in: Berchtold/Huster/Rehborn (Hrsg.), Nomos Kommentar Gesundheitsrecht SGB V und SGB XI, § 75 SGB V Rn. 34; *Wendtland*, in: Giesen/Kreikebohm/ Rolfs/Udsching, BeckOK Sozialrecht, § 75 SGB V Rn. 8; BSG, Urt. v. 11.06.1986, 6 RKa 5/ 85, Rn. 10 (juris); LSG Niedersachsen-Bremen, Urt. v. 15.08.2005, L 3 KA 78/05 ER, Rn. 13 (juris); a. A. *Hänlein*, Rechtsquellen im Sozialversicherungsrecht, S. 313, welcher Regelungen zum Bereitschaftsdienst als „Pflichten der Mitglieder" i. S. d. § 81 Abs. 1 S. 3 Nr. 4 SGB V begreift und damit als reguläres Satzungsrecht der KV qualifiziert.

[268] *Hänlein*, Rechtsquellen im Sozialversicherungsrecht, S. 313.

[269] *Hänlein*, Rechtsquellen im Sozialversicherungsrecht, S. 311.

der konkreten Ausgestaltung weitgehend frei.[270] Dies folgt zum einen daraus, dass § 75 Abs. 1b S. 1 SGB V keine weiteren Vorgaben zur Ausgestaltung des Dienstes vorgibt.[271] Zum anderen geht dies Hand in Hand mit der großzügigen Rechtsprechung der Sozialgerichtsbarkeit, die den Kassenärztlichen Vereinigungen wie bereits angeführt bei der Organisation des Bereitschaftsdienstes traditionell einen weiten Gestaltungsspielraum zugesteht.[272]

3. Überblick über die wesentlichen Inhalte einer Bereitschaftsdienstordnung

Trotz Abweichungen im Einzelfall umfassen alle bestehenden Bereitschaftsdienstordnungen sowohl der Ärztekammern als auch der Kassenärztlichen Vereinigungen im Wesentlichen folgende Inhalte:

a) Bestimmungen zur Teilnahme

Bestandteil einer jeden Bereitschaftsdienstordnung sind Bestimmungen zur Teilnahme am Bereitschaftsdienst. Dabei wird zunächst der konkrete Adressatenkreis der Ärzteschaft bestimmt, der zur Teilnahme berechtigt und verpflichtet ist und in welchen Fällen eine Befreiung von dieser Pflicht in Betracht kommt. Weitere Regelungen finden sich zur Heranziehung der teilnahmeverpflichteten Ärzte, zum Ausschluss vom Bereitschaftsdienst sowie zumeist auch zur Dienstvertretung und zum Diensttausch.

b) Festlegung der weiteren ärztlichen Pflichten

Des Weiteren legen die Bereitschaftsdienstordnungen die übrigen, aus der Teilnahmepflicht folgenden Pflichten fest, die dem diensthabenden Arzt im Bereitschaftsdienst obliegen. Dabei geht es etwa um den Umfang der Behandlung des Patienten sowie die Pflicht des Arztes, sich für den Bereitschaftsdienst fortzubilden, sowie für die Dauer seines Dienstes ständig erreichbar zu sein.

---

270 *Bäune*, in: Eichenhofer/v. Koppenfels-Spies/Wenner (Hrsg.), Kommentar zum Sozialgesetzbuch V, § 75 Rn. 7; *Schuler-Harms/Isbarn*, in: Berchtold/Huster/Rehborn (Hrsg.), Nomos Kommentar Gesundheitsrecht SGB V und SGB XI, § 75 SGB V Rn. 34.

271 Vgl. *Wenner*, MedR 2015, 175 (179).

272 LSG Bayern, Urt. v. 25.04.2001, L 12 KA 60/00, Rn. 33 (juris); BSG, Urt. v. 06.09.2006, B 6 KA 43/05 R, Rn. 12 (juris); BSG, Urt. v. 11.05.2011, B 6 KA 23/10 R, Rn. 17 (juris); LSG Nordrhein-Westfalen, Urt. v. 25.08.2011, L 11 KA 13/11 B ER, Rn. 26 (juris); BSG, Urt. v. 11.12.2013, B 6 KA 39/12 R, Rn. 21 (juris); SG München, Urt. v. 06.05.2015, S 38 KA 284/15 ER, Rn. 10 (juris); LSG Bayern, Urt. v. 05.04.2017, L 12 KA 125/16, Rn. 21 (juris).

c) Organisation des Bereitschaftsdienstes

Darüber hinaus regelt die Bereitschaftsdienstordnung die konkrete Organisation und Durchführung des Dienstes. Wesentliche Inhalte stellen dabei vor allem die Festlegung der Dienstzeiten und der Orte, an denen der Bereitschaftsdienst abzuleisten ist, die Erstellung des Dienstplanes und die Einteilung der Ärzte zum Dienst dar.

d) Abrechnung und Kosten

Zudem regeln die einzelnen Bereitschaftsdienstordnungen die Abrechnung der im Bereitschaftsdienst erbrachten ärztlichen Leistungen sowie die Beteiligung der Ärzteschaft an den Kosten, die durch die Einrichtung des Bereitschaftsdienstes entstehen.

e) Regelung der Zuständigkeiten

Schließlich legen die Bereitschaftsdienstordnungen die Zuständigkeiten für die Heranziehung und Befreiung der Ärzte im Einzelfall sowie für eventuelle Widerspruchsverfahren fest. Abhängig von der gewählten Organisationsform des Bereitschaftsdienstes – hierzu sogleich – können sich bei den einzelnen Bereitschaftsdienstordnungen der Ärztekammern und Kassenärztlichen Vereinigungen hierbei Unterschiede ergeben.

4. Organisationsformen der Bereitschaftsdienstordnungen

Das Nebeneinander der Zuständigkeiten von Ärztekammern und Kassenärztlichen Vereinigungen[273] sowie der weite Gestaltungsspielraum, auf den sich sowohl die Kassenärztlichen Vereinigungen[274] als auch die Ärztekammern[275] als Körperschaften des öffentlichen Rechts bei ihrer Rechtssetzung berufen können, wirken

---

[273] *Heberer*, Das ärztliche Berufs- und Standesrecht, S. 258; *Vogt*, Ärztliche Selbstverwaltung im Wandel, S. 611.

[274] LSG Bayern, Urt. v. 25.04.2001, L 12 KA 60/00, Rn. 33 (juris); BSG, Urt. v. 06.09.2006, B 6 KA 43/05 R, Rn. 12 (juris); BSG, Urt. v. 11.05.2011, B 6 KA 23/10 R, Rn. 17 (juris); LSG Nordrhein-Westfalen, Urt. v. 25.08.2011, L 11 KA 13/11 B ER, Rn. 26 (juris); BSG, Urt. v. 11.12.2013, B 6 KA 39/12 R, Rn. 21 (juris); SG München, Urt. v. 06.05.2015, S 38 KA 284/15 ER, Rn. 10 (juris); LSG Bayern, Urt. v. 05.04.2017, L 12 KA 125/16, Rn. 21 (juris).

[275] BVerwG, Urt. v. 26.01.1993, 1 C 33/89, Rn. 20 (juris); OVG Lüneburg, Urt. v. 13.12.2001, 8 L 4694/99, Rn. 37 (juris); VerfGH Berlin, Beschl. v. 21.03.2003, 2/03, Rn. 18 (juris); OVG Lüneburg, Urt. v. 02.07.2003, 8 K 3892/00, Rn 25 (juris); VG Berlin, Urt. v. 20.04.2005, 14 A 109.01, Rn. 41 (juris); OVG Nordrhein-Westfalen, Beschl. V. 22.06.2009, 13 A 3775/06, Rn. 33 (juris); VG Bremen, Urt. v. 23.09.2010, 2 K 24/08, Rn. 21 ff. (juris); OVG Nordrhein-Westfalen, Urt. v. 27.02.2013, 13 A 1431/12 (juris); VG Bayreuth, Urt. v. 13.12.2017, B 4 K 16.446, Rn. 32 (juris); VG Trier, Urt. v. 18.06.2018, 2 K 1089/18.TR, Rn. 18 (juris).

sich auch auf die Bandbreite der zur Einrichtung des Bereitschaftsdienstes in Betracht kommenden Ausgestaltungsmöglichkeiten der Bereitschaftsdienstordnungen aus. Dies ist insoweit gutzuheißen, als im Hinblick auf die ärztliche Versorgungsdichte und die Bevölkerungsstruktur gerade zwischen städtischen und ländlichen Regionen teils beträchtliche regionale Unterschiede bestehen[276] und den Kassenärztlichen Vereinigungen und Ärztekammern so die Möglichkeit gegeben wird, die rechtliche Ausgestaltung des Bereitschaftsdienstes an die jeweiligen Gegebenheiten anzupassen.[277] Kehrseite dieser großzügigen Gestaltungsfreiheit ist hingegen, dass sich die einzelnen bestehenden Bereitschaftsdienstordnungen in Organisationsform und konkreter Ausgestaltung teils erheblich unterscheiden.[278] In Anbetracht der aufgrund der regionalen Unterschiede erforderlichen Flexibilität bei der Organisation des Bereitschaftsdienstes scheint dies jedoch hinnehmbar. Zur Regelung des Bereitschaftsdienstes in einer Bereitschaftsdienstordnung kommen dabei grundsätzlich vier Organisationsformen in Betracht, über die im Folgenden jeweils ein kurzer Überblick gegeben werden soll. Inwieweit sich die gewählte Organisationsform auf den Adressatenkreis einer in der jeweiligen Bereitschaftsdienstordnung normierten Teilnahmepflicht auswirkt, ist jedoch an anderer Stelle zu untersuchen.[279]

a) *Jeweils eigenständige Bereitschaftsdienstordnung*

Zunächst können Kassenärztliche Vereinigung und Ärztekammer jeweils getrennt voneinander eine eigenständige Bereitschaftsdienstordnung erlassen. Von diesem Organisationsmodell machen momentan die Kassenärztlichen Vereinigungen und Ärztekammern von Baden-Württemberg, Niedersachsen und Thüringen Gebrauch.

aa) Rechtliche Zulässigkeit

Gegen die rechtliche Zulässigkeit des Erlasses getrennter Bereitschaftsdienstordnungen ergeben sich angesichts der Tatsache, dass sowohl die Kassenärztlichen Vereinigungen als auch die Ärztekammern durch hinreichende Ermächtigungsgrundlagen zur Einrichtung eines Bereitschaftsdienstes befugt sind, grundsätzlich keine Bedenken. Vielmehr kann aus der Existenz zweier Zuständigkeiten für dieselbe Regelungsmaterie geschlossen werden, dass das Nebeneinander zweier Bereitschaftsdienstordnungen als gesetzlich intendierter Regelfall anzusehen ist. Damit können sowohl die Kassenärztliche Vereinigung als auch die Ärztekammer den Bereitschaftsdienst in einer eigenen Bereitschaftsdienstordnung regeln.

---

[276] *Martens*, NJW 1970, 494 (495); *Niehues*, Notfallversorgung in Deutschland, S. 32.

[277] *Wiegand*, Kassenarztrecht, § 75 Rn. 7; vgl. auch *Maaß*, Das Kassenarztrecht der Reichsversicherungsordnung, S. 20.

[278] *in der Schmitten*, Verfügbarkeit von betäubungsmittelrezeptpflichtigen (BtM-) Analgetika im Ärztlichen Notdienst, S. 10.

[279] Siehe hierzu Kap. 2 C. II. und III.

bb) Bewertung

Aus wirtschaftlicher Sicht ist die Organisation in zwei getrennten Bereitschaftsdienstordnungen und damit zwei Bereitschaftsdiensten dagegen – jedenfalls bei einer strikten Trennung – nicht zu empfehlen. Das Nebeneinander eines berufsrechtlichen und eines vertragsärztlichen Bereitschaftsdienstes sorgt für zahlreiche unnötige Doppelstrukturen.[280] Diese können allerdings aufgrund der starken Überschneidungen der beiden Dienste nicht nur beim Adressatenkreis, sondern auch den infrastrukturellen Einrichtungen wie Bereitschaftsdienstpraxen oder Fahrdiensten, recht einfach durch eine gemeinsame Durchführung beseitigt werden, woraus sich ein erhebliches Einsparungspotenzial finanzieller und aufwandstechnischer Art ergeben kann. Dies haben die Ärztekammern und Kassenärztlichen Vereinigungen in Baden-Württemberg, Niedersachsen und Thüringen auch erkannt und trotz der formal getrennten Bereitschaftsdienstordnungen nicht nur zahlreiche Kooperationsvereinbarungen zwischen Ärztekammer und Kassenärztlicher Vereinigung geschlossen,[281] sondern mehrheitlich auch die Regelung und Durchführung des Bereitschaftsdienstes für Vertragsärzte vollständig den Kassenärztlichen Vereinigungen überlassen.

b) Gemeinsame Bereitschaftsdienstordnung

Neben der soeben dargestellten Variante der getrennten Bereitschaftsdienstordnungen kommt auch die Möglichkeit einer gemeinsamen Bereitschaftsdienstordnung von Kassenärztlicher Vereinigung und Ärztekammer in Betracht. Grund hierfür ist zuvorderst der sachlich zu billigende Zweck, sich aus den weitflächig überschneidenden Zuständigkeiten von Kassenärztlicher Vereinigung und Ärztekammer ergebende unnötige Doppelstrukturen zu vermeiden.[282] Dass sich dieses Organisationsmodell des ärztlichen Bereitschaftsdienstes sichtlicher Beliebtheit erfreut, zeigen die Regelungen der Kassenärztlichen Vereinigungen und Ärztekammern von Nordrhein, Westfalen-Lippe, Saarland, Sachsen-Anhalt und Schleswig-Holstein, die allesamt eine gemeinsame Bereitschaftsdienstordnung erlassen haben.

aa) Rechtliche Zulässigkeit

Die rechtliche Zulässigkeit einer gemeinsamen Bereitschaftsdienstordnung durch Kassenärztliche Vereinigung und Ärztekammer wird in Rechtsprechung und Lite-

---

[280] Vgl. *Schuler-Harms/Isbarn*, in: Berchtold/Huster/Rehborn (Hrsg.), Nomos Kommentar Gesundheitsrecht SGB V und SGB XI, § 75 SGB V Rn. 42.

[281] So sollen in Nordbaden etwa die Dienstbereiche und Dienstpläne des Bereitschaftsdienstes der Ärztekammer an diejenigen der Kassenärztlichen Vereinigung angepasst werden (siehe § 3 Abs. 1 S. 1 und Abs. 2 S. 3 der Bereitschaftsdienstordnung der BÄK Nordbaden).

[282] So unter anderem BVerwG, Urt. v. 09.06.1982, 3 C 21/81, Rn. 27 (juris); VGH Baden-Württemberg, Urt. v. 03.11.1998, 9 S 3399, Rn. 21 (juris).

ratur zumeist entweder stillschweigend angenommen[283] oder fast schon beiläufig bejaht,[284] ohne diese näher zu problematisieren. Gegen eine Organisation des Bereitschaftsdienstes in einer gemeinsamen Bereitschaftsdienstordnung bestehen per se auch keine Bedenken, da sowohl die Ärztekammer als auch die Kassenärztliche Vereinigung wie dargelegt zur Einrichtung und Organisation eines ärztlichen Bereitschaftsdienstes ermächtigt sind. Auch beim Erlass einer gemeinsamen Bereitschaftsdienstordnung setzen beide Körperschaften mit der Regelung des Bereitschaftsdienstes jeweils autonomes Recht.[285] Der Unterschied zur Regelung des Bereitschaftsdienstes in getrennten Bereitschaftsdienstordnungen liegt insoweit zunächst lediglich darin, dass Ärztekammer und Kassenärztliche Vereinigung ihre vom Land respektive Bund übertragenen Zuständigkeiten in einem gemeinsamen Regelungswerk bündeln. Es findet insofern eine Kombination der sich aus dem jeweiligen Heilberufe-Kammergesetz und der Berufsordnung ergebenden berufsrechtlichen und der in § 75 Abs. 1b S. 1 SGB V normierten sozialrechtlichen Ermächtigungsgrundlagen statt.[286] Sofern es hierbei nicht zu einer Kompetenzübertragung von einer Körperschaft auf die andere kommt – d. h., Ärztekammer und Kassenärztliche Vereinigung bleiben für den ihnen jeweils gesetzlich zugewiesenen Aufgabenbereich zuständig und übertragen diesen nicht an die jeweils andere Körperschaft – bestehen gegen eine derartige Zusammenfassung keine grundsätzlichen rechtlichen Einwände.[287] Ob die praktische Umsetzung in den einzelnen gemeinsamen Bereitschaftsdienstordnungen letztgenannte Anforderung auch tatsächlich erfüllt, wird im weiteren Verlauf allerdings noch zu untersuchen sein.[288]

Auch im Hinblick darauf, ob Ärztekammer und Kassenärztliche Vereinigung ihrem jeweiligen gesetzlichen Auftrag nachkommen, die (vertrags-)ärztliche Versorgung außerhalb der regulären Sprechstundenzeiten sicherzustellen, begegnet eine gemein-

---

[283] Siehe etwa BSG, Urt. v. 28.09.2005, B 6 KA 73/04 R, Rn. 14 (juris); SG Düsseldorf, Urt. v. 05.04.2006, S 2 KA 156/05, Rn. 15 (juris); BVerwG, Urt. v. 17.09.2009, 3 B 67/09, Rn. 2 (juris); LSG Nordrhein-Westfalen, Urt. v. 07.09.2011, L 11 KA 93/11 B ER, Rn. 26 ff. (juris); LSG Nordrhein-Westfalen, Urt. v. 19.03.2012, L 11 KA 15/12 B ER, Rn. 25 f. (juris); *Heberer*, Das ärztliche Berufs- und Standesrecht, S. 258; *Mötzung*, Der ärztliche Notfalldienst in rechtlicher Sicht, S. 89; *Wollersheim*, in: Terbille/Clausen/Schroeder-Printzen, Münchener Anwaltshandbuch Medizinrecht, § 6 Rn. 176.

[284] *Häußler/Liebold/Narr*, Die kassenärztliche Tätigkeit, S. 74; BSG, Urt. v. 21.11.1972, 6 RKa 41/71, Rn. 10 (juris); BSG, Urt. v. 15.09.1977, 6 RKa 8/77, Rn. 27 (juris); BVerwG, Urt. v. 09.06.1982, 3 C 21/81, Rn. 20 (juris); BGH, Urt. v. 25.01.1990, III ZR 283/88, Rn. 9 (juris); BSG, Urt. v. 28.10.1992, 6 RKa 2/92, Rn. 14 (juris); VGH Baden-Württemberg, Urt. v. 03.11.1998, 9 S 3399, Rn. 21 (juris).

[285] BSG, Urt. v. 28.10.1992, 6 RKa 2/92, Rn. 14 (juris).

[286] Vgl. BVerwG, Urt. v. 09.06.1982, 3 C 21/81, Rn. 20 (juris); BGH, Beschl. v. 25.01.1990, III ZR 283/88, Rn. 4 (juris); SG Düsseldorf, Urt. v. 05.04.2006, S 2 KA 156/05, Rn. 15 (juris); LSG Nordrhein-Westfalen, Urt. v. 23.12.2009, L 11 B 19/09 KA ER, Rn. 30 f. (juris).

[287] Vgl. *Lippert*, in: Ratzel/Lippert, Kommentar zur Musterberufsordnung der Ärzte (MBO), § 26 Rn. 10; BVerwG, Urt. v. 09.06.1982, 3 C 21/81, Rn. 27 (juris); OVG Nordrhein-Westfalen, Beschl. v. 22.06.2009, 13 A 3775/06, Rn. 28 (juris).

[288] Siehe hierzu Kap. 3.

same Bereitschaftsdienstordnung keinen Bedenken. Solange die von der Ärztekammer und der Kassenärztlichen Vereinigung aufgestellten Regelungen geeignet sind, eben genannte Pflicht zu erfüllen, kann es keine Rolle spielen, ob diese voneinander getrennt oder in einem gemeinsamen Regelungswerk normiert werden.[289]

Im Hinblick auf das Rechtsstaatsprinzip nach Art. 20 Abs. 3 GG[290] sowie angesichts der Tatsache, dass sich der Adressatenkreis der beiden Körperschaften nicht vollständig überschneidet, ist es trotz des gemeinsamen Erlasses der Bereitschaftsdienstordnung erforderlich, dass diese sowohl von der Ärztekammer als auch der Kassenärztlichen Vereinigung ausgefertigt und im jeweiligen Verkündungsblatt verkündet wird. Ein bloßer Hinweis auf die Verkündung im Verkündungsblatt der anderen Körperschaft ist folglich unzureichend.

bb) Zwei wortgleiche oder eine gemeinsame Regelung

Einer kurzen Klärung bedarf zudem, ob die gemeinsame Bereitschaftsdienstordnung denn tatsächlich eine gemeinsame Regelung von Ärztekammer und Kassenärztlicher Vereinigung darstellt,[291] oder vielmehr beide Körperschaften den Bereitschaftsdienst zwar gemeinsam organisieren und aufgrund getroffener Vereinbarungen auch wortgleiche, aber dennoch zwei eigenständige, von der jeweils anderen rechtlich getrennte Bereitschaftsdienstordnungen erlassen.[292] Die Ärztekammern und Kassenärztlichen Vereinigungen, die einen gemeinsamen Bereitschaftsdienst organisieren, gehen mehrheitlich wohl davon aus, dass es sich bei ihrer Regelung tatsächlich um eine gemeinsame Bereitschaftsdienstordnung handelt. So betiteln die Ärztekammern und Kassenärztlichen Vereinigungen Nordrhein, Sachsen-Anhalt, Westfalen-Lippe und Saarland ihre Bereitschaftsdienstordnung ausdrücklich als „Gemeinsame Notdienstordnung der Kassenärztlichen Vereinigung Nordrhein und der Ärztekammer Nordrhein“, „Gemeinsame Bereitschaftsdienstordnung der Ärztekammer Sachsen-Anhalt und der Kassenärztlichen Vereinigung Sachsen-Anhalt (BDO)“ respektive „Gemeinsame Notfalldienstordnung der Ärztekammer Westfalen-Lippe und der Kassenärztlichen Vereinigung Westfalen-Lippe“

---

289 So heißt es etwa auch in der Präambel der gemeinsamen Bereitschaftsdienstordnung der ÄK und KV Westfalen-Lippe, dass beide Körperschaften „mit der Gemeinsamen Notfalldienstordnung (GNO) ihre in diesem Zusammenhang jeweils bestehende gesetzliche Verpflichtung“ erfüllen.

290 Vgl. in Bezug auf die Notwendigkeit der Ausfertigung von Bebauungsplänen aufgrund des Rechtsstaatsprinzips BVerwG, Beschl. v. 15.04.1988, 4 N 4/87, Rn. 21 (juris).

291 So wohl BVerwG, Urt. v. 09.06.1982, 3 C 21/81, Rn. 20 (juris); BSG, Urt. v. 28.09. 2005, B 6 KA 73/04 R, Rn. 19 (juris).

292 So unter anderem *Hänlein*, Rechtsquellen im Sozialversicherungsrecht, S. 311; *Funk*, in: Schulin (Hrsg.), Handbuch des Sozialversicherungsrechts, Band 1 – Krankenversicherungsrecht, § 32 Rn. 38; BSG, Urt. v. 21.11.1972, 6 RKa 41/71, Rn. 10 (juris); BSG, Urt. v. 28.10.1992, 6 RKa 2/92, Rn. 14 (juris); OVG Nordrhein-Westfalen, Beschl. v. 22.06.2009, 13 A 3775/06, Rn. 28 (juris); zustimmend *Rademacker*, in: Körner/Leitherer/Mutschler/Rolfs (Hrsg.), Kasseler Kommentar Sozialversicherungsrecht, § 75 SGB V Rn. 38.

bzw. betonen im Falle der Regelung im Saarland in der Präambel, dass „die Ärztekammer des Saarlandes (ÄKS) und die Kassenärztliche Vereinigung Saarland (KVS) [...] die nachfolgende Bereitschaftsdienstordnung“ beschließen. Demgegenüber bestimmen die Ärztekammer und die Kassenärztliche Vereinigung in Schleswig-Holstein in den Präambeln ihrer Bereitschaftsdienstordnungen, dass „Durchführung und Aufsicht [...] der KVSH und der ÄKSH nach Maßgabe ihrer Satzungen“ obliegen. Aufgrund der Verwendung des Plurals – anstatt des Singulars „gemeinsame Satzung“, wie dies in den vorigen Beispielen der Fall war – sehen beide Körperschaften in ihrer gemeinsamen Organisation des Bereitschaftsdienstes wohl zwei zwar wortgleiche, aber dennoch voneinander getrennte Satzungen. Im Ergebnis kann allerdings dahinstehen, ob es sich bei der gemeinsamen Organisation des Bereitschaftsdienstes nun um eine gemeinsame, oder zwei getrennte Regelungen handelt, da beide Ausgestaltungsvarianten auf einer ausreichenden gesetzlichen Legitimation beruhen:

Der Erlass zweier wortgleicher, aber voneinander getrennter Bereitschaftsdienstordnungen unterliegt schon deshalb keinen kompetenzrechtlichen Problemen, weil sowohl der Ärztekammer (aus dem Heilberufe-Kammergesetz des Landes) als auch der Kassenärztlichen Vereinigung (aus § 75 Abs. 1b S. 1 SGB V) jeweils eine ausdrückliche Ermächtigung zur Regelung des Bereitschaftsdienstes zusteht und beide hiervon in zulässiger Weise durch den Erlass einer Bereitschaftsdienstordnung Gebrauch gemacht haben. Ob diese nun wie bei der getrennten Organisation des Bereitschaftsdienstes einen unterschiedlichen oder wie eben bei der gemeinsamen Organisation denselben Wortlaut besitzen, kann für deren rechtliche Zulässigkeit keine Rolle spielen, da die Körperschaften ihre Regelung in beiden Fällen auf Grundlage der ihnen jeweils zustehenden Ermächtigungsgrundlage erlassen, ohne dass dies mit einer „Zuständigkeitsänderung oder Kompetenzaufgabe einer der beteiligten Institutionen verbunden ist.“[293]

Auch der Erlass einer gemeinsamen Bereitschaftsdienstordnung ist kompetenzrechtlich nicht zu beanstanden, da auch hierfür die jeweils bestehenden Befugnisse der beiden Körperschaften genügen. Denn für eine derartige Regelung ist gerade keine darüberhinausgehende Kompetenz mit dem Inhalt, dass Ärztekammer und Kassenärztliche Vereinigung den Bereitschaftsdienst auch gemeinsam regeln können, erforderlich. Vielmehr ist hierfür die Kombination der Zuständigkeiten als ausreichend zu erachten,[294] wobei „Kombination“ hier nicht als „Vermischung“ der Kompetenzen verstanden werden darf, sondern lediglich verdeutlichen soll, dass beide Körperschaften jeweils, aber auf verschiedener Grundlage, zur Regelung des Bereitschaftsdienstes ermächtigt sind.

Nachdem gegen keine der beiden Ausgestaltungsvarianten grundsätzliche Bedenken bestehen und sich im Ergebnis auch keine Unterschiede ergeben, sind sowohl

---

[293] OVG Nordrhein-Westfalen, Beschl. v. 22.06.2009, 13 A 3775/06, Rn. 28 (juris).

[294] Vgl. *Lippert*, in: Ratzel/Lippert, Kommentar zur Musterberufsordnung der Ärzte (MBO), § 26 Rn. 10.

die Regelung als eine gemeinsame als auch als zwei wortgleiche, aber getrennte Bereitschaftsdienstordnungen als zulässig anzusehen.[295] Insofern steht es den Ärztekammern und Kassenärztlichen Vereinigungen frei, auf welche Weise sie ihre gemeinsame Bereitschaftsdienstordnung erlassen.

cc) Rechtsnatur der gemeinsamen Bereitschaftsdienstordnung

Einer näheren Betrachtung bedarf darüber hinaus auch die Frage nach der Rechtsnatur einer gemeinsamen Regelung. Ärztekammer und Kassenärztliche Vereinigung erlassen ihre jeweilige Bereitschaftsdienstordnung für gewöhnlich als Satzung. Ob dies auch für eine gemeinsame Bereitschaftsdienstordnung gilt, wird hingegen unterschiedlich beurteilt. So werden gemeinsame Bereitschaftsdienstordnungen als Satzungen,[296] zuweilen aber auch lediglich als gemeinsame Verwaltungsrichtlinien oder Verwaltungsvereinbarungen der Ärztekammer und Kassenärztlichen Vereinigung zur gemeinsamen Durchführung des Bereitschafsdienstes angesehen.[297] Ein Blick in die Regelungen der Ärztekammern und Kassenärztlichen Vereinigungen, die eine gemeinsame Bereitschaftsdienstordnung erlassen haben, vermag hinsichtlich deren Rechtsnatur keine Klarheit zu verschaffen. Weder die gemeinsame Bereitschaftsdienstordnung in Sachsen-Anhalt, Nordrhein oder Westfalen-Lippe macht Angaben zur Rechtsnatur der gemeinsamen Regelung, die jeweils lediglich als Bereitschaftsdienstordnung, Notdienstordnung bzw. Notfalldienstordnung bezeichnet wird. Lediglich die gemeinsame Bereitschaftsdienstordnung der Ärztekammer und Kassenärztlichen Vereinigung in Schleswig-Holstein wird explizit als „Satzung über die Durchführung des Notdienstes" betitelt. Im Saarland ergibt sich hingegen aus der amtlichen Überschrift („Satzungen") des § 14 SHKG, in dessen Abs. 3 die inhaltlichen Vorgaben an die Bereitschaftsdienstordnung normiert werden, dass es sich bei der Bereitschaftsdienstordnung um eine Satzung handelt. Dagegen ist der Berufsordnung der ÄK Westfalen-Lippe zu entnehmen, dass diese den Bereitschaftsdienst in Form von Richtlinien regelt.[298] Auch die Satzungen derjenigen Kassenärztlichen Vereinigungen, die eine gemeinsame Bereitschaftsdienstordnung

---

[295] So auch *Clemens*, in: FS Böckenförde, 259 (272); *Dettling*, in: Dettling/Gerlach (Hrsg.), Kommentar zum Krankenhausrecht, § 75 SGB V Rn. 33.

[296] So *Brockmann*, Ambulante Krankenversorgung ohne Kassenärztliche Vereinigungen?, S. 86; LSG Nordrhein-Westfalen, Beschl. v. 23.12.2009, L 11 B 19/09 KA ER, Rn. 30 (juris); so wohl auch LSG Nordrhein-Westfalen, Beschl. v. 07.09.2011, L 11 KA 93/11 B ER, Rn. 46 (juris), indem es die ÄK Westfalen-Lippe und KV Nordrhein-Westfalen als „Satzungsgeber" der gemeinsamen Bereitschaftsdienstordnung bezeichnet.

[297] *Schuler-Harms/Isbarn*, in: Berchtold/Huster/Rehborn (Hrsg.), Nomos Kommentar Gesundheitsrecht SGB V und SGB XI, § 75 SGB V Rn. 42; vgl. nur in Bezug auf die damalige gemeinsame Bereitschaftsdienstordnung in Nordrhein *Vogt*, Ärztliche Selbstverwaltung im Wandel, S. 613; siehe auch BSG, Urt. v. 11.06.1986, 6 RKa 5/85, Rn. 10, wobei das BSG wohl davon ausgeht, dass auch der Erlass als Satzung zulässig ist.

[298] Siehe § 26 Abs. 2 S. 1 der BO-WL: „Für die Einrichtung und Durchführung eines Notfalldienstes im Einzelnen sind die von der Ärztekammer erlassenen Richtlinien maßgebend."

mit den Ärztekammern erlassen haben, geben diesbezüglich nicht mehr Aufschluss über deren Rechtsnatur. Mit Ausnahme der Satzung der KV Nordrhein[299] erwähnen diese nicht einmal die Möglichkeit einer gemeinsamen Regelung mit der Ärztekammer. Die Satzungen sprechen lediglich davon, dass die Kassenärztliche Vereinigung die Einrichtung und Durchführung des vertragsärztlichen Bereitschaftsdienstes in Form sonstigen autonomen Rechts zu regeln haben,[300] worunter zwar auch, aber eben nicht exklusiv, Satzungen fallen.

Allerdings bestehen weder gegen die Organisation als bloße Verwaltungsrichtlinien oder Verwaltungsvereinbarungen noch gegen die Regelung in Satzungsform rechtliche Bedenken – sofern Kassenärztliche Vereinigung und Ärztekammer ihrem jeweiligen gesetzlichen Auftrag zur Einrichtung eines ärztlichen Bereitschaftsdienstes nachkommen und sich hierbei an die vom Gesetzgeber gesteckten Grenzen halten, bleibt es ihnen aufgrund ihres großen Gestaltungsspielraums weitgehend selbst überlassen, welcher Form sie sich hierfür bedienen. An dieser Einschätzung ändert sich auch für den Fall der Regelung in einer gemeinsamen Satzung statt in zwei wortgleichen, aber getrennten Satzungen nichts. Wenn beide Körperschaften einen gemeinsamen Bereitschaftsdienst in zulässiger Weise in jeweils getrennten, aber wortgleichen eigenen Satzungen regeln können, kann es im Hinblick auf die rechtliche Zulässigkeit des Erlasses als Satzung keinen Unterschied machen, wenn sie dies stattdessen in einer gemeinsamen Regelung tun.

dd) Bewertung

Aus wirtschaftlicher Sicht bietet eine gemeinsame Bereitschaftsdienstordnung den Vorteil, dass durch die gemeinsame Organisation ein Abbau von durch das Nebeneinander der Zuständigkeiten von Bund und Ländern bedingten unnötigen Doppelstrukturen möglich wird[301] und sich daraus ein nicht zu verachtendes Ein-

[299] Dort heißt es in § 4 Nr. 7 (der noch nicht dahingehend geändert wurde, dass sich die Ermächtigung zur Einrichtung eines vertragsärztlichen Bereitschaftsdienstes nicht mehr aus § 75 Abs. 1 SGB V, sondern § 75 Abs. 1b SGB V ergibt): „Jeder an der vertragsärztlichen Versorgung teilnehmende Arzt […] ist […] zur Teilnahme an einem von der KV Nordrhein – ggf. gemeinsam mit der Ärztekammer Nordrhein – gemäß § 75 Abs. 1 SGB V eingerichteten Notdienst verpflichtet."

[300] Siehe beispielhaft § 9 Abs. 1 Nr. 5 lit. d) der Satzung der KV Westfalen-Lippe: „Zu den Aufgaben der Vertreterversammlung gehört es insbesondere […] 5. die Satzung und sonstiges autonomes Recht, insbesondere die […] d) Notfalldienstordnung […] zu beschließen."

[301] So auch *Rademacker*, in: Körner/Leitherer/Mutschler/Rolfs (Hrsg.), Kasseler Kommentar Sozialversicherungsrecht, § 75 SGB V Rn. 37; *Schuler-Harms/Isbarn*, in: Berchtold/Huster/Rehborn (Hrsg.), Nomos Kommentar Gesundheitsrecht SGB V und SGB XI, § 75 SGB V Rn. 42; *Thomsen*, Der ärztliche Notfalldienst, S. 42; *Vogt*, Ärztliche Selbstverwaltung im Wandel, S. 611; *Wollersheim*, in: Terbille/Clausen/Schroeder-Printzen, Münchener Anwaltshandbuch Medizinrecht, § 6 Rn. 176; *Ziermann*, in: Sodan (Hrsg.), Handbuch des Krankenversicherungsrechts, § 20 Rn. 58.

sparungspotenzial von finanziellen Ressourcen und Verwaltungsaufwand ergibt.[302] Dies hat auch die Rechtsprechung erkannt, wenn sie der gemeinsamen Bereitschaftsdienstordnung wie eingangs erwähnt den „sachlich zu billigenden Zweck, eine unnötige Doppelgleisigkeit im Notfalldienst [...], insbesondere also Überschneidungen in der Bereithaltung zum Notfalldienst aus den beiden Bereichen“[303] zu vermeiden, zuspricht.

c) Alleinige Bereitschaftsdienstordnung der Kassenärztlichen Vereinigung

Weiterhin findet sich auch das Organisationsmodell, dass die Ärztekammer vollständig auf eine eigene Bereitschaftsdienstordnung verzichtet und lediglich die Kassenärztliche Vereinigung eine solche erlässt. In diesem Fall ist die Ärztekammer an der Einrichtung und Durchführung des Bereitschaftsdienstes gänzlich unbeteiligt. Es existiert daher nur ein Bereitschaftsdienst, der allein von der Kassenärztlichen Vereinigung geregelt wird. Von dieser Ausgestaltungsmöglichkeit machen momentan Bayern, Berlin, Brandenburg, Bremen, Hamburg, Hessen, Mecklenburg-Vorpommern, Rheinland-Pfalz und Sachsen und damit über die Hälfte aller Ärztekammern und Kassenärztlichen Vereinigungen Gebrauch.

aa) Rechtliche Zulässigkeit

Hierbei drängt sich allerdings die Frage auf, ob die Ärztekammer bei einem vollständigen Verzicht auf eine eigene Regelung noch ihrer Verpflichtung aus dem Heilberufe-Kammergesetz des jeweiligen Landes nachkommt, einen ärztlichen Bereitschaftsdienst zu regeln. Um bewerten zu können, ob in der fehlenden eigenständigen Regelung ein Verstoß der Ärztekammer gegen gesetzliche Pflichten vorliegt, ist es zunächst erforderlich, überhaupt den konkreten Umfang der Pflichten der Ärztekammer abzustecken, welche ihr in Bezug auf einen ärztlichen Bereitschaftsdienst zukommen.

(1) Pflicht zum Erlass einer Bereitschaftsdienstordnung

Im Gegensatz zu den bundesrechtlichen Regelungen hinsichtlich des Umfangs der gesetzlichen Verpflichtungen der Kassenärztlichen Vereinigung zur Einrichtung und Organisation eines ärztlichen Bereitschaftsdienstes machen die Länder für gewöhnlich deutlich präzisere Vorgaben, wie die jeweilige Ärztekammer ihrer Pflicht in Bezug auf den ärztlichen Bereitschaftsdienst nachzukommen hat. Denn während

---

302 Vgl. *Schuler-Harms/Isbarn*, in: Berchtold/Huster/Rehborn (Hrsg.), Nomos Kommentar Gesundheitsrecht SGB V und SGB XI, § 75 SGB V Rn. 42.

303 VGH Baden-Württemberg, Urt. v. 03.11.1998, 9 S 3399/96, Rn. 21 (juris); inhaltsgleich BSG, Urt. v. 21.11.1972, 6 RKa 41/71, Rn. 10 (juris); zustimmend auch *Schuler-Harms/Isbarn*, in: Berchtold/Huster/Rehborn (Hrsg.), Nomos Kommentar Gesundheitsrecht SGB V und SGB XI, § 75 SGB V Rn. 42.

der Bund in § 75 Abs. 1b S. 1 SGB V den Kassenärztlichen Vereinigungen mit Ausnahme weniger weitergehender Ausführungen – etwa der Kooperationspflicht nach § 75 Abs. 1b S. 2 SGB V – lediglich vorgibt, im Rahmen ihres nach § 75 Abs. 1 S. 1 SGB V bestehenden Sicherstellungsauftrages auch für die vertragsärztliche Versorgung außerhalb der Sprechstundenzeiten zu sorgen und sich hinsichtlich Vorgaben für die konkrete Ausgestaltung und Organisation des Bereitschaftsdienstes ausschweigt, treffen die Länder in ihrem jeweiligen Heilberufe-Kammergesetz insbesondere in Bezug auf Teilnahme- und Befreiungsregelungen häufig detaillierte Vorgaben, welche die Ärztekammer zu regeln hat. Es bleibt daher zunächst festzuhalten, dass die Ärztekammer jedenfalls dazu verpflichtet ist, den Bereitschaftsdienst soweit zu regeln, wie es ihr vom Landesgesetzgeber aufgetragen ist. Schreibt dieser der Ärztekammer hierbei ausdrücklich vor, dass sie den Bereitschaftsdienst in einer eigenen Bereitschaftsdienstordnung zu regeln hat,[304] verstößt die Ärztekammer bei einem Verzicht hierauf folglich eindeutig gegen ihre gesetzliche Pflicht. Macht das einschlägige Heilberufe-Kammergesetz eine derartige Vorgabe nicht, kann in einem Verzicht der Ärztekammer auf eine eigenständige Regelung des Bereitschaftsdienstes auch kein Verstoß gegen ihre gesetzliche Aufgabe gesehen werden.

(2) Pflicht zur Überwachung oder Pflicht zur Sicherstellung

Dies gilt unabhängig davon, ob der jeweilige Landesgesetzgeber die Ärztekammer wie zumeist üblich nur zur Überwachung der Teilnahme am Bereitschaftsdienst als Teil der Berufspflicht, oder aber darüberhinausgehend – letztlich analog zur Regelung des § 75 Abs. 1b S. 1 SGB V – ausdrücklich zur Sicherstellung eines ärztlichen Bereitschaftsdienstes verpflichtet.

(a) Pflicht zur Überwachung

In erstgenanntem Fall kommt den Ärztekammern damit im Gegensatz zu den Kassenärztlichen Vereinigungen gerade kein Auftrag zu, die ärztliche Versorgung sicherzustellen. Vielmehr sind sie „nur" zur Überwachung der Einhaltung der ärztlichen Berufspflichten verpflichtet, zu denen eben auch die Ableistung eines ärztlichen Bereitschaftsdienstes zählt. Denn während zur Sicherstellung eines vertragsärztlichen Bereitschaftsdienstes nach § 75 Abs. 1b S. 1 SGB V originär die Kassenärztlichen Vereinigungen verpflichtet sind und sich hierzu lediglich der Vertragsärzte bedienen, existiert kein an die Ärztekammern gerichtetes berufsrechtliches Äquivalent. Den Ärztekammern kommt nicht die Sicherstellung eines auf Berufsrecht gründenden Bereitschaftsdienstes zu, sondern „lediglich" die Überwachung der Einhaltung der berufsrechtlichen Pflicht der Ärzte zur Teilnahme an einem Bereitschaftsdienst. Zur Überwachung dieser Pflicht ist es allerdings gerade nicht notwendig, dass die Ärztekammer die genaue Organisation des Bereitschaftsdienstes wie etwa die Einteilung der Ärzte zum Dienst selbst regelt oder über eine mögliche

[304] Für diesen seltenen Fall siehe § 32 Abs. 1 HeilBerG-BB: „Das Nähere zu § 31 regeln die Berufsordnung und die Bereitschaftsdienstordnung."

Befreiung entscheidet. Als erforderlich, aber auch ausreichend ist vielmehr anzusehen, wenn der Ärztekammer die grundlegenden Kontrollmechanismen verbleiben, die zur Überwachung der Einhaltung der Teilnahme am Bereitschaftsdienst nötig sind.[305] Weitergehende organisatorische Regelungen dienen hingegen der Organisation des Dienstes, nicht aber dessen Überwachung.

(b) Pflicht zur Sicherstellung

Doch selbst für den Fall, dass die Ärztekammer durch das Heilberufe-Kammergesetz nicht nur zur Überwachung, sondern darüberhinausgehend zur Sicherstellung des ärztlichen Bereitschaftsdienstes verpflichtet ist, bleibt es ihr grundsätzlich unbenommen, auf eine eigene Regelung zu verzichten. Denn wenngleich der Auftrag zur Sicherstellung im Vergleich zur bloßen Überwachung seinem Wortsinn nach höhere Anforderungen an die Involvierung der Ärztekammer am Bereitschaftsdienst dahingehend zu stellen scheint, dass der Ärztekammer eben nicht nur letztlich die Gewährleistung eines Bereitschaftsdienstes obliegt, sondern sie diesen vielmehr aktiv zu gestalten hat, ergibt sich alleine aus einer gesetzlichen Pflicht zur Sicherstellung bei fehlenden weiteren inhaltlichen Vorgaben nicht, auf welche Art und Weise die Ärztekammer den Bereitschaftsdienst sicherzustellen hat. Sofern der Landesgesetzgeber damit zwar vorschreibt, dass die Ärztekammer einen Bereitschaftsdienst sicherzustellen hat, aber keine ins Detail gehenden diesbezüglichen Angaben macht, liegt es nahe, dass er der Ärztekammer bewusst eine weitgehende Eigenständigkeit bei der Art und Weise der Erfüllung ihrer gesetzlichen Aufgaben gewähren wollte. Dies deckt sich auch mit der gängigen Rechtsprechung, die den Ärztekammern als Körperschaften des öffentlichen Rechts mit Satzungsautonomie einen sehr großzügigen Gestaltungsspielraum einräumt.[306] Die Instrumente, die der Ärztekammer damit zur Erfüllung ihres Sicherstellungsauftrages zur Verfügung stehen, sind damit zwar freilich nicht unbegrenzt, aber sehr weit gefächert. Welcher konkreten Maßnahme sie sich zur Erfüllung ihrer Aufgaben bedient, steht damit größtenteils in ihrem Ermessen. Folglich bleibt es ihr auch grundsätzlich unbenommen, ihrem Sicherstellungsauftrag durch Kooperationen oder eine alleinige

[305] Ähnlich wohl VGH Bayern, Urt. v. 06.07.1978, 171 XI/76, NJW 1979, 614 (614), wenn es davon spricht, dass es „gleichwohl […] nicht ausgeschlossen [ist], daß sich die Ärztekammer zur Erfüllung einer eigenen Verpflichtung des kassenärztlichen Notfalldienstes in irgendeiner Form bedient. Notwendige Voraussetzung dafür wäre allerdings, daß sie diesen Notfalldienst selbst mitgestaltet, so daß er, wenngleich als gemeinschaftliche, doch auch als eigene Veranstaltung erscheinen würde", obgleich hierbei unklar bleibt, ob das Gericht damit nicht doch eine darüberhinausgehende Beteiligung der Ärztekammer in Form einer gemeinsamen Bereitschaftsdienstordnung fordert.

[306] BVerwG, Urt. v. 26.01.1993, 1 C 33/89, Rn. 20 (juris); OVG Lüneburg, Urt. v. 13.12.2001, 8 L 4694/99, Rn. 37 (juris); VerfGH Berlin, Beschl. v. 21.03.2003, 2/03, Rn. 18 (juris); OVG Lüneburg, Urt. v. 02.07.2003, 8 K 3892/00, Rn 25 (juris); VG Berlin, Urt. v. 20.04.2005, 14 A 109.01, Rn. 41 (juris); OVG Nordrhein-Westfalen, Beschl. V. 22.06.2009, 13 A 3775/06, Rn. 33 (juris); VG Bremen, Urt. v. 23.09.2010, 2 K 24/08, Rn. 21 ff. (juris); OVG Nordrhein-Westfalen, Urt. v. 27.02.2013, 13 A 1431/12 (juris); VG Bayreuth, Urt. v. 13.12.2017, B 4 K 16.446, Rn. 32 (juris); VG Trier, Urt. v. 18.06.2018, 2 K 1089/18.TR, Rn. 18 (juris).

Regelung durch die Kassenärztliche Vereinigung nachzukommen. Solange die Ärztekammer ihren Sicherstellungsauftrag erfüllt, ist es folglich ihr überlassen, mit welchen Mitteln sie dies bewerkstelligt. Nachdem der Landesgesetzgeber aber nun einmal ausdrücklich die Ärztekammer zur Sicherstellung des Bereitschaftsdienstes verpflichtet hat, darf diese die Verantwortung hierfür jedoch nicht vollständig aus der Hand geben. Sie hat das Funktionieren des Bereitschaftsdienstes daher jedenfalls zu überwachen. Als ausreichend hierfür ist wohl anzusehen, wenn die Ärztekammer die Teilnahme ihrer Mitglieder, sprich der niedergelassenen Ärzte, regelmäßig kontrolliert.[307]

(3) Keine Pflicht zum Einbezug von Nicht-Vertragsärzten

Selbst wenn sich die Bereitschaftsdienstordnung der Kassenärztlichen Vereinigung lediglich an Vertragsärzte richtet und daher mangels eigenständiger Regelung durch die Ärztekammer letztlich kein Bereitschaftsdienst für Nicht-Vertragsärzte existiert, ist hierin kein Verstoß der Ärztekammer gegen ihre Verpflichtung zur Überwachung bzw. Sicherstellung eines ärztlichen Bereitschaftsdienstes zu sehen, solange die ärztliche Versorgung zu den sprechstundenfreien Zeiten auch ohne Beteiligung von Nicht-Vertragsärzten sichergestellt ist. Denn wenngleich die Heilberufe-Kammergesetze der Länder die Ärztekammern zur Überwachung bzw. Sicherstellung eines Bereitschaftsdienstes verpflichten, schreiben sie ihnen gerade nicht vor, welcher Ärztegruppen sie sich hierfür bedienen müssen. Ist eine ausreichende Versorgung auch ohne Beteiligung von Nicht-Vertragsärzten möglich, ist deren Beteiligung auch nicht obligatorisch. Insofern steht es der Ärztekammer aufgrund der offen gestalteten Verpflichtung aus dem jeweiligen Heilberufe-Kammergesetz und ihres weiten Gestaltungsspielraums frei, auf eine eigene Regelung des Bereitschaftsdienstes zu verzichten, selbst wenn der Adressatenkreis der Regelung der Kassenärztlichen Vereinigung nur Vertragsärzte und damit nur einen Teil der Mitglieder der Ärztekammer erfasst. Hierin ist folglich kein Verstoß der Ärztekammer gegen ihre gesetzlichen Pflichten zu sehen.

(4) Fazit

Im Ergebnis bleibt daher festzuhalten, dass es den Ärztekammern weitgehend selbst überlassen bleibt, wie sie die Einhaltung der Berufspflicht zur Teilnahme an einem Bereitschaftsdienst überwachen. Nachdem im Gegensatz zum Sicherstellungsauftrag der Kassenärztlichen Vereinigungen aus § 75 Abs. 1b S. 1 SGB V keine

[307] Vgl. *Riedel/Derpa*, Kompetenzen des Bundes und der Länder im Gesundheitswesen, S. 64, die allerdings darüberhinausgehend ein Mitspracherecht der Ärztekammer verlangen. Dies ist jedoch abzulehnen. Denn auch ohne unmittelbare Einflussmöglichkeit auf die Bereitschaftsdienstordnung der Kassenärztlichen Vereinigung bleibt es der Ärztekammer unbenommen, den Bereitschaftsdienst in einer eigenen Bereitschaftsdienstordnung zu regeln, sofern sie mit der Regelung durch die Kassenärztliche Vereinigung nicht einverstanden ist oder diese den Anforderungen, die das Heilberufsgesetz an den Bereitschaftsdienst der Ärztekammer stellt, nicht genügt.

bundeseinheitliche Regelung zu den Aufgaben der Ärztekammern bezüglich eines ärztlichen Bereitschaftsdienstes existiert, sondern jeder Landesgesetzgeber diese eigenständig in seinem Heilberufe-Kammergesetz normiert, kann die Frage, ob die Ärztekammer ihrer gesetzlichen Aufgabe auch bei einem Verzicht auf eine eigenständige Regelung nachkommen kann, allerdings nicht pauschal beantwortet werden, sondern hängt von der konkreten Ausgestaltung im Einzelfall ab. Allgemein lässt sich jedoch festhalten, dass eine Ärztekammer ihre Pflicht in Bezug auf einen ärztlichen Bereitschaftsdienst bei einem Verzicht auf eine selbstständige Regelung in einer eigenen Bereitschaftsdienstordnung dann nicht verletzt, wenn sie

- alle Vorgaben, die der jeweilige Landesgesetzgeber im Heilberufe-Kammergesetz zum Bereitschaftsdienst vorgibt, in ihrer Berufsordnung umsetzt,
- nach dem Heilberufe-Kammergesetz dabei nicht zum Erlass einer eigenständigen Bereitschaftsdienstordnung verpflichtet ist und sie
- die Einhaltung der Berufspflicht der Ärzte zur Teilnahme an einem ärztlichen Bereitschaftsdienst regelmäßig kontrolliert.

Es ist also im konkreten Einzelfall zu überprüfen, ob die Ärztekammer bei einer alleinigen Bereitschaftsdienstordnung der Kassenärztlichen Vereinigung diesen Mindestanforderungen genügt.[308]

bb) Bewertung

Bedingt durch die fehlende Kompetenz der Kassenärztlichen Vereinigungen zur verpflichtenden Heranziehung von Nicht-Vertragsärzten ist die alleinige Organisation durch genannte Körperschaft jedenfalls dann nicht zu befürworten, wenn – in Anbetracht des immer gravierender werdenden Ärztemangels insbesondere in ländlichen Regionen – die Zahl der Vertragsärzte in einem Gebiet sehr gering ist. In diesem Fall kann es mangels Möglichkeit der verpflichtenden Heranziehung von Nicht-Vertragsärzten nicht nur aufgrund der erforderlichen häufigeren Heranziehung des einzelnen Arztes zu deren Überlastung, sondern im schlimmsten Falle bei einer nicht mehr ausreichenden Sicherstellung der ärztlichen Versorgung auch zu Gefahren für Leben, körperliche Unversehrtheit und Gesundheit der behandlungsbedürftigen Bevölkerung kommen. Weitere Folge wäre wohl die vermehrte Inanspruchnahme der ohnehin schon überlasteten Notaufnahmen der Krankenhäuser.[309] Natürlich sollte dieses Problem allerdings gerade mit Blick auf die im Vergleich zur Vertragsärzteschaft ohnehin geringe Anzahl von Nicht-Vertragsärzten nicht überdramatisiert werden. Positiv ist aus wirtschaftlicher Sicht sodann nämlich vielmehr hervorzuheben, dass – analog zum Modell einer gemeinsamen Regelung des Bereitschaftsdienstes, aber aufgrund des vollständigen Verzichts der Ärztekammer auf

---

[308] Siehe hierzu zu jeder Ärztekammer einzeln Kap. 3.

[309] *Ulsenheimer*, Arztstrafrecht in der Praxis, Rn. 567; *Werner/Gerlof*, Schmerzmedizin 2016, 52 (52).

Beteiligung in noch größerem Maße – durch den Wegfall der Doppelstrukturen von ansonsten zweier nebeneinander organisierter und durchgeführter Bereitschaftsdienste erhebliche Ressourcen finanzieller und arbeitsaufwandstechnischer Natur eingespart werden können.

d) Alleinige Bereitschaftsdienstordnung der Ärztekammer

Schließlich kommt – als Gegenentwurf zu vorangegangener Variante – auch eine alleinige Bereitschaftsdienstordnung der Ärztekammer in Betracht, während die Kassenärztliche Vereinigung im Gegenzug vollständig auf die Einrichtung eines Bereitschaftsdienstes verzichtet. Von dieser Ausgestaltungsmöglichkeit wird bundesweit allerdings momentan[310] kein Gebrauch gemacht.

aa) Rechtliche Zulässigkeit

Dies verwundert doch insofern, als diese Variante jedenfalls in kompetenzrechtlicher Hinsicht keinerlei Bedenken unterliegt. Zum einen erfasst der von der Regelungsbefugnis der Ärztekammern umfasste Adressatenkreis alle niedergelassenen Ärzte. Folglich könnten die Ärztekammern den Bereitschaftsdienst nicht nur für Nicht-Vertragsärzte, sondern auch für sämtliche niedergelassene Vertragsärzte regeln, ohne dass es der Delegation diesbezüglicher Befugnisse durch die Kassenärztlichen Vereinigungen bedürfte, wie dies in der umgekehrten Variante der alleinigen Bereitschaftsdienstordnung einer Kassenärztlichen Vereinigung der Fall ist. Rechtsgrundlage für die Heranziehung wäre dann selbstredend nur Landesrecht, § 75 Abs. 1b S. 1 SGB V bliebe außen vor. Zum anderen werden niedergelassene Vertragsärzte – wie dies bei getrennten Bereitschaftsdienstordnungen möglich ist – auch nicht zu zwei verschiedenen Bereitschaftsdiensten verpflichtet und damit weniger belastet.

Klärungsbedürftig erscheint demgegenüber allerdings, ob eine Kassenärztliche Vereinigung auf die eigenständige Organisation des vertragsärztlichen Bereitschaftsdienstes verzichten kann, da sie hierzu im Rahmen ihres Sicherstellungsauftrags der vertragsärztlichen Versorgung nach § 75 Abs. 1b S. 1 SGB V explizit verpflichtet ist. Es ist also fraglich, ob sie ihrem Sicherstellungsauftrag auch dann genügt, wenn sie die Einrichtung und Ausführung des Bereitschaftsdienstes nicht selbst wahrnimmt, sondern auf die Ärztekammer überträgt. So unstreitig es mittlerweile[311] aufgrund des § 75 Abs. 1b SGB V ist, dass zum Sicherstellungsauftrag der Kassenärztlichen Vereinigungen auch die Einrichtung eines ärztlichen Bereitschaftsdienstes zählt, so wenig gibt der Bundesgesetzgeber – im Gegensatz zu den

---

[310] Dagegen gab es dieses Modell etwa eine Zeit lang in Niedersachsen, siehe *Hess*, in: Wenzel, Handbuch des Fachanwalts Medizinrecht, Kapitel 2 Rn. 317 sowie in Bremen, siehe *Tiller*, Der ärztliche Notfalldienst, S. 12.

[311] Zur früheren Diskussion bereits oben, Kap. 1 C. I. 1.

Landesgesetzgebern, die in ihren Heilberufe-Kammergesetzen meist doch recht detaillierte Anforderungen an die Ärztekammer stellen – noch immer vor, wie die Kassenärztlichen Vereinigungen dieser Verpflichtung nachzukommen haben. So heißt es lediglich in § 105 Abs. 1 S. 1 SGB V ganz allgemein zum Sicherstellungsauftrag, dass die Kassenärztlichen Vereinigungen „alle geeigneten finanziellen und sonstigen Maßnahmen zu ergreifen [haben], um die Sicherstellung der vertragsärztlichen Versorgung zu gewährleisten". Es liegt nahe, dass der Gesetzgeber den Kassenärztlichen Vereinigungen bewusst eine weitgehende Eigenständigkeit bei der Art und Weise der Erfüllung ihrer gesetzlichen Aufgaben gewährt und daher bewusst auf nähere Vorgaben verzichtet hat. Dies deckt sich auch mit der gängigen Rechtsprechung, die den Kassenärztlichen Vereinigungen als Körperschaften des öffentlichen Rechts mit Satzungsautonomie einen sehr großzügigen Gestaltungsspielraum einräumt.[312] Die Instrumente, die den Kassenärztlichen Vereinigungen zur Erfüllung ihres Sicherstellungsauftrages zur Verfügung stehen, sind zwar freilich nicht unbegrenzt, aber doch sehr weit gefächert.[313] Welcher konkreten Maßnahme sie sich zur Erfüllung ihrer Aufgaben bedienen, liegt folglich weitestgehend in ihrem Ermessen.[314] Dass hierzu auch die Überlassung der Einrichtung des Bereitschaftsdienstes an die Ärztekammern zählen muss, zeigt nicht nur, dass gegen Kooperationen mit anderen Einrichtungen keine Bedenken bestehen,[315] sondern diese für den Bereitschaftsdienst sogar ausdrücklich vorgesehen sind,[316] da § 75 Abs. 1b SGB V eine Zusammenarbeit sowohl mit zugelassenen Krankenhäusern als auch den Rettungsleitstellen der Länder vorschreibt. Darüber hinaus bedienen sich die Kassenärztlichen Vereinigungen in unbeanstandeter Weise zur Sicherstellung der vertragsärztlichen Versorgung auch zugelassener Ärzte, mithin Privater, weshalb es nicht nachvollziehbar wäre, wenn sie sich hierfür nicht auch eines öffentlich-rechtlichen Hoheitsträgers wie den Ärztekammern zunutze machen könnte. Nachdem der Gesetzgeber jedoch ausdrücklich den Kassenärztlichen Vereinigungen die Sicherstellung der vertragsärztlichen Versorgung aufgetragen hat und diese daher schlussendlich die Verantwortung für deren ausreichende Sicherstellung tragen – und zwar unabhängig davon, wer die vertragsärztliche Versorgung im konkreten Falle durchführt – darf die Kassenärztliche Vereinigung die Sicherstellung der vertragsärztlichen Versorgung trotz ihres weiten Gestaltungsspielraums dabei natürlich nicht völlig aus der Hand geben. In Einschränkung des zuvor Gesagten muss diese daher – wie schon die Ärztekammern bei einer alleinigen Bereitschaftsdienstordnung der

[312] LSG Bayern, Urt. v. 25.04.2001, L 12 KA 60/00, Rn. 33 (juris); BSG, Urt. v. 06.09. 2006, B 6 KA 43/05 R, Rn. 12 (juris); BSG, Urt. v. 11.05.2011, B 6 KA 23/10 R, Rn. 17 (juris); LSG Nordrhein-Westfalen, Urt. v. 25.08.2011, L 11 KA 13/11 B ER, Rn. 26 (juris); BSG, Urt. v. 11.12.2013, B 6 KA 39/12 R, Rn. 21 (juris); SG München, Urt. v. 06.05.2015, S 38 KA 284/ 15 ER, Rn. 10 (juris).

[313] *Nebendahl*, in: Spickhoff (Hrsg.), Medizinrecht, § 75 SGB V Rn. 6.

[314] *Nebendahl*, in: Spickhoff (Hrsg.), Medizinrecht, § 75 SGB V Rn. 8.

[315] Vgl. *Kluth*, MedR 2003, 123 (125).

[316] *Ebsen/Wallrabenstein*, in: Ruland/Becker/Axer (Hrsg.), Sozialrechtshandbuch, § 15 Rn. 140.

Kassenärztlichen Vereinigung – zumindest die Sicherstellung einer ausreichenden vertragsärztlichen Versorgung zu den sprechstundenfreien Zeiten regelmäßig überwachen. Solange die Kassenärztliche Vereinigung hiermit ihrer gesetzlichen Pflicht, die vertragsärztliche Versorgung zu den sprechstundenfreien Zeiten – sprich den vertragsärztlichen Bereitschafsdienst – sicherzustellen, nachkommt, erscheint es daher aufgrund vorgenannter Gründe rechtlich unbedenklich, hierbei auf eine eigenständige Bereitschaftsdienstordnung zu verzichten und die Regelung stattdessen allein der Ärztekammer zu überlassen.[317]

bb) Bewertung

Aus wirtschaftlicher Sicht ist die alleinige Organisation durch die Ärztekammer zu empfehlen. Analog zur alleinigen Einrichtung eines Bereitschaftsdienstes durch die Kassenärztliche Vereinigung werden hierdurch unnötige Doppelstrukturen vermieden, die bei zwei nebeneinander bestehenden Bereitschaftsdiensten nur schwer zu vermeiden wären. Durch einen nur von der Ärztekammer organisierten Bereitschaftsdienst wird nicht nur an Verwaltungsaufwand, sondern auch an finanziellen Ressourcen gespart und ist damit ökonomisch betrachtet einer getrennten Organisation vorzuziehen.

e) Fazit

Es bleibt festzuhalten, dass jedenfalls dem Grunde nach unter Beachtung bestimmter Grundsätze alle vier dargestellten in Frage kommenden Organisationsformen der Bereitschaftsdienstordnungen rechtlich nicht zu beanstanden sind. Ob dies auch für die praktische Umsetzung durch die Ärztekammern und Kassenärztlichen Vereinigungen gilt, sei hier noch dahingestellt.[318] Eine eindeutige Empfehlung für eines der vier dargestellten Organisationsmodelle kann nicht gegeben werden. Hierfür fehlt es an einem aus rechtlicher und wirtschaftlicher Sicht hervorstechendem Modell. Ist etwa die Variante zweier eigenständiger Bereitschaftsdienstordnungen aus kompetenzrechtlicher Sicht vorzugswürdig, ist diese aus wirtschaftlichem Blickwinkel aufgrund der unnötigen Doppelstrukturen nicht zu empfehlen. Diesbezüglich bietet sich dagegen vielmehr die alleinige Organisation durch die Kassenärztliche Vereinigung an, die aber wiederum insoweit nicht überzeugen kann, als sie jedenfalls grundsätzlich keine verpflichtende Teilnahme von Nicht-Vertragsärzten ermöglicht. Diese ist hingegen bei einer gemeinsamen Bereitschaftsdienstordnung möglich, bei der dagegen jedoch die Aufteilung der Kompetenzen zwischen Ärztekammer und Kassenärztlicher Vereinigung Probleme bereiten kann. Wenn aufgrund der vorangegangenen Untersuchungen so etwas wie eine Tendenz

---

[317] VGH Bayern, Urt. v. 06.07.1978, 171 XI/76, NJW 1979, 614 (614); zustimmend *Legde*, in: Hänlein/Schuler (Hrsg.), Lehr- und Praxiskommentar Sozialgesetzbuch V, § 75 SGB V Rn. 7.

[318] Dazu ausführlich Kap. 3.

bezüglich einer gegenüber den anderen Formen vorteilhaften Organisationsvariante gegeben werden kann, ist hier wohl das Modell einer alleinigen Bereitschaftsdienstordnung der Ärztekammer zu nennen. Dieses bereitet weder kompetenzrechtliche Probleme, noch treten aufgrund des Verzichts der Kassenärztlichen Vereinigung auf eine eigene Regelung unnötige Doppelstrukturen auf. Allerdings sind hier mögliche praktische Probleme mangels Existenz dieser Variante nicht absehbar. Schlussendlich hängt die „richtige" Wahl der Organisation des Bereitschaftsdienstes stets von den rechtlichen, wirtschaftlichen und tatsächlichen Gegebenheiten des Einzelfalls ab, sodass keine allgemeingültige und vorbehaltslose Empfehlung für ein bestimmtes Modell gegeben werden kann.

Kapitel 2

Die Pflicht des Arztes zur Teilnahme am ärztlichen Bereitschaftsdienst

Ausgangspunkt für alle sich für den Arzt im Rahmen des ärztlichen Bereitschaftsdienstes ergebenden Verpflichtungen, aber auch Rechte,[1] ist seine Teilnahmepflicht. Sie bildet für den Arzt – überspitzt formuliert – gewissermaßen den Ursprung allen Übels.[2] Ohne Teilnahmepflicht müsste der Arzt seinen Dienst nicht antreten, hätte sich nicht an dessen Kosten zu beteiligen, würde sich bei fehlerhafter Behandlung nicht haftbar machen, ihn träfe keine spezielle Fortbildungspflicht, er müsste sich bei persönlicher Verhinderung nicht um einen Vertreter kümmern oder einen behaupteten Anspruch auf Befreiung erstreiten[3] – die Liste ließe sich fortführen. Wie wichtig eine solche mittlerweile[4] obligatorische und nicht nur fakultative Teilnahme der Ärzteschaft am Bereitschaftsdienst jedoch für die Sicherstellung der ärztlichen Versorgung außerhalb der gewöhnlichen Sprechzeiten ist, wird angesichts des wachsenden Ärztemangels gerade in ländlichen Regionen[5] immer deutlicher. Im Gegensatz dazu wird die Teilnahmepflicht von der Ärzteschaft selbst mehrheitlich als Belastung angesehen, was sich nicht zuletzt in den zahlreichen Klagen gegen ihre

---

[1] Mit Ausnahme des Rechts auf Teilnahme am Bereitschaftsdienst als Gegenstück zur Teilnahmepflicht. Zu der Frage, ob dem Arzt – insbesondere im Hinblick auf Art. 12 Abs. 1 S. 1 GG – ein solches Recht zusteht, siehe etwa *Mötzung*, Der ärztliche Bereitschaftsdienst in rechtlicher Sicht, S. 120 f.

[2] Hiermit soll natürlich nicht unterschlagen werden, dass sich auch durchaus Ärzte finden lassen, welche den Bereitschaftsdienst – und sei es nur aus finanziellen Aspekten – gerne übernehmen.

[3] Bei dieser Gelegenheit bietet es sich an, sich des Verhältnisses von Teilnahmepflicht und Befreiungsanspruch bewusst zu werden. Besteht für den einzelnen Arzt schon keine Teilnahmepflicht – etwa, weil seine Facharztgruppe ausdrücklich von der Bereitschaftsdienstordnung von der Pflicht ausgenommen oder er wegen Ungeeignetheit von der Teilnahme ausgeschlossen ist – ist es von seiner Seite auch nicht nötig, einen Anspruch auf Befreiung geltend zu machen. Von einer nicht bestehenden Pflicht kann es auch keine Befreiung geben. Sofern für den Arzt also keine Teilnahmepflicht besteht, genügt es vielmehr, darauf zu verweisen, dass für ihn schon gar keine Pflicht besteht, am Bereitschaftsdienst teilzunehmen.

[4] Zu Beginn wurde der Bereitschaftsdienst noch von den Ärzten selbst auf rein freiwilliger Grundlage organisiert. Selbst *Martens*, NJW 1970, 494 (494) schreibt noch, dass der Bereitschaftsdienst häufig allein durch Absprachen unter den Ärzten sichergestellt wird und es nur in seltenen Fällen einer Bereitschaftsdienstordnung bedarf, um die wenigen Ärzte zu verpflichten, welche nicht freiwillig am Dienst teilnehmen möchten.

[5] *Kühl*, Sicherstellung ambulanter medizinischer Versorgung in ländlichen Regionen, S. 19 ff.; *Niehues*, Notfallversorgung in Deutschland, S. 32.

Heranziehung zum Dienst äußert. Schon hierin zeigt sich das Spannungsfeld, in dem sich eine Teilnahmepflicht am Bereitschaftsdienst bewegt: Auf der einen Seite erscheint eine verpflichtende Teilnahme für die Funktionsfähigkeit des ärztlichen Bereitschaftsdienstes unerlässlich. Auf der anderen Seite geht ein derartiger Zwang naturgemäß allerdings auch nicht ohne die Beeinträchtigung grundrechtlicher Positionen der verpflichteten Ärzte einher.

Bei der rechtlichen Begutachtung der Teilnahmepflicht bedarf es zunächst eines genaueren Blickes auf die an deren Rechtsgrundlagen zu stellenden Anforderungen (A.). Als den Arzt belastende Maßnahme ist zudem zu fragen, inwieweit die Teilnahmepflicht mit den Grundrechten des Arztes zu vereinbaren ist (B.) Daran anschließend soll sowohl der konkrete Adressatenkreis (C.) als auch der Umfang der Teilnahmepflicht (D.) abgesteckt, sowie ein Überblick über die Ausgestaltung der Teilnahmepflicht (E.) und die Heranziehung des einzelnen Arztes durch die Ärztekammer bzw. Kassenärztliche Vereinigung (F.) gegeben werden. Abschließend wird der Rechtsweg aufgezeigt, welcher dem Arzt gegen seine Heranziehung zur Verfügung steht (G.).

A. Rechtsgrundlagen der Teilnahmepflicht

Dass die verpflichtende Heranziehung eines Arztes zur Ableistung des Bereitschaftsdienstes grundrechtliche Positionen des Arztes – namentlich insbesondere seine Berufsfreiheit und das allgemeine Gleichbehandlungsgebot – tangiert, lässt sich unschwer bereits auf den ersten Blick erkennen. Nach dem Vorbehalt des Gesetzes[6] ist für die Rechtmäßigkeit einer derartigen Belastung daher eine Rechtsgrundlage erforderlich. Einer genaueren Betrachtung bedarf hierbei die Frage, welche qualitativen Anforderungen an diese zu stellen sind. Wie so oft im Rahmen des ärztlichen Bereitschaftsdienstes ergeben sich auch hier in Abhängigkeit davon, ob der Arzt von der Ärztekammer, der Kassenärztlichen Vereinigung oder aber von beiden Körperschaften herangezogen werden soll, Unterschiede.

I. Rechtsgrundlage der Pflicht zur Teilnahme am Bereitschaftsdienst der Ärztekammern

Wenngleich alle Ärztekammern, die einen ärztlichen Bereitschaftsdienst eingerichtet haben, mit der Normierung einer Teilnahmepflicht in ihren Bereitschaftsdienstordnungen eine Rechtsgrundlage für die Heranziehung der Ärzte geschaffen haben[7] und sie zur Regelung des Bereitschaftsdienstes durch den jeweiligen Lan-

---

[6] Ausführlich zum Vorbehalt des Gesetzes einschließlich dessen Herleitung etwa *Grzeszick*, in: Maunz/Dürig, Grundgesetz Kommentar, Art. 20 Rn. 97 ff.

[7] Siehe hierzu zu jeder einzelnen Ärztekammer die jeweiligen Ausführungen in Kap. 3.

desgesetzgeber in den Heilberufe-Kammergesetzen – was grundsätzlich keinen Bedenken unterliegt[8] – auch allesamt ermächtigt worden sind,[9] stellt sich – wie so oft bei der untergesetzlichen Normsetzung – auch bei der Normierung der Teilnahmepflicht die Frage nach deren ausreichender Legitimation. Mit anderen Worten bedarf es der Klärung, inwieweit der Gesetzgeber die Ausgestaltung der Teilnahmepflicht der Satzungsgewalt der Ärztekammer überlassen darf und in welchem Maße er diese selbst regeln muss. Grundsätzlich gilt hierbei, dass der Gesetzgeber gerade in Bereichen, in denen verschiedenste Grundrechtspositionen aufeinandertreffen, jedenfalls die Grundlinie vorzuzeichnen hat.[10] Auch für das ärztliche Berufsausübungsrecht kann hierbei nichts Anderes gelten. In Übereinstimmung mit diesem Grundgedanken urteilte dann auch das BVerwG bereits 1972 – nachdem die Rechtsprechung zuvor ein recht uneinheitliches Bild abgegeben hatte[11] – in Anlehnung an den Facharztbeschluss des BVerfG (wonach wesentliche,[12] die Berufsausübung betreffende Vorschriften vom Gesetzgeber jedenfalls in den Grundzügen selbst durch ein formelles Gesetz festgelegt werden müssen)[13] unter Bezugnahme auf Art. 12 Abs. 1 S. 2 GG, dass die Verpflichtung jedenfalls niedergelassener Fachärzte zur Teilnahme nicht bereits aus ihrer Zugehörigkeit zur Ärztekammer folge. Vielmehr stelle die verpflichtende Teilnahme am Bereitschaftsdienst eine über die sich aus der Zugehörigkeit zur Ärztekammer hinausgehende Pflicht dar, die als Berufsausübungsregelung mit erheblicher Eingriffsintensität in die Berufsfreiheit der Ärzte schon deshalb einer hinreichend bestimmten gesetzlichen Grundlage bedürfe.[14] Darüber hinaus sei die Einrichtung eines ärztlichen Bereitschaftsdienstes als wichtiger Faktor für die Gesundheit der Bevölkerung und des Einzelnen „von größter, ja lebenswichtiger Bedeutung“[15] für gewichtige Gemeinwohlinteressen, weshalb dieser Regelungskomplex jedenfalls „nicht vollständig der Selbstverwaltung der berufsständischen Körperschaft“[16], das heißt den Ärztekammern, überlassen werden könne. Aufgrund der soeben dargestellten Gründe müsse der Landesgesetzgeber daher „die Voraussetzungen für die Pflichtteilnahme […] zumindest in Grundzügen“[17] selbst in einem formellen Gesetz festlegen.[18] Mit anderen Worten

---

[8] Vgl. BVerwG, Urt. v. 12. 12. 1972, I C 30.69, NJW 1973, 576 (577); vgl. auch in Bezug auf das Facharztwesen BVerfG, Beschl. v. 09. 05. 1972, 1 BvR 518/62, NJW 1972, 1504 (1505).

[9] Siehe hierzu bereits oben, Kap. 1 C. I. 2.

[10] *Schmidt-Aßmann*, Grundrechtspositionen und Legitimationsfragen im öffentlichen Gesundheitswesen, S. 45.

[11] *Busse*, NJW 1973, 1428 (1428).

[12] Siehe zur Wesentlichkeitstheorie auch BVerfG, Beschl. v. 08. 08. 1978, 2 BvL 8/77, Rn. 75 ff. (juris); BVerfG, Beschl. v. 27. 11. 1990, 1 BvR 402/87; BVerfG, Beschl. v. 26. 06. 1991, 1 BvR 779/85; BVerfG, Urt. v. 14. 07. 1998, 1 BvR 1640/97, Rn. 132 (juris); BVerfG, Urt. v. 24. 09. 2003, 2 BvR 1436/02.

[13] BVerfG, Beschl. v. 09. 05. 1972, 1 BvR 518/62, NJW 1972, 1504 (1505).

[14] BVerwG, Urt. v. 12. 12. 1972, I C 30.69, NJW 1973, 576 (577).

[15] BVerwG, Urt. v. 12. 12. 1972, I C 30.69, NJW 1973, 576 (577).

[16] BVerwG, Urt. v. 12. 12. 1972, I C 30.69, NJW 1973, 576 (577).

[17] BVerwG, Urt. v. 12. 12. 1972, I C 30.69, NJW 1973, 576 (577).

muss der jeweilige Landesgesetzgeber zunächst einmal überhaupt die grundsätzliche Pflicht eines Arztes, an einem ärztlichen Bereitschaftsdienst teilzunehmen, gesetzlich normieren. Darüber hinaus sind in dem formellen Gesetz allerdings auch zwingend die wesentlichen Grundzüge der Teilnahmeverpflichtung zu bestimmen, die der Landesgesetzgeber nicht ins Ermessen der Ärztekammer stellen darf. Dazu zählt das BVerwG

- „die Bestimmung des teilnahmepflichtigen Personenkreises, also die Regelung darüber, welche Arztgruppen grundsätzlich heranzuziehen sind“[19] sowie
- „unter welchen Voraussetzungen ein teilnahmepflichtiger Arzt ausnahmsweise Befreiung beanspruchen oder nach Ermessen der Ärztekammer erhalten kann“, wobei „ausreichend, aber auch erforderlich [ist], daß der Gesetzgeber selbst die Richtlinien für eine nähere Regelung des Satzungsgebers festlegt.“[20]

Die über die aufgestellten Mindestanforderungen hinausgehende konkrete Ausgestaltung der Teilnahmepflicht kann dagegen – deren Vereinbarkeit mit höherrangigem Recht vorausgesetzt – den Ärztekammern überlassen werden.[21]

Der Entscheidung des BVerwG – welche sich ebenso auf nicht fachärztlich tätige Ärzte übertragen lässt – verdient auch heute noch uneingeschränkte Zustimmung.[22] Bei aller sich aus ihrer Satzungsautonomie ergebenden Gestaltungsfreiheit der Ärztekammern als Körperschaften des öffentlichen Rechts darf deren Selbstverwaltung eine sowohl für die Patienten als auch die beteiligten Ärzte so bedeutsame Entscheidung nicht vollständig überlassen werden.[23] Dennoch bleibt den Ärztekammern, wie das BVerwG selbst betont, noch ausreichend Gestaltungsspielraum, um die teils stark divergierenden regionalen Besonderheiten bei der Organisation des Bereitschaftsdienstes im Interesse der Bevölkerung, aber auch der Ärzte, berücksichtigen zu können.[24] Dem BVerwG ist mit seiner Entscheidung damit ein annehmbarer Ausgleich zwischen den rechtlichen Anforderungen des Gesetzesvorbehalts auf der einen und der zur Aufrechterhaltung der Praxistauglichkeit erforderlichen Flexibilität der Ärztekammern bei der Ausgestaltung der Regelungen zum Bereitschaftsdienst auf der anderen Seite gelungen.

Zur somit nötigen Festsetzung der grundsätzlichen Teilnahmepflicht am ärztlichen Bereitschaftsdienst durch ein formelles Gesetz kommen vorrangig die Heil-

---

[18] Allgemein – auf das gesamte Vertragsarztrecht bezogen – zustimmend *Hufen*, Zur verfassungsrechtlichen Beurteilung der Gebietsabgrenzung Hausarzt/Facharzt in § 73 SGB V, S. 18.

[19] BVerwG, Urt. v. 12.12.1972, I C 30.69, NJW 1973, 576 (577).

[20] BVerwG, Urt. v. 12.12.1972, I C 30.69, NJW 1973, 576 (577).

[21] BVerwG, Urt. v. 12.12.1972, I C 30.69, NJW 1973, 576 (577).

[22] Ebenso ausdrücklich zustimmend schon *Eberle*, NJW 1973, 2225 (2226).

[23] Vgl. in Bezug auf die Regeln des Hausarztvertrages *Hufen*, Zur verfassungsrechtlichen Beurteilung der Gebietsabgrenzung Hausarzt/Facharzt in § 73 SGB V, S. 16.

[24] BVerwG, Urt. v. 12.12.1972, I C 30.69, NJW 1973, 576 (577).

berufe-Kammergesetze der Länder in Betracht.[25] Da in diesen zum Zeitpunkt des Urteils des BVerwG allerdings kaum eine den dort aufgestellten Anforderungen genügende rechtliche Regelung existierte,[26] waren die Regelungen der Ärztekammern zur Teilnahmepflicht mangels ausreichender Rechtsgrundlage daher beinahe allesamt als nichtig anzusehen. Infolgedessen wurden nahezu alle Heilberufe-Kammergesetze der Länder reformiert, um eine ausreichende gesetzliche Grundlage für die Heranziehung von Ärzten zur Teilnahme am ärztlichen Bereitschaftsdienst durch die jeweilige Ärztekammer zu schaffen.[27] Ob diese nunmehr auch tatsächlich den vom BVerwG aufgestellten Anforderungen genügen, sei noch an anderer Stelle zu klären,[28] wobei dieser Frage allerdings nur dann praktische Relevanz zukommt, sofern die jeweilige Ärztekammer auch tatsächlich eine Bereitschaftsdienstordnung – sei es eigenständig oder gemeinsam mit der Kassenärztlichen Vereinigung – erlassen hat. Wird der Bereitschaftsdienst dagegen alleine durch die Kassenärztliche Vereinigung geregelt, spielt es im Ergebnis keine Rolle, ob der Landesgesetzgeber eine dem Vorbehalt des Gesetzes genügende gesetzliche Grundlage für die Pflicht des Arztes zur Teilnahme geschaffen hat, da sich eine alleinige Bereitschaftsdienstordnung der Kassenärztlichen Vereinigung ohnehin nicht auf diese stützen lässt.

II. Rechtsgrundlage der Pflicht zur Teilnahme am Bereitschaftsdienst der Kassenärztlichen Vereinigungen

1. Anforderungen an die Rechtsgrundlage

Wie auch die Teilnahmepflicht am Bereitschaftsdienst der Ärztekammern greift die Heranziehung zum vertragsärztlichen Bereitschaftsdienst der Kassenärztlichen Vereinigungen in die den Vertragsärzten aus dem Grundgesetz zustehenden Rechte, allen voran die Berufsfreiheit, ein.[29] Daher bedarf auch die in den Bereitschaftsdienstordnungen der Kassenärztlichen Vereinigungen normierte Teilnahmepflicht einer ausreichenden Rechtsgrundlage in einem formellen Gesetz des Bundesgesetzgebers. Über die an den Inhalt einer derartigen Regelung zu stellenden Anforderungen herrscht jedoch letztlich seit der Verrechtlichung des ärztlichen Bereitschaftsdienstes Uneinigkeit.

---

[25] *Graml*, Das ärztliche Verbot der Zuweisung gegen Entgelt, S. 69.

[26] Vgl. *Mötzung*, Der ärztliche Notfalldienst in rechtlicher Sicht, S. 34.

[27] *Lippert*, in: Ratzel/Lippert, Kommentar zur Musterberufsordnung der Ärzte (MBO), Einleitung Rn. 3.

[28] Siehe Kap. 3.

[29] Dazu noch unten, Kap. 2 B.

a) Standpunkt der Rechtsprechung

Schon vor Inkrafttreten des SGB V war strittig, ob die Teilnahmepflicht der Vertragsärzte am Bereitschaftsdienst der Kassenärztlichen Vereinigungen durch den Bundesgesetzgeber auf einer ausreichenden gesetzlichen Grundlage beruhte. Die Problematik rührte daher, dass § 386n Abs. 1 RVO a. F. – die „Vorgängerversion" des heutigen § 75 Abs. 1 SGB V – den Kassenärztlichen Vereinigungen zwar den Auftrag zur Sicherstellung der ärztlichen Versorgung übertrug, dabei allerdings weder ausdrücklich die Einrichtung eines vertragsärztlichen Bereitschaftsdienstes noch eine Verpflichtung der Vertragsärzte zur Teilnahme einschloss. Dennoch wurde eine diesbezügliche Ermächtigung der Kassenärztlichen Vereinigungen insbesondere vom BSG anerkannt und auf eben genannten § 386n Abs. 1 RVO a. F. sowie § 6 Abs. 4 BMV-Ä über die Sicherstellung eines Bereitschaftsdienstes gestützt.[30] An dieser Auffassung hielt das Gericht auch nach dem Facharztbeschluss des BVerfG[31] fest.[32] Während das BVerwG in Anlehnung an die Rechtsprechung des BVerfG nunmehr verlangte, dass gesetzliche Bestimmungen der Ärztekammern über den Bereitschaftsdienst als Berufsausübungsregelungen mit erheblicher Eingriffsintensität in die Berufsfreiheit der Ärzte – also insbesondere deren verpflichtende Teilnahme am Bereitschaftsdienst – einer hinreichend bestimmten gesetzlichen Grundlage bedürften,[33] hielt das BSG das Bestehen einer entsprechenden bundesgesetzlichen Regelung weiter für nicht erforderlich. Zur Begründung führte es aus, dass sich der Vertragsarzt durch seine Zulassung freiwillig einem öffentlich-rechtlichen Versorgungssystem unterworfen habe und die Teilnahme am Bereitschaftsdienst lediglich eine in dieser Zulassung enthaltene Sozialbindung der vertragsärztlichen Berufsausübung und damit der Zulassung zur vertragsärztlichen Versorgung immanent sei.[34] Dem Vertragsarzt werde durch die Heranziehung zum Bereitschaftsdienst folglich keine neue Pflicht auferlegt.[35] Vielmehr werde er durch die Einrichtung eines derartigen Dienstes von seiner sich aus der Zulassung ergebenden Pflicht, jederzeit – also rund um die Uhr[36] – für die vertragsärztliche Versorgung seiner Patienten zur Verfügung zu stehen, gar entlastet.[37] In der freiwilligen Teil-

[30] BSG, Urt. v. 19. 10. 1971, 6 RKa 24/70, Rn. 12 (juris); BSG, Urt. v. 21. 11. 1972, 6 RKa 41/71, Rn. 9 (juris); BSG, Urt. v. 07. 10. 1976, 6 RKa 5/76, Rn. 7 (juris).

[31] BVerfG, Beschl. v. 09. 05. 1972, 1 BvR 518/62, NJW 1972, 1504 (1505).

[32] So etwa in BSG, Urt. v. 15. 09. 1977, 6 RKa 8/77, Rn. 28 (juris); BSG, Urt. v. 15. 09. 1977, 6 RKa 12/77, Rn. 20 (juris); BSG, Urt. v. 04. 05. 1994, 6 RKa 7/93, Rn. 21 (juris).

[33] BVerwG, Urt. v. 12. 12. 1972, I C 30.69, NJW 1973, 576 (577).

[34] BSG, Urt. v. 15. 09. 1977, 6 RKa 8/77, Rn. 28 (juris); BSG, Urt. v. 15. 09. 1977, 6 RKa 12/77, Rn. 20 (juris); BSG, Urt. v. 04. 05. 1994, 6 RKa 7/93, Rn. 21 (juris); zustimmend *Funk*, in: Schulin (Hrsg.), Handbuch des Sozialversicherungsrechts, Band 1 – Krankenversicherungsrecht, § 32 Rn. 38.

[35] BSG, Urt. v. 15. 09. 1977, 6 RKa 8/77, Rn. 28 (juris).

[36] BSG, Urt. v. 11. 06. 1986, 6 RKa 5/85, Rn. 13 (juris).

[37] BSG, Urt. v. 11. 06. 1986, 6 RKa 5/85, Rn. 13 (juris); zustimmend *Nebendahl*, in: Spickhoff (Hrsg.), Medizinrecht, § 75 SGB V Rn. 24.

nahme an der vertragsärztlichen Versorgung sei auch der entscheidende Unterschied zu den gesetzlichen Anforderungen an eine Heranziehung von Nicht-Vertragsärzten zu sehen.[38] Daher bedürfe es im Rahmen des Vertragsarztrechts im Gegensatz zu der entsprechenden Regelung eines Bereitschaftsdienstes durch die Ärztekammern keiner ausdrücklichen gesetzlichen Teilnahmepflicht. Mit der untergesetzlichen Normierung durch die Kassenärztlichen Vereinigungen sei den rechtlichen Anforderungen an die Regelung der Teilnahmepflicht daher Genüge getan.[39] Ausreichende Grundlage hierfür sei bereits die Zulassung des Arztes zur vertragsärztlichen Versorgung.

Wenngleich die Problematik wie gesehen in Bezug auf die Anforderungen an eine hinreichend bestimmte gesetzliche Grundlage für die grundsätzliche Einrichtung eines Bereitschaftsdienstes mittlerweile erheblich an Bedeutung verloren hat, nachdem zum 01.01.1977 zunächst § 386n Abs. 3 RVO n. F. eingefügt wurde, der nunmehr ausdrücklich die Einrichtung eines vertragsärztlichen Bereitschaftsdienstes in den Sicherstellungsauftrag der Kassenärztlichen Vereinigungen einbezog, und auch heute mit § 75 Abs. 1b S. 1 SGB V hierfür eine ausreichende Ermächtigungsgrundlage der Kassenärztlichen Vereinigungen besteht, existiert bis heute kein formelles Gesetz des Bundes, welches den Vertragsarzt zur Teilnahme am Bereitschaftsdienst verpflichtet, geschweige denn nähere Bestimmungen hierzu ausführt. Aus Sicht des BSG bedarf es einer derartigen Normierung der Teilnahmepflicht auch heute nicht, da es auch in seinen jüngeren Entscheidungen weiter daran festhält, dass die grundsätzliche Pflicht des Vertragsarztes zur Teilnahme am Bereitschaftsdienst der Kassenärztlichen Vereinigungen bereits aus der freiwillig beantragten Zulassung zur vertragsärztlichen Versorgung folge.[40] Damit sei den rechtsstaatlichen Anforderungen an eine ausreichende gesetzliche Grundlage bereits Genüge getan. Mit der Teilnahme am Bereitschaftsdienst werde für den Vertragsarzt keine neue Pflicht verbunden, sondern lediglich dessen durch die Zulassung begründete Pflicht, jederzeit – d.h. 24 Stunden am Tag – für eine ausreichende vertragsärztliche Versorgung zu sorgen, konkretisiert.[41]

---

[38] BSG, Urt. v. 15.09.1977, 6 RKa 8/77, Rn. 28 (juris).

[39] BSG, Urt. v. 15.09.1977, 6 RKa 8/77, Rn. 28 (juris).

[40] BSG, Urt. v. 12.10.1994, 6 RKa 29/93, Rn. 10 (juris); BSG, Urt. v. 06.09.2006, B 6 KA 43/05 R, Rn. 10 (juris); BSG, Urt. v. 06.02.2008, B 6 KA 13/06 R, Rn. 13 (juris); BSG, Urt. v. 11.05.2011, B 6 KA 23/10 R, Rn. 14 (juris); BSG, Urt. v. 11.12.2013, B 6 KA 39/12 R, Rn. 14 (juris); BSG, Urt. v. 23.06.2016, B 6 KA 7/15 R, Rn. 15; BSG, Urt. v. 13.02.2019, B 6 KA 51/17 R, Rn. 19 (juris); zustimmend *Kern/Rehborn*, in: Laufs/Kern/Rehborn, Handbuch des Arztrechts, § 19 Rn. 3.

[41] BSG, Urt. v. 06.09.2006, B 6 KA 43/05 R, Rn. 10 (juris); BSG, Urt. v. 11.12.2013, B 6 KA 39/12 R, Rn. 14 (juris); BSG, Urt. v. 13.02.2019, B 6 KA 51/17 R, Rn. 19 (juris); der Rechtsprechung des BSG beanstandungslos zustimmend *Bahner*, Recht im Bereitschaftsdienst, S. 41; *Bielitz*, NJW 2012, 1253 (1254); *Bielitz*, MedR 2013, 291 (292); *Hänlein*, Rechtsquellen im Sozialversicherungsrecht, S. 319; *Hellkötter-Backes*, in: Hänlein/Schuler (Hrsg.), Lehr- und Praxiskommentar Sozialgesetzbuch V, § 95 SGB V Rn. 35; *Kremer/Wittmann*, Vertragsärztliche Zulassungsverfahren, Rn. 332; *Nebendahl*, in: Spickhoff (Hrsg.), Medizinrecht, § 75 SGB V Rn. 24; *Plagemann*, in: Plagemann (Hrsg.), Münchener Anwaltshandbuch Sozialrecht, § 18

Dieser Argumentation hat sich – in Anbetracht der für den Bereitschaftsdienst der Ärztekammer wesentlich strengeren Rechtsprechung doch etwas überraschend – auch das BVerwG angeschlossen, wenn es – noch zu § 368 Abs. 3 RVO,[42] der aber dem heutigen § 75 Abs. 1b S. 1 SGB V inhaltlich entspricht – eine über die bloße Ermächtigung der Kassenärztlichen Vereinigungen zur Einrichtung eines Bereitschaftsdienstes hinausgehende Regelung der Teilnahmepflicht in ihren Grundzügen einschließlich der Befreiungsmöglichkeiten durch den Bundesgesetzgeber als nicht erforderlich ansieht, da dem Vertragsarzt mit der Teilnahmepflicht keine neue Pflicht auferlegt werde, sondern diese vielmehr bereits durch die freiwillige Zulassung zur vertragsärztlichen Versorgung der „Einbettung des Kassenarztes in das sozialversicherungsrechtliche Versorgungssystem“[43] immanent sei und es sich daher auch nicht um statusbildende Berufsregelungen handele.[44]

b) Bewertung

Die Argumentation der Rechtsprechung, warum es keiner eigenständigen, neben der Pflicht zur Teilnahme an der vertragsärztlichen Versorgung geregelten formell gesetzlichen Normierung der Teilnahmepflicht am vertragsärztlichen Bereitschaftsdienst der Kassenärztlichen Vereinigungen durch den Bundesgesetzgeber bedarf, gründet letztlich auf der Annahme, dass sich der Arzt durch seine freiwillige Teilnahme an der vertragsärztlichen Versorgung, sprich aufgrund seiner Zulassung, verpflichtet, rund um die Uhr für die vertragsärztliche Versorgung der gesetzlich Versicherten zur Verfügung zu stehen. Er habe daher nicht nur zu den üblichen Sprechstundenzeiten seiner Praxis, sondern immer – also 24 Stunden am Tag – für die Behandlung seiner Patienten erreichbar zu sein. Für das BSG folgt demnach aus der Zulassung letztlich zunächst nur eine einzige Pflicht, nämlich die allgemeine Pflicht des Vertragsarztes, zeitlich umfassend für die vertragsärztliche Versorgung verfügbar zu sein. Dieser grundlegenden Pflicht kommt der Vertragsarzt dadurch nach, dass er zum einen Sprechstunden anbietet, zum anderen aber auch zu den sprechstundenfreien Zeiten zur Verfügung steht. Letztgenannte Pflicht kann er entweder dadurch erfüllen, dass er außerhalb seiner Sprechstunden dauerhaft für die Versorgung der gesetzlich Versicherten bereitsteht, oder aber, indem er alternativ hierzu am von der Kassenärztlichen Vereinigung organisierten Bereitschaftsdienst teilnimmt.

Rn. 122; *Rademacker*, in: Körner/Leitherer/Mutschler/Rolfs (Hrsg.), Kasseler Kommentar Sozialversicherungsrecht, § 75 SGB V Rn. 43; *Funk*, in: Schulin (Hrsg.), Handbuch des Sozialversicherungsrechts, Band 1 – Krankenversicherungsrecht, § 32 Rn. 38; *Staffa*, Analyse der Inanspruchnahme des kassenärztlichen Notfalldienstes in einem Hamburger Notfalldienstbezirk im Zeitraum August 1996 bis August 1997, S. 1.

[42] § 368 Abs. 3 RVO in der bis zum 31.12.1986 gültigen Fassung lautete: „Ziel der Sicherstellung der kassenärztlichen Versorgung ist es, […] eine bedarfsgerechte und gleichmäßige ärztliche Versorgung, die auch einen ausreichenden Not- und Bereitschaftsdienst umfaßt, […] zur Verfügung zu stellen.“

[43] BVerwG, Urt. v. 90.06.1982, 3 C 21/81, Rn. 25 (juris).

[44] BVerwG, Urt. v. 90.06.1982, 3 C 21/81, Rn. 25 (juris).

Legt man die Annahme einer dauerhaften Versorgungspflicht zugrunde, stellt sich die gelegentliche Ableistung des ärztlichen Bereitschaftsdienstes im Vergleich zu einer permanenten Versorgungspflicht auch außerhalb der Sprechstundenzeiten freilich als die wesentlich weniger belastende Alternative und folglich als Entlastung dar. Dieser Argumentationsstruktur folgend wäre tatsächlich keine über die allgemeine Pflicht des Vertragsarztes zur Teilnahme an der vertragsärztlichen Versorgung hinausgehende Normierung der verpflichtenden Teilnahme am Bereitschaftsdienst vonnöten, da dieser einer 24-Stunden-Verfügbarkeit immanent wäre. Wenngleich das BSG in seinen Entscheidungen zu den Anforderungen an die gesetzliche Normierung der Teilnahmepflicht in ständiger Spruchpraxis die Ansicht vertritt, dass den Arzt aufgrund seiner Zulassung eine solche Pflicht zur zeitlich umfassenden Verfügbarkeit träfe, ist es bislang jeglicher Begründung hierfür schuldig geblieben. Das soeben angeführte argumentative Gerüst des BSG setzt jedoch voraus, dass der Vertragsarzt aufgrund seiner Zulassung tatsächlich verpflichtet ist, *rund um die Uhr* für die vertragsärztliche Versorgung verfügbar zu sein. Denn trifft den Vertragsarzt gerade keine derartige zeitlich umfassende Versorgungspflicht, könnte die Teilnahme am ärztlichen Bereitschaftsdienst auch nicht als Entlastung einer der Zulassung angeblich immanenten Pflicht angesehen werden. Vielmehr wäre die Teilnahmepflicht – gleichlaufend zu derjenigen am Bereitschaftsdienst der Ärztekammern – als belastender Eingriff in die Rechte des Arztes anzusehen, welche damit einer formell gesetzlichen Rechtsgrundlage bedürfte. Wie die folgenden Ausführungen zeigen, lässt sich entgegen der Auffassung des BSG eine derartige, sich aus der Zulassung zur vertragsärztlichen Versorgung ergebende Pflicht des Vertragsarztes zur zeitlich vollumfänglichen Verfügbarkeit allerdings nicht begründen.

aa) Unvereinbarkeit mit den heutigen tatsächlichen Gegebenheiten

Obgleich aus juristischer Sicht freilich nicht von höchstem argumentativen Gewicht, aber dennoch nicht unbeachtlich ist der Umstand, dass die vom BSG angenommene 24-Stunden-Pflicht des Arztes zur vertragsärztlichen Versorgung und die damit verbundene Einordnung des Bereitschaftsdienstes als Entlastung hiervon zum einen nicht mehr mit der heutigen Zweckbestimmung des Bereitschaftsdienstes vereinbar und zum anderen auch fernab jedweden realistischen modernen Verständnisses von Arbeitszeit anzusehen ist. Die Annahme, ein Arzt habe tatsächlich rund um die Uhr für die Versorgung seiner Patienten zur Verfügung zu stehen, lässt sich mit keinem wie auch immer gearteten Lebensmodell vereinbaren. Von einem Arzt kann – unabhängig von seiner familiären Situation – nicht erwartet werden, dass er sich Tag und Nacht für die vertragsärztliche Versorgung bereithält. Dies mag in früheren Zeiten, als die Notfallversorgungsstrukturen in Deutschland deutlich weniger entwickelt und verbreitet waren und die Versorgung im Notfall daher noch weitgehend auf den Hausarzt zurückfiel, noch vertretbar gewesen sein. So wurde es bis Ende der 1960er Jahre, als die ärztliche Versorgung außerhalb der Sprechstundenzeiten zumeist alleine den Hausärzten auferlegt war, als deren Pflicht angesehen, hierfür rund um die Uhr für Patienten zur Verfügung zu stehen.[45] Ursprünglich diente die Einrichtung eines Bereitschaftsdienstes daher tatsächlich der Entlastung der Ärzte. Spätestens mit der Verrechtlichung des Bereitschaftsdienstes kam es allerdings auch zu einer deutlichen Verschiebung der Zweckbestimmung dahingehend, dass der Bereitschaftsdienst nicht mehr der Entlastung der Ärzte, sondern vielmehr primär der Sicherstellung der ambulanten Versorgung der Patienten in dringenden Fällen auch außerhalb der Sprechstundenzeiten dienen sollte.[46] Schon mit diesem modernen Verständnis des Zwecks des Bereitschaftsdienstes ist mittlerweile eine zeitlich umfassende Verfügbarkeit des Arztes nicht mehr vereinbar, da die Teilnahme am ärztlichen Bereitschaftsdienst gerade nicht mehr der Entlastung von einer dauerhaften Verfügbarkeit dienen soll. Darüber hinaus lässt die Annahme einer umfassenden Verfügbarkeit des Arztes für die Behandlung seiner Patienten außer Acht, dass diese schwerlich mit den übrigen ihm auferlegten, stetig aufwendiger werdenden Pflichten wie dem internen Qualitätsmanagement, der Dokumentation der Behandlung oder der Fortbildungspflicht[47] vereinbar ist. Mit dem heutzutage bestehenden dreigliedrigen ambulanten Notfallversorgungssystem aus ärztlichem Bereitschaftsdienst, Rettungsdienst und Notaufnahmen der Krankenhäuser sowie der grundsätzlichen Verpflichtung aller niedergelassen Ärzte zur Teilnahme am Bereitschaftsdienst[48] ist eine 24-stündige Verfügbarkeit des Vertragsarztes darüber hinaus ohnehin nicht mehr erforderlich. Die vom BSG behauptete Pflicht des Vertragsarztes zur Rund-um-die-Uhr-Verfügbarkeit stellt sich vielmehr als Relikt aus früheren Zeiten dar, welches Stand heute nicht mehr tragbar ist. Darüber hinaus widerspricht die Schlussfolgerung des BSG auch der Annahme einer zeitlich vollumfänglichen Versorgungspflicht, die Teilnahme am Bereitschaftsdienst würde als Alternative zur sonst erforderlichen ganztägigen Verfügbarkeit[49] eine Entlastung des Vertragsarztes darstellen, dem tatsächlichen Empfinden der Vertragsärzteschaft; es wird sich nur schwerlich ein Vertragsarzt finden lassen, welcher den Bereitschaftsdienst als eine Entlastung ansieht.[50]

bb) Widersprüchliche Rechtsprechung

Die Annahme einer sich aus der Zulassung ergebenden 24-Stunden-Pflicht stellt sich nicht nur als realitätsfern dar, sie steht auch im Widerspruch zur übrigen

---

[45] *Staffa*, Analyse der Inanspruchnahme des kassenärztlichen Notfalldienstes in einem Hamburger Notfalldienstbezirk im Zeitraum August 1996 bis August 1997, S. 1.

[46] *Eberle*, NJW 1973, 2225 (2225); in Bezug auf den vertragsärztlichen Bereitschaftsdienst BSG, Urt. v. 24.01.1974, 6 RKa 18/73, Rn. 9 (juris); zustimmend *Funk*, in: Schulin (Hrsg.), Handbuch des Sozialversicherungsrechts, Band 1 – Krankenversicherungsrecht, § 32 Rn. 38.

[47] *Rompf/Schröder/Willaschek*, Kommentar zum Bundesmantelvertrag Ärzte, § 17 Rn. 1.

[48] Hierzu ausführlich unten, Kap. 2 C. I.

[49] So LSG Nordrhein-Westfalen, Urt. v. 19.03.2012, 11 KA 15/12 B ER, Rn. 25 (juris).

[50] Ganz im Gegenteil wird dieser von der Mehrheit der Ärzte als Belastung empfunden, *Wenner*, Vertragsarztrecht nach der Gesundheitsreform, § 20 Rn. 9.

Rechtsprechung des BSG. Dieses hat in anderen Entscheidungen selbst ausgeführt, dass von einer vertragsärztlichen Versorgung im erforderlichen Maße, d.h. im üblichem Umfang, schon dann auszugehen ist, wenn der Vertragsarzt „entsprechend dem Bedürfnis nach einer ausreichenden und zweckmäßigen Versorgung und den Gegebenheiten seines Praxisbereichs regelmäßig zu den üblichen Sprechzeiten für die Versorgung der Versicherten zur Verfügung steht [...] sowie, dass er – in den Grenzen der Zumutbarkeit und Üblichkeit – auch für Notfallbehandlungen und für andere wichtige Fälle außerhalb der Sprechzeiten tätig sein kann."[51] Damit trifft das BSG zunächst einmal die Feststellung, dass die Frage des zeitlichen Umfangs der Pflicht des Arztes zur vertragsärztlichen Versorgung nicht pauschal festgelegt werden kann, sondern von den Begebenheiten des Einzelfalls abhängig ist.[52] Allein diese Aussage steht bereits in Widerspruch zu einer generellen Pflicht eines jeden Vertragsarztes zur Verfügbarkeit rund um die Uhr. Ebenfalls hiermit nicht zu vereinbaren ist, dass das BSG in oben angeführtem Zitat eine vertragsärztliche Versorgung schon dann im erforderlichen Maße als erfüllt ansieht, wenn der Vertragsarzt außerhalb der Sprechstundenzeiten lediglich „in den Grenzen der Zumutbarkeit und Üblichkeit" zur Verfügung steht. Auch dies lässt sich nicht mit der Annahme des Gerichts vereinbaren, dass den Vertragsarzt aufgrund seiner Zulassung unabhängig von der Zumutbarkeit eine 24-stündige Pflicht zur vertragsärztliche Versorgung der gesetzlich Versicherten träfe. Das BSG scheint also in anderen, den sich aus der Zulassung ergebenden Versorgungsauftrag betreffenden Entscheidungen, ein weitaus engeres Verständnis des zeitlichen Umfangs zu besitzen. Lediglich wenn es um das Erfordernis einer gesetzlichen Normierung der Teilnahmepflicht am vertragsärztlichen Bereitschaftsdienst geht, weitet das BSG sein Verständnis vom Umfang der vertragsärztlichen Versorgungspflicht des Arztes aus nicht weiter nachzuvollziehenden Gründen merklich aus. Dies zeigt auch die Linie des Gerichts zu beruflichen Nebentätigkeiten. So geht das BSG davon aus, dass selbst bei einem vollen Versorgungsauftrag eine Nebentätigkeit unter gewissen Voraussetzungen grundsätzlich als zulässig zu erachten ist.[53] Eine berufliche Tätigkeit neben der vertragsärztlichen Versorgung ist jedoch bei der Annahme, dass der Vertragsarzt zu letztgenannter 24 Stunden am Tag verpflichtet sein soll, rein tatsächlich gar nicht möglich.

---

[51] BSG, Urt. v. 30.01.2002, B 6 KA 20/01 R, Rn. 25 (juris); auch *Rompf/Schröder/Willaschek*, Kommentar zum Bundesmantelvertrag Ärzte, § 17 Rn. 4 sprechen lediglich von einer ausreichenden und zweckmäßigen vertragsärztlichen Versorgung.

[52] *Wemhöner*, Die Rechtsstellung des ermächtigten Arztes bzw. der ermächtigten ärztlich geleiteten Einrichtung in Abgrenzung zum Kassenarztrecht, S. 41.

[53] Exemplarisch BSG, Urt. v. 30.01.2002, B 6 KA 20/01 R, Rn. 25 (juris).

cc) Keine gesetzliche Pflicht des Vertragsarztes zur dauerhaften Verfügbarkeit

Wie *Wimmer* zutreffend ausführt, sind Art und Umfang der sich aus der Teilnahme an der vertragsärztlichen Versorgung ergebenden Pflichten durch den Bundesgesetzgeber nur sehr unvollständig geregelt.[54] Auch eine ausdrückliche gesetzliche Pflicht des Vertragsarztes, aufgrund seines Zulassungsstatus rund um die Uhr zur vertragsärztlichen Versorgung der gesetzlich Versicherten zur Verfügung zu stehen, existiert nicht. Diese lässt sich auch nicht aus den bestehenden Vorschriften zur vertragsärztlichen Versorgung ableiten, wie nachfolgende Ausführungen zeigen.[55]

(1) Keine gesetzliche Pflicht aus § 95 Abs. 3 S. 1 SGB V

Sofern sich den Ausführungen des BSG zur behaupteten 24-Stunden-Pflicht des Vertragsarztes zur vertragsärztlichen Versorgung überhaupt ein Begründungsansatz entnehmen lässt, dann dieser, dass sich die vermeintliche Verfügbarkeit rund um die Uhr aus seinem Zulassungsstatus ergebe.[56] Die Folgen, die mit der Zulassung des Arztes zur vertragsärztlichen Versorgung einhergehen, werden in § 95 Abs. 3 S. 1 SGB V geregelt. Dazu zählt neben der obligatorischen Mitgliedschaft bei der zuständigen Kassenärztlichen Vereinigung die Pflicht zur Teilnahme an der vertragsärztlichen Versorgung:

> Die Zulassung bewirkt, daß der Vertragsarzt Mitglied der für seinen Kassenarztsitz zuständigen Kassenärztlichen Vereinigung wird und zur Teilnahme an der vertragsärztlichen Versorgung im Umfang seines aus der Zulassung folgenden Versorgungsauftrages berechtigt und verpflichtet ist.

Hiermit wird eine Pflicht des Vertragsarztes zu einer zeitlich vollumfassenden Versorgung der gesetzlich Versicherten weder dem Wortlaut nach ausdrücklich normiert noch durch diesen impliziert. Wenngleich § 95 Abs. 3 S. 1 SGB V nach dem Umfang des Versorgungsauftrages differenziert und damit auch in zeitlicher Hinsicht eine Regelung trifft, tätigt die Norm darüberhinausgehend aber gerade keine Aussage darüber, welchen konkreten zeitlichen Umfang etwa ein voller oder hälftiger Versorgungsauftrag umfasst. Der Norm kann nicht entnommen werden, dass sich für den Vertragsarzt aus seiner Zulassung zur vertragsärztlichen Versorgung die Pflicht ergibt, 24 Stunden am Tag für die Versorgung seiner Patienten zur Verfügung zu stehen. Entspräche dies dem Willen des Gesetzgebers, hätte er dies ausdrücklich normieren

---

[54] *Wimmer*, NJW 1995, 1577 (1577).

[55] *Mötzung*, Der ärztliche Notfalldienst in rechtlicher Sicht, S. 58 ff. prüft darüber hinaus – allerdings in Bezug auf das Bestehen einer ausreichenden parlamentarischen Rechtsgrundlage für die Teilnahmepflicht am Bereitschaftsdienst der Ärztekammern, da in den Heilberufsgesetzen der Länder zum damaligen Zeitpunkt noch keine derartige Pflicht normiert war – ob sich eine ausreichende Rechtsgrundlage nicht aus Gewohnheitsrecht ableiten ließe, verneint dies aber richtigerweise recht zügig.

[56] Siehe BSG, Urt. v. 11.12.2013, B 6 KA 39/12 R, Rn. 14 (juris); BSG, Urt. v. 13.02.2019, B 6 KA 51/17 R, Rn. 19 (juris).

müssen. Das Hineinlesen einer zeitlich allumfassenden Versorgungspflicht in den aktuellen Normtext wäre mit dem Bestimmtheitsgebot nicht zu vereinbaren. Es stünde darüber hinaus auch in Widerspruch zur bereits angeführten Rechtsprechung des BSG, welche eine Nebenbeschäftigung neben der vertragsärztlichen Tätigkeit in bestimmten Grenzen selbst bei einem vollen Versorgungsauftrag als zulässig ansieht.[57] Eine berufliche Tätigkeit neben der vertragsärztlichen Versorgung wäre allerdings schon rein tatsächlich gar nicht möglich, wenn den Vertragsarzt aus § 95 Abs. 3 S. 1 SGB V bezüglich letzterem eine 24-Stunden-Pflicht träfe.

Schließlich wäre eine Pflicht zur vertragsärztlichen Versorgung rund um die Uhr auch schwerlich mit dem Umstand vereinbar, dass dem Vertragsarzt auch das Recht eingeräumt wird, etwa lediglich mit einem hälftigen oder auf drei Viertel begrenzten Versorgungsauftrag an der vertragsärztlichen Versorgung teilzunehmen, wodurch der zeitliche Umfang seiner Pflicht zur Abhaltung von Sprechstunden im Vergleich zu einem vollen Versorgungsauftrag deutlich verringert wird.[58] Nachdem die Zulassung zur vertragsärztlichen Versorgung nach dem BSG allerdings eine zeitlich umfassende Verfügbarkeit vom Vertragsarzt fordert, müsste der Arzt auch bei einem hälftigen Versorgungsauftrag weiterhin rund um die Uhr zur Verfügung stehen, wodurch er trotz verringerter Sprechstundenzeiten letztlich immer noch 24 Stunden am Tag verpflichtet wäre. Ein hälftiger Versorgungsauftrag würde ihm nach der Logik der Rechtsprechung damit nicht die bezweckte zeitliche Entlastung bringen, obwohl auch diese die Rechtmäßigkeit eines hälftigen Versorgungsauftrags nie angezweifelt hat.

(2) Keine gesetzliche Pflicht aus § 75 Abs. 1b S. 1 SGB V

Ebenso normiert auch § 75 Abs. 1b S. 1 SGB V weder eine ausdrückliche Pflicht des Vertragsarztes, Tag und Nacht auch außerhalb der Sprechstundenzeiten zur Verfügung zu stehen, noch lässt sich aus der Norm eine derartige Pflicht ableiten. Dies ergibt sich schon daraus, dass Regelungsadressaten der Norm nicht die zur vertragsärztlichen Versorgung zugelassenen Ärzte, sondern die Kassenärztlichen Vereinigungen sind.

(3) Keine gesetzliche Pflicht aus § 19a Abs. 1 Ärzte-ZV

Schließlich ergibt sich auch aus der Ärzte-ZV, die nach § 98 Abs. 1 S. 2 SGB V vom Bundesminister für Gesundheit mit Zustimmung des Bundesrates als Rechtsverordnung erlassen wird und nach der Rechtsprechung des BSG formal gesetzlichen Rechtscharakter besitzt,[59] keine zeitlich vollumfassende Pflicht des Vertragsarztes zur vertragsärztlichen Versorgung. Zwar regelt § 19a Abs. 1 Ärzte-ZV in Überein-

---

[57] Siehe etwa BSG, Urt. v. 30.01.2002, B 6 KA 20/01 R, Rn. 25 (juris).

[58] Vgl. § 17 Abs. 1a S. 1 und 4 BMV-Ä.

[59] BSG, Urt. v. 27.02.1992, 6 RKa 15/91, Rn. 28 (juris); BSG, Urt. v. 16.07.2003, B 6 KA 49/02 R, Rn. 20 (juris); a. A. dagegen *Scholz*, in: Giesen/Kreikebohm/Rolfs/Udsching, BeckOK Sozialrecht, § 98 SGB V Rn. 3.

stimmung mit § 95 Abs. 3 S. 1 SGB V, dass der Vertragsarzt durch seine Zulassung grundsätzlich dazu verpflichtet wird, seine vertragsärztliche Tätigkeit vollzeitig auszuüben:

> Die Zulassung verpflichtet den Arzt, die vertragsärztliche Tätigkeit vollzeitig auszuüben.

Das Wort „vollzeitig" kann jedoch nicht in dem Sinne verstanden werden, dass den Arzt hiermit eine Pflicht zur Ausübung seiner vertragsärztlichen Tätigkeit rund um die Uhr träfe. Vielmehr ist hiermit – wie sich aus den Gesetzesmaterialien ergibt – lediglich gemeint, dass der Vertragsarzt seine berufliche Tätigkeit hauptberuflich auszuüben hat.[60] Der konkrete zeitliche Umfang lässt sich der Vorschrift hierbei jedoch gerade nicht entnehmen.[61] Dieses Normverständnis deckt sich nicht nur mit der Rechtsprechung des BSG, wonach § 19a Abs. 1 Ärzte-ZV gerade keine näheren Bestimmungen zum quantitativen Umfang einer vollzeitigen Tätigkeit trifft,[62] sondern auch mit der untergesetzlichen Normsetzung in § 17 Abs. 1a S. 1 BMV-Ä, demzufolge der sich aus der Zulassung ergebenden Pflicht des Vertragsarztes zur Versorgung der gesetzlich Versicherten bei einem vollen Versorgungsauftrag bereits dadurch Genüge getan wird, dass er an seinem Vertragsarztsitz persönlich mindestens 20 Stunden wöchentlich für die Sprechstunde zur Verfügung steht:

> Der sich aus der Zulassung des Vertragsarztes ergebende Versorgungsauftrag ist dadurch zu erfüllen, dass der Vertragsarzt an seinem Vertragsarztsitz persönlich mindestens 20 Stunden wöchentlich in Form von Sprechstunden zur Verfügung steht.

Auch der Bundesgesetzgeber geht offensichtlich nicht davon aus, dass den Vertragsarzt durch seine Zulassung eine zeitlich umfassende Pflicht zur vertragsärztliche Versorgung trifft, wenn er in Art. 15 Nr. 3 lit. a) des Terminservice- und Versorgungsgesetzes (TSVG) vom 06. Mai 2019 als Ergänzung zu § 19a Abs. 1 Ärzte-ZV vorsieht, dass der Vertragsarzt zur Erfüllung „seiner vollzeitigen vertragsärztlichen Tätigkeit mindestens 25 Stunden wöchentlich in Form von Sprechstunden für gesetzlich Versicherte zur Verfügung zu stehen" habe. Von einer sich angeblich aus dem Zulassungsstatus ergebenden „Rund-um-die-Uhr-Verfügbarkeit" des Vertragsarztes, wie sie das BSG annimmt, ist auch hier keine Rede. Schließlich stünde eine Auslegung des § 19a Abs. 1 Ärzte-ZV dahingehend, dass mit „vollzeitig" eine zeitlich vollumfassende Verfügbarkeit gemeint sei, wie schon bei dem Versuch einer entsprechenden Auslegung des § 95 Abs. 3 S. 1 SGB V die bereits mehrfach angeführte Rechtsprechung des BSG selbst entgegen, wonach eine Nebentätigkeit auch bei einem vollen Versorgungsauftrag unter gewissen Voraussetzungen nicht zu beanstanden ist;[63] die Ausübung einer zusätzlichen Tätigkeit neben einer 24-Stunden-

---

[60] BR-Drs. 353/06, S. 45.

[61] *Düring*, in: Schallen (Hrsg.), Kommentar zur Zulassungsverordnung für Vertragsärzte, Vertragszahnärzte, Medizinische Versorgungszentren, Psychotherapeuten, § 19a Rn. 2.

[62] BSG, Urt. v. 13.10.2010, B 6 KA 40/09 R, Rn. 18 (juris).

[63] Siehe etwa BSG, Urt. v. 30.01.2002, B 6 KA 20/01 R, Rn. 25 (juris).

Pflicht zur vertragsärztlichen Versorgung der gesetzlich Versicherten ist schon rein tatsächlich unmöglich.

dd) Ergebnis

Die Annahme einer sich aus der Zulassung ergebenden Pflicht des Vertragsarztes, rund um die Uhr für die Versorgung der gesetzlich Versicherten zur Verfügung zu stehen, ist somit – anders als von der Rechtsprechung behauptet – aus soeben angeführten Gründen nicht haltbar. Im Gegensatz zu den Kassenärztlichen Vereinigungen[64] trifft die Vertragsärzte gerade keine zeitlich umfassende Pflicht.

c) Konsequenz für die an die Rechtsgrundlage zu stellenden Anforderungen

In der Folge stellt die Teilnahme am vertragsärztlichen Bereitschaftsdienst damit im Gegensatz zur Rechtsprechung des BSG auch keine Entlastung von der Pflicht zu einer irrigerweise angenommenen zeitlich vollumfänglichen Versorgungspflicht dar. Sie ist vielmehr als eine zusätzliche Belastung für den Vertragsarzt neben der Abhaltung seiner Sprechstunden anzusehen. Dies bedeutet freilich nicht, dass die Teilnahme am Bereitschaftsdienst nicht Teil der vertragsärztlichen Versorgung und damit kein Teil des Pflichtenkatalogs des Vertragsarztes sein kann, der ihn durch seine freiwillige Teilnahme an der vertragsärztlichen Versorgung, d.h. aufgrund seiner Zulassung, trifft. Auch nach hier vertretener Auffassung, die eine 24-stündige Verfügbarkeit des Vertragsarztes ablehnt, folgt die Pflicht des Arztes zur Teilnahme am vertragsärztlichen Bereitschaftsdienst aus seiner Zulassung – allerdings mit dem Unterschied, dass sie keine Alternative zu einer ansonsten erforderlichen dauerhaften Verfügbarkeit außerhalb der Sprechstundenzeiten und auch keine bloße Konkretisierung einer bereits bestehenden, sondern eine *weitere* Pflicht des Arztes neben seiner Pflicht zur Abhaltung von Sprechstunden darstellt.[65] Konsequenz der hier vertretenen Auffassung ist somit lediglich, dass auch die Teilnahmepflicht am vertragsärztlichen Bereitschaftsdienst der Kassenärztlichen Vereinigungen aufgrund ihrer Bedeutung für die Grundrechte der Vertragsärzte – wie schon die korrespondierende Teilnahmepflicht am auf berufsrechtlicher Grundlage beruhenden Bereitschaftsdienst der Ärztekammern – entgegen der Auffassung des BSG nach der Wesentlichkeitstheorie einer formellgesetzlichen Regelung durch den Bundesgesetzgeber bedarf, welche jedenfalls deren Grundzüge beinhaltet.[66]

---

[64] *Nagel*, Das Gesundheitswesen in Deutschland, S. 132.

[65] So auch *Ossege*, in: Berchtold/Huster/Rehborn (Hrsg.), Nomos Kommentar Gesundheitsrecht SGB V und SGB XI, § 95 SGB V Rn. 142, wenn er davon spricht, dass zur vertragsärztlichen Versorgung auch die ärztliche Behandlung zu den sprechstundenfreien Zeiten *im Rahmen von Bereitschaftsdiensten i.S.d. § 75 Abs. 1b S. 1 SGB V* zählt.

[66] Vgl. im Allgemeinen zu dem Erfordernis der Regelung durch den Gesetzgeber selbst im Vertragsarztrecht *Wimmer*, NJW 1995, 1577 (1582), der davon spricht, dass die „grundrecht-

Hieran vermag auch die Tatsache nichts zu ändern, dass der Vertragsarzt durch seine Zulassung freiwillig an der vertragsärztlichen Versorgung teilnimmt, worin das BSG den entscheidenden Unterschied zur Regelung durch die Ärztekammern sieht und zum Anlass nimmt, konträr zur Rechtsprechung des BVerwG zum Bereitschaftsdienst der Ärztekammern für den vertragsärztlichen Bereitschaftsdienst eine untergesetzliche Normierung als ausreichend anzusehen. Denn sofern man in Bezug auf die Zulassung zur vertragsärztlichen Versorgung entgegen häufig bestehender wirtschaftlicher Zwänge von einer freiwilligen Entscheidung des Arztes sprechen möchte, kann man dies durchaus auch hinsichtlich der Approbation des Arztes tun, aufgrund derer er Mitglied der Ärztekammer wird und sich damit deren Berufsregelungen unterwirft, welche auch die Teilnahme am Bereitschaftsdienst umfassen. In der Folge ließe sich also auch für den berufsrechtlichen Bereitschaftsdienst argumentieren, es bedürfe keiner Normierung der Teilnahmepflicht durch den Landesgesetzgeber, da diese bereits Teil der Berufspflichten sei, zu deren Einhaltung sich der Arzt mit seiner Approbation freiwillig verpflichtet habe. Es erscheint daher wenig nachvollziehbar, warum man hinsichtlich den an die Teilnahmepflicht am Bereitschaftsdienst der Kassenärztlichen Vereinigungen zu stellenden Anforderungen zu einem anderen Ergebnis gelangen sollte als bezüglich des Bereitschaftsdienstes der Ärztekammern. Sofern man demnach der obigen Rechtsprechung des BVerwG seine Zustimmung erteilt, sollte diese in entsprechender Weise auch für den Bereitschaftsdienst der Kassenärztlichen Vereinigungen gelten, da sich eine divergierende Beurteilung wie dargestellt nicht hinreichend rechtfertigen lässt.

2. Bestehen einer den Anforderungen genügenden Rechtsgrundlage

Eine demnach zu fordernde formellgesetzliche Rechtsgrundlage des Bundesgesetzgebers existiert momentan jedoch nicht. § 95 Abs. 3 S. 1 SGB V regelt zwar die Folgen der Zulassung einschließlich der Pflicht des Arztes, „im Umfang seines aus der Zulassung folgenden Versorgungsauftrages" an der vertragsärztlichen Versorgung teilzunehmen. Die Norm ist allerdings viel zu allgemein gehalten, um ihr eine Pflicht des Vertragsarztes zur Teilnahme am vertragsärztlichen Bereitschaftsdienst entnehmen zu können.[67] Dies lässt sich auch nicht in Zusammenschau mit § 75 Abs. 1b S. 1 SGB V folgern. Zwar bezieht dieser ausdrücklich auch die vertragsärztliche Versorgung zu den sprechstundenfreien Zeiten in den Sicherstellungsauftrag der Kassenärztlichen Vereinigungen ein. Die Reichweite des Sicherstellungsauftrages der Kassenärztlichen Vereinigungen darf jedoch nicht einfach mit dem Umfang des Versorgungsauftrages der Vertragsärzte gleichgesetzt werden. Möchte

---

liche Mehrdimensionalität des Rechts der gesetzlichen Krankenversicherung gebietet, eine Vielzahl wesentlicher Leitentscheidungen beim Gesetzgeber des SGB V selbst zu belassen".

[67] Vgl. noch zur Regelung in der RVO *Mötzung*, Der ärztliche Notfalldienst in rechtlicher Sicht, S. 77 f.; a. A. wohl *Neumann*, in: Giesen/Kreikebohm/Rolfs/Udsching, BeckOK Sozialrecht, § 95 SGB V Rn. 49.

der Bundesgesetzgeber zugelassene Ärzte auch zur Teilnahme an einem Bereitschaftsdienst als Teil des vertragsärztlichen Versorgungsauftrages verpflichten, muss er dies schlichtweg ausdrücklich normieren. Auch der soeben angesprochene § 75 Abs. 1b S. 1 SGB V selbst stellt für eine Teilnahmepflicht keine Rechtsgrundlage dar, da er keinerlei Regelungsgehalt in Bezug auf eine Verpflichtung von Vertragsärzten zur Teilnahme am vertragsärztlichen Bereitschaftsdienst aufweist. § 75 Abs. 1b S. 1 SGB V ist vielmehr bloße Ermächtigung der Kassenärztlichen Vereinigungen zur Regelung des Bereitschaftsdienstes.[68] Für die Befugnis zur Normierung einer verpflichtenden Teilnahme ist die Vorschrift wie schon § 95 Abs. 3 S. 1 SGB V allerdings viel zu allgemein gehalten.[69]

3. Konsequenz für die Pflicht zur Teilnahme am vertragsärztlichen Bereitschaftsdienst

Folglich fehlt es den Regelungen sämtlicher Kassenärztlicher Vereinigungen in ihren Bereitschaftsdienstordnungen, welche die Vertragsärzte zur Teilnahme am vertragsärztlichen Bereitschaftsdienst verpflichten, an einer ausreichenden formellgesetzlichen Grundlage des Bundesgesetzgebers. Sie sind daher wegen Verstoßes gegen den Vorbehalt des Gesetzes als verfassungswidrig anzusehen. Sofern man den Vorschriften für eine Übergangsfrist keine überbrückende Geltung bis zur ausreichenden Normierung einer Teilnahmepflicht durch den Bundesgesetzgeber einräumen möchte,[70] sind verpflichtende Heranziehungen von Vertragsärzten durch die Kassenärztliche Vereinigung zum vertragsärztlichen Bereitschaftsdienst demnach als rechtswidrig anzusehen. Damit kann der vertragsärztliche Bereitschaftsdienst momentan nur bei einer freiwilligen Teilnahme von Vertragsärzten sichergestellt werden.[71] Von einer Nichtigkeit des einen Verwaltungsakt i. S. d. § 31 S. 1 SGB X darstellenden Heranziehungsbescheides ist hingegen nicht auszugehen. Es ist weitgehend anerkannt, dass das Fehlen einer ausreichenden Rechtsgrundlage nicht ohne Weiteres zur Nichtigkeit des damit „gesetzlosen" Verwaltungsaktes führt, da diese nicht automatisch einen „besonders schwerwiegenden Fehler" i. S. d. § 40 Abs. 1 SGB X darstellt, welcher „bei verständiger Würdigung aller in Betracht kommenden Umstände offensichtlich ist."[72] Auch im vorliegenden Fall gelangt man

---

[68] Vgl. noch zur RVO *Mötzung*, Der ärztliche Notfalldienst in rechtlicher Sicht, S. 77 f. und *Narr*, Ärztliches Berufsrecht, S. 138.

[69] Vgl. noch zu § 368n Abs. 1 S. 1 RVO *Hagedorn*, NJW 1973, 2262 (2262); vgl. auch die zwar zur Gebietsabgrenzung Hausarzt/Facharzt erfolgte, aber inhaltlich übereinstimmende Schlussfolgerung von *Hufen*, Zur verfassungsrechtlichen Beurteilung der Gebietsabgrenzung Hausarzt/Facharzt in § 73 SGB V, S. 16 f.

[70] Wie dies das BVerwG in seinem Urt. v. 12. 12. 1972, I C 30.69, NJW 1973, 576 (577) für die verpflichtende Heranziehung von Ärzten durch die Ärztekammer angenommen hat.

[71] So auch – noch zur RVO – *Mötzung*, Der ärztliche Notfalldienst in rechtlicher Sicht, S. 80.

[72] *Steinwedel*, in: Körner/Leitherer/Mutschler/Rolfs (Hrsg.), Kasseler Kommentar Sozialversicherungsrecht, § 40 SGB X Rn. 14; BVerwG, Beschl. v. 21. 01. 1954, I B 49.53, Rn. 12 (juris); BSG, Urt. v. 09. 06. 1999, B 6 KA 76/97 R, Rn. 29 (juris); jedenfalls die von § 40 Abs. 1

zu keiner hiervon abweichenden Beurteilung, da es jedenfalls am Merkmal der Offensichtlichkeit fehlt, nachdem die hier vertretene Auffassung, dass momentan keine ausreichende Rechtsgrundlage für die Teilnahmepflicht existiert, soweit ersichtlich weder von Rechtsprechung noch Literatur geteilt wird und das Fehlen einer Rechtsgrundlage daher nicht einem „aufmerksamen und verständigen Staatsbürger“[73] bzw. einem „Durchschnittsbürger ohne besondere Sachkenntnis“[74] ohne Weiteres erkennbar war.[75]

III. Rechtsgrundlage der Pflicht zur Teilnahme an einem gemeinsamen Bereitschaftsdienst von Ärztekammer und Kassenärztlicher Vereinigung

Neben zwei getrennten Bereitschaftsdiensten von Ärztekammer und Kassenärztlicher Vereinigung kommt wie gesehen auch die Organisation des Bereitschaftsdienstes in einer gemeinsamen Bereitschaftsdienstordnung in Betracht. Auch bei dieser Variante bedarf die verpflichtende Heranziehung der Ärzte zur Teilnahme am Bereitschaftsdienst einer Rechtsgrundlage, die wiederum entsprechend dem Vorbehalt des Gesetzes auf einem formellen Gesetz beruhen muss, welches die Teilnahmepflicht jedenfalls in ihren Grundzügen regelt. Zu beachten ist jedoch, dass die Regelung der Teilnahmepflicht in einer gemeinsamen Bereitschaftsdienstordnung nicht kumulativ sowohl auf einem formellen Gesetz sowohl des Bundes- als auch des Landesgesetzgebers beruhen muss, sondern in Abhängigkeit davon, wie nach der jeweiligen gemeinsamen Bereitschaftsdienstordnung die Zuständigkeiten verteilt sind, lediglich alternativ eine formelle Rechtsgrundlage des Bundes- oder des Landesgesetzgebers vorliegen muss: Werden Ärzte von der Ärztekammer herangezogen, bedarf die Regelung einer landesgesetzlichen Grundlage; erfolgt die Heranziehung dagegen durch die Kassenärztliche Vereinigung, muss die Teilnahmeregelung auf einer ausreichenden Rechtsgrundlage des Bundes beruhen, welche allerdings – wie soeben gesehen – nicht existiert. Sofern nach einer gemeinsamen Bereitschaftsdienstordnung für einen Teil der Ärzte die Ärztekammer und für den anderen Teil die Kassenärztliche Vereinigung zuständig ist, sind im Ergebnis freilich sowohl eine ausreichende landes- (für die Heranziehung durch die Ärztekammer) als auch eine bundesrechtliche (für die Heranziehung durch die Kassenärztliche Vereinigung) Rechtsgrundlage erforderlich. Im weiteren Verlauf bleibt daher zu untersuchen, welche Teilnahmeregelungen derjenigen Ärztekammern und Kassen-

SGB X geforderte Offensichtlichkeit verneinend auch BSG, Beschl. v. 23.02.2005, B 2 U 409/04 B, Rn. 5 (juris) und BSG, Urt. v. 07.09.2006, B 4 RA 43/05 R, Rn. 28 ff. (juris).

[73] BSG, Urt. v. 18.12.1975, 12 RJ 148/74, Rn. 20 (juris).

[74] BSG, Urt. v. 03.04.2014, B 2 U 25/12 R, Rn. 25 (juris).

[75] Vgl. BSG, Urt. v. 07.09.2006, B 4 RA 43/05 R, Rn. 28 ff. (juris).

ärztlichen Vereinigungen, die eine gemeinsame Bereitschaftsdienstordnung erlassen haben, auf einer ausreichenden Rechtsgrundlage beruhen.[76]

IV. Fazit

Da sich eine obligatorische Teilnahme für die Ärzte als Eingriff in verschiedene grundrechtliche Positionen darstellt, darf deren verpflichtende Heranziehung nicht alleine der untergesetzlichen Regelungsgewalt von Körperschaften überlassen werden, sondern bedarf darüber hinaus einer formellgesetzlichen Festlegung durch den Bundes- bzw. Landesgesetzgeber, welche die Pflicht zumindest in ihren Grundzügen regelt. Dies gilt – in Übereinstimmung mit der Rechtsprechung des BVerwG – für die Heranziehung durch die Ärztekammern, aber – entgegen der Rechtsprechung des BSG – nach hier vertretener Auffassung auch für die Heranziehung durch die Kassenärztlichen Vereinigungen.

B. Vereinbarkeit einer Teilnahmepflicht mit den Grundrechten des Arztes

Wie bei jeder belastenden Maßnahme stellt sich auch bei der verpflichtenden Heranziehung zur Teilnahme am ärztlichen Bereitschaftsdienst die Frage, inwieweit diese mit den Grundrechtspositionen des verpflichteten Adressatenkreises, vorliegend also den Ärzten, vereinbar ist. Auch hier ist im Hinblick auf möglicherweise abweichende Ergebnisse wieder auf eine Unterscheidung von Vertrags- und Nicht-Vertragsärzten respektive von vertragsärztlichem und berufsrechtlichem Bereitschaftsdienst zu achten.

I. Vereinbarkeit einer Teilnahmepflicht mit Art. 12 Abs. 1 GG

Wie bei jeder berufsbezogenen Regelung liegt auch bei der Verpflichtung zur Teilnahme am ärztlichen Bereitschaftsdienst eine mögliche Verletzung der Berufsfreiheit aus Art. 12 Abs. 1 GG nahe.

---

[76] Siehe dazu Kap. 3.

1. Schutzbereich

Bei der Ausübung der ärztlichen Tätigkeit[77] handelt es sich um einen Beruf, welcher unstreitig unter den Schutzbereich des Art. 12 Abs. 1 GG fällt.[78] Hierbei bedarf es auch keiner Differenzierung zwischen Vertrags- und Nicht-Vertragsärzten, da die Vertragsarzttätigkeit nach weit überwiegender Auffassung keinen eigenen Beruf,[79] sondern – mit den Worten des BVerfG in seinem „Kassenarzturteil" – „nur eine Ausübungsform des Berufs des frei praktizierenden Arztes"[80] darstellt. Ebenso wenig werden einzelne Facharztgruppen mehrheitlich als eigene Berufsbilder angesehen.[81] Für die folgende Untersuchung kann beides jedoch letztlich dahinstehen, da ohnehin allen von der Teilnahmepflicht am Bereitschaftsdienst betroffenen Ärzten[82] der Schutz des Art. 12 Abs. 1 GG zusteht[83] – insbesondere handelt es sich bei der Vertragsarzttätigkeit auch nicht um die Ausübung eines öffentlichen Dienstes i. S. d. Art. 33 Abs. 5 GG,[84] was dessen Grundrechtsfähigkeit in Frage stellen würde.

2. Eingriff

Bei der Verpflichtung der Ärzte zur Teilnahme am Bereitschaftsdienst handelt es sich um eine finale und unmittelbare Maßnahme, da sie die berufliche Tätigkeit unmittelbar zum Gegenstand hat. Folglich ist hierin ein Eingriff in die Berufsfreiheit

[77] Nicht nur den Ärzten als natürlichen Personen, sondern auch MVZ wird über Art. 19 Abs. 3 GG der Schutz des Art. 12 Abs. 1 GG zuteil, vgl. *Quaas*, Rechtsfragen der ambulanten Versorgung im Krankenhaus, S. 238.

[78] Teilweise wird speziell für den Arztberuf sogar deren Therapiefreiheit als vom Schutzbereich des Art. 12 Abs. 1 GG erfasst angesehen, siehe etwa *Wahl*, Kooperationsstrukturen im Vertragsarztrecht, S. 171.

[79] *Merten*, in: Schulin (Hrsg.), Handbuch des Sozialversicherungsrechts, Band 1 – Krankenversicherungsrecht, § 5 Rn. 78; *Reuther*, Die Vergütung des Vertragsarztes und die Stabilität des Beitragssatzes, S. 132; *Ruppel*, Der Anspruch der Vertragsärzte auf kostendeckende Einzelleistungsvergütung, S. 133; *Schnapp/Nolden*, in: Schnapp/Wigge (Hrsg.), Handbuch des Vertragsarztrechts, § 4 Rn. 38.

[80] BVerfG, Urt. v. 23.03.1960, 1 BvR 216/51, NJW 1960, 715 (715).

[81] BVerfG, Beschl. v. 09.05.1972, 1 BvR 518/62, NJW 1972, 1504 (1505); BSG, Urt. v. 13.03.1991, 6 RKa 20/89, Rn. 25 (juris); zustimmend *Steiner*, in: Spickhoff (Hrsg.), Medizinrecht, Art. 12 GG Rn. 2; andere Ansicht wohl *Porten*, Handbuch Honorararztrecht, S. 33 f.

[82] Dies gilt auch für die teilweise verpflichteten MVZ, da hinter diesen deren Leiter als natürliche Person steht.

[83] *Reuther*, Die Vergütung des Vertragsarztes und die Stabilität des Beitragssatzes – Grundrechte als Vorgaben der Budgetierung, S. 132); BVerfG, Beschl. v. 29.10.2002, 1 BvR 525/99, Rn. 44 (juris).

[84] *Muschalik*, in: Ratajczak/Schwarz-Schilling (Hrsg.), Zulassung und Praxisverkauf – Ist das GSG partiell verfassungswidrig?, S. 15 (18 f.); *Quaas*, Rechtsfragen der ambulanten Versorgung im Krankenhaus, S. 243; *Schüffner/Schnall*, Hypertrophie des ärztlichen Sozialrechts, S. 30 f; *Sodan*, Freie Berufe als Leistungserbringer im Recht der gesetzlichen Krankenversicherung, S. 95 ff.

zu sehen.[85] Zur hinlänglich diskutierten[86] sog. Drei-Stufen-Theorie des BVerfG[87] – die das Gericht im Übrigen selbst nie so bezeichnet hat[88] – sei vorliegend nur anzumerken, dass es unabhängig von deren Anwendung auf eine umfassende Verhältnismäßigkeitsprüfung hinausläuft[89] und sich deren Ausgang nach der Intensität des Eingriffs der Teilnahmepflicht in die Berufsfreiheit richtet. Nachdem auch eine bloße Berufsausübungsregelung nach der Drei-Stufen-Theorie aufgrund ihrer Intensität einer subjektiven oder objektiven Berufswahlregelung gleichkommen und daher nur unter besonders strengen Anforderungen als verhältnismäßig angesehen werden kann, kommt es im Vergleich zu einer gewöhnlichen Verhältnismäßigkeitsprüfung letztlich zu keinen nennenswerten Abweichungen. Dies gilt umso mehr, als es sich bei der Verpflichtung zur Teilnahme am ärztlichen Bereitschaftsdienst nicht nur nach der Drei-Stufen-Theorie um eine bloße Berufsausübungsregelung,[90] sondern – wie sich zeigen wird[91] – unabhängig hiervon um eine Verpflichtung mit geringer Eingriffsintensität handelt.

3. Rechtfertigung

Dessen ungeachtet bedürfen selbstredend auch wenig intensive Eingriffe in die Berufsfreiheit zu ihrer Verfassungsmäßigkeit einer Rechtfertigung.

a) Einschränkbarkeit

Nach dem – für Berufswahl- und Berufsausübungsregelungen gleichermaßen geltenden – allgemeinen Gesetzesvorbehalt[92] in Art. 12 Abs. 1 S. 2 GG ist die Berufsfreiheit durch Gesetz oder aufgrund eines Gesetzes einschränkbar. In Betracht kommen hierfür sowohl Regelungen auf Bundes- als auch auf Landesebene,[93] wobei die Einschränkung der Berufsfreiheit auch durch untergesetzliche Normen wie

---

[85] Allgemein in Bezug auf eine jede Regelung des Vertragsarztrechts *Hufen*, Zur verfassungsrechtlichen Beurteilung der Gebietsabgrenzung Hausarzt/Facharzt in § 73 SGB V, S. 20.

[86] Zur Kritik etwa *Nolte*, in: Stern/Becker (Hrsg.), Grundrechte-Kommentar, Art. 12 GG Rn. 89.

[87] Knapper, aber guter Überblick zu den einzelnen Stufen in *Ruffert*, in: Epping/Hillgruber (Hrsg.), BeckOK Grundgesetz, Art. 12 GG Rn. 93 ff.

[88] *Rixen*, MedR 2018, 667 (668) m. w. N.

[89] Siehe hierzu ausführlich *Tettinger*, in: Tettinger/Wank/Ennuschat, GewO Kommentar, Einleitung Rn. 87 ff.

[90] *Mötzung*, Der ärztliche Notfalldienst in rechtlicher Sicht, S. 55; *Narr*, Ärztliches Berufsrecht, S. 134; BVerwG, Urt. v. 12. 12. 1972, I C 30.69, NJW 1973, 576 (577); VGH Baden-Württemberg, Urt. v. 03. 11. 1998, 9 S 3399/96, Rn. 20 (juris); OVG Sachsen-Anhalt, Beschl. v. 06. 09. 2006, 1 L 93/06, Rn. 7 (juris).

[91] Siehe sogleich in Kap. 2 B. I. 3. c) ee) (1).

[92] *Nolte*, in: Stern/Becker (Hrsg.), Grundrechte-Kommentar, Art. 12 GG Rn. 82.

[93] *Scholz*, in: Maunz/Dürig, Grundgesetz Kommentar, Art. 12 GG Rn. 322; *Sodan*, in: Sodan (Hrsg.), Grundgesetz, Art. 12 GG Rn. 26.

Satzungen erfolgen kann, sofern sie sich auf eine formellgesetzliche Regelung stützen lassen.[94] Folglich ist es sowohl dem Bund und den Kassenärztlichen Vereinigungen als auch den Ländern und den Ärztekammern grundsätzlich gestattet, die Berufsfreiheit der Ärzte zu beschränken, indem sie diese verpflichtend zum vertragsärztlichen respektive berufsrechtlichen Bereitschaftsdienst heranziehen.

b) Bestehen einer Schranke

Wie soeben, aber insbesondere im Rahmen des Erfordernisses einer formellgesetzlichen Rechtsgrundlage ausführlich dargelegt, bedarf es – unabhängig davon, ob ein Bundes- bzw. Landesgesetz oder eine Satzungsregelung angegriffen wird – in jedem Fall einer formellgesetzlichen Rechtsgrundlage des Bundes- bzw. Landesgesetzgebers, welche die Teilnahmepflicht zumindest in ihren Grundzügen selbst regelt. Die bloße untergesetzliche Regelung durch die Kassenärztlichen Vereinigungen respektive Ärztekammern in deren Bereitschaftsdienstordnungen reicht insoweit nicht.

Die für die Verpflichtung zum vertragsärztlichen Bereitschaftsdienst bestehenden Regelungen genügen diesen Anforderungen wie gesehen nicht, da es vollständig an einer bundesrechtlichen Normierung einer Teilnahmepflicht fehlt.[95] Die Regelungen der Teilnahmepflicht in den Bereitschaftsdienstordnungen der Kassenärztlichen Vereinigungen sind daher nicht als dem Gesetzesvorbehalt des Art. 12 Abs. 1 S. 2 GG genügende Einschränkungen der Berufsfreiheit der zur Teilnahme verpflichteten Ärzte anzusehen. Nach hier vertretener Auffassung verstößt die Teilnahmepflicht am vertragsärztlichen Bereitschaftsdienst der Kassenärztlichen Vereinigungen daher momentan gegen Art. 12 Abs. 1 GG und ist folglich als verfassungswidrig einzustufen.[96] Selbiges gilt für die verpflichtende Heranziehung zum Bereitschaftsdienst derjenigen Ärztekammern, deren Landesgesetzgeber ebenfalls keine den Anforderungen genügende formell-gesetzliche Regelung der Teilnahmepflicht geschaffen haben. Wie sich noch zeigen wird, trifft dies momentan jedoch lediglich auf Hamburg[97] und Sachsen-Anhalt[98] zu.[99] In den Heilberufe-Kammergesetzen der übrigen Bundesländer lassen sich hingegen ausreichende Regelungen finden, weshalb auch die Normierung einer Teilnahmepflicht auf Satzungsebene durch die dortigen Ärztekammern dem Gesetzesvorbehalt des Art. 12 Abs. 1 S. 2 GG genügt.

---

[94] *Stern*, Das Staatsrecht der Bundesrepublik Deutschland – Band IV/1, S. 1884 f.

[95] Siehe oben, Kap. 2 A. II. 2.

[96] Insoweit gelten die folgenden Ausführungen zur Vereinbarkeit einer Teilnahmepflicht am Bereitschaftsdienst mit Art. 12 Abs. 1 GG daher unter dem Vorbehalt des Bestehens einer ausreichenden formellgesetzlichen Rechtsgrundlage.

[97] Siehe Kap. 3 F. I. 1. b).

[98] Siehe Kap. 3 O. I. 1. b).

[99] Auch hier sind die nachfolgenden Ausführungen zu Art. 12 Abs. 1 GG unter dem Vorbehalt des Bestehens einer ausreichenden formellgesetzlichen Grundlage anzusehen.

c) Schranken-Schranken

Ungeachtet der Frage, ob man die Drei-Stufen-Theorie des BVerfG weiterhin zur Anwendung kommen lassen möchte,[100] muss die Festsetzung einer Teilnahmepflicht am ärztlichen Bereitschaftsdienst jedenfalls dem Verhältnismäßigkeitsgrundsatz genügen, da es sich bei der Drei-Stufen-Theorie letztlich nur um eine an Art. 12 Abs. 1 GG angepasste Modifizierung ebenjenen Grundsatzes handelt,[101] wenn die Rechtsprechung bei einer wie hier vorliegenden Berufsausübungsregelung fordert, dass diese aufgrund sachgerechter und vernünftiger Erwägungen des Allgemeinwohls zweckmäßig erscheint und der Eingriff nicht übermäßig und unzumutbar ist.[102] Es bedarf also in jedem Fall[103] eines legitimen Zwecks sowie eines legitimen Mittels, welches geeignet und erforderlich ist, ebenjenen Zweck zu erreichen. Schließlich darf der mit dem Eingriff verbundene Zweck nicht außer Verhältnis zur Schwere des Eingriffs stehen.

aa) Legitimer Zweck

Der mit der Teilnahme von Ärzten am Bereitschaftsdienst angestrebte Zweck hat im Laufe der Jahrzehnte eine bemerkenswerte Wandlung erfahren. Verfolgte die Teilnahme zu Beginn noch das Ziel, die teilnehmenden Ärzte zeitlich von ihrer Versorgungspflicht zu entlasten,[104] so ist es mittlerweile gewissermaßen zu einer 180-Grad-Wende gekommen, da sie nunmehr vorrangig dem von Art. 2 Abs. 2 GG gewährleisteten Schutz von Leben, körperlicher Unversehrtheit und Gesundheit[105] der Bevölkerung durch Sicherstellung der ärztlichen Versorgung auch zu den sprechstundenfreien Zeiten dient,[106] da ohne eine ärztliche Teilnahme am Bereitschaftsdienst eine ausreichende Versorgung der Versicherten nicht gewährleistet wäre.[107] Diese Zweckverschiebung von den Gruppen- und Individualinteressen der

---

[100] Siehe hierzu ausführlich *Tettinger*, in: Tettinger/Wank/Ennuschat, GewO Kommentar, Einleitung Rn. 80ff.

[101] *Quaas*, Rechtsfragen der ambulanten Versorgung im Krankenhaus, S. 251.

[102] BVerfG, Urt. v. 11.06.1958, 1 BvR 596/56, Rn. 74 (juris); BVerfG, Beschl. v. 07.01. 1959, 1 BvR 100/57, Rn. 22 (juris); BVerfG, Beschl. v. 17.11.1959, 1 BvL 80/53, Rn. 26 (juris); BVerfG, Beschl. v. 16.02.1965, 1 BvL 15/62, Rn. 19 (juris).

[103] *Merten*, in: Schulin (Hrsg.), Handbuch des Sozialversicherungsrechts, Band 1 – Krankenversicherungsrecht, § 5 Rn. 81.

[104] *Vogt*, Ärztliche Selbstverwaltung im Wandel, S. 609f.

[105] Obgleich von Art. 2 Abs. 2 S. 1 GG gar nicht genannt, besteht weitgehend Einigkeit darüber, dass auch der Schutz der Gesundheit zum Gewährleistungsgehalt der Norm zu zählen ist, siehe *Schmidt-Aßmann*, Grundrechtspositionen und Legitimationsfragen im öffentlichen Gesundheitswesen, S. 15.

[106] *Kern/Rehborn*, in: Laufs/Kern/Rehborn, Handbuch des Arztrechts, § 19 Rn. 2; *Mötzung*, Der ärztliche Notfalldienst in rechtlicher Sicht, S. 65; BVerwG, Urt. v. 12.12.1972, I C 30.69, NJW 1973, 576 (577); BSG, Urt. v. 04.05.1994, 6 RKa 7/93, Rn. 19 (juris).

[107] BVerwG, Urt. v. 12.12.1972, I C 30.69, NJW 1973, 576 (577); BSG, Urt. v. 15.09.1977, 6 RKa 8/77, Rn. 28 (juris); LSG Bayern, Urt. v. 08.06.2005, L 12 KA 369/04, Rn. 18 (juris);

Ärzte hin zum Patientenwohl[108] als einem übergeordneten gesundheitspolitischen Ziel[109] zeigt sich nicht zuletzt darin, dass der Bereitschaftsdienst in seinen Anfängen in Selbstorganisation der Ärzte auf rein freiwilliger Basis beruhte,[110] die stetig sinkende Teilnahmebereitschaft jedoch schon seit langem eine Organisation durch die Ärztekammer bzw. Kassenärztliche Vereinigung auf verpflichtender Grundlage erforderlich macht.[111] Die Zielsetzung der ärztlichen Teilnahme hat sich damit auch der sich geänderten Realität angepasst: Wäre die Teilnahme am Bereitschaftsdienst tatsächlich eine Entlastung der Ärzte, bedürfte es wohl schwerlich der Normierung einer Pflicht hierzu; auch die unzähligen gerichtlichen Vorgehen vieler Ärzte gegen ihre Heranziehung machen dies deutlich. Wenngleich die Rechtsprechung die durch den Bereitschaftsdienst ermöglichte zeitliche Entlastung des Arztes wie gesehen teils weiterhin aufgreift, betont sie selbst, dass der Bereitschaftsdienst und damit auch die Pflicht des Arztes zur Teilnahme an diesem gerade nicht – oder jedenfalls nur nachrangig – im Interesse der Ärzte, sondern vorrangig in demjenigen der Patienten besteht.[112] Dieses erfordert es dabei insbesondere, dass die ärztliche Versorgung nicht nur während den üblichen Sprechstundenzeiten der niedergelassenen Ärzte, sondern gerade auch zu den sprechstundenfreien Zeiten gewährleistet ist. Denn während sich der verpflichtete Arzt durch die vorherige Bekanntgabe seiner Dienstzeiten auf seine Teilnahme einstellen kann, treten Behandlungssituationen zumeist plötzlich auf – plakativ ausgedrückt „warten" diese eben nicht die Sprechstundenzeiten der Ärzte ab.

Ungeachtet der obigen Ausführungen ist es freilich nicht ausgeschlossen, dass die Teilnahmepflicht neben der Sicherstellung der ärztlichen Versorgung auch weiteren Zwecken wie der soeben angesprochenen Entlastung der Ärzte, aber etwa auch derjenigen der von Patienten oftmals fälschlicherweise aufgesuchten Notaufnahmen der Kliniken[113] dienen kann. Zu beachten bleibt lediglich, dass – wie es das BSG bereits in einem Urteil vom 24.01.1974 betont – „der ärztliche Notfalldienst in erster

---

BSG, Urt. v. 11.12.2013, B 6 KA 39/12 R, Rn. 14 (juris); LSG Berlin-Brandenburg, Beschl. v. 04.04.2014, L 7 KA 108/13 B ER, Rn. 10 (juris); LSG Hessen, Urt. v. 14.12.2016, L 4 KA 18/15, Rn. 30 (juris).

[108] *Eberle*, NJW 1973, 2225 (2225); *Mötzung*, Der ärztliche Notfalldienst in rechtlicher Sicht, S. 9; in Bezug auf den vertragsärztlichen Bereitschaftsdienst BSG, Urt. v. 24.01.1974, 6 RKa 18/73, Rn. 9 (juris); zustimmend *Schulin*, Handbuch des Sozialversicherungsrechts, Band 1 – Krankenversicherungsrecht, § 32 Rn. 38.

[109] *Vogt*, Ärztliche Selbstverwaltung im Wandel, S. 619; BVerwG, Urt. v. 12.12.1972, I C 30.69, NJW 1973, 576 (577).

[110] *Mötzung*, Der ärztliche Notfalldienst in rechtlicher Sicht, S. 9; *Rademacker*, in: Körner/Leitherer/Mutschler/Rolfs (Hrsg.), Kasseler Kommentar Sozialversicherungsrecht, § 75 SGB V Rn. 32; BGH, Urt. v. 01.03.1955, 5 StR 583/54, NJW 1955, 718 (718).

[111] *Rademacker*, in: Körner/Leitherer/Mutschler/Rolfs (Hrsg.), Kasseler Kommentar Sozialversicherungsrecht, § 75 SGB V Rn. 32.

[112] BVerwG, Urt. v. 18.07.1967, I C 9.66, Rn. 17 (juris); BSG, Urt. v. 19.10.1971, 6 RKa 24/70, Rn. 13 (juris); BSG, Urt. v. 24.01.1974, 6 RKa 30/73, Rn. 17 (juris).

[113] So etwa BSG, Urt. v. 04.05.1994, 6 RKa 7/93, Rn. 19 (juris).

Linie den Interessen der versicherten Bevölkerung dient und nicht den Interessen der Kassenärzteschaft oder eines einzelnen Kassenarztes, Patienten behandeln zu können und Einkünfte daraus zu erzielen.“[114]

bb) Legitimes Mittel

Eine verpflichtende Teilnahme stellt hierfür unstreitig auch ein legitimes Mittel dar.

cc) Geeignetheit

Durch eine verpflichtende Teilnahme wird sichergestellt, dass auch tatsächlich genügend Ärzte zur Behandlung derjenigen Patienten zur Verfügung stehen, deren Versorgung keinen Aufschub bis zu den Sprechstundenzeiten duldet; eine obligatorische Teilnahme ist daher zur Erreichung des hiermit angestrebten Ziels förderlich und mithin geeignet. Ebenso sieht dies wohl die Rechtsprechung, wenn diese bei der Prüfung der Vereinbarkeit der Teilnahmepflicht mit Art. 12 Abs. 1 GG die Geeignetheit der Teilnahmepflicht offenbar für derart evident hält, dass es diesbezüglich nicht einmal einer Prüfung bedarf.[115]

dd) Erforderlichkeit

Wie bei einer jeden verpflichtenden Maßnahme stellt sich auch im Rahmen der Teilnahme am ärztlichen Bereitschaftsdienst die Frage, ob die Versorgung der Patienten nicht auch durch eine rein freiwillige Teilnahme als milderem Mittel in gleich geeigneter Weise zu gewährleisten wäre. Ungeachtet des wie schon i. R. d. Geeignetheit ohnehin bestehenden normgeberischen Einschätzungsspielraums erscheint es angesichts der vonseiten der Ärzte geäußerten Kritik am Bereitschaftsdienst und der häufig fehlenden Bereitschaft, an diesem teilzunehmen, jedoch schwer vorstellbar, dass sich bei einer Teilnahme auf rein freiwilliger Basis auch nur ansatzweise genügend ärztliches Personal finden ließe,[116] um die Qualität der Versorgung der Patienten außerhalb der Sprechstundenzeiten auf dem Niveau halten zu können, welches aktuell bei einer obligatorischen Teilnahme besteht. Im Gegenteil wären darüber hinaus wohl vielerorts erhebliche Versorgungsengpässe zu befürchten, womit eine Sicherstellung der ausreichenden ärztlichen Versorgung der Patienten nicht mehr gewährleistet wäre – nicht ohne Grund ist die Organisation des Bereit-

---

[114] BSG, Urt. v. 24.01.1974, 6 RKa 30/73, Rn. 17 (juris).

[115] So wird die Geeignetheit in den in Fn. 478 zitierten Entscheidungen, welche die Teilnahmepflicht als mit Art. 12 Abs. 1 GG vereinbar ansehen, mit keinem Wort erwähnt. Lediglich in BSG, Urt. v. 04.05.1994, 6 RKa 7/93, Rn. 20 (juris) wird die Geeignetheit der Teilnahmeverpflichtung mit dem knappen Hinweis, dass sich diese „bereits aus den vorgenannten Erwägungen ergibt“, bejaht.

[116] *Mötzung*, Der ärztliche Notfalldienst in rechtlicher Sicht, S. 65.

schaftsdienstes seit seinen Anfängen von einer auf freiwilliger Grundlage basierenden Selbstorganisation deutschlandweit zu einer verpflichtenden Heranziehung durch die Ärztekammern und Kassenärztlichen Vereinigungen übergegangen. Eine Teilnahmepflicht ist für das Patientenwohl außerhalb der Sprechstundenzeiten daher nicht nur erforderlich, sondern geradezu essenziell.[117]

ee) Verhältnismäßigkeit im engeren Sinne

Bei der Frage, ob der mit dem Eingriff verbundene Zweck noch in einem angemessenen Verhältnis zur Schwere des Eingriffs steht, empfiehlt es sich, zunächst die Bedeutung des betroffenen Grundrechts und die Intensität des hierin erfolgenden Eingriffs zu bestimmen, um im Anschluss daran unter Berücksichtigung der Bedeutung des mit dem Eingriff verfolgten Gemeinwohlbelangs eine Abwägung zwischen letztgenanntem und der Grundrechtsbetroffenheit vorzunehmen.

(1) Bedeutung der Berufsfreiheit und Intensität des darin erfolgenden Eingriffs

Der Freiheit der Berufsausübung nach Art. 12 Abs. 1 S. 1 GG kommt als Recht von Verfassungsrang grundsätzlich eine hohe Bedeutung zu. Nach der Drei-Stufen-Theorie des BVerfG stellt eine wie hier vorliegende Berufsausübungsregelung in der Regel jedoch nur einen Eingriff von geringer Intensität in diese dar, welcher daher auch bereits beim Vorliegen sachgerechter und vernünftiger Erwägungen des Allgemeinwohls zweckmäßig erscheint. Zwar ist der Teilnahmepflicht am Bereitschaftsdienst eine gewisse Intensität nicht abzusprechen.[118] Dies gilt nicht nur, weil die Teilnahmepflicht von vielen Ärzten als übermäßige Belastung empfunden wird, sondern liegt vor allem in den wenig attraktiven Dienstzeiten am Abend, an Wochenenden und Feiertagen sowie den aus sich aus der Teilnahmepflicht ergebenden zusätzlichen Verpflichtungen – an erster Stelle der speziell für den Bereitschaftsdienst bestehenden Fortbildungspflicht – begründet.[119] Dennoch ist die Eingriffsintensität der Pflichtteilnahme am Bereitschaftsdienst, obgleich sie den Arzt in besonders gelagerten Einzelfällen durchaus sehr intensiv treffen kann,[120] als vergleichsweise gering anzusehen: Der einzelne Arzt wird im Regelfall nur wenige Male im Jahr zur Teilnahme herangezogen; im Verhältnis zu seiner übrigen ärztlichen Tätigkeit ist durch die Teilnahmepflicht am Bereitschaftsdienst daher nur ein verschwindend geringer Teil seiner Berufsausübung betroffen.[121] An dieser Beurteilung ändert sich auch dann nichts, wenn sowohl die Ärztekammer als auch die

---

[117] So auch *Narr*, Ärztliches Berufsrecht, S. 134.

[118] So auch BSG, Urt. v. 11.12.2013, B 6 KA 39/12 R, Rn. 22 (juris).

[119] BVerwG, Urt. v. 12.12.1972, I C 30.69, NJW 1973, 576 (577).

[120] *Mötzung*, Der ärztliche Notfalldienst in rechtlicher Sicht, S. 55 f.

[121] BGH, Beschl. v. 25.01.1990, III ZR 283/88, Rn. 9 (juris); OVG Sachsen-Anhalt, Beschl. v. 06.09.2006, 1 L 93/06, Rn. 7 (juris).

Kassenärztliche Vereinigung unabhängig voneinander eine Bereitschaftsdienstordnung erlassen haben und zugelassene Vertragsärzte zu beiden Bereitschaftsdiensten herangezogen werden. Wenngleich sich in diesem Fall die Belastung des Arztes aufgrund dieses durch die Doppelverpflichtung erfolgenden „additiven Grundrechtseingriffes“[122] – sofern man einen solchen bei wie mit der Ärztekammer und Kassenärztlichen Vereinigung vorliegenden unterschiedlichen Hoheitsträgern überhaupt bejaht[123] – intensiver darstellt als bei einer Heranziehung zu nur einem Bereitschaftsdienst, ist sie im Verhältnis zu seiner üblichen ärztlichen Tätigkeit weiterhin bedeutend geringer und kann daher auch im Rahmen der Angemessenheit nicht zu einem abweichenden Ergebnis führen. Des Weiteren wird der mit der Verpflichtung verbundene Eingriff nicht nur in dieser Konstellation, sondern für alle verpflichteten Ärzte gleichsam entscheidend dadurch abgemildert, dass dem Arzt in der jeweiligen Bereitschaftsdienstordnung nicht nur in aller Regel die Möglichkeit eingeräumt wird, seinen Dienst durch einen Vertreter wahrnehmen zu lassen,[124] sondern er sich bei Vorliegen gewisser Voraussetzungen auch ganz, teilweise oder vorübergehend von der Teilnahme befreien lassen kann. Schließlich darf im Hinblick auf die Teilnahmeverpflichtung am vertragsärztlichen Bereitschaftsdienst nicht außer Acht gelassen werden, dass sich der Arzt durch seine Zulassung – ungeachtet bestehender wirtschaftlicher Zwänge – freiwillig der Regelungsgewalt der Kassenärztlichen Vereinigung und damit auch der Teilnahmeverpflichtung am ärztlichen Bereitschaftsdienst unterwirft.[125] Wenngleich auch das BVerfG betont, dass der mit einer Berufsausübungsregelung verbundene Eingriff im Einzelfall derart schwer sein kann, dass er von seiner Intensität einer objektiven oder subjektiven Berufswahlregelung gleichkommen kann und in diesem Fall konsequenterweise daher auch höhere Anforderungen an die Angemessenheit der Maßnahme wie sonst üblich zu stellen sind, hält auch die Rechtsprechung den durch die Teilnahmepflicht bedingten Eingriff in die Berufsfreiheit für nicht schwerwiegend genug, um eine eben beschriebene Abweichung von ihrem Grundsatz in Betracht zu ziehen.[126] Die sozial-

---

[122] Siehe zum Begriff des additiven Grundrechtseingriffs etwa *Ruschemeier*, Der additive Grundrechtseingriff, S. 130 ff.; *Schwabenbauer*, in: Lisken/Denninger, Handbuch des Polizeirechts, G Rn. 312; *Voßkuhle/Kaiser*, JuS 2009, 313 (314); *Winkler*, JA 2014, 881 ff.; *Peine*, in: Merten/Papier (Hrsg.), Handbuch der Grundrechte Band III, § 57 Rn. 53 f.

[123] Siehe hierzu *Ruschemeier*, Der additive Grundrechtseingriff, S. 151 ff.

[124] So auch OVG Nordrhein-Westfalen, Beschl. v. 22.06.2009, 13 A 3775/06, Rn. 35 (juris).

[125] LSG Rheinland-Pfalz, Urt. v. 18.12.2014, L 7 KA 24/14, Rn. 13 (juris); wie oben angeführt kann selbiges letztlich durchaus auch in Bezug auf die Approbation des Arztes und die damit verbundene Mitgliedschaft in der Ärztekammer gesagt werden, welche seine Teilnahmepflicht am berufsrechtlichen Bereitschaftsdienst zur Folge hat.

[126] BVerwG, Urt. v. 12.12.1972, I C 30.69, NJW 1973, 576 (577); BVerwG, Urt. v. 09.06.1982, 3 C 21/81, Rn. 21 (juris); BGH, Beschl. v. 25.01.1990, III ZR 283/88, Rn. 9 (juris); BSG, Urt. v. 04.05.1994, 6 RKa 7/93, Rn. 19 (juris); BSG, Urt. v. 12.10.1994, 6 RKa 29/93, Rn. 12 (juris); VGH Baden-Württemberg, Urt. v. 03.11.1998, 9 S 3399/96, Rn. 20 (juris); VG Minden, Urt. v. 31.08.2006, 7 K 1506/06, Rn. 24 (juris); OVG Sachsen-Anhalt, Beschl. v. 06.09.2006, 1 L 93/06, Rn. 7 (juris); VG Karlsruhe, Urt. v. 08.12.2011, 9 K 262/11, Rn. 24 (juris); LSG

gerichtliche Rechtsprechung geht hierbei gar noch einen Schritt weiter, indem sie unter Zugrundelegung ihrer – nach obigen Ausführungen allerdings abzulehnenden[127] – Auffassung, dass die Teilnahme am Bereitschaftsdienst für den Vertragsarzt eine Entlastung seiner zeitlich vollumfänglichen Pflicht zur Verfügbarkeit darstelle, zu dem Schluss kommt, dass „die Einrichtung eines Notdienstes als insgesamt begünstigend für den Vertragsarzt anzusehen ist."[128] Unabhängig von der Anwendung der Drei-Stufen-Theorie stellt sich die Teilnahmepflicht am ärztlichen Bereitschaftsdienst für die verpflichteten Ärzte – trotz allem Verständnisses für deren mangelnde Bereitschaft – im Einklang mit der einhelligen Rechtsprechungspraxis[129] als nur geringen Eingriff[130] in ihre von Art. 12 Abs. 1 GG geschützte Berufsausübungsfreiheit dar.

Nordrhein-Westfalen, Beschl. v. 19.03.2012, L 11 KA 15/12 B ER, Rn. 27 (juris); BSG, Urt. v. 13.02.2019, B 6 KA 51/17 R, Rn. 22 (juris).

[127] Siehe oben, Kap. 2 A. II. 1. b) aa).

[128] BSG, Urt. v. 11.05.2011, B 6 KA 23/10 R, Rn. 15 (juris). Hier könnte man auf die Idee kommen, dass nach der Rechtsprechung damit letztlich bereits gar kein Eingriff in Art. 12 Abs. 1 GG vorliegt, da sie die Teilnahme am Bereitschaftsdienst offenbar als Entlastung ansieht. Zu beachten ist aber, dass die Rechtsprechung gerade nicht behauptet, die Teilnahmepflicht würde keine Belastung darstellen. Sie betont nur, dass diese nicht isoliert betrachtet werden darf, da durch die Verpflichtung auch eine Entlastung einhergeht und die Teilnahme am Bereitschaftsdienst letztlich eine „Gegenleistung" für die damit einhergehende Entlastung von einer ansonsten zeitlich vollumfänglichen Verfügbarkeit darstellt, siehe etwa LSG, Nordrhein-Westfalen, Beschl. v. 29.08.2011, L 11 KA 57/11 B ER, Rn. 24 (juris).

[129] LSG Bayern, Urt. v. 08.06.2005, L 12 KA 369/04, Rn. 18 (juris); OVG Nordrhein-Westfalen, Beschl. v. 22.06.2009, 13 A 3775/06, Rn. 37 (juris); BSG, Urt. v. 11.05.2011, B 6 KA 23/10 R, Rn. 14 (juris)); BSG, Urt. v. 11.05.2011, B 6 KA 23/10 R, Rn. 15 (juris); LSG Nordrhein-Westfalen, Beschl. v. 25.08.2011, L 11 KA 13/11 B ER, Rn. 50 (juris)

[130] Wenngleich also auch die sozialgerichtliche Rechtsprechung die Teilnahmeverpflichtung am ärztlichen Bereitschaftsdienst als Eingriff mit lediglich geringer Intensität betrachtet, ist diesbezüglich zu berücksichtigen, dass sie die Teilnahme des Vertragsarztes am vertragsärztlichen Bereitschaftsdienst nicht als zusätzliche Belastung, sondern Entlastung von der Pflicht, zeitlich vollumfänglich für die vertragsärztliche Versorgung zur Verfügung zu stehen, ansieht und sich der Vertragsarzt mit der Zulassung aus freien Stücken einer Reihe von Einschränkungen seiner Berufsausübung unterworfen hat. Bei konsequenter Fortführung dieser Annahme gebietet es sich daher eigentlich – anders als im Rahmen des Schutzbereiches des Art. 12 Abs. 1 GG – hinsichtlich der Eingriffsintensität der Teilnahmeverpflichtung eine Differenzierung zwischen Vertrags- und Nicht-Vertragsärzten insoweit vorzunehmen, als sich der Eingriff für den Vertragsarzt aufgrund seiner letztlichen Entlastungswirkung und der Freiwilligkeit der Teilnahme an der vertragsärztlichen Versorgung als – wenn wohl auch nicht wesentlich – weniger intensiv darstellt als für den Nicht-Vertragsarzt, da Letztgenannter schlussendlich keine Wahl hat, ob er sich den von der Ärztekammer aufgestellten Berufspflichten unterwirft, zu denen auch die Teilnahme am ärztlichen Bereitschaftsdienst zählt (sofern man nicht auch die Approbation als rein freiwillige Entscheidung des Arztes betrachtet). Nachdem nach hier vertretener Auffassung eine Pflicht des Vertragsarztes zur dauerhaften Verfügbarkeit allerdings gerade nicht besteht und die Teilnahmeverpflichtung zum Bereitschaftsdienst daher wie auch für den Nicht-Vertragsarzt keine Ent-, sondern eine zusätzliche Belastung darstellt, gebietet sich eine derartige differenzierte Betrachtung auch hinsichtlich der Eingriffsintensität einer verpflichtenden Heranziehung nicht.

(2) Bedeutung der Sicherstellung der ärztlichen Versorgung zu den sprechstundenfreien Zeiten

Diesem steht die Sicherstellung der ärztlichen Versorgung außerhalb der Sprechstundenzeiten und damit der Schutz von Leben, körperlicher Unversehrtheit und Gesundheit gegenüber, welcher mit Art. 2 Abs. 2 GG nicht nur Verfassungsrang genießt, sondern dem darüber hinaus auch im Vergleich zu den übrigen Grundrechten eine besondere Bedeutung zukommt, da er letztlich die Voraussetzung für alle übrigen grundrechtlichen Berechtigungen darstellt.[131] Zudem ist er auch Bestandteil des in Art. 20 Abs. 1 GG normierten Sozialstaatsgebots. Damit sprechen für eine verpflichtende Teilnahme von Ärzten an einem ärztlichen Bereitschaftsdienst nicht nur – von der Drei-Stufen-Lehre für Berufsausübungsregelungen als ausreichend empfundene[132] – vernünftige Erwägungen des Allgemeinwohls, die Teilnahmepflicht dient vielmehr sogar dem Schutz überragend wichtiger Gemeinschaftsgüter.

(3) Abwägung

In der Folge steht der mit der Teilnahmepflicht verbundene Zweck auch nicht außer Verhältnis zur Schwere des Eingriffs in die Berufsausübungsfreiheit der Ärzte, da die mit der Teilnahme am Bereitschaftsdienst einhergehende, in Ansehung der seltenen Heranziehung sowie der Vertretungs- und Befreiungsmöglichkeit vergleichsweise geringe Belastung, dem Leben, der körperlichen Unversehrtheit und der Gesundheit der Bevölkerung und damit überragend wichtigen Gemeinschaftsgütern dient. Hierfür spricht auch, dass eine obligatorische Teilnahme nicht nur das wohl einzig probate Mittel darstellt, eine ausreichende Versorgung außerhalb der Sprechstundenzeiten sicherzustellen, sondern mit der möglichst gleichmäßigen Aufteilung der durch den Dienst entstehenden Belastung unter allen in Betracht kommenden Ärzten angesichts der Tatsache, dass alternativ – wenngleich wohl im Hinblick auf Art. 12 Abs. 1 GG schwerlich haltbar – etwa auch die Pflicht eines jeden Arztes in Betracht käme, stets zeitlich umfassend für die Versorgung seiner Patienten zur Verfügung zu stehen, auch ein vergleichsweise mildes Mittel gewählt wurde, dieses Ziel zu erreichen. Solange eine ausreichende Sicherstellung der ärztlichen Versorgung außerhalb der Sprechstundenzeiten – was in näherer Zukunft nicht absehbar ist – nicht auch durch eine freiwillige Teilnahme der Ärzte gewährleistet werden kann, ist die Normierung einer Teilnahmepflicht daher als bestmögliches Instrument anzusehen, um einen angemessenen Ausgleich zwischen dem Patientenschutz und den Gruppen- und Individualinteressen der Ärzte zu schaffen. Die Teilnahmepflicht der Ärzte an einem ärztlichen Bereitschaftsdienst stellt daher keine

---

[131] *Lang*, in: Epping/Hillgruber (Hrsg.), BeckOK Grundgesetz, Art. 2 GG Rn. 56.

[132] Siehe OVG Sachsen-Anhalt, Beschl. v. 06.09.2006, 1 L 93/06, Rn. 7 (juris), worin das Gericht betont, dass es zur Rechtfertigung der Teilnahmepflicht keines Schutzes eines besonderes wichtigen Gemeinschaftsgutes oder eines Gemeinwohlbelanges von hoher Bedeutung bedarf.

übermäßige und unzumutbare Belastung dar.[133] Wie die sozialgerichtliche Rechtsprechung richtigerweise betont, ist aufgrund der überragenden Bedeutung des ärztlichen Bereitschaftsdienstes der „in der Notfalldienstverpflichtung liegende Eingriff in die Berufsfreiheit [...] deshalb auch dann hinzunehmen, wenn er für den einzelnen Vertragsarzt besondere, über das übliche Maß hinausgehende Unannehmlichkeiten und Erschwernisse mit sich bringt."[134] Erst bei schwerwiegenden Gründen kann im Einzelfall die Grenze des Zumutbaren überschritten sein.[135] Für diesen Fall sehen die Bereitschaftsdienstordnungen jedoch ohnehin vielfältige Befreiungsmöglichkeiten vor.

d) Zwischenergebnis

Folglich stellt sich die Normierung einer Teilnahmepflicht am ärztlichen Bereitschaftsdienst als verhältnismäßig dar und kann aufgrund des damit verbundenen Schutzes von Leben, Gesundheit und körperlicher Unversehrtheit der Bevölkerung durch die Sicherstellung der ärztlichen Versorgung auch zu den sprechstundenfreien Zeiten den damit verbundenen Eingriff in die Berufsausübungsfreiheit der Ärzte aus Art. 12 Abs. 1 GG rechtfertigen.

4. Ergebnis

Die verpflichtende Teilnahme der Ärzteschaft an einem ärztlichen Bereitschaftsdienst ist daher in Einklang mit der wohl einhelligen Auffassung in Literatur[136] und Rechtsprechung[137] zwar als grundsätzlich mit Art. 12 Abs. 1 GG vereinbar

---

[133] *Narr*, Ärztliches Berufsrecht, S. 134; BVerwG, Urt. v. 12.12.1972, I C 30.69, NJW 1973, 576 (577); BSG, Urt. v. 12.10.1994, 6 RKa 29/93, Rn. 12 (juris); VGH Baden-Württemberg, Urt. v. 03.11.1998, 9 S 3399/96, Rn. 20 (juris); VG Minden, Urt. v. 31.08.2006, 7 K 1506/06, Rn. 24 (juris); OVG Sachsen-Anhalt, Beschl. v. 06.09.2006, 1 L 93/06, Rn. 7 (juris); OVG Nordrhein-Westfalen, Beschl. v. 22.06.2009, 13 A 3775/06, Rn. 35 (juris); VG Karlsruhe, Urt. v. 08.12.2011, 9 K 262/11, Rn. 24 (juris); LSG Nordrhein-Westfalen, Beschl. v. 19.03.2012, L 11 KA 15/12 B ER, Rn. 27 (juris).

[134] BSG, Urt. v. 18.10.1995, 6 RKa 66/94, Rn. 15 (juris)); so auch: LSG Nordrhein-Westfalen, Urt. v. 08.12.2004, L 10 KA 5/04, Rn. 24 (juris); SG Marburg, Urt. v. 30.08.2006, S 12 KA 944/05, Rn. 29 (juris); SG Marburg, Urt. v. 17.09.2014, S 12 KA 466/13, Rn. 43 (juris).

[135] SG Marburg, Urt. v. 17.09.2014, S 12 KA 466/13, Rn. 43 (juris); vgl. auch VG Karlsruhe, Urt. v. 08.12.2011, 9 K 262/11, Rn. 24 (juris).

[136] So etwa *Mötzung*, Der ärztliche Notfalldienst in rechtlicher Sicht, S. 65; *Narr*, Ärztliches Berufsrecht, S. 134; in Bezug auf Nicht-Vertragsärzte *Sproll*, in: Krauskopf, Kommentar Soziale Krankenversicherung und Pflegeversicherung Band 2, § 76 SGB V Rn. 13b.

[137] BVerwG, Urt. v. 12.12.1972, I C 30.69, NJW 1973, 576 (577); LSG Bayern, Urt. v. 08.06.2005, L 12 KA 369/04, Rn. 18 (juris); VG Minden, Urt. v. 31.08.2006, 7 K 1506/06, Rn. 23 (juris); BVerwG, Urt. v. 09.06.1982, 3 C 21/81, Rn. 21 (juris); OVG Sachsen-Anhalt, Beschl. v. 06.09.2006, 1 L 93/06, Rn. 7 (juris); SG Stuttgart, Urt. v. 19.05.2011, S 10 KA 3195/09, Rn. 29 (juris); LSG Nordrhein-Westfalen, Beschl. v. 19.03.2012, L 11 KA 15/12 B ER, Rn. 27 (juris); VGH Baden-Württemberg, Urt. v. 03.11.1998, 9 S 3399/96, Rn. 20 (juris);

anzusehen. Hierfür bedarf es im Hinblick auf die Normierung einer Teilnahmepflicht durch die Kassenärztlichen Vereinigungen jedoch entgegen der Rechtsprechung wie dargestellt einer formellgesetzlichen Rechtsgrundlage des Bundesgesetzgebers, welche die Teilnahmepflicht zumindest in ihren Grundzügen regelt. Solange eine solche nicht existiert, verstößt nach hier vertretener Auffassung die Verpflichtung zum vertragsärztlichen Bereitschaftsdienst der Kassenärztlichen Vereinigung gegen Art. 12 Abs. 1 GG und ist daher als verfassungswidrig anzusehen.[138] Selbiges gilt nach aktuellem Stand auch für eine Teilnahmeverpflichtung durch die Ärztekammern in Hamburg und Sachsen-Anhalt, da sich auch in deren jeweiligem Heilkammergesetz keine ausreichende Rechtsgrundlage findet.

II. Vereinbarkeit einer Teilnahmepflicht mit Art. 12 Abs. 2 GG

Einer Betrachtung bedarf auch der mögliche Verstoß der Teilnahmepflicht am ärztlichen Bereitschaftsdienst gegen das in Art. 12 Abs. 2 GG normierte Verbot von Arbeitszwang. Bei einer rein am Wortlaut orientierten Betrachtungsweise käme man durchaus in Versuchung, die verpflichtende Teilnahme der Ärzteschaft unter den sachlichen Schutzbereich des Art. 12 Abs. 2 GG zu subsumieren. Schließlich wird der Arzt durch seine Heranziehung in aller Regel gegen seinen Willen verpflichtet, mit der Behandlung von Patienten außerhalb der üblichen Sprechstundenzeiten eine bestimmte Arbeit auszuführen. Wie das BVerfG jedoch zurecht immer wieder betont, darf sich die Begriffsbestimmung der bestimmten Arbeit nicht am bloßen Wortlaut orientieren, sondern hat stets unter Berücksichtigung des historischen Kontextes der Normentstehung zu erfolgen.[139] Hiernach war es primäres Anliegen des Verfassungsgebers, mit dem Erlass der Norm die unter dem nationalsozialistischen System gängigen Formen der Zwangsarbeit auszuschließen, welche mit einer Herabwürdigung der menschlichen Persönlichkeit einhergingen.[140] Der mit Art. 12 Abs. 2 GG bezweckte Schutz vor Arbeitszwang ist daher eng mit dem Schutz der Menschenwürde nach Art. 1 Abs. 1 GG verbunden.[141] Erfasst wird daher nach Ansicht des BVerfG unter Verweis auf die Spruchpraxis der EKMR jedenfalls eine solche verpflichtende Arbeit, „die ‚ungerecht‘ oder ‚bedrückend‘ ist oder deren Durchführung

---

BSG, Urt. v. 04.05.1994, 6 RKa 7/93, Rn. 19 (juris); LSG Baden-Württemberg, Urt. v. 16.07. 2003, L 5 KA 3081/02, Rn. 17 (juris); BVerwG, Beschl. v. 01.06.1983, 3 B 89/82, Rn. 2 (juris).

[138] Siehe – insbesondere auch im Hinblick auf die in Abhängigkeit der gewählten Organisationsform unterschiedlichen Auswirkungen – Kap. 2 A. II. 3. und III.

[139] BVerfG, Beschl. v. 13.01.1987, 2 BvR 209/84, Rn. 39 (juris); BVerfG, Beschl. v. 14.11. 1990, 2 BvR 1462/87, Rn. 35 (juris).

[140] BVerfG, Beschl. v. 29.11.1967, 1 BvR 175/66, Rn. 9 (juris); BVerfG, Beschl. v. 13.01. 1987, 2 BvR 209/84, Rn. 40 (juris); BVerfG, Beschl. v. 14.11.1990, 2 BvR 1462/87, Rn. 47 (juris).

[141] BVerfG, Beschl. v. 13.01.1987, 2 BvR 209/84, Rn. 51 (juris).

‚eine vermeidbare Härte‘ darstellt, mit anderen Worten ‚unnötig beschwerlich‘ oder ‚in gewisser Weise schikanös‘ ist.“[142] Die begrifflichen Grenzen des Zwangs zu einer bestimmten Arbeit i. S. d. Art. 12 Abs. 2 GG sind daher wesentlich enger zu ziehen, als es der bloße Wortlaut vermuten ließe.[143] So fällt gerade nicht jede von Hoheitsträgern geforderte Tätigkeit gegen den Willen einer Person unter den Zwang zu einer bestimmten Arbeit i. S. d. Art. 12 Abs. 2 GG.[144] Erforderlich ist zunächst vielmehr, dass die Arbeit, zu welcher eine Person verpflichtet wird, für diese eine Herabwürdigung darstellt. Eine weitere Beschränkung des sachlichen Schutzbereichs erfolgt teils auch im Hinblick auf den Begriff der Bestimmtheit der Arbeit, da hierunter nur solche Arbeiten fallen sollen, welche mehr als nur einen unbedeutenden Aufwand verursachen und eine eigenständige Pflicht, mithin nicht nur eine notwendige Nebenwirkung einer anderweitigen Verpflichtung – etwa eines Berufes – darstellen.[145] Gesetzliche Pflichten im Rahmen einer frei gewählten beruflichen Betätigung sollen daher grundsätzlich nicht vom Schutzbereich des Art. 12 Abs. 2 GG erfasst sein.[146]

Unter Beachtung dieser beiden Grenzziehungen des sachlichen Schutzbereiches ergibt sich für die Teilnahmepflicht der Ärzte an einem ärztlichen Bereitschaftsdienst, dass diese nicht mehr als vom Begriff des Zwangs zu einer bestimmten Arbeit i. S. d. Art. 12 Abs. 2 GG erfasst angesehen werden kann. Weder lässt sich die Verpflichtung zur Teilnahme am Bereitschaftsdienst unter eine der vom BVerfG aufgezählten Fallgruppen subsumieren, noch scheint hiervon unabhängig ersichtlich, wie sie in der Lage sein sollte, den Arzt überhaupt in seiner Würde herabzusetzen – jedenfalls aber nicht in einem Maße, welches auch nur im Ansatz mit denjenigen verpflichtenden Arbeitsmaßnahmen vergleichbar wäre, vor welchen Art. 12 Abs. 2 GG unter Beachtung seines historischen Kontextes schützen sollte. Daneben handelt es sich – sofern man obiger Auffassung Zustimmung erteilt – bei der Teilnahmepflicht schon nicht um eine bestimmte Arbeit i. S. d. Norm, da sich diese nur als uneigenständige, eng mit der durch den Beruf des Arztes begründeten freiwillig gewählten Pflicht zur Teilnahme an der (vertrags-)ärztlichen Versorgung verknüpfte Verpflichtung darstellt.[147] Darüber hinaus lässt es sich durchaus auch in Zweifel ziehen, ob die in der Regel nur wenige Male im Jahr erfolgende Heranziehung des

---

[142] BVerfG, Beschl. v. 13.01.1987, 2 BvR 209/84, Rn. 54 (juris).

[143] Vgl. BVerfG, Beschl. v. 14.11.1990, 2 BvR 1462/87, Rn. 36 (juris).

[144] BVerfG, Beschl. v. 01.03.1978, 1 BvR 786/70, Rn. 76 (juris); BVerfG, Beschl. v. 14.11.1990, 2 BvR 1462/87, Rn. 50 (juris).

[145] *Ruffert*, in: Epping/Hillgruber (Hrsg.), BeckOK Grundgesetz, Art. 12 GG Rn. 143; *Scholz*, in: Maunz/Dürig, Grundgesetz Kommentar, Art. 12 GG Rn. 492; zustimmend *Mann*, in: Sachs (Hrsg.), Grundgesetz Kommentar, Art. 12 Rn. 180.

[146] BSG, Urt. v. 12.10.1994, 6 RKa 29/93, Rn. 12 (juris).

[147] In Bezug auf die Vereinbarkeit der mit der Zulassung verbundenen Behandlungspflicht mit Art. 12 Abs. 2 und 3 GG ebenso argumentierend *Ruppel*, Der Anspruch der Vertragsärzte auf kostendeckende Einzelleistungsvergütung, S. 130.

einzelnen Arztes überhaupt als ausreichend angesehen werden kann, um als bedeutender Aufwand zu gelten.[148]

Im Ergebnis ist daher bereits der Schutzbereich des Art. 12 Abs. 2 GG nicht eröffnet, weshalb ein Verstoß der Teilnahmepflicht an einem ärztlichen Bereitschaftsdienst gegen das Verbot von Arbeitszwang ausscheidet. Diese ist vielmehr – wie bereits erfolgt – alleine an Art. 12 Abs. 1 GG zu messen.[149]

III. Vereinbarkeit einer Teilnahmepflicht mit Art. 12 Abs. 3 GG

Das Verhältnis des in Art. 12 Abs. 2 GG normierten Verbots von Arbeitszwang und dem Schutz vor Zwangsarbeit nach Art. 12 Abs. 3 GG ist noch immer unklar.[150] Während letzteres wohl überwiegend[151] nicht als eigenständiges Grundrecht angesehen wird, sondern der Schutz vor Zwangsarbeit vielmehr bereits von Art. 12 Abs. 2 GG enthalten und Art. 12 Abs. 3 GG daher lediglich als Ausnahme vom Verbot des Arbeitszwangs zu verstehen ist,[152] finden sich auch zahlreiche Stimmen, welche in Art. 12 Abs. 3 GG ein eigenständiges Grundrecht sehen, wobei die Auffassung über die genaue Bedeutung des Schutzes vor Zwangsarbeit sehr differenziert ausfällt. Teils wird Zwangsarbeit in Abgrenzung zur „bestimmten Arbeit“ i. S. d. Art. 12 Abs. 2 GG als „allgemeine und gegenständlich unbegrenzte Inanspruchnahme von Arbeitskraft gegen den Willen des Betroffenen“[153] verstanden, teils aber auch lediglich als besonders schwerer Unterfall des Arbeitszwangs betrachtet.[154]

In Bezug auf die hier in Frage stehende Teilnahmepflicht von Ärzten an einem ärztlichen Bereitschaftsdienst kann der obige Streit allerdings offengelassen werden, da die Teilnahmepflicht nach allen angeführten Ansichten nicht unter Art. 12 Abs. 3 GG fällt. Sofern Art. 12 Abs. 3 GG nicht als eigenes Grundrecht gesehen wird,

---

148 Sofern man hierbei die mit der Teilnahmepflicht einhergehenden weiteren Verpflichtungen – allen voran die spezielle Fortbildungspflicht – einbezieht, kann ein derartiger bedeutender Aufwand wohl gut vertretbar angenommen werden.

149 BVerfG, Beschl. v. 13.01.1987, 2 BvR 209/84, Rn. 50 (juris); *Mann*, in: Sachs (Hrsg.), Grundgesetz Kommentar, Art. 12 Rn. 180.

150 *Mann*, in: Sachs (Hrsg.), Grundgesetz Kommentar, Art. 12 Rn. 190.

151 *Massen*, in: v. Mangoldt/Klein/Starck, Kommentar zum Grundgesetz Band 1, Art. 12 Rn. 296.

152 So etwa *Ruppel*, Der Anspruch der Vertragsärzte auf kostendeckende Einzelleistungsvergütung, S. 129; *Scholz*, in: Maunz/Dürig, Grundgesetz Kommentar, Art. 12 GG Rn. 490; BVerfG, Beschl. v. 13.01.1987, 2 BvR 209/84, Rn. 39 (juris); BVerfG, Beschl. v. 14.11.1990, 2 BvR 1462/87, Rn. 43 (juris).

153 So *Ruffert*, in: Epping/Hillgruber (Hrsg.), BeckOK Grundgesetz, Art. 12 GG Rn. 146; inhaltsgleich auch *Massen*, in: v. Mangoldt/Klein/Starck, Kommentar zum Grundgesetz Band 1, Art. 12 Rn. 296 f.

154 So etwa *Burgi/Wolff*, in: Kahl/Waldhoff/Walter (Hrsg.), Bonner Kommentar zum Grundgesetz Ordner 5, Art. 12 Abs. 2 und 3 GG Rn. 22.

scheidet eine Subsumtion der Teilnahmepflicht hierunter bereits daran, dass diese wie gesehen schon nicht dem Schutzbereich des Art. 12 Abs. 2 GG zugeordnet werden kann. Hält man Art. 12 Abs. 3 GG hingegen für ein eigenständiges Grundrecht und fordert für die Einordnung einer Tätigkeit als Zwangsarbeit eine unbegrenzte Inanspruchnahme, lässt sich die Teilnahmepflicht ebenso nicht hierunter subsumieren, da diese durch die zumeist nur wenige Male im Jahr erfolgende Heranziehung schwerlich als unbegrenzte Inanspruchnahme angesehen werden kann. Schließlich handelt es sich bei der Teilnahmepflicht auch nicht um einen besonders schweren Unterfall des Arbeitszwanges, da zum einen schon die Subsumtion unter Art. 12 Abs. 2 GG als „Grundtatbestand" scheitert und zum anderen auch keine besondere Schwere einer verpflichtenden Teilnahme angenommen werden kann.[155]

Unabhängig von der Frage, ob man Art. 12 Abs. 3 GG als eigenes Grundrecht betrachtet, lässt sich daher in der Normierung einer Teilnahmepflicht niedergelassener Ärzte an einem ärztlichen Bereitschaftsdienst kein Verstoß gegen das Verbot von Zwangsarbeit erblicken.

IV. Vereinbarkeit einer Teilnahmepflicht mit der Gewissensfreiheit

Zunächst sei hier deutlich gemacht, dass gegen die Unvereinbarkeit einer Teilnahmepflicht von Ärzten an einem ärztlichen Bereitschaftsdienst mit deren Gewissensfreiheit grundsätzlich keinerlei Anhaltspunkte ersichtlich sind. Eine abweichende Beurteilung mag sich wenn überhaupt allenfalls im konkreten Einzelfall ergeben. So machen nicht selten Ärzte gegen ihre Heranziehung zum Bereitschaftsdienst geltend, dass ihre Teilnahme nicht mit ihrem Gewissen zu vereinbaren sei. Woraus sich der Schutz ihrer Gewissensfreiheit im Falle des ärztlichen Bereitschaftsdienstes ergeben soll, wird hierbei nicht einheitlich beurteilt. Während etwa nach einem Urteil des BVerwG vom 18.07.1967 eine Unvereinbarkeit der Teilnahmepflicht mit dem Gewissen des klagenden Arztes an Art. 2 Abs. 1 GG als Ausfluss des allgemeinen Persönlichkeitsrechts zu messen ist,[156] prüft *Mötzung* hingegen einen möglichen Verstoß gegen Art. 4 Abs. 1 GG.[157] Woraus der Schutz des Gewissens des verpflichteten Arztes nunmehr konkret herzuleiten ist, spielt im Ergebnis allerdings keine Rolle,[158] da es für die (Nicht-)Teilnahme am ärztlichen

---

[155] Vgl. zur Schwere der Beeinträchtigung die vorangegangenen Untersuchungen zu einer Verletzung von Art. 12 Abs. 1 GG, Kap. 2 B. I. 3. c) ee) (1).

[156] BVerwG, Urt. v. 18.07.1967, I C 9.66, Rn. 19 f. (juris); so wohl auch *Klückmann*, in: Hauck/Noftz, Kommentar zu SGB V Band 3, § 75 SGB V Rn. 4a.

[157] *Mötzung*, Der ärztliche Notfalldienst in rechtlicher Sicht, S. 113.

[158] Nachdem Art. 4 Abs. 1 GG und Art. 2 Abs. 1 GG ohnehin in einem engen Zusammenhang zu sehen sind (*Stern*, Das Staatsrecht der Bundesrepublik Deutschland – Band IV/2, S. 920 f.), sind wohl beide Ansichten als vertretbar einzustufen.

Bereitschaftsdienst auf einen möglichen Gewissenskonflikt letztlich gar nicht ankommt.[159] Zwar erscheint es angesichts der mit dem ärztlichen Beruf unweigerlich verbundenen möglichen schwerwiegenden Konsequenzen von Behandlungsfehlern für Arzt und Patient durchaus plausibel, dass der einzelne Arzt gerade dann, wenn er im Bereitschaftsdienst ihm unbekannte Patienten mit Beschwerden behandeln muss, welche ihm in seiner gewöhnlichen Praxistätigkeit nicht begegnen, durchaus in einen Gewissenskonflikt geraten kann.[160] So hat dann auch die Rechtsprechung die Gewissensfreiheit des Arztes nicht nur als relevant für dessen Teilnahme am Bereitschaftsdienst erklärt, sondern den Gewissenskonflikt des klagenden Arztes vereinzelt sogar als ausreichend angesehen, um dessen Begehren auf Nichtteilnahme stattzugeben.[161]

Zumeist wird ein Ausschluss bzw. eine Befreiung von der Teilnahmepflicht aus Gewissensgründen aber an der fehlenden Objektivierbarkeit scheitern.[162] Denn die bloße Behauptung der Beeinträchtigung der Gewissensfreiheit ist hierfür als nicht ausreichend anzusehen.[163] Neben diesem subjektiven Element bedarf es darüber hinaus vielmehr der Darlegung konkreter objektiver Anhaltspunkte, um das Gericht von einem echten Gewissenskonflikt des Arztes überzeugen zu können, sollte er am Bereitschaftsdienst teilnehmen.[164] Die Beweislast hierfür liegt dabei nicht nur beim klagenden Arzt,[165] es sind darüber hinaus im Hinblick auf die Funktionsfähigkeit des Bereitschaftsdienstes auch strenge Maßstäbe anzulegen.[166] In der Folge wird der Arzt

---

[159] *Rixen*, in: Bormann, F.-J., Wetzstein, V. (Hrsg.), Gewissen – Dimensionen eines Grundbegriffs medizinischer Ethik, S. 65 (66) weist darauf hin, dass es im Rahmen des ärztlichen Bereitschaftsdienstes hierbei letztendlich ohnehin gar nicht um die Gewissensfreiheit, sondern vielmehr um Aspekte der Berufsfreiheit geht.

[160] So auch *Martens*, NJW 1970, 494 (498).

[161] BVerwG, Urt. v. 18.07.1967, I C 9.66, Rn. 21 (juris); siehe auch LSG Stuttgart, Urt. v. 10.12.1975, 10 KA 1580/74, NJW 1976, 2319 (2320), wobei hier etwas unklar bleibt, ob das Gericht seine Entscheidung tatsächlich auf den Gewissenskonflikt des Arztes oder nicht vielmehr auf dessen hiermit in Verbindung stehende Ungeeignetheit stützt.

[162] *Kern/Rehborn*, in: Laufs/Kern/Rehborn, Handbuch des Arztrechts, § 19 Rn. 15; OVG Rheinland-Pfalz, Urt. v. 02.12.1970, 2 A 35/70, VerwRspr 1971, 902 (904); BVerwG, Urt. v. 12.12.1972, I C 30.69, NJW 1973, 576 (577); BSG, Urt. v. 15.04.1980, 6 RKa 8/78, Rn. 14 (juris).

[163] *Rixen*, in: Bormann, F.-J., Wetzstein, V. (Hrsg.), Gewissen – Dimensionen eines Grundbegriffs medizinischer Ethik, S. 65 (73).

[164] *Mötzung*, Der ärztliche Notfalldienst in rechtlicher Sicht, S. 118; *Sproll*, in: Krauskopf, Kommentar Soziale Krankenversicherung und Pflegeversicherung Band 2, § 75 SGB V Rn. 15; BVerwG, Urt. v. 18.07.1967, I C 9.66, Rn. 21 (juris)); OVG Rheinland-Pfalz, Urt. v. 02.12. 1970, 2 A 35/70, VerwRspr 1971, 902 (904, 907); BVerwG, Urt. v. 12.12.1972, I C 30.69, NJW 1973, 576 (577); LSG Stuttgart, Urt. v. 10.12.1975, 10 KA 1580/74, NJW 1976, 2319 (2320).

[165] BSG, Urt. v. 15.09.1977, 6 RKa 8/77, Rn. 35 (juris).

[166] BVerwG, Beschl. v. 14.06.1972, I B 4.71, BeckRS 1972, 31271655; LSG Stuttgart, Urt. v. 10.12.1975, 10 KA 1580/74, NJW 1976, 2319 (2320); für eine sehr strenge Handhabung unter Verweis auf die spezielle Fortbildungspflicht ebenso *Janda*, Medizinrecht, S. 112.

seinen Gewissenskonflikt daher in der Regel nicht in ausreichender Weise darlegen können.[167]

Unabhängig von soeben Gesagtem kommt es jedoch selbst dann, wenn der Arzt ausnahmsweise hinreichende objektive Anhaltspunkte zur Begründung seines Gewissenskonfliktes anführen kann, im Ergebnis nicht auf die Gewissensfreiheit des Arztes an. Dies liegt in der Tatsache begründet, dass das Vorbringen des Arztes, er könne seine Teilnahme am Bereitschaftsdienst nicht mit seinem Gewissen vereinbaren, in engem sachlichen Zusammenhang mit seiner – tatsächlich oder behaupteten – fehlenden Eignung steht.[168] Denn sofern sich ein Arzt gegen seine Heranziehung auf seine Gewissensfreiheit beruft, ist die Begründung hierfür – soweit ersichtlich – stets darauf zurückzuführen, dass er sich den im Bereitschaftsdienst auftretenden Behandlungssituationen aufgrund fehlender persönlicher Eignung nicht gewachsen fühlt.[169] Üblicherweise handelt es sich bei den klagenden Ärzten daher auch in aller Regel um Angehörige solcher Facharztrichtungen, deren sonstige ärztliche Tätigkeit wenig mit derjenigen im Bereitschaftsdienst zu tun hat.[170] Ist der Arzt tatsächlich als für die Teilnahme am Bereitschaftsdienst ungeeignet anzusehen, spielt ein darauf zurückzuführender möglicher Gewissenskonflikt jedoch ohnehin keine Rolle für eine mögliche Befreiung, da er bereits aufgrund seiner Ungeeignetheit von vornherein von der Teilnahme am Bereitschaftsdienst auszuschließen ist[171] – wer schon

---

[167] Dies gilt in besonderem Maße, wenn man der ständigen Rechtsprechung (hierzu Kap. 2 C. I.) zustimmt, wonach ein jeder Arzt grundsätzlich als zur Teilnahme am Bereitschaftsdienst geeignet anzusehen ist, jedoch auch dann, wenn man – wie in der vorliegenden Arbeit vertreten – gegen eine solche pauschale Annahme argumentiert, da es für den Arzt im Einzelfall dennoch schwer sein wird, seine fehlende Eignung hinreichend zu beweisen. Etwas Anderes würde nur für den Fall gelten, dass bestimmte Facharztgruppen von hierfür hinreichend medizinisch qualifizierten Experten als für den Bereitschaftsdienst tatsächlich ungeeignet eingestuft werden würden, was bislang allerdings noch nicht geschehen ist.

[168] *Kern/Rehborn*, in: Laufs/Kern/Rehborn, Handbuch des Arztrechts, § 19 Rn. 15; BSG, Urt. v. 19.10.1971, 6 RKa 24/70, Rn. 13 (juris); BVerwG, Urt. v. 12.12.1972, I C 30.69, NJW 1973, 576 (577); BSG, Urt. v. 15.04.1980, 6 RKa 8/78, Rn. 14 (juris).

[169] Siehe etwa BVerwG, Urt. v. 18.07.1967, I C 9.66, Rn. 2 (juris); OVG Rheinland-Pfalz, Urt. v. 02.12.1970, 2 A 35/70, VerwRspr 1971, 902 (902); BSG, Urt. v. 19.10.1971, 6 RKa 24/70, Rn. 1 (juris); LSG Stuttgart, Urt. v. 10.12.1975, 10 KA 1580/74, NJW 1976, 2319 (2320); BSG, Urt. v. 15.04.1980, 6 RKa 8/78, Rn. 3 (juris).

[170] Einen Gewissenskonflikt gegen ihre Heranziehung zum Bereitschaftsdienst haben etwa ein Facharzt für Nervenkrankheiten (BVerwG, Urt. v. 18.07.1967, I C 9.66), ein Facharzt für Orthopädie (OVG Rheinland-Pfalz, Urt. v. 02.12.1970, 2 A 35/70, VerwRspr 1971), eine Fachärztin für Haut- und Geschlechtskrankheiten (BSG, Urt. v. 19.10.1971, 6 RKa 24/70), ein Facharzt für Hautkrankheiten (LSG Stuttgart, Urt. v. 10.12.1975, 10 KA 1580/74, NJW 1976, 2319) und ein Facharzt für Augenkrankheiten (BSG, Urt. v. 15.04.1980, 6 RKa 8/78) geltend gemacht.

[171] So sehen die meisten der momentan bestehenden Bereitschaftsdienstordnungen der Ärztekammern und Kassenärztlichen Vereinigungen vor, dass ein Arzt bei fehlender fachlicher Eignung vom Bereitschaftsdienst ausgeschlossen ist. Siehe exemplarisch etwa § 5 Abs. 1 S. 1 der gemeinsamen Bereitschaftsdienstordnung der Ärztekammer und Kassenärztlichen Vereinigung in Nordrhein: „Bei Ungeeignetheit für eine qualifizierte Durchführung des Notdienstes kann der Arzt vom Notdienst ausgeschlossen werden."

gar nicht am Bereitschaftsdienst teilnehmen darf, braucht von diesem auch nicht befreit zu werden.[172]

Im Ergebnis lässt sich damit festhalten, dass die Normierung einer Teilnahmepflicht ohne Weiteres grundsätzlich mit der Gewissensfreiheit der vom Adressatenkreis erfassten Ärzte vereinbar ist. Doch selbst im Einzelfall kommt es auf einen möglichen Gewissenskonflikt nicht an, da dieser entweder mangels Objektivierbarkeit schon gar keine Berücksichtigung findet, oder selbst bei ausreichender Darlegung letztlich keine Rolle spielt, da dieser dann in der Regel auf der fehlenden Eignung des Arztes beruht und letztgenannter schon deshalb von der Teilnahme auszuschließen ist.

V. Vereinbarkeit einer Teilnahmepflicht mit Art. 3 Abs. 1 GG

Schließlich ist die Normierung einer Teilnahmepflicht niedergelassener Ärzte an einem ärztlichen Bereitschaftsdienst dem Grunde nach auch mit dem allgemeinen Gleichheitssatz aus Art. 3 Abs. 1 GG zu vereinbaren, solange die hieraus entstehenden Belastungen von allen in Betracht kommenden Ärzten möglichst gleichmäßig getragen werden.[173] Nur in besonders gelagerten Konstellationen – hier ist insbesondere an die noch zu problematisierende Herausnahme ganzer Facharztgruppen,[174] aber auch an eine, ebenfalls noch zu erörternde, sachlich ungerechtfertigte ungleichmäßige Heranziehung der verpflichteten Ärzte[175] zu denken – kann es im Einzelfall zu einem Verstoß gegen Art. 3 Abs. 1 GG kommen. Die Vereinbarkeit mit dem allgemeinen Gleichheitssatz des Art. 3 Abs. 1 GG stellt im Rahmen der Teilnahmepflicht am ärztlichen Bereitschaftsdienst daher keine grundsätzliche, sondern eine Frage des Einzelfalles dar.

VI. Fazit

Die Normierung einer Teilnahmepflicht von Ärzten an einem ärztlichen Bereitschaftsdienst ist grundsätzlich – d. h. unter dem Vorbehalt einer abweichenden Beurteilung in besonders gelagerten Einzelfällen – mit deren Grundrechten zu vereinen. Allerdings fehlt es für eine auf der Bundeskompetenz fußenden Verpflichtung an einer formellgesetzlichen Rechtsgrundlage, welche zumindest die Grundzüge der Teilnahmepflicht selbst festlegt. Selbiges gilt für einen Bereitschaftsdienst auf

---

[172] So auch BVerwG, Urt. v. 12.12.1972, I C 30.69, NJW 1973, 576 (577).

[173] Siehe hierzu noch ausführlich unten, Kap. 2 C. und D.

[174] Siehe ausführlich unten, Kap. 2 C. I. 3. b).

[175] Dazu Kap. 2 D. sowie im Rahmen der Begutachtung der einzelnen Bereitschaftsdienstordnungen Kap. 3.

Grundlage der Länderzuständigkeit für Hamburg und Sachsen-Anhalt, da auch die dortigen Landesgesetzgeber wie sich noch zeigen wird keine ausreichende Rechtsgrundlage geschaffen haben. Solange eine solche nicht existiert, unterfällt die Teilnahmepflicht der Ärzte nicht dem Gesetzesvorbehalt in Art. 12 Abs. 1 S. 2 GG und ist daher als verfassungswidrig anzusehen. Wird in Zukunft hingegen eine ausreichende formellgesetzliche Grundlage geschaffen, steht auch der Schutz der Berufsfreiheit einer Teilnahmepflicht nicht mehr entgegen, da der hierin erfolgende Eingriff aufgrund der hohen Bedeutung der Sicherstellung der ärztlichen Versorgung auch außerhalb der Sprechstundenzeiten ohne Weiteres rechtfertigbar ist.

C. Adressaten der Teilnahmepflicht

Nachdem hinreichend geklärt wurde, dass die Teilnahmepflicht am ärztlichen Bereitschaftsdienst als jedenfalls grundsätzlich mit den verfassungsmäßigen Rechten der Ärzteschaft vereinbar anzusehen ist, bedarf nunmehr allerdings auch die Frage, welchen ärztlichen Adressatenkreis die Teilnahmepflicht konkret umfasst, einer eingehenden Betrachtung. Hierbei ist zum einen zu klären, ob die Pflicht zur Teilnahme am allgemeinen Bereitschaftsdienst unabhängig der ausgeübten ärztlichen Fachrichtung gilt (I.), und zum anderen, welche Ärzte grundsätzlich zum Bereitschaftsdienst der Ärztekammern und Kassenärztlichen Vereinigungen verpflichtet werden können (II.) sowie, inwieweit andere Faktoren der konkreten Tätigkeit des einzelnen Arztes dessen Teilnahmepflicht zu beeinflussen vermögen (III.).

I. Die Eignung zur Teilnahme am ärztlichen Bereitschaftsdienst

Nach momentaner Handhabung trifft die Pflicht zur Teilnahme am allgemeinen ärztlichen Bereitschaftsdienst[176] grundsätzlich alle niedergelassenen Ärzte bzw. – sofern es sich um den vertragsärztlichen Bereitschaftsdienst der Kassenärztlichen Vereinigungen handelt – alle niedergelassenen Vertragsärzte. Im Einklang mit der gängigen Auffassung in der sozialgerichtlichen Rechtsprechung,[177] aber auch weiten

---

[176] Daneben haben Ärztekammern und Kassenärztliche Vereinigungen für bestimmte Fachrichtungen teils auch eigenständige, sog. fachärztliche Bereitschaftsdienste, eingerichtet. In der Regel wird der hieran teilnehmende Facharzt im Gegenzug von seiner Teilnahme am allgemeinen Bereitschaftsdienst befreit.

[177] BSG, Urt. v. 19.10.1971, 6 RKa 24/70, Rn. 14 (juris) und BSG, Urt. v. 15.09.1977, 6 RKa 8/77, Rn. 30f. (juris); SG München, Urt. v. 12.12.1979, S 31 Ka/331/78 (juris); LSG Nordrhein-Westfalen, Urt. v. 08.12.2004, L 10 KA 5/04, Rn. 27 (juris); LSG Bayern, Urt. v. 08.06.2005, L 12 KA 369/04, Rn. 19 (juris); SG Marburg, Urt. v. 18.01.2006, S 12 KA 49/05, Rn. 26ff. (juris); SG Marburg, Urt. v. 30.08.2006, S 12 KA 944/05, Rn. 27 (juris); BSG,

Teilen der Literatur,[178] gilt die Teilnahmepflicht damit für alle Ärzte unabhängig ihrer Fachrichtung. Pathologen, Dermatologen und Mikrobiologen, aber auch Psychotherapeuten trifft folglich grundsätzlich dieselbe Pflicht wie Internisten und Allgemeinmediziner. Der Ausschluss eines Arztes von der Teilnahmepflicht ist demnach nur ausnahmsweise im Wege der Befreiung, sprich durch Einzelfallbetrachtung, zu erlangen.[179] Nicht von der Teilnahmepflicht erfasst sind im Umkehrschluss alle Ärzte ohne Niederlassung, d. h. Krankenhausärzte,[180] im öffentlichen Gesundheitsdienst tätige Ärzte, Ärzte ohne ärztliche Tätigkeit und solche, die keine Praxis unterhalten, wie etwa freiberuflich tätige Honorarärzte.[181]

1. Annahme der Eignung aller niedergelassenen Ärzte als Ausgangspunkt der Verpflichtung aller Ärzte

Ausgangspunkt der Pflicht aller niedergelassenen Ärzte, gleich ihrer Fachrichtung am Bereitschaftsdienst teilzunehmen, ist die Annahme, dass grundsätzlich alle Ärzte für die Behandlung der Patienten im Bereitschaftsdienst gleich geeignet sind, d. h. „mit praxisbezogener Sachkunde den typischen Notfallsituationen des Notfalldienstes in der Regel wenigstens mit Sofortmaßnahmen bis zum Einsetzen der normalen ärztlichen Versorgung gerecht“[182] zu werden vermögen. Diese Auffassung,

---

Urt. v. 06.02.2008, B 6 KA 13/06 R, Rn. 12 f. (juris); SG Marburg, Urt. v. 29.01.2014, S 12 KA 12/13, Rn. 44 ff. (juris); SG Marburg, Urt. v. 17.09.2014, S 12 KA 466/13, Rn. 41 ff. (juris); BSG, Urt. v. 19.08.2015, B 6 KA 41/14, Rn. 15 und 28 (juris).

[178] *Heberer*, Das ärztliche Berufs- und Standesrecht, S. 259; *Hesral*, in: Schlegel/Voelzke/Engelmann (Hrsg.), juris Praxiskommentar SGB V, § 75 Rn. 96; *Jörg*, Das neue Kassenarztrecht, B. III. Rn. 53; *Legde*, in: Hänlein/Schuler (Hrsg.), Lehr- und Praxiskommentar Sozialgesetzbuch V, § 75 SGB V Rn. 8; *Lipp*, in: Laufs/Katzenmeier/Lipp, Arztrecht, IV. Rn. 7; *Lippert*, in: Ratzel/Lippert, Kommentar zur Musterberufsordnung der Ärzte (MBO), § 26 Rn. 9; *Maaß*, Das Kassenarztrecht der Reichsversicherungsordnung, S. 19 f.; *Mötzung*, Der ärztliche Notfalldienst in rechtlicher Sicht, S. 109 f.; *Narr*, Ärztliches Berufsrecht, S. 134; *Nebendahl*, in: Spickhoff (Hrsg.), Medizinrecht, § 75 SGB V Rn. 24 f.; *Rademacker*, in: Körner/Leitherer/Mutschler/Rolfs (Hrsg.), Kasseler Kommentar Sozialversicherungsrecht, § 75 SGB V Rn. 43; *Schuler-Harms/Isbarn*, in: Berchtold/Huster/Rehborn (Hrsg.), Nomos Kommentar Gesundheitsrecht SGB V und SGB XI, § 75 SGB V Rn. 38; *Funk*, in: Schulin (Hrsg.), Handbuch des Sozialversicherungsrechts, Band 1 – Krankenversicherungsrecht, § 32 Rn. 38; *Sproll*, in: Krauskopf, Kommentar Soziale Krankenversicherung und Pflegeversicherung Band 2, § 76 SGB V Rn. 14; *Steinmeyer*, in: Bergmann/Pauge/Steinmeyer (Hrsg.), Nomos Kommentar Gesamtes Medizinrecht, § 75 SGB V Rn. 7; *Tiller*, Der ärztliche Notfalldienst, S. 4.

[179] *Mötzung*, Der ärztliche Notfalldienst in rechtlicher Sicht, S. 110.

[180] *Häußler/Liebold/Narr*, Die kassenärztliche Tätigkeit, S. 74; *Kohlhaas*, Medizin und Recht, S. 65; *Narr*, Ärztliches Berufsrecht, S. 137 f.

[181] *Bahner*, Recht im Bereitschaftsdienst, S. 41 f.; BSG, Urt. v. 28.09.2005, B 6 KA 73/04 R, Rn. 21 (juris).

[182] LSG Nordrhein-Westfalen, Urt. v. 08.12.2004, L 10 KA 5/04, Rn. 27 (juris); inhaltsgleich schon BSG, Urt. v. 19.10.1971, 6 RKa 24/70, Rn. 14 (juris) und BSG, Urt. v. 15.09.1977, 6 RKa 8/77, Rn. 30 (juris).

welche nicht nur von der Rechtsprechung so vertreten,[183] sondern auch von weiten Teilen der Literatur geteilt oder jedenfalls beanstandungslos übernommen wird,[184] gründet vor allem auf dreierlei Annahmen:

a) Eignung aufgrund des Medizinstudiums

Zum einen wird insbesondere die Rechtsprechung nicht müde zu betonen, dass ein jeder Arzt bereits aufgrund seiner einschlägigen universitären Ausbildung, d.h. seines Medizinstudiums, zur fachgerechten Behandlung der im Bereitschaftsdienst anfallenden Behandlungsfälle in der Lage sei.[185] Mit anderen Worten: Was der Arzt einmal während seiner Ausbildung gelernt habe, verlerne er auch nicht wieder. Daran ändere grundsätzlich auch eine längere, ausschließlich fachärztliche Tätigkeit nichts.[186]

b) Eignung aufgrund der Praxistätigkeit

Zum anderen wird davon ausgegangen, dass ein Arzt, der eine Praxis betreiben könne – sprich ein niedergelassener Arzt – auch zur Teilnahme am Bereitschaftsdienst geeignet sei, da sich Haus- wie Fachärzte im Bereitschaftsdienst mit medi-

---

[183] BSG, Urt. v. 19.10.1971, 6 RKa 24/70, Rn. 14 (juris) und BSG, Urt. v. 15.09.1977, 6 RKa 8/77, Rn. 30f. (juris); LSG Nordrhein-Westfalen, Urt. v. 08.12.2004, L 10 KA 5/04, Rn. 27 (juris); SG Marburg, Urt. v. 18.01.2006, S 12 KA 49/05, Rn. 26ff. (juris); SG Marburg, Urt. v. 30.08.2006, S 12 KA 944/05, Rn. 27 (juris); LSG Bayern, Beschl. v. 24.07.2015, L 12 KA 55/15 B ER, Rn. 22 (juris); SG Marburg, Urt. v. 29.01.2014, S 12 KA 12/13, Rn. 44ff. (juris); SG Marburg, Urt. v. 17.09.2014, S 12 KA 466/13, Rn. 41ff. (juris); SG Marburg, Urt. v. 26.10.2016, S 12 KA 387/15, Rn. 28ff. (juris).

[184] *Häußler/Liebold/Narr*, Die kassenärztliche Tätigkeit, S. 74; *Heberer*, Das ärztliche Berufs- und Standesrecht, S. 259; *Hesral*, in: Schlegel/Voelzke/Engelmann (Hrsg.), juris Praxiskommentar SGB V, § 75 Rn. 96; *Legde*, in: Hänlein/Schuler (Hrsg.), Lehr- und Praxiskommentar Sozialgesetzbuch V, § 75 SGB V Rn. 8; *Lipp*, in: Laufs/Katzenmeier/Lipp, Arztrecht, IV. Rn. 7; *Lippert*, in: Ratzel/Lippert, Kommentar zur Musterberufsordnung der Ärzte (MBO), § 26 Rn. 9; *Maaß*, Das Kassenarztrecht der Reichsversicherungsordnung, S. 19f.; *Nebendahl*, in: Spickhoff (Hrsg.), Medizinrecht, § 75 SGB V Rn. 24f.; *Rademacker*, in: Körner/Leitherer/Mutschler/Rolfs (Hrsg.), Kasseler Kommentar Sozialversicherungsrecht, § 75 SGB V Rn. 43; *Schuler-Harms/Isbarn*, in: Berchtold/Huster/Rehborn (Hrsg.), Nomos Kommentar Gesundheitsrecht SGB V und SGB XI, § 75 SGB V Rn. 38; *Funk*, in: Schulin (Hrsg.), Handbuch des Sozialversicherungsrechts, Band 1 – Krankenversicherungsrecht, § 32 Rn. 38; *Sproll*, in: Krauskopf, Kommentar Soziale Krankenversicherung und Pflegeversicherung Band 2, § 76 SGB V Rn. 14; *Steinmeyer*, in: Bergmann/Pauge/Steinmeyer (Hrsg.), Nomos Kommentar Gesamtes Medizinrecht, § 75 SGB V Rn. 7; *Tiller*, Der ärztliche Notfalldienst, S. 4.

[185] BSG, Urt. v. 15.09.1977, 6 RKa 8/77, Rn. 31 (juris); LSG Bayern, Urt. v. 25.10.2006, L 12 KA 677/04, Rn. 32 (juris); BSG, Urt. v. 19.08.2015, B 6 KA 41/14 R, Rn. 16 (juris); so auch *Hesral*, in: Schlegel/Voelzke/Engelmann (Hrsg.), juris Praxiskommentar SGB V, § 75 Rn. 96; *Lippert*, in: Ratzel/Lippert, Kommentar zur Musterberufsordnung der Ärzte (MBO), § 26 Rn. 9; *Narr*, Ärztliches Berufsrecht, S. 134.

[186] BSG, Urt. v. 15.09.1977, 6 RKa 8/77, Rn. 32 (juris); LSG Nordrhein-Westfalen, Urt. v. 08.12.2004, L 10 KA 5/04, Rn. 28ff. (juris).

zinischen Problemen konfrontiert sähen, wie sie ihnen auch täglich in ihrer Praxis begegnen würden.[187] Sei ein Arzt im Einzelfall dennoch nicht zur Teilnahme am Bereitschaftsdienst geeignet, liege das nicht an einer zu spezialisierten Praxistätigkeit, sondern daran, dass er in rechtsmissbräuchlicher Weise seiner spezifischen Fortbildungspflicht für den Bereitschaftsdienst – hierzu sogleich – nicht nachgekommen sei.[188]

c) Eignung aufgrund der Fortbildungspflicht

Schließlich wird damit argumentiert, dass den Arzt neben der allgemeinen Fortbildungspflicht auch eine spezielle Fortbildungspflicht für den Bereitschaftsdienst träfe. Diese sei ausreichend, um sich das für die kunstgerechte Behandlung der Bereitschaftsdienstpatienten nötige Wissen anzueignen.[189] Selbst wenn ein Arzt also gegen seine Teilnahme am Bereitschaftsdienst glaubhaft geltend machen kann, er sei hierzu trotz Studiums und Praxistätigkeit nicht geeignet, könne er seiner fehlenden Eignung mit entsprechenden, ohnehin obligatorischen Fortbildungsmaßnahmen entgegenwirken.[190]

2. Bewertung

Obgleich die Annahme einer Eignung sämtlicher niedergelassener Ärzte zur Teilnahme am Bereitschaftsdienst angesichts des gerade in ländlichen Regionen immer größer werdenden Ärztemangels und der sinkenden Teilnahmebereitschaft der verbleibenden Ärzte jedenfalls aus gesundheitspolitischen Erwägungen nachvollziehbar ist, vermag deren Begründung inhaltlich jedoch nicht zu überzeugen.

---

[187] *Kern/Rehborn*, in: Laufs/Kern/Rehborn, Handbuch des Arztrechts, § 19 Rn. 5; BSG, Urt. v. 15.09.1977, 6 RKa 8/77, Rn. 30 (juris); SG München, Urt. v. 12.12.1979, S 31 Ka/331/78 (juris); BSG, Urt. v. 15.04.1980, 6 RKa 8/78, Rn. 12 (juris); LSG Baden-Württemberg, Urt. v. 31.01.1986, L 1 Ka 476/86 (juris); VG Minden, Urt. v. 31.08.2006, 7 K 1506/06, Rn. 39 (juris).

[188] *Legde*, in: Hänlein/Schuler (Hrsg.), Lehr- und Praxiskommentar Sozialgesetzbuch V, § 75 SGB V Rn. 8; *Maaß*, Das Kassenarztrecht der Reichsversicherungsordnung, S. 19 f.; *Plagemann*, in: Plagemann (Hrsg.), Münchener Anwaltshandbuch Sozialrecht, § 18 Rn. 123; LSG Nordrhein-Westfalen, Urt. v. 08.12.2004, L 10 KA 5/04, Rn. 31 (juris); so auch BSG, Urt. v. 15.09.1977, 6 RKa 8/77, Rn. 31 (juris) und LSG Baden-Württemberg, Urt. v. 31.01.1986, L 1 KA 476/86 (juris), welche gar so weit gehen, die Zulassung zur vertragsärztlichen Versorgung von der Eignung des Arztes zur Teilnahme am Bereitschaftsdienst abhängig zu machen.

[189] *Häußler/Liebold/Narr*, Die kassenärztliche Tätigkeit, S. 74; OVG Nordrhein-Westfalen, Beschl. v. 22.06.2009, 13 A 3375/06, Rn. 35 (juris).

[190] *Legde*, in: Hänlein/Schuler (Hrsg.), Lehr- und Praxiskommentar Sozialgesetzbuch V, § 75 SGB V Rn. 8; *Nebendahl*, in: Spickhoff (Hrsg.), Medizinrecht, § 75 SGB V Rn. 25.

a) Medizinstudium keine Garantie für Eignung zum Bereitschaftsdienst

Es ist zwar richtig, dass dem Arzt während seiner universitären Ausbildung die wesentlichen medizinischen Grundlagen vermittelt werden, welche auch im Bereitschaftsdienst vonnöten sind. Doch wie schon bei der Behauptung, der Vertragsarzt sei aufgrund seiner Zulassung zu einer zeitlich umfassenden Verfügbarkeit verpflichtet, haben die Annahmen insbesondere des BSG auch hier nur bedingt mit der Realität zu tun.[191] Es mag stimmen, dass Ärzte in den ersten Jahren nach Abschluss ihrer beruflichen Ausbildung ihr Wissen aus dem Studium noch soweit konserviert haben, dass sie dieses für die Behandlung der im Bereitschaftsdienst anfallenden Situationen nutzen können, wenngleich auch hierbei nicht außer Acht gelassen werden darf, dass das Medizinstudium für die Behandlung im Notfall sehr lückenhaft ist[192] und zudem vieles nur in der Theorie, aber ohne praktische Erfahrung vermittelt[193] – eine Tatsache, die gerade bei einer potenziell so folgenschweren Tätigkeit wie der medizinischen Behandlung von Patienten schon alleine Zweifel an der Annahme einer Eignung zum Bereitschaftsdienst durch das Studium zu erwecken vermag. Doch erscheint es jedenfalls reichlich realitätsfern, beispielsweise von einem Pathologen, Dermatologen, Psychotherapeuten oder Mikrobiologen,[194] der seit Jahrzehnten in seinem Fachbereich tätig ist und in seinem täglichen Praxisbetrieb keinerlei Berührungspunkte mit den im Bereitschaftsdienst anfallenden Behandlungssituationen hat – ein Pathologe etwa hat nicht einmal Kontakt zu lebenden Patienten – erwarten zu können, dass dieser nach einer derart langen Zeit noch das im Studium erlangte Wissen abrufen kann, das er für die Behandlung von Bereitschaftsdienstpatienten benötigt,[195] welche vorrangig mit allgemeinmedizinischen und internistischen Beschwerden vorstellig werden.[196] Sobald ein Arzt nach Abschluss seines Studiums also nicht in einem Fachbereich tätig ist, dessen Behandlungsspektrum mit dem des Bereitschaftsdienstes zumindest gewisse Überschneidungen aufweist – zu denken sei insbesondere an Allgemeinmediziner und Inter-

---

[191] So auch *Bahner*, Recht im Bereitschaftsdienst, S. 42.

[192] Siehe *Sefrin*, Deutsches Ärzteblatt 1997, A-3403 (A-3403).

[193] *Kopetsch*, Der Internist 2002, 76 (82); *Dieckmann*, Via medici 2011, 12 ff.

[194] Speziell im Hinblick auf Mikrobiologen dagegen anderer Auffassung LSG Bayern, Beschl. v. 24.07.2015, L 12 KA 55/15 B ER, Rn. 22 (juris).

[195] Vgl. *Bahner*, Recht im Bereitschaftsdienst, S. 53; so in Abweichung von der üblichen Linie der Rechtsprechung im Falle eines niedergelassenen Arztes, welcher seit über 34 Jahren ausschließlich pathologisch tätig gewesen ist LSG Nordrhein-Westfalen, Urt. v.16.02.2005, L 11 KA 42/04, Rn. 23 (juris); SG Düsseldorf, Urt. v. 05.04.2006, S 2 KA 156/05, Rn. 18 (juris) ging in einem ähnlich gelagerten Fall gar schon nach neunjähriger pathologischer Tätigkeit von einer fehlenden Eignung aus; siehe auch BVerwG, Urt. v. 18.07.1967, I C 9.66, Rn. 21 (juris); BSG, Urt. v. 19.08.2015, B 6 KA 41/41, Rn. 19 (juris).

[196] *Bahner*, Recht im Bereitschaftsdienst, S. 42; *Staffa*, Analyse der Inanspruchnahme des kassenärztlichen Notfalldienstes in einem Hamburger Notfalldienstbezirk im Zeitraum August 1996 bis August 1997, S. 125.

nisten[197] – kann dem einzelnen Arzt bei realistischer Betrachtung nur aufgrund eines oftmals schon Jahrzehnte zurückliegenden Medizinstudiums keine Eignung für die Teilnahme am Bereitschaftsdienst unterstellt werden.

b) Nur bedingte Übereinstimmung von Praxistätigkeit und Aufgaben im Bereitschaftsdienst

Auch das Argument, ein jeder niedergelassene Arzt sähe sich im Bereitschaftsdienst mit denselben medizinischen Problemen konfrontiert, welche ihm auch im Rahmen seiner gewöhnlichen Praxistätigkeit begegnen, hat mit der tatsächlichen Tätigkeit der überwiegenden Mehrheit der in eigener Praxis tätigen Fachärzte wenig zu tun. Die Rechtsprechung selbst verlangt vom am allgemeinen Bereitschaftsdienst teilnehmenden Arzt, dass er „mit praxisbezogener Sachkunde den typischen Notfallsituationen des Notfalldienstes in der Regel wenigstens mit Sofortmaßnahmen bis zum Einsetzen der normalen ärztlichen Versorgung gerecht"[198] werden kann. Diese typischen Notfallsituationen sind dabei allerdings überwiegend allgemeinmedizinische und internistische Beschwerden.[199] Das Gros der Fachärzte befasst sich jedoch – ganz i. S. d. Systems einer fachlichen Spezialisierung – gerade nicht mit derartigen Behandlungsfällen, die im Bereitschaftsdienst auftreten[200] und kann daher zumeist gerade keine wie von der Rechtsprechung geforderte *praxisbezogene* Sachkunde vorweisen. Ein Dermatologe befasst sich mit Hauterkrankungen, ein Urologe mit harnbildenden und harnableitenden Organen sowie Geschlechtsorganen, ein Neurologe beschäftigt sich mit dem Nervensystem, ein Augenarzt vorwiegend mit Augenerkrankungen.[201] Keiner der aufgelisteten und auch der meisten weiteren Fachärzte sieht sich in seiner Praxis dagegen im Normalfall mit Behandlungsfällen konfrontiert, die typischerweise im Bereitschaftsdienst auftreten.[202] Dies gilt letztlich lediglich für Allgemeinmediziner[203] und Internisten,[204] deren Eignung für den

---

[197] *Köster/Wrede/Herrmann/Meyer/Willms/Broge/Szecsenyi*, Ambulante Notfallversorgung, S. 37; *Staffa*, Analyse der Inanspruchnahme des kassenärztlichen Notfalldienstes in einem Hamburger Notfalldienstbezirk im Zeitraum August 1996 bis August 1997, S. 125.

[198] LSG Nordrhein-Westfalen, Urt. v. 08.12.2004, L 10 KA 5/04, Rn. 27 (juris); inhaltsgleich schon BSG, Urt. v. 19.10.1971, 6 RKa 24/70, Rn. 14 (juris) und BSG, Urt. v. 15.09.1977, 6 RKa 8/77, Rn. 30 (juris).

[199] *Bahner*, Recht im Bereitschaftsdienst, S. 42.

[200] *In der Schmitten*, Verfügbarkeit von betäubungsmittelrezeptpflichtigen (BtM-) Analgetika im Ärztlichen Notdienst, S. 9; *Sefrin*, Deutsches Ärzteblatt 1997, A-3403 (A-3404); *Köster/Wrede/Herrmann/Meyer/Willms/Broge/Szecsenyi*, Ambulante Notfallversorgung, S. 19.

[201] Siehe zum Beispiel des Augenarztes auch *Martens*, NJW 1970, 494 (498).

[202] *Bahner*, Recht im Bereitschaftsdienst, S. 42.

[203] Selbst die Rechtsprechung ist der Auffassung, dass Allgemeinmediziner für die Behandlung von Bereitschaftsdienstpatienten am besten geeignet seien, siehe BSG, Urt. v. 19.10.1971, 6 RKa 24/70, Rn. 15 (juris).

Bereitschaftsdienst jedoch ohnehin weder von den betroffenen Ärzten selbst, noch von anderer Seite ernsthaft in Zweifel gezogen wird. Von Ärzten der übrigen Fachrichtungen zu erwarten, sie seien alleine aufgrund ihrer Praxistätigkeit für die Teilnahme am Bereitschaftsdienst geeignet, stellt sich jedoch als bedenklich realitätsfern dar.[205]

c) Fortbildungspflicht nach momentanem Stand keine ausreichende Grundlage für Eignung zum Bereitschaftsdienst

Auch die speziell für den ärztlichen Bereitschaftsdienst vorgesehene Fortbildungspflicht, mit der häufig gegen das Vorbringen argumentiert wird, die im Medizinstudium vermittelten Grundkenntnisse für die Behandlung im Bereitschaftsdienst wären nach jahrzehntelanger Facharzttätigkeit schon längst nicht mehr vorhanden,[206] vermag die Eignung aller niedergelassenen Ärzte für den Bereitschaftsdienst jedenfalls nach jetzigem Stand nur bedingt zu gewährleisten. Denn dass eine einschlägige Fortbildung den Arzt für die Behandlung von im Bereitschaftsdienst auftretenden Notfällen qualifiziert, setzt zunächst einmal voraus, dass überhaupt ein entsprechendes Fortbildungsangebot existiert. Nach momentaner Rechtslage besteht weder für die Ärztekammern noch die Kassenärztlichen Vereinigungen die Pflicht, Fortbildungen für den ärztlichen Bereitschaftsdienst anzubieten, geschweige denn, diese zu finanzieren. Vielmehr liegt es am Arzt selbst, ein entsprechendes Angebot ausfindig zu machen und an diesem auf eigene Kosten teilzunehmen. Wie genau er dieser Pflicht nachkommt, steht dabei in seinem Ermessen.[207] Nachdem es allerdings an bundesweit verbindlichen Qualifikationsanforderungen für am Bereitschaftsdienst teilnehmende Ärzte fehlt,[208] sind auch die angebotenen Fortbildungen in ihrem Inhalt verschieden und können beträchtliche qualitative Unterschiede aufweisen. Des Weiteren vermag eine speziell auf die Anforderungen des Bereitschaftsdienstes zugeschnittene Fortbildung zwar die theoretischen Grundlagen zu vermitteln, praktische Übung kann diese allerdings – vergleichbar mit dem Medizinstudium – nur selten bieten. Nun mag dieser Mangel an praktischer Erfahrung in anderen Berufen weniger gravierend sein. Es darf jedoch nicht außer Acht gelassen werden, dass es im Bereitschaftsdienst – wenngleich deutlich seltener als im Rettungsdienst – auch zu lebensbedrohlichen Situationen kommen kann. In Anbetracht der potenzi-

---

[204] *Bahner*, Recht im Bereitschaftsdienst, S. 42; *Köster/Wrede/Herrmann/Meyer/Willms/Broge/Szecsenyi*, Ambulante Notfallversorgung, S. 37.

[205] Vgl. *Martens*, NJW 1970, 494 (498).

[206] *Häußler/Liebold/Narr*, Die kassenärztliche Tätigkeit, S. 74; OVG Nordrhein-Westfalen, Beschl. v. 22.06.2009, 13 A 3375/06, Rn. 35 (juris).

[207] *Köster/Wrede/Herrmann/Meyer/Willms/Broge/Szecsenyi*, Ambulante Notfallversorgung, S. 19.

[208] *Köster/Wrede/Herrmann/Meyer/Willms/Broge/Szecsenyi*, Ambulante Notfallversorgung, S. 37.

ellen Gefahren für Leib und Leben der Patienten erscheint es daher in höchstem Maße fraglich, durch Fortbildung erlangtes theoretisches Wissen als ausreichend für die Teilnahme am Bereitschaftsdienst zu erachten und die eigentlich erforderliche praktische Übung letztlich erst im Ernstfall direkt am Patienten vorzunehmen. Ein Arzt sollte ausreichend praktische Erfahrung vor und nicht während des Bereitschaftsdienstes sammeln. Für ein über die Teilnahme an Fortbildungen hinausgehendes Sammeln von Praxiserfahrung auf Eigeninitiative, etwa durch Hospitation bei einem Allgemeinmediziner, fehlt den meisten Ärzten neben ihrer Praxistätigkeit jedoch schlichtweg die Zeit.

Es ist demnach im Ansatz zwar als richtig zu erachten, dass eine Fortbildungspflicht für den Bereitschaftsdienst die Eignung aller niedergelassenen Ärzte unabhängig ihrer Fachrichtung und Entfernung von einer allgemeinmedizinischen oder internistischen Tätigkeit zu gewährleisten vermag. Nach momentanem Stand fehlt es diesem in der Theorie richtigen Ansatz jedoch an einer überzeugenden Umsetzung in der Praxis. Solange keine von den Ärztekammern bzw. Kassenärztlichen Vereinigungen eingerichteten oder zumindest überwachten flächendeckenden Fortbildungsangebote mit einheitlichen Qualifikationsanforderungen bestehen, in denen auch ausreichend praktische Übung angeboten wird, kann die Fortbildungspflicht nur sehr bedingt als Argument für die Eignung aller niedergelassenen Ärzte herangezogen werden.

d) Fazit: Pauschale Annahme der Eignung aller Ärzte realitätsfern

Es spricht nichts dagegen, bei bestimmten Arztgruppen die Eignung zur Teilnahme am allgemeinen ärztlichen Bereitschaftsdienst zu vermuten. Die in Rechtsprechung und Literatur weit verbreitete pauschale Annahme allerdings, ein *jeder* niedergelassener Arzt sei unabhängig seiner Fachrichtung und seines Alters grundsätzlich als geeignet anzusehen, am ärztlichen Bereitschaftsdienst teilzunehmen, ist bei realistischer Betrachtung der tatsächlichen Umstände kaum haltbar. Je länger sich ein Arzt von seiner – ohnehin teils recht theoretisch geprägten – universitären Ausbildung entfernt und je länger er in seiner Praxis – von einigen wenigen Fachrichtungen wie Allgemeinmedizin oder innerer Medizin einmal abgesehen – seiner zumeist hochgradig spezialisierten Fachrichtung nachgeht, desto unwahrscheinlicher wird es, dass er zur Behandlung der Patienten im Bereitschaftsdienst auch tatsächlich geeignet ist. Hieran vermag auch eine regelmäßige theoretische Fortbildung jedenfalls in ihrer momentanen Form nichts wesentlich zu ändern. Anzunehmen, ein jeder Arzt sei zum Bereitschaftsdienst geeignet und habe in der Folge auch grundsätzlich unabhängig seiner Fachrichtung oder seines Alters auch an diesem teilzunehmen, widerspricht dabei nicht nur den realen Begebenheiten, sondern führt oftmals zu der aus ökonomischer Sicht unvorteilhaften Situation, dass im Bereitschaftsdienst tätige Ärzte einen Patienten aus Angst, diesen mangels ausreichender fachlicher Qualifikation falsch zu behandeln, stattdessen lieber an die ohnehin schon überlasteten und häufig finanziell angeschlagenen Notaufnahmen der Krankenhäuser überweisen,[209] obwohl eine Behandlung im Bereitschaftsdienst ausreichend gewesen wäre. Auch für den behandelnden Arzt selbst kann die Annahme seiner grundsätzlichen Eignung für den Bereitschaftsdienst und seine daraus resultierende Verpflichtung zu demselben schwerwiegende zivil- und strafrechtliche Folgen haben, da in Bezug auf die Behandlung eines Patienten im allgemeinen Bereitschaftsdienst nicht etwa ein seiner eigenen Fachrichtung entsprechender Sorgfaltsstandard, sondern derjenige eines hausärztlich tätigen Arztes – d. h. letztlich eines Facharztes für Allgemeinmedizin oder eines Internisten – erwartet wird.[210] Kommt es im Rahmen des Bereitschaftsdienstes demnach zu einer fehlerhaften Behandlung, wird die Verantwortlichkeit des behandelnden Arztes an einem Haftungsmaßstab gemessen, welchem er im Rahmen seiner gewöhnlichen beruflichen Tätigkeit nicht unterliegt und dem er wohl nur in den wenigsten Fällen gerecht werden kann. Noch einmal um ein vieles folgenschwerer kann sich die Behandlung durch einen „fachfremden" Arzt aus Patientensicht darstellen. So kann die Behandlung durch einen Facharzt ohne regelmäßige allgemeinmedizinische oder internistische Übung gerade in einer im Bereitschaftsdienst häufig auftretenden Notfallsituation durchaus gesundheitliche Risiken bergen.[211] Im schlimmsten Falle kann die Behandlung im allgemeinen ärztlichen Bereitschaftsdienst durch fachfremde Ärzte gar zum Tod des Patienten führen, der bei der Behandlung durch einen hierin geübten Arzt, sprich einen Allgemeinmediziner oder Internisten, möglicherweise vermeidbar gewesen wäre.[212] Insbesondere im Interesse von Leben, körperlicher Unversehrtheit und Gesundheit der Patienten sollte die Eignung aller Fachärzte für die kunstgerechte Behandlung im Bereitschaftsdienst daher nicht einfach unterstellt, sondern sorgfältig überprüft werden.[213]

Die Beantwortung der Frage, ob also bestimmte Facharztgruppen für die Teilnahme an einem allgemeinen ärztlichen Bereitschaftsdienst als geeignet anzusehen sind, sollte hierbei jedoch von Medizinern vorgenommen und nicht Juristen überlassen werden. Nur erstgenannten scheint eine realistische Beurteilung möglich, während eine Einschätzung letztgenannter mangels erforderlicher Fachkenntnis meist nicht mehr als eine bloße Vermutung darstellen wird. Sollte sich ein einzelner Arzt oder auch eine bestimmte Arztgruppe jedoch als für den Bereitschaftsdienst tatsächlich geeignet erweisen, steht deren verpflichtender Heranziehung zu einem –

---

[209] *Köster/Wrede/Herrmann/Meyer/Willms/Broge/Szecsenyi*, Ambulante Notfallversorgung, S. 37.

[210] *Bahner*, Recht im Bereitschaftsdienst, S. 90.

[211] *Bahner*, Recht im Bereitschaftsdienst, S. 43; *Bielitz*, NJW 2012, 1253 (1256); *Weidinger*, Die Praxis der Arzthaftung, S. 43.

[212] *Weidinger*, Die Praxis der Arzthaftung, S. 43.

[213] Vgl. *Bahner*, Recht im Bereitschaftsdienst, S. 43.

sofern kein fachärztlicher Dienst eingerichtet ist – auch allgemeinen ärztlichen Bereitschaftsdienst nichts entgegen.[214]

3. Alternativen zur Heranziehung aller niedergelassenen Ärzte

Die Annahme der grundsätzlichen Eignung aller niedergelassenen Ärzte zur Teilnahme am Bereitschaftsdienst kann sich zwar in begründeten Einzelfällen – seien dies einzelne Ärzte oder ganze Fachrichtungen – unter Umständen als falsch darstellen, ist aber nicht per se als mit geltendem (Verfassungs-)Recht unvereinbar anzusehen.[215] Nachdem jedoch entgegen der weit verbreiteten Auffassung bei realistischer Betrachtung wie aufgezeigt gerade nicht jeder niedergelassene Arzt pauschal als geeignet für die Teilnahme am Bereitschaftsdienst anzusehen ist und die fehlende Eignung eines Arztes durchaus zu merklichen Konsequenzen für alle Beteiligten führen kann, ist dennoch dringend die Ausarbeitung eines Gegenentwurfes zur bisher gehandhabten Heranziehung aller niedergelassenen Ärzte zu empfehlen. An alternativen Modellen herrscht hierbei kein Mangel:

a) Heranziehung nur bei tatsächlicher Eignung

Bereits nach momentaner Handhabung besteht in den meisten Bereitschaftsdienstordnungen der Ärztekammern und Kassenärztlichen Vereinigungen die Möglichkeit, einen Arzt vom Bereitschaftsdienst wegen fehlender Eignung auszuschließen.[216] Zum einen wird hierbei aber teilweise nicht spezifisch auf die fehlende Eignung zur Teilnahme am Bereitschaftsdienst, sondern auf die allgemeine Eignung zur Ausübung der ärztlichen Tätigkeit[217] abgestellt.[218] Zum anderen steht die Teilnahme nicht unter dem Vorbehalt der Eignung. Letztgenannte wird vielmehr zunächst ohne kritische Überprüfung angenommen und – wenn überhaupt – nur im

---

[214] SG Düsseldorf, Urt. v. 05.04.2006, S 2 KA 156/05, Rn. 15 (juris); LSG Nordrhein-Westfalen, Beschl. v. 07.09.2011, L 11 KA 93/11 B ER, Rn. 26 (juris); zustimmend etwa *Steinmeyer*, in: Bergmann/Pauge/Steinmeyer (Hrsg.), Nomos Kommentar Gesamtes Medizinrecht, § 75 SGB V Rn. 7.

[215] So auch *Häußler/Liebold/Narr*, Die kassenärztliche Tätigkeit, S. 74.

[216] Siehe beispielhaft § 5 Abs. 1 S. 1 der Bereitschaftsdienstordnung der KV Hamburg: „Der Vorstand der KVH stellt durch Beschluss fest, ob ein Mitglied der KVH oder ein Arzt mit Teilnahmeberechtigung nach § 3 Abs. 1 Satz 3 für die Teilnahme am ÄNH allgemein oder für einzelne Dienste ungeeignet ist."

[217] Siehe hierzu ausführlich etwa *Pawlita*, in: Schlegel/Voelzke/Engelmann (Hrsg.), juris Praxiskommentar SGB V, § 95 Rn. 330 ff.

[218] So etwa in § 15 Abs. 2 der Bereitschaftsdienstordnung der KV Bayern, welche durch den Verweis auf § 21 Ärzte-ZV auf die allgemeine Eignung des Arztes zur vertragsärztliche Tätigkeit und nicht etwa auf die Eignung speziell für den Bereitschaftsdienst abstellt: „Ein Arzt, der für die Teilnahme am Ärztlichen Bereitschaftsdienst nach den Kriterien des § 21 Ärzte-ZV ungeeignet ist, ist vom Ärztlichen Bereitschaftsdienst auszuschließen."

Nachhinein aberkannt. Nachdem nach hier vertretener Auffassung jedoch gerade nicht davon ausgegangen werden kann, dass grundsätzlich alle niedergelassenen Ärzte zur Teilnahme am Bereitschaftsdienst geeignet sind,[219] könnte sich vielmehr empfehlen, die Heranziehung zum Bereitschaftsdienst unter den Vorbehalt der Eignung zu stellen. Bevor ein Arzt zur Teilnahme verpflichtet wird, ist demnach im Einzelfall zu überprüfen, ob er auch tatsächlich geeignet ist, die im Bereitschaftsdienst auftretenden Behandlungsfälle angemessen zu versorgen.[220] Zur Feststellung der Eignung des einzelnen Arztes bietet sich neben dessen Fachrichtung, dem zeitlichen Abstand zum Studium sowie einer Selbsteinschätzung als ersten Anhaltspunkten ein Test aus theoretischen und praktischen Aufgaben an. Augenscheinlich wird eine derartige Herangehensweise bereits von der KV Berlin praktiziert, wie § 1 Abs. 3 S. 1 ihrer Bereitschaftsdienstordnung nahelegt – wenngleich unklar bleibt, nach welchen Kriterien diese die Eignung des einzelnen Arztes überprüft und ob überhaupt eine detaillierte Überprüfung im Einzelfall erfolgt:

> Grundsätzlich sind alle für den Ärztlichen Bereitschaftsdienst geeigneten und zur vertragsärztlichen Versorgung zugelassenen Mitglieder der Kassenärztlichen Vereinigung Berlin berechtigt und verpflichtet, am Ärztlichen Bereitschaftsdienst teilzunehmen.

Eine derartige Vorgehensweise erscheint zwar im Hinblick auf die Qualität der ärztlichen Behandlung im Bereitschaftsdienst vorzugswürdig, ihre praktische Umsetzung ist allerdings auch mit erheblichen Nachteilen verbunden. Zunächst stellt die Vorabprüfung der Eignung eines jeden einzelnen Arztes einen nicht zu unterschätzenden zeitlichen Aufwand dar, der zudem auch mit beträchtlichen finanziellen Aufwendungen verbunden wäre. Darüber hinaus bestünde die Gefahr, dass ein Arzt – ohne hiermit die Ärzteschaft unter Generalverdacht stellen zu wollen – bei der Überprüfung seiner Eignung bewusst unter seinen Möglichkeiten bleibt, um sich der zumeist unliebsamen Teilnahmepflicht zu entziehen.[221] Im Ergebnis ist diese Heranziehungsvariante daher nicht zu empfehlen.

b) Genereller Ausschluss bestimmter Facharztgruppen von der Teilnahmepflicht

Weiterhin käme – sofern nicht ohnehin entsprechende fachärztliche Bereitschaftsdienste eingerichtet sind – ein von vornherein geltender grundsätzlicher Ausschluss von der Teilnahme am allgemeinen Bereitschaftsdienst derjenigen Facharztgruppen in Betracht, deren Ärzten aufgrund ihrer Spezialisierung und damit verbundenen Entfernung von den im Bereitschaftsdienst geforderten Kenntnissen generell keine Eignung für die kunstgerechte Behandlung von Bereitschaftsdienst-

[219] So entgegen der gängigen Rechtsprechung auch BSG, Urt. v. 24.01.1974, 6 RKa 18/73, Rn. 11 (juris).

[220] Für eine Einzelfallprüfung auch LSG Nordrhein-Westfalen, Urt. v. 08.12.2004, L 10 KA 5/04, Rn. 28 (juris).

[221] *Martens*, NJW 1970, 494 (498).

patienten zugesprochen werden kann.[222] Derartige Erwägungen haben teils auch Einzug in die Bereitschaftsdienstordnungen der Kassenärztlichen Vereinigungen und Ärztekammern gefunden, wenngleich diese Ausnahmen angesichts des steigenden Ärztemangels wohl immer seltener zu finden sein werden. So werden etwa in Bayern seit 2012 auch die zuvor ausgeschlossenen Pathologen und Psychotherapeuten vom Adressatenkreis der Teilnahmepflicht der Bereitschaftsdienstordnung der Kassenärztlichen Vereinigung erfasst.[223] Bei vielen Facharztgruppen gestaltet sich die Beantwortung der Frage, ob sie während ihrer fachärztlichen Praxistätigkeit trotz Spezialisierung noch nahe genug an den Behandlungsfällen im Rahmen des Bereitschaftsdienstes agieren, dass sie zur Ableistung des Dienstes noch als geeignet anzusehen sind, mitunter jedoch als schwierig. Diese lässt sich auch schwerlich juristisch klären, sondern bedarf vielmehr einer genauen Untersuchung durch hierfür hinreichend qualifiziertes medizinisches Personal. Unabhängig davon, ob eine exakte Beantwortung hinsichtlich aller Facharztgruppen überhaupt möglich ist, zieht eine generelle Herausnahme bestimmter Fachärzte auch grundrechtliche Folgeprobleme nach sich. Sofern nämlich für die von der Teilnahmepflicht am allgemeinen Bereitschaftsdienst ausgenommenen Fachärzte kein fachärztliches Äquivalent besteht, zu dem sie herangezogen werden, stellt sich insbesondere[224] die Frage, inwieweit eine derartige Regelung mit dem allgemeinen Gleichbehandlungsgebot des Art. 3 Abs. 1 GG zu vereinbaren ist. Bezogen auf die Teilnahmepflicht der Ärzte am ärztlichen Bereitschaftsdienst hat das BSG[225] – aber auch das BVerwG[226] – in gefestigter Rechtsprechung aus Art. 3 Abs. 1 GG den Grundsatz der möglichst gleichmäßigen Heranziehung aller Ärzte zu den Lasten des Bereitschaftsdienstes abgeleitet. Hierunter fällt neben einer Verpflichtung in demselben Umfang[227] insbesondere, dass möglichst alle in Betracht kommenden Ärzte überhaupt zur Teilnahme verpflichtet werden. Genau dieser Grundsatz könnte vorliegend jedoch verletzt sein, da die für geeignet empfundenen Ärzte weiterhin am Bereitschaftsdienst

---

[222] So auch *Bahner*, Recht im Bereitschaftsdienst, S. 44; *Weidinger*, Die Praxis der Arzthaftung, S. 43; ebenso diese Alternative in Betracht ziehend BVerwG, Urt. v. 12. 12. 1972, I C 30.69, NJW 1973, 576 (577).

[223] *Stoscheck*, Ärztlicher Bereitschaftsdienst auch für Pathologen, https://www.aerztezeitung.de/politik_gesellschaft/berufspolitik/article/827448/kv-bayerns-beschliesst-aerztlicher-bereitschaftsdienst-pathologen.html (Stand: 03. 02. 2020).

[224] Fraglich ist umgekehrt auch, inwieweit dies die von der Teilnahme mangels Eignung ausgeschlossenen Fachärzte in ihrem Recht auf Teilnahme am Bereitschaftsdienst verletzen könnte. Sofern ihnen ein solches überhaupt zusteht, wäre diese Problematik wohl dadurch lösbar, dass man den von der Teilnahme ausgenommenen Ärzten die Möglichkeit der Teilnahme einräumt, sofern sie ihre Eignung zum Bereitschaftsdienst nachweisen können. Die Beweislast würde in diesem Falle dem die Teilnahme begehrenden Arzt obliegen.

[225] BSG, Urt. v. 15. 04. 1980, 6 RKa 8/78, Rn. 15 (juris); BSG, Urt. v. 11. 06. 1986, 6 RKa 5/85, Rn. 13 (juris); BSG, Urt. v. 06. 09. 2006, B 6 KA 43/05 R, Rn. 18 (juris); BSG, Urt. v. 06. 02. 2008, B 6 KA 13/06 R, Rn. 14 (juris).

[226] BVerwG, Urt. v. 12. 12. 1972, I C 30.69, NJW 1973, 576 (577).

[227] Siehe hierzu ausführlich Kap. 2 D.

teilzunehmen haben, während die einer als ungeeignet eingestuften Facharztrichtung angehörenden Ärzte von dieser Teilnahmepflicht befreit werden.

aa) Standpunkt der sozialgerichtlichen Rechtsprechung

Die sozialgerichtliche Rechtsprechung hält den Ausschluss einzelner Mitglieder der Kassenärztlichen Vereinigung von der Teilnahmepflicht am vertragsärztlichen Bereitschaftsdienst[228] als mit Art. 3 Abs. 1 GG vereinbar, sofern die Kassenärztliche Vereinigung mit den vom Adressatenkreis der normierten Teilnahmepflicht erfassten Ärzten ihrem Sicherstellungsauftrag aus § 75 Abs. 1b S. 1 SGB V nachkommt – sprich die weiterhin verpflichteten Vertragsärzte, gegebenenfalls unter freiwilliger Mitwirkung weiterer Ärzte, die Belastungen des Bereitschaftsdienstes zu tragen im Stande sind[229] – und für die Herausnahme aus der Teilnahmeverpflichtung sachgerechte Differenzierungsgründe bestehen.[230] Sind diese Voraussetzungen zu bejahen, stünde es den Kassenärztlichen Vereinigungen aufgrund des ihnen zustehenden weiten Gestaltungsspielraums frei, einzelne ihrer Mitglieder von der Teilnahmepflicht auszunehmen.[231] Der Ausschluss nicht nur einzelner Mitglieder, sondern ganzer Facharztgruppen von der Teilnahmepflicht am Bereitschaftsdienst lässt sich nach Ansicht der Rechtsprechung[232] unter Anwendung dieser Grundsätze jedoch nicht rechtfertigen. So hat das BSG in seinem Urteil vom 06.09.2006 etwa den generellen Ausschluss von Dermatologen wegen Verstoßes gegen den allgemeinen Gleichheitsgrundsatz für verfassungswidrig angesehen, da alleine die „Spezialisierung der ärztlichen Tätigkeit und der Entfremdung von der allgemeinärztlichen Behandlung […] eine Differenzierung“[233] zwischen verschiedenen Fachrichtungen nicht rechtfertigen könne. Angesichts der Tatsache, dass das BSG alle Ärzte ungeachtet ihrer Fachrichtung als geeignet zur Teilnahme am Bereitschaftsdienst ansieht,

[228] Dass die Sozialgerichte dies nicht auch in Bezug auf den Bereitschaftsdienst der Ärztekammer festgestellt haben, liegt schlichtweg in der Tatsache begründet, dass für diese Streitigkeiten nicht der Sozialrechtsweg, sondern der Weg zu den Verwaltungsgerichten einschlägig ist, siehe Kap. 2 G.

[229] BSG, Urt. v. 23.03.2016, B 6 KA 7/15 R, Rn. 17 (juris).

[230] BSG, Urt. v. 19.10.1971, 6 RKa 24/70, Rn. 15 (juris); BSG, Urt. v. 06.09.2006, B 6 KA 43/05 R, Rn. 18 (juris); LSG Bayern, Urt. v. 25.10.2006, L 12 KA 677/04, Rn. 37 (juris); BSG, Urt. v. 19.08.2015, B 6 KA 41/14 R, Rn. 15 (juris); BSG, Urt. v. 23.03.2016, B 6 KA 7/15 R, Rn. 17 (juris).

[231] BSG, Urt. v. 23.03.2016, B 6 KA 7/15 R, Rn. 17 (juris).

[232] Andere Ansicht hingegen in Bezug auf den Ausschluss von der Teilnahmepflicht von Fachärzten für Psychotherapie und Psychotherapie LSG Bayern, Urt. v. 25.10.2006, L 12 KA 677/04, wobei *Bahner*, Recht im Bereitschaftsdienst, S. 45 diesbezüglich einschränkend anmerkt, dass dem Gericht die gegenteilige Auffassung des BSG, Urt. v. 06.09.2006, B 6 KA 43/05 R, welches erst sechs Wochen zuvor ergangen war, möglicherweise nicht bekannt gewesen ist.

[233] BSG, Urt. v. 06.09.2006, B 6 KA 43/05 R, Rn. 21 (juris); zustimmend *Bahner*, Recht im Bereitschaftsdienst, S. 45; so wohl auch *Häußler/Liebold/Narr*, Die kassenärztliche Tätigkeit, S. 75.

ist dies nur konsequent. Möglicherweise lässt sich die Herausnahme bestimmter Facharztgruppen mittels der nachfolgenden Ausführungen im Einzelfall aber dennoch mit Art. 3 Abs. 1 GG in Einklang bringen.

bb) Vereinbarkeit des Ausschlusses bestimmter Facharztgruppen von der Teilnahmepflicht mit Art. 3 Abs. 1 GG

Genus proximum der sich gegenüberstehenden Gruppen der als für den Bereitschaftsdienst geeignet bzw. ungeeignet befundenen Facharztgruppen ist die Ausübung des Arztberufes.[234] Deren rechtlich relevante Ungleichbehandlung ist dabei nicht etwa in ihrer Einstufung als geeignet oder ungeeignet zu sehen – hierauf gründet lediglich die folgende Differenzierung – sondern besteht darin, dass die erstgenannte Gruppe zur Teilnahme am ärztlichen Bereitschaftsdienst verpflichtet wird, während letztere von vornherein von dieser Pflicht befreit ist. Der Gleichheitssatz des Art. 3 Abs. 1 GG darf freilich nicht so verstanden werden, dass er dem Gesetzgeber jedwede Ungleichbehandlung verwehrt. Vielmehr kann diese im Einzelfall beim Vorliegen gewichtiger Gründe durchaus ihre Rechtfertigung finden.[235] Hierfür bedarf es zunächst eines verfassungsrechtlich zulässigen Differenzierungsziels. Dieses lässt sich insbesondere – in Betracht käme flankierend etwa auch der Schutz der in Notfallsituationen ungeübten Ärzte vor einem erhöhten Haftungsrisiko – im Schutz von Leben, körperlicher Unversehrtheit und Gesundheit der während des Bereitschaftsdienstes zu behandelnden Patienten vor einer nicht fachgerechten ärztlichen Behandlung erblicken. Dieses ist als in Art. 2 Abs. 2 S. 1 GG kodifiziertes Grundrecht unschwer verfassungsrechtlich zulässig.[236] Auch gegen die verfassungsrechtliche Zulässigkeit des Differenzierungskriteriums der Eignung für die fachgerechte ärztliche Versorgung der während des Bereitschaftsdienstes auftretenden Behandlungsfälle finden sich keine Einwände. Allerdings stellt das BSG an das Differenzierungskriterium selbst hohe Anforderungen, indem es fordert, dass sich die von der Teilnahmepflicht auszuschließende Arztgruppe in Bezug auf den Bereitschaftsdienst signifikant von den übrigen verpflichteten Facharztgruppen unterscheidet.[237] Dabei hat es die Spezialisierung der ärztlichen Tätigkeit und die damit verbundene Entfremdung von der allgemeinärztlichen Behandlung, welche nach hier vertretener Auffassung die Eignung des Arztes für den Bereitschaftsdienst entfallen lassen können, als nicht ausreichend angesehen, um „eine Differenzierung etwa zwischen Augen- und Hautärzten oder zwischen Hautärzten und Urologen […] rechtfertigen“[238] zu können. Ob das BSG in Bezug auf andere Facharztgruppen ein

---

[234] Einer Differenzierung zwischen Vertrags- und Nicht-Vertragsärzten bedarf es hierbei nicht, da der Zulassungsstatus vorliegend – im Gegensatz zu zahlreichen weiteren Fragestellungen dieser Arbeit – keine Auswirkungen auf das Ergebnis besitzt.

[235] Statt vieler BVerfG, Beschl. v. 04. 10. 1983, 1 BvL 2/81, Rn. 42 (juris).

[236] Siehe hierzu bereits Kap. 2 B I. 3. aa).

[237] BSG, Urt. v. 06. 09. 2006, B 6 KA 43/05 R, Rn. 20 (juris).

[238] BSG, Urt. v. 06. 09. 2006, B 6 KA 43/05 R, Rn. 21 (juris).

ausreichendes Differenzierungskriterium zu bejahen bereit wäre, lässt es offen. Nach hier vertretener Auffassung erscheint dies im Einzelfall durchaus möglich, sofern das Gefälle der für die kunstgerechte Behandlung im Bereitschaftsdienst erforderlichen Kenntnisse und Fähigkeiten zwischen den sich gegenüberstehenden Ärztegruppen derart signifikant ist, dass eine Behandlung durch die von der Teilnahme auszunehmende Facharztrichtung nicht mehr einen ausreichenden medizinischen Standard zu gewährleisten scheint. Dies ist in Fortführung der vorangegangenen Erkenntnis jedenfalls dann als gegeben anzusehen, wenn bestimmte Facharztgruppen nicht nur als weniger geeignet als Ärzte anderer Facharztgruppen, sondern vielmehr als schlichtweg ungeeignet für die Behandlung von Patienten im Bereitschaftsdienst anzusehen sind. Auf welche Fachrichtungen dies im Einzelfall zutrifft, ist keine Frage juristischer, sondern medizinischer Natur und sollte daher dementsprechend wie dargestellt auch von medizinischer Seite festgelegt werden. Ohne Anspruch auf Richtigkeit könnte dies etwa auf die Facharztrichtungen der Pathologie, aber auch der Psychotherapie und Psychiatrie, zutreffen. In Bezug auf die beiden letztgenannten Fachrichtungen hat dies auch das LSG Bayern in seinem bereits zitierten Urteil vom 25.10.2006 angenommen, indem es deren grundsätzliche Ausnahme in der damals geltenden Bereitschaftsdienstordnung der KV Bayern im Vergleich zu den zur Teilnahme verpflichteten Nervenärzten nicht als Verstoß gegen Art. 3 Abs. 1 GG gewertet hatte, weil die aus den unterschiedlichen Tätigkeitsfeldern resultierende Ungeeignetheit ein „ausreichendes Differenzierungskriterium“[239] darstelle, da „zwischen den Arztgruppen Unterschiede von solcher Art und solchem Gewicht [bestehen], dass sie die unterschiedliche Behandlung in diesem Teilaspekt der Berufsausübung rechtfertigen.“[240]

Unter Anwendung der „neuen Formel“[241] muss die Ungleichbehandlung allerdings auch zur Erreichung des obigen Differenzierungsziels geeignet, erforderlich und angemessen sein, um ein sachgerechtes Verhältnis zwischen dem Gesundheitsschutz und der Differenzierung nach der fachlichen Eignung gewährleisten zu können. An der Eignung eines präventiven Ausschlusses von Angehörigen einer Facharztgruppe, welche als ungeeignet für die Behandlung der Patienten im Bereitschaftsdienst eingestuft wird, Leben, körperliche Unversehrtheit und Gesundheit der Patienten zu schützen, bestehen keine Zweifel. Hinsichtlich der Frage, ob es sich bei dem pauschalen Ausschluss von der Teilnahmepflicht auch um das mildeste Mittel handelt, bedarf es jedoch einer genaueren Betrachtung, da auch etwa das zuvor behandelte Modell einer Einzelfallprüfung[242] in Betracht käme. Wenngleich diese Variante wie dargestellt mit einem beträchtlichen zeitlichen und finanziellen Aufwand verbunden ist, erscheint diese nicht weniger geeignet, den Schutz von Leben,

[239] LSG Bayern, Urt. v. 25.10.2006, L 12 KA 677/04, Rn. 38 (juris).

[240] LSG Bayern, Urt. v. 25.10.2006, L 12 KA 677/04, Rn. 38 (juris).

[241] Zur „neuen Formel“ und „Willkürformel“ sowie deren Abgrenzung siehe etwa die Übersicht von *Englisch*, in: Stern/Becker (Hrsg.), Grundrechte-Kommentar, Art. 3 GG Rn. 11 ff.

[242] Kap. 2 C. I. 3. a).

körperlicher Unversehrtheit und Gesundheit der Bereitschaftsdienstpatienten zu gewährleisten. Der angeführte zeitliche und finanzielle Aufwand darf für diese Beurteilung keine Rolle spielen. Durch die Vorabprüfung der Eignung eines jeden einzelnen Arztes wird sichergestellt, dass der am Dienst teilnehmende Arzt auch einen den Anforderungen des Bereitschaftsdienstes genügenden Wissens- und Fähigkeitsstand besitzt. Eine derartige Einzelfallprüfung ist darüber hinaus auch als milderes Mittel einzustufen, da es aufgrund der Abhängigkeit der Teilnahmepflicht von der tatsächlichen und nicht der pauschal für eine Fachrichtung angenommenen Eignung nur dann zu einem Ausschluss von der Pflicht zur Teilnahme kommt, sofern der einzelne Arzt sich tatsächlich als ungeeignet erweist. Denn nicht jeder Angehörige einer pauschal als ungeeignet eingestuften Fachrichtung ist auch tatsächlich als ungeeignet anzusehen. Dadurch werden die generell als für die Teilnahme grundsätzlich geeignet angesehenen Fachärzte nicht mehr benachteiligt, da auch diese bei fehlender Eignung nicht zur Teilnahme verpflichtet wären. Auf eine Abmilderung der durch den pauschalen Ausschluss einzelner Fachrichtungen bestehenden Ungleichbehandlung – etwa durch finanzielle Beteiligung der ausgeschlossenen Fachärzte – kommt es daher gar nicht mehr an, da mit der Einzelfallprüfung bereits ein gleich geeignetes, aber milderes Mittel existiert und die Rechtfertigung des generellen Ausschlusses ganzer Fachrichtungen bereits an der Erforderlichkeit scheitert.

Obgleich der generelle Ausschluss ungeeigneter Facharztgruppen grundsätzlich eine durchaus praktikable Lösung darstellen würde, lässt sich dieser im Hinblick auf die übrigen, als geeignet eingestuften und damit weiterhin zur Teilnahme verpflichteten Ärzte anderer Fachrichtungen nicht mit Art. 3 Abs. 1 GG vereinbaren.

c) Normierung einer Befreiungsmöglichkeit wegen fehlender Eignung

Des Weiteren käme auch die Normierung einer Befreiungsmöglichkeit wegen fehlender Eignung bei einer generellen Heranziehung aller niedergelassenen Ärzte in Betracht.[243] Hierfür würde sich etwa folgende Formulierung anbieten:

> Auf Antrag kann ein Arzt aus schwerwiegenden Gründen ganz, teilweise oder vorübergehend vom Bereitschaftsdienst befreit werden. Ein schwerwiegender Grund liegt insbesondere dann vor, wenn
>
> a) der Arzt nachweisen kann, dass er aufgrund seiner langjährigen spezialisierten Praxistätigkeit nicht mehr die für den Bereitschaftsdienst erforderliche Eignung besitzt [...].

Die Normierung eines solchen, von Ärzten schon häufig vorgebrachten, aber bislang von der Rechtsprechung nicht als sonstiger schwerwiegender Fall anerkannten Befreiungsgrundes[244] hätte den Vorteil, dass im Vergleich zum generellen

---

[243] So auch *Martens*, NJW 1970, 494 (498).

[244] LSG Bayern, Beschl. v. 24.07.2015, L 12 KA 55/15 B ER, Rn. 22 (juris).

Ausschluss ganzer Facharztgruppen aufgrund der hierfür erforderlichen individuellen Einzelfallprüfung wohl gerade im Hinblick auf Art. 3 Abs. 1 GG gerechtere Ergebnisse zu erzielen wären, da nur diejenigen Ärzte von der Teilnahme befreit wären, die tatsächlich nicht für die Behandlung von Bereitschaftsdienstpatienten geeignet sind. Um auch hier einem möglichen Missbrauch vorzubeugen, sollte die Beweislast beim jeweiligen die Befreiung begehrenden Arzt liegen. Nachteilhaft wäre hingegen wie schon bei einer Vorabprüfung der mit der Einzelfallprüfung verbundene hohe Zeit- und Kostenaufwand.

d) Einrichtung eigenständiger fachärztlicher Bereitschaftsdienste

Theoretisch käme auch die Variante in Betracht, für jedes Fachgebiet einen gesonderten Bereitschaftsdienst einzurichten. Dieses Modell hätte den entscheidenden Vorteil, dass tatsächlich ein jeder Facharzt aufgrund seiner Praxistätigkeit für die Tätigkeit im Bereitschaftsdienst geeignet wäre, womit auch eine entsprechend hohe Qualität der ärztlichen Behandlung gewährleistet wäre. Zudem könnte mit der damit verbundenen Heranziehung aller niedergelassenen Ärzte auch einer Art. 3 Abs. 1 GG tangierenden Ungleichbehandlung der verschiedenen Fachärzte vorgebeugt werden.[245]

So elegant die Einrichtung von Bereitschaftsdiensten aller Fachrichtungen auch erscheint, so unmöglich ist leider auch ihre praktische Umsetzung. Nicht nur wäre die Einrichtung derart vieler fachärztlicher Bereitschaftsdienste mit enormen Kosten verbunden, sie wäre auch schwerlich umsetzbar. Nicht nur in ländlich geprägten Regionen, sondern selbst in Großstädten mit deutlich höherer Ärztedichte ist die Anzahl der Fachärzte je Fachrichtung zumeist nicht hoch genug, um pro Fachrichtung einen eigenen Bereitschaftsdienst sicherstellen zu können, ohne die zeitliche Belastung des einzelnen Arztes in nicht mehr zumutbare Höhen zu treiben. Ohnehin besteht nicht für alle Fachrichtungen überhaupt ein Bedarf an einem Bereitschaftsdienst.[246]

e) Ausbau und Verbesserung des Fortbildungsangebots

Als Alternative, aber auch Erweiterung der übrigen Modelle ist schließlich an den Ausbau und die Verbesserung des bestehenden Fortbildungsangebots für den ärztlichen Bereitschaftsdienst zu denken.[247] Damit die bereits bestehende Fortbildungspflicht speziell für den Bereitschaftsdienst auch tatsächlich die Eignung aller

[245] Dazu oben, Kap. 2 C. I. 3. b).

[246] Siehe beispielhaft die Entscheidung des BSG, Urt. v. 06.09.2006, B 6 KA 43/05 R, Rn. 13 (juris), wonach im streitigen Bezirk ein dermatologischer Bereitschaftsdienst bestand, der allerdings bereits nach einem Jahr mangels entsprechendem Bedarfs – in rechtlich unbedenklicher Weise – wieder aufgegeben wurde.

[247] *Weidinger*, Die Praxis der Arzthaftung, S. 43.

Fachärzte zur Behandlung der dort typischerweise auftretenden Behandlungsfälle sicherzustellen vermag, sind folgende Maßnahmen zu empfehlen:

- Sofern nicht in Einzelfällen bereits so gehandhabt, sollte, um ein flächendeckendes und ausreichendes Fortbildungsangebot gewährleisten zu können, die Fortbildung verpflichtend von den Kassenärztlichen Vereinigungen und/oder den Ärztekammern organisiert werden.
- Zur Gewährleistung eines flächendeckenden Behandlungsstandards im ärztlichen Bereitschaftsdienst sollten bundesweit einheitliche Qualitätsanforderungen an die Fortbildung aufgestellt werden.
- Trotz der schon jetzt bestehenden hohen zeitlichen Belastung der niedergelassenen Ärzte erscheint es zum Wohle der Patienten unabdingbar, dem in der Theorie Erlernten schon vor dem „Ernstfall", d. h. vor der ärztlichen Versorgung tatsächlicher Behandlungsfälle im Bereitschaftsdienst, auch ausreichend praktische Übung gegenüberzustellen. Daher ist zu empfehlen, das bestehende Fortbildungsangebot um einen praktischen Teil etwa in der Weise zu erweitern, dass fachfremde Ärzte bei erfahrenen Ärzten im Bereitschaftsdienst oder in einer allgemeinmedizinischen bzw. internistischen Praxis hospitieren.

Sofern mit den angeführten Maßnahmen tatsächlich eine Eignung auch fachfremder Ärzte erreicht werden kann,[248] hätte diese Variante den entscheidenden Vorteil, dass durch die Heranziehung aller Ärzte für den einzelnen Arzt aufgrund weniger Einsatzzeiten eine geringere Belastung und im Hinblick auf Art. 3 Abs. 1 GG eine gerechtere Verteilung der sich aus der Teilnahmepflicht ergebenden Belastungen erzielt werden könnte.

f) Empfehlung: Kombination der verschiedenen Modelle

Im Ergebnis ist eine Kombination der vorangegangenen Alternativen zu empfehlen, um deren jeweiligen Schwächen zu vermeiden und ihre jeweiligen Stärken zu bündeln. Dafür empfiehlt sich folgendes Modell:

- Soweit sinnvoll und realisierbar, sollten fachärztliche Bereitschaftsdienste eingerichtet werden, an denen die jeweiligen Fachärzte verpflichtend teilzunehmen haben.
- Daneben sollte weiterhin ein allgemeiner ärztlicher Bereitschaftsdienst existierten, zu welchem die übrigen Ärzte – im Idealfall also vorrangig Allgemeinmediziner sowie als Hausärzte tätige Ärzte – herangezogen werden.
- Die übrigen Fachärzte, für deren Fachrichtung kein eigener Bereitschaftsdienst besteht, sollten unter dem Vorbehalt ihrer Eignung ebenfalls zum allgemeinen Bereitschaftsdienst bzw. bei entsprechender Nähe zu ihrer eigenen Fachrichtung zu einem fachärztlichen Dienst herangezogen werden. Kann ein Arzt im Ein-

---

[248] So etwa *Sefrin*, Deutsches Ärzteblatt 1997, A-3403 (A-3403).

zelfall in einem möglichst standardisierten Verfahren geltend machen, nicht für die Teilnahme geeignet zu sein, ist er von der Teilnahmepflicht auszunehmen. Stattdessen hat er sich anteilig an den Kosten des Bereitschaftsdienstes zu beteiligen.

Der Vorteil dieser Variante liegt zunächst darin, dass nahezu alle niedergelassenen Ärzte zu einem Bereitschaftsdienst herangezogen werden oder jedenfalls dessen Kosten mittragen und damit einer möglicherweise mit Art. 3 Abs. 1 GG in Konflikt stehenden Ungleichbehandlung von zum allgemeinen ärztlichen Bereitschaftsdienst geeigneten und ungeeigneten Ärzten vorgebeugt werden kann. Zudem wird durch die Einrichtung zahlreicher fachärztlicher Bereitschaftsdienste gewährleistet, dass die zum jeweiligen Dienst herangezogenen Fachärzte durch ihre Praxistätigkeit auch tatsächlich zur kunstgerechten Behandlung der Patienten geeignet sind und dementsprechend auch eine qualitativ hochwertige Behandlung möglich ist. Mit diesem Modell scheint der beste Ausgleich der im Rahmen des Bereitschaftsdienstes aufeinandertreffenden unterschiedlichen Interessen möglich. Nichtsdestotrotz empfiehlt es sich auch in diesem Falle, das Fortbildungsangebot für den Bereitschaftsdienst in qualitativer wie quantitativer Hinsicht zu verbessern und bundesweit einheitliche Qualitätsanforderungen an die ärztliche Behandlung im Bereitschaftsdienst aufzustellen.

II. Grundsätzliche Pflicht niedergelassener Ärzte zur Teilnahme am Bereitschaftsdienst

Ob für den einzelnen niedergelassenen Arzt – unabhängig von seiner konkreten Tätigkeit, welche erst in einem zweiten, noch zu erörternden Schritt zum tragen kommt[249] – grundsätzlich eine Pflicht zur Teilnahme am ärztlichen Bereitschaftsdienst besteht, hängt nicht nur von seiner (Nicht-)Zulassung zur vertragsärztlichen Versorgung, sondern auch von der gewählten Organisationsform des Bereitschaftsdienstes ab.

1. Teilnahmepflicht bei jeweils getrennten Bereitschaftsdienstordnungen

a) Vertragsärzte

Zur vertragsärztlichen Versorgung zugelassene Ärzte sind bei Bestehen zweier getrennter Bereitschaftsdienstordnungen grundsätzlich sowohl zur Teilnahme am Bereitschaftsdienst der Kassenärztlichen Vereinigung – wenngleich es hierfür wie gesehen momentan an einer ausreichenden formellen Rechtsgrundlage des Bun-

[249] Hierzu Kap. 2 D.

desgesetzgebers fehlt[250] – als auch an demjenigen der Ärztekammer verpflichtet. Für ersteren folgt dies aus der Zulassung des Arztes, aufgrund derer er sich gem. § 95 Abs. 3 S. 1 SGB V nicht nur zur Teilnahme an der vertragsärztlichen Versorgung verpflichtet hat – wozu auch die Teilnahme am vertragsärztlichen Bereitschaftsdienst zählt – sondern auch Mitglied der Kassenärztlichen Vereinigung wird und sich damit deren Regelungsgewalt unterwirft. Für den Bereitschaftsdienst der Ärztekammer ergibt sich die Pflicht des Arztes zur Teilnahme aus der durch seine Approbation begründeten, von derjenigen in der Kassenärztlichen Vereinigung unabhängigen Mitgliedschaft in der Ärztekammer, wodurch er sich auch deren Berufsordnung unterwirft, welche die Teilnahme am Bereitschaftsdienst als Berufspflicht der Kammermitglieder normiert. Einschränkend ist in Bezug auf den verpflichteten Teilnehmerkreis am Bereitschaftsdienst der Ärztekammern jedoch anzumerken, dass die Kammern den Adressatenkreis auf die niedergelassenen Ärzte beschränkt haben.

b) Nicht-Vertragsärzte

Ärzte ohne Zulassung – sprich Nicht-Vertragsärzte – können bei getrennten Bereitschaftsdienstordnungen dem Grunde nach dagegen nur zum Bereitschaftsdienst der Ärztekammern verpflichtet werden. Wie Vertragsärzte sind auch diese aufgrund ihrer Approbation Mitglieder der Ärztekammer und damit deren Satzungsgewalt unterworfen. Anders als ihre Berufskollegen sind sie jedoch mangels Zulassung – mit wenigen Ausnahmen[251] – nicht zur Teilnahme an der vertragsärztlichen Versorgung verpflichtet und damit auch nicht Mitglieder der Kassenärztlichen Vereinigung. Infolgedessen können Nicht-Vertragsärzte auch nicht zur Teilnahme am vertragsärztlichen Bereitschaftsdienst der Kassenärztlichen Vereinigungen verpflichtet werden,[252] weil es letztgenannten hierfür an einer ausreichenden Kompetenz fehlt. Andernfalls würden Nicht-Vertragsärzte dem Regelungsregime einer Körperschaft unterworfen, der sie mangels Mitgliedschaft gar nicht angehören. Unbedenklich erscheint hingegen die Einräumung einer bloßen Teilnahmemöglichkeit für Nicht-Vertragsärzte am Bereitschaftsdienst der Kassenärztlichen Vereinigung durch deren Bereitschaftsdienstordnung, da die Unterwerfung unter die Regelungs- und Entscheidungsgewalt der Kassenärztlichen Vereinigung in diesem Fall auf einer freien Willensentscheidung des jeweiligen Nicht-Vertragsarztes beruht.[253]

---

[250] Dazu ausführlich oben, Kap. 2 A. II.

[251] So sind etwa ermächtigte Krankenhausärzte auch Mitglieder der Kassenärztlichen Vereinigung. Zu der Frage, ob sie zur Teilnahme am Bereitschaftsdienst verpflichtet werden können, siehe Kap. 2 C. III. 3.

[252] So auch *Hänlein*, Rechtsquellen im Sozialversicherungsrecht, S. 319; *Thomsen*, Der ärztliche Notfalldienst, S. 38.

[253] Vgl. *Clemens*, FS Böckenförde, S. 259 (272); zustimmend auch *Hänlein*, Rechtsquellen im Sozialversicherungsrecht, S. 318.

Ausnahmsweise erscheint jedoch auch eine verpflichtende Heranziehung von Nicht-Vertragsärzten durch eine allein von der Kassenärztlichen Vereinigung erlassene Bereitschaftsdienstordnung möglich, wenn dieser hierfür die entsprechende Kompetenz von der Ärztekammer zulässigerweise übertragen worden ist. Eine derartige Delegation von Befugnissen wird allerdings grundsätzlich als unzulässig betrachtet[254] und ist nur ausnahmsweise unter strengen Voraussetzungen möglich, da sich der Gesetzgeber nach dem derzeitigen Kompetenzgefüge für den ärztlichen Bereitschaftsdienst grundsätzlich gegen eine derartige Regelungsbefugnis der Kassenärztlichen Vereinigungen für Nicht-Vertragsärzte entschieden hat. Unter einer Delegation wird die Übertragung von Kompetenzen von einer staatlichen Einrichtung auf eine andere verstanden.[255] Hierbei bedient sich die delegierende Einrichtung zur Bewältigung ihrer Aufgaben nicht nur etwa einer anderen Behörde. Vielmehr geht damit unweigerlich auch die Änderung[256] bzw. Verlagerung[257] der bestehenden Kompetenzordnung einher. Zwar ist der Ärztekammer bei der Erfüllung ihrer Aufgaben ein nicht unerheblicher Gestaltungsspielraum zuzugestehen. Doch auch deren Satzungsgewalt wird durch die grundgesetzliche Ordnung Grenzen gesetzt.[258] Denn räumte man der Ärztekammer eine derartige Befugnis zur Übertragung von Kompetenzen auf die Kassenärztliche Vereinigung ein, würde man letztlich einer Körperschaft des öffentlichen Rechts, die nicht der Legislative, sondern der Exekutive zuzuordnen ist, erlauben, die vom Grundgesetz vorgegebene Zuständigkeitsverteilung zwischen Bund und Ländern nach ihrem eigenen Belieben zu ändern. Mit anderen Worten könnte die Ärztekammer durch die Übertragung ihrer Befugnisse die gesetzgeberische Entscheidung, den Kassenärztlichen Vereinigungen eben nur die Regelungsbefugnis hinsichtlich der Vertragsärzte, nicht aber bezüglich der Nicht-Vertragsärzte zu übertragen, zunichtemachen. Eine solche Übertragung von

---

[254] So auch *Lippert*, in: Ratzel/Lippert, Kommentar zur Musterberufsordnung der Ärzte (MBO), § 26 Rn. 10; *Mötzung*, Der ärztliche Notfalldienst in rechtlicher Sicht, S. 85 ff.; VG Gießen, Urt. v. 20. 10. 2010, 21 K 3235/09, Rn. 23 f. (juris); a. A. dagegen *Martens*, NJW 1970, 494 (495 f.), der die Möglichkeit einer Delegation mit dem wenig überzeugenden Argument bejaht, dass die Masse der niedergelassenen Ärzte ohnehin auch Mitglieder der Kassenärztlichen Vereinigungen ist. Doch allein, weil sich der Adressatenkreis weitgehend überschneidet, kann daraus nicht einfach geschlossen werden, dass die Kassenärztliche Vereinigung deshalb durch Delegation auch für die Nicht-Vertragsärzte – also für den Teil der niedergelassenen Ärzte, für den gerade keine Überschneidung besteht – zuständig sein kann, da die Kassenärztliche Vereinigung für diese nach der gesetzgeberischen Entscheidung zur Kompetenzverteilung zwischen Bund und Ländern gerade ausdrücklich nicht zuständig sein soll; a. A. auch *Thomsen*, Der ärztliche Notfalldienst, S. 42 f., der einen derartigen Fall nicht als unzulässige Delegation, sondern als zulässiges organisationsrechtliches Mandat ansieht.

[255] *Reinhardt*, Delegation und Mandat im öffentlichen Recht, S. 52; zur davon gänzlich verschiedenen, im Arztrecht ebenfalls gebräuchlichen, aber für die vorliegende Untersuchung nicht einschlägigen Bedeutung des Begriffs der Delegation im Sinne einer Übertragung ärztlicher Tätigkeiten durch ärztliche Anordnung auf Krankenpfleger siehe *Bohne*, Delegation ärztlicher Tätigkeiten, S. 13.

[256] *Reinhardt*, Delegation und Mandat im öffentlichen Recht, S. 52.

[257] *Wolff/Bachof/Stober/Kluth*, Verwaltungsrecht II, § 98 Rn. 77.

[258] Vgl. BVerfG, Beschl. v. 09. 05. 1972, 1 BvR 518/62, NJW 1972, 1504 (1505).

Kompetenzen kann aufgrund ihrer Tragweite daher nur dann als zulässig angesehen werden, wenn der Landesgesetzgeber die Ärztekammer in einem formellen Gesetz zur Übertragung einer genau bezeichneten Aufgabe ausdrücklich ermächtigt[259] und die Ärztekammer hiervon auch Gebrauch gemacht hat.[260] Schließlich steht die Organisationsgewalt hinsichtlich Zuweisung und Änderung von Kompetenzen nicht der Ärztekammer,[261] sondern dem Landesgesetzgeber[262] als derjenigen Stelle zu, welche der Ärztekammer die Kompetenz zur Einrichtung eines berufsrechtlichen Bereitschaftsdienstes überhaupt erst zugewiesen hat.[263]

c) Fazit

Bei der Organisation des Bereitschaftsdienstes in zwei voneinander getrennten Bereitschaftsdienstordnungen können Nicht-Vertragsärzte nach der bestehenden Kompetenzordnung grundsätzlich nur zur Teilnahme am Bereitschaftsdienst der Ärztekammern verpflichtet werden. Lediglich unter engen Voraussetzungen ist deren verpflichtende Heranziehung bei Bestehen einer zulässigen Delegation von Befugnissen auch zum Bereitschaftsdienst der Kassenärztlichen Vereinigung möglich. Vertragsärzte können hingegen als Mitglieder sowohl der Ärztekammer als auch der Kassenärztlichen Vereinigung unproblematisch zu beiden Bereitschaftsdiensten verpflichtet werden.[264] Dementsprechend kann die Ärztekammer in ihrer Bereitschaftsdienstordnung verpflichtend

- alle niedergelassenen Ärzte, also sowohl die Vertrags- als auch die Nicht-Vertragsärzte,
- nur niedergelassene Vertragsärzte, Nicht-Vertragsärzte dagegen auf nur freiwilliger Basis,
- nur niedergelassene Vertragsärzte,
- nur niedergelassene Nicht-Vertragsärzte, Vertragsärzte hingegen auf nur freiwilliger Basis, oder aber
- nur niedergelassene Nicht-Vertragsärzte

---

[259] *Narr*, Ärztliches Berufsrecht, S. 140; *Reinhardt*, Delegation und Mandat im öffentlichen Recht, S. 95; *Wolff/Bachof/Stober/Kluth*, Verwaltungsrecht I, § 25 Rn. 44; BSG, Urt. v. 28. 10. 1992, 6 RKa 2/92, Rn. 17 (juris).

[260] *Narr*, Ärztliches Berufsrecht, S. 140; vgl. BSG, Urt. v. 28. 10. 1992, 6 RKa 2/92, Rn. 17 (juris).

[261] Allgemein in Bezug auf die Delegationsbefugnis von Organen der mittelbaren Staatsverwaltung *Triepel*, Delegation und Mandat im öffentlichen Recht, S. 111.

[262] Vgl. *Triepel*, Delegation und Mandat im öffentlichen Recht, S. 106, welcher die Delegation durch den Staat selbst als unbedenklich ansieht.

[263] Vgl. *Reinhardt*, Delegation und Mandat im öffentlichen Recht, S. 95.

[264] Zur Behandlung eines damit vorliegenden „additiven Grundrechtseingriffs" schon oben, Kap. 2 B. I. 3. c) ee) (1).

heranziehen. Für die Kassenärztliche Vereinigung ergeben sich dagegen folgende Ausgestaltungsmöglichkeiten[265] des von der Teilnahmepflicht erfassten Adressatenkreises:

- Die Bereitschaftsdienstordnung erfasst lediglich niedergelassene Vertragsärzte; Nicht-Vertragsärzte bleiben hingegen gänzlich außen vor.
- Verpflichtend werden wiederum nur niedergelassene Vertragsärzte erfasst, allerdings wird Nicht-Vertragsärzten die Möglichkeit einer freiwilligen Teilnahme eingeräumt.
- Neben den niedergelassenen Vertragsärzten werden aufgrund einer Delegation der entsprechenden Befugnisse durch die Ärztekammer auf Grundlage einer hierfür bestehenden ausdrücklichen gesetzlichen Ermächtigung letztgenannter durch den Landesgesetzgeber auch die Nicht-Vertragsärzte zur Teilnahme verpflichtet; fehlt es an einer ausreichenden Delegation, ist diese Variante allerdings unzulässig.

2. Teilnahmepflicht bei gemeinsamer Bereitschaftsdienstordnung

a) Vertragsärzte

Zur vertragsärztlichen Versorgung zugelassene Ärzte können ohne Weiteres durch eine gemeinsame Bereitschaftsdienstordnung zur Teilnahme verpflichtet werden, da in Bezug auf diese sowohl der Ärztekammer als auch der Kassenärztlichen Vereinigung eine ausreichende Regelungskompetenz zukommt.

b) Nicht-Vertragsärzte

Auch Ärzte ohne Zulassung können von einer gemeinsamen Bereitschaftsdienstordnung zur Teilnahme am Bereitschaftsdienst verpflichtet werden.[266] Denn wenngleich der Kassenärztlichen Vereinigung im Hinblick auf diese mangels Mitgliedschaft der Nicht-Vertragsärzte auch bei einer gemeinsamen Organisation des Bereitschaftsdienstes keine Kompetenz zukommt, ist deren verpflichtende Heran-

---

[265] Theoretisch käme auch die Variante in Betracht, dass die Kassenärztliche Vereinigung aufgrund einer zulässigen Delegation alleine Nicht-Vertragsärzte verpflichtend heranzieht, Vertragsärzte dagegen außen vor lässt. Dies ist jedoch weder besonders realistisch, noch sinnvoll, da sich alleine mit Nicht-Vertragsärzten die ärztliche Versorgung der Patienten außerhalb der Sprechstundenzeiten nicht gewährleisten lässt und überdies dann auch genauso gut alleine die Ärztekammer den Bereitschaftsdienst organisieren könnte.

[266] Vgl. BVerwG, Urt. v. 09.06.1982, 3 C 21/81, 1. Leitsatz; BGH, Urt. v. 25.01.1990, III ZR 283/88, Rn. 3 ff. (juris); OVG Sachsen-Anhalt, Urt. v. 06.09.2006, 1 L 93/06, Rn. 3 (juris); siehe auch *Bahner*, Recht im Bereitschaftsdienst, S. 23; *Dalichau/Schiwy*, Kommentar zur Gesetzlichen Krankenversicherung, SGB V, § 75 S. 33 f.; *Hänlein*, Rechtsquellen im Sozialversicherungsrecht, S. 319; *Rademacker*, in: Körner/Leitherer/Mutschler/Rolfs (Hrsg.), Kasseler Kommentar Sozialversicherungsrecht, § 75 SGB V Rn. 36; *Wenner*, Vertragsarztrecht nach der Gesundheitsreform, § 20 Rn. 8.

ziehung aufgrund der Beteiligung der Ärztekammer an der Bereitschaftsdienstordnung unproblematisch möglich. Allerdings ist bei der konkreten Heranziehung und im weiteren Verfahren darauf zu achten, dass für diese weiterhin nur die Ärztekammer zuständig bleibt,[267] sofern nicht der Kassenärztlichen Vereinigung hierfür von der Ärztekammer in zulässiger Weise – d. h. auf Grundlage einer ausdrücklichen Ermächtigung in einem formellen Gesetz – die Befugnis übertragen worden ist.

c) Fazit

Von einer gemeinsamen Bereitschaftsdienstordnung können sowohl Vertrags- als auch Nicht-Vertragsärzte verpflichtend zur Teilnahme herangezogen werden. Im Ergebnis bestehen damit folgende Ausgestaltungsmöglichkeiten[268] des Adressatenkreises:

- Die Bereitschaftsdienstordnung erfasst verpflichtend alle niedergelassenen Ärzte, also sowohl Vertrags- als auch Nicht-Vertragsärzte.[269]
- Verpflichtend erfasst die Bereitschaftsdienstordnung nur niedergelassene Vertragsärzte, Nicht-Vertragsärzten wird allerdings die Möglichkeit einer freiwilligen Teilnahmemöglichkeit eingeräumt.
- Lediglich niedergelassene Vertragsärzte werden vom Adressatenkreis der gemeinsamen Bereitschaftsdienstordnung erfasst; Nicht-Vertragsärzte bleiben hingegen vollständig außen vor.

3. Teilnahmepflicht bei alleiniger Bereitschaftsdienstordnung der Kassenärztlichen Vereinigung

a) Vertragsärzte

Vertragsärzte können von der Kassenärztlichen Vereinigung aufgrund ihrer Zulassung ohne Weiteres zur Teilnahme am Bereitschaftsdienst verpflichtet werden.

b) Nicht-Vertragsärzte

Anders hingegen ist dies in Bezug auf die nicht zur vertragsärztlichen Versorgung zugelassenen Ärzte zu beurteilen. Wie schon bei einer getrennten Organisation des

---

[267] Zur Heranziehung sowie zum Rechtsschutz hiergegen noch unten, Kap. 2 F. und G.

[268] Ebenso wäre es in der Theorie denkbar, dass die gemeinsame Bereitschaftsdienstordnung nur niedergelassene Nicht-Vertragsärzte erfasst. Praktisch ist dies allerdings kaum vorstellbar, da in diesem Fall die Beteiligung der Kassenärztlichen Vereinigung mangels Regelungs- und Entscheidungsbefugnis hinsichtlich der Nicht-Vertragsärzteschaft ohne Sinn wäre. Vielmehr würde es sich dann um eine alleinige Bereitschaftsdienstordnung der Ärztekammer handeln, weshalb im Folgenden weitere Ausführungen hierzu unterbleiben.

[269] Vgl. OVG Sachsen-Anhalt, Beschl. v. 06.09.2006, 1 L 93/06, Rn. 3 (juris).

Bereitschaftsdienstes in zwei unabhängigen Bereitschaftsdienstordnungen kann der Kassenärztlichen Vereinigung keine Regelungsbefugnis hinsichtlich Nicht-Vertragsärzten zustehen, da diese keine Zulassung besitzen und damit im Regelfall weder zur Teilnahme an der vertragsärztlichen Versorgung verpflichtet, noch Mitglieder der Kassenärztlichen Vereinigung sind.[270] Daran vermag auch die im Verhältnis zu der Vertragsärzteschaft geringe Zahl an Nicht-Vertragsärzten nichts zu ändern.[271] Für die durch Gesetz begründete Tatsache, dass der Kassenärztlichen Vereinigung hinsichtlich der Nicht-Vertragsärzte keine Regelungsbefugnis zusteht, kann es keine Rolle spielen, wie groß der Adressatenbereich ist, auf den eine Körperschaft ihren Geltungsbereich unzulässiger Weise erstrecken möchte. Unter strengen Voraussetzungen ist allerdings auch hier eine ausnahmsweise zulässige Verpflichtung von Nicht-Vertragsärzten bei einer ausreichenden Delegation möglich. Weiterhin ist auch bei vorliegender Ausgestaltungsvariante die Einräumung einer Teilnahmemöglichkeit auf rein freiwilliger Basis nicht zu beanstanden.[272]

c) Fazit

Als denkbare Varianten der Ausgestaltung des Adressatenkreises der Teilnahmepflicht am alleine von der Kassenärztlichen Vereinigung organisierten Bereitschaftsdienst kommen daher folgende in Betracht:

- Die Bereitschaftsdienstordnung der Kassenärztlichen Vereinigung erfasst in Übereinstimmung mit der ihr nach § 75 Abs. 1b S. 1 SGB V zustehenden Regelungsbefugnis lediglich niedergelassene Vertragsärzte; Nicht-Vertragsärzte bleiben hingegen gänzlich außen vor.[273]
- Verpflichtet werden wiederum nur niedergelassene Vertragsärzte, allerdings wird Nicht-Vertragsärzten die Möglichkeit einer freiwilligen Teilnahme eingeräumt.
- Die Bereitschaftsdienstordnung der Kassenärztlichen Vereinigung erfasst in Übereinstimmung mit der ihr nach § 75 Abs. 1b S. 1 SGB V zustehenden Regelungsbefugnis verpflichtend niedergelassene Vertragsärzte und darüber hinaus aufgrund einer Delegation der entsprechenden Befugnisse durch die Ärztekammer auf Grundlage einer hierfür bestehenden ausdrücklichen gesetzlichen Ermächtigung letztgenannter durch den Landesgesetzgeber auch die Nicht-Vertragsärzte; liegt eine derartige Delegation dagegen nicht vor oder fehlt es an einer

---

[270] *Bahner*, Recht im Bereitschaftsdienst, S. 50 f.; *Hesral*, in: Schlegel/Voelzke/Engelmann (Hrsg.), juris Praxiskommentar SGB V, § 75 Rn. 103; *Hess*, in: Wenzel, Handbuch des Fachanwalts Medizinrecht, Kapitel 2 Rn. 317; *Thomsen*, Der ärztliche Notfalldienst, S. 38; VGH Bayern, Urt. v. 06.07.1978, 171 XI/76, NJW 1979, 614 (615).

[271] *Clemens*, FS Böckenförde, S. 259 (272).

[272] Vgl. *Hänlein*, Rechtsquellen im Sozialversicherungsrecht, S. 319; *Rademacker*, in: Körner/Leitherer/Mutschler/Rolfs (Hrsg.), Kasseler Kommentar Sozialversicherungsrecht, § 75 SGB V Rn. 38; *Riedel/Derpa*, Kompetenzen des Bundes und der Länder im Gesundheitswesen, S. 64.

[273] Vgl. *Hess*, in: Wenzel, Handbuch des Fachanwalts Medizinrecht, Kapitel 2 Rn. 317.

hierfür erforderlichen ausdrücklichen Gesetzesgrundlage, ist diese Variante unzulässig.

4. Teilnahmepflicht bei alleiniger Bereitschaftsdienstordnung der Ärztekammer

a) Vertragsärzte

Auch bei einer alleinigen Organisation des Bereitschaftsdienstes durch die Ärztekammer können Vertragsärzte zur Teilnahme verpflichtet werden, da sie aufgrund ihrer Approbation Mitglieder der Ärztekammer sind und damit deren Regelungskompetenz unterfallen.

b) Nicht-Vertragsärzte

Ebenso kann die Ärztekammer in ihrer Bereitschaftsdienstordnung eine verpflichtende Teilnahme von Nicht-Vertragsärzten regeln, da auch diese Mitglieder der Ärztekammer sind und sie den in der Berufsordnung normierten Pflichten nachzukommen haben.

c) Fazit

Auf das Innehaben einer Zulassung kommt es bei einer alleinigen Organisation des Bereitschaftsdienstes durch die Ärztekammer nicht an, da hierfür alleine die durch Approbation begründete Mitgliedschaft von Bedeutung ist. Der Ärztekammer stehen bei der alleinigen Organisation des Bereitschaftsdienstes bezüglich des zu erfassenden Adressatenkreises – deren jeweilige praktische Sinnhaftigkeit oder Wahrscheinlichkeit zunächst dahingestellt – daher im Ergebnis fünf Ausgestaltungsmöglichkeiten zur Wahl: Die Bereitschaftsdienstordnung kann verpflichtend

- alle niedergelassenen Ärzte, also sowohl die Vertrags- als auch die Nicht-Vertragsärzte,
- nur niedergelassene Vertragsärzte, Nicht-Vertragsärzte dagegen auf nur freiwilliger Basis,
- nur niedergelassene Vertragsärzte,
- nur niedergelassene Nicht-Vertragsärzte, Vertragsärzte hingegen auf nur freiwilliger Basis, oder aber
- nur niedergelassene Nicht-Vertragsärzte

erfassen, wobei die beiden letztgenannten Varianten praktisch schwerlich vorstellbar sind, da sich ein solcher Bereitschaftsdienst aufgrund der geringen Anzahl von niedergelassenen Ärzten ohne vertragsärztliche Zulassung – und bezüglich der vorletzten Variante aufgrund der geringen Bereitschaft einer freiwilligen Teilnahme – kaum realisieren lässt.

5. Fazit

Ob ein niedergelassener Arzt zur Teilnahme am Bereitschaftsdienst verpflichtet werden kann, hängt entscheidend von seiner (Nicht-)Zulassung ab. Hat der Arzt eine solche inne, kann er sowohl von der Kassenärztlichen Vereinigung als auch der Ärztekammer verpflichtend herangezogen werden. Nimmt er hingegen nicht an der vertragsärztlichen Versorgung teil, kann er – außer bei Vorliegen einer zulässigen Delegation – lediglich von der Ärztekammer aufgrund seiner Mitgliedschaft in dieser verpflichtet werden.

III. Einzelfälle

Neben der ärztlichen Fachrichtung und der (Nicht-)Zulassung zur vertragsärztlichen Versorgung kann die Rechtmäßigkeit einer Teilnahmepflicht schließlich auch von der konkreten Tätigkeit des einzelnen Arztes abhängen. Hierbei kann es beim ärztlichen Bereitschaftsdienst der Kassenärztlichen Vereinigungen und demjenigen der Ärztekammern aufgrund des sich unterscheidenden Adressatenkreises wiederum zu unterschiedlichen Ergebnissen kommen. Von den hier im Folgenden zu erörternden Ausführungen, ob für bestimmte Tätigkeitsmodelle eine Teilnahmepflicht besteht, ist dagegen die Frage zu unterscheiden, ob einem zunächst verpflichteten Arzt ausnahmsweise ein Anspruch auf Befreiung von seiner originär bestehenden Teilnahmepflicht zustehen kann. Sollte sich nachfolgend für einzelne Konstellationen schon gar keine Teilnahmepflicht ergeben, wäre die Frage nach einer möglichen Befreiung allein deshalb obsolet, weil kein Anspruch auf Verschonung von etwas bestehen kann, für das von vornherein schon keine Pflicht besteht.

1. Teilnahmepflicht von in Arztpraxen angestellten Ärzten

Zunächst stellt sich im Hinblick auf solche Ärzte, die in der Praxis eines anderen Arztes angestellt sind, die Frage nach deren Teilnahmepflicht sowohl am vertragsärztlichen als auch am berufsrechtlichen Bereitschaftsdienst. In einem MVZ angestellte Ärzte bedürfen hierbei jedoch einer besonderen Betrachtung[274] und sind daher von den folgenden Ausführungen zunächst ausgenommen.

[274] Dazu Kap. 2 C. III. 2.

a) Überblick über die Anstellung eines Arztes in einer Arztpraxis

Nach § 95 Abs. 9 SGB V i. V. m. § 32b Ärzte-ZV haben niedergelassene Vertragsärzte[275] die Möglichkeit, mit Genehmigung des Zulassungsausschusses Ärzte in ihrer Praxis als Angestellte zu beschäftigen, sofern der anzustellende Arzt in das Arztregister eingetragen ist und für dessen Arztgruppe keine Zulassungsbeschränkungen angeordnet sind bzw. trotz Zulassungsbeschränkungen mit der Anstellung Festlegungen nach § 101 Abs. 1 S. 8 SGB V befolgt werden.[276] Mit seiner Anstellung wird der angestellte Arzt zwar gem. § 77 Abs. 3 SGB V Mitglied der Kassenärztlichen Vereinigung, sofern er mindestens zehn Stunden pro Woche beschäftigt ist. Er erwirbt aber weder eine eigene Zulassung, noch den Status eines Vertragsarztes, sondern nimmt lediglich im Rahmen des Versorgungsumfangs des zugelassenen Vertragsarztes an der vertragsärztlichen Versorgung teil.[277] Die von angestellten Ärzten erbrachten Leistungen werden daher konsequenterweise auch der Leistung des sie anstellenden Vertragsarztes zugeordnet.[278] Auch die Anstellung selbst ist nicht Recht des angestellten, sondern ausschließliches Recht des anstellenden Arztes.[279] Wenngleich das Gesetz keine ausdrückliche Höchstgrenze vorgibt, geht es in § 14a Abs. 1 S. 2 BMV-Ä davon aus, dass ein Vertragsarzt mit voller Zulassung im Regelfall in der Summe nicht mehr als drei vollzeitbeschäftigte Ärzte anstellen darf. Möchte er darüber hinaus weitere Ärzte anstellen, hat er nach § 14a Abs. 1 S. 6 BMV-Ä nachzuweisen, dass er weiterhin zur persönlichen Leitung seiner Arztpraxis in der Lage ist. Daneben besteht nach § 103 Abs. 4b SGB V auch die Möglichkeit der Anstellung eines selbst zugelassenen Vertragsarztes, wenn dieser – jedenfalls für die Dauer seiner Anstellung – auf seine Zulassung verzichtet.[280]

---

[275] Ebenso können auch Nicht-Vertragsärzte ohne Weiteres andere Ärzte in ihrer Praxis anstellen, da für diese keine Zulassungsbeschränkungen bestehen.

[276] Liegen diese Voraussetzungen nicht vor, verbleibt dem Arzt gem. § 95 Abs. 9 S. 2 SGB V lediglich die Möglichkeit, Ärzte im Wege des Jobsharings nach § 101 Abs. 1 S. 1 Nr. 5 SGB V anzustellen. Hierzu ausführlich unten, Kap. 2 D. III. 5.

[277] *Hellkötter-Backes*, in: Hänlein/Schuler (Hrsg.), Lehr- und Praxiskommentar Sozialgesetzbuch V, § 95 SGB V Rn. 74; *Joussen*, in: Becker/Kingreen, SGB V Kommentar, § 95 SGB V Rn. 29; vgl. auch *Rau*, DStR 2007, 351 (352); *Steinmeyer*, in: Bergmann/Pauge/Steinmeyer (Hrsg.), Nomos Kommentar Gesamtes Medizinrecht, § 95 SGB V Rn. 69.

[278] *Kirchhoff*, in: Giesen/Kreikebohm/Rolfs/Udsching, BeckOK Sozialrecht, § 14a BMV-Ä Rn. 15.

[279] BSG, Urt. v. 11. 12. 2013, B 6 KA 39/12 R, Rn. 16 (juris).

[280] *Ries/Schnieder/Papendorf/Großbölting/Berg*, Arztrecht, S. 214.

b) Teilnahmepflicht am Bereitschaftsdienst der Ärztekammer

Aufgrund ihrer Approbation und der damit verbundenen Pflichtmitgliedschaft in der Ärztekammer[281] sind angestellte Ärzte verpflichtet, am Bereitschaftsdienst der Ärztekammer teilzunehmen, sofern diese einen solchen eingerichtet hat.[282]

c) Teilnahmepflicht am Bereitschaftsdienst der Kassenärztlichen Vereinigung

Nachdem angestellte Ärzte mit einer Beschäftigung von weniger als zehn Stunden pro Woche nach § 77 Abs. 2 S. 2 SGB V nicht einmal Mitglieder der Kassenärztlichen Vereinigung werden, ist deren verpflichtende Heranziehung zum vertragsärztlichen Bereitschaftsdienst schon alleine aufgrund dieser fehlenden mitgliedschaftlichen Legitimation und der damit fehlenden Regelungsbefugnis der Kassenärztlichen Vereinigungen nicht möglich.[283] Doch auch diejenigen angestellten Ärzte, welche mindestens zehn Stunden pro Woche beschäftigt und damit gem. § 77 Abs. 2 SGB V Mitglied der örtlichen Kassenärztlichen Vereinigung sind, trifft keine eigenständige Teilnahmepflicht. Nachdem ein Arzt mit seiner Anstellung nach § 95 Abs. 9 SGB V weder eine eigene Zulassung, noch einen mit demjenigen des Vertragsarztes vergleichbaren Status erhält,[284] welche die Pflicht zur Teilnahme an der vertragsärztlichen Versorgung begründen, kann er von der Kassenärztlichen Vereinigung nicht zur Teilnahme am vertragsärztlichen Bereitschaftsdienst verpflichtet werden.[285] Gleiches gilt für den nach § 103 Abs. 4b SGB V angestellten Arzt, da dieser mit seiner Anstellung auf seine Zulassung verzichtet hat. Eine Teilnahmepflicht am vertragsärztlichen Bereitschaftsdienst trifft kraft seiner Zulassung daher lediglich den anstellenden Vertragsarzt.

Die fehlende Möglichkeit der unmittelbaren Verpflichtung angestellter Ärzte zur Teilnahme am vertragsärztlichen Bereitschaftsdienst durch die Kassenärztliche Vereinigung hindert anstellende Vertragsärzte freilich nicht daran, im Rahmen des Anstellungsverhältnisses zu vereinbaren, dass der anzustellende Arzt die Teilnahmepflicht des anstellenden Arztes ganz oder teilweise zu erfüllen hat. Auf zivilrechtlichem Wege kann also auch der angestellte Arzt zumindest mittelbar zur Teilnahme am vertragsärztlichen Bereitschaftsdienst verpflichtet werden, wenn auch nicht unmittelbar durch die Kassenärztliche Vereinigung selbst.

---

281 *Fahlbusch*, Ambulante ärztliche Behandlung in Europa, S. 54.

282 Dieselbe Verpflichtung trifft freilich auch den sie anstellenden Arzt.

283 *Nebendahl*, in: Spickhoff (Hrsg.), Medizinrecht, § 75 SGB V Rn. 24; BSG, Urt. v. 17.10.2012, B 6 KA 39/11 R, Rn. 22 (juris).

284 *Steinhilper*, MedR 2018, 639 (642).

285 Bezogen auf den angestellten Arzt im MVZ, aber auch auf den in einer Vertragsarztpraxis angestellten Arzt übertragbar LSG Sachsen, Urt. v. 14.12.2011, L 1 KA 25/10, Rn. 38 (juris); andere Ansicht dagegen wohl *Bahner*, Recht im Bereitschaftsdienst, S. 47; *Ries/Schnieder/Papendorf/Großbölting/Berg*, Arztrecht, S. 195.

2. Teilnahmepflicht Medizinischer Versorgungszentren und dort angestellter Ärzte

Bei der Frage nach der ein MVZ betreffenden Teilnahmepflicht ist nicht nur strikt zwischen dem MVZ selbst und den dort angestellten Ärzten, sondern bei letztgenannten auch danach zu unterscheiden, ob diese auch selbst eine Zulassung zur vertragsärztlichen Versorgung besitzen oder nicht. Ebenso bedarf es einer Differenzierung dahingehend, ob die Teilnahme am vertragsärztlichen oder berufsrechtlichen Bereitschaftsdienst zu klären ist, da dies zu unterschiedlichen Ergebnissen führen kann.

a) Überblick über das Medizinische Versorgungszentrum

Bei einem MVZ handelt es sich um eine vergleichsweise neue Beteiligungsform an der vertragsärztlichen Versorgung. Eingeführt wurde diese erstmals durch das Gesetz zur Modernisierung der gesetzlichen Krankenversicherung vom 14.11.2003 mit Wirkung zum 01.01.2004 in § 95 SGB V. MVZ stellen ärztlich geleitete Einrichtungen dar, in denen ins Arztregister eingetragene Ärzte als Vertragsärzte, oder aber als Angestellte tätig sind. Trotz der Durchführung der Behandlungen durch die in der Einrichtung angestellten Ärzte[286] wird die Zulassung nicht diesen, sondern dem MVZ selbst erteilt, wie § 95 Abs. 3 S. 2 SGB V ausdrücklich bestimmt. Weiterhin besteht die Möglichkeit, dass Vertragsärzte durch ihre Anstellung im MVZ auf ihre Zulassung verzichten und diese letztlich in das MVZ einbringen.[287] Leistungserbringer der vertragsärztlichen Versorgung sind also nicht die Ärzte, sondern das MVZ.[288] Ihm kommt insoweit die Verantwortung für die organisatorischen Abläufe zu.[289] Dies bedeutet allerdings nicht, dass dem MVZ im Umkehrschluss nicht auch zumindest die Letztverantwortung für die fachgerechte Behandlung der Patienten obliegt. Träger eines MVZ dürfen seit Einfügung des § 95 Abs. 1a SGB V durch das GVK-VStG zum 01.01.2012 nur noch die dort abschließend aufgezählten Personen und Einrichtungen sein. Hintergrund dieser Einschränkung ist es insbesondere, die Gründung von MVZ eng an die Zulassung zur vertragsärztlichen Versorgung zu knüpfen, d. h. im Regelfall nur solche Gründer zuzulassen, welche ohnehin schon an der vertragsärztlichen Versorgung teilnehmen,[290] um medizinische Vorgaben und keine wirtschaftlichen Erwägungen bei der Leitung eines MVZ in den Vordergrund zu stellen.[291] Nicht mehr Träger eines MVZ können daher etwa Apotheken, Pfle-

---

[286] *Neumann*, in: Giesen/Kreikebohm/Rolfs/Udsching, BeckOK Sozialrecht, § 95 SGB V Rn. 10; *Rau*, DStR 2007, 351 (351).

[287] *Plagemann/Bergmann*, DStR 2017, 1392 (1392).

[288] *Rau*, DStR 2007, 351 (351); BSG, Urt. v. 21.03.2012, B 6 KA 22/11 R, Rn. 26 (juris).

[289] BSG, Urt. v. 21.03.2012, B 6 KA 22/11 R, Rn. 26 (juris).

[290] *Joussen*, in: Becker/Kingreen, SGB V Kommentar, § 95 SGB V Rn. 11.

[291] *Klöck*, NZS 2013, 368 (369).

gedienste und Heil- und Hilfsmittelerbringer sein.[292] Als zulässige Rechtsformen kommen seit dem GVK-VStG gem. § 95 Abs. 1a S. 3 SGB V nur noch Personengesellschaften, eingetragene Genossenschaften und Gesellschaften mit beschränkter Haftung oder eine öffentlich-rechtliche Rechtsform in Betracht.

b) Teilnahmepflicht am Bereitschaftsdienst der Ärztekammer

Sofern die Ärztekammer einen eigenen oder mit der Kassenärztlichen Vereinigung gemeinsam organisierten Bereitschaftsdienst eingerichtet hat, sind auch die in MVZ tätigen Ärzte kraft ihrer Approbation als Mitglieder der Ärztekammer zur Teilnahme am Bereitschaftsdienst verpflichtet.[293] Das MVZ selbst kann mangels Mitgliedschaft in der Ärztekammer nicht zum Bereitschaftsdienst der Ärztekammern herangezogen werden, da der Ärztekammer gegenüber dem MVZ damit keine Regelungsbefugnis zukommt.[294]

c) Teilnahmepflicht am Bereitschaftsdienst der Kassenärztlichen Vereinigung

Die für die Teilnahmepflicht am Bereitschaftsdienst der Kassenärztlichen Vereinigung entscheidende Besonderheit liegt bezogen auf das MVZ darin, dass wie dargestellt nicht die dort tätigen Ärzte, sondern die Einrichtung selbst die Zulassung zur vertragsärztlichen Versorgung innehat, wie § 95 Abs. 3 S. 2 SGB V normiert:

> Die Zulassung des medizinischen Versorgungszentrums bewirkt, dass die in dem Versorgungszentrum angestellten Ärzte Mitglieder der für den Vertragsarztsitz des Versorgungszentrums zuständigen Kassenärztlichen Vereinigung sind und dass das zugelassene medizinische Versorgungszentrum insoweit zur Teilnahme an der vertragsärztlichen Versorgung berechtigt und verpflichtet ist.

Die im MVZ angestellten Ärzte besitzen im Regelfall keine eigene Zulassung. Sie werden zwar nach § 95 Abs. 3 S. 2 Hs. 1 SGB V durch ihre Anstellung im MVZ ebenfalls Mitglieder der Kassenärztlichen Vereinigung. Allerdings stellt § 95 Abs. 3 S. 2 Hs. 2 SGB V klar, dass lediglich das MVZ selbst aufgrund seiner Zulassung zur Teilnahme an der vertragsärztlichen Versorgung verpflichtet wird.[295] Da angestellte Ärzte im Regelfall keine eigene Zulassung besitzen,[296] sind sie auch nicht selbst zur Teilnahme an der vertragsärztlichen Versorgung verpflichtet.

---

[292] *Klöck*, NZS 2013, 368 (369).

[293] Vgl. BSG, Urt. v. 06.02.2008, B 6 KA 13/06 R, Rn. 12 (juris); BSG, Urt. v. 11.12.2013, B 6 KA 39/12 R, Rn. 13 (juris).

[294] LSG Sachsen, Urt. v. 24.06.2009, L 1 KA 8/09, Rn. 43 (juris).

[295] *Jaeger*, in: Spickhoff (Hrsg.), Medizinrecht, § 95 SGB V Rn. 39; *Wodarz*, NZS 2014, 531 (532); BSG, Urt. v. 11.12.2013, B 6 KA 39/12 R, Rn. 21 (juris).

[296] LSG Sachsen, Urt. v. 14.12.2011, L 1 KA 25/10, Rn. 38 (juris).

aa) Teilnahmepflicht des Medizinischen Versorgungszentrums

Zur Teilnahme an der vertragsärztlichen Versorgung und damit am vertragsärztlichen Bereitschaftsdienst verpflichtet ist vielmehr allein das die Zulassung innehabende MVZ, sprich dessen Träger.[297] Konsequenterweise kann daher auch lediglich das MVZ selbst zur Teilnahme an der vertragsärztlichen Versorgung herangezogen werden. Dadurch kann es zu der Besonderheit kommen, dass neben den niedergelassenen Vertragsärzten als Regelfall auch Krankenhäuser oder Kommunen als Träger eines MVZ verpflichtend am vertragsärztlichen Bereitschaftsdienst teilnehmen. Die Teilnahme derartiger Einrichtungen vermag auf den ersten Blick etwas gewöhnungsbedürftig erscheinen, da man bei Teilnehmern des Bereitschaftsdienstes wohl eher das klassische Bild des Vertragsarztes vor Augen hat. Da sich das MVZ durch die von ihm beantragte Zulassung gem. § 95 Abs. 3 S. 2 SGB V zur Mitwirkung an der Sicherstellung der vertragsärztlichen Versorgung verpflichtet hat, ist dessen Teilnahmepflicht am vertragsärztlichen Bereitschaftsdienst jedoch nicht zu beanstanden.[298] Des Weiteren nimmt das Krankenhaus oder die Kommune die tatsächliche ärztliche Tätigkeit im Rahmen des Bereitschaftsdienstes auch nicht selbst wahr. Seiner Verpflichtung kommt das MVZ vielmehr dadurch nach, dass es die bei ihm angestellten Ärzte nach eigenem Belieben arbeitsvertraglich[299] zur Teilnahme einteilt oder einen Vertreter organisiert.[300] Ob das MVZ die Teilnahmepflicht dabei unter mehreren Ärzten aufteilt oder nur einem einzigen Arzt auferlegt, liegt dabei in seinem Ermessen.[301] Unabhängig davon, ob eine unmittelbare Verpflichtung der angestellten Ärzte zum vertragsärztlichen Bereitschaftsdienst möglich ist – hierzu sogleich – können auch diese damit jedenfalls mittelbar zur Teilnahme verpflichtet werden.[302] Diese Pflicht wird ihnen aber im Unterschied zu den Vertragsärzten nicht von der Kassenärztlichen Vereinigung, sondern dem MVZ auferlegt, in welchem sie angestellt sind. Im Ergebnis ist auch die Umlage der Teilnahmepflicht auf angestellte Ärzte ohne eigene Zulassung nicht zu beanstanden. Durch ihre Anstellung bei einem MVZ unterwerfen sie sich freiwillig einem Organisationsgefüge, welches durch seine Zulassung zur Sicherstellung der vertragsärztlichen Versorgung beizutragen hat. Damit müssen Ärzte auch damit rechnen, dass sie aufgrund ihrer Anstellung

---

[297] *Rademacker*, in: Körner/Leitherer/Mutschler/Rolfs (Hrsg.), Kasseler Kommentar Sozialversicherungsrecht, § 75 SGB V Rn. 45; *Wendtland*, in: Giesen/Kreikebohm/Rolfs/Udsching, BeckOK Sozialrecht, § 75 SGB V Rn. 10; LSG Sachsen, Urt. v. 14.12.2011, L 1 KA 25/10, Rn. 38 (juris); BSG, Urt. v. 11.12.2013, B 6 KA 39/12 R, Rn. 14f. (juris); LSG Bayern, Beschl. v. 24.07.2015, L 12 KA 55/15 B ER, Rn. 23 (juris).

[298] BSG, Urt. v. 11.12.2013, B 6 KA 39/12 R, Rn. 24f. (juris).

[299] *Hesral*, in: Schlegel/Voelzke/Engelmann (Hrsg.), juris Praxiskommentar SGB V, § 75 Rn. 95.

[300] LSG Bayern, Beschl. v. 24.07.2015, L 12 KA 55/15 B ER, Rn. 23 (juris).

[301] BSG, Urt. v. 11.12.2013, B 6 KA 39/12 R, Rn. 23 (juris); LSG Bayern, Beschl. v. 24.07.2015, L 12 KA 55/15 B ER, Rn. 23 (juris).

[302] BSG, Urt. v. 11.12.2013, B 6 KA 39/12 R, Rn. 15 (juris).

ebenfalls die Teilnahme am vertragsärztlichen Bereitschaftsdienst zu übernehmen haben.

bb) Teilnahmepflicht beim MVZ angestellter Ärzte ohne eigene Zulassung

Die Annahme, neben dem MVZ könne auch der angestellte Arzt ohne eigene Zulassung alleine aufgrund seiner sich aus § 95 Abs. 3 S. 2 Hs. 1 SGB V ergebenden Mitgliedschaft unmittelbar durch die Kassenärztliche Vereinigung zum Bereitschaftsdienst verpflichtet werden,[303] ist hingegen nicht haltbar. Wenn die Rechtsprechung – obgleich irrigerweise[304] – davon ausgeht, dass sich die Teilnahmepflicht bereits aus der Zulassung zur vertragsärztlichen Versorgung selbst ergibt, steht die Annahme, auch ein Arzt ohne Zulassung sei zur Teilnahme verpflichtet, hierzu im klaren Widerspruch.[305] § 95 Abs. 3 S. 2 Hs. 2 SGB V besagt ausdrücklich, dass das MVZ zur vertragsärztlichen Versorgung zugelassen wird. Der dort angestellte Arzt wird durch seine Anstellung zwar auch Mitglied, erlangt hierdurch aber gerade keine eigene Zulassung. Darüber hinaus ist der Status des angestellten Arztes in der vertragsärztlichen Versorgung nicht mit demjenigen eines zugelassenen Arztes vergleichbar. Weder rechnen angestellte Ärzte ihre Leistungen gegenüber der Kassenärztlichen Vereinigung selbst ab, noch tragen sie das wirtschaftliche Risiko der Praxis.[306] Durch ihre Anstellung kommt den Ärzten kein mit der Zulassung vergleichbarer Status zu; vielmehr leitet sich ihr Status stets von demjenigen des sie anstellenden MVZ ab.[307] Insofern können den angestellten Arzt auch nicht dieselben Pflichten im Rahmen der Sicherstellung der vertragsärztlichen Versorgung, wie etwa die unmittelbare Teilnahmepflicht am Bereitschaftsdienst, treffen. Des Weiteren sind auch keine sachlichen Gründe ersichtlich, Ärzten alleine aufgrund ihrer Anstellung in einem MVZ eine Teilnahmepflicht für den Bereitschaftsdienst aufzuerlegen, während dies für angestellte Ärzte in Arztpraxen nicht gilt.[308] Auch aus der Anstellungsgenehmigung des Arztes gem. § 95 Abs. 2 S. 7 SGB V lässt sich keine der dem Zulassungsstatus innewohnende vergleichbare Pflicht zur Teilnahme am Bereitschaftsdienst ableiten, da Adressat der Genehmigung nicht der Arzt selbst,

[303] So etwa LSG Sachsen, Urt. v. 14.12.2011, L 1 KA 25/10, Rn. 39 (juris), nachdem es zuvor noch die gegenteilige Auffassung ausführlich begründet hat; SG Dresden, Urt. v. 20.06. 2012, S 11 KA 162/09, Rn. 63 ff. (juris); mit Verweis auf erstgenanntes Urteil beanstandungslos zustimmend *Bahner*, Recht im Bereitschaftsdienst, S. 47.

[304] Hierzu ausführlich oben, Kap. 2 A. II. b).

[305] Vgl. *Rademacker*, in: Körner/Leitherer/Mutschler/Rolfs (Hrsg.), Kasseler Kommentar Sozialversicherungsrecht, § 75 SGB V Rn. 45.

[306] BSG, Urt. v. 11.12.2013, B 6 KA 39/12 R, Rn. 15 (juris).

[307] BSG, Urt. v. 17.10.2012, B 6 KA 39/11 R, Rn. 22 (juris); BSG, Urt. v. 11.12.2013, B 6 KA 39/12 R, Rn. 16 (juris).

[308] Siehe hierzu oben, Kap. 2 C. III. 1.

sondern vielmehr das MVZ ist.[309] Die Genehmigung ermöglicht es nicht dem Arzt, eine Anstellung zu erhalten, sondern umgekehrt dem MVZ, einen Arzt anzustellen.[310] Nach alledem können in einem MVZ angestellte Ärzte ohne eigene Zulassung daher nicht unmittelbar zum Bereitschaftsdienst verpflichtet werden.[311] Die Regelung in einer allein von der Kassenärztlichen Vereinigung erlassenen Bereitschaftsdienstordnung, welche auch angestellte Ärzte ohne eigene Zulassung allein aufgrund ihrer Anstellung bei einem MVZ und der damit gem. § 95 Abs. 3 S. 2 Hs. 1 SGB V verbundenen Mitgliedschaft in der Kassenärztlichen Vereinigung unmittelbar zur Teilnahme am Bereitschaftsdienst verpflichtet, ist daher – wie auch das BSG entschieden hat[312] – rechtswidrig.

cc) Teilnahmepflicht beim MVZ angestellter Ärzte mit eigener Zulassung

In Bezug auf diejenigen angestellten Ärzte dagegen, welche auch eine eigene Zulassung zur vertragsärztlichen Versorgung besitzen, liegt die Annahme nahe, dass sie wie das MVZ aufgrund ihrer Zulassung am vertragsärztlichen Bereitschaftsdienst teilzunehmen haben. Im Ergebnis ist allerdings weitgehend anerkannt, dass ein zugelassener Arzt für die Dauer seiner Anstellung in einem MVZ nicht aufgrund seiner eigenen Zulassung unmittelbar zum vertragsärztlichen Bereitschaftsdienst herangezogen werden kann.[313] Dies liegt zunächst darin begründet, dass er mit seiner Anstellung seine Zulassung in das MVZ eingebracht und damit auf diese verzichtet hat.[314] Träger der Zulassung ist damit – jedenfalls für die Dauer seiner Tätigkeit im MVZ – nicht mehr der Arzt selbst, sondern das MVZ. Nachdem das MVZ seine eigene Teilnahmepflicht auf die bei ihm angestellten Ärzte umlegen darf, würde eine eigene Teilnahmepflicht des angestellten Arztes zudem dazu führen, dass angestellte Ärzte mit eigener Zulassung in größerem Umfang als einem vollen Versorgungsauftrag zur Abhaltung des Bereitschaftsdienstes verpflichtet und damit möglicherweise einer übermäßigen und unzumutbaren Belastung ausgesetzt wären. Eine Teilnahmepflicht des angestellten Arztes, welcher seine Zulassung in das MVZ eingebracht hat, kann sich folglich also höchstens mittelbar aufgrund der Ver-

---

[309] BSG, Urt. v. 17.10.2012, B 6 KA 39/11 R, Rn. 22 (juris); BSG, Urt. v. 11.12.2013, B 6 KA 39/12 R, Rn. 16 (juris); andere Ansicht SG Dresden, Urt. v. 20.06.2012, S 11 KA 162/09, Rn. 67 (juris).

[310] BSG, Urt. v. 11.12.2013, B 6 KA 39/12 R, Rn. 16 (juris).

[311] *Nebendahl*, in: Spickhoff (Hrsg.), Medizinrecht, § 75 SGB V Rn. 24; *Rademacker*, in: Körner/Leitherer/Mutschler/Rolfs (Hrsg.), Kasseler Kommentar Sozialversicherungsrecht, § 75 SGB V Rn. 45; LSG Sachsen, Urt. v. 14.12.2011, L 1 KA 25/10, Rn. 40 (juris); BSG, Urt. v. 11.12.2013, B 6 KA 39/12 R, Rn. 15 (juris); LSG Bayern, Beschl. v. 24.07.2015, L 12 KA 55/15 B ER, Rn. 23 (juris); zustimmend *Steinmeyer*, in: Bergmann/Pauge/Steinmeyer (Hrsg.), Nomos Kommentar Gesamtes Medizinrecht, § 75 SGB V Rn. 7.

[312] BSG, Urt. v. 11.12.2013, B 6 KA 39/12 R, Rn. 16 und 22 (juris).

[313] BSG, Urt. v. 11.12.2013, B 6 KA 39/12 R, Rn. 27 (juris).

[314] Siehe hierzu *Plagemann/Bergmann*, DStR 2017, 1392 ff.

pflichtung des zugelassenen MVZ – welche sich durch die vom Vertragsarzt eingebrachte Zulassung entsprechend erhöht – ergeben, sofern dieses seine eigene Teilnahmepflicht auf die bei ihm angestellten Ärzte umlegt.

dd) Teilnahmepflicht im MVZ tätiger Vertragsärzte

Von obiger Konstellation zu unterscheiden ist der Vertragsarzt, welcher sich nicht vom MVZ anstellen lässt, sondern dort vielmehr als Vertragsarzt tätig ist. Im Gegensatz zum angestellten Vertragsarzt verzichtet dieser damit gerade nicht auf seine Zulassung. Wenngleich nicht eindeutig geklärt, wird jedoch mehrheitlich davon ausgegangen, dass seine Zulassung für die Dauer seiner Tätigkeit im MVZ ruht oder überlagert wird.[315] Infolgedessen steht er trotz weiterhin existierender eigener Zulassung weitgehend dem angestellten Arzt gleich.[316] So tritt das MVZ und nicht der Vertragsarzt selbst der Kassenärztlichen Vereinigung als Rechtssubjekt gegenüber.[317] Auch wird der Vertragsarzt nicht selbst als Erbringer der vertragsärztlichen Leistungen angesehen. Vielmehr werden seine Leistungen dem MVZ zugerechnet und damit auch grundsätzlich von diesem abgerechnet.[318] Fraglich ist, wie sich dies auf die Teilnahme am vertragsärztlichen Bereitschaftsdienst auswirkt. Hierbei sind grundsätzlich zwei Varianten denkbar.

Gangbar scheint es zunächst, dem im MVZ tätigen Vertragsarzt eine eigene Teilnahmepflicht am Bereitschaftsdienst aufzuerlegen. Zwar ruht die Zulassung des Vertragsarztes für die Dauer seiner Tätigkeit im MVZ bzw. wird von der Zulassung des MVZ überlagert. Dennoch scheint eine eigene Teilnahmeverpflichtung des Vertragsarztes aufgrund folgender Überlegung geboten: Im Gegensatz zum angestellten Vertragsarzt, welcher seine Zulassung auf das MVZ übertragen hat, kommt dem MVZ in vorliegender Konstellation keine weitere Zulassung und damit auch kein weiterer vertragsärztlicher Versorgungsauftrag zu, weshalb sich die Teilnahmepflicht des MVZ am vertragsärztlichen Bereitschaftsdienst auch nicht durch die Tätigkeit des Vertragsarztes erhöhen würde, da sich diese – wie unten noch ausführlich dargelegt[319] – alleine nach dem Umfang des sich aus der eigenen Zulassung

---

[315] *Dahm*, in: Dahm/Möller/Ratzel (Hrsg.), Rechtshandbuch Medizinische Versorgungszentren, S. 149; *Hess*, in: Körner/Leitherer/Mutschler/Rolfs (Hrsg.), Kasseler Kommentar Sozialversicherungsrecht, § 95 SGB V Rn. 13; *Kaya*, Rechtsfragen medizinischer Versorgungszentren auf Gründungs- und Zulassungsebene, S. 289 f.; *Konerding*, Der Vertragsarztsitz im Medizinischen Versorgungszentrum, S. 96 f.; *Lindenau*, Das Medizinische Versorgungszentrum, Rn. 204; *Möller*, MedR 2007, 263 (270); zustimmend auch *Motz*, in: Eichenhofer/v. Koppenfels-Spies/Wenner (Hrsg.), Kommentar zum Sozialgesetzbuch V, § 95 Rn. 35; kritisch hingegen *Michels/Möller*, Ärztliche Kooperationen, S. 214.

[316] *Kaya*, Rechtsfragen medizinischer Versorgungszentren auf Gründungs- und Zulassungsebene, S. 292; *Konerding*, Der Vertragsarztsitz im Medizinischen Versorgungszentrum, S. 96 f.; BSG, Urt. v. 11. 12. 2013, B 6 KA 39/12 R, Rn. 27 (juris).

[317] BSG, Urt. v. 11. 12. 2013, B 6 KA 39/12 R, Rn. 27 (juris).

[318] BSG, Urt. v. 11. 12. 2013, B 6 KA 39/12 R, Rn. 27 (juris).

[319] Siehe Kap. 2 D. III. 3. b).

ergebenden Versorgungsauftrages bestimmt. Verneinte man nun allerdings auch eine Teilnahmepflicht des im MVZ tätigen Vertragsarztes am Bereitschaftsdienst, würde für den vertragsärztlichen Versorgungsauftrag des Vertragsarztes niemand am vertragsärztlichen Bereitschaftsdienst teilnehmen. Infolgedessen entstünde in der vertragsärztlichen Versorgung *außerhalb* der Sprechstundenzeiten gewissermaßen eine „Versorgungslücke" im Umfang des Versorgungsauftrages des im MVZ tätigen Vertragsarztes, obwohl dieser Versorgungsauftrag *innerhalb* der Sprechstundenzeiten vom Vertragsarzt für das MVZ wahrgenommen wird. Daher erscheint es sowohl aus Gleichbehandlungsgesichtspunkten gegenüber den niedergelassenen Vertragsärzten als auch im Hinblick auf die Sicherstellung der vertragsärztlichen Versorgung zu den sprechstundenfreien Zeiten geboten, den im MVZ tätigen Vertragsarzt trotz Ruhens bzw. Überlagerung seiner Zulassung zur Teilnahme am vertragsärztlichen Bereitschaftsdienst zu verpflichten.

Überzeugender ist es allerdings – in Übereinstimmung mit einer Entscheidung des BSG[320] – das MVZ als Anknüpfungspunkt der Teilnahmeverpflichtung anzusehen. Denn unter Zugrundelegung der obigen Ausführungen, dass nach weit überwiegender Ansicht nicht der Vertragsarzt selbst, sondern das MVZ als Leistungserbringer der vertragsärztlichen Tätigkeit angesehen wird und damit der Kassenärztlichen Vereinigung als Rechtssubjekt gegenübertritt sowie grundsätzlich auch über das MVZ abgerechnet wird, scheint der im MVZ tätige Vertragsarzt einem dort angestellten Arzt, welcher seine Zulassung in das MVZ eingebracht hat, in seinem rechtlichen Status näher zu stehen als einem selbstständigen niedergelassenen Vertragsarzt. Wenngleich also der im MVZ tätige Vertragsarzt weiterhin Inhaber seiner Zulassung bleibt, ist dem MVZ für die Dauer der Tätigkeit die Zulassung des Vertragsarztes wie eine eigene zuzurechnen. Infolgedessen wird auch nicht der Vertragsarzt zur Teilnahme am Bereitschaftsdienst verpflichtet. Vielmehr erhöht sich die Teilnahmeverpflichtung des ohnehin schon aufgrund seiner eigenen Zulassung(en) verpflichteten MVZ um den sich aus der Zulassung des im MVZ tätigen Vertragsarztes.

Wenngleich im Ergebnis wie dargelegt vieles für die hier präferierte zweitgenannte Variante spricht, darf unabhängig von der gewählten Vorgehensweise die Tätigkeit des Vertragsarztes im MVZ jedenfalls nicht dazu führen, dass weder der Arzt selbst, noch das MVZ zur Teilnahme im Umfang des Versorgungsauftrages der Zulassung verpflichtet wird und es infolgedessen zu einer Lücke in der vertragsärztlichen Versorgung außerhalb der Sprechstundenzeiten kommt.

d) Fazit

MVZ sind aufgrund ihrer Zulassung zur vertragsärztlichen Versorgung zur Teilnahme am vertragsärztlichen Bereitschaftsdienst der Kassenärztlichen Vereinigungen verpflichtet. Dieser Pflicht kommen sie entweder durch Bestellung eines

[320] BSG, Urt. v. 11.12.2013, B 6 KA 39/12 R, Rn. 27 (juris).

Vertreters oder aber durch Übertragung der Teilnahmepflicht auf die bei ihnen angestellten Ärzte nach. Zur Teilnahme am Bereitschaftsdienst der Ärztekammern trifft das MVZ mangels Mitgliedschaft dagegen keine Pflicht.

In MVZ angestellte Ärzte hingegen haben als Mitglieder der Ärztekammern auch an deren Bereitschaftsdienst teilzunehmen, sofern ein solcher eingerichtet ist. Eine unmittelbare Teilnahmepflicht am vertragsärztlichen Bereitschaftsdienst trifft die angestellten Ärzte jedoch unabhängig davon, ob sie eine eigene Zulassung besitzen, nicht. Für Nicht-Vertragsärzte ergibt sich dies aus ihrer fehlenden Zulassung, in Bezug auf Vertragsärzte liegt dies darin begründet, dass sie ihre Zulassung in das MVZ eingebracht haben. Aufgrund der Möglichkeit der MVZ, ihrer Teilnahmepflicht am vertragsärztlichen Bereitschaftsdienst durch die bei ihr angestellten Ärzte nachzukommen, trifft letztgenannte in der Regel jedoch zumeist dennoch mittelbar eine Pflicht zur Teilnahme am Bereitschaftsdienst der Kassenärztlichen Vereinigungen. Demgegenüber wird zur Sicherstellung einer ausreichenden vertragsärztlichen Versorgung zu den sprechstundenfreien Zeiten den MVZ in Bezug auf den Bereitschaftsdienst die Zulassung dort selbstständig tätiger Vertragsärzte und damit auch deren Teilnahmeverpflichtung zusätzlich zur eigenen Verpflichtung zugerechnet. Wie sich der konkrete Umfang der Teilnahmepflicht der soeben genannten Adressaten darstellt, sei noch an anderer Stelle zu klären.[321]

3. Teilnahmepflicht ermächtigter Ärzte und Einrichtungen

Auch hinsichtlich der Gruppe der ermächtigten Ärzte und Einrichtungen stellt sich die Frage, ob diese zur Teilnahme am ärztlichen Bereitschaftsdienst verpflichtet werden können. Hierbei ist zwischen den einzelnen Personen und Einrichtungen, welchen eine Ermächtigung zuteilwerden kann, zu differenzieren.

a) Überblick über die Ermächtigung

Während die Zulassung den Regelfall der Teilnahme an der vertragsärztlichen Versorgung darstellt,[322] existiert mit der Ermächtigung nach § 95 Abs. 1 S. 1 SGB V die Möglichkeit, auch ohne Zulassung an der vertragsärztlichen Versorgung teilnehmen zu können.[323] Das Rechtskonstrukt der Ermächtigung verfolgt neben der Nutzbarmachung der praktischen Erfahrung aus der Krankenhaustätigkeit[324] hierbei insbesondere den Zweck, Versorgungslücken in der vertragsärztlichen ambulanten Versorgung zu schließen, welche die niedergelassenen Vertragsärzte nicht zu füllen

---

321 Siehe unten, Kap. 2 D. III. 3.

322 SG Marburg, Urt. v. 25.02.2015, S 11 KA 11/15, Rn. 30 (juris).

323 *Motz*, in: Eichenhofer/v. Koppenfels-Spies/Wenner (Hrsg.), Kommentar zum Sozialgesetzbuch V, § 95 Rn. 93.

324 *Steinmeyer*, in: Bergmann/Pauge/Steinmeyer (Hrsg.), Nomos Kommentar Gesamtes Medizinrecht, § 95 SGB V Rn. 39.

vermögen.[325] Adressaten einer Ermächtigung können nach § 116 SGB V insbesondere Krankenhausärzte, d. h. Ärzte, die für gewöhnlich stationär tätig sind, sein.[326] Darüber hinaus kommen in besonderen Fällen weitere personengebundene Ermächtigungen, wie etwa nach § 11 BMV-Ä Anlage 9.1 für die Durchführung von Dialysen, in Betracht. Daneben finden sich auch an Einrichtungen gerichtete, allerdings der Ermächtigung nach § 116 SGB V nachrangige[327] Ermächtigungstatbestände etwa für Hochschulambulanzen (§ 117 SGB V), psychiatrische Krankenhäuser (§ 118 SGB V) oder sozialpädiatrische Zentren (§ 119 SGB V) in § 116a sowie den §§ 117 bis 119c SGB V i. V. m. § 31 f. Ärzte-ZV.[328] Den Teilnehmern an der ambulanten spezialfachärztlichen Versorgung nach § 116b SGB V wird hingegen keine Ermächtigung zuteil.[329] Vielmehr handelt es sich hierbei rechtstechnisch um ein „präventives Verbot mit Anzeigevorbehalt und Untersagungsbefugnis."[330] Die spezialfachärztliche Versorgung nach § 116b SGB V ist daher von den folgenden Ausführungen ausdrücklich ausgenommen.

Ebenso wie zugelassenen Ärzten kommt ermächtigten Ärzten und Einrichtungen gem. § 95 Abs. 4 S. 1 SGB V kraft ihrer Ermächtigung das Recht und die Pflicht zu, an der vertragsärztlichen Versorgung mitzuwirken.[331] Gegenüber der Zulassung ist die Ermächtigung jedoch nicht nur nachrangig[332] – sie ist grundsätzlich nur zu erteilen, sofern eine ausreichende Versorgung nicht durch die ambulanten Leistungserbringer möglich ist – sondern in mehrfacher Hinsicht auch deutlich in ihrem Umfang eingeschränkt.[333] So ist die Ermächtigung und damit die Berechtigung zur Teilnahme an der vertragsärztlichen Versorgung zumeist sowohl zeitlich befristet[334] als auch im Hinblick auf das Behandlungsspektrum auf einen bestimmten Ausschnitt

---

[325] *Bode*, in: Hambüchen (Hrsg.), Handbuch des Fachanwalts Sozialrecht, S. 141; *Motz*, in: Eichenhofer/v. Koppenfels-Spies/Wenner (Hrsg.), Kommentar zum Sozialgesetzbuch V, § 95 Rn. 94; *Neumann*, in: Giesen/Kreikebohm/Rolfs/Udsching, BeckOK Sozialrecht, § 95 SGB V Rn. 29; *Schneider*, Handbuch des Kassenarztrechts, Rn. 875.

[326] *Steinmeyer*, in: Bergmann/Pauge/Steinmeyer (Hrsg.), Nomos Kommentar Gesamtes Medizinrecht, § 95 SGB V Rn. 39.

[327] BSG, Urt. v. 02. 10. 1996, 6 RKa 73/95, Rn. 26 (juris).

[328] Siehe zu den einzelnen Teilnahmeformen sowie zu deren jeweiligen Ermächtigungsvoraussetzungen *Schneider*, Handbuch des Kassenarztrechts, Rn. 876 ff.

[329] *Hermann*, Die ambulante Behandlung im Krankenhaus (§ 116b Abs. 2–4 SGB V), S. 97.

[330] *Becker*, in: Becker/Kingreen, SGB V Kommentar, § 116b SGB V Rn. 17.

[331] BSG, Urt. v. 28. 01. 2009, 6 KA 61/07, Rn. 29 (juris).

[332] *Geiger*, in: Hauck/Noftz, Kommentar zu SGB V Band 5, § 116 SGB V Rn. 38; *Igl*, in: Igl/Welti (Hrsg.), Gesundheitsrecht, § 23 Rn. 8; BSG, Urt. v. 15. 03. 1995, 6 RKa 1/94, Rn. 14 (juris); BSG, Urt. v. 02. 10. 1996, 6 RKa 73/95, Rn. 25 (juris); BSG, Urt. v. 12. 09. 2001, B 6 KA 86/00 R, Rn. 22 (juris); BSG, Urt. v. 12. 12. 2018, B 6 KA 50/17 R, Rn. 36 (juris).

[333] *Reiermann*, Der berufsrechtliche Überhang, S. 27.

[334] *Steinmeyer*, in: Bergmann/Pauge/Steinmeyer (Hrsg.), Nomos Kommentar Gesamtes Medizinrecht, § 95 SGB V Rn. 38.

aus dem Leistungskatalog der gesetzlichen Krankenversicherung beschränkt.[335] Die Ermächtigung kann daher letztlich als subsidiäre, inhaltlich beschränkte Zulassung angesehen werden. Grundsätzlich hat die Ermächtigung im Gegensatz zur Zulassung auch nicht die Mitgliedschaft in der Kassenärztlichen Vereinigung zur Folge.[336] Dies gilt jedoch nicht für ermächtigte Krankenhausärzte; diesen wird nach § 77 Abs. 3 SGB V durch ihre Ermächtigung ausdrücklich die Mitgliedschaft in der Kassenärztlichen Vereinigung zuteil.[337]

b) Teilnahmepflicht am Bereitschaftsdienst der Ärztekammer

Hinsichtlich des ärztlichen Bereitschaftsdienstes der Ärztekammern ist jedenfalls die Teilnahmepflicht des nach § 116 SGB V ermächtigten Arztes unstreitig zu bejahen, da auch ein ermächtigter Arzt aufgrund seiner Approbation Mitglied der Ärztekammer ist und es hierfür gerade nicht auf die Zulassung zur vertragsärztlichen Versorgung ankommt. Allerdings beschränken die Ärztekammern ihre Teilnahmepflicht auf niedergelassene Ärzte, weshalb ermächtigte Ärzte nur dann am Bereitschaftsdienst auf berufsrechtlicher Grundlage teilzunehmen verpflichtet sind, sofern sie in eigener Praxis niedergelassen sind. Die in den § 116a und §§ 117 bis 119c SGB V genannten Einrichtungen sind dagegen nicht Mitglieder der Ärztekammer, sondern ausschließlich der vertragsärztlichen Versorgung zugeordnet. Für diese besteht daher keine verpflichtende Teilnahme am Bereitschaftsdienst der Ärztekammern.

c) Teilnahmepflicht am Bereitschaftsdienst der Kassenärztlichen Vereinigung

Einer genaueren Betrachtung bedarf hingegen die Frage, ob ermächtigten Ärzten und Einrichtungen eine Verpflichtung zur Teilnahme am vertragsärztlichen Bereitschaftsdienst zukommt.

aa) Teilnahmepflicht ermächtigter Einrichtungen i. S. d. § 116a und §§ 117 bis 119c SGB V

Nachdem § 95 Abs. 4 S. 1 SGB V für Einrichtungen i. S. d. § 116a und §§ 117 bis 119c SGB V ausdrücklich bestimmt, dass diese aufgrund ihrer Ermächtigung an der vertragsärztlichen Versorgung teilzunehmen berechtigt und verpflichtet sind, läge es auf den ersten Blick nahe, damit auch eine Pflicht zur Teilnahme am vertragsärzt-

---

[335] BSG, Urt. v. 15.03.1995, 6 RKa 1/94, Rn. 13 (juris).

[336] *Hesral*, in: Schlegel/Voelzke/Engelmann (Hrsg.), juris Praxiskommentar SGB V, § 75 Rn. 30; *Steinmeyer*, in: Bergmann/Pauge/Steinmeyer (Hrsg.), Nomos Kommentar Gesamtes Medizinrecht, § 95 SGB V Rn. 38.

[337] *Steinmeyer*, in: Bergmann/Pauge/Steinmeyer (Hrsg.), Nomos Kommentar Gesamtes Medizinrecht, § 95 SGB V Rn. 39.

lichen Bereitschaftsdienst zu bejahen.[338] Wie MVZ könnten die ermächtigten Einrichtungen dieser Pflicht durch Bestellung eines Vertreters oder aber durch Delegation auf die von ihnen angestellten Ärzte nachkommen. Trotz ihrer Teilnahme an der vertragsärztlichen Versorgung darf im Hinblick auf ermächtigte Einrichtungen jedoch nicht außer Acht bleiben, dass sie – anders etwa als der ermächtigte Krankenhausarzt oder das MVZ – gerade nicht Mitglieder der Kassenärztlichen Vereinigung werden.[339] Insoweit wäre bereits die Regelungsbefugnis der Kassenärztlichen Vereinigungen gegenüber den ermächtigten Einrichtungen in Bezug auf eine verpflichtende Heranziehung zum Bereitschaftsdienst höchst fraglich. Unter Zugrundelegung der Annahme, dass sich die Pflicht zur Teilnahme am Bereitschaftsdienst aus der Zulassung zur vertragsärztlichen Versorgung ergibt, wäre eine Heranziehung mangels Zulassung der ermächtigten Einrichtungen darüber hinaus auch unter diesem Gesichtspunkt zu verneinen. Ungeachtet dessen sprechen auch praktische Erwägungen gegen eine Teilnahme ermächtigter Einrichtungen. Ein Blick auf die § 116a und §§ 117 bis 119c SGB V zeigt, dass es sich bei den in Betracht kommenden Institutionen um hochgradig spezialisierte Einrichtungen handelt, deren angestellte Ärzte im Gros der Fälle aus objektiver Sicht wohl nicht zur kunstgerechten Versorgung der im allgemeinen Bereitschaftsdienst auftretenden Behandlungsfälle geeignet wären. Nachdem sich in den meisten Regionen darüber hinaus auch kaum fachärztliche Bereitschaftsdienste für Fachrichtungen finden lassen, auf welche sich die für eine Ermächtigung in Betracht kommenden Einrichtungen spezialisiert haben – so wird sich deutschlandweit wohl kaum ein geriatrischer oder sozialpädiatrischer Bereitschaftsdienst finden – kämen die ermächtigten Einrichtungen zumeist auch nicht für fachärztliche Bereitschaftsdienste in Betracht, weshalb sich auch diesbezüglich keine Teilnahmepflicht bejahen lässt.

bb) Teilnahmepflicht ermächtigter Ärzte

Im Gegensatz zu den ermächtigten Einrichtungen werden Krankenhausärzte gem. § 77 Abs. 3 S. 1 SGB V kraft ihrer Ermächtigung auch Mitglieder der örtlichen Kassenärztlichen Vereinigung. Dies wird vereinzelt – sei es durch Stimmen in der Literatur oder die sozialgerichtliche Rechtsprechung – zum Anlass genommen, neben niedergelassenen Vertragsärzten auch ermächtigte Krankenhausärzte als zur Teilnahme am vertragsärztlichen Bereitschaftsdienst Verpflichtete anzusehen.[340] Auch die Befürworter einer Teilnahmepflicht verkennen nicht, dass es sich „bei der

338 So wohl BSG, Urt. v. 28.01.2009, 6 KA 61/07 R, Rn. 29 (juris).

339 *Hesral*, in: Schlegel/Voelzke/Engelmann (Hrsg.), juris Praxiskommentar SGB V, § 75 Rn. 30; *Steinmeyer*, in: Bergmann/Pauge/Steinmeyer (Hrsg.), Nomos Kommentar Gesamtes Medizinrecht, § 95 SGB V Rn. 38.

340 So etwa BSG, Urt. v. 28.01.2009, B 6 KA 61/07 R, Rn. 29 (juris); LSG Sachsen, Urt. v. 14.12.2011, L 1 KA 25/10, Rn. 49 (juris); SG Marburg, Urt. v. 25.02.2015, S 11 KA 11/15, Rn. 23 ff. (juris); zustimmend *Nebendahl*, in: Spickhoff (Hrsg.), Medizinrecht, § 75 SGB V Rn. 24 und *Legde*, in: Hänlein/Schuler (Hrsg.), Lehr- und Praxiskommentar Sozialgesetzbuch V, § 75 SGB V Rn. 8.

Ermächtigung um eine besondere und begrenzte Form der Teilnahme an der vertragsärztlichen Versorgung"[341] handelt und diese daher grundsätzlich nicht gleich der Zulassung behandelt werden darf. Nachdem ermächtigte Krankenhausärzte aufgrund ihrer Ermächtigung ebenso wie niedergelassene Ärzte kraft ihrer Zulassung als Mitglieder der Kassenärztlichen Vereinigung (§ 77 Abs. 3 S. 1 SGB V) an der vertragsärztlichen Versorgung teilnehmen (§ 95 Abs. 4 S. 1 SGB V) und damit wie ein Vertragsarzt auch „die entsprechenden Rechte und Pflichten aus § 95 Abs. 3 i. V. m. Abs. 4 SGB V"[342] haben, seien der zugelassene Arzt und der ermächtigte Krankenhausarzt jedenfalls soweit vergleichbar, dass auch zweitgenannter „wegen des aus Art. 3 Abs. 1 GG folgenden Grundsatzes der gleichmäßigen Heranziehung zu den Belastungen des Bereitschaftsdienstes"[343] durch die Kassenärztlichen Vereinigungen verpflichtend zur Teilnahme am Bereitschaftsdienst herangezogen werden könne.[344] Jedenfalls seien Kassenärztliche Vereinigungen „nicht verpflichtet, ermächtigte Krankenhausärzte grundsätzlich vom Bereitschaftsdienst freizustellen."[345] Dem – richtig erkannten – Umstand, dass Zulassung und Ermächtigung nicht vollständig kongruent sind, da der ermächtigte Arzt gerade nur in begrenztem Umfang an der vertragsärztlichen Versorgung mitwirkt, sei schon dann Rechnung getragen, wenn die Bereitschaftsdienstordnung den ermächtigten Krankenhausarzt nur anteilig, d. h. in geringerem Umfang wie den zugelassenen Vertragsarzt, heranziehe.[346]

Dem ist nicht zuzustimmen. Zwar ist es richtig, dass ermächtigte Krankenhausärzte nach § 95 Abs. 1 S. 1 SGB V nicht nur an der vertragsärztlichen Versorgung teilnehmen, sondern darüber hinaus im Gegensatz zu den ermächtigten Einrichtungen auch Mitglieder der Kassenärztlichen Vereinigung werden und deren Ermächtigung folglich durchaus inhaltliche Überschneidungen mit der Zulassung aufweist. Dennoch sind Zulassung und Ermächtigung nicht in einem Maße vergleichbar, welches auch eine verpflichtende Teilnahme ermächtigter Krankenhausärzte am Bereitschaftsdienst rechtfertigen könnte.[347] In Übereinstimmung mit der hier vertretenen Auffassung hat auch das BSG in einer aktuellen Entscheidung[348] die Teilnahmepflicht von ermächtigten Krankenhausärzten am vertragsärztlichen Bereitschaftsdienst mit überzeugender Argumentation für mit höherrangigem Recht unvereinbar erklärt.

---

341 SG Marburg, Urt. v. 25.02.2015, S 11 KA 11/15, Rn. 29 (juris).

342 SG Marburg, Urt. v. 25.02.2015, S 11 KA 11/15, Rn. 36 (juris).

343 SG Marburg, Urt. v. 25.02.2015, S 11 KA 11/15, Rn. 37 (juris).

344 LSG Sachsen, Urt. v. 14.12.2011, L 1 KA 25/10, Rn. 49 (juris), welches es allerdings auch für mit Art. 3 Abs. 1 GG vereinbar hält, wenn sich die Kassenärztliche Vereinigung im Rahmen ihres Gestaltungsspielraums dafür entscheidet, ermächtigte Krankenhausärzte von der Teilnahmepflicht auszunehmen.

345 SG Marburg, Urt. v. 25.02.2015, S 11 KA 11/15, Rn. 37 (juris).

346 SG Marburg, Urt. v. 25.02.2015, S 11 KA 11/15, Rn. 41 (juris).

347 BSG, Urt. v. 12.12.2018, B 6 KA 50/17 R, Rn. 34 (juris).

348 BSG, Urt. v. 12.12.2018, B 6 KA 50/17 R.

(1) Ungenügende Vergleichbarkeit von Zulassung und Ermächtigung

Zunächst misst die gegenteilige Auffassung der Tatsache, dass die Ermächtigung dem Arzt im Vergleich zur Zulassung in wesentlich geringerem Umfang in die vertragsärztliche Versorgung einbezieht, nicht hinreichend Bedeutung zu. Ihrer Ansicht nach wird diesem Unterschied schon dann Rechnung getragen, wenn der Teilnahmeumfang ermächtigter Krankenhausärzte geringer ausfällt als derjenige der zugelassenen Vertragsärzte. Damit wird dem Umfang der reduzierten Teilnahme des ermächtigten Krankenhausarztes an der vertragsärztlichen Versorgung jedoch nicht ausreichend Genüge getan[349] – die Diskrepanz des Teilnahmeumfangs von zugelassenen Ärzten und ermächtigten Krankenhausärzten ist keine geringfügige, sondern in vielerlei Hinsicht eine ganz beträchtliche.[350]

Schon in zeitlicher Hinsicht sind Zulassung und Ermächtigung nicht vergleichbar. Eine Ermächtigung wird entgegen der Zulassung nicht nur von vornherein nur für einen begrenzten Zeitraum erteilt,[351] auch der im Rahmen der Ermächtigung ausgeübte Tätigkeitsumfang ist zeitlich gesehen bedeutend geringer.[352] Ebenso unterscheiden sich Zulassung und Ermächtigung wesentlich in ihrem durch die jeweilige Erteilung gewährten Beteiligungsumfang an der vertragsärztlichen Versorgung. Während ein zugelassener Vertragsarzt im Rahmen seiner Praxistätigkeit relativ frei arbeiten kann, ist der ermächtigte Krankenhausarzt streng auf den exakt festgelegten Versorgungsumfang beschränkt, welcher in der Regel weitaus enger gezogen ist als das Behandlungsspektrum des zugelassenen Arztes.[353] Der Krankenhausarzt wird durch seine Ermächtigung nicht einmal zur Abhaltung von Sprechstunden verpflichtet, während dies für den zugelassenen Vertragsarzt im Regelfall den weit überwiegenden Teil seiner Arbeitszeit ausmacht.[354] Darüber hinaus besitzt die vertragsärztliche Tätigkeit für den zugelassenen Arzt eine gänzlich andere Bedeutung als für den ermächtigten Krankenhausarzt. Während die vertragsärztliche Tätigkeit für erstgenannten seine Hauptbeschäftigung darstellt, nimmt sie für letztgenannten meist nicht mehr als die Stellung einer Nebenbeschäftigung ein;[355] hauptberuflich hat sich der ermächtigte Krankenhausarzt der stationären Behandlung seiner Patienten im Krankenhaus zu widmen.[356] Dies wirkt sich freilich auch auf die finanzielle Komponente aus. Für den zugelassenen Arzt stellt die vertragsärztliche Tätigkeit seine Haupteinnahmequelle dar, während die Ermächtigung für den ermächtigten Krankenhausarzt aus finanzieller Sicht zumeist nur eine untergeordnete Rolle spielt – zumal der ermächtigte Krankenhausarzt im Gegensatz zum zugelassenen Ver-

---

[349] Vgl. BSG, Urt. v. 12.12.2018, B 6 KA 50/17 R, Rn. 34 (juris).

[350] So auch *Isensee*, Kassenarztmonopol und nichtärztliche Leistungserbringer, S. 10f.

[351] BSG, Urt. v. 12.12.2018, B 6 KA 50/17 R, Rn. 35 (juris).

[352] BSG, Urt. v. 12.12.2018, B 6 KA 50/17 R, Rn. 40 (juris).

[353] LSG Hessen, Urt. v. 14.12.2016, L 4 KA 18/15, Rn. 31 (juris).

[354] BSG, Urt. v. 12.12.2018, B 6 KA 50/17 R, Rn. 38 (juris).

[355] BSG, Urt. v. 12.12.2018, B 6 KA 50/17 R, Rn. 40 (juris).

[356] BSG, Urt. v. 12.12.2018, B 6 KA 50/17 R, Rn. 38 (juris).

tragsarzt nicht einmal berechtigt ist, seine erbrachten Leistungen direkt mit der Kassenärztlichen Vereinigung abzurechnen, sondern dies vielmehr gem. § 120 Abs. 1 SGB V über den Krankenhausträger zu erfolgen hat, welcher ihm nach Abzug der Verwaltungs- sowie Personal- und Sachkosten eine Vergütung weiterleitet.[357]

Zulassung und Ermächtigung weisen als alternative Teilnahmeformen an der vertragsärztlichen Versorgung damit sehr wohl Gemeinsamkeiten auf, unterscheiden sich dabei aber grundlegend in ihrer konkreten Ausgestaltung in zeitlicher und finanzieller Hinsicht sowie in Bezug auf den Teilnahmeumfang wie auch die Bedeutung sowohl für die vertragsärztliche Versorgung als auch für den einzelnen Arzt. Wie das BSG in der zuvor angeführten Entscheidung treffend ausdrückt, ist „die Differenzierung zwischen Zulassung und Ermächtigung [...] keine rein begriffliche, sondern drückt einen grundsätzlich anderen Grad der Einbeziehung in die vertragsärztliche Versorgung aus."[358] Es ist daher auch nicht mit Blick auf Art. 3 Abs. 1 GG geboten und kann erst recht keine Pflicht darstellen, auch ermächtigte Krankenhausärzte zum vertragsärztlichen Bereitschaftsdienst zu verpflichten, da beide nicht derart vergleichbar sind, dass es diesbezüglich einer solchen Gleichbehandlung bedarf; eine solche Schlussfolgerung verkennt die vom Gesetzgeber ausdrücklich gewollte Nachrangigkeit der Ermächtigung hinter der Zulassung – die Ermächtigung dient lediglich der Schließung derjenigen Lücken in der vertragsärztlichen Versorgung, welche die zugelassenen Ärzte nicht zu füllen vermögen.[359] Den Unterschieden zwischen Zulassung und Ermächtigung ist insofern eine größere Bedeutung beizumessen als ihren Gemeinsamkeiten.

(2) Widerspruch zur gängigen sozialgerichtlichen Rechtsprechung

Doch selbst unter der – soeben als nicht haltbar bewerteten – Prämisse, dass die im Vergleich zu den niedergelassenen Vertragsärzten weniger häufige Heranziehung die Diskrepanz zwischen dem jeweiligen Versorgungsumfang auszugleichen im Stande wäre, wie dies etwa das SG Marburg annimmt,[360] lässt sich auch aus einem anderen Grund keine Teilnahmepflicht aus der Ermächtigung herleiten. Denn insbesondere die Rechtsprechung betont immer wieder, dass sich die Pflicht zur Teilnahme am vertragsärztlichen Bereitschaftsdienst aus der Zulassung ergebe.[361] Die Teilnahme an der vertragsärztlichen Versorgung oder die Mitgliedschaft in der Kassenärztlichen Vereinigung alleine kann demnach also noch keine Teilnahmepflicht am Bereitschaftsdienst begründen.[362] Infolgedessen erscheint es jedenfalls reichlich wider-

[357] BSG, Urt. v. 12. 12. 2018, B 6 KA 50/17 R, Rn. 43 (juris).

[358] BSG, Urt. v. 12. 12. 2018, B 6 KA 50/17 R, Rn. 33 (juris).

[359] LSG Hessen, Urt. v. 14. 12. 2016, L 4 KA 18/15, Rn. 33 (juris); BSG, Urt. v. 12. 12. 2018, B 6 KA 50/17 R, Rn. 35 (juris).

[360] SG Marburg, Urt. v. 25. 02. 2015, S 11 KA 11/15, Rn. 41 (juris).

[361] So auch BSG, Urt. v. 12. 12. 2018, B 6 KA 50/17 R, Rn. 39 (juris) im Rahmen der Frage nach der Teilnahmepflicht von ermächtigten Krankenhausärzten.

[362] BSG, Urt. v. 12. 12. 2018, B 6 KA 50/17 R, Rn. 45 (juris).

sprüchlich, wenn etwa das SG Marburg und das LSG Sachsen in ihren zuvor zitierten Entscheidungen entgegen der üblichen Linie der sozialgerichtlichen Rechtsprechung nunmehr die Zulassung offenbar als nicht mehr nötig für eine Teilnahmeverpflichtung, sondern vielmehr die bloße Ermächtigung als hierfür ausreichend erachten.

(3) Gefahr einer unzumutbaren Belastung

Nicht außer Acht gelassen werden darf bei der Frage einer Teilnahmepflicht von ermächtigten Krankenhausärzten am vertragsärztlichen Bereitschaftsdienst auch, dass diese in der Regel bereits aufgrund ihrer Tätigkeit am Krankenhaus zur Teilnahme an einem krankenhausinternen Bereitschaftsdienst oder einer Rufbereitschaft teilzunehmen haben. Eine hinzutretende Heranziehung zum vertragsärztlichen Bereitschaftsdienst brächte daher neben einer fragwürdigen rechtlichen Grundlage auch die Gefahr einer überproportionalen Belastung.[363]

(4) Praktische Umsetzungsprobleme

Schließlich stehen einer verpflichtenden Heranziehung von ermächtigten Krankenhausärzten – wenngleich rechtlich betrachtet natürlich von keinem großen argumentativen Gewicht – auch praktische Bedenken gegenüber. Wie dargestellt handelt es sich bei der Teilnahme an der vertragsärztlichen Versorgung für einen ermächtigten Krankenhausarzt um eine bloße Nebentätigkeit. Den weitaus überwiegenden Teil seiner beruflichen Tätigkeit hat er für die stationäre Behandlung von Patienten im Krankenhaus aufzuwenden, an welchem er angestellt ist. Zöge man den ermächtigten Krankenhausarzt im Rahmen seiner vertragsärztlichen Nebentätigkeit auch zum ambulanten Bereitschaftsdienst heran, würde dies eine Abstimmung des Bereitschaftsdienstplanes der Kassenärztlichen Vereinigung mit dem Dienstplan des Krankenhauses nötig machen, welche sich im Einzelfall als durchaus schwierig gestalten könnte.[364]

(5) Ergebnis

Aufgrund der vorangegangenen Ausführungen besteht für ermächtigte Krankenhausärzte keine Pflicht, am vertragsärztlichen Bereitschaftsdienst der Kassenärztlichen Vereinigungen teilzunehmen.[365] Demnach sind Regelungen in Bereitschaftsdienstordnungen der Kassenärztlichen Vereinigungen, welche ermächtigte Krankenhausärzte zur Teilnahme verpflichten, unabhängig vom Umfang der Heranziehung[366] wegen Verstoßes gegen höherrangiges Recht rechtswidrig.[367]

---

[363] BSG, Urt. v. 12.12.2018, B 6 KA 50/17 R, Rn. 50 (juris).

[364] BSG, Urt. v. 12.12.2018, B 6 KA 50/17 R, Rn. 41 (juris).

[365] So auch LSG Hessen, Urt. v. 14.12.2016, L 4 KA 18/15, Rn. 29 (juris); BSG, Urt. v. 12.12.2018, B 6 KA 50/17 R, Rn. 27 (juris); wohl auch *Bahner*, Recht im Bereitschaftsdienst, S. 47.

[366] BSG, Urt. v. 12.12.2018, B 6 KA 50/17 R, Rn. 51 (juris).

d) Fazit

Ermächtigte Einrichtungen können weder zur Teilnahme am Bereitschaftsdient der Ärztekammern, noch zur Teilnahme am Bereitschaftsdienst der Kassenärztlichen Vereinigungen verpflichtet werden. Ebenso können Kassenärztliche Vereinigungen auch ermächtigte Ärzte nicht verpflichtend zu ihrem Bereitschaftsdienst heranziehen. Dagegen steht es den Ärztekammern frei, eine Teilnahmepflicht für niedergelassene ermächtigte Ärzte zu normieren.

4. Teilnahmepflicht psychologischer Psychotherapeuten

Schließlich stellt sich die Frage, ob Ärztekammern und Kassenärztlichen Vereinigungen auch psychologische Psychotherapeuten zur Teilnahme am ärztlichen Bereitschaftsdienst verpflichten können.

a) Überblick über psychologische Psychotherapeuten

Einer gesonderten Betrachtung bedarf es deshalb, weil psychologische Psychotherapeuten – anders als ärztliche Psychotherapeuten[368] – zur Berufsbezeichnung und Ausübung ihres Berufes keines abgeschlossenen Medizinstudiums bedürfen, sondern nach § 2 Abs. 1 Nr. 2 i. V. m. § 5 PsychThG vielmehr ein Diplom oder einen Masterabschluss in Psychologie sowie eine erfolgreich abgelegte psychotherapeutische Zusatzausbildung vorzuweisen haben bzw. seit dem „Gesetz zur Reform der Psychotherapeutenausbildung" vom 15. November 2019[369] eines Masterabschlusses in einem zum Wintersemester 2020 erstmals startenden eigenständigen Studiengang der Psychotherapie bedürfen.[370]

---

[367] So auch LSG Hessen, Urt. v. 14. 12. 2016, L 4 KA 18/15, Rn. 29 (juris); BSG, Urt. v. 12. 12. 2018, B 6 KA 50/17 R, Rn. 27 (juris).

[368] Diese bleiben von den die psychologischen Psychotherapeuten betreffenden Regelungen – allen voran dem PsychThG – unberührt, *Schirmer*, MedR 1998, 435 (437).

[369] BGBl. I S. 1604.

[370] Siehe § 2 Abs. 1 Nr. 1 PsychThG in der Fassung vom 15. November 2019. Mit der Reform der Psychotherapeutenausbildung wird zudem die Bezeichnung „psychologischer Psychotherapeut" abgeschafft. Diese werden künftig vielmehr als „Psychotherapeuten" bezeichnet. Psychotherapeuten mit abgeschlossenem Medizinstudium dürfen dagegen auch den Zusatz „ärztliche" bzw. „ärztlicher" verwenden, siehe § 2 Abs. 1 S. 5 PsychThG. Im Folgenden wird zur besseren Unterscheidbarkeit allerdings in Bezug auf die Psychotherapeuten ohne Medizinstudium weiterhin die Bezeichnung „psychologischer Psychotherapeut" verwendet.

b) Teilnahmepflicht am Bereitschaftsdienst der Ärztekammer

Psychologische Psychotherapeuten sind nicht Mitglieder der Ärztekammern.[371] Vielmehr werden diese durch ihre Approbation Pflichtmitglieder[372] in einer entsprechend den Vorgaben des jeweiligen Heilberufe-Kammergesetzes eigens eingerichteten Psychotherapeutenkammer.[373] Zur Teilnahme am ärztlichen Bereitschaftsdienst der Ärztekammern können sie daher mangels Mitgliedschaft konsequenterweise nicht verpflichtet werden. Allerdings bleibt es den Psychotherapeutenkammern im Rahmen der ihnen nach dem jeweiligen Heilberufe-Kammergesetz zustehenden Regelung der Berufsausübung[374] unbenommen, einen psychotherapeutischen Bereitschaftsdienst zu organisieren und die psychologischen Psychotherapeuten neben den ärztlichen Psychotherapeuten zur Teilnahme an diesem zu verpflichten. So heißt es dann auch in § 20 Abs. 7 S. 1 und 2 der Musterberufsordnung der Bundespsychotherapeutenkammer:

> Niedergelassene Psychotherapeutinnen und Psychotherapeuten[375] sind zur Teilnahme am psychotherapeutischen Notfalldienst verpflichtet, wenn ein solcher eingerichtet wurde. Zu Art und Umfang der Beteiligung sowie etwaigen Befreiungsmöglichkeiten erlässt die jeweilige Landespsychotherapeutenkammer gesonderte Regelungen.

c) Teilnahmepflicht am Bereitschaftsdienst der Kassenärztlichen Vereinigung

Obgleich psychologische Psychotherapeuten gerade kein abgeschlossenes Medizinstudium besitzen, werden diese ausweislich der Gesetzesbegründung[376] von der Arztgruppe der Psychotherapeuten gem. § 101 Abs. 4 S. 1 SGB V erfasst[377] und können darüber hinaus seit dem 01. Januar 1999 zur vertragsärztlichen Versorgung zugelassen werden,[378] womit ihnen als Mitgliedern ebenso wie den zugelassenen

---

[371] Hieran ändert auch die eingangs erwähnte Reform der Psychotherapeutenausbildung nichts.

[372] *Haage*, PsychotherapeutenG, Einleitung Rn. 49.

[373] *Eichelberger*, in: Spickhoff (Hrsg.), Medizinrecht, § 1 PsychThG Rn. 47; *Haage*, PsychotherapeutenG, Einleitung Rn. 49; *Wollersheim*, in: Terbille/Clausen/Schroeder-Printzen, Münchener Anwaltshandbuch Medizinrecht, § 6 Rn. 340.

[374] Zum Begriff der Berufsausübung i. S. d. Heilberufe-Kammergesetze insbesondere in Abgrenzung zu demjenigen des § 1 Abs. 3 PsychThG *Stellpflug*, MedR 2005, 71 ff.

[375] Unter den Begriff der „Psychotherapeutinnen und Psychotherapeuten" fallen auch die psychologischen Psychotherapeuten.

[376] BT-Drs. 13/8035, S. 22.

[377] So auch BSG, Urt. v. 19.09.2015, B 6 KA 41/14 R, Rn. 17 (juris).

[378] *Gokel*, in: Quaas/Zuck/Clemens/Gokel, Medizinrecht, § 32 Rn. 1; *Neumann*, in: Giesen/Kreikebohm/Rolfs/Udsching, BeckOK Sozialrecht, § 95 SGB V Rn. 6; *Nolte*, in: Körner/Leitherer/Mutschler/Rolfs (Hrsg.), Kasseler Kommentar Sozialversicherungsrecht, § 28 SGB V Rn. 28. Mit dem „Gesetz zur Reform der Psychotherapeutenausbildung" vom 15. November 2019 bedarf es hierfür nach dem neugefassten § 95c Abs. 1 Nr. 2 SGB V neben einem abge-

Ärzten die Rechte und Pflichten nach den Grundsätzen des Vertragsarztrechts zuteilwerden (sog. Integrationsmodell).[379] Nachdem es für die Pflicht zur Teilnahme am vertragsärztlichen Bereitschaftsdienst wie schon so häufig betont alleine auf die Zulassung zur vertragsärztlichen Versorgung ankommt, stehen der Verpflichtung von psychologischen Psychotherapeuten auf den ersten Blick keine rechtlichen Bedenken gegenüber. Zu beachten ist jedoch, dass die psychologischen Psychotherapeuten trotz rechtlicher Zuordnung zur Arztgruppe der Psychotherapeuten anders als die unproblematisch zur Teilnahme verpflichteten Psychotherapeuten[380] kein medizinisches Studium vorweisen können und es ihnen dementsprechend bereits an der fachlichen Qualifikation fehlt, um die im Bereitschaftsdienst auftretenden Behandlungsfälle nach den Regeln der ärztlichen Kunst behandeln zu können.[381] Darüber hinaus stehen den psychologischen Psychotherapeuten auch nicht alle ärztlichen Rechte zu.[382] So ist ihnen etwa die Verordnung von Arzneimitteln und die Bescheinigung der Arbeitsunfähigkeit vorenthalten.[383] Diesen Rechten stehen sodann spezifische ärztliche Pflichten gegenüber, welche die psychologischen Psychotherapeuten im Gegenzug ebenfalls nicht betreffen, wozu auch die Teilnahme am ärztlichen Bereitschaftsdienst zu zählen ist.[384] Im Ergebnis können psychologische Psychotherapeuten daher nicht zur Teilnahme an einem ärztlichen Bereitschaftsdienst der Kassenärztlichen Vereinigungen verpflichtet werden.[385] Insbesondere im Hinblick auf das fehlende Medizinstudium, aber auch die Möglichkeit der Einrichtung eigenständiger psychotherapeutischer Bereitschaftsdienste lässt sich dies in Bezug auf die zur Teilnahme am ärztlichen Bereitschaftsdienst verpflichteten Ärzte mit Art. 3 Abs. 1 GG vereinbaren. An dieser Einschätzung ändert auch die eingangs erwähnte Reform der Psychotherapeutenausbildung nichts, da es sich bei dem ein-

---

schlossenen Studium der Psychotherapie künftig allerdings einer erfolgreich abgeschlossenen Weiterbildung.

[379] *Gokel*, in: Quaas/Zuck/Clemens/Gokel, Medizinrecht, § 32 Rn. 7; *Nolte*, in: Körner/Leitherer/Mutschler/Rolfs (Hrsg.), Kasseler Kommentar Sozialversicherungsrecht, § 28 SGB V Rn. 25; *Spellbrink*, NZS 1999, 1 (8); *Wollersheim*, in: Terbille/Clausen/Schroeder-Printzen, Münchener Anwaltshandbuch Medizinrecht, § 6 Rn. 343.

[380] Hierzu BSG, Urt. v. 19.09.2015, B 6 KA 41/14 R.

[381] Vgl. LSG Niedersachsen, Urt. v. 25.04.2001, L 3/5 KA 67/99, Rn. 17 (juris); SG Marburg, Urt. v. 29.01.2014, S 12 KA 12/13, Rn. 53 (juris); SG Marburg, Urt. v. 17.09.2014, S 12 KA 466/13, Rn. 51 (juris).

[382] BSG, Urt. v. 19.09.2015, B 6 KA 41/14 R, Rn. 17 (juris); SG Marburg, Urt. v. 26.10. 2016, S 12 KA 387/15, Rn. 31 (juris).

[383] BSG, Urt. v. 19.09.2015, B 6 KA 41/14 R, Rn. 17 (juris).

[384] BSG, Urt. v. 19.09.2015, B 6 KA 41/14 R, Rn. 17 (juris).

[385] LSG Niedersachsen, Urt. v. 25.04.2001, L 3/5 KA 67/99, Rn. 17 (juris); LSG Nordrhein-Westfalen, Urt. v. 08.12.2004, L 10 KA 5/04, Rn. 27 (juris); BSG, Urt. v. 19.09.2015, B 6 KA 41/14 R, Rn. 17 (juris); SG Marburg, Urt. v. 29.01.2014, S 12 KA 12/13, Rn. 53 (juris); SG Marburg, Urt. v. 17.09.2014, S 12 KA 466/13, Rn. 51 (juris); SG Marburg, Urt. v. 26.10. 2016, S 12 KA 387/15, Rn. 31 (juris); so auch *Schirmer*, MedR 1998, 435 (453), welcher allenfalls einen eigens eingerichteten psychotherapeutischen Krisen- und Interventionsdienst für möglich hält.

zuführenden eigenständigen Studiengang der Psychotherapie weiterhin nicht um ein Medizinstudium handelt.

d) Fazit

Psychologische Psychotherapeuten können weder zum Bereitschaftsdienst der Ärztekammern noch zu demjenigen der Kassenärztlichen Vereinigungen verpflichtend herangezogen werden.

IV. Abschließendes Fazit zum Adressatenkreis der Teilnahmepflicht

Die vorangegangenen Ausführungen haben gezeigt, dass die Möglichkeit der verpflichtenden Heranziehung eines Arztes letztlich von zweierlei Faktoren abhängt: Entscheidend ist zunächst die fachliche Eignung des einzelnen Arztes für den Bereitschaftsdienst. Entgegen der Rechtsprechung kann hierbei nicht pauschal von einer Eignung aller Ärzte ausgegangen werden. Vielmehr bedarf es hier einer ausdifferenzierten Handhabung, welche sich allerdings nur bedingt juristisch umsetzen lässt. Des Weiteren hängt die Frage, ob ein Arzt zur Teilnahme verpflichtet werden kann, auch von seiner konkreten Tätigkeit ab. Im Ergebnis ist hierfür seine (Nicht-) Zulassung zur vertragsärztlichen Versorgung (für die Teilnahme am Bereitschaftsdienst der Kassenärztlichen Vereinigungen) respektive seine Approbation (für die Teilnahme am Bereitschaftsdienst der Ärztekammern) entscheidend.

D. Umfang der Teilnahmepflicht

Nachdem soeben der Kreis der Teilnahmeverpflichteten gezogen wurde, bedarf es nunmehr der Klärung, in welchem Umfang die zur Teilnahme verpflichteten Ärzte im Einzelfall herangezogen werden dürfen. Hierbei ist in Abhängigkeit von der Zulassung des Arztes zur vertragsärztlichen Versorgung eine Differenzierung vonnöten. Auch auf einige Sonderkonstellationen der konkreten ärztlichen Tätigkeit ist ein Blick zu werfen. Im Grundsatz gilt es hierbei jedoch stets zu berücksichtigen, dass die Ärztekammern und Kassenärztlichen Vereinigungen im Hinblick auf Art. 3 Abs. 1 GG auf eine möglichst gleichmäßige Einteilung der Ärzte zu achten haben – mit anderen Worten hat der einzelne Arzt einen Anspruch darauf, nicht in stärkerem Maße als andere Ärzte in gleicher Lage zum Bereitschaftsdienst herangezogen zu werden.[386] Gegen diesen Grundsatz verstößt eine Regelung in der Bereitschafts-

---

[386] BVerwG, Urt. v. 12.12.1972, I C 30.69, NJW 1973, 576 (577); BSG, Urt. v. 15.04.1980, 6 RKa 8/78, Rn. 15 (juris); BSG, Urt. v. 11.06.1986, 6 RKa 5/85, Rn. 13 (juris); BSG, Urt.

dienstordnung insbesondere dann, wenn die Bestimmung des Teilnahmeumfangs am Bereitschaftsdienst ungeachtet des Umfangs der Teilnahme des jeweiligen Arztes an der ärztlichen Versorgung erfolgt.[387]

I. Grundsätzlicher Umfang der Teilnahmepflicht am Bereitschaftsdienst der Kassenärztlichen Vereinigungen

Der Umfang der Teilnahmepflicht von Vertragsärzten am vertragsärztlichen Bereitschaftsdienst aufgrund ihrer Zulassung zur vertragsärztlichen Versorgung sollte sich aus Gründen der Praktikabilität, aber auch der Fairness, nach dem Umfang ihres Versorgungsauftrages richten.[388] Wenn das Gesetz[389] dem Arzt ausdrücklich die Möglichkeit einräumt, weniger als einen vollen Versorgungsauftrag wahrzunehmen und damit entsprechend weniger Sprechstunden anzubieten verpflichtet, wäre es gerade im Hinblick auf die sich aus Art. 3 Abs. 1 GG ergebende Pflicht der Kassenärztlichen Vereinigung, den einzelnen Arzt nicht in stärkerem Maße heranzuziehen als andere Ärzte in gleicher Lage,[390] schwerlich sachgerecht oder nachvollziehbar, einen Arzt mit reduziertem Versorgungsauftrag genauso häufig zum Bereitschaftsdienst heranzuziehen wie einen Arzt, der vollumfänglich an der vertragsärztlichen Versorgung teilnimmt.[391] Ärzte mit vollem Versorgungsauftrag sollten daher in Übereinstimmung mit der Rechtsprechung[392] vollumfänglich – d. h. mit dem Faktor 1,0 – zur Teilnahme am Bereitschaftsdienst verpflichtet werden, Ärzte mit einem auf drei Viertel oder die Hälfte beschränkten Versorgungsauftrag dagegen nur mit dem Faktor 0,75 bzw. 0,5. Dies deckt sich auch mit der allgemeinen Vorgehensweise bei der Bestimmung des Umfangs der Teilnahme des zugelassenen Arztes an der vertragsärztlichen Versorgung, wie § 95 Abs. 3 S. 1 SGB V zum Ausdruck bringt:

---

v. 06.09.2006, B 6 KA 43/05 R, Rn. 18 (juris); BSG, Urt. v. 06.02.2008, B 6 KA 13/06 R, Rn. 14 (juris); LSG Sachsen, Urt. v. 14.12.2011, L 1 KA 25/10, Rn. 45 (juris).

[387] LSG Sachsen, Urt. v. 14.12.2011, L 1 KA 25/10, Rn. 45 (juris).

[388] So auch *Bahner*, Recht im Bereitschaftsdienst, S. 47 f.

[389] Siehe § 19a Abs. 2 S. 1 Ärzte-ZV: „Der Arzt ist berechtigt, durch schriftliche Erklärung gegenüber dem Zulassungsausschuss seinen Versorgungsauftrag auf die Hälfte oder drei Viertel des Versorgungsauftrages nach Absatz 1 Satz 1 zu beschränken."

[390] BSG, Urt. v. 15.04.1980, 6 RKa 8/78, Rn. 15 (juris); BSG, Urt. v. 06.02.2008, B 6 KA 13/06 R, Rn. 14 (juris); BSG, Urt. v. 06.09.2006, B 6 KA 43/05 R, Rn. 10 (juris); LSG Sachsen, Urt. v. 14.12.2011, L 1 KA 25/10, Rn. 44 (juris).

[391] *Bahner*, Recht im Bereitschaftsdienst, S. 48.

[392] BSG, Urt. v. 06.09.2006, B 6 KA 43/05 R, Rn. 10 (juris); LSG Sachsen, Urt. v. 14.12.2011, L 1 KA 25/10, Rn. 44 f. (juris); SG Marburg, Urt. v. 25.02.2015, S 11 KA 11/15, Rn. 40 (juris).

Die Zulassung bewirkt, daß der Vertragsarzt Mitglied der für seinen Kassenarztsitz zuständigen Kassenärztlichen Vereinigung wird und zur Teilnahme an der vertragsärztlichen Versorgung im Umfang seines aus der Zulassung folgenden Versorgungsauftrages berechtigt und verpflichtet ist.

II. Grundsätzlicher Umfang der Teilnahmepflicht am Bereitschaftsdienst der Ärztekammern

Im Gegensatz zur vertragsärztlichen Versorgung knüpft die Pflicht des einzelnen Arztes zur Teilnahme am Bereitschaftsdienst der Ärztekammern nicht an eine – für das Berufsrecht nicht existente – Zulassung, sondern an die Niederlassung an. Für die Bestimmung des Teilnahmeumfangs an der ärztlichen Versorgung kann es daher keine Rolle spielen, ob der Arzt einen hälftigen, drei Viertel oder vollen vertragsärztlichen Versorgungsauftrag innehat. Allerdings darf im Hinblick auf den sich aus Art. 3 Abs. 1 GG ergebenden Grundsatz der möglichst gleichmäßigen Heranziehung auch für den Bereitschaftsdienst auf berufsrechtlicher Grundlage nicht pauschal jeder Arzt in gleichem Umfang zur Teilnahme herangezogen werden. Vielmehr hat auch hier eine Abstufung nach dem Umfang der ärztlichen Tätigkeit des niedergelassenen Arztes zu erfolgen. Hierfür bietet sich – Alternativmodelle nicht ausgeschlossen, sofern sich diese mit dem aus Art. 3 Abs. 1 GG folgenden Grundsatz der möglichst gleichmäßigen Heranziehung aller Ärzte vereinbaren lassen[393] – eine Orientierung an der wöchentlichen Stundenzahl an, welche der Arzt für seine ärztliche Tätigkeit aufwendet. Denn wenngleich die Ermittlung des Umfangs der wöchentlichen ärztlichen Tätigkeit bei rein privat tätigen Ärzten im Gegensatz zu den zugelassenen Ärzten Schwierigkeiten bereiten kann und hier wohl größtenteils auf eine Selbstauskunft des jeweiligen Arztes zurückgegriffen werden muss,[394] scheint eine Bestimmung der Anrechnungsfaktoren nach dieser Methode im Hinblick auf Art. 3 Abs. 1 GG dennoch am besten geeignet, möglichst gerechte Einzelfallergebnisse zu erzielen und damit die Einhaltung des obigen Grundsatzes zu gewährleisten.

III. Einzelfälle

Nach obigen Ausführungen gilt damit der Grundsatz, dass ein Vertragsarzt am vertragsärztlichen Bereitschaftsdienst entweder mit dem Faktor 0,5 (bei hälftigem Versorgungsauftrag), dem Faktor 0,75 (bei einem drei Viertel Versorgungsauftrag) oder mit dem Faktor 1,0 (bei vollem Versorgungsauftrag) teilnimmt. Wenngleich das

---

[393] Siehe zu einem zulässigen Alternativmodell etwa die Regelung durch die BÄK Nordbaden, dazu Kap. 3 A. II. 1. a) aa).

[394] Dies ist etwa dann der Fall, wenn der Arzt keine festen Sprechstundenzeiten eingerichtet hat und Termine stattdessen nur nach Vereinbarung vergibt.

Berufsrecht kein Äquivalent einer abgestuften Beteiligung kennt, sollte auch der Teilnahmeumfang am Bereitschaftsdienst der Ärztekammern gemäß dem Grundsatz der möglichst gleichmäßigen Heranziehung aller Ärzte in Abhängigkeit des Umfangs der wöchentlichen ärztlichen Tätigkeit bestimmt werden. In Abweichung hiervon bedarf es in den folgenden Sonderkonstellationen jedoch möglicherweise einer differenzierteren Betrachtung.

1. Umfang der Teilnahmepflicht anstellender Ärzte

Beginnen werden soll hier mit denjenigen Ärzten, welche in ihrer Praxis weitere Ärzte zur Anstellung beschäftigen.

a) Umfang der Teilnahmepflicht am Bereitschaftsdienst der Ärztekammern

Deren Teilnahmeumfang hat sich entsprechend den oben aufgestellten Grundsätzen alleine nach dem zeitlichen Umfang ihrer eigenen ärztlichen Tätigkeit zu richten. Der Tätigkeitsumfang der bei ihnen angestellten Ärzte darf hierbei keine Rolle spielen. Andernfalls wären sie in nicht zu rechtfertigender Weise gegenüber denjenigen Ärzten benachteiligt, welche im gleichen Umfang ihrer ärztlichen Tätigkeit nachgehen, aber keine weiteren Ärzte in ihrer Praxis beschäftigen. Nachdem angestellte Ärzte auch eine eigene Teilnahmepflicht am Bereitschaftsdienst der Ärztekammern trifft, würde deren ärztliche Tätigkeit darüber hinaus ansonsten auch doppelt berücksichtigt werden.

b) Umfang der Teilnahmepflicht am Bereitschaftsdienst der Kassenärztlichen Vereinigungen

Selbiges gilt letztlich auch für den Umfang der Teilnahmepflicht am Bereitschaftsdienst der Kassenärztlichen Vereinigung – allerdings mit der Einschränkung, dass Nicht-Vertragsärzte mangels Zulassung ohnehin nicht Adressaten einer Teilnahmepflicht am vertragsärztlichen Bereitschaftsdienst sein können und sich die Frage nach deren Teilnahmeumfang von vornherein nicht stellt. Bezüglich des Umfangs der grundsätzlich zur Teilnahme verpflichteten Vertragsärzte, welche weitere Ärzte in ihrer Praxis beschäftigen, kann hingegen nichts Anderes gelten als für solche Vertragsärzte, welche keine Ärzte angestellt haben. Auch hier hat sich der Umfang der Teilnahmepflicht alleine nach dem sich aus ihrer Zulassung ergebenden Teilnahmeumfang an der vertragsärztlichen Versorgung zu richten, welcher sowohl ihre persönlich wahrgenommene Zulassung, als auch diejenigen Zulassungen erfasst, deren Versorgungsauftrag von den angestellten Ärzten wahrgenommen wird. Eine darüberhinausgehende Erhöhung ihrer Teilnahmepflicht in Abhängigkeit der Anzahl der angestellten Ärzte ist dagegen rechtswidrig. Sofern eine Bereitschaftsdienstordnung den Teilnahmeumfang des anstellenden Vertragsarztes hingegen nicht von dessen Zulassung(en), sondern vom Tätigkeitsumfang der dort angestellten Ärzte abhängig macht, ist dies im Hinblick auf den sich aus Art. 3 Abs. 1 GG ergebenden Grundsatz, den einzelnen Teilnehmer nicht in stärkerem Maße als andere Ärzte in gleicher Lage zum Bereitschaftsdienst heranzuziehen, nur als zulässig anzusehen, sofern die in der Regelung genannten Anrechnungsfaktoren dem sich aus der Zulassung ergebenden Versorgungsumfang entsprechen, in dessen Höhe der Arzt beim Vertragsarzt angestellt ist – sprich mit dem Faktor 1,0 bzw. 0,75 bzw. 0,5 bei einer Beschäftigung in Höhe einer vollen bzw. einer drei Viertel bzw. einer halben Zulassung.[395] Mit anderen Worten darf der anstellende Arzt im Ergebnis nicht in höherem Maße zum Bereitschaftsdienst verpflichtet werden, wie es bei einer hier präferierten Anknüpfung an den sich aus der Zulassung ergebenden Versorgungsauftrag der Fall wäre.

2. Umfang der Teilnahmepflicht von in Arztpraxen angestellten Ärzten

Auch die Ermittlung des Teilnahmeumfangs der in Arztpraxen angestellten Ärzte bedarf einer kurzen Betrachtung.

a) Umfang der Teilnahmepflicht am Bereitschaftsdienst der Ärztekammern

In Arztpraxen angestellte Ärzte sind aufgrund ihrer Approbation ebenso wie selbstständig niedergelassene Ärzte Mitglieder der Ärztekammern, weshalb deren geringere Heranziehung – wie schon deren Herausnahme aus dem Adressatenkreis der zur Teilnahme Verpflichteten[396] – eine nicht zu rechtfertigende Ungleichbehandlung gegenüber ihren verpflichteten Kollegen mit eigener Praxis darstellen würde, sofern sie in einem vergleichbaren Umfang ärztlich tätig sind. Insofern hat sich der Teilnahmeumfang angestellter Ärzte ebenfalls nach dem Umfang ihrer eigenen ärztlichen Tätigkeit zu richten.

b) Umfang der Teilnahmepflicht am Bereitschaftsdienst der Kassenärztlichen Vereinigungen

Nachdem in Arztpraxen angestellte Ärzte mangels eigener Zulassung schon nicht verpflichtend zum vertragsärztlichen Bereitschaftsdienst der Kassenärztlichen Vereinigungen herangezogen werden können, erübrigt sich auch die Frage nach deren Teilnahmeumfang.

---

[395] Weiterhin erscheint es rechtlich unbedenklich, wenn die Bereitschaftsdienstordnung darüber hinaus – etwa bei einem wöchentlichen Tätigkeitsumfang von bis zu zehn Stunden – mit dem Faktor 0,25 zum Bereitschaftsdienst heranzieht.

[396] Dazu oben, Kap. 2 C. III. 1. b).

3. Umfang der Teilnahmepflicht Medizinischer Versorgungszentren und dort angestellter Ärzte

Bei der Bestimmung des Umfangs der Teilnahmepflicht von MVZ und dort angestellter Ärzte ist wie schon bei der Frage, ob diesen überhaupt jeweils eine Teilnahmepflicht zukommt, wiederum zwischen dem Bereitschaftsdienst der Ärztekammern und demjenigen der Kassenärztlichen Vereinigungen zu differenzieren.

a) Umfang der Teilnahmepflicht am Bereitschaftsdienst der Ärztekammern

Die Bestimmung des Teilnahmeumfangs von MVZ am Bereitschaftsdienst der Ärztekammern ist obsolet, da sie mangels Mitgliedschaft in der Ärztekammer bereits gar keine Teilnahmepflicht am ärztlichen Bereitschaftsdienst auf berufsrechtlicher Grundlage trifft. Die dort angestellten und aufgrund ihrer Mitgliedschaft in der Ärztekammer verpflichteten Ärzte sind hingegen in Abhängigkeit ihres ärztlichen Tätigkeitsumfangs zur Teilnahme am Bereitschaftsdienst der Ärztekammer verpflichtet, sofern diese einen eigenen Dienst eingerichtet hat. Eine Reduzierung ihres Teilnahmeumfangs käme hingegen einer mit Art. 3 Abs. 1 GG nicht zu vereinbarenden Besserstellung gegenüber denjenigen niedergelassenen Ärzten gleich, welche selbstständig tätig sind.

b) Umfang der Teilnahmepflicht am Bereitschaftsdienst der Kassenärztlichen Vereinigungen

Umstrittener stellt sich hingegen die Bestimmung des Umfangs der Teilnahmepflicht am vertragsärztlichen Bereitschaftsdienst der Kassenärztlichen Vereinigungen dar. Wie bereits festgestellt,[397] trifft die dort angestellten Ärzte unabhängig davon, ob sie eine eigene Zulassung besitzen, für die Dauer ihrer Anstellung keine eigene unmittelbare Pflicht zur Teilnahme am vertragsärztlichen Bereitschaftsdienst der Kassenärztlichen Vereinigungen. Diese obliegt lediglich dem zugelassenen MVZ selbst. Fraglich ist nunmehr also allein die Bestimmung des Umfangs der Teilnahmepflicht letztgenannter. Nach dem oben aufgestellten Grundsatz hat sich der Teilnahmeumfang nach dem sich aus der Zulassung ergebenden Versorgungsauftrag zu richten. Da sich der Umfang der Teilnahmepflicht von zugelassenen MVZ an der vertragsärztlichen Versorgung wie derjenige zugelassener Ärzte auch gem. § 95 Abs. 3 S. 1 SGB V nach ihrem aus der Zulassung folgenden Versorgungsauftrag richtet, gebietet sich bei der Berechnung des Teilnahmeumfangs am Bereitschaftsdienst keine von der Grundregel abweichende Handhabung. Dementsprechend sollte auch bei der Ermittlung des Teilnahmeumfangs zugelassener MVZ alleine auf ihren Teilnahmeumfang an der vertragsärztlichen Versorgung abgestellt

---

[397] Siehe oben, Kap. 2 C. III. 2. c) bb) und cc).

werden. Mit anderen Worten ist ein zugelassenes MVZ im selben Umfang zum Bereitschaftsdienst heranzuziehen wie ein Vertragsarzt mit demselben Versorgungsauftrag. Der Versorgungsauftrag der MVZ setzt sich hierbei aus der eigenen Zulassung sowie den von angestellten Ärzten eingebrachten Zulassungen zusammen. Darüber hinaus wird ihnen wie i. R. d. Teilnahmepflicht bereits erläutert auch die Zulassung der dort tätigen, aber nicht in einem Anstellungsverhältnis stehenden Vertragsärzte zugerechnet.[398]

Allerdings kommt es zuweilen auch vor, dass Kassenärztliche Vereinigungen in ihren Bereitschaftsdienstordnungen bei der Berechnung des Umfangs der Teilnahmepflicht von MVZ einen anderen Weg gehen. Anstatt wie soeben beschrieben den Umfang des Versorgungsauftrags als Grundlage zu nehmen, stellen diese vielmehr auf die Anzahl der im MVZ angestellten Ärzte ab, wobei hierbei teils hinsichtlich des konkreten Anrechnungsfaktors noch einmal zwischen angestellten Ärzten mit und solchen ohne eigene Zulassung differenziert wird. Obgleich diese Berechnungsmethode von der Literatur bislang nicht erkennbar kritisiert und von der Rechtsprechung vereinzelt gar ausdrücklich akzeptiert wird,[399] ergeben sich gegen den Einbezug der Anzahl der angestellten Ärzte zur Berechnung des Umfangs der Teilnahmepflicht eines MVZ sowohl aus Sicht des MVZ als auch der angestellten Ärzte mit und ohne Zulassung erhebliche Bedenken.

aa) Bedenken aus Sicht des Medizinischen Versorgungszentrums

MVZ kommt aufgrund ihrer Zulassung zur vertragsärztlichen Versorgung wegen des Erfordernisses von mindestens einer vollen Zulassung auch stets mindestens ein voller Versorgungsumfang zu – und zwar unabhängig von der Anzahl der angestellten Ärzte. Schon aufgrund dieser vom Gesetzgeber vorgebenden Beschränkung erscheint es nur folgerichtig, dass sich auch die Pflicht zur Teilnahme am Bereitschaftsdienst, welche durch die Zulassung zur vertragsärztlichen Versorgung begründet wird, auf den Umfang des Versorgungsumfangs beschränkt und nicht von der Zahl der angestellten Ärzte abhängig gemacht wird. Ansonsten ergäbe sich ein klarer Widerspruch zu der gesetzgeberischen Entscheidung, unabhängig von der Anzahl der angestellten Ärzte eine einzelne Zulassung des MVZ als ausreichend anzusehen. Dies gilt umso mehr, als sich der Umfang der Teilnahmepflicht selbstständiger Ärzte mit eigener Zulassung ebenfalls nach ihrem Versorgungsumfang richtet.

Darüber hinaus widerspricht sich die Rechtsprechung mit der Absegnung der von einigen Kassenärztlichen Vereinigungen angewandten Berechnungsmethode zur Bestimmung des Teilnahmeumfangs der MVZ selbst. Wenn das BSG in seinen Entscheidungen richtigerweise ausdrücklich darauf hinweist, dass Anknüpfungspunkt für die Teilnahme am vertragsärztlichen Bereitschaftsdienst gerade nicht der angestellte Vertragsarzt, sondern das zugelassene MVZ selbst ist und daher nur

398 Siehe oben, Kap. 2 C. III. 2. c) dd).

399 Siehe etwa LSG Bayern, Beschl. v. 24.07.2015, L 12 KA 55/15 B ER, Rn. 23 (juris).

letztgenanntes „selbst der KÄV als Rechtssubjekt gegenübertritt“[400], kann es an anderer Stelle für die Berechnung des konkreten Umfangs der Teilnahmepflicht nicht auf einmal auf die dort angestellten Vertragsärzte abstellen. Sofern in Übereinstimmung mit der hier vertretenen Auffassung bei der Frage der Adressaten der Teilnahmepflicht exklusiv nur auf das MVZ abzustellen ist, dürfen die angestellten Ärzte auch auf der zweiten Stufe, der Bestimmung des Teilnahmeumfangs, keine Rolle spielen. Denn die Ermittlung des Teilnahmeumfangs des MVZ anhand der Anzahl bzw. dem Tätigkeitsumfang der dort angestellten Ärzte scheint nur auf einen ersten, oberflächlichen Blick dem in Art. 3 Abs. 1 GG wurzelnden Grundsatz der möglichst gleichmäßigen Heranziehung aller Ärzte zum Bereitschaftsdienst zu entsprechen. Bei genauerer Betrachtung widerspricht eine derartige Berechnungsmethode diesem viel mehr, da sie die MVZ nicht etwa den niedergelassenen Vertragsärzten gleichstellt, sondern ihnen gegenüber benachteiligt. Denn um dem Grundsatz der möglichst gleichmäßigen Heranziehung auch wirklich gerecht zu werden, ist es erforderlich, alle verpflichteten Ärzte und Einrichtungen nach denselben Grundsätzen zu verpflichten, da der einzelne Arzt einen Anspruch darauf hat, nicht in stärkerem Maße als andere Ärzte in gleicher Lage zum Bereitschaftsdienst herangezogen zu werden.[401] Nachdem niedergelassene Vertragsärzte, welche den überwiegenden Teil des zum Bereitschaftsdienst verpflichteten Adressatenkreises ausmachen, nach dem sich aus ihrer Zulassung ergebenden Umfang ihres vertragsärztlichen Versorgungsauftrages verpflichtet werden, darf für MVZ nichts Anderes gelten. Demnach verstößt – wie es auch das LSG Sachsen in einer Entscheidung deutlich macht – eine Satzungsregelung „gegen den Grundsatz der gleichmäßigen Belastung […], [welche] den Umfang für unbeachtlich erklärt, in dem ein Arzt im Rahmen der vertragsärztlichen Versorgung tätig werden darf.“[402] Der Teilnahmeumfang von MVZ am vertragsärztlichen Bereitschaftsdienst hat sich daher vielmehr allein nach dem Umfang ihres Versorgungsumfangs, sprich der Anzahl ihrer Zulassungen zu richten, sofern diese Berechnungsmethode auch für die übrigen Adressaten der Teilnahmepflicht zur Anwendung kommt.

bb) Bedenken aus Sicht der angestellten Ärzte ohne eigene Zulassung

Auch aus Sicht der angestellten Ärzte ohne eigene Zulassung ergeben sich durchgreifende Bedenken gegen die Abhängigkeit des Teilnahmeumfangs des MVZ von der Anzahl seiner angestellten Ärzte. Angestellte Nicht-Vertragsärzte haben genauso wie ihre selbstständigen, rein privatärztlich tätigen Kollegen bewusst auf die

[400] BSG, Urt. v. 11.12.2013, B 6 KA 39/12 R, Rn. 27 (juris).

[401] BVerwG, Urt. v. 12.12.1972, I C 30.69, NJW 1973, 576 (577); BSG, Urt. v. 15.04.1980, 6 RKa 8/78, Rn. 15 (juris); BSG, Urt. v. 11.06.1986, 6 RKa 5/85, Rn. 13 (juris); BSG, Urt. v. 06.09.2006, B 6 KA 43/05 R, Rn. 18 (juris); BSG, Urt. v. 06.02.2008, B 6 KA 13/06 R, Rn. 14 (juris); LSG Sachsen, Urt. v. 14.12.2011, L 1 KA 25/10, Rn. 45 (juris).

[402] LSG Sachsen, Urt. v. 14.12.2011, L 1 KA 25/10, Rn. 45 (juris).

Teilnahme an der vertragsärztlichen Versorgung und folglich auf die damit einhergehenden Vor- und Nachteile verzichtet. Einer dieser Vorteile liegt darin, dass sie im Gegensatz zu den Vertragsärzten nicht zur Teilnahme am vertragsärztlichen Bereitschaftsdienst der Kassenärztlichen Vereinigung herangezogen werden können. Wenngleich Nicht-Vertragsärzte mit ihrer Anstellung in einem MVZ damit rechnen müssen, dass sie eine derartige Pflicht jedenfalls mittelbar dennoch treffen kann, da ihr Arbeitgeber seine sich aus seiner Zulassung ergebende Teilnahmepflicht in der Regel auf seine ärztlichen Arbeitnehmer überträgt, dürfen nicht zugelassene angestellte Ärzte im Vergleich zu ihren ebenfalls nicht zugelassenen, aber selbstständigen Kollegen nicht derart benachteiligt werden, dass sich ihre Teilnahmepflicht an einem Dienst, zu dem sie mangels eigener Zulassung gar nicht verpflichtet sind, nur aufgrund der Anzahl der bei ihrem Arbeitgeber angestellten übrigen Ärzte in einem unzumutbaren Maße erhöht. Denn weder haben die angestellten Ärzte Einfluss auf die Anzahl der übrigen angestellten Ärzte und damit auf den Umfang der Teilnahmepflicht, noch können sie bestimmen, wie ihr Arbeitgeber seine Teilnahmepflicht auf seine Angestellten verteilt. Mangels gesetzlicher Bestimmungen ist es dem MVZ nicht untersagt, seine Dienstverpflichtung etwa in vollem Umfang auf nur einen seiner angestellten Ärzte abzugeben. Gesteht man den Kassenärztlichen Vereinigungen zu, den Umfang der Teilnahmepflicht des MVZ abhängig von der Anzahl der dort angestellten Ärzte zu machen, kann es durch die soeben angesprochene Umlegung der Teilnahmepflicht des MVZ auf seine ärztlichen Angestellten in Bezug auf den Bereitschaftsdienst faktisch zu einer mittelbaren Regelungsbefugnis der Kassenärztlichen Vereinigungen für angestellte Ärzte kommen, welche ihr mangels Zulassung der angestellten Ärzte gar nicht zustehen darf.

cc) Bedenken aus Sicht der angestellten Ärzte mit eigener Zulassung

Selbst die Einbeziehung der Anzahl der angestellten Ärzte mit eigener Zulassung in die Bestimmung des Umfangs der Teilnahmepflicht des MVZ ist nicht haltbar. Zwar besitzen diese eine eigene Zulassung, weshalb deren Berücksichtigung im Gegensatz zu derjenigen der Ärzte ohne eigene Zulassung auf den ersten Blick vertretbar erscheinen mag. Es ist auch richtig, dass Ärzte mit eigener Zulassung wie schon die angestellten Ärzte ohne Zulassung durch ihre freiwillige Anstellung in einem MVZ damit rechnen müssen, unter Umständen durch eine Delegation der Teilnahmepflicht ihres Arbeitgebers in gewissem Umfang am vertragsärztlichen Bereitschaftsdienst teilnehmen zu müssen.

Für die Bestimmung des konkreten Umfangs darf hierbei allerdings nicht auf die Anzahl der angestellten Ärzte abgestellt werden, da diese wie bereits dargestellt ihre Zulassung mit ihrer Anstellung auf das MVZ übertragen haben und damit nunmehr das MVZ Inhaber der Zulassung ist. Es wäre daher widersprüchlich, bei der Berechnung des Teilnahmeumfangs dennoch den angestellten Arzt zu berücksichtigen, wenn auch sonst ausdrücklich alleine die Zulassung des MVZ als Anknüpfungspunkt für die Teilnahme an der vertragsärztlichen Versorgung angesehen wird. Denn so wie nicht zugelassene angestellte Ärzte durch ihre Nichtzulassung, haben angestellte Ärzte mit Zulassung durch ihre Anstellung in einem MVZ bewusst auf einen eigenen vertragsärztlichen Versorgungsauftrag und damit sowohl auf die damit einhergehenden Vorteile wie die Möglichkeit der eigenen Abrechnung als auch Nachteile verzichtet, wozu unter anderem auch die Teilnahme am vertragsärztlichen Bereitschaftsdienst zählt. Durch die Einbeziehung der Anzahl der angestellten Ärzte in die Ermittlung des Teilnahmeumfangs des MVZ kommt es aber im Ergebnis zu einer Umgehung des Grundsatzes, dass den zugelassenen, aber angestellten Arzt durch seine Anstellung gerade nicht diejenigen Pflichten treffen dürfen, welche sich üblicherweise aus seiner Zulassung zur vertragsärztlichen Versorgung ergeben. Es kann nicht sein, dass sich ein zugelassener Arzt durch seine Anstellung in einem MVZ seiner sich aus der Zulassung ergebenden Rechte und Pflichten entledigen kann, aber im Ergebnis durch Einbezug der Anzahl der angestellten Ärzte faktisch dennoch am vertragsärztlichen Bereitschaftsdienst als Bestandteil seiner vertragsärztlichen Pflichten teilzunehmen hat.

dd) Zwischenergebnis

Die Anzahl der im MVZ angestellten Ärzte darf nach hier vertretener Auffassung bei der Berechnung des Teilnahmeumfangs keine Rolle spielen, da Adressat der Teilnahmepflicht gerade nicht die im MVZ tätigen Ärzte, sondern das Zentrum bzw. dessen Träger selbst ist. Die Zahl der angestellten Ärzte kann demnach nicht dazu führen, dass das MVZ und damit mittelbar dessen angestellte Ärzte in höherer oder niedriger Frequenz am Bereitschaftsdienst teilzunehmen haben. Anknüpfungspunkt für die Berechnung des Umfangs der Teilnahmepflicht von MVZ sollte konsequenterweise nur der Umfang des Versorgungauftrags des MVZ sein.[403] MVZ sind daher stets in derselben Frequenz zum vertragsärztlichen Bereitschaftsdienst heranzuziehen wie ein selbstständiger Vertragsarzt mit demselben Versorgungsumfang. Dieser setzt sich bei MVZ aus der eigenen Zulassung, den gegebenenfalls von angestellten Ärzten eingebrachten Zulassungen sowie der Zulassung der im MVZ tätigen, aber nicht in einem Anstellungsverhältnis stehenden Vertragsärzte zusammen. Sofern eine Bereitschaftsdienstordnung den Teilnahmeumfang des MVZ hingegen nicht von der Zulassung, sondern vom Tätigkeitsumfang der dort angestellten Ärzte abhängig macht, ist dies im Hinblick auf den sich aus Art. 3 Abs. 1 GG ergebenden Grundsatz, den einzelnen Teilnehmer nicht in stärkerem Maße als andere Ärzte in gleicher Lage zum Bereitschaftsdienst heranzuziehen, nur als zulässig anzusehen, sofern die in der Regelung genannten Anrechnungsfaktoren dem sich aus der Zulassung ergebenden Versorgungsumfang entsprechen, in dessen Höhe der angestellte Arzt im MVZ tätig ist – sprich mit dem Faktor 1,0 bzw. 0,75 bzw. 0,5 bei einer Beschäftigung in Höhe einer vollen bzw. einer drei Viertel bzw. einer halben

[403] So auch BSG, Urt. v. 11.12.2013, B 6 KA 39/12 R, Rn. 23 (juris).

Zulassung.[404] Mit anderen Worten darf das MVZ im Ergebnis nicht in höherem Maße zum Bereitschaftsdienst verpflichtet werden, wie es bei einer hier präferierten Anknüpfung an den sich aus der Zulassung ergebenden Versorgungsauftrag der Fall wäre.

c) Fazit

Am Bereitschaftsdienst auf berufsrechtlicher Grundlage nehmen MVZ gar nicht, deren angestellte Ärzte dagegen aufgrund ihrer Mitgliedschaft bei der Ärztekammer im Umfang ihrer ärztlichen Tätigkeit teil. Der Umfang der Teilnahmepflicht der MVZ am vertragsärztlichen Bereitschaftsdienst ist nicht an der Anzahl der dort angestellten Ärzte, sondern alleine am sich aus der Zulassung des MVZ ergebenden Versorgungsauftrag zu bemessen. Jedenfalls darf das MVZ im Hinblick auf Art. 3 Abs. 1 GG im Ergebnis nicht in höherem Maße zum Bereitschaftsdienst verpflichtet werden, wie es bei einer Anknüpfung an den sich aus der Zulassung ergebenden Versorgungsauftrag der Fall wäre.

4. Umfang der Teilnahmepflicht bei Betreiben einer Zweigpraxis

Auch beim Betreiben einer sog. Zweigpraxis – zuweilen auch als Zweit-[405] oder Filialpraxis bezeichnet – stellt sich die Frage nach dem konkreten Teilnahmeumfang des Arztes sowohl am Bereitschaftsdienst der Kassenärztlichen Vereinigungen als auch an demjenigen der Ärztekammern.

a) Umfang der Teilnahmepflicht am Bereitschaftsdienst der Kassenärztlichen Vereinigungen

Nach § 95 Abs. 1 S. 5 SGB V und § 24 Abs. 1 Ärzte-ZV[406] ist der Vertragsarzt grundsätzlich nur an seinem Vertragsarztsitz, sprich dem Ort seiner Niederlassung, zur Teilnahme an der vertragsärztlichen Versorgung berechtigt, wobei der Vertragsarztsitz hierbei nicht etwa als eine Ortschaft, sondern i. S. d. konkreten Praxisanschrift des Vertragsarztes zu verstehen ist.[407] Dementsprechend hat er dort auch

---

[404] Weiterhin erscheint es rechtlich unbedenklich, wenn die Bereitschaftsdienstordnung darüber hinaus – etwa bei einem wöchentlichen Tätigkeitsumfang von bis zu zehn Stunden – mit dem Faktor 0,25 zum Bereitschaftsdienst heranzieht.

[405] Nachdem ein Arzt unter Umständen mehr als eine Zweigpraxis betreiben kann, bietet sich die Bezeichnung als „Zweitpraxis“ allerdings nicht an, da andernfalls bei weiteren Praxen genau genommen etwas umständlich von einer „Drittpraxis“ usw. gesprochen werden müsste.

[406] § 24 Abs. 1 Ärzte-ZV lautet: „Die Zulassung erfolgt für den Ort der Niederlassung als Arzt (Vertragsarztsitz).“

[407] BSG, Urt. v. 20.12.1995, 6 RKa 55/94, Rn. 13 (juris); BSG, Urt. v. 29.09.1999, B 6 KA 1/99 R, Rn. 40 (juris); BSG, Urt. v. 10.05.2000, B 6 KA 67/98 R, Rn. 18 (juris); zustimmend

seine Sprechstunden anzubieten.[408] Ausnahmsweise kann es ihm nach § 98 Abs. 2 Nr. 13 SGB V i. V. m. § 24 Abs. 3 Ärzte-ZV auf Antrag jedoch gestattet werden, seine Tätigkeit zusätzlich auch an weiteren Orten – sogenannten Zweigpraxen – außerhalb seines Vertragsarztsitzes sowohl im Bezirk derjenigen Kassenärztlichen Vereinigung, in welchem sein Vertragsarztsitz liegt, als auch im Bezirk einer anderen Kassenärztlichen Vereinigung auszuüben, sofern dies die Versorgung der Versicherten an den weiteren Orten verbessert und die ordnungsgemäße Versorgung der Versicherten am Ort des Vertragsarztsitzes nicht beeinträchtigt wird. Dass auch Vertragsärzte mit einer Zweigpraxis zur Teilnahme am Bereitschaftsdienst der Kassenärztlichen Vereinigungen verpflichtet sind, steht aufgrund ihrer Zulassung zur vertragsärztlichen Versorgung außer Frage. Lediglich im Hinblick auf den konkreten Umfang der Teilnahme, sprich die Frequenz ihrer Heranziehung, könnten sich gegenüber einem Vertragsarzt mit nur einem Praxisstandort Abweichungen ergeben. Zur Beantwortung dieser Frage empfiehlt sich eine Differenzierung dahingehend, ob sich die Zweigpraxis im Bezirk der Kassenärztlichen Vereinigung des Vertragsarztsitzes, oder aber im Bezirk einer anderen Kassenärztlichen Vereinigung befindet.

aa) Teilnahmeumfang bei Lage der Zweigpraxis im Bezirk der Kassenärztlichen Vereinigung des Vertragsarztsitzes

Hierbei ist wiederum zu unterscheiden, ob die Zweigpraxis im selben Bereitschaftsdienstbereich wie die Hauptpraxis, oder in einem anderen, von derselben Kassenärztlichen Vereinigung gebildeten Bereitschaftsdienstbereich liegt.

(1) Lage der Zweigpraxis im selben Bereitschaftsdienstbereich wie dem des Vertragsarztsitzes

Ist die Zweigpraxis im selben Bereitschaftsdienstbereich wie die Hauptpraxis situiert, wird vereinzelt vertreten, dass eine über den Umfang der Zulassung hinausgehende Heranziehung des Vertragsarztes – etwa mit dem Gesamtfaktor 1,5 oder 2,0 – durch die Bereitschaftsdienstordnung der Kassenärztlichen Vereinigung möglich sei.[409] Argumentiert wird hierbei vor allem mit den vermeintlichen Vorteilen, welche der Betreiber einer Zweigpraxis gegenüber seinen Kollegen mit nur einer Praxis, aber demselben Versorgungsumfang, genieße. Mit der Eröffnung einer Zweigpraxis gehe nämlich für gewöhnlich eine Erweiterung des Patientenstammes

Wigge, in: Schnapp/Wigge (Hrsg.), Handbuch des Vertragsarztrechts, § 2 Rn. 17; andere Ansicht *Siewert*, Das Vertragsarztrecht, S. 194.

[408] Vgl. § 24 Abs. 2 Ärzte-ZV: „Der Vertragsarzt muß am Vertragsarztsitz seine Sprechstunde halten."

[409] So etwa LSG Nordrhein-Westfalen, Beschl. v. 23. 12. 2009, L 11 B 19/09 KA ER, Rn. 41 (juris); LSG Bayern, Urt. v. 05. 04. 2017, L 12 KA 125/16, Rn. 23 (juris); wohl auch LSG Nordrhein-Westfalen, Urt. v. 03. 09. 1982, 13 A 2524/81 (juris); zustimmend wohl *Plagemann*, in: Plagemann (Hrsg.), Münchener Anwaltshandbuch Sozialrecht, § 18 Rn. 122.

einher.[410] Die sich daraus gegenüber Vertragsärzten ohne Zweigpraxis ergebenden pekuniären Vorteile aus dem Recht, mehrere Praxen betreiben zu dürfen, würden es aus Gründen der Fairness – gerade im Hinblick auf Art. 3 Abs. 1 GG – daher gebieten, den Betreiber einer Zweigpraxis auch öfter zum Bereitschaftsdienst heranzuziehen.[411] Überdies diene eine Zweigpraxis in erster Linie der quantitativen Verbesserung der vertragsärztlichen Versorgung – daher sei es nur konsequent, Inhaber einer Zweigpraxis auch häufiger zum vertragsärztlichen Bereitschaftsdienst heranzuziehen, da letztgenannter unbestritten Teil der vertragsärztlichen Versorgung sei.[412] Eine Heranziehung des Vertragsarztes alleine im Umfang seiner Zulassung hätte daher die Beeinträchtigung der Versorgungssicherheit zur Folge.[413]

Die vorangegangene Argumentation vermag derweil jedoch in mehrfacher Hinsicht nicht zu überzeugen. Zunächst verkennt diese, wenn sie als Begründung für eine erhöhte Heranziehung auf die aus der Eröffnung eines weiteren Standortes folgende Erweiterung des Patientenstammes und die damit vermeintlich[414] einhergehenden pekuniären Vorteile verweist, dass sich der Umfang der Teilnahme des Betreibers einer Zweigpraxis am vertragsärztlichen Bereitschaftsdienst wie in allen übrigen Konstellationen auch alleine nach seinem Teilnahmeumfang an der vertragsärztlichen Versorgung zu richten hat, welcher sich wiederum aus seiner Zulassung ergibt.[415] Andere Faktoren wie die Zahl der Standorte, die Anzahl der behandelten Patienten oder angebliche pekuniäre Vorteile haben hierbei wie sonst auch außer Acht zu bleiben.[416] Daher kann das Betreiben einer Zweigpraxis entgegen obiger Ansicht keinen Einfluss auf den Teilnahmeumfang am Bereitschaftsdienst haben. Einem Vertragsarzt mit vollem bzw. hälftigem Versorgungsauftrag kommt auch nach Eröffnung einer Zweigpraxis weiterhin nur ein voller bzw. hälftiger Versorgungsauftrag zu – das Recht zum Betrieb eines zweiten Standortes neben dem Vertragsarztsitz geht gerade nicht mit einer Erhöhung des Versorgungsumfangs einher, da einem Vertragsarzt auch nur ein Vertragsarztsitz und damit nur ein Versorgungsauftrag zugeordnet werden kann.[417] Mit der Genehmigung der Zweigpraxis wird dem Vertragsarzt gerade kein neuer eigenständiger Status vermittelt. Vielmehr ist die Genehmigung akzessorisch zum Versorgungsauftrag des Vertragsarztsitzes und

---

410 LSG Bayern, Urt. v. 05.04.2017, L 12 KA 125/16, Rn. 30 (juris).

411 LSG Nordrhein-Westfalen, Beschl. v. 23.12.2009, L 11 B 19/09 KA ER, Rn. 41 f. (juris); SG Düsseldorf, Urt. v. 29.10.2014, S 14 KA 81/12, Rn. 34 (juris); zwar in Bezug auf Vertragszahnärzte, aber ohne Weiteres auf Vertragsärzte übertragbar OVG Nordrhein-Westfalen, Urt. v. 27.02.2013, 13 A 602/10 U, Rn. 30 (juris).

412 LSG Nordrhein-Westfalen, Beschl. v. 23.12.2009, L 11 B 19/09 KA ER, Rn. 41 (juris); LSG Bayern, Urt. v. 05.04.2017, L 12 KA 125/16, Rn. 28 (juris).

413 LSG Nordrhein-Westfalen, Beschl. v. 23.12.2009, L 11 B 19/09 KA ER, Rn. 44 (juris).

414 Nach *Bielitz*, MedR 2013, 291 (293) gehen aufgrund der freien Arztwahl mit dem Betrieb einer Zweigpraxis gerade nicht zwingend auch finanzielle Vorteile einher.

415 BSG, Urt. v. 13.02.2019, B 6 KA 51/17 R, Rn. 18 (juris).

416 BSG, Urt. v. 13.02.2019, B 6 KA 51/17 R, Rn. 18; 24; 28 (juris).

417 BSG, Beschl. v. 09.02.2011, B 6 KA 44/10 B, Rn. 11 (juris).

damit als dessen bloßer Annex ausgestaltet.[418] Dies macht auch § 24 Abs. 3 S. 1 Ärzte-ZV deutlich, wonach die Zweigpraxis nicht etwa einer eigenständigen Sicherstellung der vertragsärztlichen Versorgung, sondern lediglich der Verbesserung des sich bereits aus der Zulassung ergebenden Versorgungsumfangs dient.[419] Der Versorgungsauftrag wird durch die Eröffnung einer Zweigpraxis damit nicht erhöht, sondern einzig zwischen Vertragsarztsitz und Zweigpraxis – etwa im Verhältnis zwei Drittel zu ein Drittel – aufgeteilt.[420] Nachdem sich für das Betreiben einer Zweigpraxis auch keine sachlichen Gründe von derartigem Gewicht erschließen, welche ein Abweichen von oben genanntem Grundsatz rechtfertigen könnten, bleibt es dabei, dass sich die Verpflichtung des Vertragsarztes zur Teilnahme am vertragsärztlichen Bereitschaftsdienst alleine aus seiner Zulassung ergibt und sich sein Teilnahmeumfang dementsprechend auch beim Betrieb einer Zweigpraxis alleine nach dem sich aus der Zulassung ergebenden vertragsärztlichen Versorgungsauftrag zu richten hat.[421]

Eine durch Einbezug anderweitiger Faktoren über den Versorgungsumfang hinausgehende Heranziehung ist daher nicht etwa wie von obiger Auffassung vertreten im Hinblick auf Art. 3 Abs. 1 GG geboten, sondern würde ganz im Gegenteil gerade gegen den sich aus dem allgemeinen Gleichheitssatz ergebenden Grundsatz der möglichst gleichmäßigen Heranziehung aller Vertragsärzte verstoßen, da eine häufigere Teilnahme von Betreibern einer Zweigpraxis gegenüber Vertragsärzten ohne Zweigpraxis mit demselben Versorgungsumfang eine Ungleichbehandlung – aufgrund desselben Versorgungsumfangs – wesentlich gleicher Sachverhalte[422] darstellen würde, welche sich auch nicht mit dem Betrieb eines weiteren Praxisstandortes rechtfertigen ließe.[423] Denn bei Heranziehung des Zweigpraxisbetreibers mit vollem Versorgungsauftrag mit einem Faktor größer 1,0 – etwa mit dem Faktor 1,5 oder 2,0 – würde er so behandelt, als hätte er eineinhalb oder zwei Zulassungen inne bzw. würde sich die Praxis mit einem weiteren Arzt mit halber respektive ganzer Zulassung teilen.[424] Für diese Feststellung ohne Relevanz ist es auch, wenn der Vertragsarzt von der Möglichkeit Gebrauch macht, in seiner Zweigpraxis einen

---

[418] BSG, Urt. v. 13.02.2019, B 6 KA 51/17 R, Rn. 26 (juris).

[419] *Bielitz*, MedR 2013, 291 (292).

[420] Zwar in Bezug auf Vertragszahnärzte, aber ohne Einschränkungen auf Vertragsärzte übertragbar LSG Baden-Württemberg, Urt. v. 26.11.2014, L 5 KA 3306/12, Rn. 50 (juris).

[421] LSG Bayern, Urt. v. 05.04.2017, L 12 KA 125/16, Rn. 21 (juris).

[422] Anknüpfungspunkt darf hier gerade nicht die Anzahl der Praxen sein, da es wie aufgezeigt alleine auf den aus der Zulassung ergebenden Teilnahmeumfang an der vertragsärztlichen Versorgung ankommt. Für diesen spielt es gerade keine Rolle, an wie vielen Standorten er erfüllt wird; a. A. LSG Bayern, Urt. v. 05.04.2017, L 12 KA 125/16, Rn. 30 (juris).

[423] *Bielitz*, MedR 2013, 291 (293); BSG, Urt. v. 13.02.2019, B 6 KA 51/17 R, Rn. 18; 30 (juris); zwar in Bezug auf Vertragszahnärzte, aber ohne Weiteres auf Vertragsärzte übertragbar LSG Baden-Württemberg, Urt. v. 26.11.2014, L 5 KA 3306/12, Rn. 49 (juris).

[424] Vgl. zwar in Bezug auf Vertragszahnärzte, aber ohne Weiteres auf Vertragsärzte übertragbar LSG Baden-Württemberg, Urt. v. 26.11.2014, L 5 KA 3306/12, Rn. 39 (juris).

weiteren Arzt anzustellen,[425] da die bloße Anstellung nicht zu einer Erhöhung des Versorgungsumfangs führt.

In Übereinstimmung insbesondere mit einer aktuellen Entscheidung des BSG,[426] welche der divergierenden Rechtsprechung der Instanzgerichte ein Ende bereiten sollte,[427] darf daher auch der Betreiber einer Zweigpraxis nur im Umfang seines sich aus der Zulassung ergebenden Versorgungsumfangs an der vertragsärztlichen Versorgung zum Bereitschaftsdienst herangezogen werden.[428] Die Regelung einer Bereitschaftsdienstordnung, welche den Vertragsarzt mit einem darüber hinausgehenden Faktor zum Bereitschaftsdienst verpflichtet, stellt sich daher als rechtswidrig dar.

(2) Lage der Zweigpraxis in einem anderen Bereitschaftsdienstbereich als dem des Vertragsarztsitzes

An der Gültigkeit des soeben Gesagten vermag auch die Konstellation, dass sich die Zweigpraxis in einem anderen Bereitschaftsdienstbereich als dem des Vertragsarztsitzes befindet, nichts zu ändern.[429] Zunächst spricht nichts dagegen, die Teilnahmepflicht am Bereitschaftsdienst anteilig auf den Bereitschaftsdienstbereich der Zweigpraxis im Umfang des dort vorgenommenen Teils des Versorgungsauftrags zu verlagern.[430] Denn durch Eröffnung einer Zweigpraxis in einem anderen Bereitschaftsdienstbereich nimmt der Vertragsarzt einen Teil seiner vertragsärztlichen Leistungen nunmehr nicht mehr am Ort seines Vertragsarztsitzes, sondern eben in seiner Zweigpraxis vor. Nachdem der Vertragsarzt damit an zwei verschiedenen Orten für die Sicherstellung der vertragsärztlichen Versorgung mitverantwortlich ist, scheint es nur konsequent, ihn auch an beiden Orten zum Bereitschaftsdienst heranzuziehen und ist daher vom weiten Gestaltungsspielraum der Kassenärztlichen Vereinigungen als erfasst anzusehen,[431] sofern die Verteilung der Bereitschaftsdienstverpflichtung auf die beiden Bereitschaftsdienstbereiche der Aufteilung des

---

[425] *Schallen/Kleinheidt/Schäfer*, Verträge für angestellte Ärzte, Zahnärzte und Vertreter, S. 3.

[426] BSG, Urt. v. 13.02.2019, B 6 KA 51/17 R, Rn. 13 (juris).

[427] *Diehm*, NZS 2019, 436 (436).

[428] In Bezug auf Vertragszahnärzte, aber auf Vertragsärzte übertragbar LSG Baden-Württemberg, Urt. v. 26.11.2014, L 5 KA 3306/12, Rn. 55 (juris). Zustimmend unter Bezugnahme auf angeführtes Urteil wohl *Kingreen*, NJW 2015, 3413 (3418); in Bezug auf Vertragszahnärzte wohl auch *Lennartz*, DFZ 2015, 36 (36).

[429] BSG, Urt. v. 13.02.2019, B 6 KA 51/17 R, Rn. 24 (juris); anders dagegen OVG Nordrhein-Westfalen, Beschl. v. 23.03.2009, 13 B 316/09, Rn. 5 (juris); LSG Nordrhein-Westfalen, Beschl. v. 23.12.2009, L 11 B 19/09 KA ER, Rn. 42 (juris); SG Düsseldorf, Urt. v. 29.10.2014, S 14 KA 81/12, Rn. 30 ff. (juris); wohl auch *Bahner*, Recht im Bereitschaftsdienst, S. 50.

[430] BSG, Urt. v. 13.02.2019, B 6 KA 51/17 R, Rn. 27 (juris).

[431] LSG Bayern, Urt. v. 05.04.2017, L 12 KA 125/16, Rn. 21 (juris); BSG, Urt. v. 13.02.2019, B 6 KA 51/17 R, Rn. 23 und 25 (juris).

Versorgungsauftrages entspricht.[432] Wegen der grundsätzlichen Bindung der Teilnahmepflicht an den Vertragsarztsitz empfiehlt es sich aus Rechtssicherheits- und Klarstellungsgründen jedoch, dies auch ausdrücklich so in der Bereitschaftsdienstordnung zu normieren.[433] Hierfür bietet sich etwa folgende Formulierung an:

> Sofern die Zweigpraxis in einem anderen Bereitschaftsdienstbereich als dem des Vertragsarztsitzes liegt, kann der Vertragsarzt auch zu diesem Bereitschaftsdienst herangezogen werden, wobei der Umfang seiner Teilnahme in der Summe nicht den sich aus seiner Zulassung ergebenden vertragsärztlichen Versorgungsauftrag überschreiten darf.

Allerdings darf auch in diesem Falle – wie die vorgeschlagene Formulierung klarstellt – die Frequenz der Heranziehung in der Summe nicht über den vertragsärztlichen Versorgungsauftrag hinausgehen, welcher sich weiterhin alleine nach der Zulassung des Vertragsarztes richtet.[434] Hierfür fehlt es nicht nur an einer ausreichenden gesetzlichen Rechtsgrundlage;[435] eine über die Zulassung hinausgehende Heranziehung zum Bereitschaftsdienst alleine aufgrund der Lage der Zweigpraxis in einem anderen Bereitschaftsdienstbereich als demjenigen des Vertragsarztsitzes würde angesichts der Tatsache, dass es aufgrund der unterschiedlichen Größen der Bereitschaftsdienstbereiche überwiegend vom Zufall abhängt, ob sich die Zweigpraxis in demselben oder in einem anderen Bezirk als dem des Vertragsarztsitzes befindet,[436] auch eine mit Art. 3 Abs. 1 GG nicht zu vereinbarende Ungleichbehandlung gegenüber denjenigen Betreibern einer Zweigpraxis darstellen, deren Zweigpraxis im selben Bereitschaftsdienstbereich wie dem der Hauptpraxis liegt.[437]

Auch bei Lage der Zweigpraxis in einem vom Vertragsarztsitz abweichenden Bereitschaftsdienstbereich hat sich der Umfang der Heranziehung demnach alleine nach der Zulassung des Vertragsarztes zu richten[438] und darf die Frequenz der Heranziehung von Vertragsärzten ohne Zweigpraxis mit gleichem Versorgungsumfang nicht überschreiten. Sofern der Vertragsarzt auch im Bereitschaftsdienstbereich seiner Zweigpraxis zum Dienst verpflichtet wird, muss sich die Frequenz seiner Heranziehung im Bereitschaftsdienstbereich seines Vertragsarztsitzes demnach soweit reduzieren, dass er in der Summe höchstens mit dem Anrechnungsfaktor 1,0 (bzw. 0,75 oder 0,5 bei einem drei Viertel respektive hälftigen Versorgungs-

---

[432] Sofern der Vertragsarzt beispielsweise ein Drittel seiner vertragsärztlichen Leistungen am Standort der Zweigpraxis und zwei Drittel weiterhin an seinem Vertragsarztsitz anbietet, darf er nicht etwa verpflichtet werden, zwei Drittel seiner Bereitschaftsdienste im Bereitschaftsdienstbereich seiner Zweigpraxis abzuleisten.

[433] LSG Bayern, Urt. v. 05.04.2017, L 12 KA 125/16, Rn. 26 (juris).

[434] So auch SG München, Urt. v. 27.10.2016, S 49 KA 330/16, Rn. 12 (BeckRS 2016, 128115).

[435] SG München, Urt. v. 27.10.2016, S 49 KA 330/16, Rn. 14 (BeckRS 2016, 128115).

[436] BSG, Urt. v. 13.02.2019, B 6 KA 51/17 R, Rn. 29 (juris).

[437] SG München, Urt. v. 27.10.2016, S 49 KA 330/16, Rn. 18 (BeckRS 2016, 128115).

[438] SG München, Urt. v. 27.10.2016, S 49 KA 330/16, Rn. 18 (BeckRS 2016, 128115).

auftrag) herangezogen wird.[439] Eine darüber hinausgehende Heranziehung durch die Bereitschaftsdienstordnung wäre mit höherrangigem Recht unvereinbar und als rechtswidrig anzusehen.[440]

bb) Teilnahmeumfang bei Lage der Zweigpraxis im Bezirk einer anderen Kassenärztlichen Vereinigung

Von obigen Ausführungen zu unterscheiden ist die Konstellation, dass sich die Zweigpraxis nicht nur in einem anderen Bereitschaftsdienstbereich, sondern gar im Geltungsbereich einer anderen Kassenärztlichen Vereinigung befindet. Hier wird vereinzelt vertreten, dass der Vertragsarzt in diesem Fall nicht nur auch von der Kassenärztlichen Vereinigung am Sitz der Zweigpraxis heranzuziehen sei, sondern es darüber hinaus nicht nur möglich, sondern im Hinblick auf den allgemeinen Gleichheitssatz gar geboten sei, diesen in der Summe in einem über seinen Versorgungsauftrag hinausgehenden Umfang – etwa mit dem Gesamtfaktor 1,5 oder 2,0 – zum Bereitschaftsdienst zu verpflichten.[441] Argumentiert wird hierbei analog zu obigen Ausführungen, dass ein Arzt, welcher das Recht in Anspruch nehme, mehrere Praxen zu betreiben, auch die Pflicht habe, mehrfach am Bereitschaftsdienst teilzunehmen.[442] Verstärkend komme für die vorliegende Konstellation allerdings noch hinzu, dass ein Vertragsarzt sich durch teilweise Verlagerung seiner vertragsärztlichen Tätigkeit in seine im Geltungsbereich einer anderen Kassenärztlichen Vereinigung befindlichen Zweigpraxis ansonsten einem Teil seiner Teilnahmepflicht am Bereitschaftsdienst an seinem Vertragssitz entziehen könne.[443] Das OVG Nordrhein-Westfalen geht in zwei Entscheidungen gar soweit, dass der Betrieb einer Zweigpraxis im Geltungsbereich einer anderen Kassenärztlichen Vereinigung nicht nur eine Erhöhung des für den Vertragsarztsitz bestehenden Teilnahmeumfangs zur Folge habe, sondern für den Standort der Zweigpraxis eine gesonderte Teilnahmepflicht begründe.[444]

---

[439] SG München, Urt. v. 27.10.2016, S 49 KA 330/16, Rn. 19 (BeckRS 2016, 128115).

[440] BSG, Urt. v. 13.02.2019, B 6 KA 51/17 R, Rn. 16 (juris); in Bezug auf angeführtes Urteil *Diehm*, NZS 2019, 436 (436).

[441] So etwa LSG Nordrhein-Westfalen, Beschl. v. 19.03.2012, L 11 KA 15/12 B ER, Rn. 43 (juris); und OVG Nordrhein-Westfalen, Urt. v. 27.02.2013, 13 A 602/10 U, Rn. 30 (juris) in Bezug auf den vertragszahnärztlichen Bereitschaftsdienst; LSG Nordrhein-Westfalen, Urt. v. 29.06.2016, L 11 KA 4/15, Rn. 52 (juris); SG Nordrhein-Westfalen, Urt. v. 29.06.2016, L 11 KA 5/15, Rn. 49 (juris).

[442] LSG Nordrhein-Westfalen, Beschl. v. 19.03.2012, L 11 KA 15/12 B ER, Rn. 43 (juris); und OVG Nordrhein-Westfalen, Urt. v. 27.02.2013, 13 A 602/10 U, Rn. 30 (juris) in Bezug auf den vertragszahnärztlichen Bereitschaftsdienst.

[443] LSG Nordrhein-Westfalen, Beschl. v. 19.03.2012, L 11 KA 15/12 B ER, Rn. 46 (juris).

[444] OVG Nordrhein-Westfalen, Urt. v. 27.02.2013, 13 A 602/10 U, Rn. 30 (juris) in Bezug auf den vertragszahnärztlichen Bereitschaftsdienst und OVG Nordrhein-Westfalen, Urt. v. 03.09.1982, 13 A 2524/81 (juris).

Zustimmung verdient – wie schon bei Lage der Zweigpraxis in einem anderen Bereitschaftsdienstbereich derselben Kassenärztlichen Vereinigung – die Möglichkeit, den Vertragsarzt auch am Standort der Zweigpraxis zum Bereitschaftsdienst heranziehen zu können. Wenn ein Arzt einen Teil seiner vertragsärztlichen Leistungen nicht mehr am Vertragsarztsitz, sondern einem anderen Standort anbietet, erscheint es sachlich gerechtfertigt, ihn trotz fehlender Mitgliedschaft in der Kassenärztlichen Vereinigung am Ort seiner Zweigpraxis auch an deren Bereitschaftsdienst zu beteiligen.[445] Hierbei empfiehlt es sich jedoch wegen der grundsätzlichen Bindung der Teilnahmepflicht an den Vertragsarztsitz, eine derartige Möglichkeit in der Bereitschaftsdienstordnung explizit zu normieren. Hierfür bietet sich etwa folgende Formulierung an:

> Sofern die Zweigpraxis im Zuständigkeitsbereich einer anderen Kassenärztlichen Vereinigung liegt, kann der Vertragsarzt auch zu deren Bereitschaftsdienst herangezogen werden, wobei der Umfang seiner Teilnahme in der Summe nicht den sich aus seiner Zulassung ergebenden vertragsärztlichen Versorgungsauftrag überschreiten darf.

Nicht nur empfehlenswert, sondern vielmehr zwingend erforderlich ist jedoch, dass der Teilnahmeumfang des Vertragsarztes an den Bereitschaftsdiensten der beiden Kassenärztlichen Vereinigungen in der Summe nicht über den sich aus der Zulassung ergebenden Versorgungsauftrag hinausgeht.[446] Die bloße Lage der Zweigpraxis im Zuständigkeitsbereich einer anderen Kassenärztlichen Vereinigung kann nicht dazu führen, dass der Vertragsarzt im Vergleich zu seinen Kollegen ohne Zweigpraxis, aber mit demselben Versorgungsumfang, insgesamt in größerem Umfang zum Bereitschaftsdienst verpflichtet wird. Insoweit verkennt obige Auffassung, dass sich der Umfang der Teilnahmepflicht wie in allen übrigen Konstellationen alleine nach der Zulassung zur vertragsärztlichen Versorgung richtet und nicht durch andere Faktoren wie die Patientenzahl, die Anzahl der Standorte oder wie hier die Lage der Zweigpraxis beeinflusst werden kann. Nachdem die Eröffnung einer Zweigpraxis unabhängig ihres Standortes in keinem Fall die Erhöhung des Versorgungsumfangs zur Folge hat oder gar eine zusätzliche Zulassung begründet, kann auch eine Zweigpraxis im Bereich einer weiteren Kassenärztlichen Vereinigung nicht den Teilnahmeumfang am Bereitschaftsdienst erhöhen. Ebenso greift der Vorwurf, ein Vertragsarzt könne sich durch teilweise Verlagerung seiner vertragsärztlichen Tätigkeit in seine im Geltungsbereich einer anderen Kassenärztlichen Vereinigung liegende Zweigpraxis einem Teil seiner Teilnahmepflicht am Bereitschaftsdienst an seinem Vertragssitz entziehen, insofern nicht, als der Arzt durch Eröffnung eines weiteren Standortes seiner Teilnahmeverpflichtung gar nicht zu entfliehen vermag. Dies wäre nur dann der Fall, wenn die Eröffnung einer Zweigpraxis im Zuständigkeitsbereich einer anderen Kassenärztlichen Vereinigung tat-

---

[445] *Hesral*, in: Schlegel/Voelzke/Engelmann (Hrsg.), juris Praxiskommentar SGB V, § 75 Rn. 121.1; LSG Nordrhein-Westfalen, Beschl. v. 19.03.2012, L 11 KA 15/12 B ER, Rn. 43 (juris); so wohl auch *Bielitz*, MedR 2013, 291 (293).

[446] *Hesral*, in: Schlegel/Voelzke/Engelmann (Hrsg.), juris Praxiskommentar SGB V, § 75 Rn. 121.1.

sächlich auch die Reduktion des Teilnahmeumfangs am Bereitschaftsdienst zur Folge hätte. Dies wird so aber – soweit ersichtlich – weder von Seiten der Ärzteschaft geltend gemacht, noch von Seiten der Kassenärztlichen Vereinigungen so gehandhabt.

Folglich ist eine Verpflichtung des Vertragsarztes zwar auch zum Bereitschaftsdienst am Standort der Zweigpraxis möglich; in der Summe darf seine Heranziehung allerdings auch in dieser Konstellation den Faktor 1,0 – bzw. 0,75 oder 0,5 bei einer drei Viertel respektive hälftigen Zulassung – nicht überschreiten. Insofern ist, sofern von einer Heranziehung zu beiden Diensten Gebrauch gemacht wird, eine Aufteilung der Teilnahmepflicht erforderlich. Eine bezüglich des Teilnahmeumfangs hierüber hinausgehende Regelung einer Kassenärztlichen Vereinigung in ihrer Bereitschaftsdienstordnung ist daher als rechtswidrig anzusehen.[447]

cc) Zwischenergebnis

Gleich der Lage der Zweigpraxis darf ein Arzt durch die Bereitschaftsdienstordnung(en) in der Summe nicht in einem über den sich aus seiner Zulassung ergebenden Versorgungsauftrag hinausgehenden Umfang zur Teilnahme am vertragsärztlichen Bereitschaftsdienst verpflichtet werden, da ein zweiter Standort weder den Versorgungsumfang vergrößert oder gar eine weitere Zulassung begründet, noch eine Erhöhung aus anderweitigen Gründen geboten ist. Im Gegenteil würde eine häufigere Heranziehung den Betreiber einer Zweigpraxis gegenüber Ärzten ohne Zweigpraxis, aber mit demselben Versorgungsauftrag, in nicht zu rechtfertigender Weise unangemessen benachteiligen. Konkret bedeutet dies, dass ein Vertragsarzt mit voller Zulassung auch beim Betrieb einer Zweigpraxis insgesamt nur mit dem Faktor 1,0, bei einer drei Viertel Zulassung mit dem Faktor 0,75 und bei hälftiger Zulassung mit dem Faktor 0,5 herangezogen werden darf. Im Ergebnis besteht in Bezug auf den Teilnahmeumfang daher kein Unterschied zwischen einem Vertragsarzt mit und einem Vertragsarzt ohne Zweigpraxis.

b) Umfang der Teilnahmepflicht am Bereitschaftsdienst der Ärztekammern

Wie für den vertragsärztlichen Bereitschaftsdienst der Kassenärztlichen Vereinigungen stellt sich auch im Hinblick auf den Bereitschaftsdienst der Ärztekammern die Frage nach dem konkreten Umfang der Teilnahmepflicht bei Betreiben einer Zweigpraxis, wobei hier unabhängig davon, ob der Betreiber eine Zulassung besitzt, nicht auf den Umfang der vertragsärztlichen Versorgung als Berechnungsfaktor

[447] Der sich aus den obigen Ausführungen ergebende Grundsatz, dass der Umfang der Teilnahmepflicht am vertragsärztlichen Bereitschaftsdienst in der Summe nicht den sich aus der Zulassung zur vertragsärztlichen Versorgung ergebenden Versorgungsauftrag überschreiten darf, ist entsprechend auf ausgelagerte Praxisräume i. S. d. § 24 Abs. 5 SGB V übertragbar, *Bielitz*, MedR 2013, 291 (293).

zurückgegriffen werden kann, da diese für die Teilnahme am Bereitschaftsdienst der Ärztekammern auf berufsrechtlicher Grundlage keine Berücksichtigung finden darf. Folglich könnte ein Arzt berufsrechtlich durch die Bereitschaftsdienstordnung neben seiner Teilnahme am Sitz seiner Hauptpraxis auch zur Teilnahme am Ort seiner Zweigpraxis vollumfänglich verpflichtet werden. In Angesicht des sich aus Art. 3 Abs. 1 GG ergebenden Grundsatzes der möglichst gleichmäßigen Heranziehung aller Ärzte in vergleichbarer Situation erscheint es allerdings geboten, entsprechend den zum vertragsärztlichen Bereitschaftsdienst aufgestellten Grundsätzen den Arzt auch zum Bereitschaftsdienst der Ärztekammern – unabhängig davon, ob er durch die Bereitschaftsdienstordnung bei divergierenden Standorten von Haupt- und Zweigpraxis nur zu einem oder beiden Bereitschaftsdiensten herangezogen wird – in der Summe nur im Umfang seiner tatsächlichen ärztlichen Tätigkeit, sprich der angebotenen Sprechstunden, heranzuziehen.[448] Sofern sich der Tätigkeitsumfang durch den Betrieb der Zweigpraxis also nicht signifikant erhöht,[449] ist der Betreiber einer Zweigpraxis insgesamt im gleichen Umfang zur Teilnahme am Bereitschaftsdienst verpflichtet wie ein Arzt ohne Zweigpraxis mit demselben Tätigkeitsumfang.

5. Umfang der Teilnahmepflicht bei Jobsharing

Mit dem sog. Jobsharing hat der Gesetzgeber in Planungsbereichen mit Zulassungsbeschränkungen in begrenztem Umfang die Beteiligung von Ärzten an der vertragsärztlichen Versorgung über die Anzahl der eigentlich vorgesehenen Zulassungen hinaus eröffnet. Das Gesetz unterscheidet dabei zwei Varianten: Nach § 101 Abs. 1 S. 1 Nr. 4 SGB V kann ein noch nicht zugelassener Arzt mit einem bereits zugelassenen Vertragsarzt in einer Berufsausübungsgemeinschaft dessen vertragsärztliche Tätigkeit gemeinsam ausüben. Nach § 101 Abs. 1 S. 1 Nr. 5 SGB V beteiligt sich der hinzutretende Arzt zwar auch an der vertragsärztlichen Versorgung des zugelassenen Arztes, wird von letzterem allerdings lediglich angestellt. Auch hier stellt sich die Frage, in welchem Umfang die am Jobsharing beteiligten Ärzte zum Bereitschaftsdienst heranzuziehen sind.

---

[448] Zur Sonderkonstellation, dass ein Vertragsarzt neben seinem Vertragsarztsitz eine Zweigpraxis betreibt, in welcher er allerdings rein privatärztlich tätig ist, siehe VG Düsseldorf, Beschl. v. 08.09.2010, 7 L 1089/10.

[449] Dies wäre etwa dann anzunehmen, wenn der Nicht-Vertragsarzt vor Inbetriebnahme seiner Zweigpraxis nur halbtags tätig gewesen ist und nunmehr in der Summe ganztags Sprechstunden anbietet. In diesem Falle wäre es im Hinblick auf Art. 3 Abs. 1 GG umgekehrt gerade geboten, ihn im Vergleich zu einem halbtags tätigen Nicht-Vertragsarzt ohne Zweigpraxis häufiger heranzuziehen, sprich wie einen ganztags tätigen Nicht-Vertragsarzt ohne Zweigpraxis.

a) Umfang der Teilnahmepflicht am Bereitschaftsdienst der Kassenärztlichen Vereinigungen

Dabei muss zwischen den beiden soeben beschriebenen Varianten unterschieden werden.

aa) Umfang der Teilnahmepflicht bei Jobsharing nach § 101 Abs. 1 S. 1 Nr. 5 SGB V

Bei dem Modell nach § 101 Abs. 1 S. 1 Nr. 5 SGB V erhält der hinzutretende Arzt mit seiner Anstellung keine eigene Zulassung. Vielmehr wirkt er lediglich im Rahmen der Zulassung des ihn anstellenden Arztes an der vertragsärztlichen Versorgung mit. Im Ergebnis teilen sich daher – vergleichbar mit einer Gemeinschaftspraxis, in der jeder Arzt eine hälftige Zulassung und damit einen hälftigen Versorgungsauftrag von der Kassenärztlichen Vereinigung erhalten hat[450] – anstellender und angestellter Arzt *eine* Zulassung.[451] Angestellte Ärzte ohne eigene Zulassung können wie gesehen nicht zum vertragsärztlichen Bereitschaftsdienst der Kassenärztlichen Vereinigungen herangezogen werden. Gleiches muss auch für den im Rahmen des Jobsharing angestellten Arzt gelten, da auch diesem keine eigene Zulassung zukommt. Folglich beschränkt sich die Teilnahmepflicht ohnehin nur auf den anstellenden Vertragsarzt. Nachdem dieser trotz der Teilung der Teilnahme an der vertragsärztlichen Versorgung entsprechend seiner Zulassung mit dem angestellten Arzt weiterhin mit einer ganzen Zulassung und damit mit einem vollen Versorgungsauftrag an der vertragsärztlichen Versorgung teilnimmt, ist er dennoch wie jeder gewöhnliche Vertragsarzt mit ganzer Zulassung weiter in vollem Umfang zur Teilnahme am vertragsärztlichen Bereitschaftsdienst verpflichtet. Ob er dabei einen Teil seiner Pflicht durch den von ihm angestellten Arzt erfüllen lässt, bleibt der internen Organisation der Praxis bzw. der vertraglichen Ausgestaltung des Anstellungsverhältnisses überlassen.

bb) Umfang der Teilnahmepflicht bei Jobsharing nach § 101 Abs. 1 S. 1 Nr. 4 SGB V

Schwieriger gestaltet sich die Bestimmung des Teilnahmeumfangs dagegen bei der Jobsharingvariante nach § 101 Abs. 1 S. 1 Nr. 4 SGB V. Denn im Gegensatz zur bloßen Anstellung nach § 101 Abs. 1 S. 1 Nr. 5 SGB V nimmt der hinzutretende Arzt nicht lediglich an der Zulassung des Vertragsarztes teil, sondern erhält vielmehr

---

[450] *Bahner*, Recht im Bereitschaftsdienst, S. 47.

[451] *Bäune*, in: Bäune/Meschke/Rothfuß, Kommentar zur Zulassungsverordnung für Vertragsärzte und Vertragszahnärzte (Ärzte-ZV, Zahnärzte-ZV), § 32 Rn. 39; vgl auch *Bahner*, Recht im Bereitschaftsdienst, S. 47, welche hierbei allerdings nicht zwischen den beiden Varianten der § 101 Abs. 1 S. 1 Nr. 4 und Nr. 5 SGB V differenziert.

eine – wenngleich zeitlich beschränkte[452] und vinkulierte, d. h. von der Zulassung des Vertragsarztes abhängige,[453] aber dennoch – eigene Zulassung,[454] welche die Zulassung des Vertragsarztes unberührt lässt.[455] Dieser ist weiterhin Inhaber einer unbeschränkten Vollzulassung.[456] Nachdem sich die Pflicht zur Teilnahme am vertragsärztlichen Bereitschaftsdienst aus der Zulassung zur vertragsärztlichen Versorgung ergibt, erscheint es auf den ersten Blick daher nicht nur konsequent, sowohl den Jobsharingpartner als auch den zugelassenen Vertragsarzt zum vertragsärztlichen Bereitschaftsdienst heranzuziehen, sondern dies auch in einem Umfang zu tun, welcher in der Summe den Umfang einer Zulassung überschreitet, da nach der Variante des § 101 Abs. 1 S. 1 Nr. 4 SGB V gerade nicht eine, sondern zwei Zulassungen vorliegen. Auf Grundlage dieser Überlegungen hat es etwa das SG Stuttgart für rechtmäßig erachtet, beide am Jobsharing beteiligten Ärzte jeweils in vollem Umfang zum Bereitschaftsdienst heranzuziehen.[457]

Unabhängig davon, dass selbst unter Zugrundelegung obiger Ausführungen eine Heranziehung auch des hinzutretenden Arztes in vollem Umfang aufgrund seiner nur beschränkten Zulassung fraglich erscheint, ist nach hier vertretener Auffassung bereits jegliche Heranziehung, welche in ihrer Summe den Teilnahmeumfang *einer* Zulassung überschreitet, als rechtswidrig anzusehen.[458] Zwar ist es richtig, dass aufgrund seiner beschränkten Zulassung auch der hinzutretende Arzt grundsätzlich am vertragsärztlichen Bereitschaftsdienst teilzunehmen hat. Wenn jedoch auch sonst – etwa bei einer hälftigen Zulassung – der konkrete Teilnahmeumfang am Bereitschaftsdienst vom Umfang des vertragsärztlichen Versorgungsauftrags abhängig gemacht wird, darf in Bezug auf das Jobsharing nichts Anderes gelten. Hierbei ist zwingend zu berücksichtigen, dass gem. § 101 Abs. 1 S. 1 Nr. 4 SGB V dem hinzutretenden Arzt eine eigene Zulassung nur erteilt wird, wenn sich dieser und der bereits zugelassene Vertragsarzt zu einem Leistungsumfang verpflichten, welcher „den bisherigen Leistungsumfang der Praxis nicht wesentlich überschreitet“. Dies wird nach § 42 Abs. 1 S. 2 der Bedarfsplanungs-Richtlinie[459] des Gemeinsamen Bundesausschusses dann als erfüllt angesehen, wenn der kombinierte Behand-

[452] Siehe § 101 Abs. 3 SGB V.

[453] *Jaeger*, in: Spickhoff (Hrsg.), Medizinrecht, § 101 SGB V Rn. 6; *Meschke*, MedR 2018, 655 (661).

[454] *Rothfuß*, in: Bäune/Meschke/Rothfuß, Kommentar zur Zulassungsverordnung für Vertragsärzte und Vertragszahnärzte (Ärzte-ZV, Zahnärzte-ZV), § 33 Rn. 59.

[455] *Kamps*, MedR 1998, 103 (106).

[456] *Michels/Möller*, Ärztliche Kooperationen, S. 153.

[457] SG Stuttgart, Urt. v. 19.05.2011, S 10 KA 3195/09, Rn. 25 ff. (juris).

[458] So auch *Bahner*, Recht im Bereitschaftsdienst, S. 47.

[459] Dieser lautet: „Diese Gesamtpunktzahlvolumina sind so festzulegen, dass die in einem entsprechenden Vorjahresquartal gegenüber dem erstzugelassenen Vertragsarzt anerkannten Punktzahlanforderungen um nicht mehr als 3 v.H. überschritten werden.“

lungsumfang maximal drei Prozent über dem des Fachgruppendurchschnitts liegt.[460] Trotz des Vorliegens *zweier* Zulassungen ist den am Jobsharing beteiligten Ärzten daher im Rahmen der vertragsärztlichen Versorgung in der Summe nur die Behandlung im Umfang *einer* Zulassung gestattet. Daran ändert auch die Erlaubnis, den Umfang des Fachgruppendurchschnitts um drei Prozent übersteigen zu können, nichts. Da es sich hierbei nur um einen Durchschnittswert handelt, kann dies vielmehr dazu führen, dass die das Jobsharing praktizierenden Ärzte in geringerem Umfang behandeln dürfen als ein einzelner zugelassener Facharztkollege, welcher am oberen Ende des Leistungsumfangs, sprich über dem Durchschnitt liegt.[461] Im Ergebnis nehmen beide am Jobsharing beteiligten Ärzte daher in der Summe im gleichen Umfang wie ein einzelner Vertragsarzt mit voller Zulassung und gerade nicht wie zwei zugelassene Vertragsärzte an der vertragsärztlichen Versorgung teil; wie schon in der Anstellungsvariante „teilen“ sich beide Ärzte letztlich eine Zulassung und damit einen Versorgungsauftrag[462] – nicht ohne Grund wird von Job*sharing* gesprochen.[463] Das Jobsharing i. S. d. § 101 Abs. 1 S. 1 Nr. 4 SGB V hat demnach im Vergleich zur normalen Zulassung auch keine Steigerung der Patientenzahlen und daraus folgend des Umsatzes und der Gewinnerwartung zur Folge,[464] sondern steht insoweit vielmehr dem Tätigkeitsumfang eines einzelnen zugelassenen Vertragsarztes gleich. Daher wäre es in höchstem Maße unbillig und eine nicht zu rechtfertigende Benachteiligung gegenüber den gewöhnlichen Vertragsärzten, die am Jobsharing beteiligten Ärzte in der Summe häufiger zum vertragsärztlichen Bereitschaftsdienst heranzuziehen wie einen gewöhnlichen Vertragsarzt mit voller Zulassung.[465] Eine derartige Regelung würde beide beteiligten Ärzte über Gebühr belasten, da das Modell des Jobsharing ausweislich der Gesetzesbegründung den Zweck verfolgt, die Arbeitszeit des Vertragsarztes zu senken, um sich etwa schrittweise aus der Vertragsarzttätigkeit zurückzuziehen,[466] sowie allgemein dem verstärkten Bedürfnis nach flexiblerer Arbeitszeit nachzukommen.[467]

b) Umfang der Teilnahmepflicht am Bereitschaftsdienst der Ärztekammern

Unabhängig von der Wahl des vertragsärztlichen Jobsharingmodells haben beide beteiligten Ärzte aufgrund ihrer Niederlassung am Bereitschaftsdienst der Ärzte-

---

[460] *Rothfuß*, in: Bäune/Meschke/Rothfuß, Kommentar zur Zulassungsverordnung für Vertragsärzte und Vertragszahnärzte (Ärzte-ZV, Zahnärzte-ZV), § 33 Rn. 59; SG Marburg, Urt. v. 06. 06. 2007, S 12 KA 1020/06, Rn. 38 (juris).

[461] Vgl. *Bahner*, Recht im Bereitschaftsdienst, S. 47 Fn. 37.

[462] *Michels/Möller*, Ärztliche Kooperationen, S. 153.

[463] *Michels/Möller*, Ärztliche Kooperationen, S. 153.

[464] *Gleichner*, MedR 2000, 399 (399).

[465] So auch *Bahner*, Recht im Bereitschaftsdienst, S. 47.

[466] *Gleichner*, MedR 2000, 399 (399).

[467] BT-Drs. 13/7264, S. 65.

kammern teilzunehmen. Auch bei der Heranziehung auf berufsrechtlicher Grundlage sollte allerdings entsprechend dem Grundsatz der möglichst gleichmäßigen Heranziehung und damit in Übereinstimmung mit den zuvor behandelten Einzelfällen der tatsächliche Umfang der ärztlichen Tätigkeit des jeweiligen Arztes als Berechnungsgrundlage für den Umfang der Teilnahmepflicht herangezogen werden, womit der Teilnahmeumfang beider Ärzte in der Summe nicht den Umfang eines vollzeitig tätigen niedergelassenen Arztes überschreiten darf.

c) Ergebnis

In der Anstellungsvariante des Jobsharings i. S. d. § 101 Abs. 1 S. 1 Nr. 5 SGB trifft nur den anstellenden Vertragsarzt eine Teilnahmepflicht am vertragsärztlichen Bereitschaftsdienst, zu welchem er in vollem Umfang, d. h. wie ein gewöhnlicher Vertragsarzt mit ganzer Zulassung auch, heranzuziehen ist. In der Jobsharingvariante der Ausübung in einer Berufsausübungsgemeinschaft (§ 101 Abs. 1 S. 1 Nr. 4 SGB V) sind zwar beide Ärzte aufgrund ihrer jeweiligen Zulassung zur Teilnahme am Bereitschaftsdienst verpflichtet, dürfen aber im Ergebnis aufgrund der Beschränkung ihres gemeinsamen Leistungsumfangs auf eine einzelne Zulassung in der Summe nur wie ein einzelner Arzt mit voller Zulassung zum vertragsärztlichen Bereitschaftsdienst herangezogen werden.

Zum Bereitschaftsdienst der Ärztekammern sind beide beteiligten Ärzte unabhängig von der Wahl des vertragsärztlichen Jobsharingmodells verpflichtet, wobei sich ihr Teilnahmeumfang jeweils nach dem tatsächlichen Umfang ihrer eigenen ärztlichen Tätigkeit richten sollte.

6. Umfang der Teilnahmepflicht von Mund-Kiefer-Gesichtschirurgen

a) Umfang der Teilnahmepflicht am Bereitschaftsdienst der Kassenärztlichen Vereinigungen

Als deutschlandweit einzige Fachrichtung setzt die Tätigkeit als Mund-Kiefer-Gesichtschirurg sowohl ein abgeschlossenes Studium der Human- als auch der Zahnmedizin voraus.[468] Dies hat zur Folge, dass ein niedergelassener Mund-Kiefer-Gesichtschirurg, sofern er nicht rein privatärztlich tätig ist, aufgrund der Verknüpfung der Human- mit der Zahnmedizin im Rahmen seiner Praxistätigkeit in der Regel sowohl zur vertragsärztlichen als auch zur vertragszahnärztlichen Versorgung zugelassen ist.[469] Da neben dem vertragsärztlichen Bereitschaftsdienst auch ein ver-

---

[468] BSG, Urt. v. 17. 11. 1999, B 6 KA 15/99 R, Rn. 20 (juris).

[469] *Schiller*, in: Schnapp/Wigge (Hrsg.), Handbuch des Vertragsarztrechts, § 5 D Rn. 65; BSG, Urt. v. 23. 03. 2016, B 6 KA 7/15 R, Rn. 16 (juris); BSG, Urt. v. 17. 11. 1999, B 6 KA 15/99 R, Rn. 21 (juris).

tragszahnärztlicher Bereitschaftsdienst existiert,[470] stellt sich die Frage, ob zugelassene Mund-Kiefer-Gesichtschirurgen sowohl von der Kassenärztlichen Vereinigung als auch der Kassenzahnärztlichen Vereinigung zur Teilnahme an deren jeweiligem Bereitschaftsdienst verpflichtet werden können. Um Mund-Kiefer-Gesichtschirurgen im Vergleich zu Ärzten mit nur einer Zulassung nicht übermäßig zu belasten, könnte man daran denken, diese nur zu einem der beiden Dienste zu verpflichten. Wer allerdings freiwillig sowohl an der vertragsärztlichen als auch der vertragszahnärztlichen Versorgung teilnimmt und deren jeweilige Vorteile in Anspruch nimmt, hat seinerseits im Gegenzug auch den mit der jeweiligen Zulassung einhergehenden Pflichten nachzukommen.[471] Die grundsätzliche Verpflichtung zur Teilnahme am vertragsärztlichen und vertragszahnärztlichen Bereitschaftsdienst ist daher nicht zu beanstanden.[472]

Mit Blick auf das Gebot der Gleichbehandlung aller Vertragsärzte und der damit verbundenen möglichst gleichmäßigen Heranziehung erscheint es aber erforderlich, zumindest den Umfang am jeweiligen Bereitschaftsdienst anzupassen, um einer übermäßigen Belastung[473] von Mund-Kiefer-Gesichtschirurgen vorzubeugen.[474] Eine derartige Verringerung des Teilnahmeumfangs lässt sich jedoch nicht nur mit Gründen der Gleichbehandlung, sondern auch damit erklären, dass einem einzelnen Arzt nach ständiger Rechtsprechung nie mehr als ein voller Versorgungsauftrag zustehen kann.[475] Auch für die Tätigkeit als Mund-Kiefer-Gesichtschirurg kann nichts Anderes gelten. Wenngleich in diesem Fall die Besonderheit besteht, dass er sowohl zur vertragsärztlichen als auch vertragszahnärztlichen zur Versorgung zu-

---

[470] Dieser soll nach dem Referentenentwurf des Bundesministeriums für Gesundheit v. 08.01.2020 zur Reform der Notfallversorgung (abrufbar unter https://www.bundesgesundheitsministerium.de/fileadmin/Dateien/3_Downloads/Gesetze_und_Verordnungen/GuV/N/Referentenentwurf_zur_Reform_der_Notfallversorgung.pdf (Stand: 06.02.2020)) wohl von der geplanten Reform ausgenommen werden, wenn er in einem neu einzufügenden § 75 Abs. 1c SGB V nunmehr getrennt vom vertragsärztlichen Bereitschaftsdienst geregelt werden soll und dabei den Inhalt des noch geltenden § 75 Abs. 1b SGB V sinngemäß und größtenteils wortgleich („Der Sicherstellungsauftrag nach Absatz 1 umfasst auch die vertragszahnärztliche Versorgung zu den sprechstundenfreien Zeiten") übernimmt.

[471] BSG, Urt. v. 23.03.2016, B 6 KA 7/15 R, Rn. 16 (juris).

[472] *Rademacker*, in: Körner/Leitherer/Mutschler/Rolfs (Hrsg.), Kasseler Kommentar Sozialversicherungsrecht, § 75 SGB V Rn. 45; BSG, Urt. v. 23.03.2016, B 6 KA 7/15 R, Rn. 16 (juris).

[473] Anders als bei der „Doppelverpflichtung" eines niedergelassenen Vertragsarztes sowohl zum Bereitschaftsdienst der Ärztekammer als auch demjenigen der Kassenärztlichen Vereinigung (hierzu Kap. 2 B. I. 3. c) ee) (1)) könnte der in der Heranziehung zum vertragsärztlichen und vertragszahnärztlichen Bereitschaftsdienst jeweils im Umfang einer vollen Zulassung liegende „additive Grundrechtseingriff" durchaus einen nicht zu rechtfertigenden, da unangemessenen Eingriff in Art. 12 Abs. 1 GG darstellen.

[474] BSG, Urt. v. 23.03.2016, B 6 KA 7/15 R, Rn. 22 (juris); *Rademacker*, in: Körner/Leitherer/Mutschler/Rolfs (Hrsg.), Kasseler Kommentar Sozialversicherungsrecht, § 75 SGB V Rn. 45.

[475] BSG, Beschl. v. 09.02.2011, B 6 KA 44/10 B, Rn. 10 f. (juris) unter Hinweis auf BSG, Urt. v. 20.01.1999, B 6 KA 78/97 R und BSG, Urt. v. 26.01.2000, B 6 KA 53/98 R.

gelassen ist, kann ihm in der Summe dennoch nicht mehr als ein voller Versorgungsauftrag zukommen.[476] Die doppelte Zulassung ist allein der Tatsache geschuldet, dass der Mund-Kiefer-Gesichtschirurg für seine Tätigkeit wie dargestellt sowohl einer human- wie zahnmedizinischen Ausbildung bedarf, bedeutet aber gerade nicht, dass er deshalb auch seiner beruflichen Tätigkeit zeitlich doppelt so häufig nachgeht, sprich doppelt so viele Sprechstunden anbietet, wie ein Arzt mit nur einer Zulassung. Die Verknüpfung der humanmedizinischen mit den zahnmedizinischen Fertigkeiten in seiner Praxis kann nicht dazu führen, dass der Mund-Kiefer-Gesichtschirurg sowohl einen vollen Versorgungsauftrag für die vertragsärztliche Versorgung als auch zusätzlich einen vollen Versorgungsauftrag für die vertragszahnärztliche Versorgung innehat.[477] Dies wäre weder damit vereinbar, dass die Tätigkeit des Mund-Kiefer-Chirurgen eine Kombination beider Versorgungsbereiche in einer Behandlungstätigkeit und gerade nicht zwei voneinander getrennte volle Versorgungsbereiche darstellt, noch kann es einem einzelnen Arzt rein tatsächlich möglich sein, zwei volle Versorgungsaufträge wahrzunehmen, wenn schon ein Versorgungsauftrag für einen Arzt als normales Arbeitspensum im Sinne einer Vollzeitbeschäftigung anzusehen ist. Aus den beiden genannten Gründen erscheint demnach eine *vollumfängliche* Verpflichtung von Mund-Kiefer-Gesichtschirurgen zur Teilnahme sowohl zum vertragsärztlichen als auch zum vertragszahnärztlichen Bereitschaftsdienst nicht geboten. Diese hätte im Vergleich zu rein vertragsärztlich oder rein vertragszahnärztlich tätigen Ärzten eine Verdoppelung der Teilnahmepflicht und damit eine doppelte Belastung zur Folge.[478]

Bei der Heranziehung zum vertragsärztlichen Bereitschaftsdienst sollte daher die Heranziehung zum vertragszahnärztlichen Bereitschaftsdienst berücksichtigt werden und umgekehrt. Dazu bedarf es einer Abstimmung von Kassenärztlicher Vereinigung und Kassenzahnärztlicher Vereinigung.[479] Konkret bedeutet dies mit Blick auf den Umfang der Teilnahme anderer Ärzte mit vollem Versorgungsauftrag, den Umfang der Teilnahmepflicht und damit die Frequenz der Heranziehung jeweils auf die Hälfte der gewöhnlichen Heranziehung zu reduzieren oder den Mund-Kiefer-Chirurg nach seiner Wahl nur zu einem der beiden Bereitschaftsdienste – dann aber im Umfang eines vollen Versorgungsauftrags – heranzuziehen. Nach beiden Varianten würde ein Mund-Kiefer-Gesichtschirurg im Ergebnis damit, wie andere Ärzte mit vollem Versorgungsauftrag auch, insgesamt vollumfänglich an einem Bereitschaftsdienst teilnehmen mit dem für das Endergebnis nicht relevanten Unterschied, dass sich seine Pflicht aus zwei halben Teilnahmepflichten jeweils unterschiedlicher Bereitschaftsdienste zusammensetzt respektive eine ausbleibende hälftige Teilnahmepflicht an einem Bereitschaftsdienst durch eine volle Teilnahme am anderen Dienst kompensiert werden würde.

---

[476] BSG, Beschl. v. 09.02.2011, B 6 KA 44/10 B, Rn. 10 f. (juris); BSG, Urt. v. 23.03.2016, B 6 KA 7/15 R, Rn. 17 (juris).

[477] BSG, Urt. v. 23.03.2016, B 6 KA 7/15 R, Rn. 17 (juris).

[478] BSG, Urt. v. 23.03.2016, B 6 KA 7/15 R, Rn. 17 (juris).

[479] BSG, Urt. v. 23.03.2016, B 6 KA 7/15 R, Rn. 22 (juris).

Zur Umsetzung in den Bereitschaftsdienstordnungen käme hierzu ein teilweiser (respektive vollständiger) Befreiungsanspruch des Mund-Kiefer-Gesichtschirurgen sowohl für seine Teilnahme am Bereitschaftsdienst der Kassenärztlichen Vereinigung als auch für seine Teilnahme am Bereitschaftsdienst der Kassenzahnärztlichen Vereinigung in Betracht.[480] Dieser könnte in den Bereitschaftsdienstordnungen entweder ausdrücklich normiert oder als ungeschriebener, schwerwiegender Grund anerkannt werden. Aus Gründen der Einfachheit und Rechtsgleichheit empfiehlt es sich jedoch, den Umfang der Teilnahmepflicht an den beiden Bereitschaftsdiensten von vornherein auf ein zumutbares Maß zu begrenzen, mithin bereits im Rahmen der Normierung der Teilnahmepflicht in der jeweiligen Bereitschaftsdienstordnung festzulegen, dass sich die Teilnahmepflicht bei einer Tätigkeit als Mund-Kiefer-Gesichtschirurg und der damit verbundenen doppelten Zulassung auf jeweils den halben Umfang der üblichen Teilnahmepflicht bei einem vollen Versorgungsauftrag begrenzt bzw. eine Teilnahmepflicht vollständig erlischt und durch entsprechende häufigere Heranziehung zum anderen Bereitschaftsdienst kompensiert wird.

b) Umfang der Teilnahmepflicht am Bereitschaftsdienst der Ärztekammern

Der aufgrund der Mitgliedschaft in der Zahnärztekammer bestehenden Gefahr einer zu häufigen Heranziehung eines Mund-Kiefer-Gesichtschirurgen zum Bereitschaftsdienst der Ärztekammer kann hingegen schon dadurch vorgebeugt werden, dass sich dessen Teilnahmeumfang wie bei den übrigen niedergelassenen Ärzten auch nach dem Umfang seiner wöchentlichen ärztlichen Tätigkeit zu richten hat.

7. Umfang der Teilnahmepflicht bei Zulassung für zwei Fachgebiete

Vergleichbar mit der Situation des Mund-Kiefer-Gesichtschirurgen ist diejenige solcher niedergelassenen Ärzte, welche die Zulassung zur vertragsärztlichen Versorgung für zwei verschiedene Fachgebiete innehaben. Diesen kommt nach gesicherter Rechtsprechung trotz der Zulassung für mehrere fachärztliche Bereiche in der Summe nur eine Zulassung und damit auch nur ein voller Versorgungsauftrag zu.[481] Nachdem sich der Umfang der Teilnahmepflicht am Bereitschaftsdienst stets nach dem Umfang des Versorgungsauftrags zu richten hat, dürfen Vertragsärzte mit einer Zulassung für zwei Fachgebiete daher lediglich in dem Umfang verpflichtet werden, wie auch Vertragsärzte mit einer ganzen Zulassung für nur ein Fachgebiet, sprich mit dem Faktor 1,0. Eine in der Summe über den Versorgungsumfang hinausgehende Heranziehung widerspräche dem Grundsatz der möglichst gleichmä-

[480] So etwa *Hesral*, in: Schlegel/Voelzke/Engelmann (Hrsg.), juris Praxiskommentar SGB V, § 75 Rn. 120.

[481] BSG, Beschl. v. 09.02.2011, B 6 KA 44/10 B, Rn. 10 f. (juris); BSG, Urt. v. 11.05.2011, B 6 KA 2/10 R, Rn. 23 (juris); BSG, Urt. v. 28.09.2016, B 6 KA 1/16 R, Rn. 24 (juris).

ßigen Heranziehung aller Ärzte. Aus Klarstellungsgründen könnte über eine entsprechende ausdrückliche Regelung des Gesagten in den Bereitschaftsdienstordnungen nachgedacht werden. In Abhängigkeit vom Bestehen fachärztlicher Bereitschaftsdienste kommen hierfür mehrere – im Hinblick auf die Qualität der Behandlung mehr oder minder empfehlenswerte, aber allesamt zulässige – Alternativen in Betracht:

- Sind für beide Fachgebiete, in denen der Vertragsarzt tätig ist, fachärztliche Bereitschaftsdienste eingerichtet, kann die Teilnahmepflicht entweder
  - unter den beiden Bereitschaftsdiensten aufgeteilt werden oder
  - der Arzt nimmt nur an einem der beiden Bereitschaftsdienste, dann aber in vollem Umfang, teil.
- Ist nur für eines der beiden Fachgebiete ein fachärztlicher Bereitschaftsdienst eingerichtet, kann der Arzt entweder
  - in vollem Umfang nur zum bestehenden fachärztlichen Bereitschaftsdienst, oder
  - sowohl zum fachärztlichen als auch zum allgemeinen ärztlichen Bereitschaftsdienst mit einem Gesamtfaktor von 1,0 verpflichtet werden.
- Besteht für keines der beiden Fachgebiete ein spezieller Bereitschaftsdienst, so ist der Vertragsarzt – seine Eignung hierfür vorausgesetzt[482] – im Umfang einer Zulassung zur Teilnahme am allgemeinen ärztlichen Bereitschaftsdienst verpflichtet.

Solange sich der Umfang der Teilnahmepflicht der Ärzte mit einer Zulassung für zwei Fachgebiete entsprechend dem obigen Grundsatz alleine nach dem Umfang ihrer vertragsärztlichen Tätigkeit richtet, sind insoweit keine Probleme ersichtlich.

8. Umfang der Teilnahmepflicht von Belegärzten

Schließlich stellt sich auch bei belegärztlich tätigen Vertragsärzten die Frage nach dem Umfang der sie treffenden Teilnahmepflicht.

a) Überblick über die Belegarzttätigkeit

Zu der in § 115 Abs. 1 und 2 Nr. 1 SGB V geforderten Zusammenarbeit zwischen Vertragsärzten und zugelassenen Krankenhäusern zur Gewährleistung einer nahtlosen ambulanten und stationären Behandlung der Versicherten zählt nach § 121 Abs. 1 SGB V auch die sog. belegärztliche Tätigkeit. Nach der Legaldefinition des § 121 Abs. 2 SGB V sind Belegärzte i. S. d. Sozialgesetzbuches

[482] Zur Frage der Eignung eines Arztes zur Teilnahme am allgemeinen ärztlichen Bereitschaftsdienst siehe ausführlich oben, Kap. 2 C. I.

[...] nicht am Krankenhaus angestellte Vertragsärzte, die berechtigt sind, ihre Patienten (Belegpatienten) im Krankenhaus unter Inanspruchnahme der hierfür bereitgestellten Dienste, Einrichtungen und Mittel vollstationär oder teilstationär zu behandeln, ohne hierfür vom Krankenhaus eine Vergütung zu erhalten.

Entgegen der grundsätzlichen Trennung von ambulanter und stationärer Versorgung kommt es daher zu einer Verzahnung der beiden Sektoren, indem niedergelassene, d. h. ambulant tätige Ärzte unter Zuhilfenahme krankenhauseigener Infrastrukturen – zu denken ist hierbei insbesondere an die Bereitstellung von Pflegepersonal, medizinischen Apparaten und Krankenbetten[483] – an der stationären Behandlung teilnehmen. Um belegärztlich tätig werden zu können, bedürfen niedergelassene Ärzte einer sog. Belegarztanerkennung, deren Anforderungen im BMV-Ä geregelt sind.[484] Grundvoraussetzung hierfür ist, wie § 121 Abs. 2 SGB deutlich macht („Belegärzte im Sinne dieses Gesetzbuchs sind nicht am Krankenhaus angestellte Vertragsärzte“), dass der den Antrag stellende Arzt zur vertragsärztlichen Versorgung zugelassen ist. Zudem muss der Schwerpunkt seiner ärztlichen Tätigkeit in der ambulanten vertragsärztlichen Versorgung liegen; die Belegarzttätigkeit darf lediglich von untergeordneter Bedeutung sein.[485] Daneben hat der Arzt mit dem Krankenhaus einen Belegarztvertrag zu schließen, welcher ihm die Behandlung seiner Patienten am Krankenhaus gestattet und dem Krankenhaus hierfür einen zumeist pauschalisierten Geldbetrag zuspricht.[486]

Auch Nicht-Vertragsärzten steht die Möglichkeit zu, Privatpatienten stationär in einem Krankenhaus zu behandeln.[487] Im Gegensatz zu den zur vertragsärztlichen Versorgung zugelassenen Ärzten findet sich für diese allerdings keine gesetzliche Definition einer belegärztlichen Tätigkeit.[488] Es spricht jedoch nichts dagegen, die Definition des § 121 Abs. 2 SGB V sinngemäß zu übernehmen.[489]

b) Umfang der Teilnahmepflicht am Bereitschaftsdienst der Kassenärztlichen Vereinigungen

Nachdem die Belegarzttätigkeit i. S. d. § 121 Abs. 2 SGB V zwingend eine Zulassung zur vertragsärztlichen Versorgung voraussetzt, steht außer Frage, dass auch ein vertragsärztlich tätiger Belegarzt zur Teilnahme am Bereitschaftsdienst der

---

[483] *Häußler/Liebold/Narr*, Die kassenärztliche Tätigkeit, S. 188 und 194.

[484] *Igl*, in: Igl/Welti (Hrsg.), Gesundheitsrecht, § 23 Rn. 6.

[485] *Häußler/Liebold/Narr*, Die kassenärztliche Tätigkeit, S. 189; *Meschke*, in: Bäune/Meschke/Rothfuß, Kommentar zur Zulassungsverordnung für Vertragsärzte und Vertragszahnärzte (Ärzte-ZV, Zahnärzte-ZV), § 16b Rn. 129.

[486] *Wemhöner*, Die Rechtsstellung des ermächtigten Arztes bzw. der ermächtigten ärztlich geleiteten Einrichtung in Abgrenzung zum Kassenarztrecht, S. 47.

[487] *Hirche*, Arztrecht Kompakt, S. 86.

[488] *Vogt*, Ärztliche Selbstverwaltung im Wandel, S. 596.

[489] *Vogt*, Ärztliche Selbstverwaltung im, S. 596.

Kassenärztlichen Vereinigungen verpflichtet ist.[490] Lediglich hinsichtlich des konkreten Umfangs könnte sich in Abweichung zu den übrigen niedergelassenen Vertragsärzten aufgrund der Belegarzttätigkeit ein verringerter Teilnahmeumfang ergeben. Dies ist jedoch abzulehnen.[491]

Denn wenngleich die Arbeitsbelastung eines belegärztlich tätigen Vertragsarztes durch die stationäre Behandlung seiner Patienten neben der ambulanten Versorgung höher ausfallen mag als diejenige eines rein ambulant behandelnden Vertragsarztes mit gleichem Versorgungsumfang, darf nicht übersehen werden, dass auch die belegärztliche Tätigkeit am Krankenhaus trotz ihres stationären Charakters zur vertragsärztlichen Versorgung gerechnet wird.[492] Dies zeigt sich nicht zuletzt darin, dass die Honorierung der Belegarzttätigkeit nach § 121 Abs. 3 S. 1 SGB V nicht durch das Krankenhaus, sondern aus der vertragsärztlichen Gesamtvergütung erfolgt. Aufgrund der Zuschreibung zur vertragsärztlichen Versorgung handelt es sich bei der Belegarzttätigkeit folglich also nicht um eine zusätzliche Aufgabe des Belegarztes, sondern lediglich um eine alternative Erfüllung bzw. Fortsetzung seiner sich aus der Zulassung ohnehin schon ergebenden Pflicht zur Teilnahme an der vertragsärztlichen Versorgung.[493] Schon allein deshalb vermag die bloße Belegarzttätigkeit keine generelle Begrenzung des Teilnahmeumfangs am Bereitschaftsdienst zu rechtfertigen. Zu berücksichtigen ist des Weiteren auch, dass es sich bei der Belegarzttätigkeit – im Gegensatz zur durch wirtschaftliche Zwänge maßgeblich beeinflussten Entscheidung zur Beantragung der Zulassung zur vertragsärztlichen Versorgung – um einen gänzlich freiwilligen Entschluss des Vertragsarztes handelt, weshalb der Belegarzt jedenfalls in einem gewissen Maße auch die damit womöglich einhergehenden Belastungen zu akzeptieren hat,[494] welche sich höher als diejenigen des rein ambulant tätigen Vertragsarztes darstellen können. In diesem Zusammenhang ist überdies zu beachten, dass die ambulante vertragsärztliche Versorgung für den zugelassenen Belegarzt – ganz im Gegensatz etwa zum ermächtigten Krankenhausarzt, der daneben auch in begrenztem Umfang an der vertragsärztlichen Versorgung mitwirkt – seine Haupt- und die Belegarzttätigkeit lediglich seine Nebentätigkeit darstellt,

---

[490] *Hess*, in: Wenzel, Handbuch des Fachanwalts Medizinrecht, Kapitel 2 Rn. 318; *Mötzung*, Der ärztliche Notfalldienst in rechtlicher Sicht, S. 97; LSG Nordrhein-Westfalen, Beschl. v. 29.08.2011, L 11 KA 57/11 B ER, Rn. 33 ff. (juris); BSG, Urt. v. 12.12.2018, B 6 KA 50/17 R, Rn. 46 (juris).

[491] So unter anderem auch *Mötzung*, Der ärztliche Notfalldienst in rechtlicher Sicht, S. 97 ff.; BVerwG, Urt. v. 12.12.1972, I C 30.69, NJW 1973, 576 (577).

[492] *Rademacker*, in: Körner/Leitherer/Mutschler/Rolfs (Hrsg.), Kasseler Kommentar Sozialversicherungsrecht, § 75 SGB V Rn. 52; *Ries/Schnieder/Papendorf/Großbölting/Berg*, Arztrecht, S. 195; *Schneider*, Handbuch des Kassenarztrechts, Rn. 273.

[493] *Hirche*, Arztrecht Kompakt, S. 86; BSG, Urt. v. 12.12.2001, B 6 KA 5/01 R, Rn. 21 (juris); vgl. auch *Vogt*, Ärztliche Selbstverwaltung im Wandel, S. 596.

[494] LSG Rheinland-Pfalz, Urt. vom 03.09.2009, Az L 5 KA 20/08, Rn. 36 (juris); SG München, Beschl. v. 14.04.2014, S 38 KA 447/14 ER, Rn. 35 (juris); siehe nur in Bezug auf die Freiwilligkeit auch LSG Niedersachsen-Bremen, Urt. v. 25.07.2012, L3 KA 77/11, Rn. 19 (juris) und LSG Rheinland-Pfalz, Urt. v. 18.12.2014, L 7 KA 24/14, Rn. 28 (juris).

sprich nur von untergeordneter Bedeutung zu sein hat.[495] Aus diesem Rangverhältnis folgt konsequenterweise, dass die stationäre Behandlung am Krankenhaus die ambulante vertragsärztliche Tätigkeit in der eigenen Praxis nicht beeinträchtigen darf.[496] In Anbetracht dieses Vorrangs der ambulanten Behandlung wäre es reichlich widersinnig, den Umfang der Teilnahmepflicht der Belegärzte am Bereitschaftsdienst der Kassenärztlichen Vereinigungen pauschal mit dem Argument zu reduzieren, dass eine vollumfängliche, ihrer Zulassung entsprechende Teilnahme Belegärzte aufgrund ihrer stationären Tätigkeit übermäßig belasten würde. Sofern sich die Summe der sich aus ambulanter Tätigkeit in der Praxis, der Teilnahme am Bereitschaftsdienst und der stationären Behandlung am Krankenhaus ergebende Belastung für den einzelnen Arzt als zu hoch darstellt, wäre es aufgrund der Nachrangigkeit letztgenannter Betätigung vielmehr erforderlich, dass der Arzt seine Belegarzttätigkeit reduziert bzw. einstellt und nicht eine Reduzierung seines Teilnahmeumfangs am Bereitschaftsdienst verlangen kann. Denn im Gegensatz zur Belegarzttätigkeit ist letztgenannter obligatorischer Bestandteil der vertragsärztlichen Versorgung, zu welcher sich durch seine Zulassung auch der Belegarzt verpflichtet hat.

Der Annahme einer grundsätzlichen Teilnahmepflicht in vollem Umfang der Zulassung steht auch nicht entgegen, dass von vertragsärztlich tätigen Belegärzten gegen ihre Heranziehung zum Bereitschaftsdienst der Kassenärztlichen Vereinigungen zuweilen vorgebracht wird, dass sie bereits am internen Ruf- bzw. Bereitschaftsdienst des Krankenhauses teilnehmen würden, an welchem sie ihre Belegbetten haben. Zwar mag es sein, dass es in diesem Falle im Hinblick auf eine sonst unzumutbare Belastung geboten erscheint, den Umfang der Teilnahmepflicht am vertragsärztlichen Bereitschaftsdienst zu reduzieren oder den Belegarzt gar gänzlich von der Teilnahme zu befreien. Allerdings ist dies eine Frage des Einzelfalls und rechtfertigt keine pauschale, für alle Belegärzte geltende Reduktion des Teilnahmeumfangs oder gar deren vollständige Herausnahme aus dem zur Teilnahme verpflichteten Adressatenkreis. Denn zum einen ist ein Belegarzt weder gesetzlich noch grundsätzlich vertraglich – der Belegarztvertrag begründet kein Arbeitsverhältnis oder ein arbeitnehmerähnliches Verhältnis[497] – zur Teilnahme am Bereitschaftsdienst des Krankenhauses verpflichtet;[498] sofern er eine entsprechende vertragliche Verpflichtung mit dem Krankenhaus eingeht, beruht dies allein auf seiner freiwilligen Entscheidung. Zum anderen ist die Teilnahme von Belegärzten am internen Be-

[495] *Mötzung*, Der ärztliche Notfalldienst in rechtlicher Sicht, S. 97; BSG, Urt. v. 12.12. 2018, B 6 KA 50/17 R, Rn. 46 (juris); *Ries/Schnieder/Papendorf/Großbölting/Berg*, Arztrecht, S. 195.

[496] BSG, Urt. v. 15.09.1977, 6 RKa 12/77, Rn. 22 (juris); LSG Niedersachsen-Bremen, Urt. v. 25.07.2012, L3 KA 77/11, Rn. 19 (juris); LSG Rheinland-Pfalz, Urt. v. 18.12.2014, L 7 KA 24/14, Rn. 28 (juris); BSG, Urt. v. 12.12.2018, B 6 KA 50/17 R, Rn. 46 (juris); als Argument für nicht überzeugend haltend hingegen *Narr*, Ärztliches Berufsrecht, S. 139.

[497] *Häußler/Liebold/Narr*, Die kassenärztliche Tätigkeit, S. 188; *Hirche*, Arztrecht Kompakt, S. 86.

[498] Vgl. *Katzenberger*, Die Rechtsverhältnisse des Belegarztes, S. 21.

reitschaftsdienst des Krankenhauses auch nicht der Regelfall, sondern stellt vielmehr die Ausnahme dar.[499] Bei der Berücksichtigung einer Beteiligung von Belegärzten an einem internen Bereitschaftsdienst eines Krankenhauses handelt es sich folglich um keine Frage, welche pauschal für alle Belegärzte gleich beantwortet werden kann, sondern um eine Einzelfallbetrachtung. Sie darf daher nicht auf Ebene der grundsätzlichen Teilnahmepflicht oder der Bestimmung des grundsätzlichen Teilnahmeumfangs[500] – was auch zu Problemen im Hinblick auf Art. 3 Abs. 1 GG führen würde[501] – sondern erst auf Ebene einer möglichen vollständigen oder teilweisen Befreiung vom Bereitschaftsdienst eine Rolle spielen.[502] Damit bleibt es dabei, dass belegärztlich tätige Vertragsärzte grundsätzlich in vollem Umfang ihrer Zulassung am vertragsärztlichen Bereitschaftsdienst der Kassenärztlichen Vereinigung teilzunehmen haben.

c) Umfang der Teilnahmepflicht am Bereitschaftsdienst der Ärztekammern

Trotz ihrer belegärztlichen Tätigkeit sind Belegärzte als niedergelassene Ärzte Mitglieder der Ärztekammer und damit auch zur Teilnahme an deren Bereitschaftsdienst verpflichtet, sofern ein solcher existiert. Dies gilt sowohl für zugelassene als auch rein privatärztlich tätige Ärzte. Entsprechend den Ausführungen zum Umfang der Teilnahme am Bereitschaftsdienst der Kassenärztlichen Vereinigungen kann auch hier keine pauschale, allgemeingültige Reduzierung des Teilnahmeumfangs oder gar Ausnahme von der Teilnahmepflicht alleine aufgrund der Belegarzttätigkeit angenommen werden. Lediglich in begründeten Einzelfällen scheint eine Ausnahme möglich, welche allerdings wiederum nicht auf Ebene der Teilnahmepflicht bzw. des Teilnahmeumfangs, sondern vielmehr im Rahmen einer möglichen Befreiung zu prüfen ist.

IV. Abschließendes Fazit zum Umfang der Teilnahmepflicht

Die Parameter zur Bestimmung des Umfangs der Teilnahmepflicht sind unabhängig von weiteren Faktoren stets am sich aus Art. 3 Abs. 1 GG ergebenden Grundsatz der möglichst gleichmäßigen Heranziehung zu messen – der einzelne Arzt

---

[499] *Mötzung*, Der ärztliche Notfalldienst in rechtlicher Sicht, S. 98.

[500] *Mötzung*, Der ärztliche Notfalldienst in rechtlicher Sicht, S. 98; wohl auch LSG Rheinland-Pfalz, Urt. v. 03.09.2009, L 5 KA 20/08, Rn. 35 (juris); BSG, Urt. v. 23.03.2016, B 6 KA 7/15 R, Rn. 18 (juris).

[501] Andere Ansicht wohl SG München, Beschl. v. 14.04.2014, S 38 KA 447/14 ER, Rn. 35 (juris).

[502] *Narr*, Ärztliches Berufsrecht, S. 139; BVerwG, Urt. v. 12.12.1972, I C 30.69, NJW 1973, 576 (577); BSG, Urt. v. 23.03.2016, B 6 KA 7/15 R, Rn. 18 (juris).

hat einen Anspruch darauf, nicht in stärkerem Maße als andere Ärzte in gleicher Lage zum Bereitschaftsdienst herangezogen zu werden.[503] In Bezug auf den Umfang der Teilnahmepflicht von Vertragsärzten bedeutet dies, dass sich dieser stets nach dem sich aus der Zulassung ergebenden Umfang der Teilnahme an der vertragsärztlichen Versorgung zu richten hat. Denn wenn die Rechtsprechung in anderen Konstellationen so vehement darauf beharrt, dass sich die Teilnahmepflicht am Bereitschaftsdienst aus der Zulassung ergebe und sich der konkrete Teilnahmeumfang nach dem Versorgungsauftrag richte, muss dies auch in allen erdenklichen Varianten konsequent so gehandhabt werden. Hinsichtlich der Bestimmung des Teilnahmeumfangs von Ärzten ohne Zulassung sollte auf den Umfang der eigenen ärztlichen Tätigkeit abgestellt werden. Alternative Parameter mögen grundsätzlich zulässig sein, erscheinen aber weniger geeignet.

E. Die Ausgestaltung der Teilnahmepflicht

Im Hinblick auf den Adressatenkreis und den Umfang der Teilnahmepflicht sind den Ärztekammern und Kassenärztlichen Vereinigungen bei ihrer Rechtssetzung, wie die vorangegangenen Ausführungen gezeigt haben, durchaus enge Grenzen gesetzt. Hiervon abgesehen kommt den beiden Körperschaften bei der übrigen Ausgestaltung der Teilnahmepflicht in ihren Bereitschaftsdienstordnungen jedoch aufgrund ihrer Satzungsautonomie ein großzügiger Gestaltungsspielraum zu,[504] sofern sie sich hierbei von sachlichen Erwägungen leiten lassen.[505] Die Einräumung eines solchen Gestaltungsspielraums liegt im Hinblick auf die Ausgestaltung der Teilnahmepflicht des Bereitschaftsdienstes darin begründet, dass gerade bei der

---

[503] BVerwG, Urt. v. 12.12.1972, I C 30.69, NJW 1973, 576 (577); BSG, Urt. v. 15.04.1980, 6 RKa 8/78, Rn. 15 (juris); BSG, Urt. v. 11.06.1986, 6 RKa 5/85, Rn. 13 (juris); BSG, Urt. v. 06.09.2006, B 6 KA 43/05 R, Rn. 18 (juris); BSG, Urt. v. 06.02.2008, B 6 KA 13/06 R, Rn. 14 (juris); LSG Sachsen, Urt. v. 14.12.2011, L 1 KA 25/10, Rn. 45 (juris).

[504] Hinsichtlich des Gestaltungsspielraums der Ärztekammern BVerwG, Urt. v. 26.01.1993, 1 C 33/89, Rn. 20 (juris); OVG Lüneburg, Urt. v. 13.12.2001, 8 L 4694/99, Rn. 37 (juris); VerfGH Berlin, Beschl. v. 21.03.2003, 2/03, Rn. 18 (juris); OVG Lüneburg, Urt. v. 02.07.2003, 8 K 3892/00, Rn 25 (juris); VG Berlin, Urt. v. 20.04.2005, 14 A 109.01, Rn. 41 (juris); OVG Nordrhein-Westfalen, Beschl. v. 22.06.2009, 13 A 3775/06, Rn. 33 (juris); VG Bremen, Urt. v. 23.09.2010, 2 K 24/08, Rn. 21 ff. (juris); OVG Nordrhein-Westfalen, Urt. v. 27.02.2013, 13 A 1431/12 (juris); VG Bayreuth, Urt. v. 13.12.2017, B 4 K 16.446, Rn. 32 (juris); VG Trier, Urt. v. 18.06.2018, 2 K 1089/18.TR, Rn. 18 (juris).; in Bezug auf den Gestaltungsspielraum der Kassenärztlichen Vereinigungen siehe LSG Bayern, Urt. v. 25.04.2001, L 12 KA 60/00, Rn. 33 (juris); BSG, Urt. v. 06.09.2006, B 6 KA 43/05 R, Rn. 12 (juris); BSG, Urt. v. 11.05.2011, B 6 KA 23/10 R, Rn. 17 (juris); LSG Nordrhein-Westfalen, Urt. v. 25.08.2011, L 11 KA 13/11 B ER, Rn. 26 (juris); BSG, Urt. v. 11.12.2013, B 6 KA 39/12 R, Rn. 21 (juris); SG München, Urt. v. 06.05.2015, S 38 KA 284/15 ER, Rn. 10 (juris); LSG Bayern, Urt. v. 05.04.2017, L 12 KA 125/16, Rn. 21 (juris).

[505] BSG, Urt. v. 06.09.2006, B 6 KA 43/05 R, Rn. 14 (juris); LSG Nordrhein-Westfalen, Beschl. v. 25.08.2011, L 11 KA 13/11 B ER, Rn. 26 (juris).

detaillierten Ausgestaltung des Dienstes zahlreiche, oftmals regional begründete Besonderheiten und widerstreitende Interessen berücksichtigt werden müssen, die einer individuellen Ausgestaltung bedürfen und für Externe nur schwer einzuordnen und zu bewerten sind.[506]

I. Festsetzung der Bereitschaftsdienstbereiche

Zunächst dürfen die Ärztekammern und Kassenärztlichen Vereinigungen daher die einzelnen Bereitschaftsdienstbereiche selbst festlegen[507] und deren Größe auch nachträglich ändern.[508] Aufgrund des steigenden Ärztemangels kommt es demnach seit einigen Jahren vielerorts zu einer Vergrößerung der einzelnen Bereitschaftsdienstbereiche, da andernfalls die ausreichende Versorgung der Patienten nicht mehr sicherzustellen wäre.[509]

II. Einrichtung fachärztlicher Bereitschaftsdienste

Weiterhin steht es nicht nur im freien Ermessen der beiden Körperschaften, ob sie neben dem allgemeinen ärztlichen Bereitschaftsdienst auch fachärztliche Bereitschaftsdienste einrichten,[510] sondern auch, für welche Fachrichtungen sie dies tun,[511]

---

506 *Bahner*, Recht im Bereitschaftsdienst, S. 25.

507 BSG, Urt. v. 13.02.2019, B 6 KA 51/17 R, Rn. 29 (juris).

508 *Bahner*, Recht im Bereitschaftsdienst, S. 25.

509 Siehe beispielhaft die Pressemitteilung der KV Sachsen-Anhalt v. 29.09.2014, https://www.kvsa.de/fileadmin/user_upload/PDF/Presse/Pressemitteilungen/2014/Vertragsaerztlicher_Bereitschaftsdienst.pdf (Stand: 03.02.2020).

510 *Bahner*, Recht im Bereitschaftsdienst, S. 26 ff.; *Dalichau/Schiwy*, Kommentar zur Gesetzlichen Krankenversicherung, SGB V, § 75 S. 33; *Häußler/Liebold/Narr*, Die kassenärztliche Tätigkeit, S. 74; *Legde*, in: Hänlein/Schuler (Hrsg.), Lehr- und Praxiskommentar Sozialgesetzbuch V, § 75 SGB V Rn. 7; *Steinmeyer*, in: Bergmann/Pauge/Steinmeyer (Hrsg.), Nomos Kommentar Gesamtes Medizinrecht, § 75 SGB V Rn. 7; *Wenner*, Vertragsarztrecht nach der Gesundheitsreform, § 20 Rn. 11; BSG, Urt. v. 04.05.1994, 6 RKa 7/93, Rn. 17 (juris); LSG Bayern, Urt. v. 25.04.2001, L 12 KA 60/00, Rn. 28 (juris); BSG, Urt. v. 06.09.2006, B 6 KA 43/05 R, Rn. 12 (juris); LSG Nordrhein-Westfalen, Beschl. v. 25.08.2011, L 11 KA 13/11 B ER, Rn. 26 (juris); LSG Nordrhein-Westfalen, Beschl. v. 29.08.2011, L 11 KA 55/11 B ER, Rn. 50 (juris); BSG, Urt. v. 11.12.2013, B 6 KA 39/12 R, Rn. 21 (juris); BSG, Urt. v. 19.08.2015, B 6 KA 41/14 R, Rn. 15 (juris); LSG Nordrhein-Westfalen, Urt. v. 29.06.2016, L 11 KA 5/15, Rn. 51 (juris); LSG Bayern, Urt. v. 05.04.2017, L 12 KA 125/16, Rn. 21 (juris); vgl. auch *Sproll*, in: Krauskopf, Kommentar Soziale Krankenversicherung und Pflegeversicherung Band 2, § 75 SGB V Rn. 14; *Vogt*, Ärztliche Selbstverwaltung im Wandel, S. 616.

511 BSG, Urt. v. 19.08.2015, B 6 KA 41/14 R, Rn. 15 (juris).

sofern sie sich hierbei von sachlichen Gründen leiten lassen. Auch die Auflösung eines fachärztlichen Bereitschaftsdienstes ist in diesem Falle möglich.[512]

III. Einrichtung von Sitz-, Fahr- und Telefondiensten

Ebenso bestimmen die Ärztekammern und Kassenärztlichen Vereinigungen bislang selbst darüber, ob sie sowohl einen Sitz- als auch einen Fahrdienst sowie einen telemedizinischen Dienst einrichten und wie dieser konkret ausgestaltet sein soll.[513] Nach dem Referentenentwurf vom 08.01.2020[514] zur geplanten Reform der Notfallversorgung soll der Sitzdienst des vertragsärztlichen Bereitschaftsdienstes allerdings durch die Schaffung sog. Integrierter Notfallzentren an ausgewählten Krankenhäusern ersetzt werden, wie sich aus der geplanten Neufassung des § 75 Abs. 1b S. 3 SGB V ergibt:

> Die Kassenärztlichen Vereinigungen stellen die notdienstliche Versorgung durch den Betrieb von integrierten Notfallzentren nach § 123 sowie durch einen telemedizinischen und einen aufsuchenden Bereitschaftsdienst sicher.[515]

Weiterhin Bestand haben sollen dagegen der Telefon- und Fahrdienst, welche nunmehr auch ausdrücklich (als „telemedizinischer" und „aufsuchender" Bereitschaftsdienst) genannt werden und damit künftig von den Kassenärztlichen Vereinigungen verpflichtend einzurichten sind.

IV. Ort der Ableistung des Bereitschaftsdienstes

Auch die Entscheidung darüber, ob der Sitzdienst in der Praxis des diensthabenden Arztes, oder aber in einer eigens hierfür eingerichteten selbstständigen oder an ein Krankenhaus angeschlossenen Bereitschaftsdienstpraxis abgehalten wird, obliegt bislang den Körperschaften.[516] Letztgenanntes ist mittlerweile jedenfalls in

---

[512] *Bahner*, Recht im Bereitschaftsdienst, S. 27; SG Dresden, Urt. v. 10.02.2005, S 11 KA 260/04, Rn. 21 (juris).

[513] *Bahner*, Recht im Bereitschaftsdienst, S. 28 f.; LSG Nordrhein-Westfalen, Beschl. v. 29.08.2011, L 11 KA 55/11 B ER, Rn. 50 (juris); vgl. auch *Wenner*, Vertragsarztrecht nach der Gesundheitsreform, § 20 Rn. 10.

[514] Abrufbar unter https://www.bundesgesundheitsministerium.de/fileadmin/Dateien/3_Downloads/Gesetze_und_Verordnungen/GuV/N/Referentenentwurf_zur_Reform_der_Notfall versorgung.pdf (Stand: 06.02.2020).

[515] Siehe S. 8 des Referentenentwurfs zur Reform der Notfallversorgung vom 08.01.2020, abrufbar unter https://www.bundesgesundheitsministerium.de/fileadmin/Dateien/3_Downloads/Gesetze_und_Verordnungen/GuV/N/Referentenentwurf_zur_Reform_der_Notfallversorgung.pdf (Stand: 06.02.2020).

[516] *Bahner*, Recht im Bereitschaftsdienst, S. 28; *Dalichau/Schiwy*, Kommentar zur Gesetzlichen Krankenversicherung, SGB V, § 75 S. 33; *Rademacker*, in: Körner/Leitherer/Mut-

Bezug auf den Bereitschaftsdienst der Kassenärztlichen Vereinigungen sogar ausdrücklicher Wille des Gesetzgebers, wenn es in § 75 Abs. 1b S. 2 SGB V heißt, dass „sie entweder Notdienstpraxen in oder an Krankenhäusern einrichten oder Notfallambulanzen der Krankenhäuser unmittelbar in den Notdienst einbinden". Die momentan bestehende Entscheidungsfreiheit hinsichtlich des Ortes der Sitzdienste wird sich für die Kassenärztlichen Vereinigungen mit der geplanten Reform der Notfallversorgung allerdings ändern, da der Sitzdienst wie schon beschrieben durch sog. Integrierte Notfallzentren ersetzt werden soll, welche an ausgewählten Krankenhäusern eingerichtet werden.[517] Insofern wird den Kassenärztlichen Vereinigungen damit die Entscheidung über den Standort für die Ableistung des bisherigen Sitzdienstes abgenommen.

V. Zeitlicher Umfang des Bereitschaftsdienstes

Des Weiteren dürfen Ärztekammern und Kassenärztliche Vereinigungen in ihren Bereitschaftsdienstordnungen auch den zeitlichen Umfang des Bereitschaftsdienstes und damit der Teilnahmepflicht weitgehend frei festlegen. Zwar sind sie hierbei insoweit an die sich aus § 75 Abs. 1b S. 1 SGB V respektive dem jeweiligen Heilberufe-Kammergesetz ergebende Vorgabe gebunden, dass der Bereitschaftsdienst nur während der sprechstundenfreien Zeiten abzuhalten ist. In der Bereitschaftsdienstordnung kann daher selbstredend nicht geregelt werden, dass der Bereitschaftsdienst darüber hinaus auch zu den gewöhnlichen Sprechstundenzeiten der niedergelassenen Ärzte abgeleistet werden muss. Die exakte Festlegung der Betriebszeiten des Bereitschaftsdienstes ist jedoch aufgrund unterschiedlicher Öffnungszeiten der Arztpraxen von Region zu Region unterschiedlich und kann daher in dem durch das Gesetz vorgegebenen Rahmen von den Kassenärztlichen Vereinigungen und Ärztekammern frei bestimmt werden.[518]

---

schler/Rolfs (Hrsg.), Kasseler Kommentar Sozialversicherungsrecht, § 75 SGB V Rn. 32; *Steinmeyer*, in: Bergmann/Pauge/Steinmeyer (Hrsg.), Nomos Kommentar Gesamtes Medizinrecht, § 75 SGB V Rn. 7; BSG, Urt. v. 11.12.2013, B 6 KA 39/12 R, Rn. 21 (juris); LSG Nordrhein-Westfalen, Urt. v. 29.06.2016, L 11 KA 5/15, Rn. 51 (juris); LSG Bayern, Urt. v. 05.04.2017, L 12 KA 125/16, Rn. 21 (juris); BSG, Beschl. v. 02.08.2017, B 6 KA 11/17 B, Rn. 8 (juris).

[517] Siehe S. 8 des Referentenentwurfs zur Reform der Notfallversorgung vom 08.01.2020, abrufbar unter https://www.bundesgesundheitsministerium.de/fileadmin/Dateien/3_Downloads/Gesetze_und_Verordnungen/GuV/N/Referentenentwurf_zur_Reform_der_Notfallversorgung.pdf (Stand: 06.02.2020).

[518] Vgl. LSG Baden-Württemberg, Urt. v. 16.07.2003, L 5 KA 3081/02, Rn. 18 f. zur Rechtmäßigkeit der Festsetzung eines Bereitschaftsdienstes auch an Werktagen.

F. Die Heranziehung des Arztes zum ärztlichen Bereitschaftsdienst

Bevor näher auf die Rechtsschutzmöglichkeiten des Arztes gegen seine Teilnahme am Bereitschaftsdienst eingegangen wird, soll zunächst noch ein Überblick über die Heranziehung der Ärzte zum Bereitschaftsdienst gegeben werden.

I. Rechtsnatur der Heranziehung

Unabhängig davon, ob sie durch die Ärztekammer oder die Kassenärztliche Vereinigung erfolgt,[519] handelt es sich bei der Heranziehung – sprich der Aufforderung an den verpflichteten Arzt, an der ärztlichen Versorgung im Rahmen des Bereitschaftsdienstes an den ihm zugeteilten Terminen teilzunehmen – um einen Verwaltungsakt,[520] welcher sich mit dem Ablauf des Zeitraums, in dem der Arzt zum Bereitschaftsdienst verpflichtet wurde, erledigt.[521] Dabei spielt es keine Rolle, ob dem einzelnen Arzt seine Heranziehung in einem gesonderten Bescheid bekannt gegeben wird oder dies über die bloße Zusendung des Bereitschaftsdienstplanes erfolgt, aus welchem sich seine Dienstzeiten ergeben.[522] Je nachdem, ob der Arzt durch die Ärztekammer oder die Kassenärztlichen Vereinigung herangezogen wird, ist der Verwaltungsakt auf dem Gebiet des Verwaltungsrechts (§ 35 VwVfG) oder dem Gebiet des Sozialrechts (§ 31 SGB X) zu verorten.[523]

---

[519] *Sproll*, in: Krauskopf, Kommentar Soziale Krankenversicherung und Pflegeversicherung Band 2, § 75 SGB V Rn. 13c; *Wendtland*, in: Giesen/Kreikebohm/Rolfs/Udsching, BeckOK Sozialrecht, § 75 SGB V Rn. 9.

[520] *Bahner*, Recht im Bereitschaftsdienst, S. 46; *Engelmann*, in: v. Wulffen/Schütze, SGB X, § 31 SGB X Rn. 126; *Klückmann*, in: Hauck/Noftz, Kommentar zu SGB V Band 3, § 75 SGB V Rn. 4a; *Rademacker*, in: Körner/Leitherer/Mutschler/Rolfs (Hrsg.), Kasseler Kommentar Sozialversicherungsrecht, § 75 SGB V Rn. 49; *Siewert*, Das Vertragsarztrecht, S. 48; *Sproll*, in: Krauskopf, Kommentar Soziale Krankenversicherung und Pflegeversicherung Band 2, § 75 SGB V Rn. 13c; *Wendtland*, in: Giesen/Kreikebohm/Rolfs/Udsching, BeckOK Sozialrecht, § 75 SGB V Rn. 9; BSG, Urt. v. 24.01.1974, 6 RKa 30/73, Rn. 16 (juris); BSG, Urt. v. 04.05.1994, 6 RKa 7/93, Rn. 15 (juris); BSG, Urt. v. 11.05.2011, B 6 KA 23/10 R, Rn. 12 (juris).

[521] BSG, Urt. v. 11.05.2011, B 6 KA 23/10 R, Rn. 12 (juris).

[522] *Klückmann*, in: Hauck/Noftz, Kommentar zu SGB V Band 3, § 75 SGB V Rn. 4a; BSG, Urt. v. 11.05.2011, B 6 KA 23/10 R, Rn. 12 (juris); vgl. BSG, Urt. v. 24.01.1974, 6 RKa 30/73, Rn. 16 (juris).

[523] *Engelmann*, in: v. Wulffen/Schütze, SGB X, § 31 SGB X Rn. 126; *Klückmann*, in: Hauck/Noftz, Kommentar zu SGB V Band 3, § 75 SGB V Rn. 4a; *Rademacker*, in: Körner/Leitherer/Mutschler/Rolfs (Hrsg.), Kasseler Kommentar Sozialversicherungsrecht, § 75 SGB V Rn. 49; *Sproll*, in: Krauskopf, Kommentar Soziale Krankenversicherung und Pflegeversicherung Band 2, § 75 SGB V Rn. 13c; BSG, Urt. v. 11.05.2011, B 6 KA 23/10 R, Rn. 12 (juris).

II. Grundlage der Heranziehung

Einer kurzen Ausführung bedarf es auch, auf welche Grundlage die Heranziehung des einzelnen Arztes konkret gestützt wird.

1. Grundlage der Heranziehung durch die Ärztekammern

In Bezug auf den Bereitschaftsdienst der Ärztekammern lassen sich in Rechtsprechung und Literatur, aber auch unter den Ärztekammern, bislang recht unterschiedliche Auffassungen finden, ohne dass diese eingehend begründet werden. So wird als Grundlage teils alleine die Normierung der Teilnahmepflicht im Heilberufe-Kammergesetz des Landesgesetzgebers angesehen,[524] teils aber auch nur auf die Berufsordnung[525] abgestellt. Verbreitet ist auch die Ansicht, dass sich die Grundlage für die Heranziehung kumulativ aus den zuvor genannten Regelungen sowie der Bereitschaftsdienstordnung zusammensetzt, wobei hier zwar vereinzelt die Regelungen der Ärztekammer als Konkretisierung der Pflicht aus dem Heilberufe-Kammergesetz angesehen,[526] die Rangfolge zumeist jedoch offen gelassen wird.[527] Überzeugender erscheint es jedoch, als Grundlage für die Heranziehung vielmehr alleine die Regelungen der Ärztekammern, sprich Berufsordnung und Bereitschaftsdienstordnung, anzusehen,[528] wobei erstgenannte die Teilnahme am Bereitschaftsdienst als grundsätzliche ärztliche Berufspflicht normiert und zweitgenannte diese näher bestimmt. Die entsprechende Regelung im Heilberufe-Kammergesetz des jeweiligen Landesgesetzgebers stellt hingegen lediglich die Rechtsgrundlage dar, die den Ärztekammern die Befugnis einräumt, den Bereitschaftsdienst im Rahmen ihrer Satzungsgewalt zu regeln,[529] ohne aber unmittelbare Grundlage für die Heranziehung zur Ableistung des Bereitschaftsdienstes zu sein. Im Ergebnis kann die genaue Bestimmung der Rechtsgrundlage freilich dahinstehen, sofern die Heranziehung der Ärzte von der Bereitschaftsdienstordnung gedeckt ist und hierfür eine ausreichende Rechtsgrundlage existiert.

---

[524] VG Gießen, Urt. v. 20.10.2010, 21 K 3235/09, Rn. 18 (juris); so wohl auch *Hess*, in: Wenzel, Handbuch des Fachanwalts Medizinrecht, Kapitel 2 Rn. 317.

[525] *Martens*, NJW 1970, 494 (494); *Mötzung*, Der ärztliche Bereitschaftsdienst in rechtlicher Sicht, S. 10; *Narr*, Ärztliches Berufsrecht, S. 133.

[526] So LSG Bayern, Urt. v. 25.10.2006, L 12 KA 677/04, Rn. 32 (juris).

[527] *Heberer*, Das ärztliche Berufs- und Standesrecht, S. 257; SG Düsseldorf, Urt. v. 05.04.2006, S 2 KA 156/05, Rn. 15 (juris).

[528] So auch VG Minden, Urt. v. 31.08.2006, 7 K 1506/06, Rn. 22 (juris).

[529] So etwa BGH, Urt. v. 25.01.1990, III ZR 283/88, Rn. 4 (juris); VGH Baden-Württemberg, Urt. v. 03.11.1998, 9 S 3399/96, Rn. 19 (juris); VG Karlsruhe, Urt. v. 08.12.2011, 9 K 262/11, Rn. 19 (juris).

2. Grundlage für die Heranziehung durch die Kassenärztlichen Vereinigungen

Wie schon bei der Heranziehung der Ärzteschaft durch die Ärztekammern zum Bereitschaftsdienst auf berufsrechtlicher Grundlage stellt sich auch beim vertragsärztlichen Bereitschaftsdienst der Kassenärztlichen Vereinigungen die Frage, auf welche Grundlage die Heranziehung eines Vertragsarztes zum Bereitschaftsdienst zu stützen ist. Als solche ist die Normierung der Teilnahmepflicht in der Bereitschaftsdienstordnung der jeweiligen Kassenärztlichen Vereinigung anzusehen.[530] Dagegen kann – wie vereinzelt angenommen – § 75 Abs. 1b S. 1 SGB V selbst weder eigenständig,[531] noch in Kombination mit der Bereitschaftsdienstordnung[532] als unmittelbare Rechtsgrundlage für die Heranziehung betrachtet werden. § 75 Abs. 1b S. 1 SGB V befasst sich bereits seinem Wortlaut nach weder mit einer Teilnahmepflicht,[533] noch sind Regelungsadressaten der Norm die zur vertragsärztlichen Versorgung zugelassenen Ärzte. Vielmehr richtet sich die Regelung an die Kassenärztlichen Vereinigungen und trägt diesen lediglich die Sicherstellung der vertragsärztlichen Versorgung außerhalb der Sprechstundenzeiten auf, ohne aber Aussagen über die Teilnahmepflicht am Bereitschaftsdienst zu treffen.[534] Auch § 95 Abs. 3 S. 1 SGB V kann nicht als Grundlage für die Heranziehung zum Bereitschaftsdienst dienen.[535] Zwar richtet sich die Regelung im Gegensatz zu § 75 Abs. 1b S. 1 SGB V an die Vertragsärzte selbst und legt diesen auch die Teilnahme an der vertragsärztlichen Versorgung als eine sich aus der Zulassung ergebende Pflicht auf. Allerdings verliert § 95 Abs. 3 S. 1 SGB V kein Wort über eine Pflicht des Vertragsarztes speziell zur Teilnahme am Bereitschaftsdienst. Sie ist viel zu allgemein gehalten, um als Rechtsgrundlage für die Heranziehung zum Bereit-

---

[530] So wohl auch *Schuler-Harms/Isbarn*, in: Berchtold/Huster/Rehborn (Hrsg.), Nomos Kommentar Gesundheitsrecht SGB V und SGB XI, § 75 SGB V Rn. 37 f.; BGH, Beschl. v. 25.01.1990, III ZR 283/88, Rn. 4 (juris); BSG, Urt. v. 06.02.2008, B 6 KA 13/06 R, Rn. 12 (juris); BSG, Urt. v. 11.05.2011, B 6 KA 23/10 R, Rn. 14 (juris); SG Stuttgart, Urt. v. 19.05.2011, S 10 KA 3195/09, Rn. 23 (juris); LSG Nordrhein-Westfalen, Beschl. v. 29.08.2011, L 11 KA 55/11 B ER, Rn. 29 (juris); BSG, Urt. v. 23.03.2016, B 6 KA 7/15 R, Rn. 13 (juris).

[531] So *Martens*, NJW 1970, 494 (494); *Wendtland*, in: Giesen/Kreikebohm/Rolfs/Udsching, BeckOK Sozialrecht, § 75 SGB V Rn. 9; LSG Baden-Württemberg, Urt. v. 16.07.2003, L 5 KA 3081/02, Rn. 17 (juris); so wohl auch – jedenfalls nach Auffassung des LSG Nordrhein-Westfalen, Beschl. v. 29.08.2011, L 11 KA 55/11 B ER, Rn. 28 f. (juris) – BSG, Urt. v. 11.05.2011, B 6 KA 23/10 R, Rn. 16 (juris).

[532] So *Klückmann*, in: Hauck/Noftz, Kommentar zu SGB V Band 3, § 75 SGB V Rn. 4a; *Thomsen*, Der ärztliche Notfalldienst, S. 31; LSG Bayern, Urt. v. 08.06.2005, L 12 KA 369/04, Rn. 18 (juris); LSG Berlin-Brandenburg, Beschl. v. 13.12.2005, L 7 B 1035/05 KA ER, Rn. 5 (juris); SG Düsseldorf, Urt. v. 05.04.2006, S 2 KA 156/05, Rn. 15 (juris) und LSG Baden-Württemberg, Urt. v. 26.11.2014, L 5 KA 3306/12, Rn. 42 (juris).

[533] So auch *Hagedorn*, NJW 1973, 2262 (2262), zur damaligen Regelung des § 368n RVO.

[534] Vgl. zur damaligen Regelung des § 368 Abs. 1 S. 1 RVO *Nellessen*, NJW 1979, 1919 (1919).

[535] Andere Ansicht dagegen *Klückmann*, in: Hauck/Noftz, Kommentar zu SGB V Band 3, § 75 SGB V Rn. 4a.

schaftsdienst herhalten zu können. Wie schon beim Bereitschaftsdienst der Ärztekammern spielt die genaue Bestimmung der Grundlage im Ergebnis allerdings keine Rolle, solange die Heranziehung der Ärzte von der Bereitschaftsdienstordnung gedeckt ist und diese auf einer ausreichenden Rechtsgrundlage beruht,[536] was momentan jedoch wie dargelegt nicht der Fall ist.

III. Zuständigkeit für die Heranziehung

Wie so häufig im Rahmen des ärztlichen Bereitschaftsdienstes können sich auch im Hinblick auf die Zuständigkeit für die Heranziehung des Arztes zur Teilnahme in Abhängigkeit der gewählten Ausgestaltungsvariante Unterschiede ergeben. Daher bedarf es auch nachfolgend einer differenzierten Betrachtung der einzelnen Organisationsformen.

1. Zuständigkeit bei getrennten Bereitschaftsdienstordnungen

Bei getrennten Bereitschaftsdienstordnungen werden alle Ärzte, die aufgrund der Bereitschaftsdienstordnung der Ärztekammer am Bereitschaftsdienst teilnehmen – unabhängig davon, ob es sich um Vertrags- oder Nicht-Vertragsärzte handelt –, auch von der Ärztekammer zum Dienst herangezogen. Umgekehrt ist für die Heranziehung von Ärzten zum Bereitschaftsdienst auf Grundlage der Bereitschaftsdienstordnung der Kassenärztlichen Vereinigung auch die Kassenärztliche Vereinigung zuständig. Dies gilt auch dann, wenn an deren Bereitschaftsdienst Nicht-Vertragsärzte auf freiwilliger Basis oder – bei einer bestehenden zulässigen Delegation – verpflichtend teilnehmen.

2. Zuständigkeit bei gemeinsamer Bereitschaftsdienstordnung

Ob bei einer gemeinsamen Bereitschaftsdienstordnung die Ärztekammer oder die Kassenärztliche Vereinigung über die Heranziehung zum Bereitschaftsdienst entscheidet, hängt davon ab, ob der jeweilige Arzt zur vertragsärztlichen Versorgung zugelassen ist oder nicht. In letztgenanntem Fall steht der Kassenärztlichen Vereinigung wie dargestellt mangels gesetzlicher Ermächtigung keine Entscheidungsbefugnis zu.[537] Dies gilt jedenfalls dann, wenn für Nicht-Vertragsärzte nach der gemeinsamen Bereitschaftsdienstordnung eine Pflicht und nicht nur die bloße Möglichkeit zur freiwilligen Teilnahme besteht. Daher ergeben sich für die Her-

---

[536] LSG Nordrhein-Westfalen, Beschl. v. 29.08.2011, L 11 KA 57/11 B ER, Rn. 27 (juris).

[537] Vgl. BSG, Urt. v. 28.09.2005, B 6 KA 73/04 R, Rn. 14 (juris)

anziehung von durch eine gemeinsame Bereitschaftsdienstordnung verpflichteten Ärzten folgende zulässige Varianten:[538]

- Sofern nach der Bereitschaftsdienstordnung sowohl Vertrags- als auch Nicht-Vertragsärzte zur Teilnahme verpflichtet sind,
  - besteht die Möglichkeit, dass über deren Teilnahme alleine die Ärztekammer entscheidet.
  - Ebenso ist in dieser Konstellation allerdings auch möglich, dass die Ärztekammer nur für die Nicht-Vertragsärzte zuständig ist und über die Heranziehung der Vertragsärzteschaft die Kassenärztliche Vereinigung entscheidet; dass die Kassenärztliche Vereinigung auch über die verpflichtende Teilnahme der Nicht-Vertragsärzte entscheidet, ist mangels diesbezüglicher Regelungs- und Entscheidungsbefugnis hingegen unzulässig, sofern sie hierzu nicht durch die Ärztekammer aufgrund einer ihr durch den Landesgesetzgeber ausdrücklich erteilten gesetzlichen Grundlage ermächtigt worden ist.[539]
- Wenn die Bereitschaftsdienstordnung demgegenüber verpflichtend zwar nur Vertragsärzte zum Bereitschaftsdienst heranzieht, allerdings Nicht-Vertragsärzten die Möglichkeit der freiwilligen Teilnahme einräumt, bestehen folgende zulässige Ausgestaltungsvarianten:
  - Die Ärztekammer entscheidet hinsichtlich beider Ärztegruppen.
  - Die Kassenärztliche Vereinigung entscheidet bezüglich der Vertragsärzte, für die Nicht-Vertragsärzte ist dagegen die Ärztekammer zuständig.
  - Die Kassenärztliche Vereinigung entscheidet für beide Ärztegruppen; aufgrund der freiwilligen Teilnahme ist diese Variante in Bezug auf die Nicht-Vertragsärzte, die eigentlich nicht unter die Regelungs- und Entscheidungsbefugnis der Kassenärztlichen Vereinigung fallen, als zulässig anzusehen.
- Werden nach der gemeinsamen Bereitschaftsdienstordnung dagegen ausschließlich Vertragsärzte zur Teilnahme verpflichtet,
  - ist es zum einen zulässig, dass hierüber alleine die Ärztekammer entscheidet.
  - Zum anderen kann allerdings auch festgelegt werden, dass hierfür alleine die Kassenärztliche Vereinigung zuständig ist.

---

[538] Vgl. hierzu *Hesral*, in: Schlegel/Voelzke/Engelmann (Hrsg.), juris Praxiskommentar SGB V, § 75 Rn. 103; *Jörg*, Das neue Kassenarztrecht, B. III. Rn. 50; *Rademacker*, in: Körner/Leitherer/Mutschler/Rolfs (Hrsg.), Kasseler Kommentar Sozialversicherungsrecht, § 75 SGB V Rn. 39; siehe auch *Hess*, in: Wenzel, Handbuch des Fachanwalts Medizinrecht, Kapitel 2 Rn. 317, der allerdings nur die Variante der Heranziehung von Vertragsärzten durch die Kassenärztliche Vereinigung und von Nicht-Vertragsärzten durch die Ärztekammer darstellt und andere zulässige Ausgestaltungsmöglichkeiten außer Acht lässt.

[539] Was bei einer gemeinsamen Regelung jedoch eher unwahrscheinlich ist, da sich dies als wenig sinnvoll darstellen würde, nachdem die Ärztekammer ohnehin schon an der Regelung des Bereitschaftsdienstes beteiligt ist.

3. Zuständigkeit bei alleiniger Bereitschaftsdienstordnung der Kassenärztlichen Vereinigung

Über die Heranziehung der Ärzteschaft entscheidet bei einer alleinigen Organisation des Bereitschaftsdienstes durch die Kassenärztlichen Vereinigung denknotwendig auch allein diese. Abhängig davon, welche Ärztegruppen von der Bereitschaftsdienstordnung erfasst sind, entscheidet die Kassenärztliche Vereinigung damit nur gegenüber Vertragsärzten oder auch den niedergelassenen Nicht-Vertragsärzten, sofern diese entweder freiwillig am Dienst teilnehmen oder aufgrund einer ausnahmsweise zulässigen Delegation zur Teilnahme verpflichtet sind.

4. Zuständigkeit bei alleiniger Bereitschaftsdienstordnung der Ärztekammer

Bei einer alleinigen Organisation des Bereitschaftsdienstes durch die Ärztekammer entscheidet diese konsequenterweise auch selbst über die Heranziehung der Ärzteschaft. Je nachdem, welche der oben angeführten Varianten bezüglich der von der Bereitschaftsdienstordnung erfassten Ärzte gewählt wird, entscheidet die Ärztekammer damit nur gegenüber Vertragsärzten, nur niedergelassenen Nicht-Vertragsärzten oder aber bezüglich beider Ärztegruppen.

G. Rechtsschutz gegen die Heranziehung zum Bereitschaftsdienst

Die Wahl der Organisationsform für die rechtliche Ausgestaltung hat auch Auswirkungen auf die Zuständigkeit für das Widerspruchsverfahren sowie den vom Arzt einzuschlagenden Rechtsweg gegen seine verpflichtende Heranziehung zum Bereitschaftsdienst.

I. Rechtsschutz bei getrennten Bereitschaftsdienstordnungen

1. Zuständigkeit für das Widerspruchsverfahren

Nachdem über die Heranziehung von Ärzten zum Bereitschaftsdienst der jeweilige Satzungsgeber zuständig ist, ist es nur folgerichtig, dass dieser auch über mögliche Widersprüche von Ärzten gegen ihre Heranziehung zu entscheiden hat.[540] Das Widerspruchsverfahren richtet sich hierbei – wie auch bei den noch folgenden

---

[540] Vgl. *Thomsen*, Der ärztliche Notfalldienst, S. 92 f.

Ausgestaltungsvarianten – gegenüber der Ärztekammer nach den §§ 69 ff. VwGO, gegenüber der Kassenärztlichen Vereinigung dagegen nach den §§ 83 ff. SGG.

2. Rechtsweg

Kommt es darüber hinaus zu einer gerichtlichen Auseinandersetzung, wirkt sich die getrennte Organisation der Bereitschaftsdienste auch auf den einzuschlagenden Rechtsweg aus: Wehrt sich ein Arzt gegen die Heranziehung zum Bereitschaftsdienst der Ärztekammer, so hat er den Verwaltungsrechtsweg nach der VwGO einzuschlagen.[541] Richtet sich ein Arzt dagegen gegen seine Teilnahme am Bereitschaftsdienst der Kassenärztlichen Vereinigung, hat er sich an die Sozialgerichtsbarkeit nach dem SGG zu wenden.[542]

II. Rechtsschutz bei gemeinsamer Bereitschaftsdienstordnung

1. Zuständigkeit für das Widerspruchsverfahren

Im Grundsatz erscheint es nur logisch, dass über Widersprüche der Ärzte gegen ihre Teilnahme diejenige Körperschaft entscheidet, die den Arzt zur Teilnahme heranzieht. Allerdings ist es auch nicht zu beanstanden, wenn in der gemeinsamen Bereitschaftsdienstordnung eine Aufteilung der Zuständigkeiten dahingehend erfolgt, dass über den Widerspruch nicht die Körperschaft, die den Arzt zur Teilnahme verpflichtet hat, sondern die andere Körperschaft entscheidet.[543] Hiergegen bestehen jedenfalls im Hinblick auf den Kreis der Vertragsärzteschaft keine grundsätzlichen rechtlichen Bedenken. Da beiden Körperschaften diesbezüglich eine ausdrückliche gesetzliche Befugnis zur Regelung des Bereitschaftsdienstes zusteht, kommt es gerade nicht zu einer eigenmächtigen Delegation von Befugnissen auf einen eigentlich unzuständigen Hoheitsträger und damit einer Änderung der bestehenden

---

[541] *Häußler/Liebold/Narr*, Die kassenärztliche Tätigkeit, S. 75; *Hess*, in: Wenzel, Handbuch des Fachanwalts Medizinrecht, Kapitel 2 Rn. 317; *Lippert*, in: Ratzel/Lippert, Kommentar zur Musterberufsordnung der Ärzte (MBO), § 26 Rn. 8; *Martens*, NJW 1970, 494 (495); *Thomsen*, Der ärztliche Notfalldienst, S. 92.

[542] *Häußler/Liebold/Narr*, Die kassenärztliche Tätigkeit, S. 75; *Hess*, in: Wenzel, Handbuch des Fachanwalts Medizinrecht, Kapitel 2 Rn. 317; *Martens*, NJW 1970, 494 (495); *Thomsen*, Der ärztliche Notfalldienst, S. 93; BSG, Urt. v. 21. 11. 1972, 6 RKa 41/71, Rn. 13 (juris).

[543] BSG, Urt. v. 28. 10. 1992, 6 RKa 2/92, Rn. 17 f. (juris); zustimmend *Rademacker*, in: Körner/Leitherer/Mutschler/Rolfs (Hrsg.), Kasseler Kommentar Sozialversicherungsrecht, § 75 SGB V Rn. 38; *Funk*, in: Schulin (Hrsg.), Handbuch des Sozialversicherungsrechts, Band 1 – Krankenversicherungsrecht, § 32 Rn. 38; zumindest in der Variante bejahend, dass die Kassenärztliche Vereinigung über den Widerspruch entscheidet auch BSG, Urt. v. 21. 11. 1972, 6 RKa 41/71, Rn. 11(juris).

Kompetenzordnung, sondern lediglich zu einer Aufteilung der nebeneinander bestehenden Zuständigkeiten.[544] Der einzuschlagende Rechtsweg richtet sich dabei nach der zweiten Verwaltungsinstanz, also danach, welche Körperschaft über den Widerspruch entschieden hat.[545] Hinsichtlich der Nicht-Vertragsärzte ist dies aufgrund der diesbezüglich fehlenden Regelungs- und Entscheidungskompetenz der Kassenärztlichen Vereinigungen hingegen nur bei einer auf einer ausdrücklichen landesgesetzlichen Grundlage beruhenden Delegation der Befugnis von der Ärztekammer auf die Kassenärztliche Vereinigung möglich.

2. Rechtsweg

Auch der bei Streitigkeiten einzuschlagende Rechtsweg hängt von der konkreten Ausgestaltung der gemeinsamen Bereitschaftsdienstordnung ab. Grundsätzlich gilt wie bei einer getrennten Organisation des Bereitschaftsdienstes, dass sich der Rechtsweg danach richtet, ob sich der Arzt gegen eine Maßnahme der Kassenärztlichen Vereinigung oder gegen eine Maßnahme der Ärztekammer wendet.[546] Danach kommen folgende Konstellationen in Betracht:[547]

- Sofern nach der Bereitschaftsdienstordnung sowohl Vertrags- als auch Nicht-Vertragsärzte zur Teilnahme verpflichtet sind
  - und hierüber alleine die Ärztekammer entscheidet, ist richtige Beklagte auch die Ärztekammer; folglich ist der Verwaltungsrechtsweg einzuschlagen.
  - Ist die Ärztekammer dagegen nur für die Nicht-Vertragsärzte zuständig, während über die Heranziehung der Vertragsärzteschaft die Kassenärztliche Vereinigung entscheidet, haben Nicht-Vertragsärzte weiterhin den Verwaltungsrechtsweg einzuschlagen.[548] Bezüglich der Vertragsärzte ist hingegen die Kassenärztliche Vereinigung richtige Beklagte, weshalb dem Vertragsarzt der Sozialrechtsweg offensteht.
- Werden nach der gemeinsamen Bereitschaftsdienstordnung dagegen ausschließlich Vertragsärzte zur Teilnahme verpflichtet,

---

[544] Vgl. BSG, Urt. v. 28.10.1992, 6 RKa 2/92, Rn. 17 f. (juris).

[545] Vgl. *Hess*, in: Wenzel, Handbuch des Fachanwalts Medizinrecht, Kapitel 2 Rn. 317.

[546] Vgl. *Vogt*, Ärztliche Selbstverwaltung im Wandel, S. 618.

[547] Vgl. hierzu *Hesral*, in: Schlegel/Voelzke/Engelmann (Hrsg.), juris Praxiskommentar SGB V, § 75 Rn. 103; *Rademacker*, in: Körner/Leitherer/Mutschler/Rolfs (Hrsg.), Kasseler Kommentar Sozialversicherungsrecht, § 75 SGB V Rn. 39; siehe auch *Hess*, in: Wenzel, Handbuch des Fachanwalts Medizinrecht, Kapitel 2 Rn. 317, der allerdings nur die Variante der Heranziehung von Vertragsärzten durch die Kassenärztliche Vereinigung und von Nicht-Vertragsärzten durch die Ärztekammer darstellt und andere zulässige Ausgestaltungsmöglichkeiten außer Acht lässt.

[548] Vgl. *Dalichau/Schiwy*, Kommentar zur Gesetzlichen Krankenversicherung, SGB V, § 75 S. 34.

- und entscheidet hierüber alleine die Ärztekammer, ist der Verwaltungsrechtsweg einzuschlagen.
- Ist hingegen alleine die Kassenärztliche Vereinigung zuständig, steht der Rechtsweg zu den Sozialgerichten offen.

III. Rechtsschutz bei alleiniger Bereitschaftsdienstordnung der Kassenärztlichen Vereinigung

1. Zuständigkeit für das Widerspruchsverfahren

Mögliche Widersprüche seitens der Ärzteschaft gegen ihre Heranziehung sind denknotwendig an die Kassenärztliche Vereinigung zu richten. Dies gilt auch für Nicht-Vertragsärzte, sofern diese in unzulässiger Weise von der Kassenärztlichen Vereinigung zum Bereitschaftsdienst herangezogen werden.

2. Rechtsweg

Ebenso ist unabhängig davon, ob der klagende niedergelassene Arzt zur vertragsärztlichen Versorgung zugelassen ist oder nicht, der Sozialrechtsweg einzuschlagen,[549] da richtiger Klagegegner in jedem Fall die Kassenärztliche Vereinigung ist.

IV. Rechtsschutz bei alleiniger Bereitschaftsdienstordnung der Ärztekammer

1. Zuständigkeit für das Widerspruchsverfahren

Eventuelle Widersprüche von Ärzten gegen ihre Heranziehung sind bei einer alleinigen Organisation des Bereitschaftsdienstes durch die Ärztekammer allesamt an diese zu adressieren.[550]

---

[549] *Narr*, Ärztliches Berufsrecht, S. 141.

[550] Vgl. BSG, Urt. v. 12.10.1994, 6 RKa 29/93, Rn. 17 (juris), allerdings in Bezug auf eine gemeinsame Bereitschaftsdienstordnung.

2. Rechtsweg

Ein rechtliches Vorgehen von Ärzten gegen ihre Verpflichtung durch die Ärztekammer ist denknotwendig auch gegen diese zu richten und folglich vor den Verwaltungsgerichten auszutragen.[551]

H. Abschließendes Fazit zur Teilnahmepflicht

Die rechtliche Ausgestaltung der Teilnahmepflicht und die hieran geknüpften Anforderungen erweisen sich als komplexer, als auf den ersten Blick vielleicht zu vermuten wäre. So bedarf es zunächst nach dem Vorbehalt des Gesetzes für die Normierung einer Teilnahmepflicht sowohl durch die Ärztekammern als auch – entgegen der Auffassung der Rechtsprechung – durch die Kassenärztlichen Vereinigungen zwingend einer formellgesetzlichen Rechtsgrundlage, welche die Teilnahmepflicht zumindest in ihren Grundzügen regelt. Inwieweit die Landesgesetzgeber dem nachgekommen sind, sei noch an anderer Stelle zu klären.[552] Festzuhalten ist jedoch, dass jedenfalls der Bundesgesetzgeber eine solche Regelung nicht erlassen hat. In der Folge ist die verpflichtende Heranziehung von Ärzten durch die Kassenärztlichen Vereinigungen bis zu einer entsprechenden Regelung als rechtswidrig einzustufen. Hiervon abgesehen ist die Teilnahmepflicht an einem ärztlichen Bereitschaftsdienst jedoch als grundsätzlich mit den Grundrechten der verpflichteten Ärzte vereinbar anzusehen. Entgegen der gängigen Rechtsprechung kann allerdings nicht jedem niedergelassenen Arzt pauschal die Eignung zur Teilnahme am Bereitschaftsdienst unterstellt werden. Vielmehr bedarf es hier einer Abwägung im Einzelfall. Ob ganze Facharztgruppen als ungeeignet angesehen werden können, kann hier zum einen mangels medizinischer Expertise nicht seriös beantwortet werden und verstieße zum anderen gegen den aus Art. 3 Abs. 1 GG abgeleiteten Grundsatz der Heranziehung möglichst aller Ärzte. Grundsätzlich sind daher – ihre Eignung vorausgesetzt – zum Bereitschaftsdienst der Ärztekammern alle niedergelassenen Ärzte verpflichtet, während die Kassenärztliche Vereinigung alle zugelassenen Vertragsärzte zu ihrem Dienst heranziehen kann. In Einzelfällen können sich hierbei jedoch wie gesehen Abweichungen ergeben. Selbiges gilt auch für die Bestimmung des konkreten Teilnahmeumfangs. Im Grundsatz gilt hier jedoch, dass – um das Gebot der möglichst gleichmäßigen Heranziehung zu wahren – für die Ermittlung des Teilnahmeumfangs für alle verpflichteten Ärzte derselbe Berechnungsmaßstab zu Grunde zu legen ist. Während für den Bereitschaftsdienst der Kassenärztlichen Vereinigungen auf den sich aus der Zulassung ergebenden ver-

---

[551] *Hesral*, in: Schlegel/Voelzke/Engelmann (Hrsg.), juris Praxiskommentar SGB V, § 75 Rn. 103; *Hess*, in: Wenzel, Handbuch des Fachanwalts Medizinrecht, Kapitel 2 Rn. 317; *Lippert*, in: Ratzel/Lippert, Kommentar zur Musterberufsordnung der Ärzte (MBO), § 26 Rn. 4; *Narr*, Ärztliches Berufsrecht, S. 142.

[552] Siehe das sogleich folgende Kapitel 3.

tragsärztlichen Versorgungsumfang des verpflichteten Arztes bzw. MVZ abzustellen ist, sollte für den Bereitschaftsdienst der Ärztekammern der tatsächliche zeitliche Umfang der eigenen ärztlichen Tätigkeit entscheidend sein. Abseits dieser zwingenden Vorgaben kommt beiden Körperschaften bei der konkreten Ausgestaltung der Teilnahmepflicht jedoch ein großzügiger Gestaltungsspielraum zu.

An den obigen Ergebnissen wird – sofern bislang ersichtlich – auch die vom Bundesministerium für Gesundheit geplante Reform der Notfallversorgung nichts Grundlegendes ändern. Dies gilt dabei nicht nur für den Bereitschaftsdienst der Ärztekammern, welcher von der Reform unberührt bleibt, sondern auch für denjenigen der Kassenärztlichen Vereinigungen. Zwar sieht der hierzu veröffentlichte Referentenentwurf vom 08.01.2020[553] insbesondere die Schaffung sog. Integrierter Notfallzentren vor, welche den bisherigen „Sitzdienst" der Kassenärztlichen Vereinigungen ersetzen sollen. Daneben bleibt jedoch – entgegen ursprünglicher Überlegungen[554] – nach der geplanten Neufassung des § 75 Abs. 1b S. 3 SGB V[555] zum einen ein vertragsärztlicher „aufsuchender" sowie „telemedizinischer" Bereitschaftsdienst bestehen, zu dem weiterhin die Vertragsärzte von den Kassenärztlichen Vereinigungen verpflichtet werden. Zum anderen sollen die Vertragsärzte wohl – wenngleich dies nicht eindeutig aus dem Referentenentwurf hervorgeht[556] – auch zur Teilnahme am Dienst in den Integrierten Notfallzentren anstelle des wegfallenden „Sitzdienstes" verpflichtet werden, was allerdings nur möglich wäre, wenn sie hierbei ihren Rechtsstatus der Selbstständigkeit beibehalten, was bei einer Anstellung nicht der Fall wäre. Damit werden sich für die zur Teilnahme verpflichteten Vertragsärzte wohl lediglich organisatorische Änderungen – insbesondere etwa die Ableistung des Dienstes in den Integrierten Notfallzentren statt in der eigenen oder einer eigens eingerichteten Bereitschaftsdienstpraxis – ergeben.

---

[553] Abrufbar unter https://www.bundesgesundheitsministerium.de/fileadmin/Dateien/3_Downloads/Gesetze_und_Verordnungen/GuV/N/Referentenentwurf_zur_Reform_der_Notfall versorgung.pdf (Stand: 06.02.2020).

[554] So sollte nach einem unveröffentlichten Diskussionsentwurf etwa die vertragsärztliche Versorgung außerhalb der Sprechstundenzeiten zunächst vollständig aus dem Sicherstellungsauftrag der Kassenärztlichen Vereinigungen durch ersatzlose Streichung des § 75 Abs. 1b SGB V herausgenommen werden.

[555] Dieser soll lauten: „Die Kassenärztlichen Vereinigungen stellen die notdienstliche Versorgung durch den Betrieb von integrierten Notfallzentren nach § 123 sowie durch einen telemedizinischen und einen aufsuchenden Bereitschaftsdienst sicher."

[556] Dieser spricht auf S. 38 lediglich davon, dass im Rahmen von der Kassenärztlichen Vereinigung mit dem jeweiligen Krankenhaus zu treffenden Kooperationsvereinbarungen auch hinsichtlich „der ärztlichen Besetzung des INZ [...] dabei beispielsweise auch Regelungen zu treffen [sind], inwieweit statt Vertragsärztinnen bzw. Vertragsärzten auch andere Ärztinnen und Ärzte, insbesondere solche, die in dem Krankenhaus angestellt sind, im INZ tätig sein sollen".

Kapitel 3

Die Regelung der Teilnahmepflicht am ärztlichen Bereitschaftsdienst in den Bereitschaftsdienstordnungen der Ärztekammern und Kassenärztlichen Vereinigungen

Nunmehr gilt es, eine Bewertung der bestehenden Bereitschaftsdienstordnungen der Ärztekammern und Kassenärztlichen Vereinigungen dahingehend vorzunehmen, ob sich deren Regelungen zur Teilnahmepflicht am ärztlichen Bereitschaftsdienst auch mit den zuvor gewonnenen Erkenntnissen und entwickelten Grundsätzen vereinbaren lassen.

A. Baden-Württemberg

In Baden-Württemberg haben Kassenärztliche Vereinigung[1] und Ärztekammer voneinander getrennte Bereitschaftsdienstordnungen erlassen. Hinsichtlich der Regelung des ärztlichen Bereitschaftsdienstes auf berufsrechtlicher Grundlage besteht die Besonderheit, dass für die ÄK Baden-Württemberg keine einheitliche Satzung existiert, sondern vielmehr die Bezirksärztekammern Nordbaden,[2] Nordwürttemberg,[3] Südbaden[4] und Südwürttemberg[5] voneinander unabhängige Bereitschaftsdienstordnungen erlassen haben. Dass damit also nicht die Landesärztekammer, sondern die rechtlich unselbstständigen[6] Bezirksärztekammern den Bereitschaftsdienst regeln und erstgenannte insoweit ihre gesetzliche Aufgabe abgibt,

---

1 Die Bereitschaftsdienstordnung ist abrufbar unter: https://www.kvbawue.de/praxis/notfalldienst/notfalldienst-von-a-z/ (Stand: 03.02.2020).

2 Die Bereitschaftsdienstordnung ist abrufbar unter: https://www.aerztekammer-bw.de/10aerzte/05kammern/30nb/10service/notfalldienst.pdf (Stand: 03.02.2020).

3 Die Bereitschaftsdienstordnung ist abrufbar unter: https://www.aerztekammer-bw.de/10aerzte/05kammern/20nw/10service/notfalldienstordnung.pdf (Stand: 03.02.2020).

4 Die Bereitschaftsdienstordnung ist abrufbar unter: https://www.aerztekammer-bw.de/10aerzte/05kammern/40sb/10service/notfalldienst.pdf (Stand: 03.02.2020).

5 Die Bereitschaftsdienstordnung ist abrufbar unter: https://www.aerztekammer-bw.de/10aerzte/05kammern/50sw/10service/25notfalldienst.pdf (Stand: 03.02.2020).

6 Siehe hierzu § 22 Abs. 1 S. 1 HBKG-BW.

begegnet keinen rechtlichen Bedenken.[7] Vielmehr wird dieses Modell vom baden-württembergischen Gesetzgeber in § 22 Abs. 3 HBKG-BW ausdrücklich gestattet:

> Die Kammern nach § 1 Nr. 1 und 2 können durch Satzung die Wahrnehmung von Aufgaben auf Bezirkskammern übertragen.

Die Übertragung der Aufgabe zur Einrichtung und Durchführung eines ärztlichen Bereitschaftsdienstes hat die Landesärztekammer Baden-Württemberg getreu dieser Vorschrift in § 26 Abs. 5 S. 1 BO-BW auf die Bezirksärztekammern übertragen:

> Für die Einrichtung und Durchführung eines Notfalldienstes im Einzelnen sind die von den Bezirksärztekammern erlassenen Satzungen maßgebend.

Diese landesrechtlich erlaubte Aufgabenübertragung ist im Gegensatz zur als unzulässig bewerteten Aufgabenübertragung der ÄK Thüringen auf die KV Thüringen – hierzu weiter unten noch ausführlich[8] – aus mehreren Gründen als rechtlich unbedenklich anzusehen: Zum einen findet die Aufgabenübertragung nicht eigenmächtig statt, sondern erfolgt vielmehr auf Basis einer ausdrücklichen gesetzlichen Ermächtigung des Landesgesetzgebers, welche im Fall der ÄK Thüringen gerade nicht vorhanden ist. Zum anderen verbleibt die Aufgabe der Einrichtung eines Bereitschaftsdienstes trotz Übertragung auf die Bezirksärztekammern letztlich bei der Landesärztekammer Baden-Württemberg, da die Bezirksärztekammern lediglich deren rechtlich unselbstständige Untergliederungen sind, während in Thüringen die Kassenärztliche Vereinigung eine selbständige und von der Ärztekammer unabhängige Körperschaft darstellt. Es kommt also gerade nicht zur eigenmächtigen Begründung einer neuen Zuständigkeit. Vielmehr wird lediglich eine bereits existierende Zuständigkeit innerhalb der Körperschaft verlagert.[9] Damit ändert sich in Baden-Württemberg durch die Aufgabenübertragung auf die Bezirksärztekammern auch nichts an der vom Gesetzgeber festgelegten Kompetenzverteilung zwischen Bund und Ländern. Dass die Aufteilung des berufsrechtlichen Bereitschaftsdienstes aus wirtschaftlicher Sicht aufgrund der durch die Dreiteilung bedingten unnötigen Doppel- oder besser Dreifachstrukturen fragwürdig erscheint und auch aus Gründen der Rechtseinheit wenig vorteilhaft ist,[10] ändert an deren rechtlichen Zulässigkeit nichts.

---

[7] So auch VGH Baden-Württemberg, Urt. v. 03.11.1998, 9 S 3399/96, Rn. 18 (juris); VG Karlsruhe, Urt. v. 08.12.2011, 9 K 262/11, Rn. 19 (juris).

[8] Siehe Kap. 3 Q. II. 2. b).

[9] Vgl. VG Karlsruhe, Urt. v. 08.12.2011, 9 K 262/11, Rn. 19 (juris).

[10] Dies hat auch die ÄK Baden-Württemberg erkannt und daher am 23.11.2013 ihren Vorstand damit beauftragt, für die vier Bezirksärztekammern einen einheitlichen Entwurf für eine Bereitschaftsdienstordnung vorzulegen, damit für alle in Baden-Württemberg niedergelassenen Nicht-Vertragsärzte die gleichen Bedingungen hinsichtlich des Bereitschaftsdienstes gelten (siehe hierzu die Mitteilung der ÄK Baden-Württemberg v. 23.11.2013, abrufbar unter: https://www.aerztekammer-bw.de/10aerzte/05kammern/10laekbw/20ehrenamt/15entschliessungen/20131123/706.html (Stand: 03.02.2020)). Bislang hat sich dahingehend allerdings nichts getan.

Die KV Baden-Württemberg regelt den vertragsärztlichen Bereitschaftsdienst dagegen seit der Fusion der zuvor vier eigenständigen Kassenärztlichen Vereinigungen von Nordbaden, Nordwürttemberg, Südbaden und Südwürttemberg im Zuge des GKV-Modernisierungs-Gesetzes zum 01. Januar 2005 mittlerweile selbst. Alleine aus wirtschaftlicher Perspektive – Stichwort Abbau von Doppelstrukturen – wäre es sicherlich einer Überlegung wert, ob sich die Landesärztekammer hieran nicht ein Beispiel nehmen sollte.

I. Ausreichende Rechtsgrundlage

Wie oben dargestellt bedürfen Ärztekammer und Kassenärztliche Vereinigung jeweils sowohl für die Regelung eines ärztlichen Bereitschaftsdienstes als auch speziell für die Normierung einer Teilnahmepflicht einer ausreichenden Rechtsgrundlage.

1. Ärztekammer

a) Für die Regelung des ärztlichen Bereitschaftsdienstes

Indem der Landesgesetzgeber der Ärztekammer in § 31 Abs. 1 S. 1 und 2 HBKG-BW Vorgaben über den Mindestinhalt der Berufsordnung in Bezug auf den Bereitschaftsdienst macht, hat er die Ärztekammer zur Regelung des Bereitschaftsdienstes ermächtigt.

b) Für die Normierung einer Teilnahmepflicht

Nach den dargestellten Kriterien des BVerwG zur Normierung der Teilnahmepflicht[11] muss der Landesgesetzgeber Baden-Württembergs

- eine grundsätzliche Teilnahmepflicht
- den verpflichteten Ärztekreis sowie
- die Voraussetzungen für eine ausnahmsweise Befreiung von der Teilnahme, wobei es hierbei keine Rolle spielt, ob die Entscheidung über die Befreiung im Einzelfall eine gebundene Entscheidung darstellt oder im Ermessen der Ärztekammer steht,[12]

in einem formellen Gesetz normiert haben. Dem ist der Landesgesetzgeber durch Erlass der §§ 30 Abs. 3 S. 2, 31 Abs. 1 S. 2 HBKG-BW nachgekommen. Dort hat er nicht nur die Teilnahmepflicht von Ärzten an einem ärztlichen Bereitschaftsdienst

[11] Siehe dazu oben, Kap. 2 A. I.

[12] BVerwG, Urt. v. 12. 12. 1972, I C 30.69, NJW 1973, 576 (577).

grundsätzlich normiert (§ 30 Abs. 3 S. 2 HBKG-BW), sondern schreibt in den schon angesprochenen § 31 Abs. 1 S. 1 und 2 HBKG-BW auch vor, dass

> Das Nähere über die Berufspflichten [...] die Berufsordnung [regelt]. Sie hat insbesondere vorzusehen, daß die Verpflichtung zur Teilnahme am ärztlichen [...] Notfalldienst nur für einen räumlich abgegrenzten Bereich gilt, und daß von der Teilnahme am Notfalldienst aus schwerwiegenden Gründen, insbesondere wegen körperlicher Behinderungen oder besonders belastender familiärer Pflichten sowie wegen Teilnahme an einem klinischen Bereitschaftsdienst mit Notfallversorgung auf Antrag ganz, teilweise oder vorübergehend befreit werden kann.

Zu beachten ist, dass der Landesgesetzgeber der Ärztekammer damit nicht vorgibt, dass sie den Bereitschaftsdienst zwingend in einer eigenständigen Satzung, d. h. einer Bereitschaftsdienstordnung, zu regeln hat, sondern auch eine Einbettung der Regelungen in die Berufsordnung genügt. Den im HBKG-BW aufgestellten inhaltlichen Vorgaben ist die Ärztekammer dementsprechend – unabhängig der weiterführenden Regelungen in den Bereitschaftsdienstordnungen der Bezirksärztekammern – in § 26 Abs. 1 S. 2, Abs. 3, Abs. 4 und Abs. 5 S. 2 BO-BW nachgekommen.

2. Kassenärztliche Vereinigung

a) Für die Regelung des ärztlichen Bereitschaftsdienstes

Mit § 75 Abs. 1b S. 1 SGB V besteht eine hinreichende Rechtsgrundlage für die Regelung des vertragsärztlichen Bereitschaftsdienstes durch die Kassenärztliche Vereinigung.

b) Für die Normierung einer Teilnahmepflicht

Eine den oben aufgestellten Anforderungen genügende Rechtsgrundlage des Bundesgesetzgebers, welche der KV Baden-Württemberg die Normierung einer Teilnahmepflicht am ärztlichen Bereitschaftsdienst ermöglichen würde, existiert hingegen momentan nicht, da sich eine solche wie gesehen weder § 95 Abs. 3 S. 1 SGB V noch § 75 Abs. 1b S. 1 SGB V entnehmen lässt. Folglich verstoßen die Regelungen der KV Baden-Württemberg – wie denknotwendig auch diejenigen der übrigen Kassenärztlichen Vereinigungen – in ihrer Bereitschaftsdienstordnung, welche die Vertragsärzte zur Teilnahme am vertragsärztlichen Bereitschaftsdienst verpflichten, mangels ausreichender formellgesetzlicher Grundlage des Bundesgesetzgebers gegen den Vorbehalt des Gesetzes und sind daher als verfassungswidrig anzusehen. Sofern man den Vorschriften für eine Übergangsfrist keine überbrückende Geltung bis zur ausreichenden Normierung einer Teilnahmepflicht durch den

Bundesgesetzgeber einräumt,[13] sind verpflichtende Heranziehungen von Vertragsärzten durch die Kassenärztliche Vereinigung zum vertragsärztlichen Bereitschaftsdienst daher als rechtswidrig anzusehen. Damit kann der vertragsärztliche Bereitschaftsdienst momentan nur bei einer freiwilligen Teilnahme von Vertragsärzten sichergestellt werden.[14] Zur Sicherstellung der vertragsärztlichen Versorgung auch in den sprechstundenfreien Zeiten ist es daher dringend erforderlich, dass der Bundesgesetzgeber die Teilnahmepflicht von Vertragsärzten am Bereitschaftsdienst der Kassenärztlichen Vereinigungen jedenfalls in ihren Grundzügen selbst in einem formellen Gesetz, sprich dem SGB V, normiert. Hierbei sollte er sich an den Anforderungen orientieren, die das BVerwG an die Normierung der Teilnahmepflicht am Bereitschaftsdienst der Ärztekammern an die Landesgesetzgeber gestellt hat.[15]

II. Adressatenkreis der Teilnahmepflicht

1. Bereitschaftsdienstordnung der Ärztekammer

Aufgrund der Besonderheit, dass die Regelung des Bereitschaftsdienstes auf berufsrechtlicher Grundlage in Baden-Württemberg – rechtlich zulässig – auf die Bezirksärztekammern übertragen wurde, ist in Bezug auf diese eine jeweils gesonderte Betrachtung der Rechtmäßigkeit der normierten Teilnahmepflichten erforderlich.

a) Grundsätzliche Teilnahmepflicht von Vertragsärzten

aa) Nordbaden, Nordwürttemberg und Südbaden

Die Bereitschaftsdienstordnungen der BÄK Nordbaden und Südbaden – in Nordwürttemberg fehlt es an dieser ohnehin rein deklaratorischen Klarstellung – machen zwar entsprechend der Kompetenzverteilung zwischen Bund und Ländern deutlich, dass für niedergelassene Vertragsärzte grundsätzlich sowohl eine berufsrechtliche Pflicht zur Teilnahme am Bereitschaftsdienst der Ärztekammer als auch eine sich aus der Zulassung ergebende Pflicht zur Teilnahme am Bereitschaftsdienst der Kassenärztlichen Vereinigung besteht. So heißt es beispielhaft – die BÄK Südbaden[16] hat insoweit eine inhaltlich übereinstimmende Regelung erlassen – in S. 2 der Präambel der Bereitschaftsdienstordnung der BÄK Nordbaden:

---

[13] Wie dies das BVerwG in seinem Urt. v. 12.12.1972, I C 30.69, NJW 1973, 576 (577) für die verpflichtende Heranziehung von Ärzten durch die Ärztekammer angenommen hat.

[14] So auch – allerdings noch zur RVO – *Mötzung*, Der ärztliche Notfalldienst in rechtlicher Sicht, S. 80.

[15] Siehe oben, Kap. 2 A. I.

[16] Dort heißt es in S. 2 der Präambel der Bereitschaftsdienstordnung der BÄK Südbaden: „Ärzte, die an der vertragsärztlichen Versorgung mitwirken, sind zusätzlich im Rahmen des

> Ärzte, die an der vertragsärztlichen Versorgung mitwirken, sind zusätzlich im Rahmen des Sicherstellungsauftrages der Kassenärztlichen Vereinigung zur Teilnahme an einem Notfalldienst der Kassenärztlichen Vereinigung verpflichtet.

Nichtsdestotrotz bestimmen die drei Bezirksärztekammern in ihrer jeweiligen Bereitschaftsdienstordnung, dass für niedergelassene Vertragsärzte trotz dieser qua lege bestehenden Doppelverpflichtung lediglich die Bereitschaftsdienstordnung der KV Baden-Württemberg gelten soll und sie daher nur an deren vertragsärztlichen Bereitschaftsdienst teilzunehmen haben. So bestimmt die BÄK Nordwürttemberg in § 2 Abs. 2 ihrer Bereitschaftsdienstordnung:

> Für Mitglieder der Kassenärztlichen Vereinigung Baden-Württemberg richtet sich die Teilnahme am Notfalldienst nach der Notfalldienstordnung der Kassenärztlichen Vereinigung.

Weniger deutlich spricht die BÄK Nordbaden in § 1 Abs. 2 S. 1 und 2 ihrer Bereitschaftsdienstordnung – die BÄK Südbaden hat in § 1 Abs. 1 S. 1 und 2 ihrer Bereitschaftsdienstordnung eine inhaltsgleiche Regelung erlassen[17] – lediglich davon, dass die Vorschriften der KV Baden-Württemberg für Vertragsärzte Anwendungsvorrang vor denen der Bezirksärztekammer besitzen:

> Für Ärzte, die im Rahmen des Sicherstellungsauftrages der Kassenärztlichen Vereinigung zur Teilnahme an einem Notfalldienst der Kassenärztlichen Vereinigung verpflichtet sind, hat der vertragsarztrechtliche Pflichtenkreis Vorrang, soweit er Regelungen trifft. Dies gilt insbesondere für die Festlegung von Notfalldienstbereichen, die Einteilung zum Dienstplan, die Befreiung und den Ausschluss vom Notfalldienst und die Kostenbeteiligung für besondere Einrichtungen.

Nachdem die KV Baden-Württemberg die Organisation und Durchführung des vertragsärztlichen Bereitschaftsdienstes in ihrer Bereitschaftsdienstordnung en détail einschließlich der in S. 2 aufgeführten Bestimmungen geregelt hat, haben praktisch alle einen Bereitschaftsdienst betreffenden Regelungen der Kassenärztlichen Vereinigung für Vertragsärzte Vorrang vor denen der Bezirksärztekammer und die drei Bezirksärztekammern folglich auf die ihnen nach dem HBKG-BW zustehende Ermächtigung zur Organisation des Bereitschaftsdienstes für alle niedergelassenen Vertragsärzte verzichtet. Demnach gelten die Bereitschaftsdienstordnungen der Bezirksärztekammern – jedenfalls in der Theorie, hierzu sogleich – nur noch für den verhältnismäßig kleinen Kreis der Nicht-Vertragsärzte. Mit dem hiermit begründeten Anwendungsvorrang des vertragsärztlichen Bereitschaftsdienstes und der damit einhergehenden Subsidiarität des Bereitschaftsdienstes auf berufsrechtlicher

---

Sicherstellungsauftrages zur Teilnahme an einem Notfalldienst der Kassenärztlichen Vereinigung Baden-Württemberg (KV BW) verpflichtet."

[17] Diese lautet: „Für Ärzte, die im Rahmen des Sicherstellungsauftrages der KV BW zur Teilnahme an einem Notfalldienst der KV BW verpflichtet sind, hat der vertragsarztrechtliche Pflichtenkreis Vorrang, soweit er Regelungen trifft. Dies gilt insbesondere für die Festlegung von Notfalldienstbereichen, die Einteilung zum Dienstplan, die Befreiung und den Ausschluss vom Notfalldienst."

Grundlage haben die BÄK Nordbaden, Nordwürttemberg und Südbaden letztlich auf untergesetzlicher Normsetzungsebene ein Rangverhältnis der Bundes- und Länderkompetenzen geschaffen, welches auf Kompetenzebene gerade nicht besteht; dort stehen die sich für den Adressatenkreis der Vertragsärzteschaft überschneidenden Kompetenzen des Bundes und der Länder bezüglich der Einrichtung eines Bereitschaftsdienstes für Vertragsärzte wie dargestellt nebeneinander.

bb) Südwürttemberg

Demgegenüber findet sich in der Bereitschaftsdienstordnung der BÄK Südwürttemberg keine Zuweisung der Organisation des Bereitschaftsdienstes in Bezug auf die niedergelassenen Vertragsärzte an die Kassenärztliche Vereinigung. Vielmehr macht die Bezirksärztekammer in S. 2 der Präambel ihrer Bereitschaftsdienstordnung deutlich, dass auch Vertragsärzte an ihrem Bereitschaftsdienst teilzunehmen haben:

> Er ist ein allgemeiner ärztlicher Notfalldienst, an dem sich neben den an der vertragsärztlichen Versorgung teilnehmenden Ärztinnen und Ärzte aller Fachgruppen auch alle privat niedergelassenen Ärztinnen und Ärzte aller Fachgruppen aufgrund ihrer Verpflichtungen aus dem HBKG (§§ 30, 31) und der Berufsordnung der Landesärztekammer Baden-Württemberg (§ 26 Abs. 1 BO) beteiligen.

Nachdem auch die Bereitschaftsdienstordnung der KV Baden-Württemberg alle niedergelassenen Vertragsärzte verpflichtet,[18] ergäbe sich damit die Konstellation, dass für diese eine doppelte Teilnahmeverpflichtung an zwei unterschiedlichen Bereitschaftsdiensten besteht, nämlich sowohl an dem der Kassenärztlichen Vereinigung als auch an demjenigen der BÄK Südwürttemberg. Laut der BÄK Südwürttemberg wurde deren Bereitschaftsdienstordnung vom 15. 11. 2008 jedoch lediglich zur Heranziehung von Nicht-Vertragsärzten geschaffen.[19] Insoweit ist deren Wortlaut missverständlich, wenn es in § 4 Abs. 1 S. 1 der Bereitschaftsdienstordnung heißt, dass „niedergelassene Ärzte [...]" – also auch niedergelassene Vertragsärzte – „[...] am Notfalldienst teilzunehmen" haben.

b) Grundsätzliche Teilnahmepflicht von Nicht-Vertragsärzten

Nach Angaben der BÄK Nordbaden ist der von ihr eingerichtete berufsrechtliche Bereitschaftsdienst nicht nur in Bezug auf die gleichzeitig zur vertragsärztlichen Versorgung niedergelassenen Ärzte subsidiär gegenüber dem Bereitschaftsdienst der Kassenärztlichen Vereinigung. Vielmehr werden dort auch Nicht-Vertragsärzte, die nach der geltenden Regelung an und für sich vom Anwendungsbereich der Bereitschaftsdienstordnung der BÄK Nordbaden erfasst sind, nicht mehr von dieser zum Bereitschaftsdienst herangezogen. Wenngleich die Bereitschaftsdienstordnung for-

[18] Hierzu sogleich, Kap. 3 A. II. 2. a).

[19] So die BÄK Südwürttemberg auf Anfrage des Autors, E-Mail vom 08.02.2019.

mal noch Gültigkeit besitzt, wird auf eine Heranziehung der laut eigener Aussage meist sehr alten Nicht-Vertragsärzte mittlerweile verzichtet. De facto ist die Bereitschaftsdienstordnung der BÄK Nordbaden damit obsolet.[20] Für niedergelassene Nicht-Vertragsärzte besteht somit in Nordbaden momentan keinerlei Pflicht zur Teilnahme an einem ärztlichen Bereitschaftsdienst. Ihnen verbleibt lediglich die Möglichkeit der freiwilligen Teilnahme am Bereitschaftsdienst der KV Baden-Württemberg unter den Voraussetzungen des § 4 Abs. 7 deren Bereitschaftsdienstordnung. Selbiges gilt laut der BÄK Südbaden auch für deren Zuständigkeitsbereich, da dort Nicht-Vertragsärzte momentan ebenfalls nicht zur Teilnahme an einem Bereitschaftsdienst verpflichtet sind.[21] Ebenso verzichtet die BÄK Nordwürttemberg gänzlich auf die Heranziehung der formal von ihrer Bereitschaftsdienstordnung erfassten Nicht-Vertragsärzte.[22] Auch für Südwürttemberg wurde die Teilnahmepflicht niedergelassener Nicht-Vertragsärzte durch die Bezirksärztekammer auf Grundlage ihrer Bereitschaftsdienstordnung vom 15.11.2008 im November 2013 durch die Vertreterversammlung der Bezirksärztekammer außer Kraft gesetzt. Laut der BÄK Südwürttemberg steht dies in Zusammenhang mit einer Entscheidung des VG Sigmaringen,[23] welches die Bereitschaftsdienstordnung auf Klage eines Nicht-Vertragsarztes gegen seine Heranziehung auf deren Grundlage für teilweise rechtswidrig erklärt hatte. Nachdem 2013 auch gegen eine Neufassung der Bereitschaftsdienstordnung nach Bitte um Vorabprüfung rechtsaufsichtliche Bedenken des Sozialministeriums Baden-Württemberg geltend gemacht wurden sowie eine weitere Klage eines Nicht-Vertragsarztes gegen seine Heranziehung auf Grundlage der noch gültigen Bereitschaftsdienstordnung vom 15.11.2008 anhängig war, entschloss sich die Vertretersammlung dazu, den Neuentwurf zu verwerfen und gänzlich auf eine Heranziehung von Ärzten zum Bereitschaftsdienst zu verzichten. Somit gilt die alte Bereitschaftsdienstordnung vom 15.11.2008 zwar unverändert fort, auf die Heranziehung von Nicht-Vertragsärzten zum Bereitschaftsdienst wird aber vollständig verzichtet.[24] Nachdem die Bezirksärztekammer auf dieser Grundlage auch keine Vertragsärzte zur Teilnahme verpflichtet, gelangt die Bereitschaftsdienstordnung momentan nicht zur Anwendung und ist de facto gegenstandslos.

Trotz formal weiterhin bestehender Bereitschaftsdienstordnungen der Bezirksärztekammern ziehen diese nach momentaner Handhabung allesamt weder Vertrags- noch Nicht-Vertragsärzte zu einem Bereitschaftsdienst heran. Im Ergebnis wird der ärztliche Bereitschaftsdienst damit in Baden-Württemberg ungeachtet zweier getrennter Bereitschaftsdienste allein von der Kassenärztlichen Vereinigung organisiert.

---

[20] So die BÄK Nordbaden auf Anfrage des Autors, E-Mail vom 04.02.2019.

[21] So die BÄK Südbaden auf Anfrage des Autors, E-Mail vom 07.03.2019.

[22] So die BÄK Nordwürttemberg auf Anfrage des Autors, E-Mail vom 06.02.2019.

[23] VG Sigmaringen, Urteil vom 09.02.2012, 6 K 2834/11.

[24] So die BÄK Südwürttemberg auf Anfrage des Autors, E-Mail vom 08.02.2019.

c) *Einzelfälle*

Wenngleich von den Bezirksärztekammern nach momentaner Handhabung keinerlei Ärzte zum Bereitschaftsdienst herangezogen werden, empfiehlt es sich, die in den weiterhin formal existierenden Bereitschaftsdienstordnungen vorgenommene Ausgestaltung der Teilnahmepflicht auf ihre Rechtmäßigkeit hin zu untersuchen, da eine Reaktivierung des berufsrechtlichen Bereitschaftsdienstes jederzeit möglich ist.

aa) Teilnahmepflicht von in Arztpraxen angestellten Ärzten

Die Bezirksärztekammern Nordbaden[25], Nordwürttemberg[26] und Südwürttemberg[27] haben die Teilnahmepflicht von in Vertragsarztpraxen angestellten Ärzten in ihren Bereitschaftsdienstordnungen in zulässiger Weise normiert. Dass in Südwürttemberg nach § 4 Abs. 1 S. 3 deren Bereitschaftsdienstordnung angestellte Ärzte, die weniger als zehn Stunden in der Woche beschäftigt sind, anders als angestellte Ärzte mit höherer Arbeitszeit gar nicht am Bereitschaftsdienst teilzunehmen haben, kann zwar im Hinblick auf den Grundsatz der Heranziehung möglichst aller Ärzte durchaus kritisch gesehen werden. Aufgrund der verschwindend geringen Beschäftigungszeit und in Anbetracht des Gestaltungsspielraums der Ärztekammer erscheint dies jedoch noch zulässig.[28] Für den Bereitschaftsdienstbereich der BÄK Südbaden ergibt sich die Teilnahmepflicht angestellter Ärzte aus § 5 Abs. 1 ihrer Bereitschaftsdienstordnung, wonach alle Ärzte, welche an der ambulanten medizinischen Versorgung in niedergelassener Praxis – also auch angestellte Ärzte – mitwirken, zur Teilnahme verpflichtet sind.

bb) Teilnahmepflicht von in Medizinischen Versorgungszentren angestellten Ärzten

Auch die in MVZ angestellten Ärzte werden von den Bezirksärztekammern erlaubter Weise herangezogen. Während die BÄK Nordwürttemberg[29] und die BÄK Südwürttemberg[30] dies ausdrücklich in ihren Bereitschaftsdienstordnungen normiert haben, werden diese trotz fehlender eigenständiger Nennung auch von der jeweiligen Bereitschaftsdienstordnung der BÄK Nordbaden und Südbaden erfasst, da diese „angestellte Ärzte" (§ 5 Abs. 3 S. 1 der Bereitschaftsdienstordnung der BÄK

[25] Siehe § 5 Abs. 3 S. 1 der Bereitschaftsdienstordnung der BÄK Nordbaden.

[26] Siehe § 2 Abs. 1 S. 2 der Bereitschaftsdienstordnung der BÄK Nordwürttemberg.

[27] Siehe § 4 Abs. 3 S. 1 der Bereitschaftsdienstordnung der BÄK Südwürttemberg.

[28] Die Regelung weißt gewisse Parallelen zum Vertragsarztrecht auf, da dort gem. § 77 Abs. 3 S. 2 SGB V angestellte Ärzte mit weniger als zehn Stunden Beschäftigung in der Woche nicht Mitglied der Kassenärztlichen Vereinigung werden und folglich auch nicht deren Regelungsgewalt unterworfen sind.

[29] Siehe § 2 Abs. 5 S. 1 der Bereitschaftsdienstordnung der BÄK Nordwürttemberg.

[30] Siehe § 4 Abs. 3 S. 1 der Bereitschaftsdienstordnung der BÄK Südwürttemberg.

Nordbaden) bzw. „Ärzte, die an der ambulanten medizinischen Versorgung in niedergelassener Praxis mitwirken" (§ 5 Abs. 1 der Bereitschaftsdienstordnung der BÄK Südbaden) in den Adressatenkreis der Teilnahmepflicht einbeziehen.

cc) Teilnahmepflicht von Medizinischen Versorgungszentren

Ärztekammern sind wie oben dargestellt nicht befugt, MVZ zum Bereitschaftsdienst zu verpflichten. Dementsprechend wurde diese betreffend in den Bereitschaftsdienstordnungen der Bezirksärztekammern Nordwürttemberg, Nordbaden und Südbaden auch keine Teilnahmepflicht normiert. Im Ergebnis ist in dieser Hinsicht auch die Bereitschaftsdienstordnung der BÄK Südwürttemberg nicht zu beanstanden, wenngleich sie in § 4 Abs. 3 S. 5 etwas missverständlich davon spricht, dass „das MVZ [...] verpflichtet [ist], neben der eigenen Verpflichtung zur Teilnahme am Notfalldienst mit einem weiteren Arzt am Notfalldienst teilzunehmen [...]". Isoliert betrachtet könnte die Regelung so verstanden werden, dass nicht nur die dort angestellten Ärzte, sondern auch das MVZ selbst zur Teilnahme am Bereitschaftsdienst verpflichtet wäre. In Zusammenschau mit § 4 Abs. 1 der Bereitschaftsdienstordnung[31] lässt sich eine derartige Interpretation des § 4 Abs. 3 S. 5 allerdings nur schwer vertreten. § 4 Abs. 1 S. 1 erlegt lediglich niedergelassenen Ärzten eine Pflicht zur Teilnahme auf, wovon nach § 4 Abs. 1 S. 2 auch Partner einer Berufsausübungsgemeinschaft erfasst sind. Von einer Verpflichtung der MVZ ist hingegen keine Rede. Auch eine systematische Auslegung stützt diese Annahme. Die in Frage stehende Regelung findet sich im dritten Absatz der Norm, welcher sich durchgängig nicht mit der Teilnahmepflicht selbst, sondern vielmehr mit deren Modalitäten wie dem für die Verpflichtung relevanten Tätigkeitsort (Satz 1), dem Teilnahmeumfang (Satz 2 und 4) sowie einer möglichen Befreiung (Satz 3) befasst. Die Festlegung, wer überhaupt zum Bereitschaftsdienst verpflichtet wird, beschränkt sich alleine auf den soeben angesprochenen ersten Absatz. Auch deshalb kann § 4 Abs. 3 S. 5 nicht als Teilnahmeverpflichtung der MVZ, sondern als missverständliche Bestimmung des Teilnahmeumfangs der dort angestellten Ärzte verstanden werden, welcher wohl die Klarstellung bezweckt, dass sich der Teilnahmeumfang eines Arztes nicht durch Anstellung in einem MVZ verringern lässt, sondern sich weiterhin alleine nach seinem Tätigkeitsumfang richtet. Eine eindeutigere Formulierung wäre zur Vermeidung von Missverständnissen und Unklarheiten dennoch wünschenswert.

dd) Teilnahmepflicht ermächtigter Ärzte und Einrichtungen

Genauso unterliegt auch die (Nicht-)Verpflichtung ermächtigter Ärzte und ermächtigter Einrichtungen keinen rechtlichen Bedenken. Die Bezirksärztekammern haben in ihren Bereitschaftsdienstordnungen allesamt keine ausdrückliche Teil-

[31] Dieser lautet: „Niedergelassene Ärzte haben grundsätzlich am Notfalldienst teilzunehmen. Dies gilt gleichermaßen für jeden Partner einer Berufsausübungsgemeinschaft (BAG)."

nahmepflicht ermächtigter Ärzte oder ermächtigter Einrichtungen normiert, womit im Ergebnis in zulässiger Weise lediglich niedergelassene ermächtigte Ärzte zur Teilnahme verpflichtet werden.

ee) Teilnahmepflicht psychologischer Psychotherapeuten

Psychologische Psychotherapeuten werden von den Bezirksärztekammern richtigerweise nicht zur Teilnahme verpflichtet.

2. Bereitschaftsdienstordnung der Kassenärztlichen Vereinigung

a) Grundsätzliche Teilnahmepflicht von Vertragsärzten

Nach § 4 Abs. 1 S. 1 der Bereitschaftsdienstordnung der KV Baden-Württemberg werden in nicht zu beanstandender Weise zur vertragsärztlichen Versorgung zugelassene Ärzte auch zur Teilnahme am vertragsärztlichen Bereitschaftsdienst verpflichtet:

> Zugelassene Ärzte (§ 19 a Ärzte-ZV) sowie zugelassene MVZ haben grundsätzlich am Notfalldienst teilzunehmen.

b) Grundsätzliche Teilnahmepflicht von Nicht-Vertragsärzten

Niedergelassenen Nicht-Vertragsärzten steht nach § 4 Abs. 7 der Bereitschaftsdienstordnung dagegen lediglich unter Erfüllung bestimmter Voraussetzungen die Möglichkeit zu, freiwillig am Bereitschaftsdienst der Kassenärztlichen Vereinigung teilzunehmen. Damit kommt es in Baden-Württemberg zu keiner unzulässigen Verpflichtung von niedergelassenen Nicht-Vertragsärzten durch die Kassenärztliche Vereinigung. Nachdem diese nach momentaner Handhabung auch nicht von den Bezirksärztekammern herangezogen werden, trifft Nicht-Vertragsärzte in Baden-Württemberg aktuell keinerlei Pflicht zur Teilnahme an einem ärztlichen Bereitschaftsdienst.

c) Einzelfälle

aa) Teilnahmepflicht von in Arztpraxen angestellten Ärzten

In der Bereitschaftsdienstordnung der KV Baden-Württemberg findet sich entsprechend der ihr hierfür fehlenden Regelungsbefugnis auch keine Teilnahmeverpflichtung von Ärzten, welche in einer Arztpraxis angestellt sind. Zwar heißt es in § 4 Abs. 1 S. 4 – sowie inhaltsgleich auch in § 4 Abs. 3 S. 1 – der Bereitschaftsdienstordnung, dass „genehmigte Anstellungen von Ärzten (§ 32 b Ärzte-ZV) […] die Teilnahmeverpflichtung am ärztlichen Notfalldienst des anstellenden Vertragsarztes“ erhöhen. Nach dem Wortlaut der Vorschrift kommt den angestellten Ärzten selbst jedoch gerade keine eigene Verpflichtung zu. Vielmehr erhöht sich lediglich der Umfang der Teilnahmepflicht des sie anstellenden Vertragsarztes. Ob dies wiederum zulässig ist, ist noch an anderer Stelle zu klären.[32]

bb) Teilnahmepflicht von in Medizinischen Versorgungszentren angestellten Ärzten

Auch in Bezug auf die in den MVZ angestellten Ärzte ergeben sich keine Bedenken, da die KV Baden-Württemberg mangels Normierung einer entsprechenden Teilnahmepflicht die Grenzen ihrer Regelungsbefugnisse beachtet hat. Entsprechend den in Vertragsarztpraxen angestellten Ärzten erhöht sich nach § 4 Abs. 1 S. 4 der Bereitschaftsdienstordnung auch in Bezug auf in MVZ angestellten Ärzte – die rechtliche Zulässigkeit dieser Regelung wiederum zunächst unterstellt[33] – lediglich der Teilnahmeumfang des sie anstellenden MVZ.

cc) Teilnahmepflicht von Medizinischen Versorgungszentren

Die KV Baden-Württemberg hat in § 4 Abs. 1 S. 1 ihrer Bereitschaftsdienstordnung von ihrer Möglichkeit Gebrauch gemacht, zugelassene MVZ zur Teilnahme am vertragsärztlichen Bereitschaftsdienst zu verpflichten.

dd) Teilnahmepflicht ermächtigter Ärzte und Einrichtungen

Demgegenüber hat sie keine verpflichtende Teilnahme ermächtigter Ärzte oder ermächtigter Einrichtungen vorgeschrieben und damit auch nicht ihre Regelungsbefugnisse überschritten.

ee) Teilnahmepflicht psychologischer Psychotherapeuten

Nach dem Wortlaut des § 4 Abs. 1 S. 1 der Bereitschaftsdienstordnung werden auch zugelassene psychologische Psychotherapeuten von der Teilnahmepflicht erfasst, da es sich auch bei diesen um zugelassene Ärzte i. S. d. § 19a Ärzte-ZV handelt. Vermutlich sollen hiermit psychologische Psychotherapeuten allerdings nicht erfasst sein, da diese – trotz Einbezug in die Arztgruppe der Psychotherapeuten i. S. d. § 101 Abs. 4 S. 1 SGB V – letztlich keine Ärzte im klassischen Sinne darstellen. Aus Klarstellungsgründen sollte jedoch darüber nachgedacht werden, diese ausdrücklich von der Teilnahmepflicht auszunehmen.

---

[32] Siehe unten, Kap. 3 A. III. 2. b) bb).

[33] Dazu Kap. 3 A. III. 2. b) aa).

III. Umfang der Teilnahmepflicht

1. Bereitschaftsdienstordnung der Ärztekammer

a) Grundsätzlicher Umfang der Teilnahmepflicht von niedergelassenen Ärzten

aa) Nordbaden

Bezüglich der Ermittlung des Teilnahmeumfangs niedergelassener Ärzte hat die BÄK Nordbaden in § 5 Abs. 4 S. 1 ihrer Bereitschaftsdienstordnung zunächst folgende allgemeine Regelung getroffen:

> Niedergelassene Ärzte, die ausschließlich auf der Grundlage des Heilberufe-Kammergesetzes, der Berufsordnung und nach dieser Satzung zur Teilnahme am Notfalldienst verpflichtet sind, werden nach ihrem Tätigkeitsumfang zum Notfalldienst herangezogen.

Die Ermittlung des ärztlichen Tätigkeitsumfangs wiederum bestimmt sich jedoch, wie § 5 Abs. 4 S. 2 normiert, nicht wie nach oben aufgestellten Grundsätzen bevorzugt nach der Anzahl der wöchentlich für die ärztliche Tätigkeit aufgewandten Stunden, sondern nach der Höhe des Kammerbeitrages des jeweiligen Arztes:

> Der Tätigkeitsumfang bemisst sich nach der Höhe des Kammerbeitrages im Vorjahr.

In Abhängigkeit hiervon werden dann nach § 5 Abs. 4 S. 4 und 5 Anrechnungsfaktoren ermittelt:

> Auf der Grundlage des nach den Sätzen 2 und 3 bestimmten Kammerbeitrages gelten für die Verpflichtung zur Teilnahme am ärztlichen Notfalldienst folgende Anrechnungsfaktoren: Bei einem Kammerbeitrag von a) mindestens in Höhe des durchschnittlichen Kammerbeitrages aller niedergelassenen Ärzte 1,0 b) mindestens in Höhe des halben durchschnittlichen Kammerbeitrages aller niedergelassenen Ärzte 0,5 c) mindestens in Höhe von einem Viertel des durchschnittlichen Kammerbeitrages aller niedergelassenen Ärzte 0,25. Für alle anderen niedergelassenen Ärzte gilt der Anrechnungsfaktor 0,1.

Die Höhe der Kammerbeiträge wiederum richtet sich gem. § 2 Abs. 1 S. 1 der Beitragsordnung der Landesärztekammer Baden-Württemberg[34] nach den sich aus der ärztlichen Tätigkeit ergebenden Einkünften i. S. d. Einkommensteuergesetzes. Diese Berechnungsmethode fußt wohl auf dem sich gerade in der sozialgerichtlichen Rechtsprechung häufig wiederfindenden Grundsatz, dass ein Arzt, welchem höhere monetäre Vorteile zufließen, dementsprechend auch häufiger zum Bereitschaftsdienst heranzuziehen sei.

Die auf den ersten Blick etwas ungewöhnlich anmutende Abhängigkeit des Teilnahmeumfangs von den Kammerbeiträgen ist im Ergebnis jedoch letztlich nicht zu beanstanden. Wie schon betont wurde, handelt es sich bei dem hier bevorzugten Modell der Bestimmung der Anrechnungsfaktoren nach dem Umfang der ärztlichen

[34] Dieser lautet: „Grundlage der Beitragsbemessung sind Einkünfte im Sinne des Einkommensteuergesetzes aus ärztlicher Tätigkeit.“

Tätigkeit keinesfalls um das einzig mögliche Modell zur Berechnung des Teilnahmeumfangs am Bereitschaftsdienst der Ärztekammern. Auch hier sind alternative Berechnungsmethoden zulässig, sofern sich diese mit dem aus Art. 3 Abs. 1 GG folgenden Grundsatz der möglichst gleichmäßigen Heranziehung aller Ärzte vereinbaren lassen. Eine solche (noch) zulässige Methode stellt das von der BÄK Nordbaden praktizierte Modell dar. Denn wenngleich bei den sich aus der ärztlichen Tätigkeit ergebenden Einkünften je nach der (fach)ärztlichen Tätigkeit des einzelnen Arztes teils erhebliche Unterschiede bestehen, so kommt es auch bei einer Orientierung an den Kammerbeiträgen und damit an den Einkünften des Arztes durch die BÄK Nordbaden insoweit nicht zu einer nicht zu rechtfertigenden Ungleichbehandlung aufgrund unterschiedlicher Anrechnungsfaktoren, da für alle verpflichteten Ärzte dieselbe Berechnungsmethode Anwendung findet. Aufgrund der angeführten Tatsache, dass der tatsächliche Umfang der ärztlichen Tätigkeit gerade nicht mit den Einkünften eines Arztes gleichgesetzt werden kann, empfiehlt sich das Anknüpfen an den Kammerbeitrag insoweit dennoch nicht.

bb) Nordwürttemberg

Entsprechend den oben aufgestellten Grundsätzen[35] hat die BÄK Nordwürttemberg dagegen den Teilnahmeumfang der niedergelassenen Ärzte in § 2 Abs. 4 ihrer Bereitschaftsdienstordnung nach dem ärztlichen Tätigkeitsumfang abgestuft:

> Niedergelassene Ärzte mit einer ärztlichen Tätigkeit bis zu 20 Stunden in der Woche nehmen zur Hälfte am jeweiligen ärztlichen Notfalldienst teil, mit einer ärztlichen Tätigkeit ab 20 Stunden in der Woche nehmen sie im vollen Umfang teil. Niedergelassene Ärzte, die an dem jeweiligen Ort nicht mehr als 10 Stunden in der Woche ärztlich tätig werden, haben grundsätzlich zu einem Viertel am ärztlichen Notfalldienst teilzunehmen.

Die Norm trägt mit der vorgenommenen Unterscheidung in – technisch unsauber gesprochen, da so Verwechslungsgefahr mit der vertragsärztlichen Versorgung besteht – einen vollen, hälftigen und unterhälftigen Versorgungsumfang den verschiedenen von niedergelassenen Ärzten praktizierten Arbeitszeitmodellen zur Genüge Rechnung und ist daher weder in ihrer grundsätzlichen Differenzierung nach dem Umfang der ärztlichen Tätigkeit, noch der konkreten Abstufung der sich daraus ergebenden Teilnahmepflichten am Bereitschaftsdienst zu beanstanden. Zu beachten bleibt lediglich, dass diese Berechnung nur für niedergelassene Ärzte ohne Zulassung zur vertragsärztlichen Versorgung gilt, da sich die Teilnahme niedergelassener Vertragsärzte wie dargestellt nach § 2 Abs. 2 der Bereitschaftsdienstordnung der BÄK Nordwürttemberg nach der Bereitschaftsdienstordnung der KV Baden-Württemberg und damit nach dem vertragsärztlichen Bereitschaftsdienst richtet.

---

[35] Siehe Kap. 2 D. II.

cc) Südbaden

In der Bereitschaftsdienstordnung der BÄK Südbaden wird der Teilnahmeumfang des einzelnen niedergelassenen Arztes hingegen nicht geregelt. Einzig in § 5 Abs. 2 S. 2 findet sich eine Regelung zur Bestimmung des Teilnahmeumfangs, welche allerdings nur niedergelassene Ärzte mit Zweigpraxis adressiert – hierzu noch unten[36] – und daher keine Allgemeingültigkeit in Bezug auf alle verpflichteten niedergelassenen Ärzte entfalten kann. Im Umkehrschluss lässt sich aus der expliziten Regelung zur Bestimmung des Teilnahmeumfangs von Ärzten mit Zweigpraxis vielmehr schließen, dass für alle übrigen zur Teilnahme verpflichteten Ärzte gerade keine in Abhängigkeit von bestimmten Anrechnungsfaktoren stehende Heranziehung in unterschiedlichem Umfang erfolgt. Für diese Vermutung spricht auch § 5 Abs. 2 S. 6 der Bereitschaftsdienstordnung, in dem es lediglich heißt, dass „die gleichmäßige Inanspruchnahme aller Verpflichteten" zu gewährleisten ist. In Ermangelung der Nennung von Faktoren, nach welchen die Frequenz der Heranziehung zu bestimmen ist, kann die Regelung letztlich nur so verstanden werden, dass alle Ärzte im gleichen Umfang am Bereitschaftsdienst teilzunehmen haben. Dies vermag auf den ersten Blick hinsichtlich des Gleichbehandlungsgebots des Art. 3 Abs. 1 GG sogar wünschenswert erscheinen – tatsächlich steht eine unterschiedslose Heranziehung dem jedoch entgegen. Denn bei der in der Bereitschaftsdienstordnung der BÄK Südbaden bestehenden Regelung bleibt außer Acht, dass sich zwar die Frage nach der grundsätzlichen Teilnahmepflicht am Status des Arztes als niedergelassenes Mitglied der Ärztekammer zu richten hat, eine Orientierung alleine daran aber für die Bestimmung der Häufigkeit der Heranziehung nicht ausreicht, um eine gerechte Verteilung der Belastungen des Bereitschaftsdienstes für die verpflichtete Ärzteschaft zu gewährleisten. Eine wie von der Bereitschaftsdienstordnung der BÄK Südbaden offenbar vorgenommene unterschiedslose Heranziehung berücksichtigt nicht hinreichend den Umfang der ärztlichen Tätigkeit, welcher unter den einzelnen Ärzten teils beträchtlich divergiert.

Demzufolge fehlt es in der für Südbaden geltenden Bereitschaftsdienstordnung der Bezirksärztekammer an einer Regelung zur Bestimmung des Teilnahmeumfangs niedergelassener Ärzte. Obgleich wie ausgeführt nach momentaner Handhabung weder Vertrags- noch Nicht-Vertragsärzte zum Bereitschaftsdienst der BÄK Südbaden herangezogen werden und das Fehlen einer entsprechenden Regelung daher aktuell keinerlei praktische Konsequenzen nach sich zieht, ist im Hinblick auf eine in der Zukunft möglicherweise wieder erfolgende Verpflichtung zum Bereitschaftsdienst zu empfehlen, eine entsprechende Regelung in der Bereitschaftsdienstordnung zu normieren. Hierbei kann sich die Bezirksärztekammer etwa an § 2 Abs. 4 der Bereitschaftsdienstordnung der BÄK Nordwürttemberg orientieren. Andernfalls könnte sich ein niedergelassener Arzt zwar nicht gegen seine Verpflichtung per se, aber sehr wohl gegen eine zu häufige Heranziehung wehren, sofern er trotz eines

---

[36] Kap. 3 A. III. 1. b) cc) (3).

geringeren ärztlichen Tätigkeitsumfangs genauso häufig oder gar öfter herangezogen werden würde als ein anderer Arzt mit höherem Tätigkeitsumfang.

dd) Südwürttemberg

Dasselbe gilt für die Bereitschaftsdienstordnung der BÄK Südwürttemberg. Auch hier könnte sich in Ermangelung einer nach den obigen Grundsätzen erforderlichen Abstufung des Teilnahmeumfangs am Bereitschaftsdienst in Abhängigkeit des Umfangs der ärztlichen Tätigkeit ein Arzt erfolgreich gegen seine im Verhältnis zu seinem Tätigkeitsumfang zu häufige Heranziehung zur Wehr setzen, sofern die BÄK Südwürttemberg entgegen der momentanen Handhabung künftig Ärzte zu ihrem Bereitschaftsdienst verpflichten sollte. Dies gilt darüber hinaus auch deshalb, weil nach § 4 Abs. 3 S. 4 und 5 der Bereitschaftsdienstordnung Ärzten, welche angestellte Ärzte mit nicht mehr als zehn Stunden in der Woche beschäftigen, unzulässigerweise über den Umfang ihrer eigenen ärztlichen Tätigkeit hinaus für diese zum Bereitschaftsdienst verpflichtet sind, sofern die Summe der Arbeitsverpflichtungen der angestellten Ärzte wöchentlich mehr als 30 Stunden beträgt:

> Bei Arztpraxen [...] mit mehreren angestellten Ärzten nach Satz 3 zählen für den Umfang der Verpflichtung zur Teilnahme am Notfalldienst auch die so angestellten Ärzte in vollem Umfang, wenn die Summe der Arbeitsverpflichtungen dieser angestellten Ärzte mehr als 30 Stunden in der Woche beträgt. Die Arztpraxis [...] ist dann verpflichtet, neben der eigenen Verpflichtung zur Teilnahme am Notfalldienst mit einem weiteren Arzt am Notfalldienst teilzunehmen bzw. je weitere volle 30 Stunden Arbeitsverpflichtungen so angestellter Ärzte einen zusätzlichen Arzt zur Teilnahme am Notfalldienst zur Verfügung zu stellen.

b) Einzelfälle

aa) Umfang der Teilnahmepflicht von in Arztpraxen angestellten Ärzten

(1) Nordbaden

Nach § 5 Abs. 3 S. 2 der Bereitschaftsdienstordnung der BÄK Nordbaden richtet sich der Teilnahmeumfang am Bereitschaftsdienst von in Arztpraxen angestellten Ärzten nach der mit ihrem Arbeitgeber vertraglich vereinbarten Arbeitszeit:

> Je nach der vertraglich vereinbarten Arbeitszeit führt dies zur anteiligen Teilnahmeverpflichtung am ärztlichen Notfalldienst.

In § 5 Abs. 3 S. 3 wird dementsprechend eine Abstufung des Teilnahmeumfangs vorgenommen:

> Dabei gelten folgende Anrechnungsfaktoren: bei einer Tätigkeit a) bis zehn Stunden pro Woche 0,25 b) über zehn Stunden bis zwanzig Stunden pro Woche 0,50 c) über zwanzig Stunden bis dreißig Stunden pro Woche 0,75 d) über dreißig Stunden pro Woche 1,00.

Die Regelung richtet sich folglich nach dem Umfang der ärztlichen Tätigkeit des angestellten Arztes und ermöglicht so eine gerechte Aufteilung der Dienstzeiten im Bereitschaftsdienst, ohne angestellte Ärzte untereinander oder im Verhältnis zu selbstständigen Ärzten zu benachteiligen oder zu bevorzugen. Mit gewissem Recht drängt sich hier lediglich die Frage auf, warum die Bezirksärztekammer den Umfang der ärztlichen Tätigkeit nicht auch als Maßstab für die Berechnung des Umfangs der Teilnahmepflicht selbstständiger niedergelassener Ärzte heranzieht, sondern dort stattdessen etwas umständlich auf den im Vorjahr erhobenen Kammerbeitrag zurückgreift. Vorzugswürdig wäre es, den ärztlichen Tätigkeitsumfang einheitlich als Berechnungsfaktor des Teilnahmeumfangs aller verpflichteten Ärztegruppen heranzuziehen.

(2) Nordwürttemberg

In Arztpraxen angestellte Ärzte werden aufgrund des Verweises des § 2 Abs. 5 S. 3 auf § 2 Abs. 4 der Bereitschaftsdienstordnung der BÄK Nordwürttemberg wie in eigener Praxis niedergelassene Ärzte entsprechend dem Umfang ihrer wöchentlichen ärztlichen Tätigkeit herangezogen. Insoweit kommt es weder zu einer Bevorzugung noch Benachteiligung gegenüber den in eigener Praxis tätigen Ärzten, weshalb die Regelung der BÄK Nordwürttemberg nicht zu beanstanden ist.

(3) Südbaden

Wie bereits in Bezug auf selbstständige Ärzte hat die BÄK Südbaden keinerlei Regelungen zur Berechnung des Teilnahmeumfangs von in Arztpraxen angestellten Ärzten getroffen. Insofern ist davon auszugehen, dass die Bezirksärztekammer diese – jedenfalls in der Theorie, da momentan auf eine Heranziehung verzichtet wird – allesamt ohne Rücksicht auf den Umfang ihrer ärztlichen Tätigkeit in gleichem Maße zum Bereitschaftsdienst verpflichtet, was im Hinblick auf das aus Art. 3 Abs. 1 GG abgeleitete Gebot der möglichst gleichmäßigen Heranziehung aller Ärzte schwerlich zu vereinbaren ist. Infolgedessen wäre von der BÄK Südbaden spätestens zu dem Zeitpunkt, zu welchem sie sich zur erneuten Heranziehung von Ärzten entschließt, eine entsprechende Regelung zu erlassen.

(4) Südwürttemberg

Bezüglich des Teilnahmeumfangs der in Arztpraxen angestellten Ärzten hat die BÄK Südwürttemberg in § 4 Abs. 3 S. 1 bis 3 ihrer Bereitschaftsdienstordnung folgende Regelung getroffen:

> In Arztpraxen [...] angestellte Ärzte sind zur Teilnahme am Notfalldienst am Arztsitz des Arbeitgebers verpflichtet. Angestellte Ärzte mit einer Arbeitsverpflichtung bis zu 20 Stunden in der Woche nehmen zur Hälfte am ärztlichen Notfalldienst teil, angestellte Ärzte mit einer Arbeitsverpflichtung ab 20 Stunden in der Woche nehmen in vollem Umfang am ärztlichen Notfalldienst teil. Angestellte Ärzte, die nicht mehr als 10 Stunden in der Woche beschäftigt sind, sind von der Teilnahme am ärztlichen Notfalldienst befreit.

Die hiernach entsprechend dem Umfang der ärztlichen Tätigkeit zu bemessende Häufigkeit der Heranziehung zum Bereitschaftsdienst ist nicht zu beanstanden.

bb) Umfang der Teilnahmepflicht von in Medizinischen Versorgungszentren angestellten Ärzten

(1) Nordbaden

In Bezug auf in MVZ angestellte Ärzte hat die Bereitschaftsdienstordnung der BÄK Nordbaden wie gesehen keine gesonderten Regelungen getroffen. Vielmehr sind diese unter „angestellte Ärzte" i. S. d. § 5 Abs. 3 S. 1 der Bereitschaftsdienstordnung zu fassen, womit für die Berechnung ihres Teilnahmeumfangs am Bereitschaftsdienst ebenso § 5 Abs. 3 S. 2 und 3 gelten. Die Abhängigkeit der Frequentierung des in einer Vertragsarztpraxis angestellten Arztes vom Umfang seiner ärztlichen Tätigkeit ist wie dargelegt nicht zu beanstanden. Nichts Anderes kann auch für solche Ärzte gelten, welche in einem MVZ beschäftigt sind.

(2) Nordwürttemberg

Der Verweis des § 2 Abs. 5 S. 3 auf die Regelung des § 2 Abs. 4 der Bereitschaftsdienstordnung der BÄK Nordwürttemberg zur Bestimmung des Teilnahmeumfangs des Arztes am Bereitschaftsdienst gilt aufgrund der Regelungssystematik – § 2 Abs. 5 trifft in S. 1 auch Regelungen bezüglich der in MVZ angestellten Ärzte – als auch seines Wortlauts – § 2 Abs. 5 S. 3 spricht lediglich von angestellten Ärzten, ohne nach dem Ort ihrer Anstellung zu differenzieren – auch für in MVZ angestellte Ärzte. Die Regelung zur Bestimmung des Teilnahmeumfangs ist daher wie schon hinsichtlich der in Arztpraxen angestellten Ärzte nicht zu beanstanden.

(3) Südbaden

Das zu in Arztpraxen angestellten Ärzten Gesagte gilt sinngemäß auch für diejenigen Ärzte, welche in einem MVZ beschäftigt sind. Mangels Differenzierung der Häufigkeit der Heranziehung nach dem Umfang der ärztlichen Tätigkeit oder einem sonstigen zulässigen Berechnungsfaktor ist auch hier die Aufnahme einer entsprechenden Regelung in die Bereitschaftsdienstordnung zu empfehlen.

(4) Südwürttemberg

Die Regelung der BÄK Südwürttemberg in § 4 Abs. 3 S. 1 bis 3 ihrer Bereitschaftsdienstordnung zur Berechnung des Teilnahmeumfangs von in MVZ angestellten Ärzten ist wie schon in Bezug auf die in Arztpraxen beschäftigten Ärzte nicht zu beanstanden.

cc) Umfang der Teilnahmepflicht von Betreibern einer Zweigpraxis

(1) Nordbaden

In Nordbaden werden Betreiber einer Zweigpraxis nicht über Gebühr zum Bereitschaftsdienst herangezogen. Zunächst stellt die Bereitschaftsdienstordnung klar, dass das Betreiben einer Zweigpraxis im selben Bereitschaftsdienstbereich nicht zu einer Erhöhung der Teilnahmepflicht führt (§ 5 Abs. 2 S. 2). In Bezug auf Betreiber einer Zweigpraxis, welche sich in einem anderen Bereitschaftsdienstbezirk als demjenigen des Hauptsitzes befindet, verhindert sie eine über den ärztlichen Tätigkeitsumfang hinausgehende Heranziehung dadurch, dass sich nach § 5 Abs. 2 S. 3 zwar auch dort eine Verpflichtung zur Teilnahme ergibt, diese aber lediglich in Abhängigkeit der dort geleisteten ärztlichen Tätigkeit besteht:

> Liegen die weiteren Tätigkeitsorte in anderen Notfalldienstbereichen, so besteht grundsätzlich auch dort die Verpflichtung zur Teilnahme am ärztlichen Notfalldienst; dabei gelten folgende Anrechnungsfaktoren: bei einer Tätigkeit a) bis zehn Stunden pro Woche 0,25 b) über zehn Stunden bis zwanzig Stunden pro Woche 0,50 c) über zwanzig Stunden bis dreißig Stunden pro Woche 0,75 d) über dreißig Stunden pro Woche 1,00.

Nachdem sich der Umfang der Teilnahmepflicht am Hauptsitz mangels anderweitiger Regelungen nach § 5 Abs. 4 S. 1 und 2 und damit ebenfalls nach dem Umfang der ärztlichen Tätigkeit richtet, werden Betreiber einer Zweigpraxis mit Standorten in mehreren Bereitschaftsdienstbezirken von der BÄK Nordbaden in der Summe nicht über den Umfang ihrer tatsächlichen ärztlichen Tätigkeit herangezogen.

(2) Nordwürttemberg

In Bezug auf den Standort der Zweigpraxis im selben Bereitschaftsdienstbereich wie dem des Hauptsitzes normiert die Bereitschaftsdienstordnung der BÄK Nordwürttemberg in § 2 Abs. 3 S. 1 in Übereinstimmung mit den hier aufgestellten Grundsätzen,[37] dass dies nicht die Erhöhung des Teilnahmeumfangs am ärztlichen Bereitschaftsdienst zur Folge hat:

> Übt ein Arzt seine Tätigkeit über den Praxissitz hinaus an einem oder zwei weiteren Orten aus (§ 17 Abs. 2 BO), führt dies in demselben Notfalldienstbereich zu keiner höheren Teilnahmeverpflichtung am ärztlichen Notfalldienst.

Ebenfalls mit der hier vertretenen Auffassung zu vereinbaren ist die Regelung des § 2 Abs. 3 S. 2, wonach den Arzt bei der Lage der Zweigpraxis in einem anderen Bereitschaftsdienstbereich auch dort eine Teilnahmeverpflichtung am Bereitschaftsdienst trifft:

---

[37] Siehe Kap. 2 D. III. 4. b).

> Befindet/befinden sich der/die weitere/n Tätigkeitsort/e in einem anderen Notfalldienstbereich, ist der Arzt auch dort zur Teilnahme am ärztlichen Notfalldienst verpflichtet.

Dies darf allerdings nicht dazu führen, dass der Arzt in der Summe über den tatsächlichen Umfang seiner ärztlichen Tätigkeit an allen Standorten hinaus zur Teilnahme verpflichtet wird, da eine solche Regelung nicht mit dem Grundsatz der möglichst gleichmäßigen Heranziehung aller Ärzte vereinbar wäre. Einer solchen, über den Umfang der ärztlichen Tätigkeit hinausgehenden und damit unzulässigen Erhöhung des Teilnahmeumfangs beugt die Bereitschaftsdienstordnung vor, wenn § 2 Abs. 3 S. 3 davon spricht, dass

> [b]ei der Einteilung zum Dienst [...] der Umfang seiner Tätigkeit an den verschiedenen Orten entsprechend Absatz 4 im jeweiligen Notfalldienstbereich zu berücksichtigen [...]

ist, da im jeweiligen Bereitschaftsdienstbereich der einzelnen Standorte bei der Bestimmung des Teilnaheumfangs der Umfang der Teilnahmepflicht an den anderen Standorten einzuberechnen ist, welche sich durch den Verweis auf Abs. 4 jeweils nach dem Umfang der ärztlichen Tätigkeit richten. Dadurch wird verhindert, dass der Betreiber einer Zweigpraxis über seine tatsächliche ärztliche Tätigkeit hinaus verpflichtet und damit gegenüber seinen Kollegen mit demselben Tätigkeitsumfang ohne Zweigpraxis benachteiligt wird.

(3) Südbaden

Zunächst stellt auch die BÄK Südbaden in § 5 Abs. 2 S. 2 ihrer Bereitschaftsdienstordnung richtigerweise klar, dass das Betreiben einer Zweigpraxis im selben Bereitschaftsdienstbereich wie demjenigen des Hauptsitzes zu keiner Erhöhung des Teilnahmeumfangs führt. Demgegenüber fehlt es allerdings für Zweigpraxen, welche in einem anderen Bereitschaftsdienstbezirk als dem des Hauptsitzes situiert sind, an einer Regelung, nach welcher bei der Berechnung des Teilnahmeumfangs an den einzelnen Praxisstandorten jeweils der tatsächliche Umfang der ärztlichen Tätigkeit zu berücksichtigen ist. In Ermangelung einer solchen Regelung könnten daher bei der Heranziehung von Ärzten zum Bereitschaftsdienst der BÄK Südbaden – auf welche nach momentaner Handhabung wie ausgeführt verzichtet wird – Betreiber einer Zweigpraxis mit Lage in einem anderen Bereitschaftsdienstbereich in rechtswidriger Weise über den Umfang ihrer ärztlichen Tätigkeit hinaus zum Dienst verpflichtet werden. Folglich ist der BÄK Südbaden eine § 5 Abs. 2 S. 3 der Bereitschaftsdienstordnung der BÄK Nordbaden bzw. § 2 Abs. 3 S. 3 der Bereitschaftsdienstordnung der BÄK Nordwürttemberg entsprechende Regelung zu empfehlen.

(4) Südwürttemberg

Analog hierzu stellt sich die Regelung der BÄK Südwürttemberg dar. Auch diese ist in Bezug auf Betreiber einer Zweigpraxis im selben Bereitschaftsdienstbereich wie demjenigen des Hauptsitzes nicht zu beanstanden (siehe § 4 Abs. 2 S. 1 der Bereitschaftsdienstordnung). Hinsichtlich der Betreiber von Zweigpraxen in einem anderen Bereitschaftsdienstbereich fehlt es allerdings auch hier an einer § 5 Abs. 2 S. 3 der Bereitschaftsdienstordnung der BÄK Nordbaden bzw. § 2 Abs. 3 S. 3 der Bereitschaftsdienstordnung der BÄK Nordwürttemberg entsprechenden Regelung.

dd) Umfang der Teilnahmepflicht bei Jobsharing

(1) Nordbaden

In der Bereitschaftsdienstordnung der BÄK Nordbaden finden sich keine Regelungen, welche speziell die Teilnahme von Jobsharing-Partnern i. S. d. § 101 Abs. 1 S. 1 Nr. 4 und 5 SGB V zum Gegenstand haben.[38] Mithin gelten für diese in rechtlich zulässiger Weise die entsprechenden allgemeinen Grundsätze. Der Teilnahmeumfang von Jobsharing-Partnern i. S. d. § 101 Abs. 1 S. 1 Nr. 4 SGB richtet sich damit nach § 5 Abs. 4 der Bereitschaftsdienstordnung. Der Teilnahmeumfang des anstellenden Arztes i. R. d. § 101 Abs. 1 S. 1 Nr. 5 SGB V bemisst sich ebenfalls nach § 5 Abs. 4, während für den angestellten Arzt § 5 Abs. 3 gilt.

(2) Nordwürttemberg

Partner einer Berufsausübungsgemeinschaft und damit auch Jobsharing-Partner i. S. d. § 101 Abs. 1 S. 1 Nr. 4 SGB V bezieht die BÄK Nordwürttemberg in § 2 Abs. 1 S. 2 ihrer Bereitschaftsdienstordnung ausdrücklich in den Adressatenkreis der Teilnahmepflicht ein, ohne aber eine eigenständige Regelung für die Berechnung ihres Teilnahmeumfangs zu normieren. Demzufolge gilt auch für Ärzte in einer Berufsausübungsgemeinschaft § 2 Abs. 4 der Bereitschaftsdienstordnung, welcher den Umfang der Teilnahmepflicht in Übereinstimmung mit den zuvor aufgestellten Grundsätzen jeweils vom Umfang der ärztlichen Tätigkeit abhängig macht. In Bezug auf Jobsharing-Partner i. S. d. § 101 Abs. 1 S. 1 Nr. 5 SGB V finden sich in der Bereitschaftsdienstordnung keine speziellen Regelungen. Folglich hat für den anstellenden Arzt § 2 Abs. 4 und für den angestellten Arzt – wie für die übrigen in Anstellung tätigen Ärzte – § 2 Abs. 5 S. 3 i. V. m. Abs. 4 der Bereitschaftsdienstordnung zu gelten. Nachdem deren Teilnahmeumfang damit jeweils vom Umfang ihrer ärztlichen Tätigkeit abhängig ist, ist die Bereitschaftsdienstordnung der BÄK Nordwürttemberg diesbezüglich nicht zu beanstanden.

(3) Südbaden

Auch die BÄK Südbaden hat in ihrer Bereitschaftsdienstordnung keine Sonderregelungen für Jobsharing-Partner getroffen.[39] Folglich richtet sich die Berechnung des Teilnahmeumfangs der betroffenen Ärzte ebenfalls nach den allgemeinen

[38] In § 5 Abs. 5 wird lediglich Ort sowie Umfang der Teilnahmeverpflichtung von Mitgliedern überörtlicher Gemeinschaftspraxen festgelegt.

[39] Auch hier findet sich mit § 5 Abs. 3 lediglich eine Regelung zum Ort sowie Umfang der Teilnahmeverpflichtung von Mitgliedern überörtlicher Gemeinschaftspraxen.

Regeln. Im Gegensatz zur BÄK Nordbaden hat die BÄK Südbaden allerdings wie dargestellt weder in Bezug auf den in eigener Praxis tätigen, noch den angestellten Arzt Regelungen zur Bestimmung des Teilnahmeumfangs am Bereitschaftsdienst erlassen. Damit gilt auch hier, dass im Hinblick auf eine in Zukunft möglicherweise wieder erfolgende Verpflichtung zum Bereitschaftsdienst zu empfehlen ist, eine entsprechende Regelung in der Bereitschaftsdienstordnung zu normieren. Andernfalls könnten sich Jobsharing-Partner zwar nicht gegen ihre Verpflichtung per se, aber sehr wohl gegen eine zu häufige Heranziehung wehren, sofern sie trotz eines geringeren ärztlichen Tätigkeitsumfangs genauso häufig oder gar öfter herangezogen werden würden als ein anderer Arzt mit höherem Tätigkeitsumfang.

(4) Südwürttemberg

Wie schon in Nordwürttemberg werden auch in Südwürttemberg Partner einer Berufsausübungsgemeinschaft ausdrücklich zur Teilnahme am Bereitschaftsdienst verpflichtet (§ 4 Abs. 1 S. 2 der Bereitschaftsdienstordnung). Allerdings fehlt es auch hier an einer speziellen Regelung zur Berechnung des Teilnahmeumfangs der beteiligten Ärzte. Dies ist jedoch wiederum insofern unschädlich, als sich der Umfang ihrer Teilnahmepflicht ebenfalls nach den allgemeinen Regelungen richtet. Nachdem die Bereitschaftsdienstordnung diesbezüglich jedoch wie festgestellt alleine in Bezug auf angestellte Ärzte entsprechende Regelungen enthält (§ 4 Abs. 3), ist sie nur hinsichtlich angestellter Ärzte i. S. d. § 101 Abs. 1 S. 1 Nr. 5 SGB V als ausreichend anzusehen. Im Hinblick auf die übrigen am Jobsharing beteiligten Ärzte ist hingegen für den Fall einer in Zukunft wieder praktizierten Heranziehung von Ärzten zum Bereitschaftsdienst der Bezirksärztekammer der Erlass entsprechender Regelungen zur Berechnung des Teilnahmeumfangs zu empfehlen, welche sich am Umfang der ärztlichen Tätigkeit des einzelnen Arztes orientieren.

ee) Umfang der Teilnahmepflicht von Mund-Kiefer-Gesichtschirurgen

Keine der Bezirksärztekammern hat in ihrer Bereitschaftsdienstordnung in Bezug auf den Umfang der Teilnahmepflicht von Mund-Kiefer-Chirurgen eine eigenständige Regelung getroffen. Demnach hat sich die Berechnung seines Teilnahmeumfangs nach den allgemeinen Vorschriften der jeweiligen Bereitschaftsdienstordnung zu richten. Für Nordwürttemberg (§ 2 Abs. 4) und Nordbaden (§ 5 Abs. 4) existieren entsprechende Regelungen, welche sich mit den zuvor aufgestellten Grundsätzen vereinbaren lassen, da sie den Umfang der Teilnahmepflicht von zulässigen Faktoren abhängig machen und damit eine im Vergleich zu anderen Ärzten mit gleichem Tätigkeitsumfang höhere Belastung durch vermehrte Heranziehung verhindern. Demgegenüber fehlen derartige Regelungen wie gesehen in Südbaden und Südwürttemberg, weshalb hier nur wiederholt eine entsprechende Regelung empfohlen werden kann.

ff) Umfang der Teilnahmepflicht von Ärzten mit zwei Fachgebieten

Analog zum Umfang der Teilnahmepflicht von Mund-Kiefer-Gesichtschirurgen gestaltet sich die Situation hinsichtlich in Bezug auf Ärzte mit zwei Fachgebieten. Mangels spezieller Regelungen wird deren Teilnahmeumfang in Nordwürttemberg und Nordbaden in zulässiger Weise wiederum nach den allgemeinen Vorschriften bestimmt, während entsprechende Regelungen in den Bereitschaftsdienstordnungen von Südbaden und Südwürttemberg fehlen.

gg) Umfang der Teilnahmepflicht von Belegärzten

Ähnliches gilt in Bezug auf niedergelassene Ärzte, welche zusätzlich einer Belegarzttätigkeit nachgehen. Auch diesbezüglich haben die Bezirksärztekammern in Baden-Württemberg in ihren Bereitschaftsdienstordnungen keine speziellen Regelungen getroffen. Die Bezirksärztekammern Nordwürttemberg,[40] Nordbaden[41] und Südwürttemberg[42] stellen jeweils lediglich klar, dass eine Belegarzttätigkeit alleine keinen schwerwiegenden Grund für eine Befreiung vom Bereitschaftsdienst darstellt. Im Umkehrschluss daraus ergibt sich, dass alle Bereitschaftsdienstordnungen von einer grundsätzlichen Verpflichtung der Belegärzte zur Teilnahme am Bereitschaftsdienst ausgehen. Dies gilt aufgrund der Mitgliedschaft von Belegärzten in der Ärztekammer selbstredend auch für die Bereitschaftsdienstordnung der BÄK Südbaden, welche keine den eben genannten Regelungen entsprechende Aussage trifft. Mangels abweichender Regelungen hat sich der Teilnahmeumfang für Belegärzte demnach – sofern solche existieren, was momentan nur für Nordwürttemberg und Nordbaden der Fall ist – nach den allgemeinen Vorschriften zu richten. Dies ist rechtlich auch nicht zu beanstanden, da eine belegärztliche Tätigkeit keine pauschale Reduzierung des Teilnahmeumfangs am Bereitschaftsdienst rechtfertigt.[43]

2. Bereitschaftsdienstordnung der Kassenärztlichen Vereinigung

a) Grundsätzlicher Umfang der Teilnahmepflicht von Vertragsärzten

Entsprechend den oben aufgestellten Grundsätzen nehmen Vertragsärzte mit halber Zulassung – d.h. hälftigem Versorgungsauftrag – nach der Bereitschaftsdienstordnung der KV Baden-Württemberg in § 4 Abs. 4 nur „zur Hälfte am ärztlichen Notfalldienst teil“. Im Umkehrschluss daraus ergibt sich, dass Vertragsärzte mit ganzer Zulassung – also vollem Versorgungsauftrag – auch in vollem Umfang, sprich mit dem Faktor 1,0, und Ärzte mit einem auf drei Viertel beschränkten

[40] Siehe § 6 Abs. 3 S. 2 der Bereitschaftsdienstordnung.

[41] Siehe § 7 Abs. 1 S. 2 der Bereitschaftsdienstordnung.

[42] Siehe § 6 Abs. 3 S. 5 der Bereitschaftsdienstordnung.

[43] Siehe oben, Kap. 2 D. III. 8.

Versorgungsauftrag mit dem Faktor 0,75 am Bereitschaftsdienst teilzunehmen haben. Einer ausdrücklichen Regelung bedarf es daher nicht, auch wenn eine solche aus Klarstellungsgründen zu empfehlen ist.

b) Einzelfälle

aa) Umfang der Teilnahmepflicht von Medizinischen Versorgungszentren

Wie dargestellt werden die in MVZ angestellten Ärzte selbst nicht zum Bereitschaftsdienst der KV Baden-Württemberg herangezogen. Eine Teilnahmepflicht trifft vielmehr lediglich die sie anstellenden MVZ. Deren grundsätzliche Verpflichtung zum Bereitschaftsdienst ist wie gesehen auch nicht zu beanstanden. Auch der konkrete Umfang der Teilnahme unterliegt im Ergebnis keinen Bedenken. Zwar knüpft dessen Berechnung nicht an den sich aus den Zulassungen des MVZ ergebenden Versorgungsauftrag an. Vielmehr erhöht sich nach § 4 Abs. 1 S. 4 und Abs. 3 S. 1 und 2 der Bereitschaftsdienstordnung der Teilnahmeumfang des MVZ in Abhängigkeit des Umfangs der ärztlichen Tätigkeit der angestellten Ärzte entsprechend den in § 4 Abs. 3 S. 3 genannten Anrechnungsfaktoren:

> Dabei gelten folgende Anrechnungsfaktoren: bei einer Tätigkeit a) bis zehn Stunden pro Woche 0,25 b) über zehn Stunden bis zwanzig Stunden pro Woche 0,50 c) über zwanzig Stunden bis dreißig Stunden pro Woche 0,75 d) über dreißig Stunden pro Woche 1,00.

Nachdem diese allerdings der durchschnittlichen Sprechstundentätigkeit eines Vertragsarztes mit einer vollen, drei Viertel bzw. hälftigen Zulassung entsprechen[44] und sich der Teilnahmeumfang des MVZ damit im Ergebnis nicht von demjenigen unterscheiden wird, welcher sich bei einer unmittelbaren Anknüpfung an den sich aus der Zulassung ergebenden Tätigkeitsumfang ergäbe, ist die Regelung der Bereitschaftsdienstordnung nicht zu beanstanden.

bb) Umfang der Teilnahmepflicht von anstellenden Vertragsärzten

Entsprechendes gilt für den von der Bereitschaftsdienstordnung der BÄK Baden-Württemberg geregelten Teilnahmeumfang anstellender Vertragsärzte. Auch deren Teilnahmeverpflichtung erhöht sich nach § 4 Abs. 1 S. 4 und Abs. 3 in Abhängigkeit des Tätigkeitsumfangs der angestellten Ärzte und ist daher als zulässig anzusehen.

---

[44] Sowie darüber hinaus noch eine Abstufung bei einer wöchentlichen Tätigkeit bis zu zehn Stunden vornehmen, welche einer Viertel Zulassung entsprechen würde.

cc) Umfang der Teilnahmepflicht von Betreibern einer Zweigpraxis

Etwas Anderes gilt hingegen für den Umfang der Teilnahmepflicht von Betreibern einer Zweigpraxis. Auch hier hat sich deren Teilnahmeumfang am Bereitschaftsdienst der Kassenärztlichen Vereinigung alleine nach dem sich aus ihrer Zulassung ergebenden Versorgungsauftrag zu richten. Nachdem sich dieser durch den Betrieb einer Zweigpraxis nicht erhöht, sondern lediglich zwischen den Praxen aufgeteilt wird, darf die Bereitschaftsdienstordnung unabhängig des Standortes der Zweigpraxis auch keine Erhöhung des Teilnahmeumfangs normieren. Ein Vertragsarzt mit Zweigpraxis darf damit nicht häufiger zum Bereitschaftsdienst herangezogen werden als ein Vertragsarzt ohne Zweigpraxis mit demselben Versorgungsauftrag. Genau dies schreibt die Bereitschaftsdienstordnung der KV Baden-Württemberg allerdings in § 4 Abs. 2 S. 2 für die Konstellation vor, dass die Zweigpraxis in einem anderen Bereitschaftsdienstbereich als demjenigen des Hauptsitzes liegt:

> Befindet sich die genehmigte Nebenbetriebsstätte oder Zweigpraxis in einem anderen Notfalldienstbereich, ist der Arzt auch dort zur Teilnahme am ärztlichen Notfalldienst verpflichtet; dabei gelten folgende Anrechnungsfaktoren: bei einer Tätigkeit a) bis zehn Stunden pro Woche 0,00 b) über zehn Stunden bis zwanzig Stunden pro Woche 0,50 c) über zwanzig Stunden bis dreißig Stunden pro Woche 0,75 d) über dreißig Stunden pro Woche 1,00.

Durch die Abhängigkeit des Teilnahmeumfangs vom Tätigkeitsumfang am Ort der Zweigpraxis nimmt die Regelung der KV Baden-Württemberg keine Rücksicht darauf, dass sich die Zulassung und damit auch der Umfang der Teilnahme an der vertragsärztlichen Versorgung durch Inbetriebnahme einer Zweigpraxis gerade nicht erhöht. Nach den oben festgelegten Grundsätzen stellt § 4 Abs. 2 S. 2 daher eine nicht zu rechtfertigende Benachteiligung von Betreibern einer Zweigpraxis in einem anderen Bereitschaftsdienstbereich als demjenigen der Hauptpraxis sowohl gegenüber Zweigpraxisbetreibern mit Standort im Bereitschaftsdienstbereich des Vertragsarztsitzes als auch gegenüber Vertragsärzten ohne Zweigpraxis mit demselben Versorgungsumfang dar und ist folglich als rechtswidrig anzusehen. Hieran vermag auch § 4 Abs. 2 S. 2 der Bereitschaftsdienstordnung, welcher dem Zweigpraxisbetreiber eine Befreiungsmöglichkeit vom Bereitschaftsdienst am Ort seiner Zweigpraxis einräumt, nichts zu ändern, da die Befreiung von der Teilnahme nicht mit einer von vornherein nicht bestehenden Verpflichtung gleichzusetzen ist und die Entscheidung über die Befreiung zudem im Ermessen der Kassenärztlichen Vereinigung steht. Überdies ist vorliegend auch nicht die Teilnahmeverpflichtung per se – eine solche ist auch am Ort der Zweigpraxis grundsätzlich nicht zu beanstanden – sondern der konkrete Umfang der Teilnahme streitig.

Der KV Baden-Württemberg ist daher zu empfehlen, § 4 Abs. 2 S. 2 ihrer Bereitschaftsdienstordnung ersatzlos zu streichen und den Geltungsbereich des § 4 Abs. 2 S. 1, wonach sich der Teilnahmeumfang von Vertragsärzten mit Zweigpraxis im selben Bereitschaftsdienstbereich wie demjenigen des Vertragsarztsitzes nicht erhöht, auf alle Betreiber von Zweigpraxen zu erweitern.

dd) Umfang der Teilnahmepflicht bei Jobsharing

Demgegenüber ist die den Teilnahmeumfang von Ärzten in Jobsharing betreffende Regelung weder in Bezug auf das Jobsharing nach § 101 Abs. 1 S. 1 Nr. 4 SGB V, noch bezüglich des Jobsharing nach § 101 Abs. 1 S. 1 Nr. 5 SGB V zu beanstanden, da § 4 Abs. 1 S. 2 bzw. S. 3 der Bereitschaftsdienstordnung der KV Baden-Württemberg ausdrücklich klarstellen, dass der Teilnahmeumfang in der Summe nicht über den sich aus der Zulassung ergebenden Versorgungsumfang hinausgeht respektive sich der Teilnahmeumfang des anstellenden Arztes durch die Anstellung nicht erhöht und sich damit entsprechend den oben aufgestellten Grundsätzen alleine nach der Zulassung richtet:

> Ärzte, die gemäß § 101 Abs. 1 Satz 1 Nr. 4 SGB V im Jobsharing zugelassen sind, nehmen gemeinsam mit dem Jobsharing-Seniorpartner nur im Umfang dessen Versorgungsauftrages am Notfalldienst teil. Im Jobsharing angestellte Ärzte (§ 101 Abs. 1 Satz 1 Nr. 5 bzw. Nr. 4 vorletzter Halbsatz SGB V) erhöhen die Teilnahmeverpflichtung am ärztlichen Notfalldienst des Anstellenden nicht.

ee) Umfang der Teilnahmepflicht von Mund-Kiefer-Gesichtschirurgen

In Bezug auf den Teilnahmeumfang von Mund-Kiefer-Gesichtschirurgen findet sich in der Bereitschaftsdienstordnung der KV Baden-Württemberg keine Regelung. Demzufolge ist davon auszugehen, dass diese entsprechend dem sich aus § 4 Abs. 4 der Bereitschaftsdienstordnung ergebenden Grundsatz in Abhängigkeit ihrer Zulassung zum Bereitschaftsdienst herangezogen werden. Wie oben ausgeführt,[45] ist für Mund-Kiefer-Gesichtschirurgen von diesem Grundsatz jedoch eine Ausnahme zu machen. Denn wenngleich diese sowohl zur vertragsärztlichen als auch vertragszahnärztlichen Versorgung zugelassen sind, kann ihnen in der Summe dennoch nicht mehr als ein voller Versorgungsauftrag zukommen. Die doppelte Zulassung ist allein der Tatsache geschuldet, dass der Mund-Kiefer-Gesichtschirurg für seine Tätigkeit wie dargestellt sowohl einer human- wie zahnmedizinischen Ausbildung bedarf, bedeutet aber gerade nicht, dass er deshalb auch seiner beruflichen Tätigkeit zeitlich doppelt so häufig nachgeht, sprich doppelt so viele Sprechstunden anbietet, wie ein Arzt mit nur einer Zulassung. Dementsprechend bedarf es – unabhängig davon, wie die KV Baden-Württemberg die Frequentierung von Mund-Kiefer-Gesichtschirurgen in der Praxis tatsächlich handhabt – entweder einer Befreiungsmöglichkeit vom Bereitschaftsdienst der Kassenärztlichen Vereinigung oder demjenigen der Kassenzahnärztlichen Vereinigung, oder aber – aus Gründen der Einfachheit und

[45] Siehe oben, Kap. 2 D. III. 6.

Rechtsgleichheit vorzugswürdig – einer Regelung, welche bereits im Rahmen der Normierung der Teilnahmepflicht in der jeweiligen Bereitschaftsdienstordnung festlegt, dass sich die Teilnahmepflicht bei einer Tätigkeit als Mund-Kiefer-Gesichtschirurg und der damit verbundenen doppelten Zulassung auf jeweils den halben Umfang der üblichen Teilnahmepflicht bei einem vollen Versorgungsauftrag beschränkt bzw. eine Teilnahmepflicht vollständig erlischt und durch entsprechende häufigere Heranziehung zum anderen Bereitschaftsdienst kompensiert wird. Nachdem eine solche Regelung nicht existiert – und auch die KZV Baden-Württemberg in ihrer Bereitschaftsdienstordnung[46] keine Sonderregelungen bezüglich Mund-Kiefer-Gesichtschirurgen getroffen hat – besteht in Baden-Württemberg jedenfalls theoretisch die Gefahr, dass Mund-Kiefer-Gesichtschirurgen mit doppelter Zulassung über den Umfang ihrer tatsächlichen vertragsärztlichen Tätigkeit hinausgehend zur Teilnahme am vertragsärztlichen Bereitschaftsdienst verpflichtet werden. Dementsprechend ist der KV Baden-Württemberg zu empfehlen, eine den obigen Ausführungen entsprechende Regelung in ihrer Bereitschaftsdienstordnung zu normieren.

ff) Umfang der Teilnahmepflicht von Ärzten mit zwei Fachgebieten

Mangels spezieller Regelung richtet sich der Teilnahmeumfang von Ärzten mit Zulassung zu zwei Fachgebieten entsprechend dem sich aus § 4 Abs. 4 der Bereitschaftsdienstordnung ergebenden Grundsatz richtigerweise alleine nach ihrer Zulassung und damit dem Umfang ihrer Teilnahme an der vertragsärztlichen Versorgung.

gg) Umfang der Teilnahmepflicht von Belegärzten

Mangels abweichender Regelung gilt für den Teilnahmeumfang von Belegärzten entsprechend den obigen Ausführungen zur Bestimmung des Teilnahmeumfangs von Vertragsärzten am Bereitschaftsdienst der KV Baden-Württemberg, dass sich dieser richtigerweise nach ihrer Zulassung richtet.

---

[46] Abrufbar unter: http://www.kzvbw.de/site/binaries/content/assets/offener-bereich/ueber-uns/satzungen-und-ordnungen/notdienstordnung.pdf (Stand: 03.02.2020).

IV. Heranziehung

1. Bereitschaftsdienstordnung der Ärztekammer

a) Nordbaden, Nordwürttemberg und Südbaden

In Übereinstimmung mit dem erfassten Adressatenkreis und der sich selbst auferlegten Beschränkung auf den Kreis der Nicht-Vertragsärzte werden von den BÄK Nordbaden, Nordwürttemberg und Südbaden nur Nicht-Vertragsärzte zum Bereitschaftsdienst herangezogen. Wie gesehen verzichten die Bezirksärztekammern momentan allerdings darauf, diese auch tatsächlich zu ihrem Bereitschaftsdienst heranzuziehen.

b) Südwürttemberg

Mangels Subsidiarität gegenüber der Bereitschaftsdienstordnung der KV Baden-Württemberg darf die BÄK Südwürttemberg in zulässiger Weise über die Heranziehung[47] der niedergelassenen Vertrags- und Nicht-Vertragsärzte entscheiden. Auch diese verzichtet in der Praxis jedoch momentan wie dargestellt ebenfalls vollständig auf die Heranziehung beider Arztgruppen.

2. Bereitschaftsdienstordnung der Kassenärztlichen Vereinigung

Zur Heranziehung der Vertragsärzteschaft zum vertragsärztlichen Bereitschaftsdienst entscheidet nach § 6 Abs. 4 S. 1 der Bereitschaftsdienstordnung der KV Baden-Württemberg in ganz Baden-Württemberg der Kreisbeauftragte und damit die Kassenärztliche Vereinigung.

---

[47] Dies ergibt sich letztlich daraus, dass nach § 4 Abs. 1 S. 1 der Bereitschaftsdienstordnung der BÄK Südwürttemberg sämtliche niedergelassene Ärzte zur Teilnahme verpflichtet sind. Mangels einer anderslautenden Regelung ist daher denknotwendig für deren Heranziehung auch die Bezirksärztekammer zuständig.

V. Rechtsschutz gegen die Heranziehung zum Bereitschaftsdienst

1. Zuständigkeit für das Widerspruchsverfahren

a) Nordbaden, Nordwürttemberg und Südbaden

Widersprüche von Nicht-Vertragsärzten gegen Maßnahmen der BÄK Nordbaden, Nordwürttemberg und Südbaden wären richtigerweise an diese zu richten, wie exemplarisch[48] § 10 Abs. 1 der Bereitschaftsdienstordnung der BÄK Südbaden zeigt:

> Gegen Entscheidungen der Bezirksärztekammer kann Widerspruch nach Maßgabe der §§ 69 bis 73 der Verwaltungsgerichtsordnung eingelegt werden.

Dies ist schon deshalb denknotwendig, weil nur die Bezirksärztekammern Maßnahmen gegenüber Nicht-Vertragsärzten erlassen können, da der Kassenärztlichen Vereinigung in Bezug auf diese keinerlei Befugnisse zustehen. Widersprüche von Vertragsärzten richten sich dagegen aufgrund des Verzichts der Bezirksärztekammern auf die Regelung des Bereitschaftsdienstes für niedergelassene Vertragsärzte an die KV Baden-Württemberg.

b) Südwürttemberg

Für den Bereitschaftsdienstbereich der BÄK Südwürttemberg wären hingegen Widersprüche sämtlicher niedergelassener Ärzte gegen die Bezirksärztekammer zu richten, sofern sie deren Bereitschaftsdienstordnung betreffen. Dies ergibt sich aus § 9 deren Bereitschaftsdienstordnung. Sofern Vertragsärzte gegen Maßnahmen der KV Baden-Württemberg vorgehen möchten, haben sie dagegen Widerspruch bei der Kassenärztlichen Vereinigung einzulegen, wie § 11 ihrer Bereitschaftsdienstordnung verdeutlicht.

2. Rechtsweg

Gegen Maßnahmen der Bezirksärztekammern ist auch ohne ausdrückliche Regelung denknotwendig der Verwaltungsrechtsweg einzuschlagen, während ein Vorgehen gegen Maßnahmen der Kassenärztlichen Vereinigung vor die Sozialgerichtsbarkeit zu tragen ist.

---

[48] Inhaltsgleiche Regelungen finden sich in den Bereitschaftsdienstordnungen der BÄK Nordwürttemberg (§ 9) und Nordbaden (§ 10 Abs. 1).

VI. Zusammenfassung

Hervorzuheben ist zunächst die Besonderheit, dass der Bereitschaftsdienst auf berufsrechtlicher Grundlage in Baden-Württemberg als einzigem Bundesland nicht von der Landesärztekammer, sondern – rechtlich unbedenklich – von den vier Bezirksärztekammern in eigenständigen Bereitschaftsdienstordnungen geregelt wird. Hierbei verzichten diese nach ihrer jeweiligen Bereitschaftsdienstordnung jedoch nicht nur auf die Verpflichtung der Vertragsärzte,[49] sondern ziehen nach momentaner Handhabung nicht einmal die Nicht-Vertragsärzte zum Bereitschaftsdienst heran. Dies hat nicht nur zur Folge, dass so eine Doppelverpflichtung der zur vertragsärztlichen Versorgung zugelassenen Ärzte durch Ärztekammer und Kassenärztliche Vereinigung vermieden wird, sondern insbesondere auch, dass Nicht-Vertragsärzte in Baden-Württemberg nach momentanem Stand nicht zur Teilnahme an einem Bereitschaftsdienst verpflichtet sind. Im Ergebnis wird die Sicherstellung der ärztlichen Versorgung außerhalb der Sprechstundenzeiten daher trotz Existenz berufsrechtlicher Bereitschaftsdienstordnungen alleine von der Kassenärztlichen Vereinigung verantwortet.

Wie für alle folgenden Bereitschaftsdienstordnungen der übrigen 16 Kassenärztlichen Vereinigungen fehlt es der KV Baden-Württemberg für die Normierung einer Teilnahmepflicht allerdings an einer ausreichenden formellgesetzlichen Rechtsgrundlage des Bundesgesetzgebers. Obgleich der von der Bereitschaftsdienstordnung verpflichtete Adressatenkreis rechtlich nicht zu beanstanden ist, gilt selbiges nur eingeschränkt für die Bestimmung des konkreten Teilnahmeumfangs, da Zweigpraxisbetreiber, deren Zweigpraxis in einem anderen Bereitschaftsdienstbezirk wie demjenigen des Vertragsarztsitzes situiert ist, nach den momentanen Regelungen der Bereitschaftsdienstordnung übermäßig zum Dienst herangezogen werden. Des Weiteren fehlt es an einer Regelung, welche der besonderen Situation der Mund-Kiefer-Gesichtschirurgen gerecht wird. Hier hat die KV Baden-Württemberg dringend nachzubessern.

Nicht minder fehlerhaft gestaltet sich die Bemessung des Teilnahmeumfangs mit Ausnahme von Nordbaden – deren Regelungen sind letztlich nicht zu beanstanden – nach den Bereitschaftsdienstordnungen der Bezirksärztekammern, wenngleich dies momentan keine praktischen Konsequenzen nach sich zieht, da diese wie gesehen keinerlei Ärzte zu einem Bereitschaftsdienst heranziehen. Dessen ungeachtet ist den Bezirksärztekammern eine den folgenden Ausführungen entsprechende Änderung ihrer Regelungen zu empfehlen. Im Einzelnen mangelt es den Bereitschaftsdienstordnungen der BÄK Südbaden und Südwürttemberg gänzlich an einer Regelung, welche den Teilnahmeumfang niedergelassener Ärzte in Abhängigkeit des Umfangs ihrer ärztlichen Tätigkeit stellt. Erstgenannter fehlt zudem sowohl eine Regelung des

---

[49] Wenngleich sich dies nicht ausdrücklich aus der Bereitschaftsdienstordnung der BÄK Südwürttemberg ergibt, hat auch diese wie dargestellt trotz des missverständlichen Wortlauts auf Anfrage des Autors (E-Mail vom 08.02.2019) nicht einmal die Intention, Vertragsärzte zur Teilnahme an ihrem Bereitschaftsdienst zu verpflichten.

Teilnahmeumfangs angestellter Ärzte in Arztpraxen und MVZ als auch eine Regelung zur Bestimmung des Teilnahmeumfangs von Ärzten in Jobsharing. Letzteres gilt auch für die Bereitschaftsdienstordnung der BÄK Südwürttemberg in Bezug auf die im Rahmen des Jobsharing nicht angestellten Ärzte. In Nordwürttemberg und Südwürttemberg sind zudem Regelungen erforderlich, welche den Teilnahmeumfang der Betreiber von Zweigpraxen mit Standort der Zweigpraxis in einem anderen als demjenigen des Vertragsarztsitzes alleine vom tatsächlichen Umfang der ärztlichen Tätigkeit abhängig machen. Schließlich fehlt es in allen Bereitschaftsdienstordnungen an Regelungen für Mund-Kiefer-Gesichtschirurgen und Ärzte mit zwei Fachgebieten. In Nordwürttemberg und Nordbaden ist dies insoweit unschädlich, als sich deren Teilnahmeumfang nach den allgemeinen Regelungen ermitteln lässt. In Südbaden und Südwürttemberg ist hingegen entweder der Erlass einer allgemeinen Regelung oder einer Sonderregelung erforderlich.

Insgesamt erweist sich die Organisation des Bereitschaftsdienstes in Baden-Württemberg gerade in Bezug auf die Bemessung des Umfangs der Teilnahmepflicht als fehlerhaft. Von weitaus größerem Bedenken ist jedoch, dass sich die Verpflichtung der Ärzte durch die KV Baden-Württemberg – wie in allen Bundesländern – mangels ausreichender formellgesetzlichen Rechtsgrundlage bis zu einer Regelung durch den Bundesgesetzgeber nach hier vertretener Auffassung als rechtswidrig darstellt. Dies wiegt in Baden-Württemberg umso schwerer, als die Bezirksärztekammern momentan vollständig auf einen eigenen Bereitschaftsdienst verzichten.

B. Bayern

Während die Kassenärztliche Vereinigung in Bayern den Bereitschaftsdienst entsprechend ihrer nach § 75 Abs. 1b S. 1 SGB V bestehenden Verpflichtung zur Sicherstellung eines vertragsärztlichen Bereitschaftsdienstes durch den Erlass einer Bereitschaftsdienstordnung[50] nachgekommen ist, hat die Ärztekammer keine eigene Bereitschaftsdienstordnung erlassen, sondern gänzlich auf eine Regelung verzichtet.[51]

[50] Abrufbar unter: https://www.kvb.de/fileadmin/kvb/dokumente/Praxis/Rechtsquellen/Satzungsrecht/KVB-RQ-Bereitschaftsdienstordnung.pdf (Stand: 03.02.2020).

[51] Laut der ÄK Bayern (Antwortschreiben vom 08.02.2019 auf Anfrage des Autors) hat der 77. Bayerische Ärztetag mit dem Beschluss R 47/2018 den Vorstand der Bayerischen Landesärztekammer beauftragt, „Satzungsregelungen für die niedergelassenen Ärztinnen und Ärzte, die nicht an der vertragsärztlichen Versorgung teilnehmen" zu erarbeiten, damit „auch die nur privatärztlich tätigen niedergelassenen Ärztinnen und Ärzte zur Teilnahme am von der Kassenärztlichen Vereinigung Bayerns (KVB) organisierten Bereitschaftsdienst berechtigt und verpflichtet […] werden". Dies soll durch eine Einbindung der Nicht-Vertragsärzte in den bereits von der Kassenärztlichen Vereinigung organisierten Bereitschaftsdienst erfolgen, ohne aber über die konkrete Ausgestaltung ins Detail zu gehen. Grund für die geplante Neuregelung sei, dass es aufgrund des demografischen Wandels innerhalb der Vertragsärzteschaft notwendig sei, in Bayern nunmehr auch die Nicht-Vertragsärzte zum Bereitschaftsdienst heranzuziehen,

I. Ausreichende Rechtsgrundlage

1. Ärztekammer

a) Für die Regelung des ärztlichen Bereitschaftsdienstes

In Art. 18 Abs. 5 S. 2 HKaG-BY hat der bayerische Landesgesetzgeber die ÄK Bayern zur Regelung des Bereitschaftsdienstes in ihrer Berufsordnung ermächtigt und damit eine ausreichende Rechtsgrundlage geschaffen.

b) Für die Normierung einer Teilnahmepflicht

Mit den in Art. 18 Abs. 5 S. 2 HKaG-BY getroffenen Vorgaben in Verbindung mit der in Art. 18 Abs. 1 S. 1 Nr. 2 HKaG-BY normierten Teilnahmepflicht niedergelassener Ärzte am Bereitschaftsdienst ist der Landesgesetzgeber auch den Anforderungen des BVerwG an eine ausreichende formellgesetzliche Rechtsgrundlage gerecht geworden. Demgegenüber ergeben sich in Bezug auf die Frage, ob die ÄK Bayern wiederum den inhaltlichen Vorgaben des HKaG-BY nachgekommen ist, durchgreifende Bedenken. Zwar schreibt das HKaG-BY der Ärztekammer nicht vor, dass sie den Bereitschaftsdienst in einer eigenständigen Bereitschaftsdienstordnung zu regeln hat, womit der Verzicht der ÄK Bayern auf eine eigenständige Regelung des Bereitschaftsdienstes nicht als unzulässig angesehen werden kann. Den vom Landesgesetzgeber in Art. 18 Abs. 5 S. 2 HKaG-BY aufgestellten Anforderungen an die Berufsordnung ist die Ärztekammer jedoch nicht nachgekommen. Dort heißt es, dass die Berufsordnung

> [...] zu Absatz 1 Satz 1 Nr. 2 vorzusehen [hat], dass die Teilnahmeverpflichtung nur für einen bestimmten regionalen Bereich gilt und Befreiung von der Teilnahme am Notfall- und Bereitschaftsdienst aus schwerwiegenden Gründen, insbesondere wegen körperlicher Behinderungen, besonders belastender familiärer Pflichten oder wegen Teilnahme an einem klinischen Bereitschaftsdienst mit Notfallversorgung auf Antrag ganz, teilweise oder vorübergehend erteilt werden kann.

Damit hat die ÄK Bayern nach dem Willen des bayerischen Landesgesetzgebers Regeln über eine örtliche Begrenzung der Teilnahmeverpflichtung sowie eine nicht enumerative Aufzählung von in Betracht kommenden Befreiungsgründen in ihrer Berufsordnung zu erlassen. Bei diesen Vorgaben handelt es sich auch nicht um Inhalte, deren Umsetzung im Ermessen der Ärztekammer steht, sondern von dieser verpflichtend („hat [...] vorzusehen") geregelt werden müssen.[52] Diesen Vorgaben ist die Ärztekammer jedoch nicht nachgekommen, da sie in § 26 BO-BY zum ärztlichen Bereitschaftsdienst lediglich geregelt hat, dass

---

um eine steigende Belastung der Vertragsärzte durch immer häufigere Bereitschaftsdienste zu vermeiden und eine gleichmäßige Verteilung der Pflicht zu erreichen.

[52] *Sodan*, Freie Berufe als Leistungserbringer im Recht der gesetzlichen Krankenversicherung, S. 88.

[d]er in eigener Praxis tätige Arzt nach Maßgabe des Heilberufe-Kammergesetzes und der auf seiner Grundlage erlassenen Satzung zur Teilnahme am Notfall- bzw. Bereitschaftsdienst verpflichtet [ist].

Hierin finden sich weder Bestimmungen über eine örtliche Begrenzung der Teilnahmepflicht, noch führt die Norm mögliche Befreiungsgründe auf. Vielmehr stellt § 26 BO-BY bei genauerer Betrachtung lediglich einen ins Leere verlaufenden Verweis auf sich selbst dar, da es sich bei der Satzung, von der § 26 BO-BY spricht, die „auf seiner Grundlage", sprich auf Grundlage des HKaG-BY, erlassen worden sein soll, einzig die Berufsordnung selbst sein kann. Dies liegt in der Tatsache begründet, dass die einzig in Betracht kommende Satzung, die nach dem HKaG-BY Regelungen zum Bereitschaftsdienst zu treffen hat, die Berufsordnung der Ärztekammer selbst ist, wie Art. 18 Abs. 5 S. 1 HKaG-BY deutlich macht:

Das Nähere zu Absatz 1 Satz 1 Nrn. 1 bis 3 regelt die Berufsordnung.

Offenbar geht die Ärztekammer in ihrer Berufsordnung hiervon abweichend entweder davon aus, dass zur Einhaltung des Regelungserfordernisses des § 18 Abs. 5 S. 1 HKaG-BY irgendeine von der Kammer erlassene Satzung genügt, es sich also nicht zwingend um die Berufsordnung handeln muss. Oder aber sie legt dem Begriff der „Berufsordnung" ein materielles Verständnis dergestalt zu Grunde, dass hierunter mehrere Normenwerke zu verstehen sind, die jeweils die Bezeichnung „Berufsordnung" führen. Beide Ansätze sind allerdings abzulehnen oder jedenfalls nach der aktuellen Gesetzeslage nicht tragbar. Zunächst steht erstgenannte Interpretation im klaren Widerspruch zum Wortlaut des Art. 18 Abs. 5 S. 1 HKaG-BY, der nun einmal explizit von der „Berufsordnung" spricht. Hätte der bayerische Gesetzgeber eine Regelung des Bereitschaftsdienstes durch die Ärztekammer in weiteren Normenwerken gewollt, hätte er dies auch ausdrücklich festgelegt – wie etwa in Niedersachsen, wo der Landesgesetzgeber in § 25 Nr. 1 lit. h) HKG-NI[53] neben der nach § 25 Nr. 1 lit. f) erforderlichen Berufsordnung explizit den Erlass einer Bereitschaftsdienstordnung durch die Ärztekammer mit in § 33 Abs. 3 S. 1[54] geregelten Inhalten fordert. Von einer über die Berufsordnung hinaus zu erlassenden Regelung, insbesondere einer eigenständigen Bereitschaftsdienstordnung, spricht das HKaG-BY im Gegensatz dazu aber gerade nicht. Entsprechendes kann aus der Regelung des Art. 18 Abs. 5 S. 1 HKaG-BY auch nicht abgeleitet werden. Selbst für den Fall, dass man zweitgenannte materielle Interpretation des Begriffs der „Berufsordnung" für zulässig erachtet, wurde eine derartige Satzung, wie sich auf Anfrage bei der ÄK Bayern ergab, gar nicht erlassen.[55] Eine materielle Interpretation des

[53] „Die Kammerversammlung beschließt über 1. Satzungen, insbesondere die [...] h) Notfalldienstordnung [...]."

[54] „Die Notfalldienstordnung hat vorzusehen, dass 1. die Teilnahmeverpflichtung nur für einen bestimmten regionalen Bereich gilt und 2. von der Teilnahme aus bestimmten, schwerwiegenden Gründen auf Antrag ganz, teilweise oder vorübergehend befreit werden kann."

[55] So die ÄK Bayern auf Anfrage des Autors, Schreiben vom 08.02.2019.

Begriffs der „Berufsordnung" i.S.d. Art. 18 Abs. 5 S. 1 HKaG-BY ist mangels anderweitig existierender Normenwerke der Ärztekammer mit der Bezeichnung „Berufsordnung" daher nach aktuellem Stand nicht möglich.

Einzig verbleibende Auslegungsmöglichkeit der Regelung der Ärztekammer in § 26 BO-BY ist daher, dass sie auf sich selbst verweist. Wie dargestellt hat die Berufsordnung entgegen den Vorgaben des Art. 18 Abs. 5 HKaG-BY jedoch gar keine den Bereitschaftsdienst betreffenden weiterführenden Regelungen normiert. Dass mit dem Verweis in § 26 auf die ominöse Satzung dagegen die Bereitschaftsdienstordnung der KV Bayern gemeint sein soll, ist nach dem Wortlaut der Vorschrift ebenfalls abwegig. § 26 BO-BY besagt ausdrücklich, dass es sich um eine auf Grundlage des HKaG-BY erlassene Satzung handeln soll. Die Bereitschaftsdienstordnung der KV Bayern findet ihre gesetzliche Grundlage allerdings gerade nicht im HKaG des bayerischen Landesgesetzgebers, sondern in der bundesrechtlichen Vorschrift des § 75 Abs. 1b S. 1 SGB V. Darüber hinaus lässt sich der Bereitschaftsdienstordnung auch in keiner Weise entnehmen, dass die Ärztekammer an der Einrichtung oder Durchführung des Bereitschaftsdienstes der Kassenärztlichen Vereinigung beteiligt wäre. Insoweit lässt sich auch nicht – was ohnehin schwer haltbar wäre – eine Verknüpfung des § 26 BO-BY zur Bereitschaftsdienstordnung der KV Bayern dahingehend konstruieren, dass letztgenannte durch die Beteiligung der Ärztekammer letztlich zumindest teilweise auch auf dem HKaG-BY basiert und damit eine auf Grundlage des HKaG-BY erlassene Satzung i.S.d. § 26 BO-BY darstellt. An der Einschätzung, dass die Bereitschaftsdienstordnung in § 26 BO-BY auf sich selbst verweist, ändert auch die Tatsache nichts, dass niedergelassene Ärzte, mithin Mitglieder der Ärztekammer, die auch zur vertragsärztlichen Versorgung zugelassen sind, verpflichtend am Bereitschaftsdienst der Kassenärztlichen Vereinigung teilzunehmen haben.[56] Rechtsgrundlage für ihre Teilnahmepflicht ist in diesem Fall nämlich gerade nicht das HKaG-BY oder ihre Mitgliedschaft in der Ärztekammer, sondern vielmehr ihre Zulassung zur vertragsärztlichen Versorgung und damit ihre Mitgliedschaft bei der Kassenärztlichen Vereinigung. Dies stellt selbst die Kassenärztliche Vereinigung noch einmal in der Präambel zu ihrer Bereitschaftsdienstordnung klar:

> Die Sicherstellung der vertragsärztlichen Versorgung der Versicherten auch zu den sprechstundenfreien Zeiten ist gemäß § 75 Absatz 1b Satz 1 SGB V Aufgabe der Kassenärztlichen Vereinigungen.

Folglich verstößt die Ärztekammer damit zum einen aufgrund der fehlenden Normierung von Regelungen zur örtlichen Begrenzung und zur Nennung von in Betracht kommenden Befreiungsgründen gegen ihre gesetzlichen Pflichten aus Art. 18 Abs. 5 HKaG-BY. Dieser Verstoß lässt sich weder rechtfertigen noch auf andere Weise heilen. Zwar kommt der Ärztekammer als Körperschaft des öffentlichen Rechts mit Satzungsautonomie ein weiter Gestaltungsspielraum bei der Er-

[56] Diesbezüglich heißt es in § 2 Abs. 1 S. 1 Nr. 1 BO-BY: „Zur Teilnahme am Ärztlichen Bereitschaftsdienst sind verpflichtet: 1. Vertragsärzte […]."

füllung ihrer gesetzlichen Aufgaben zu, welcher auch für die Ausgestaltung des Bereitschaftsdienstes gilt. Dies zeigt sich unter anderem darin, dass sie grundsätzlich nicht einmal dazu verpflichtet ist, den Bereitschaftsdienst in einer eigenen Bereitschaftsdienstordnung zu regeln, sondern auf die Bereitschaftsdienstordnung der Kassenärztlichen Vereinigung verweisen kann. Nichtsdestotrotz hat sich die Ärztekammer dennoch an die wenigen diesbezüglich an sie gesetzten gesetzlichen Vorgaben zu halten, wozu auch Art. 18 Abs. 5 HKaG-BY zählt. Zum anderen verweist § 26 BO-BY nach dem derzeitigen Wortlaut und dem Fehlen einer anderweitigen Regelung des Bereitschaftsdienstes in einer anderen auf Grundlage des HKaG-BY erlassenen Satzung auf sich selbst. Zur Beseitigung der soeben angesprochenen Missstände empfiehlt sich daher eine Neufassung des § 26 BO-BY mit folgendem Inhalt:

(1) Der in eigener Praxis tätige Arzt ist nach Maßgabe des Heilberufe-Kammergesetzes zur Teilnahme am Bereitschaftsdienst in dem hierfür jeweils festgelegten Bereitschaftsdienstbereich verpflichtet.

(2) Eine Befreiung von der Teilnahme am Bereitschaftsdienst kann auf Antrag ganz, teilweise oder vorübergehend nur aus schwerwiegenden Gründen erteilt werden. Dazu zählen insbesondere

1. körperliche Behinderungen,
2. besonders belastende familiäre Pflichten, sowie
3. die Teilnahme an einem klinischen Bereitschaftsdienst mit Notfallversorgung.

2. Kassenärztliche Vereinigung

a) Für die Regelung des ärztlichen Bereitschaftsdienstes

Mit § 75 Abs. 1b S. 1 SGB V besteht unstreitig eine Rechtsgrundlage für die Regelung des vertragsärztlichen Bereitschaftsdienstes durch die Kassenärztliche Vereinigung.

b) Für die Normierung einer Teilnahmepflicht

Dahingegen fehlt es an einer – nach hier vertretener Auffassung zwingend erforderlichen – Normierung der Teilnahmepflicht in einem formellen Gesetz des Bundesgesetzgebers. Damit ist die Verpflichtung von Vertragsärzten durch die Kassenärztliche Vereinigung als verfassungswidrig zu bewerten. Nachdem der Bereitschaftsdienst in Bayern alleine von der Kassenärztlichen Vereinigung durchgeführt wird und die Teilnahmepflicht der Ärzte damit alleine auf ihrer Zulassung zur vertragsärztlichen Versorgung beruht, können Ärzte dort nicht verpflichtend zum Bereitschaftsdienst herangezogen werden, sofern der Bereitschaftsdienstordnung nicht für eine Übergangszeit weiter Geltung verschafft werden sollte.

II. Adressatenkreis der Teilnahmepflicht

1. Grundsätzliche Teilnahmepflicht von Vertragsärzten

Die KV Bayern verpflichtet in § 2 Abs. 1 S. 1 Nr. 1 ihrer Bereitschaftsdienstordnung alle zur vertragsärztlichen Versorgung zugelassenen Ärzte:

> Zur Teilnahme am Ärztlichen Bereitschaftsdienst sind verpflichtet: 1. Vertragsärzte [...].

2. Grundsätzliche Teilnahmepflicht von Nicht-Vertragsärzten

Nicht-Vertragsärzten steht hingegen nur unter Erfüllung bestimmter Voraussetzungen die Möglichkeit einer Teilnahme am Bereitschaftsdienst der KV Bayern zu, wie sich aus den §§ 2 Abs. 1 S. 2, 3 und 4 der Bereitschaftsdienstordnung ergibt. Es bleibt demnach der freien Entscheidung eines jeden Nicht-Vertragsarztes selbst überlassen, ob er sich den Regelungen einer ihm fremden Körperschaft unterwerfen möchte.

3. Einzelfälle

a) Teilnahmepflicht von in Vertragsarztpraxen angestellten Ärzten

Eine unzulässige Teilnahmepflicht von in Vertragsarztpraxen angestellten Ärzten hat die KV Bayern nicht normiert. Dies ergibt sich auch aus § 2 Abs. 4 S. 1 der Bereitschaftsdienstordnung,[57] wonach der Anrechnungsfaktor des angestellten Arztes dem Anrechnungsfaktor des anstellenden Arztes hinzugerechnet wird und damit gerade keine eigene Teilnahmepflicht des angestellten Arztes begründet wird.[58]

b) Teilnahmepflicht von in Medizinischen Versorgungszentren angestellten Ärzten

Ebenso trifft die in MVZ angestellten Ärzte unter Beachtung der hierfür nicht bestehenden Regelungsbefugnis keine Teilnahmepflicht am Bereitschaftsdienst der KV Bayern. § 2 Abs. 6 S. 3 der Bereitschaftsdienstordnung[59] bestimmt lediglich, dass die Teilnahmepflicht des MVZ durch die angestellten Ärzte mit und ohne (ruhende) Zulassung erfüllt wird, verpflichtet diese aber gerade nicht unmittelbar selbst.

---

[57] Dieser lautet: „Der Anrechnungsfaktor des angestellten Arztes nach § 95 Absatz 9 SGB V wird dem Anrechnungsfaktor des anstellenden Vertragsarztes bzw. den Vertragsärzten der anstellenden Berufsausübungsgemeinschaft (BAG) anteilig hinzugerechnet."

[58] Zu der Frage, ob dies wiederum zulässig ist, siehe unten, Kap. 3 B. III. 2. b).

[59] § 2 Abs. 6 S. 3 lautet: „Die im MVZ tätigen Vertragsärzte und angestellten Ärzte erfüllen die Dienstverpflichtung des MVZ nach Absatz 1 Nr. 2."

c) Teilnahmepflicht von Medizinischen Versorgungszentren

MVZ selbst werden hingegen in zulässiger Weise nach § 2 I 1 Nr. 2 der Bereitschaftsdienstordnung zur Teilnahme verpflichtet.

d) Teilnahmepflicht ermächtigter Ärzte und Einrichtungen

Mangels entsprechender Regelung werden ermächtigte Ärzte und Einrichtungen nicht vom Adressatenkreis der Teilnahmepflicht erfasst.

e) Teilnahmepflicht psychologischer Psychotherapeuten

Nach dem Wortlaut des § 2 Abs. 1 S. 1 Nr. 1 der Bereitschaftsdienstordnung werden auch zugelassene psychologische Psychotherapeuten von der Teilnahmepflicht erfasst, da es sich auch bei diesen um Vertragsärzte handelt. Vermutlich sollen hiermit psychologische Psychotherapeuten allerdings nicht erfasst sein, da diese – trotz Einbezug in die Arztgruppe der Psychotherapeuten i. S. d. § 101 Abs. 4 S. 1 SGB V – letztlich keine Ärzte im klassischen Sinne darstellen. Aus Klarstellungsgründen sollte jedoch darüber nachgedacht werden, diese ausdrücklich von der Teilnahmepflicht auszunehmen.

III. Umfang der Teilnahmepflicht

1. Grundsätzlicher Umfang der Teilnahmepflicht von Vertragsärzten

Der grundsätzliche Umfang der Teilnahmepflicht von Vertragsärzten am Bereitschaftsdienst der KV Bayern richtet sich entsprechend den oben aufgestellten Grundsätzen richtigerweise nach deren Zulassung. So haben Vertragsärzte mit voller Zulassung nach § 2 Abs. 3 Nr. 1 der Bereitschaftsdienstordnung mit dem Anrechnungsfaktor 1,0 am Bereitschaftsdienst teilzunehmen, während Vertragsärzte mit halber Zulassung nach § 2 Abs. 3 Nr. 2 dementsprechend mit dem Anrechnungsfaktor 0,5 eingeteilt werden:

Die Anrechnungsfaktoren (AF) ergeben sich aus den nachfolgenden Regelungen:

1. Vertragsärzte mit Vollzulassung bzw. Zulassung für zwei Fachgebiete AF 1,00
2. Vertragsärzte mit hälftigem Versorgungsauftrag je Vertragsarztsitz AF 0,50.

Wenngleich nicht ausdrücklich normiert, lässt sich hieraus ableiten, dass Ärzte mit einem auf drei Viertel beschränkten Versorgungsauftrag entsprechend nur mit dem Anrechnungsfaktor 0,75 am Bereitschaftsdienst teilzunehmen haben.

2. Einzelfälle

a) Umfang der Teilnahmepflicht von Medizinischen Versorgungszentren

Auch die Bestimmung des Teilnahmeumfangs von MVZ nach § 2 Abs. 4 S. 2 und 3 der Bereitschaftsdienstordnung ist als zulässig anzusehen, da sich dieser zwar nicht unmittelbar nach deren Zulassung(en), sondern dem Tätigkeitsumfang der dort tätigen Vertragsärzte und angestellten Ärzte richtet. Nachdem diese allerdings der durchschnittlichen Sprechstundentätigkeit eines Vertragsarztes mit einer vollen, drei Viertel bzw. hälftigen Zulassung entsprechen und sich der Teilnahmeumfang des MVZ damit im Ergebnis nicht von demjenigen unterscheiden wird, welcher sich bei einer unmittelbaren Anknüpfung an den sich aus der Zulassung ergebenden Tätigkeitsumfang ergäbe, ist die Regelung der Bereitschaftsdienstordnung nicht zu beanstanden.

b) Umfang der Teilnahmepflicht von anstellenden Vertragsärzten

Selbiges gilt in Bezug auf solche Vertragsärzte, welche weitere Ärzte in ihrer Praxis zur Anstellung beschäftigen, da sich auch deren Teilnahmeumfang zwar ebenfalls gem. § 2 Abs. 3 Nr. 1 und Nr. 2 der Bereitschaftsdienstordnung nicht nach ihrer Zulassung richtet, sondern sich zusätzlich nach § 2 Abs. 4 S. 1 und 3 um den Beschäftigungsumfang der bei ihnen angestellten Ärzte erhöht, die Anrechnungsfaktoren allerdings der durchschnittlichen Sprechstundentätigkeit eines Vertragsarztes mit einer vollen, drei Viertel bzw. hälftigen Zulassung entsprechen und sich der Teilnahmeumfang des MVZ damit im Ergebnis nicht von demjenigen unterscheiden wird, welcher sich bei einer unmittelbaren Anknüpfung an den sich aus der Zulassung ergebenden Tätigkeitsumfang ergäbe.

c) Umfang der Teilnahmepflicht von Betreibern einer Zweigpraxis

Auch die Bestimmung des Teilnahmeumfangs von Betreibern einer Zweigpraxis ist nicht zu beanstanden, da sich diese mangels Spezialregelung nach § 2 Abs. 3 Nr. 1 und 2 der Bereitschaftsdienstordnung und damit nach dem sich aus ihrer Zulassung ergebenden Umfang an der vertragsärztlichen Versorgung richtet.

d) Umfang der Teilnahmepflicht bei Jobsharing

Ebenso stellt sich die Berechnung des Teilnahmeumfangs von Jobsharingpartnern als zulässig dar. Zunächst werden Jobsharingpartner i. S. d. § 101 Abs. 1 S. 1 Nr. 4 SGB V nach § 2 Abs. 1 S. 1 Nr. 1 der Bereitschaftsdienstordnung zulässigerweise beide zur Teilnahme am Bereitschaftsdienst verpflichtet:

> Zur Teilnahme am Ärztlichen Bereitschaftsdienst sind verpflichtet: 1. [...] Job-Sharing-Partner gem. § 101 Absatz 1 Satz 1 Nr. 4 SGB V [...].

Entsprechend den oben aufgestellten Grundsätzen werden diese aber richtigerweise in der Summe nur mit dem Anrechnungsfaktor 1,0 – sprich wie ein einzelner Vertragsarzt mit voller Zulassung bzw. zwei Vertragsärzte mit jeweils halber Zulassung – zum Bereitschaftsdienst herangezogen, wie § 2 Abs. 3 Nr. 3 der Bereitschaftsdienstordnung ausdrücklich klarstellt:

> Die Anrechnungsfaktoren (AF) ergeben sich aus den nachfolgenden Regelungen: [...] in einer Berufsausübungsgemeinschaft gem. § 101 Absatz 1 Satz 1 Nr. 4 SGB V (Job-Sharing) tätige Vertragsärzte, gemeinsam AF 1,00 [...].

In Bezug auf die Jobsharingvariante des § 101 Abs. 1 S. 1 Nr. 5 SGB V, wonach der Jobsharingpartner lediglich vom Vertragsarzt angestellt wird, normiert die Bereitschaftsdienstordnung der KV Bayern für den angestellten Arzt richtigerweise keine eigene Teilnahmepflicht – wenngleich sie in § 2 Abs. 3 Nr. 5 etwas missverständlich davon spricht, dass im Rahmen des Jobsharing nach § 101 Abs. 1 S. 1Nr. 5 SGB V „angestellte Ärzte [...] gemeinsam mit dem anstellenden Arzt" mit dem Anrechnungsfaktor 1,0 zu berücksichtigen sind. Nachdem sich Absatz 3 jedoch lediglich mit dem Umfang der Teilnahme befasst und im Jobsharing angestellte Ärzte nicht von § 2 Abs. 1 S. 1 erfasst sind, welcher die Teilnahmepflicht regelt, ist § 2 Abs. 3 Nr. 5 vielmehr dahingehend zu verstehen, dass der Teilnahmeumfang des anstellenden Arztes richtigerweise entsprechend seiner durch die Anstellung unbeeinträchtigten Zulassung mit dem Faktor 1,0 zu bewerten ist.

e) Umfang der Teilnahmepflicht von Mund-Kiefer-Gesichtschirurgen

Hinsichtlich der Teilnahme von zugelassenen Mund-Kiefer-Gesichtschirurgen bestimmt § 2 Abs. 1 S. 3 der Bereitschaftsdienstordnung Folgendes:

> Fachärzte für Mund-Kiefer-Gesichtschirurgie sind verpflichtet, am Zahnärztlichen Bereitschaftsdienst der KZVB oder am Ärztlichen Bereitschaftsdienst der KVB teilzunehmen.

Dadurch, dass es Mund-Kiefer-Gesichtschirurgen folglich freisteht, entweder am vertragsärztlichen oder vertragszahnärztlichen Bereitschaftsdienst teilzunehmen, trägt die KV Bayern deren oben beschriebener Sonderkonstellation, dass sie zwar zwei Zulassungen besitzen, aber in der Summe letztlich nur einen vollen Versorgungsauftrag wahrnehmen können, in vorbildlicher Weise Rechnung.

f) Umfang der Teilnahmepflicht von Ärzten mit zwei Fachgebieten

Entsprechendes gilt für Ärzte mit Zulassung zu zwei Fachgebieten, da deren Anrechnungsfaktor in der Summe dem einer einzigen vollen Zulassung entspricht, wie § 2 Abs. 3 Nr. 1 der Bereitschaftsdienstordnung normiert:

> Die Anrechnungsfaktoren (AF) ergeben sich aus den nachfolgenden Regelungen: 1. Vertragsärzte mit [...] Zulassung für zwei Fachgebiete AF 1,00 [...].

g) Umfang der Teilnahmepflicht von Belegärzten

Mangels abweichender Regelung gilt für Vertragsärzte, welche zusätzlich einer belegärztlichen Tätigkeit nachgehen, § 2 Abs. 3 Nr. 1 und 2 der Bereitschaftsdienstordnung, womit sie entsprechend den oben aufgestellten Grundsätzen wie Vertragsärzte ohne Belegarzttätigkeit auch im Umfang ihrer Zulassung zur vertragsärztlichen Versorgung am Bereitschaftsdienst teilzunehmen haben.

IV. Heranziehung

Die Heranziehung der Vertragsärzte erfolgt mangels eigenständiger Regelung der Ärztekammer denknotwendig durch die KV Bayern. Daneben wird auch die Heranziehung von freiwillig am Bereitschaftsdienst der Kassenärztlichen Vereinigung teilnehmenden Nicht-Vertragsärzten in rechtlich unbedenklicher Weise von dieser wahrgenommen.

V. Rechtsschutz gegen die Heranziehung zum Bereitschaftsdienst

1. Zuständigkeit für das Widerspruchsverfahren

Widersprüche gegen die Heranziehung eines Vertragsarztes durch die Kassenärztliche Vereinigung sind mangels Beteiligung der Ärztekammer an der Regelung und Durchführung des Bereitschaftsdienstes gegen die KV Bayern zu richten.

2. Rechtsweg

Geht ein Vertragsarzt gerichtlich gegen seine Heranziehung vor, ist hierfür die Sozialgerichtsbarkeit zuständig.

VI. Zusammenfassung

Die Regelung des Bereitschaftsdienstes in Bayern durch die Kassenärztliche Vereinigung ist – unter Ausklammerung des Fehlens einer ausreichenden formell-gesetzlichen Rechtsgrundlage des Bundesgesetzgebers – sowohl hinsichtlich des verpflichteten Adressatenkreises als auch der Bestimmung des Teilnahmeumfangs nicht zu beanstanden. Positiv hervorzuheben ist auch, dass die Bereitschaftsdienstordnung der besonderen Situation der Mund-Kiefer-Gesichtschirurgen mit einer ausdrücklichen Regelung Rechnung trägt. Wenngleich die Ärztekammer nach aktuellem Stand hingegen keinen eigenen Bereitschaftsdienst organisiert hat und dies im Ergebnis momentan daher keine praktischen Konsequenzen nach sich zieht, darf nicht außer Acht gelassen werden, dass diese den in Art. 18 Abs. 5 HKaG-BY aufgestellten Vorgaben an die Berufsordnung nicht nachkommt und daher gegen geltendes Recht verstößt.

C. Berlin

Wie in Bayern hat auch in Berlin die Ärztekammer auf eine eigenständige Organisation des ärztlichen Bereitschaftsdienstes verzichtet. Vielmehr findet sich nur eine von der Kassenärztlichen Vereinigung erlassene Bereitschaftsdienstordnung.[60] Nachdem die Ärztekammer ausweislich des § 7 Abs. 1 Nr. 13 BlnHKG jedoch nur dann einen Bereitschaftsdienst einzurichten hat, „soweit der Notdienst nicht anderweitig sichergestellt ist" und die KV Berlin einen Bereitschaftsdienst organisiert hat, ist der Verzicht der ÄK Berlin auf eine eigene Regelung mit geltendem Recht vereinbar.

I. Ausreichende Rechtsgrundlage

1. Ärztekammer

Auch wenn momentan keine eigene Regelung der Ärztekammer zum Bereitschaftsdienst existiert, empfiehlt sich dennoch eine Prüfung dahingehend, ob hierfür eine ausreichende Ermächtigungsrundlage vorliegt, sofern in Zukunft ein eigener Bereitschaftsdienst eingerichtet werden sollte.

a) Für die Regelung des ärztlichen Bereitschaftsdienstes

Eine Ermächtigungsgrundlage für die Einrichtung eines ärztlichen Bereitschaftsdienstes durch die ÄK Berlin findest sich in § 7 Abs. 1 Nr. 13 BlnHKG.

---

[60] Abrufbar unter: https://www.kvberlin.de/20praxis/60vertrag/30rechtsquellen/bdo_2018.pdf (Stand: 03.02.2020).

b) Für die Normierung einer Teilnahmepflicht

Mit § 27 Abs. 1 Nr. 4, Abs. 3 S. 2 und 3 BlnHKG hat der Berliner Landesgesetzgeber entsprechend den Anforderungen des BVerwG die Teilnahmepflicht des Arztes am Bereitschaftsdienst zumindest in ihren Grundzügen geregelt. Das BlnHKG stellt an die inhaltliche Ausgestaltung des Bereitschaftsdienstes – letztlich wohl aufgrund des fehlenden Erfordernisses einer eigenständigen Regelung des Bereitschaftsdienstes in einer eigenen Bereitschaftsdienstordnung – in § 27 Abs. 3 S. 2 und 3 BlnHKG nur wenige Anforderungen, denen die Ärztekammer in § 26 Abs. 2 BO-BE nachgekommen ist.

2. Kassenärztliche Vereinigung

a) Für die Regelung des ärztlichen Bereitschaftsdienstes

Mit § 75 Abs. 1b S. 1 SGB V besteht unstreitig eine Ermächtigungsgrundlage für die Regelung des vertragsärztlichen Bereitschaftsdienstes durch die Kassenärztliche Vereinigung.

b) Für die Normierung einer Teilnahmepflicht

Dahingegen fehlt es an einer – nach hier vertretener Auffassung zwingend erforderlichen – Normierung einer Teilnahmepflicht in einem formellen Gesetz des Bundesgesetzgebers. Damit ist die Verpflichtung von Vertragsärzten durch die Kassenärztliche Vereinigung als verfassungswidrig zu bewerten. Nachdem der Bereitschaftsdienst in Berlin alleine von der Kassenärztlichen Vereinigung durchgeführt wird und die Teilnahmepflicht der Ärzte damit alleine auf ihrer Zulassung zur vertragsärztlichen Versorgung beruht, können Ärzte dort nicht verpflichtend zum Bereitschaftsdienst herangezogen werden, sofern der Bereitschaftsdienstordnung nicht für eine Übergangszeit weiter Geltung verschafft werden sollte.

II. Adressatenkreis der Teilnahmepflicht

1. Grundsätzliche Teilnahmepflicht von Vertragsärzten

Die Bereitschaftsdienstordnung der KV Berlin sieht in § 1 Abs. 3 S. 1[61] und 3 entsprechend ihrer beschränkten Regelungsbefugnis ausschließlich eine verpflichtende Teilnahme von Vertragsärzten vor.

[61] Vgl. auch § 5 Abs. 1 S. 1 der Bereitschaftsdienstordnung.

2. Grundsätzliche Teilnahmepflicht von Nicht-Vertragsärzten

Nicht-Vertragsärzten räumt die Bereitschaftsdienstordnung hingegen unter bestimmten Voraussetzungen[62] lediglich die Möglichkeit einer Teilnahme[63] ein. Nachdem dies auf rein freiwilliger Basis geschieht und der Nicht-Vertragsarzt damit nicht gegen seinen Willen der Regelungsgewalt einer fremden Körperschaft unterworfen wird, handelt es sich dabei weder um eine unzulässige Übertragung von Kompetenzen – diese ist aufgrund der bloßen Teilnahmemöglichkeit nicht erforderlich – noch um eine unzulässige Überschreitung von der Kassenärztlichen Vereinigung zustehenden Regelungsbefugnissen. Gleichzeitig hat dies mangels eigenständiger Regelung durch die Ärztekammer für Nicht-Vertragsärzte in Berlin zur Folge, dass diese weder die Pflicht, noch das Recht haben, am Bereitschaftsdienst teilzunehmen. In Anbetracht der erfolgten Darstellungen erscheint es daher momentan widersinnig, dass nach § 27 Abs. 1 Nr. 4 BlnHKG[64] und der entsprechenden Umsetzung in § 26 Abs. 1 BO-BE der Ärztekammer alle niedergelassenen Ärzte – sprich Vertrags- und Nicht-Vertragsärzte – nach Maßgabe des Berliner Heilberufekammergesetzes zur Teilnahme verpflichtet sein sollen:

> Ärztinnen und Ärzte sind nach Maßgabe des Berliner Kammergesetzes zur Teilnahme am Notfalldienst verpflichtet.

Zwar sind Vertragsärzte nach der Bereitschaftsdienstordnung der KV Berlin tatsächlich zur Teilnahme verpflichtet. Diese beruht allerdings nicht auf dem BlnHKG, sondern stützt sich auf deren Zulassung zur vertragsärztliche Versorgung nach § 95 SGB V. Dennoch bezieht sich die Verpflichtung der Vertragsärzte zur Teilnahme an einem Bereitschaftsdienst auf die Teilnahme am Bereitschaftsdienst der Kassenärztlichen Vereinigung.[65] Aus Klarstellungsgründen wäre es daher empfehlenswert, einen entsprechenden Verweis in der Berufsordnung durch Einfügung eines Satzes 2 in § 26 Abs. 1 BO-BE mit folgendem Inhalt zu normieren:

> Dieser Verpflichtung haben Ärzte, die auch zur vertragsärztlichen Versorgung zugelassen sind, durch Teilnahme am Bereitschaftsdienst der Kassenärztlichen Vereinigung Berlin nach deren Bereitschaftsdienstordnung nachzukommen.

Ein derartiger Verweis würde auch keine unzulässige Delegation von Befugnissen der Ärztekammer auf die Kassenärztliche Vereinigung darstellen, da letztgenannter

---

[62] Siehe hierzu § 5 Abs. 4 der Bereitschaftsdienstordnung.

[63] Die Regelung in § 1 Abs. 3 S. 3 hierzu ist etwas unglücklich formuliert, da hieraus auch abgeleitet werden könnte, dass die KV Berlin im Bedarfsfall Nicht-Vertragsärzte verpflichtend zur Teilnahme heranziehen kann, was mangels diesbezüglicher Regelungsbefugnis unzulässig wäre. Ein Blick in § 5 Abs. 4 macht jedoch deutlich, dass es sich nur um eine Teilnahme auf freiwilliger Basis handelt, da § 5 Abs. 4 S. 1 davon spricht, dass der „Vorstand […] Nichtvertragsärzten widerrufliche Berechtigungen zur Teilnahme am Ärztlichen Bereitschaftsdienst erteilen" kann.

[64] Dort heißt es: „Die Kammermitglieder […] sind insbesondere verpflichtet, […] 4. an einem eingerichteten Notdienst teilzunehmen […]."

[65] So die ÄK Berlin auf Anfrage des Autors, E-Mail vom 04.03.2019.

für die niedergelassenen Vertragsärzte eine sich insoweit deckende gesetzliche Regelungsermächtigung aus § 75 Abs. 1b S. 1 SGB V zukommt.

Wenngleich der Verzicht der Ärztekammer auf eine eigenständige Regelung in Berlin wie dargestellt nicht zu beanstanden ist, ergibt sich hierdurch die paradoxe Situation, dass niedergelassene Ärzte eigentlich aufgrund § 26 Abs. 1 BO-BE nach Maßgabe des BlnHKG zu einer Teilnahme am Bereitschaftsdienst verpflichtet wären, sie dieser Pflicht aber gar nicht nachkommen können, da die Ärztekammer in Berlin überhaupt keinen entsprechenden Dienst eingerichtet hat. Dies deckt sich mit den Ausführungen der ÄK Berlin, wonach Nicht-Vertragsärzte auf berufsrechtlicher Grundlage – sprich § 27 Abs. 1 Nr. 4 sowie § 26 Abs. 1 BO-BE – theoretisch zur Teilnahme am Bereitschaftsdienst verpflichtet sind, dies praktisch aber mangels Bedarf nicht müssen.[66] Dass die Normierung der Teilnahmepflicht der Nicht-Vertragsärzte trotz fehlender Heranziehung in der Praxis weiterhin im BlnHKG und der Berufsordnung Bestand hat, lässt sich wohl damit begründen, dass diese im Bedarfsfall dennoch zur Teilnahme verpflichtet werden können, ohne dass es hierfür einer vorherigen Gesetzesänderung bedarf.

3. Einzelfälle

a) Teilnahmepflicht von in Vertragsarztpraxen angestellten Ärzten

In Vertragsarztpraxen angestellte Ärzte können mangels eigener Zulassung nicht zur Teilnahme an einem allein von der Kassenärztlichen Vereinigung organisierten Bereitschaftsdienst verpflichtet werden. Nach § 1 Abs. 3 S. 1 der Bereitschaftsdienstordnung der KV Berlin werden jedoch alle Mitglieder der Kassenärztlichen Vereinigung zur Teilnahme verpflichtet:

> Grundsätzlich sind alle für den Ärztlichen Bereitschaftsdienst geeigneten Mitglieder der Kassenärztlichen Vereinigung Berlin berechtigt und verpflichtet, am Ärztlichen Bereitschaftsdienst teilzunehmen.

Nachdem jedoch in Arztpraxen angestellte Ärzte mit einer wöchentlichen Tätigkeit von mindestens zehn Stunden nach § 77 Abs. 3 SGB V ebenfalls Mitglieder der Kassenärztlichen Vereinigung sind, werden diese in Berlin unzulässigerweise zur Teilnahme am Bereitschaftsdienst verpflichtet. § 1 Abs. 3 S. 1 der Bereitschaftsdienstordnung sollte daher dahingehend geändert werden, dass nicht die Mitglieder der KV Berlin, sondern alleine die zur vertragsärztlichen Versorgung zugelassenen Ärzte und MVZ zur Teilnahme verpflichtet sind.

---

[66] So die ÄK Berlin auf Anfrage des Autors, E-Mail vom 04.03.2019.

b) Teilnahmepflicht von in Medizinischen Versorgungszentren angestellten Ärzten

Auch in MVZ angestellte Ärzte können von den Kassenärztlichen Vereinigungen mangels (aktiver) Zulassung nicht zur Teilnahme am Bereitschaftsdienst verpflichtet werden. Dem widerspricht jedoch die Bereitschaftsdienstordnung der KV Berlin insofern, als gem. § 95 Abs. 3 S. 2 Hs. 1 SGB V nicht nur Ärzte mit, sondern auch solche ohne eigene Zulassung durch ihre Anstellung im MVZ Mitglieder der Kassenärztlichen Vereinigung und damit vom Adressatenkreis des § 1 Abs. 3 S. 1 der Bereitschaftsdienstordnung erfasst werden. Insofern sind diese in rechtlich unzulässiger Weise von der Bereitschaftsdienstordnung der KV Berlin zur Teilnahme verpflichtet. An dieser Einschätzung vermag auch § 1 Abs. 3 S. 2 der Bereitschaftsdienstordnung nichts zu ändern:

> Soweit diese Bereitschaftsdienstordnung die Rechte und Pflichten der in eigener Praxis niedergelassenen Mitglieder der KV Berlin regelt, gilt bei angestellten Ärzten (Dauerassistenten) und Medizinischen Versorgungszentren [...], dass die geregelten Pflichten vom Träger der jeweiligen Zulassung zu gewährleisten sind.

Diese Vorschrift darf nicht etwa so verstanden werden, dass sie den im MVZ angestellten Arzt von seiner aufgrund seiner Mitgliedschaft bestehenden grundsätzlichen Teilnahmepflicht nach § 1 Abs. 3 S. 1 wegen seiner Anstellung befreit. § 1 Abs. 3 S. 2 besagt vielmehr lediglich, dass die Gewährleistungsverantwortung für die Erfüllung der Teilnahmepflicht der angestellten Ärzte beim MVZ liegt. Von einer Verlagerung der Teilnahmepflicht auf die – ohnehin schon selbst aufgrund ihrer Zulassung verpflichteten – MVZ ist dagegen keine Rede. Selbst für den Fall, dass die KV Berlin damit tatsächlich den Ausschluss der Teilnahmepflicht in MVZ angestellter Ärzte festlegen wollte und entsprechend ihrer Intention diese auch in der Praxis nicht zum Bereitschaftsdienst heranzieht, gibt der momentane Wortlaut der Vorschrift dies nicht her. Damit bleibt es dabei, dass – jedenfalls nach dem Wortlaut der § 1 Abs. 3 S. 1 und 3 der Bereitschaftsdienstordnung – in MVZ angestellte Ärzte in rechtlich unzulässigerweise von der Bereitschaftsdienstordnung der KV Berlin zur Teilnahme am vertragsärztlichen Bereitschaftsdienst verpflichtet werden können.

c) Teilnahmepflicht von Medizinischen Versorgungszentren

Die verpflichtende Heranziehung von MVZ durch § 1 Abs. 3 S. 1 der Bereitschaftsdienstordnung ist hingegen nicht zu beanstanden, da diese nicht nur Mitglieder der Kassenärztlichen Vereinigung werden, sondern ihnen darüber hinaus auch eine eigene Zulassung zuteilwird.

d) Teilnahmepflicht ermächtigter Ärzte und Einrichtungen

Ermächtigte Einrichtungen werden im Einklang mit den vorangestellten Ausführungen nicht zur Teilnahme am vertragsärztlichen Bereitschaftsdienst von der KV

Berlin verpflichtet, da diese nicht Mitglieder der Kassenärztlichen Vereinigung sind. Anders stellt sich hingegen die Situation der ermächtigten Krankenhausärzte dar. Im Gegensatz zu den ermächtigten Einrichtungen werden diese gem. § 77 Abs. 3 S. 1 SGB V durch ihre Ermächtigung ausdrücklich Mitglieder der Kassenärztlichen Vereinigung.[67] Damit fallen auch ermächtigte Krankenhausärzte unter die in § 1 Abs. 3 S. 1 der Bereitschaftsdienstordnung normierte Teilnahmeverpflichtung, obwohl diese wie dargelegt gerade nicht zum vertragsärztlichen Bereitschaftsdienst herangezogen werden können. Insoweit – d.h. in Bezug auf die Verpflichtung ermächtigter Krankenhausärzte – ist § 1 Abs. 3 S. 1 der Bereitschaftsdienstordnung der KV Berlin daher als rechtswidrig anzusehen. Dies überrascht insofern, als das BSG in Bezug auf die – mittlerweile an das Urteil angepasste – Bereitschaftsdienstordnung der KV Hessen entschieden hat, dass eine Verpflichtung ermächtigter Ärzte zur Teilnahme am Bereitschaftsdienst mangels deren Zulassung und der fehlenden Vergleichbarkeit der Ermächtigung hiermit nicht mit höherrangigem Recht vereinbar ist.[68]

e) Teilnahmepflicht psychologischer Psychotherapeuten

Nach dem Wortlaut des § 1 Abs. 3 S. 1 der Bereitschaftsdienstordnung werden auch zugelassene psychologische Psychotherapeuten von der Teilnahmepflicht erfasst, da es sich auch bei diesen um Mitglieder der KV Berlin handelt. Vermutlich sollen hiermit psychologische Psychotherapeuten allerdings nicht erfasst sein, da diese – trotz Einbezug in die Arztgruppe der Psychotherapeuten i. S. d. § 101 Abs. 4 S. 1 SGB V – letztlich keine Ärzte im klassischen Sinne darstellen. Aus Klarstellungsgründen sollte jedoch darüber nachgedacht werden, diese ausdrücklich von der Teilnahmepflicht auszunehmen.

III. Umfang der Teilnahmepflicht

In Bezug auf den konkreten Teilnahmeumfang der einzelnen zum Bereitschaftsdienst der KV Berlin Verpflichteten fällt auf, dass die Bereitschaftsdienstordnung jegliche dahingehende Regelung vermissen lässt. Insofern ist für die zum Dienst herangezogenen Ärzte in keinster Weise ersichtlich, nach welchen Grundsätzen sich der Umfang ihrer Dienstverpflichtung richtet. Um diese hiermit zwischen der KV Berlin und den verpflichteten Ärzten beträchtliche Informationsasymmetrie zu beseitigen und eine dadurch – vielleicht nicht drohende oder gar praktizierte, aber in der Theorie dennoch mögliche – willkürliche Einteilung der Ärzte ohne Rücksicht auf deren tatsächlichen Versorgungsauftrag zu verhindern, ist der KV Berlin dringend zu empfehlen, entsprechend den oben aufgestellten Grundsätzen Regelungen

[67] *Steinmeyer*, in: Bergmann/Pauge/Steinmeyer (Hrsg.), Nomos Kommentar Gesamtes Medizinrecht, § 95 SGB V Rn. 39.

[68] BSG, Urt. v. 12. 12. 2018, B 6 KA 50/17 R.

bezüglich der Bestimmung des Teilnahmeumfangs der verpflichteten Ärzte zu schaffen.

IV. Heranziehung

Die Kassenärztliche Vereinigung entscheidet über die Heranziehung der Vertragsärzte zum Bereitschaftsdienst.

V. Rechtsschutz gegen die Heranziehung zum Bereitschaftsdienst

1. Zuständigkeit für das Widerspruchsverfahren

Über Widersprüche von Vertrags- und Nicht-Vertragsärzten entscheidet folgerichtig ebenfalls alleine die KV Berlin.

2. Rechtsweg

Bei einem gerichtlichen Vorgehen gegen die Heranziehung zum Bereitschaftsdienst ist der Weg zu den Sozialgerichten einzuschlagen.

VI. Zusammenfassung

Abgesehen davon, dass es wie für die Bereitschaftsdienstordnungen aller übrigen Kassenärztlichen Vereinigungen auch an einer ausreichenden formellgesetzlichen Ermächtigungsgrundlage zur Normierung einer Teilnahmepflicht fehlt, stellt die Bereitschaftsdienstordnung der KV Berlin darüber hinaus für die verpflichtende Heranziehung zur Teilnahme in § 1 Abs. 3 S. 1 unzulässigerweise nicht auf die Zulassung zur vertragsärztlichen Versorgung, sondern auf die Mitgliedschaft in der Kassenärztlichen Vereinigung ab. Damit werden auch ermächtigte Krankenhausärzte sowie die in Vertragsarztpraxen und in MVZ angestellten Ärzte zur Teilnahme verpflichtet. In Bezug auf diese stellt sich § 1 Abs. 3 S. 1 daher als rechtswidrig dar. Der KV Berlin ist demnach eine Änderung der Norm dahingehend zu empfehlen, dass sie den Adressatenkreis der Teilnahmepflicht auf die zur vertragsärztlichen Versorgung zugelassenen Ärzte beschränkt. Des Weiteren lässt die Bereitschaftsdienstordnung jegliche Regelungen zur Ermittlung des Teilnahmeumfangs der verpflichteten Ärzte vermissen. Aus den oben genannten Gründen ist der KV Berlin daher dringend zu empfehlen, den im Laufe der vorliegenden Arbeit aufgestellten Grundsätzen entsprechende Regelungen zu erlassen.

D. Brandenburg

In Brandenburg wurde der Bereitschaftsdienst bis 31. 09. 2019 von Ärztekammer und Kassenärztlicher Vereinigung in einer gemeinsamen Bereitschaftsdienstordnung geregelt. Seit dem 01. 10. 2019 gilt in Brandenburg allerdings eine neue Bereitschaftsdienstordnung,[69] welche alleine von der Kassenärztlichen Vereinigung erlassen worden ist. Laut der KV Brandenburg wurde die Bereitschaftsdienstordnung der ÄK Brandenburg zur Beschlussfassung als gemeinsame Bereitschaftsdienstordnung zugeleitet.[70] Nachdem es bei der ÄK Brandenburg allerdings nicht zu einer Beschlussfassung gekommen ist, handelt es sich bei der Bereitschaftsdienstordnung entgegen der ursprünglichen Intention daher um eine alleinige Bereitschaftsdienstordnung der KV Brandenburg.[71] In bestimmten Bereitschaftsdienstbereichen gilt nach § 18 Abs. 1 der neuen Bereitschaftsdienstordnung für eine Übergangszeit zwar die alte Bereitschaftsdienstordnung fort, nicht zur vertragsärztlichen Versorgung zugelassene Ärzte sind hiervon jedoch ausdrücklich ausgenommen. Folglich existiert für in Brandenburg niedergelassene Nicht-Vertragsärzte mittlerweile keine Pflicht mehr, an einem ärztlichen Bereitschaftsdienst teilzunehmen.

I. Ausreichende Rechtsgrundlage

Obgleich die Ärztekammer nunmehr auf eine eigene Regelung des Bereitschaftsdienstes verzichtet hat, empfiehlt es sich dennoch, neben dem Bestehen einer ausreichenden Rechtsgrundlage für die Bereitschaftsdienstordnung der KV Brandenburg auch eine solche der ÄK Brandenburg zu untersuchen, falls diese sich in Zukunft entscheiden sollte, sich wieder an der Organisation des Bereitschaftsdienstes zu beteiligen.

1. Ärztekammer

a) Für die Regelung des ärztlichen Bereitschaftsdienstes

Für die Ärztekammer hat der brandenburgische Gesetzgeber mit § 2 Abs. 1 Nr. 5 HeilBerG-BB eine Ermächtigungsgrundlage zur Regelung des Bereitschaftsdienstes durch die Ärztekammer geschaffen. Anders als der Großteil der übrigen Landes-

---

[69] Abrufbar unter: https://www.kvbb.de/fileadmin/kvbb/dam/praxis/kvbbvertraege/rechtsquellen/bereitschaftsdienstordnung_nur_kvbb_ab_01.10.2019.pdf (Stand: 03. 02. 2020).

[70] Siehe die Mitteilung der KV Brandenburg v. 18. 07. 2019, abrufbar unter: https://www.kvbb.de/praxis/service/ansicht-news/article/neue-bereitschaftsdienstordnung/138/archive/2019/ (Stand: 03. 02. 2020).

[71] Siehe die Mitteilung der KV Brandenburg v. 25. 09. 2019, abrufbar unter: https://www.kvbb.de/praxis/service/ansicht-news/article/vv-beschliesst-klarstellende-aenderungen-der-ab-1-oktober-2019-geltenden-bereitschaftsdienstordnung/138/archive/2019/ (Stand: 03. 02. 2020).

gesetzgeber hat das Land Brandenburg in § 32 Abs. 1 HeilBerG-BB zudem auch ausdrücklich vorgeschrieben, dass die Ärztekammer den Bereitschaftsdienst nicht nur in einer Berufsordnung, sondern in einer Bereitschaftsdienstordnung zu regeln hat. Nachdem die Ärztekammer der von der KV Brandenburg erlassenen neuen Bereitschaftsdienstordnung jedoch nicht zugestimmt und insofern auf eine Regelung des Bereitschaftsdienstes verzichtet hat, kommt sie momentan einer ihr vom Landesgesetzgeber auferlegten Pflicht nicht nach. Sofern es nicht noch zu einer Änderung des § 32 Abs. 1 HeilBerG-BB kommt, muss die ÄK Brandenburg daher entweder einen eigenen Bereitschaftsdienst organisieren oder sich jedenfalls wieder an der Bereitschaftsdienstordnung der KV Brandenburg beteiligen.

b) Für die Normierung einer Teilnahmepflicht

Eine den inhaltlichen Vorgaben des BVerwG entsprechende Normierung der Teilnahmepflicht durch den Landesgesetzgeber findet sich in den §§ 31 Abs. 1 Nr. 2, 32 Abs. 3 HeilBerG-BB. Darüber hinaus macht der Landesgesetzgeber der Ärztekammer in § 32 Abs. 3 und § 33 Abs. 2 HeilBerG-BB verbindliche detaillierte Vorgaben darüber, wie sie den Bereitschaftsdienst in der Bereitschaftsdienstordnung – und nicht etwa in der Berufsordnung – auszugestalten hat. Nachdem die ÄK Brandenburg mittlerweile auf eine Regelung des Bereitschaftsdienstes verzichtet hat, kommt sie diesen gesetzlichen Vorgaben nicht mehr nach und verstößt folglich gegen geltendes Recht.

2. Kassenärztliche Vereinigung

a) Für die Regelung des ärztlichen Bereitschaftsdienstes

Mit § 75 Abs. 1b S. 1 SGB V besteht eine Ermächtigungsgrundlage für die Regelung des vertragsärztlichen Bereitschaftsdienstes durch die Kassenärztliche Vereinigung.

b) Für die Normierung einer Teilnahmepflicht

Dahingegen fehlt es an einer – nach hier vertretener Auffassung zwingend erforderlichen – Normierung einer Teilnahmepflicht in einem formellen Gesetz des Bundesgesetzgebers. Damit ist die Verpflichtung von Vertragsärzten durch die Kassenärztliche Vereinigung als verfassungswidrig zu bewerten. Zwar besteht für Brandenburg die Besonderheit, dass die Heranziehung der Ärzte nach eigener Darstellung[72] nicht aufgrund einer Regelung in der Bereitschaftsdienstordnung, sondern direkt kraft Gesetzes erfolgt. Obgleich eine Heranziehung durch die KV Brandenburg mangels ausreichender Rechtsgrundlage des Bundes rechtswidrig ist,

---

[72] So die ÄK Brandenburg auf Anfrage des Autors, E-Mail vom 27.02.2019.

konnten für die Geltungsdauer der gemeinsamen Bereitschaftsdienstordnung sowohl Vertrag- als auch Nicht-Vertragsärzte in Brandenburg zur Teilnahme am Bereitschaftsdienst verpflichtet werden, da vom Adressatenkreis der Ärztekammern alle niedergelassenen Ärzte erfasst werden und für deren verpflichtende Heranziehung wie gesehen mit den §§ 31 Abs. 1 Nr. 2 32 Abs. 3 HeilBerG-BB auch eine ausreichende formellgesetzliche Grundlage des Landesgesetzgebers existiert. Mit Inkrafttreten der alleinigen Bereitschaftsdienstordnung der KV Brandenburg und dem damit verbundenen Verzicht der Ärztekammer auf eine Beteiligung an der Regelung des Bereitschaftsdienstes ist dies jedoch nicht mehr möglich, womit bis zum Erlass einer formellgesetzlichen Rechtsgrundlage des Bundesgesetzgebers in Brandenburg keine verpflichtende Heranziehung von Ärzten möglich ist. Offenbar geht die KV Brandenburg aber ohnehin davon aus, dass sich die Versorgung außerhalb der Sprechstundenzeiten auch auf rein freiwilliger Basis sicherstellen lässt, wie § 1 Abs. 6 der Bereitschaftsdienstordnung vermuten lässt:

> Die Teilnahme am Bereitschaftsdienst erfolgt zunächst auf der Grundlage einer freiwilligen Dienstübernahme (Freiwilligkeitsprinzip). Wenn die Dienste in den einzelnen Bereitschaftsdienstregionen nicht sechs Wochen vor Quartalsbeginn durch freiwillige Dienstübernahmen abgesichert werden können, tritt die Dienstpflicht gemäß § 9 in Kraft.

II. Adressatenkreis der Teilnahmepflicht

1. Grundsätzliche Teilnahmepflicht von Vertragsärzten

Gem. § 9 Abs. 1 S. 1 der Bereitschaftsdienstordnung werden – sofern sich nicht genügend freiwillige Ärzte finden[73] – alle niedergelassenen Vertragsärzte zur Teilnahme am Bereitschaftsdienst verpflichtet:

> Zur Teilnahme am ärztlichen Bereitschaftsdienst im Land Brandenburg [...] ist jeder niedergelassene Vertragsarzt gemäß § 95 Abs. 3 Satz 1 SGB V [...] verpflichtet.

2. Grundsätzliche Teilnahmepflicht von Nicht-Vertragsärzten

Ärzte ohne Zulassung zur vertragsärztlichen Versorgung trifft anders als nach der früheren gemeinsamen Bereitschaftsdienstordnung hingegen richtigerweise keine Teilnahmepflicht mehr.

---

[73] Siehe der soeben zitierte § 1 Abs. 6 der Bereitschaftsdienstordnung.

3. Einzelfälle

a) Teilnahmepflicht von in Arztpraxen angestellten Ärzten

Ebenso trifft auch in Arztpraxen angestellte Ärzte keine Teilnahmepflicht mehr, da der KV Brandenburg hierfür eine Regelungskompetenz fehlt. Nach § 9 Abs. 3 S. 3 der Bereitschaftsdienstordnung besteht für die sie anstellenden Ärzte lediglich die Möglichkeit, ihre Dienstverpflichtung durch die bei ihnen angestellten Ärzte zu erfüllen.[74]

b) Teilnahmepflicht von in Medizinischen Versorgungszentren angestellten Ärzten

Selbiges gilt für in MVZ angestellte Ärzte, da auch diese keine eigene Teilnahmepflicht trifft und lediglich gem. § 9 Abs. 3 S. 4 der Bereitschaftsdienstordnung durch das sie anstellende MVZ mittelbar zur Ableistung des Dienstes verpflichtet werden können.

c) Teilnahmepflicht von Medizinischen Versorgungszentren

MVZ werden im Rahmen der Regelungsbefugnis der KV Brandenburg nach § 9 Abs. 1 S. 1 der Bereitschaftsdienstordnung zur Teilnahme am Bereitschaftsdienst verpflichtet. Dieser Pflicht kommen sie wie soeben dargestellt gem. § 9 Abs. 3 S. 4 dadurch nach, dass sie diese durch die bei ihnen angestellten Ärzte mit und ohne (ruhende) Zulassung wahrnehmen lassen.

d) Teilnahmepflicht ermächtigter Ärzte und Einrichtungen

Ermächtigte Einrichtungen werden von der in der Bereitschaftsdienstordnung normierten Teilnahmepflicht richtigerweise nicht erfasst. Dagegen ist gem. § 9 Abs. 1 S. 1 „jeder in eigener Niederlassung und/oder in Zweigpraxen ermächtigte Arzt verpflichtet". Während dies nach der gemeinsamen Bereitschaftsdienstordnung aufgrund der Beteiligung der Ärztekammer rechtlich nicht zu beanstanden war, da auch ermächtigte Ärzte infolge ihrer Approbation Mitglieder der Ärztekammern sind, ist deren Verpflichtung durch eine alleinige Bereitschaftsdienstordnung der KV Brandenburg nunmehr rechtswidrig, da sie keine Zulassung besitzen und ihre Ermächtigung nicht derart mit einer Zulassung vergleichbar ist, dass sie eine Teilnahmeverpflichtung am Bereitschaftsdienst rechtfertigen könnte.

---

[74] In § 9 Abs. 3 S. 3 der Bereitschaftsdienstordnung wird fälschlicherweise auf eine Verpflichtung der anstellenden Ärzte „nach Absatz 4" verwiesen, obwohl § 9 keinen Abs. 4 besitzt. Gemeint ist wohl die Verpflichtung aus § 9 Abs. 1 S. 1.

e) Teilnahmepflicht psychologischer Psychotherapeuten

Nach dem Wortlaut des § 9 Abs. 1 S. 1 der Bereitschaftsdienstordnung werden auch zugelassene psychologische Psychotherapeuten von der Teilnahmepflicht erfasst, da es sich auch bei diesen um niedergelassene Vertragsärzte i. S. d. § 95 Abs. 3 SGB V S. 1 handelt. Vermutlich sollen hiermit psychologische Psychotherapeuten allerdings nicht erfasst sein, da diese – trotz Einbezug in die Arztgruppe der Psychotherapeuten i. S. d. § 101 Abs. 4 S. 1 SGB V – letztlich keine Ärzte im klassischen Sinne darstellen. Aus Klarstellungsgründen sollte jedoch darüber nachgedacht werden, diese ausdrücklich von der Teilnahmepflicht auszunehmen.

III. Umfang der Teilnahmepflicht

1. Grundsätzlicher Umfang der Teilnahmepflicht von Vertragsärzten

Entsprechend den obigen Grundsätzen richtet sich der Umfang der Teilnahme von Vertragsärzten gem. § 9 Abs. 1 S. 2 der Bereitschaftsdienstordnung nach deren Zulassung und damit nach dem Umfang des dem Arzt hieraus zukommenden Versorgungsauftrags:

> Bei der Festlegung des Umfanges der Dienstpflicht ist der Tätigkeitsumfang, der sich aus Zulassung […] des zum Bereitschaftsdienst Verpflichteten ergibt, zu berücksichtigen.

2. Einzelfälle

a) Umfang der Teilnahmepflicht von anstellenden Ärzten

Der Teilnahmeumfang von anstellenden Ärzten richtet sich mangels Spezialregelung nach § 9 Abs. 1 S. 2 der Bereitschaftsdienstordnung und damit nach ihrer Zulassung. Zwar wird dort auch die Anstellung als Kriterium für die Bemessung des Teilnahmeumfangs genannt, weshalb es auf den ersten Blick möglich erscheint, dass bei der Ermittlung des Teilnahmeumfangs des anstellenden Arztes unzulässigerweise auch die Zahl der bei ihm angestellten Ärzte Berücksichtigung findet. Allerdings spricht § 9 Abs. 1 S. 2 ausdrücklich von der Zulassung bzw. Anstellung „des zum Bereitschaftsdienst Verpflichteten“. Nachdem angestellte Ärzte gerade nicht zur Teilnahme verpflichtet sind, wirkt sich deren Anstellung daher auch nicht auf den Teilnahmeumfang des sie anstellenden Arztes aus. Unklar bleibt lediglich, auf welchen Verpflichteten sich die Anstellung i. S. d. § 9 Abs. 1 S. 2 bezieht.

b) Umfang der Teilnahmepflicht von Medizinischen Versorgungszentren

Der Teilnahmeumfang von MVZ richtet sich ebenfalls nach § 9 Abs. 1 S. 2 der gemeinsamen Bereitschaftsdienstordnung und damit nach deren Zulassung und gerade nicht – was unzulässig wäre – nach der Anzahl der dort angestellten Ärzte.

c) Umfang der Teilnahmepflicht von Betreibern einer Zweigpraxis

Lediglich für die Konstellation, in der ein Vertragsarzt außerhalb des Bereitschaftsdienstbereichs seines Vertragsarztsitzes eine Zweigpraxis betreibt und dort einen Arzt angestellt hat, trifft die Bereitschaftsdienstordnung eine Sonderregelung. Nach § 9 Abs. 3 S. 2 der Bereitschaftsdienstordnung hat der Zweigpraxisbetreiber in diesem Fall auch am Ort seiner Zweigpraxis im Tätigkeitsumfang des dort angestellten Arztes teilzunehmen. Dies ist allerdings nach hier vertretener Ansicht rechtswidrig. Zwar ist es grundsätzlich zulässig, dass der Zweigpraxisbetreiber auch am Zweigpraxisstandort zur Teilnahme verpflichtet wird. Insgesamt darf sein Teilnahmeumfang allerdings nicht über den sich aus seiner Zulassung ergebenden Versorgungsauftrag hinausgehen. Der Tätigkeitsumfang angestellter Ärzte darf hierbei keine Rolle spielen, weshalb § 9 Abs. 3 S. 2 der Bereitschaftsdienstordnung aufgrund einer übermäßigen Heranziehung des Zweigpraxisbetreibers als unzulässig zu bewerten ist. Für alle übrigen Zweigpraxisbetreiber gilt die Grundregel des § 9 Abs. 1 S. 2. Danach werden diese richtigerweise alleine im Umfang ihres eigenen Versorgungsauftrages zum Dienst herangezogen.

d) Umfang der Teilnahmepflicht bei Jobsharing

Bei der Frage nach dem Umfang der Teilnahmepflicht von Ärzten in Jobsharing ist zwischen dem Jobsharing nach § 101 Abs. 1 S. 1 Nr. 4 SGB V und demjenigen nach § 101 Abs. 1 S. 1 Nr. 5 SGB V zu differenzieren.

aa) Bei Jobsharing nach § 101 Abs. 1 S. 1 Nr. 4 SGB V

In erstgenanntem Fall werden beide Jobsharingpartner ausdrücklich zur Teilnahme am Bereitschaftsdienst verpflichtet, wie § 9 Abs. 1 S. 1 der Bereitschaftsdienstordnung normiert:

> Zur Teilnahme am ärztlichen Bereitschaftsdienst im Land Brandenburg [...] ist jeder [...] Job-Sharing-Partner gemäß § 101 Abs. 1 Satz 1 Nr. 4 SGB V [...] verpflichtet.

Nachdem sich beide Ärzte in diesem Falle letztlich eine Zulassung teilen, richtet sich der Umfang der Teilnahme am Bereitschaftsdienst für die beteiligten Ärzte nach § 9 Abs. 1 S. 2 und damit nach dem sich aus ihrer Zulassung ergebenden vertragsärztlichen Versorgungsauftrag. Diese Regelung ist insofern nicht zu beanstanden, als beide Ärzte damit in der Summe nicht häufiger als ein einzelner Arzt mit voller oder zwei Ärzte mit jeweils halber Zulassung herangezogen werden.

bb) Bei Jobsharing nach § 101 Abs. 1 S. 1 Nr. 5 SGB V

Für das Jobsharing i. S. d. § 101 Abs. 1 S. Nr. 5 SGB V praktizierende Ärzte schreibt die Bereitschaftsdienstordnung hingegen keine ausdrückliche Teilnahmeverpflichtung vor. Lediglich der anstellende Arzt wird aufgrund seiner Zulassung nach § 9 Abs. 1 S. 1 der Bereitschaftsdienstordnung zur Teilnahme verpflichtet. Dessen Teilnahmeumfang richtet sich wiederum nach der Grundregel des § 9 Abs. 1 S. 2 und damit in zulässiger Weise nach dem Umfang seines Versorgungsauftrages.

e) Umfang der Teilnahmepflicht von Mund-Kiefer-Gesichtschirurgen

In Bezug auf den Teilnahmeumfang von Mund-Kiefer-Gesichtschirurgen findet sich in der Bereitschaftsdienstordnung keine Regelung. Demzufolge ist davon auszugehen, dass diese entsprechend dem sich aus § 9 Abs. 1 S. 2 der Bereitschaftsdienstordnung ergebenden Grundsatz in Abhängigkeit ihrer Zulassung zum Bereitschaftsdienst herangezogen werden. Wie oben ausgeführt, ist für Mund-Kiefer-Gesichtschirurgen von diesem Grundsatz jedoch eine Ausnahme zu machen. Dementsprechend bedarf es – unabhängig davon, wie in Brandenburg die Heranziehung von Mund-Kiefer-Gesichtschirurgen in der Praxis tatsächlich gehandhabt wird – entweder einer Befreiungsmöglichkeit vom ärztlichen oder zahnärztlichen Bereitschaftsdienst, oder aber – aus Gründen der Einfachheit und Rechtsgleichheit vorzugswürdig – einer Regelung, welche bereits im Rahmen der Normierung der Teilnahmepflicht in der jeweiligen Bereitschaftsdienstordnung festlegt, dass sich die Teilnahmepflicht bei einer Tätigkeit als Mund-Kiefer-Gesichtschirurg und der damit verbundenen doppelten Zulassung auf jeweils den halben Umfang der üblichen Teilnahmepflicht bei einem vollen Versorgungsauftrag begrenzt bzw. eine Teilnahmepflicht vollständig erlischt und durch entsprechende häufigere Heranziehung zum anderen Bereitschaftsdienst kompensiert wird. Nachdem eine derartige Regelung nicht existiert und sich auch in der Bereitschaftsdienstordnung der KZV Brandenburg eine solche nicht findet,[75] besteht in Brandenburg jedenfalls theoretisch die Gefahr, dass Mund-Kiefer-Gesichtschirurgen mit doppelter Zulassung über den Umfang ihrer tatsächlichen vertragsärztlichen Tätigkeit hinausgehend zur Teilnahme am vertragsärztlichen Bereitschaftsdienst verpflichtet werden. Daher ist zu empfehlen, eine den obigen Ausführungen entsprechende Regelung in der Bereitschaftsdienstordnung zu erlassen.

---

[75] Abrufbar unter: https://www.kzvlb.de/fileadmin/user_upload/Seiteninhalte/Recht_u._Vertraege/Gesetze_Verordnungen/Gemeinsame_Bereitschaftsdienstordnung_VV_Beschluss_vom_06_12_2014.pdf (Stand: 03.02.2020).

f) Umfang der Teilnahmepflicht von Ärzten mit zwei Fachgebieten

Mangels spezieller Regelung richtet sich der Teilnahmeumfang von Ärzten mit Zulassung zu zwei Fachgebieten entsprechend dem sich aus § 9 Abs. 1 S. 2 der Bereitschaftsdienstordnung ergebenden Grundsatz richtigerweise alleine nach ihrer Zulassung und damit dem Umfang ihrer Teilnahme an der vertragsärztlichen Versorgung.

g) Umfang der Teilnahmepflicht von Belegärzten

In Ermangelung einer abweichenden Regelung gilt für Belegärzte ebenfalls § 9 Abs. 1 S. 2 der Bereitschaftsdienstordnung, womit sich der Umfang ihrer Teilnahmepflicht nach ihrer Zulassung bestimmt. Zu einer Reduzierung der Teilnahmepflicht aufgrund der Belegarzttätigkeit kommt es in Übereinstimmung mit obigen Grundsätzen daher richtigerweise nicht.

IV. Heranziehung

Zum Dienst herangezogen werden die verpflichteten Ärzte und MVZ mangels abweichender Regelung in der Bereitschaftsdienstordnung denknotwendig von der KV Brandenburg.

V. Rechtsschutz gegen die Heranziehung zum Bereitschaftsdienst

1. Zuständigkeit für das Widerspruchsverfahren

Über Widersprüche von Ärzten bzw. MVZ gegen ihre Heranziehung entscheidet ebenfalls die Kassenärztliche Vereinigung.

2. Rechtsweg

Einschlägiger Rechtsweg ist derjenige zu den Sozialgerichten.

VI. Zusammenfassung

Wenngleich die ÄK Brandenburg mittlerweile nicht mehr an der Organisation des Bereitschaftsdienstes beteiligt ist und dies insofern keine praktischen Auswirkungen besitzt, trifft sie nach § 32 Abs. 1 HeilBerG-BB weiterhin eine Verpflichtung zum

Erlass einer Bereitschaftsdienstordnung, welcher sie allerdings ebenso wenig nachkommt wie den in § 32 Abs. 3 und § 33 Abs. 2 HeilBerG-BB an die Bereitschaftsdienstordnung gestellten inhaltlichen Vorgaben. Damit verstößt die Ärztekammer momentan gegen geltendes Recht, solange der Landesgesetzgeber die genannten Verpflichtungen nicht aus dem HeilBerG-BB streicht oder die Ärztekammer sich wieder an der Regelung des Bereitschaftsdienstes beteiligt. Bedeutende Konsequenzen hat zudem das Fehlen einer ausreichenden formellgesetzlichen Rechtsgrundlage des Bundesgesetzgebers, weshalb sich die Heranziehung von Ärzten durch die KV Brandenburg als rechtswidrig darstellt. Aktuell können in Brandenburg daher keine Ärzte zur Teilnahme an einem Bereitschaftsdienst verpflichtet werden. In Bezug auf den von der Bereitschaftsdienstordnung erfassten Adressatenkreis ist zudem zu beanstanden, dass von diesem in unzulässiger Weise auch ermächtigte Ärzte erfasst werden. Ebenso stellt sich die Regelung zur Ermittlung des Teilnahmeumfangs von Ärzten, welche eine Zweigpraxis in einem anderen Bereitschaftsdienstbereich als demjenigen ihres Vertragsarztsitzes betreiben und dort einen Arzt angestellt haben, als übermäßig und folglich rechtswidrig dar. Schließlich ist der Kassenärztlichen Vereinigung eine Sonderregelung für den Teilnahmeumfang der Mund-Kiefer-Gesichtschirurgen zu empfehlen.

E. Bremen

In Bremen hat ebenfalls lediglich die Kassenärztliche Vereinigung eine Bereitschaftsdienstordnung erlassen.[76] Zwar sind für die Einrichtung und Durchführung eines Bereitschaftsdienstes laut § 26 Abs. 2 S. 1 BO-HB die von dieser erlassenen Richtlinien maßgeblich:

> Für die Einrichtung und Durchführung eines Notfalldienstes im Einzelnen sind die von der Ärztekammer erlassenen Richtlinien maßgebend.

Daraus lässt sich eigentlich schließen, dass neben der Kassenärztlichen Vereinigung auch die Ärztekammer einen Bereitschaftsdienst durch körperschaftseigene Regelungen organisiert. Laut eigener Aussage hat die ÄK Bremen allerdings keine derartigen Richtlinien erlassen.[77] Infolgedessen wird der Bereitschaftsdienst in Bremen alleine von der KV Bremen geregelt. Obgleich sich die Vorgabe, dass der berufsrechtliche Bereitschaftsdienst durch Richtlinien ausgestaltet werden soll, nicht in einem formellen Gesetz, sondern vielmehr lediglich in einer von der Ärztekammer selbst erlassenen Satzung findet und damit durch den Nichterlass besagter Richtlinien kein Gesetzesverstoß der ÄK Bremen zu sehen ist, sollte die Regelung gestrichen werden. Denn solange die Ärztekammer derartige Richtlinien nicht erlassen

[76] Abrufbar unter: https://www.kvhb.de/sites/default/files/bereitschaftsdienstordnung.pdf (Stand: 03.02.2020).

[77] So die ÄK Bremen auf Anfrage des Autors, E-Mail vom 26.11.2018.

hat, läuft der Verweis ins Leere und vermag lediglich für Verwirrung und Rechtsunsicherheit zu sorgen.

I. Ausreichende Rechtsgrundlage

1. Ärztekammer

Trotz fehlender eigenständiger Regelungen der ÄK Bremen empfiehlt es sich im Hinblick auf eine mögliche zukünftige eigene Organisation, das Bestehen einer hierfür ausreichenden Rechtsgrundlage zu untersuchen.

a) Für die Regelung des ärztlichen Bereitschaftsdienstes

Mit § 29 HeilBerG-HB ist die Ärztekammer zur Regelung des ärztlichen Bereitschaftsdienstes in ihrer Berufsordnung ermächtigt worden.

b) Für die Normierung einer Teilnahmepflicht

Den vom BVerwG aufgestellten Mindestanforderungen an die formell gesetzliche Regelung der Teilnahmepflicht ist der Landesgesetzgeber mit den §§ 28 Nr. 3, 29 Abs. 1 S. 2 HeilBerG-HB nachgekommen. In Ermangelung einer entsprechenden Regelung ist die ÄK Bremen dagegen nicht verpflichtet, den Bereitschaftsdienst auch in einer eigenen Bereitschaftsdienstordnung zu regeln. Den dagegen in § 29 Abs. 1 HeilBerG-HB aufgestellten inhaltlichen Vorgaben an die Berufsordnung hat die Ärztekammer in Bremen mit § 26 Abs. 1 S. 2 und 3 sowie Abs. 2 S. 2 BO-HB entsprochen.

2. Kassenärztliche Vereinigung

a) Für die Regelung des ärztlichen Bereitschaftsdienstes

Mit § 75 Abs. 1b S. 1 SGB V existiert eine Ermächtigungsgrundlage für die Regelung des vertragsärztlichen Bereitschaftsdienstes durch die Kassenärztliche Vereinigung.

b) Für die Normierung einer Teilnahmepflicht

Dahingegen fehlt es an einer – nach hier vertretener Auffassung zwingend erforderlichen – Normierung einer Teilnahmepflicht in einem formellen Gesetz des Bundesgesetzgebers. Damit ist die Verpflichtung von Vertragsärzten durch die Kassenärztliche Vereinigung als verfassungswidrig zu bewerten. Nachdem der Bereitschaftsdienst in Bremen nur von der Kassenärztlichen Vereinigung organisiert wird und die Teilnahmepflicht der Ärzte damit alleine auf ihrer Zulassung zur vertragsärztlichen Versorgung beruht, können Ärzte dort nicht verpflichtend zum Bereitschaftsdienst herangezogen werden, sofern der Bereitschaftsdienstordnung nicht für eine Übergangszeit weiter Geltung verschafft werden sollte.

II. Adressatenkreis der Teilnahmepflicht

1. Grundsätzliche Teilnahmepflicht von Vertragsärzten

Nach § 3 S. 1 der Bereitschaftsdienstordnung[78] der KV Bremen sind zur Teilnahme am Bereitschaftsdienst grundsätzlich die ärztlichen Mitglieder der Kassenärztlichen Vereinigung und damit auch die zur vertragsärztlichen Versorgung zugelassenen Ärzte verpflichtet. Inwieweit durch diese Regelung auch weitere Arztgruppen in möglicherweise unzulässiger Weise zum Bereitschaftsdienst verpflichtet werden, sei noch zu klären. Hervorzuheben ist an dieser Stelle noch, dass die Teilnahme am Bereitschaftsdienst für einen der insgesamt drei Bereitschaftsdienstbereiche bis 2019 vollständig auf freiwilliger Basis organisiert war, wie Punkt V Abs. 2 S. 7 der Bereitschaftsdienstordnung der KV Bremen in der bis 01.07.2019 gültigen Fassung normierte:

> Ab dem 01.04.2009 wird der Ärztliche Bereitschaftsdienst im Bereitschaftsdienstbereich 1 auf freiwilliger Basis organisiert.

Folglich waren in diesem Bereich niedergelassene Ärzte auch dann nicht zur Teilnahme verpflichtet, wenn sie eine Zulassung zur vertragsärztlichen Versorgung besaßen. Grund für diese Regelung wird gewesen sein, dass – wahrscheinlich bedingt durch die geringe Größe des Bereichs – ein niedriger Bedarf an einer ärztlichen Versorgung zu den sprechstundenfreien Zeiten bestand und sich vermutlich genügend Ärzte auf freiwilliger Basis fanden, um die Versorgung sicherzustellen. Wohl um im Bedarfsfall dennoch Vertragsärzte zur Ableistung des Dienstes verpflichten zu können, stellte die KV Bremen in Punkt V Abs. 2 S. 8 a.F. jedoch klar, dass die „[...] grundsätzliche Verpflichtung zur Teilnahme am Bereitschaftsdienst [...] von dieser Reglung ebenso unberührt [bleibt] wie die in § 75 Abs. 1 Satz 2 SGB V[79] normierten Bestimmungen". Sofern durch eine lediglich freiwillige Teilnahme die ausreichende vertragsärztliche Versorgung zu den sprechstundenfreien Zeiten tatsächlich sichergestellt werden kann, ist eine derartige Regelung grundsätzlich nicht zu beanstanden. Probleme könnte vielmehr im Hinblick auf den sich aus Art. 3 Abs. 1 GG ergebenden Grundsatz der möglichst gleichmäßigen Heranziehung aller Ärzte bereiten, dass in den beiden anderen Bereitschaftsdienstbereichen in Bremen für niedergelassene

[78] „Die ärztliche Versorgung im Bereitschaftsdienst wird grundsätzlich durch ärztliche Mitglieder der KVHB sichergestellt."

[79] Gemeint war wohl vielmehr § 75 Abs. 1b S. 1 SGB V. Der Verweis der Bereitschaftsdienstordnung auf das Sozialgesetzbuch war offensichtlich noch nicht an die Änderungen des § 75 SGB V angepasst worden.

Vertragsärzte weiterhin eine Pflicht zur Teilnahme bestand. Durch den Wegfall des Punkt V Abs. 2 S. 7 in der seit 01.07.2019 gültigen Neufassung der Bereitschaftsdienstordnung ist dies mittlerweile allerdings obsolet geworden, da damit wieder in allen drei Bereitschaftsdienstbereichen eine verpflichtende Teilnahme für alle Vertragsärzte im Bereitschaftsdienstbezirk der KV Bremen besteht.

2. Grundsätzliche Teilnahmepflicht von Nicht-Vertragsärzten

Nicht-Vertragsärzten wird anders als den Vertragsärzten nach § 5 S. 1 der Bereitschaftsdienstordnung in kompetenzrechtlich nicht zu beanstandender Weise lediglich unter Beachtung bestimmter Voraussetzungen eine Teilnahmemöglichkeit auf rein freiwilliger Basis eingeräumt.

3. Einzelfälle

a) Teilnahmepflicht von in Vertragsarztpraxen angestellten Ärzten

Für eine obligatorische Teilnahme von in Vertragsarztpraxen angestellten Ärzten fehlt es an einer ausreichenden Regelungsbefugnis der KV Bremen. Dementsprechend werden diese auch nicht verpflichtend herangezogen. Sie können nach § 3 S. 5 der Bereitschaftsdienstordnung lediglich intern – d. h. im Rahmen ihres Anstellungsverhältnisses – vom anstellenden Arzt verpflichtet werden oder davon unabhängig gem. § 5 S. 8 freiwillig am Bereitschaftsdienst teilnehmen.

b) Teilnahmepflicht von in Medizinischen Versorgungszentren angestellten Ärzten

Die in MVZ angestellten Ärzte werden in Übereinstimmung mit der hierfür fehlenden Regelungsbefugnis ebenfalls nicht zur Teilnahme verpflichtet. Wie schon für die in Vertragsarztpraxen angestellten Ärzte gilt auch für diese lediglich § 3 S. 5 und § 5 S. 8 der Bereitschaftsdienstordnung.

c) Teilnahmepflicht von Medizinischen Versorgungszentren

Dagegen steht es der Kassenärztlichen Vereinigung frei, MVZ zum Bereitschaftsdienst zu verpflichten, wovon die KV Bremen in § 3 S. 3 auch Gebrauch gemacht hat.

d) Teilnahmepflicht ermächtigter Ärzte und Einrichtungen

Richtigerweise normiert die KV Bremen in Anerkennung der Grenzen ihrer Regelungsbefugnis auch keine Teilnahmepflicht ermächtigter Ärzte oder ermächtigter Einrichtungen. Zwar bestimmt § 3 S. 1 der Bereitschaftsdienstordnung, dass „die ärztliche Versorgung im Bereitschaftsdienst [...] grundsätzlich durch ärztliche Mitglieder der KVHB sichergestellt“ wird. Nachdem ermächtigte Ärzte gem. § 77 Abs. 3 SGB V ebenfalls Mitglieder der Kassenärztlichen Vereinigung werden, könnte § 3 S. 1 der Bereitschaftsdienstordnung so verstanden werden, dass in rechtlich unzulässiger Weise auch ermächtigte Krankenhausärzte am Bereitschaftsdienst der KV Bremen teilzunehmen hätten. Zu beachten ist allerdings, dass § 3 S. 1 nach seinem Wortlaut lediglich einen von Ausnahmen nicht befreiten Grundsatz „grundsätzlich“ aufstellt sowie nicht von einer Verpflichtung, sondern einer bloßen Sicherstellung spricht. Zum anderen werden in § 3 S. 2 noch einmal einzelne Verpflichtete explizit aufgezählt, ermächtigte Krankenhausärzte finden sich dort allerdings nicht wieder. Im Umkehrschluss hieraus lässt sich entnehmen, dass die Bereitschaftsdienstordnung ermächtigte Ärzte nicht zur Teilnahme verpflichtet.

e) Teilnahmepflicht psychologischer Psychotherapeuten

Nach dem Wortlaut des § 3 S. 3 der Bereitschaftsdienstordnung werden auch zugelassene psychologische Psychotherapeuten von der Teilnahmepflicht erfasst, da es sich auch bei diesen um niedergelassene Vertragsärzte i. S. d. § 95 Abs. 3 SGB V S. 1 handelt. Vermutlich sollen psychologische Psychotherapeuten hiervon allerdings nicht erfasst sein, da diese – trotz Einbezug in die Arztgruppe der Psychotherapeuten i. S. d. § 101 Abs. 4 S. 1 SGB V – letztlich keine Ärzte im klassischen Sinne darstellen. Aus Klarstellungsgründen sollte jedoch darüber nachgedacht werden, diese ausdrücklich von der Teilnahmepflicht auszunehmen.

III. Umfang der Teilnahmepflicht

Zunächst legt die KV Bremen in § 3 S. 2 ihrer Bereitschaftsdienstordnung grundlegend – d. h. ohne Rücksicht auf möglicherweise differenziert zu beurteilende Einzelfälle – fest, dass sich der Umfang der Teilnahmepflicht grundsätzlich nach dem Umfang ihres Versorgungsauftrages bemisst:

> Alle Ärztinnen und Ärzte sind grundsätzlich entsprechend dem Umfang ihres Versorgungsauftrages verpflichtet, am Bereitschaftsdienst teilzunehmen.

§ 3 S. 8 präzisiert diesen Grundsatz der Abhängigkeit des Teilnahmeumfangs vom Umfang des Versorgungsauftrages noch einmal:

> Der Umfang des Versorgungsauftrages (voll, dreiviertel oder hälftig und weniger, je nach Zulassungsstatus) wird bei der Zahl der zugewiesenen Dienste berücksichtigt.

1. Grundsätzlicher Umfang der Teilnahmepflicht von Vertragsärzten

Niedergelassene Vertragsärzte haben nach § 3 S. 3 der Bereitschaftsdienstordnung in Einklang mit den oben aufgestellten Grundsätzen im Umfang ihres Versorgungsauftrages – welcher sich wiederum aus ihrer Zulassung ergibt – teilzunehmen:

Zur Teilnahme am Bereitschaftsdienst im Land Bremen ist verpflichtet:

- Jeder niedergelassene im Arztregister Bremen eingetragene Vertragsarzt entsprechend dem Versorgungsauftrag gem. § 95 Abs. 3 Satz 1 SGB V [...].

Für Vertragsärzte ergibt sich im Ergebnis daher keine Abweichung von dem in § 3 S. 2 aufgestellten und in § 3 S. 8 präzisierten Grundsatz.

2. Einzelfälle

a) Umfang der Teilnahmepflicht von Medizinischen Versorgungszentren

In Bezug auf den Teilnahmeumfang von MVZ trifft die Bereitschaftsdienstordnung in § 3 S. 4 folgende Sonderregelung:

In Medizinischen Versorgungszentren (MVZ) und Vertragsarztpraxen mit angestellten Ärzten gilt folgendes entsprechend: diese werden entsprechend der Anzahl und des Tätigkeitsumfanges (Versorgungsauftrag) der im jeweiligen MVZ oder der Vertragsarztpraxis tätigen Ärzte zum Bereitschaftsdienst herangezogen.

Danach richtet sich deren Teilnahmeumfang abweichend von der Grundregel des § 3 S. 2 nicht unmittelbar nach dem sich aus ihrer Zulassung ergebenden Versorgungsauftrag, sondern bemisst sich nach dem Tätigkeitsumfang der dort angestellten Ärzte. Nachdem der Tätigkeitsumfang allerdings von den dem MVZ zustehenden Versorgungsauftrag abhängt, welcher sich wiederum nach der Anzahl der Zulassungen richtet, ist diese Regelung nicht zu beanstanden.

b) Umfang der Teilnahmepflicht von anstellenden Vertragsärzten

Dasselbe gilt in Bezug auf anstellende Vertragsärzte, da diese ebenfalls von der Regelung des § 3 S. 4 der Bereitschaftsdienstordnung erfasst sind.

c) Umfang der Teilnahmepflicht von Betreibern einer Zweigpraxis

Betreiber einer Zweigpraxis werden nach § 3 S. 3 der Bereitschaftsdienstordnung ausdrücklich zur Teilnahme am Bereitschaftsdienst verpflichtet. In Bezug auf ihren konkreten Teilnahmeumfang existiert allerdings keine Sonderregelung, womit für dessen Berechnung § 3 S. 2 maßgeblich ist. Folglich bemisst sich der Teilnahmeumfang von Betreibern einer Zweigpraxis richtigerweise alleine nach dem – sich durch den Betrieb der Zweigpraxis gerade nicht erhöhenden – Umfang ihres sich aus ihrer Zulassung ergebenden vertragsärztlichen Versorgungsauftrages.

d) Umfang der Teilnahmepflicht bei Jobsharing

Analog hierzu stellt sich auch die Situation von Jobsharingpartnern i. S. d. § 101 Abs. 1 S. 1 Nr. 4 SGB V dar, da diese ebenfalls nach § 3 S. 3 der Bereitschaftsdienstordnung ausdrücklich zur Teilnahme verpflichtet sind, über ihren Teilnahmeumfang aber keine Aussagen getroffen werden. Dementsprechend sind auch diese nach § 3 S. 2 im Umfang ihres Versorgungsauftrages zur Teilnahme verpflichtet. Nachdem sich beide Jobsharingpartner letztlich eine Zulassung und damit einen Versorgungsauftrag teilen, kommt es folglich nicht zu einer übermäßigen Heranziehung. Demgegenüber werden Jobsharingpartner i. S. d. § 101 Abs. 1 S. 1 Nr. 5 SGB V richtigerweise nicht zur Teilnahme am Bereitschaftsdienst verpflichtet. Dies liegt darin begründet, dass der anstellende Arzt aufgrund seiner Zulassung zur vertragsärztlichen Versorgung ohnehin zur Teilnahme verpflichtet ist und der angestellte Arzt mangels Zulassung von der KV Bremen gar nicht herangezogen werden darf, da es hierfür an einer entsprechenden Regelungsbefugnis fehlt. Für den anstellenden Vertragsarzt richtet sich der Umfang seiner Teilnahmeverpflichtung nach dem in § 3 S. 2 aufgestellten Grundsatz, mithin richtigerweise nach seiner durch die Anstellung unbeeinträchtigten Zulassung.

e) Umfang der Teilnahmepflicht von Mund-Kiefer-Gesichtschirurgen

Wie schon in Baden-Württemberg, Berlin und Brandenburg fehlt es auch in Bremen an einer Regelung, welche der besonderen Situation des zugelassenen Mund-Kiefer-Gesichtschirurgen Rechnung trägt, indem es ihn entweder vom vertragsärztlichen bzw. vertragszahnärztlichen Bereitschaftsdienst befreit oder seine jeweilige Teilnahmepflicht auf einen Umfang reduziert, welcher in der Summe nicht den sich aus einer einzigen Zulassung ergebenden Teilnahmeumfang übersteigt.

f) Umfang der Teilnahmepflicht von Ärzten mit zwei Fachgebieten

In Bezug auf Ärzte mit Zulassung zu zwei Fachgebieten gilt mangels Sonderregelung § 3 S. 2 der Bereitschaftsdienstordnung, womit sich deren Teilnahmeumfang nach dem Umfang ihres Versorgungsauftrages bemisst, welcher trotz Zulassung zu zwei Fachgebieten dennoch nur dem einer einzigen Zulassung entspricht.

g) Umfang der Teilnahmepflicht von Belegärzten

Auch für Belegärzte gilt mangels anderweitiger Regelung richtigerweise § 3 S. 2 der Bereitschaftsdienstordnung, da die Belegarzttätigkeit keine pauschale Reduzierung der Teilnahmeverpflichtung rechtfertigt.

IV. Heranziehung

Die Heranziehung der zur Teilnahme Verpflichteten erfolgt durch die KV Bremen.

V. Rechtsschutz gegen die Heranziehung zum Bereitschaftsdienst

1. Zuständigkeit für das Widerspruchsverfahren

Nachdem sämtliche Entscheidungen den ärztlichen Bereitschaftsdienst betreffend aufgrund der alleinigen Regelung durch die KV Bremen getroffen werden, sind Widersprüche aller Ärzte hiergegen folgerichtig auch an die Kassenärztliche Vereinigung zu richten.

2. Rechtsweg

Einschlägiger Rechtsweg ist denknotwendig derjenige zu den Sozialgerichten.

VI. Zusammenfassung

Die Bereitschaftsdienstordnung der KV Bremen ist – unter Ausklammerung des Fehlens einer formellgesetzlichen Rechtsgrundlage des Bundesgesetzgebers – im Hinblick auf den zur Teilnahme verpflichteten Adressatenkreis nicht zu beanstanden. In Bezug auf den Teilnahmeumfang fehlt es hingegen an einer Regelung, welche der besonderen Situation der zugelassenen Mund-Kiefer-Gesichtschirurgen hinsichtlich ihres Teilnahmeumfangs gerecht wird.

F. Hamburg

Auch in Hamburg hat einzig die Kassenärztliche Vereinigung die Einrichtung und Durchführung des ärztlichen Bereitschaftsdienstes durch den Erlass einer Bereitschaftsdienstordnung übernommen.[80] Während sich dabei in den vorigen Ländern der Verzicht der Ärztekammer auf eine eigenständige Regelung des Bereitschaftsdienstes nie ausdrücklich, sondern lediglich aus dem Fehlen eigener Regelungen ergab, verweist die ÄK Hamburg in § 26 Abs. 2 S. 1 BO-HH explizit darauf, dass für die Durchführung des ärztlichen Bereitschaftsdienstes alleine die Bereitschaftsdienstordnung der KV Hamburg gilt:

> Für die Einrichtung und Durchführung eines Notfalldienstes im Einzelnen ist die von der Kassenärztlichen Vereinigung Hamburg erlassene Notfalldienstordnung maßgebend.

Nachdem die Ärztekammer nach § 27 Abs. 2 Nr. 5 HmbKGH weder die Pflicht zum Erlass einer Bereitschaftsdienstordnung, noch überhaupt zur Regelung eines Bereitschaftsdienstes trifft („sofern ein solcher eingerichtet ist"), ist der Verzicht der ÄK Hamburg auf eine eigene Organisation des Bereitschaftsdienstes nicht zu beanstanden.

I. Ausreichende Rechtsgrundlage

1. Ärztekammer

Da für die Zukunft nicht auszuschließen ist, dass die ÄK Hamburg einen eigenen Bereitschaftsdienst organisieren wird, empfiehlt es sich auch hier, das Vorliegen einer ausreichenden Ermächtigungsgrundlage zu prüfen.

a) Für die Regelung des ärztlichen Bereitschaftsdienstes

Ausdrücklich zur Regelung des ärztlichen Bereitschaftsdienstes ermächtigt hat der Landesgesetzgeber die Ärztekammer nicht. Dies ist allerdings unschädlich, da sich eine entsprechende Ermächtigung aus den bestehenden Vorschriften des HmbKGH ergibt. Nach § 6 Abs. 1 Nr. 1 HmbKGH obliegt der Ärztekammer die Überwachung der Einhaltung der Berufspflichten, zu welchen nach § 27 Abs. 2 Nr. 5 HmbKGH auch die Teilnahme des Arztes am Bereitschaftsdienst zu zählen ist. Nachdem die Ärztekammer darüber hinaus gem. § 28 Abs. 1 S. 1 HmbKGH auch ausdrücklich ermächtigt ist, die Berufspflichten in der Berufsordnung zu regeln, liegt eine hinreichende Ermächtigungsgrundlage für die Ärztekammer zur Regelung des Bereitschaftsdienstes vor.

b) Für die Normierung einer Teilnahmepflicht

In Hamburg hat der Landesgesetzgeber in § 27 Abs. 2 Nr. 5 HmbKGH die Teilnahmepflicht eines klar abgegrenzten Adressatenkreises normiert:

---

[80] Abrufbar unter: http://www.kvhh.net/media/public/db/media/1/2010/01/183/notfalldienst ordnungvom28.09.2017.pdf (Stand: 03.02.2020).

Die Kammermitglieder sind insbesondere verpflichtet, [...] 5. soweit sie als Mitglied einer Heilberufekammer in eigener Praxis oder in Einrichtungen der ambulanten Versorgung und Apotheken tätig sind, grundsätzlich am Notfall- und Bereitschaftsdienst teilzunehmen, sofern ein solcher eingerichtet ist.

Allerdings fehlt es hierbei an einer nach der Rechtsprechung des BVerwG erforderlichen formellgesetzlichen Regelung, unter welchen Voraussetzungen eine ausnahmsweise Befreiung von der Teilnahme möglich ist. Folglich würde – sofern man jedenfalls wie hier der Rechtsprechung des BVerwG folgt – die verpflichtende Heranziehung eines Arztes zum Bereitschaftsdienst der ÄK Hamburg auf keiner ausreichenden Rechtsgrundlage beruhen, da der Gesetzgeber in Missachtung des Vorbehalts des Gesetzes nicht alle als vom BVerwG wesentlich erachteten Grundzüge der Teilnahmepflicht in einem formellen Gesetz geregelt, sondern diese teilweise – nämlich in Form der Voraussetzungen einer ausnahmsweisen Befreiung – der untergesetzlichen Regelungsgewalt einer Körperschaft überlassen hat. Damit würde sich eine Regelung der Ärztekammer, welche Ärzte zur Teilnahme an ihrem Bereitschaftsdienst verpflichtet, als rechtswidrig darstellen. Allerdings verzichtet die Ärztekammer in Hamburg wie gesehen vollständig auf die Einrichtung eines ärztlichen Bereitschaftsdienstes; in Hamburg existiert vielmehr lediglich ein vertragsärztlicher Bereitschaftsdienst der KV Hamburg. Eine Heranziehung von Ärzten durch die Ärztekammer ist also nach aktuellem Stand überhaupt nicht vorgesehen. Erst wenn die ÄK Hamburg in Zukunft selbst Ärzte zur Teilnahme an einem alleinigen oder gemeinsam mit der KV Hamburg organisierten Bereitschaftsdienst verpflichten wollen würde, müsste der Landesgesetzgeber auch die Voraussetzungen einer in Betracht kommenden Befreiung jedenfalls in ihren Grundzügen gesetzlich festlegen.

2. Kassenärztliche Vereinigung

a) Für die Regelung des ärztlichen Bereitschaftsdienstes

Mit § 75 Abs. 1b S. 1 SGB V besteht eine Ermächtigungsgrundlage für die Regelung des vertragsärztlichen Bereitschaftsdienstes durch die Kassenärztliche Vereinigung.

b) Für die Normierung einer Teilnahmepflicht

Dahingegen fehlt es an einer – nach hier vertretener Auffassung zwingend erforderlichen – Normierung einer Teilnahmepflicht in einem formellen Gesetz des Bundesgesetzgebers. Damit ist die Verpflichtung von Vertragsärzten durch die Kassenärztliche Vereinigung als verfassungswidrig zu bewerten. Nachdem der Bereitschaftsdienst in Hamburg lediglich von der Kassenärztlichen Vereinigung durchgeführt wird und die Teilnahmepflicht der Ärzte damit alleine auf ihrer Zulassung zur vertragsärztlichen Versorgung beruht, können Ärzte dort nicht verpflichtend zum Bereitschaftsdienst herangezogen werden, sofern der Bereitschaftsdienstordnung nicht für eine Übergangszeit weiter Geltung verschafft werden sollte.

II. Adressatenkreis der Teilnahmepflicht

1. Grundsätzliche Teilnahmepflicht von Vertragsärzten

Zur Teilnahme am Bereitschaftsdienst verpflichtet sind nach § 3 Abs. 1 S. 1 a) der Bereitschaftsdienstordnung alle niedergelassenen Vertragsärzte:

> Zur Teilnahme am ÄNH sind verpflichtet: a) in eigener Praxis tätige Vertragsärzte [...].

2. Grundsätzliche Teilnahmepflicht von Nicht-Vertragsärzten

Nicht zur vertragsärztlichen Versorgung zugelassene Ärzte verpflichtet die Bereitschaftsdienstordnung der KV Hamburg in Übereinstimmung mit ihrer auf Vertragsärzte beschränkten Regelungsbefugnis dagegen nicht, sondern räumt diesen in § 3 Abs. 2 S. 1 lediglich die freiwillige Möglichkeit einer Teilnahme ein.

3. Einzelfälle

a) Teilnahmepflicht von in Vertragsarztpraxen angestellten Ärzten

Mangels entsprechender Normierung kommt es in Hamburg nicht zu einer unzulässigen Verpflichtung von angestellten Ärzten.

b) Teilnahmepflicht von in Medizinischen Versorgungszentren angestellten Ärzten

Auch die in MVZ angestellten Ärzte werden richtigerweise nicht durch die KV Hamburg zum Bereitschaftsdienst herangezogen.[81]

c) Teilnahmepflicht von Medizinischen Versorgungszentren

MVZ wird hingegen entsprechend ihrer Zulassung gem. § 3 Abs. 1 S. 1 lit. b) eine Teilnahmeverpflichtung auferlegt.

---

[81] Auch hier besteht jedoch die Möglichkeit, dass ihnen durch Übertragung der Teilnahmepflicht des MVZ im Rahmen des Anstellungsverhältnisses mittelbar eine Pflicht zur Teilnahme zukommt.

d) Teilnahmepflicht ermächtigter Ärzte und Einrichtungen

Dagegen werden weder ermächtigte Ärzte noch ermächtigte Einrichtungen zur Teilnahme verpflichtet.

e) Teilnahmepflicht psychologischer Psychotherapeuten

Nach dem Wortlaut des § 3 Abs. 1 S. 1 lit. a) der Bereitschaftsdienstordnung werden auch zugelassene psychologische Psychotherapeuten von der Teilnahmepflicht erfasst, da es sich auch bei diesen um in eigener Praxis tätige Vertragsärzte handelt. Vermutlich sollen hiermit psychologische Psychotherapeuten allerdings nicht erfasst sein, da diese – trotz Einbezug in die Arztgruppe der Psychotherapeuten i. S. d. § 101 Abs. 4 S. 1 SGB V – letztlich keine Ärzte im klassischen Sinne darstellen. Aus Klarstellungsgründen sollte jedoch darüber nachgedacht werden, diese ausdrücklich von der Teilnahmepflicht auszunehmen.

III. Umfang der Teilnahmepflicht

Hinsichtlich der Ermittlung des konkreten Umfangs der Teilnahmepflicht hat die KV Hamburg in ihrer Bereitschaftsdienstordnung lediglich § 3 Abs. 1 S. 2 erlassen. Darin heißt es:

> In eigener Praxis tätige Vertragsärzte und Medizinische Versorgungszentren (MVZ) werden im Verhältnis des Umfangs ihrer Teilnahme an der vertragsärztlichen Versorgung (Vollzeitäquivalente) am ÄNH beteiligt.

1. Grundsätzlicher Umfang der Teilnahmepflicht von Vertragsärzten

Folglich werden Vertragsärzte richtigerweise im Umfang ihres vertragsärztlichen Versorgungsauftrages herangezogen, welcher sich wiederum aus ihrer Zulassung ergibt. Zur Klarstellung wäre allerdings eine gesetzlich normierte Abstufung des Teilnahmeumfangs in Abhängigkeit davon, ob der einzelne Arzt bzw. das einzelne MVZ eine halbe, drei Viertel oder volle Zulassung besitzt, zu empfehlen.

2. Einzelfälle

a) Umfang der Teilnahmepflicht von Medizinischen Versorgungszentren

Selbiges gilt für den Teilnahmeumfang von MVZ. Auch diesbezüglich wird alleine auf ihre Zulassung und nicht etwa – rechtlich unzulässig – auf die Anzahl der angestellten Ärzte abgestellt.

b) Umfang der Teilnahmepflicht von anstellenden Ärzten

Auch der Teilnahmeumfang anstellender Ärzte erhöht sich durch die Beschäftigung weiterer Ärzte über den sich aus ihrer Zulassung ergebenden Versorgungsauftrag hinaus richtigerweise nicht.

c) Umfang der Teilnahmepflicht von Betreibern einer Zweigpraxis

Ebenso werden auch Betreiber einer Zweigpraxis mangels abweichender Regelung lediglich entsprechend ihrer Zulassung zum Dienst herangezogen.

d) Umfang der Teilnahmepflicht bei Jobsharing

In Ermangelung einer Sonderregelung werden Jobsharingpartner i.S.d. § 101 Abs. 1 S. 1 Nr. 4 SGB V in der Summe mit dem Umfang einer einzigen Zulassung und der anstellende Vertragsarzt in der Variante des § 101 Abs. 1 S. 1 Nr. 5 SGB V ebenfalls im Umfang seiner Zulassung herangezogen, während den angestellten Arzt mangels Zulassung schon gar keine Teilnahmepflicht trifft.

e) Umfang der Teilnahmepflicht von Mund-Kiefer-Gesichtschirurgen

In Bezug auf Mund-Kiefer-Gesichtschirurgen ist der KV Hamburg hingegen eine Regelung zu empfehlen, welche deren besonderer Situation Rechnung trägt, indem diese entweder vom vertragsärztlichen bzw. vertragszahnärztlichen Bereitschaftsdienst befreit werden oder ihre jeweilige Teilnahmepflicht auf einen Umfang reduziert wird, welcher in der Summe nicht den sich aus einer einzigen Zulassung ergebenden Teilnahmeumfang übersteigt.

f) Umfang der Teilnahmepflicht von Ärzten mit zwei Fachgebieten

Im Hinblick auf Ärzte mit zwei Fachgebieten ist die Regelung des § 3 Abs. 1 S. 2 der Bereitschaftsdienstordnung nicht zu beanstanden, da diese im Ergebnis nur eine volle Zulassung besitzen und damit auch nicht über Gebühr zur Teilnahme herangezogen werden.

g) Umfang der Teilnahmepflicht von Belegärzten

Belegärzte werden richtigerweise ohne Rücksicht auf ihre Belegarzttätigkeit in vollem Umfang ihrer Zulassung zum Bereitschaftsdienst verpflichtet.

IV. Heranziehung

Die Heranziehung zum Bereitschaftsdienst wird denknotwendig durch die Kassenärztliche Vereinigung vorgenommen.

V. Rechtsschutz gegen die Heranziehung zum Bereitschaftsdienst

1. Zuständigkeit für das Widerspruchsverfahren

Ebenso sind Widersprüche von Ärzteseite gegen ihre Heranziehung an die Kassenärztliche Vereinigung zu richten.

2. Rechtsweg

Einschlägiger Rechtsweg ist derjenige zu den Sozialgerichten.

VI. Zusammenfassung

Für Hamburg fehlt es nicht nur – wie in allen Bundesländern – an einer ausreichenden formellgesetzlichen Rechtsgrundlage des Bundesgesetzgebers für die Normierung einer Teilnahmepflicht durch die Kassenärztlichen Vereinigung, sondern auch an einer entsprechenden Regelung des Landesgesetzgebers, da dieser in § 27 Abs. 2 Nr. 5 HmbKGH den vom BVerwG geforderten Mindestinhalten nicht vollumfänglich nachgekommen ist. Letzteres ist allerdings insofern unschädlich, als die ÄK Hamburg momentan ohnehin keinen Bereitschaftsdienst organisiert. Der von der Bereitschaftsdienstordnung der KV Hamburg verpflichtete Adressatenkreis ist rechtlich hingegen nicht zu beanstanden. Selbiges gilt mit Ausnahme des Fehlens einer Sonderregelung für die Mund-Kiefer-Gesichtschirurgen auch für die Bestimmung des Teilnahmeumfangs.

G. Hessen

Auch in Hessen hat die Ärztekammer auf eine eigene Regelung des ärztlichen Bereitschaftsdienstes verzichtet. Einrichtung und Durchführung des Bereitschaftsdienstes richtet sich alleine nach der von der Kassenärztlichen Vereinigung erlassenen Bereitschaftsdienstordnung.[82] Dies stellt § 23 Nr. 2 HBG-HE ausdrücklich

---

[82] Abrufbar unter: https://www.kvhessen.de/fileadmin/user_upload/kvhessen/Mitglieder/Recht_Vertrag/AEBD-ARZT_Bereitschaftsdienstordnung2019.pdf (Stand: 03.20.2020).

klar, wonach alle Angehörigen der Ärztekammer, die als niedergelassene Ärzte tätig sind, ihrer Teilnahmepflicht durch Teilnahme am Bereitschaftsdienst der KV Hessen nachzukommen haben:[83]

> Die Kammerangehörigen, die ihren Beruf ausüben, haben insbesondere die Pflicht, [...] 2. soweit sie als Berufsangehörige im Sinne des § 2 Abs. 1 Satz 1 Nr. 1 in eigener Praxis tätig sind, am Ärztlichen Bereitschaftsdienst der Kassenärztlichen Vereinigung Hessen teilzunehmen [...].

Dadurch ergibt sich die durchaus bemerkenswerte Konstellation, dass der niedergelassene Arzt seiner sich aus Landesrecht ergebenden Berufspflicht dadurch entsprechen soll, dass er an einem auf § 75 Abs. 1b S. 1 SGB V, d. h. auf Bundesrecht gestützten Dienst teilnimmt. Inwieweit dies – insbesondere im Hinblick auf die nicht zur vertragsärztliche Versorgung zugelassenen Ärzte – rechtlich zulässig ist, sei nachfolgend zu untersuchen.

I. Ausreichende Rechtsgrundlage

1. Ärztekammer

a) Für die Regelung des ärztlichen Bereitschaftsdienstes

Ausdrücklich hat der hessische Landesgesetzgeber die Ärztekammer nicht zur Regelung des ärztlichen Bereitschaftsdienstes ermächtigt. Dies ist allerdings unschädlich, da sich eine entsprechende Ermächtigung aus den bestehenden Vorschriften des HBG-HE ergibt. Nach § 5 Abs. 1 Nr. 1 HBG-HE obliegt der Ärztekammer die Überwachung der Einhaltung der Berufspflichten, zu welchen nach § 23 Nr. 2 HBG-HE auch die Teilnahme des Arztes am Bereitschaftsdienst zählt. Nachdem die Ärztekammer darüber hinaus gem. § 24 HBG-HE auch ausdrücklich ermächtigt ist, die Berufspflichten in der Berufsordnung zu regeln, liegt eine hinreichende Ermächtigungsgrundlage für die Ärztekammer zur Regelung des Bereitschaftsdienstes vor.

b) Für die Normierung einer Teilnahmepflicht

Entsprechend den Vorgaben des BVerwG hat der hessische Landesgesetzgeber in den §§ 23 Nr. 2, 24 S. 2 HBG-HE die Teilnahmepflicht von Ärzten am Bereitschaftsdienst ausreichend geregelt. Wie so häufig ist die Ärztekammer auch in Hessen nicht verpflichtet, den Bereitschaftsdienst in einer eigenständigen Satzung, sprich einer Bereitschaftsdienstordnung zu regeln. Ausreichend ist vielmehr, dass sie

[83] Dagegen ist § 23 Nr. 3 HBG-HE für den ärztlichen Bereitschaftsdienst trotz seines Wortlauts („[...] soweit sie als Berufsangehörige im Sinne des § 2 Abs. 1 Satz 1 Nr. 2 und 3 in eigener Praxis tätig sind, am Notfalldienst teilzunehmen") gerade nicht einschlägig, da Berufsangehörige i. S. d. § 2 Abs. 1 S. 1 Nr. 2 und 3 HBG-HE Tierärzte respektive Apotheker sind.

den in den § 24 HBG-HE aufgestellten inhaltlichen Anforderungen an die Berufsordnung genügt. Dort heißt es:

> Das Nähere zu § 23 regelt die Berufsordnung. Sie hat insbesondere zu § 23 Nr. 2 vorzusehen, daß die Teilnahmeverpflichtung nur für einen bestimmten regionalen Bereich gilt und von ihr aus wichtigem Grund, insbesondere wegen körperlicher Behinderung oder außergewöhnlicher familiärer Belastung sowie wegen Teilnahme an einem klinischen Bereitschaftsdienst mit Notfallversorgung, auf Antrag ganz, teilweise oder vorübergehend befreit werden kann.

Damit muss die Berufsordnung der ÄK Hessen – ähnlich den Vorgaben in Bayern – Regelungen über eine örtliche Begrenzung der Teilnahmeverpflichtung, eine nicht enumerative Aufzählung von in Betracht kommenden Befreiungsgründen sowie eine Abstufung des Umfangs einer möglichen Befreiung enthalten. Die Umsetzung dieser Vorgaben steht dabei nicht im Ermessen der Ärztekammer, sondern ist für diese obligatorisch („hat [...] vorzusehen"). Diesen ist die ÄK Hessen allerdings nur partiell nachgekommen. Zwar findet sich in § 26 Abs. 2 S. 2 BO-HE entsprechend den landesgesetzlichen Vorgaben die Begrenzung der Teilnahmeverpflichtung auf einen bestimmten regionalen Bereich:

> Die Verpflichtung zur Teilnahme am Ärztlichen Bereitschaftsdienst gilt für die von der Kassenärztlichen Vereinigung Hessen festgelegten Bezirke des Ärztlichen Bereitschaftsdienstes.

Zudem regelt § 26 Abs. 1 S. 1 BO-HE auch eine Abstufung des Umfangs einer möglichen Befreiung:

> Auf Antrag einer Ärztin oder eines Arztes kann aus schwerwiegenden Gründen eine Befreiung vom ärztlichen Bereitschaftsdienst ganz, teilweise oder vorübergehend erteilt werden.

Dagegen lassen sich die von § 24 S. 2 HBG-HE vorgegebenen in Betracht kommenden Befreiungsgründe der körperlicher Behinderung, der außergewöhnlichen familiären Belastung sowie der Teilnahme an einem klinischen Bereitschaftsdienst mit Notfallversorgung nicht in der Berufsordnung finden. Damit ist die ÄK Hessen verpflichtenden gesetzlichen Vorgaben nicht nachgekommen. Für dieses Ergebnis ist es auch unbeachtlich, falls sich Regelungen mit entsprechendem Inhalt in der Bereitschaftsdienstordnung der KV Hessen finden, die ja sowohl nach dem HBG-HE als auch nach der Berufsordnung für die berufsrechtliche Pflicht der Kammerangehörigen zur Teilnahme am Bereitschaftsdienst maßgeblich sein soll. Denn zunächst handelt es sich bei der Bereitschaftsdienstordnung der Kassenärztlichen Vereinigung nicht um eine von der Ärztekammer erlassene Regelung. Zudem würde dies selbst bei einer Beteiligung der Ärztekammer am Erlass der Bereitschaftsdienstordnung – dann wäre allerdings vielmehr von einer gemeinsamen Bereitschaftsdienstordnung zu sprechen – nichts an einem Verstoß der ÄK Hessen gegen gesetzliche Vorgaben ändern, da § 24 HBG-HE ausdrücklich ohne jeglichen Interpretationsspielraum vorschreibt, dass die Ärztekammer den Vorgaben in ihrer Berufsordnung nachzukommen hat. Dies ist in Bezug auf die Aufzählung bestimmter

Befreiungsgründe nicht geschehen. Damit hat die Ärztekammer gegen ein formelles Gesetz verstoßen. Daran vermag – wie schon in Bayern – auch deren weiter Gestaltungsspielraum nichts zu ändern. Auch die Ärztekammer ist an das Gesetz gebunden. Praktische Konsequenzen für den Bereitschaftsdienst in Hessen zieht dieser Verstoß freilich keine nach sich, da die ÄK Hessen aktuell keinen eigenen Bereitschaftsdienst regelt.

2. Kassenärztliche Vereinigung

a) Für die Regelung des ärztlichen Bereitschaftsdienstes

Mit § 75 Abs. 1b S. 1 SGB V besteht eine Ermächtigungsgrundlage für die Regelung des vertragsärztlichen Bereitschaftsdienstes durch die Kassenärztliche Vereinigung.

b) Für die Normierung einer Teilnahmepflicht

Dahingegen fehlt es – wie für die übrigen Kassenärztlichen Vereinigungen auch – an der Normierung der Teilnahmepflicht in einem formellen Bundesgesetz. Damit ist die Verpflichtung von Vertragsärzten durch die Kassenärztliche Vereinigung als verfassungswidrig zu bewerten. Nachdem der Bereitschaftsdienst in Hessen alleine von der Kassenärztlichen Vereinigung durchgeführt wird und die Teilnahmepflicht der Ärzte damit lediglich auf ihrer Zulassung zur vertragsärztlichen Versorgung beruht – auf die berufsrechtliche Verpflichtung der Ärzte zur Teilnahme an einem Bereitschaftsdienst nach § 23 Nr. 2 HBG-HE kann die KV Hessen die Heranziehung gerade nicht stützen –, können Ärzte dort nicht verpflichtend zum Bereitschaftsdienst herangezogen werden, sofern der Bereitschaftsdienstordnung nicht für eine Übergangszeit weiter Geltung verschafft werden sollte.

II. Adressatenkreis der Teilnahmepflicht

1. Grundsätzliche Teilnahmepflicht von Vertragsärzten

Von der Teilnahmepflicht am Bereitschaftsdienst in Hessen werden nach der alleinigen Bereitschaftsdienstordnung der Kassenärztlichen Vereinigung grundsätzliche alle niedergelassenen Vertragsärzte erfasst, wie sich aus § 3 Abs. 1 S. 1 ergibt:

> Am ÄBD[84] nehmen grundsätzlich, im Umfang ihres Versorgungsauftrages, alle Arztsitze in einer ÄBD-Gemeinschaft […] teil.

[84] Die Abkürzung steht für den ärztlichen Bereitschaftsdienst.

2. Grundsätzliche Teilnahmepflicht von Nicht-Vertragsärzten

Rechtliche Bedenken ergeben sich jedoch in Bezug auf die der KV Hessen eingeräumten Befugnisse hinsichtlich der rein privatärztlich tätigen Ärzte, für die der Kassenärztlichen Vereinigung mangels Teilnahme dieser an der vertragsärztlichen Versorgung keine Regelungs- und Entscheidungskompetenz zukommt. Ungeachtet dessen bestimmt die ÄK Hessen aber zum einen in § 26 Abs. 2 S. 1 BO-HE, dass für die Einrichtung und Durchführung des Bereitschaftsdienstes auch für Nicht-Vertragsärzte die Bereitschaftsdienstordnung der KV Hessen gelten soll:

> Für die Einrichtung und Durchführung des Ärztlichen Bereitschaftsdienstes im Einzelnen ist für alle nach § 23 des Heilberufsgesetzes verpflichteten Berufsangehörigen die Bereitschaftsdienstordnung der Kassenärztlichen Vereinigung Hessen in der von der Vertreterversammlung am 25.05.2013 beschlossenen Fassung, in Kraft getreten am 01.10.2013, zuletzt geändert am 27.10.2018, maßgebend.

Zum anderen sieht § 26 Abs. 1 S. 2 BO-HE vor, dass über den Antrag auf Befreiung vom Bereitschaftsdienst auch für Nicht-Vertragsärzte die KV Hessen zuständig sein soll:

> Die Befreiung wird, bei Vorliegen eines Befreiungsgrundes, auch für die nicht vertragsärztlich tätigen Mitglieder der Landesärztekammer Hessen auf Antrag von der Kassenärztlichen Vereinigung Hessen erteilt.

Entsprechende Regelungen finden sich sodann auch in der Bereitschaftsdienstordnung der KV Hessen. So normiert diese hinsichtlich der Einbeziehung der Nicht-Vertragsärzte in ihren Bereitschaftsdienst in § 3 Abs. 3:

> Am ÄBD nehmen grundsätzlich die privat niedergelassenen Ärzte (Privatarzt) am Ort ihres Praxissitzes entsprechend ihrer Verpflichtung aus dem Hessischen Heilberufsgesetz teil. Die Einteilung eines Privatarztes erfolgt in der Regel im gleichen Umfang wie die eines Inhabers eines Arztsitzes mit einem vollen Versorgungsauftrag [...]. Es gelten die nachfolgenden Bestimmungen für Privatärzte. Im Übrigen gelten die allgemeinen Regelungen der BDO entsprechend, soweit nichts Abweichendes geregelt ist.[85]

Auch bezüglich der Entscheidung über den Befreiungsantrag eines Nicht-Vertragsarztes ist nach § 6 Abs. 4 der Bereitschaftsdienstordnung in Einklang mit der Regelung der Ärztekammer in § 26 Abs. 1 S. BO-HE die KV Hessen zuständig:

> Die KVH entscheidet auf Antrag eines Arztsitzinhabers bzw. eines Privatarztes über dessen Freistellung von der Teilnahme am ÄBD gemäß § 3 Abs. 5 BDO.

[85] Dies scheint in Widerspruch zu § 3 Abs. 4 der Bereitschaftsdienstordnung zu stehen, wonach nicht zur vertragsärztlichen Versorgung zugelassene Ärzte selbst bei Erfüllung der dort aufgestellten Anforderungen nur dann am Bereitschaftsdienst teilnehmen können, „sofern die KVH einen entsprechenden Mitwirkungsbedarf sieht". Laut der KV Hessen normiert § 3 Abs. 3 S. 1 aber auch für Nicht-Vertragsärzte nicht nur die Möglichkeit, sondern die Pflicht zur Teilnahme am Bereitschaftsdienst (so die KV Hessen auf Anfrage des Autors, E-Mail v. 05.03. 2019).

Eine Beteiligung der Ärztekammer ist in der Bereitschaftsdienstordnung nicht vorgesehen. Damit kommt der KV Hessen nach den soeben aufgeführten Normen hinsichtlich der Nicht-Vertragsärzte sowohl die Regelungs- als auch Entscheidungsbefugnis betreffend den ärztlichen Bereitschaftsdienst zu, obgleich ihr hierfür weder nach der grundgesetzlichen Kompetenzverteilung, noch nach § 75 Abs. 1b S. 1 SGB V eine entsprechende Befugnis zusteht. Damit läge in Hessen eine unzulässige Delegation von Befugnissen der Ärztekammer auf die Kassenärztliche Vereinigung vor, die in der Folge mit einer Kompetenzüberschreitung der Kassenärztlichen Vereinigung einherginge. Somit wären die Regelungen der KV Hessen in Bezug auf die Nicht-Vertragsärzte mangels ausreichender Ermächtigungsgrundlage unwirksam.[86] Ebenso wäre infolgedessen die Heranziehung eines Nicht-Vertragsarztes sowie sonstige ihm gegenüber ergangene Bescheide der KV Hessen als rechtswidrig anzusehen.[87]

Allerdings ist die Delegation von Befugnissen bezüglich der Nicht-Vertragsärzte von der Ärztekammer auf die Kassenärztliche Vereinigung wie ausgeführt ausnahmsweise dann nicht als unzulässig zu bewerten, wenn der Landesgesetzgeber die Befugnisse der Ärztekammer bezüglich des ärztlichen Bereitschaftsdienstes von Nicht-Vertragsärzten ausdrücklich in einem formellen Gesetz auf die Kassenärztliche Vereinigung überträgt bzw. der Ärztekammer die Übertragung dieser Befugnisse gestattet und die Ärztekammer hiervon auch Gebrauch gemacht hat.[88] Im Gegensatz etwa zu Thüringen – hierzu noch unten[89] – lässt sich in Hessen eine derartige ausdrückliche Übertragung des Landesgesetzgebers mittlerweile[90] auch finden. Im schon eingangs zitierten § 23 Nr. 2 HBG-HE heißt es:

> Die Kammerangehörigen, die ihren Beruf ausüben, haben insbesondere die Pflicht, [...] 2. soweit sie als Berufsangehörige im Sinne des § 2 Abs. 1 Satz 1 Nr. 1 in eigener Praxis tätig sind, am Ärztlichen Bereitschaftsdienst der Kassenärztlichen Vereinigung Hessen teilzunehmen [...].

Damit macht der hessische Landesgesetzgeber deutlich, dass die ÄK Hessen den Bereitschaftsdienst – mangels entsprechender Herausnahme aus dem Adressatenkreis der Berufsangehörigen nach § 2 Abs. 1 S. 1 Nr. 1 HBG-HE auch für Nicht-Vertragsärzte – nicht in einer eigenen Bereitschaftsdienstordnung zu regeln hat, sondern diese Befugnis zur Einrichtung und Durchführung des Bereitschaftsdienstes der KV Hessen zusteht. Andernfalls – d. h., wenn die Ärztekammer vielmehr nach dem Willen des Landesgesetzgebers einen eigenen Bereitschaftsdienst einzurichten

[86] Siehe zur Vorgängerregelung VG Gießen, Urt. v. 20.10.2010, 21 K 3235/09, Rn. 22 ff. (juris).

[87] Vgl. *Mötzung*, Der ärztliche Notfalldienst in rechtlicher Sicht, S. 87.

[88] Vgl. BSG, Urt. v. 28.10.1992, 6 RKa 2/92, Rn. 17 (juris).

[89] Kap. 3 Q. II. 2. b).

[90] Diese lag lange Zeit aber gerade nicht vor. Daher war auch der Verweis auf die Bereitschaftsdienstordnung der KV Hessen nach § 26 Abs. 2 S. 1 BO-HE zuvor als nichtig anzusehen, siehe VG Gießen, Urt. v. 20.10.2010, 21 K 3235/09, Rn. 22 ff. (juris).

hätte – würde die eben angeführte Regelung wenig Sinn ergeben, da alle Ärzte aufgrund der ausdrücklichen Normierung zur Erfüllung ihrer Pflicht zur Teilnahme am Bereitschaftsdienst der KV Hessen verpflichtet wären und somit ein eigenständiger Bereitschaftsdienst der ÄK Hessen ins Leere laufen würde.

Entsprechend dieser ausdrücklichen gesetzlichen Übertragung der Regelungs- und Entscheidungsbefugnis bezüglich der Einrichtung und Durchführung eines ärztlichen Bereitschaftsdienstes hat auch die Ärztekammer im bereits angeführten § 26 Abs. 1 S. 2 BO-HE festgelegt, dass „für die Einrichtung und Durchführung des Ärztlichen Bereitschaftsdienstes im Einzelnen [...] für alle nach § 23 des Heilberufsgesetzes verpflichteten Berufsangehörigen die Bereitschaftsdienstordnung der Kassenärztlichen Vereinigung [...] maßgebend ist". Folglich kommt es in Hessen trotz der Regelung des Bereitschaftsdienstes auch für nicht zur vertragsärztlichen Versorgung zugelassenen Ärzte durch die hierfür an sich unzuständige Kassenärztliche Vereinigung nicht zu einer unzulässigen Delegation von Regelungs- und Entscheidungsbefugnissen. An dieses Ergebnis schließt sich dann allerdings die berechtigte Frage an, warum § 24 HBG-HE der Ärztekammer detaillierte inhaltliche Vorgaben zur Regelung des Bereitschaftsdienstes in ihrer Berufsordnung macht, wenn die Ärztekammer aufgrund der Entscheidung des Landesgesetzgebers überhaupt keinen Bereitschaftsdienst einzurichten hat. Diese Vorgaben erscheinen insbesondere im Hinblick auf die in Betracht kommenden Befreiungsgründe wenig sinnvoll, da die nach § 26 Abs. 1 S. 2 BO-HE ausdrücklich auch für Nicht-Vertragsärzte zuständige KV Hessen in § 3 Abs. 7 ihrer Bereitschaftsdienstordnung ebenfalls detaillierte Regelungen zu einer möglichen Befreiung trifft.

3. Einzelfälle

a) Teilnahmepflicht von in Arztpraxen angestellten Ärzten

In Arztpraxen angestellte Ärzte werden von der KV Hessen nicht zum Bereitschaftsdienst herangezogen. Im Gegensatz zu den in eigener Praxis tätigen Nicht-Vertragsärzten stünde ihr diesbezüglich auch keine Kompetenz zu, da von § 23 Nr. 2 HBG-HE lediglich in eigener Praxis tätige Ärzte erfasst sind.

b) Teilnahmepflicht von in Medizinischen Versorgungszentren angestellten Ärzten

Ebenso trifft auch die in MVZ angestellten Ärzte keine Teilnahmepflicht.

c) Teilnahmepflicht von Medizinischen Versorgungszentren

Lediglich MVZ selbst werden gem. § 3 Abs. 1 S. 3 der Bereitschaftsdienstordnung rechtlich beanstandungslos zur Teilnahme verpflichtet.

d) Teilnahmepflicht ermächtigter Ärzte und Einrichtungen

Ermächtigte Ärzte und Einrichtungen werden mittlerweile[91] im Einklang mit der hier vertretenen Auffassung nicht zum Bereitschaftsdienst verpflichtet.

e) Teilnahmepflicht psychologischer Psychotherapeuten

Nach dem Wortlaut des § 3 Abs. 1 S. 1 der Bereitschaftsdienstordnung werden auch zugelassene psychologische Psychotherapeuten in eigener Niederlassung von der Teilnahmepflicht erfasst, da es sich auch bei diesen um Ärzte mit einem Arztsitz handelt. Vermutlich sollen hiermit psychologische Psychotherapeuten allerdings nicht erfasst sein, da diese – trotz Einbezug in die Arztgruppe der Psychotherapeuten i. S. d. § 101 Abs. 4 S. 1 SGB V – letztlich keine Ärzte im klassischen Sinne darstellen. Aus Klarstellungsgründen sollte jedoch darüber nachgedacht werden, diese ausdrücklich von der Teilnahmepflicht auszunehmen.

III. Umfang der Teilnahmepflicht

1. Grundsätzlicher Umfang der Teilnahmepflicht von Vertragsärzten

Der Teilnahmeumfang von zur vertragsärztlichen Versorgung zugelassenen Ärzten bemisst sich nach § 3 Abs. 1 S. 1 und 2 der Bereitschaftsdienstordnung in Einklang mit der hier vertretenen Auffassung nach dem Umfang ihres sich aus ihrer Zulassung ergebenden Versorgungsauftrages:

> Am ÄBD nehmen grundsätzlich, im Umfang ihres Versorgungsauftrages, alle Arztsitze in einer ÄBD-Gemeinschaft teil. Die Inhaber der Arztsitze nehmen mit der Anzahl ihrer Arztsitze teil.

2. Grundsätzlicher Umfang der Teilnahmepflicht von Nicht-Vertragsärzten

Aufgrund der ausnahmsweise zulässigen Delegation der Regelungsbefugnisse auch für Nicht-Vertragsärzte durch den hessischen Landesgesetzgeber werden auch diese zum Bereitschaftsdienst der KV Hessen verpflichtet. Dementsprechend heißt es in Bezug auf deren Teilnahmeumfang in § 3 Abs. 3 S. 2 der Bereitschaftsdienstordnung:

---

[91] Siehe hierzu BSG, Urt. v. 12. 12. 2018, B 6 KA 50/17 R, MedR 2019, 585, auf welches schon im Rahmen der abstrakten Betrachtung der Zulässigkeit einer Heranziehung von ermächtigten Ärzten durch die Kassenärztliche Vereinigung näher eingegangen wurde.

Die Einteilung eines Privatarztes erfolgt in der Regel im gleichen Umfang wie die eines Inhabers eines Arztsitzes mit einem vollen Versorgungsauftrag.

Zum einen wird ein Nicht-Vertragsarzt hierdurch in Bezug auf den ärztlichen Bereitschaftsdienst wie ein Arzt behandelt, der eine Zulassung zur vertragsärztlichen Versorgung besitzt. Dies begegnet auf den ersten Blick durchaus Bedenken, da sich der Teilnahmeumfang eines rein privatärztlich tätigen Arztes nicht nach der vertragsärztlichen Zulassung richten darf, weil er eine solche gerade nicht besitzt. Von diesem Grundsatz gebietet es die in Hessen bestehende Sonderkonstellation jedoch, eine Ausnahme zu machen. Anders als von der Kompetenzverteilung des Grundgesetzes vorgesehen, können Nicht-Vertragsärzte in Hessen ausnahmsweise aufgrund der ausdrücklichen Regelung des hessischen Landesgesetzgebers in § 23 Nr. 2 HBG-HE in rechtlich zulässigerweise von der Kassenärztlichen Vereinigung zum vertragsärztlichen Bereitschaftsdienst verpflichtet werden. Im Gegensatz zu einer gemeinsamen Bereitschaftsdienstordnung von Kassenärztlicher Vereinigung und Ärztekammer – aufgrund derer eine Heranziehung von Nicht-Vertragsärzten aufgrund der Beteiligung der Ärztekammer ebenfalls, aber ohne Delegation möglich wäre – werden Nicht-Vertragsärzte in Hessen nicht von der Ärztekammer, sondern der Kassenärztlichen Vereinigung herangezogen. Sie bestimmt daher sowohl für die Nicht- als auch die Vertragsärzte den Umfang ihrer Teilnahmepflicht. Damit kommt beiden Arztgruppen mit der Verpflichtung zur Teilnahme am vertragsärztlichen Bereitschaftsdienst durch die KV Hessen ein gemeinsames Merkmal zu, welches es anders als bei einer Heranziehung durch unterschiedliche Körperschaften – sprich die Heranziehung der Nicht-Vertragsärzte durch die Ärztekammer und die Heranziehung der Vertragsärzte durch die Kassenärztliche Vereinigung – im Hinblick auf den Grundsatz der möglichst gleichmäßigen Heranziehung aller Ärzte wenn nicht gebietet, dann aber doch zumindest rechtfertigt, beide Arztgruppen nach den gleichen Maßstäben zum Bereitschaftsdienst heranzuziehen. Dagegen, dass die KV Hessen als Maßstab hierbei den Umfang der vertragsärztlichen Versorgung wählt, ergeben sich per se keine Bedenken.

Zum anderen spielt damit jedoch der tatsächliche Umfang der ärztlichen Tätigkeit des Nicht-Vertragsarztes bei der Bemessung seines Teilnahmeumfangs keinerlei Rolle. Es ist weder nachvollziehbar, warum ein Nicht-Vertragsarzt mit einer wöchentlichen ärztlichen Tätigkeit, welche in etwa derjenigen eines Vertragsarztes mit halber Zulassung entspricht, im selben Umfang wie ein Vertragsarzt „mit einem vollen Versorgungsauftrag“ zum Bereitschaftsdienst herangezogen werden sollte, noch lässt sich dies mit dem Grundsatz vereinbaren, dass ein Arzt im Vergleich zu den übrigen Adressaten nicht übermäßig herangezogen werden darf. In Bezug auf diejenigen Nicht-Vertragsärzte, welche einer ärztlichen Tätigkeit nachgehen, die von ihrem Umfang unterhalb des Tätigkeitsumfangs eines vollen vertragsärztlichen Versorgungsauftrages liegt, ist § 3 Abs. 3 S. 2 der Bereitschaftsdienstordnung daher als mit Art. 3 Abs. 1 GG unvereinbar zu bewerten. Hieran vermag auch der Wortlaut des § 3 Abs. 3 S. 2 („in der Regel“) nichts zu ändern, da er der KV Hessen von diesem Bemessungsgrundsatz zwar durchaus Spielraum für Abweichungen im Einzelfall lässt, dies allerdings als Ausnahme- und nicht als Regelfall ausgestaltet ist, obwohl gerade letzteres geboten wäre.

3. Einzelfälle

a) Umfang der Teilnahmepflicht von Medizinischen Versorgungszentren

Nach obigen Grundsätzen dürfen auch MVZ nur im Umfang ihrer eigenen Zulassung zum Bereitschaftsdienst herangezogen werden. Dementsprechend hat die KV Hessen auch in § 3 Abs. 1 S. 3 ihrer Bereitschaftsdienstordnung bestimmt, dass „medizinische Versorgungszentren [...] mit der Anzahl der jeweiligen Vertragsarztsitze am ÄBD [...]" teilnehmen.

b) Umfang der Teilnahmepflicht von anstellenden Ärzten

Mangels Sonderregelung werden Ärzte, welche weitere Ärzte in ihrer Praxis beschäftigen, richtigerweise nach § 3 Abs. 1 S. 1 und 2 der Bereitschaftsdienstordnung – sofern sie eine Zulassung zur vertragsärztlichen Versorgung besitzen – bzw. § 3 Abs. 3 S. 2 der Bereitschaftsdienstordnung – falls sie rein privatärztlich tätig sind – alleine im Umfang ihres eigenen Versorgungsumfanges zur Teilnahme am Bereitschaftsdienst herangezogen.

c) Umfang der Teilnahmepflicht von Betreibern einer Zweigpraxis

Die Bereitschaftsdienstordnung normiert für Betreiber von Zweigpraxen in § 3 Abs. 2 S. 1 die Pflicht, sowohl im Bereich ihrer Haupt- als auch im Bereich ihrer Zweigpraxis teilzunehmen. Über den konkreten Umfang trifft sie allerdings keine Aussage, weshalb sich diese nach § 3 Abs. 1 S. 1 und 2 (bei Bestehen einer vertragsärztlichen Zulassung) bzw. § 3 Abs. 3 S. 2 (bei rein privatärztlicher Tätigkeit) der Bereitschaftsdienstordnung und damit in Übereinstimmung mit obigen Ausführungen alleine nach deren Zulassung richtet.

d) Umfang der Teilnahmepflicht bei Jobsharing

In Ermangelung einer Sonderregelung werden Jobsharingpartner i. S. d. § 101 Abs. 1 S. 1 Nr. 4 SGB V in der Summe mit dem Umfang einer einzigen Zulassung und der anstellende Vertragsarzt in der Variante des § 101 Abs. 1 S. 1 Nr. 5 SGB V ebenfalls im Umfang seiner Zulassung herangezogen. Den angestellten Arzt trifft hingegen schon keine Teilnahmepflicht, da er weder eine Zulassung besitzt, noch einen eigenen Praxissitz i. S. d. § 3 Abs. 3 S. 1 der Bereitschaftsdienstordnung innehat.

e) Umfang der Teilnahmepflicht von Mund-Kiefer-Gesichtschirurgen

In Bezug auf Mund-Kiefer-Gesichtschirurgen ist der KV Hessen eine Regelung zu empfehlen, welche deren besonderer Situation Rechnung trägt, indem diese entweder vom vertragsärztlichen bzw. vertragszahnärztlichen Bereitschaftsdienst befreit werden oder ihre jeweilige Teilnahmepflicht auf einen Umfang reduziert wird, welcher in der Summe nicht den sich aus einer einzigen Zulassung ergebenden Teilnahmeumfang übersteigt.

f) Umfang der Teilnahmepflicht von Ärzten mit zwei Fachgebieten

Ärzte mit einer Zulassung für zwei Fachgebiete werden in Ermangelung einer abweichenden Sonderregelung nach § 3 Abs. 1 S. 1 und 2 der Bereitschaftsdienstordnung ebenfalls im Umfang ihrer Arztsitze und damit richtigerweise trotz Zulassung für zwei Fachgebiete in der Summe nur im Umfang einer vollen Zulassung zur Teilnahme verpflichtet.

g) Umfang der Teilnahmepflicht von Belegärzten

Belegärzte werden ohne Rücksicht auf ihre Belegarzttätigkeit ebenfalls im vollen Umfang ihrer Zulassung zum Bereitschaftsdienst verpflichtet.

IV. Heranziehung

Die Entscheidung über die Heranziehung zum Bereitschaftsdienst in Bezug auf alle niedergelassenen Ärzte erfolgt aufgrund der fehlenden Beteiligung der Ärztekammer alleine durch die Kassenärztliche Vereinigung.

Aufgrund der ausdrücklichen Übertragung der diesbezüglichen Befugnis durch den Landesgesetzgeber auf die Kassenärztliche Vereinigung ist dies rechtlich nicht zu beanstanden.

V. Rechtsschutz gegen die Heranziehung zum Bereitschaftsdienst

1. Zuständigkeit für das Widerspruchsverfahren

Widersprüche aller am Bereitschaftsdienst teilnehmenden Ärzte gegen Entscheidungen der KV Hessen sind damit denknotwendig auch gegen diese zu richten.

2. Rechtsweg

Bei Rechtsstreitigkeiten ist der Weg zu den Sozialgerichten einzuschlagen.

VI. Zusammenfassung

Wenngleich die Ärztekammer in Hessen momentan auf einen eigenen Bereitschaftsdienst verzichtet, ändert dies nichts daran, dass sie den in § 24 HBG-HE aufgestellten Anforderungen an die Inhalte ihrer Berufsordnung bezüglich des Bereitschaftsdienstes nur teilweise nachgekommen ist und daher nicht den gesetzlichen Vorgaben gerecht wird. Wie in allen übrigen Bundesländern fehlt es auch in Hessen an einer ausreichenden Rechtsgrundlage des Bundesgesetzgebers für die Regelung einer Teilnahmepflicht durch die Kassenärztliche Vereinigung. Demgegenüber ist die Verpflichtung der Nicht-Vertragsärzte durch die Bereitschaftsdienstordnung der hierfür eigentlich nicht zuständigen KV Hessen ausnahmsweise nicht als rechtswidrig zu bewerten, da die Ärztekammer die entsprechenden Befugnisse auf Grundlage des § 23 Nr. 2 HBG in zulässiger Weise auf die Kassenärztliche Vereinigung übertragen hat. Ebenso ist auch der von der Bereitschaftsdienstordnung verpflichtete Adressatenkreis nicht zu beanstanden. Selbiges gilt mit Ausnahme des Fehlens einer Sonderregelung für zugelassene Mund-Kiefer-Gesichts-Chirurgen sowie der übermäßigen Heranziehung von Nicht-Vertragsärzten mit einer geringeren ärztlichen Tätigkeit als derjenigen eines Vertragsarztes mit vollem Versorgungsauftrag auch für die Bestimmung des konkreten Teilnahmeumfangs der verpflichteten Ärzte und Einrichtungen.

H. Mecklenburg-Vorpommern

Auch in Mecklenburg-Vorpommern hat lediglich die Kassenärztliche Vereinigung den Bereitschaftsdienst in einer Bereitschaftsdienstordnung geregelt.[92] Die Ärztekammer hat demgegenüber auf eine eigene Regelung verzichtet. Zwar spricht letztgenannte in § 26 Abs. 2 S. 1 BO-MV davon, dass für die „Einrichtung und Durchführung eines Notfalldienstes im Einzelnen […] die von der Ärztekammer erlassenen Richtlinien maßgebend“ sein sollen. Laut eigener Aussage hat die ÄK Mecklenburg-Vorpommern derartige Richtlinien jedoch überhaupt nicht erlassen.[93] Folglich bleibt es dabei, dass für Mecklenburg-Vorpommern lediglich ein von der Kassenärztlichen Vereinigung geregelter und durchgeführter Bereitschaftsdienst existiert. Wenngleich die Regelung des Bereitschaftsdienstes in Richtlinien durch die

---

[92] Abrufbar unter: https://www.kvmv.de/export/sites/default/.galleries/downloadgalerie_kvmv/ueber-uns/Bereitschaftsdienstordnung_16112019.pdf (Stand: 03.02.2020).

[93] So die ÄK Mecklenburg-Vorpommern auf Anfrage des Autors, E-Mail vom 28.11.2018.

Ärztekammer in keinem formellen Gesetz, sondern nur in einer körperschaftseigenen Satzung normiert ist und die Ärztekammer durch einen Verzicht des Erlasses entsprechender Richtlinien daher nicht gegen zwingendes Recht verstößt, wäre alleine aus Gründen der Rechtsklarheit und -sicherheit die Streichung des § 26 Abs. 2 S. 1 BO-MV jedenfalls solange, wie die Ärztekammer auf eine Regelung verzichtet, wünschenswert. Weitaus sinnvoller wäre es, stattdessen darauf hinzuweisen, dass sich der Bereitschaftsdienst in Mecklenburg-Vorpommern alleine nach der Bereitschaftsdienstordnung der Kassenärztlichen Vereinigung richtet, wie dies etwa in Hamburg geschehen ist.[94]

I. Ausreichende Rechtsgrundlage

1. Ärztekammer

a) Für die Regelung des ärztlichen Bereitschaftsdienstes

Die Ärztekammer ist mit § 4 Abs. 1 Nr. 7 HeilBerG-MV durch den Landesgesetzgeber zur Regelung eines ärztlichen Bereitschaftsdienstes ermächtigt worden. Danach ist es Aufgabe der Kammer, „einen ärztlichen [...] Notfalldienst in den sprechstundenfreien Zeiten sicherzustellen". Wie oben ausgeführt, ist der explizite Auftrag des Landesgesetzgebers an die Ärztekammer zur Sicherstellung eines Bereitschaftsdienstes jedoch nicht mit dem Erfordernis der Regelung in einer eigenständigen Bereitschaftsdienstordnung gleichzusetzen. Dieses müsste vielmehr ausdrücklich vorgeschrieben sein. Ein derartiger ausdrücklich normierter gesetzlicher Auftrag könnte sich für die ÄK Mecklenburg-Vorpommern aus § 33 Abs. 3 S. 2 HeilBerG-MV ergeben:

> Näheres regelt eine von der Kammer oder im Einvernehmen mit der Kammer erlassene Notdienstordnung.

Danach ist zwar zur Regelung des Bereitschaftsdienstes tatsächlich eine Bereitschaftsdienstordnung zu erlassen. Der Ärztekammer stehen hierbei allerdings zwei Alternativen zur Auswahl. Sie kann die Bereitschaftsdienstordnung entweder – was momentan nicht der Fall ist[95] – als eigene Regelung erlassen, oder aber lediglich ihr Einvernehmen zu einer nicht von der Ärztekammer selbst erlassenen Bereitschaftsdienstordnung geben. Eine solche kammerfremde Bereitschaftsdienstordnung wurde von der KV Mecklenburg-Vorpommern erlassen. Es stellt sich jedoch die Frage, ob diese, wie von § 33 Abs. 3 S. 2 HeilBerG-MV gefordert, auch im Einvernehmen mit der Ärztekammer erlassen worden ist. Laut der ÄK Mecklenburg-Vorpommern konnte bislang kein derartiges Einvernehmen mit der KV Mecklen-

---

[94] Siehe oben, Einleitung zu Kap. 3 F.

[95] Zwar heißt es in § 26 Abs. 2 S. BO-MV, dass das Nähere zum Bereitschaftsdienst von der Ärztekammer erlassene Richtlinien regeln. Diese existieren aber, wie bereits ausgeführt, nicht.

burg-Vorpommern erzielt werden.[96] Folglich wurde die Bereitschaftsdienstordnung der Kassenärztlichen Vereinigung ohne Einvernehmen mit der Ärztekammer erlassen. Obgleich dies freilich die Rechtmäßigkeit der Bereitschaftsdienstordnung per se nicht zu beeinträchtigen vermag – für die KV Mecklenburg-Vorpommern findet sich keine gesetzliche Regelung, dass eine von ihr erlassene Bereitschaftsdienstordnung zu ihrer Gültigkeit im Einvernehmen mit der Ärztekammer erlassen werden muss – hat demgegenüber die ÄK Mecklenburg-Vorpommern weder eine eigene Regelung erlassen, noch ihr Einvernehmen zu einer kammerfremden Regelung gegeben und demzufolge keine der beiden Alternativen des § 33 Abs. 3 S. 2 HeilBerG-MV erfüllt. Damit ist die Ärztekammer ihrer gesetzlichen Verpflichtung nicht nachgekommen und verstößt folglich gegen ein formelles Gesetz, woran auch der ihr als Körperschaft des öffentlichen Rechts eingeräumte weite Gestaltungsspielraum aufgrund des eindeutigen Wortlauts der Vorschrift nichts zu ändern vermag.

b) Für die Normierung einer Teilnahmepflicht

Dagegen hat der Landesgesetzgeber entsprechend den Vorgaben des BVerwG in §§ 32 Abs. 1 Nr. 4, 33 Abs. 3 S. 1 HeilBerG-MV die Teilnahmepflicht der Ärzte hinreichend selbst normiert. Den inhaltlichen Vorgaben des § 33 Abs. 3 S. 1 HeilBerG-MV an die Berufsordnung zur Ausgestaltung des Bereitschaftsdienstes ist die Ärztekammer in § 26 Abs. 1 S. 2 und 3, Abs. 2 S. 2 BO-MV auch nachgekommen.

2. Kassenärztliche Vereinigung

a) Für die Regelung des ärztlichen Bereitschaftsdienstes

Mit § 75 Abs. 1b S. 1 SGB V besteht unstreitig eine Rechtsgrundlage für die Regelung des vertragsärztlichen Bereitschaftsdienstes durch die Kassenärztliche Vereinigung.

b) Für die Normierung einer Teilnahmepflicht

Dahingegen fehlt es wiederum an einer – nach hier vertretener Auffassung zwingend erforderlichen – Normierung einer Teilnahmepflicht in einem formellen Gesetz des Bundesgesetzgebers. Damit ist die Verpflichtung von Vertragsärzten durch die Kassenärztliche Vereinigung als verfassungswidrig zu bewerten. Nachdem der Bereitschaftsdienst in Mecklenburg-Vorpommern nur von der Kassenärztlichen Vereinigung durchgeführt wird und die Teilnahmepflicht der Ärzte damit alleine auf ihrer Zulassung zur vertragsärztlichen Versorgung beruht, können Ärzte dort nicht verpflichtend zum Bereitschaftsdienst herangezogen werden, sofern der Bereit-

---

[96] So die ÄK Mecklenburg-Vorpommern auf Anfrage des Autors, E-Mail vom 03.04.2019.

schaftsdienstordnung nicht für eine Übergangszeit weiter Geltung verschafft werden sollte.

II. Adressatenkreis der Teilnahmepflicht

1. Grundsätzliche Teilnahmepflicht von Vertragsärzten

Vertragsärzte werden nach § 3 Abs. 1 S. 1 der Bereitschaftsdienstordnung der KV Mecklenburg-Vorpommern verpflichtend zur Teilnahme herangezogen:

> Alle an der vertragsärztlichen Versorgung teilnehmenden Ärzte und Einrichtungen sind verpflichtet, am organisierten ärztlichen Bereitschaftsdienst teilzunehmen. Dieses sind: niedergelassene Vertragsärzte [...].

2. Grundsätzliche Teilnahmepflicht von Nicht-Vertragsärzten

Nicht-Vertragsärzten steht in rechtlich nicht zu beanstandender Weise nach § 3 Abs. 3 S. 1 und 2 dagegen lediglich eine Teilnahmemöglichkeit und damit die freiwillige Einbindung in die Regelungs- und Entscheidungsbefugnis der KV Mecklenburg-Vorpommern zu.

3. Einzelfälle

a) Teilnahmepflicht von in Vertragsarztpraxen angestellten Ärzten

In Vertragsarztpraxen angestellte Ärzte werden von der Bereitschaftsdienstordnung der KV Mecklenburg-Vorpommern richtigerweise nicht erfasst.

b) Teilnahmepflicht von in Medizinischen Versorgungszentren angestellten Ärzten

Auch die in MVZ angestellten Ärzte werden mangels (aktiver) Zulassung nicht zum Bereitschaftsdienst herangezogen.

c) Teilnahmepflicht von Medizinischen Versorgungszentren

Die Verpflichtung von MVZ nach § 3 Abs. 1 S. 2 der Bereitschaftsdienstordnung ist nicht zu beanstanden.

d) Teilnahmepflicht ermächtigter Ärzte und Einrichtungen

Demgegenüber erfasst der von der Kassenärztlichen Vereinigung in § 3 Abs. 1 S. 1 und 2 der Bereitschaftsdienstordnung festgelegte Adressatenkreis ausdrücklich ermächtigte – die Norm spricht hier fälschlicherweise von zugelassenen – Einrichtungen i. S. d. § 119b SGB V:

> Alle an der vertragsärztlichen Versorgung teilnehmenden Ärzte und Einrichtungen sind verpflichtet, am organisierten ärztlichen Bereitschaftsdienst teilzunehmen. Dieses sind: [...] zugelassene Einrichtungen gem. § 119 b [...].

Nachdem ermächtigte Einrichtungen i. S. d. § 119b SGB V allerdings wie dargestellt weder Mitglieder der Kassenärztlichen Vereinigung sind, noch die Ermächtigung mit der Zulassung ausreichend vergleichbar ist, kommt der KV Mecklenburg-Vorpommern diesbezüglich gar keine Befugnis zu, genannte Einrichtungen zur Teilnahme am vertragsärztlichen Bereitschaftsdienst zu verpflichten. In Bezug auf diese stellt sich die Regelung des § 3 Abs. 1 S. 2 und damit konsequenterweise auch eine Heranziehung ermächtigter Einrichtungen i. S. d. § 119b SGB V als rechtswidrig dar.

Bedenken ergeben sich bei einem Blick auf § 8 Abs. 6 S. 2 der Bereitschaftsdienstordnung auch in Bezug auf die ermächtigten Ärzte:

> Ermächtigte Ärzte gem. §§ 31 und 31 a Ärzte-ZV, die regelmäßig an einem Notdienst im Rahmen einer stationären Tätigkeit teilnehmen, können auf Antrag befreit werden.

Wenngleich ermächtigte Ärzte nicht ausdrücklich vom Adressatenkreis des § 3 Abs. 1 S. 1 und 2 der Bereitschaftsdienstordnung erfasst sind, da sie zwar auch an der vertragsärztlichen Versorgung teilnehmen, aber keine Berücksichtigung in der enumerativen Aufzählung des § 3 Abs. 1 S. 2 finden, ergibt sich aus vorangestellter Norm der Eindruck, als wären diese dennoch zur Teilnahme am vertragsärztlichen Bereitschaftsdienst verpflichtet. Andernfalls wäre die in § 8 Abs. 6 S. 2 normierte Befreiungsmöglichkeit überflüssig, da nur derjenige von der Teilnahme befreit werden kann, der hierzu zunächst überhaupt verpflichtet ist. Sofern die KV Mecklenburg-Vorpommern daher tatsächlich auf Grundlage ihrer Bereitschaftsdienstordnung ermächtigte Ärzte verpflichtend zum Bereitschaftsdienst heranziehen sollte, ist dies als rechtswidrig zu bewerten. Dies ist insofern überraschend, als das BSG in Bezug auf die – mittlerweile an das Urteil angepasste – Bereitschaftsdienstordnung der KV Hessen bereits entschieden hat, dass eine Verpflichtung ermächtigter Ärzte zur Teilnahme am Bereitschaftsdienst mangels deren Zulassung und der fehlenden Vergleichbarkeit der Ermächtigung hiermit nicht mit höherrangigem Recht vereinbar ist.[97]

---

[97] BSG, Urt. v. 12. 12. 2018, B 6 KA 50/17 R, MedR 2019, 585.

e) Teilnahmepflicht psychologischer Psychotherapeuten

Nach dem Wortlaut des § 3 Abs. 1 S. 2 der Bereitschaftsdienstordnung werden auch zugelassene psychologische Psychotherapeuten von der Teilnahmepflicht erfasst, da es sich auch bei diesen um niedergelassene Vertragsärzte handelt. Vermutlich sollen hiermit psychologische Psychotherapeuten allerdings nicht erfasst sein, da diese – trotz Einbezug in die Arztgruppe der Psychotherapeuten i. S. d. § 101 Abs. 4 S. 1 SGB V – letztlich keine Ärzte im klassischen Sinne darstellen. Aus Klarstellungsgründen sollte jedoch darüber nachgedacht werden, diese ausdrücklich von der Teilnahmepflicht auszunehmen.

III. Umfang der Teilnahmepflicht

1. Grundsätzlicher Umfang der Teilnahmepflicht von Vertragsärzten

Vertragsärzte werden nach § 3 Abs. 1 S. 3 der Bereitschaftsdienstordnung im Umfang ihres Teilnahmeumfangs an der vertragsärztlichen Versorgung herangezogen:

> Die Einteilung zum ärztlichen Bereitschaftsdienst erfolgt gegebenenfalls anteilig unter Berücksichtigung des Umfangs der Teilnahme an der vertragsärztlichen Versorgung gemäß Zulassungs- bzw. Anstellungsstatus.

Wenngleich nicht zwingend, wäre ergänzend eine konkrete Abstufung in Anrechnungsfaktoren entsprechend dem Umfang des Versorgungsauftrages empfehlenswert.

2. Einzelfälle

a) Umfang der Teilnahmepflicht von Medizinischen Versorgungszentren

Der Umfang der Teilnahmepflicht von MVZ hängt nach § 3 Abs. 1 S. 2 hingegen nicht von deren eigener Zulassung, sondern von der Anzahl der dort angestellten Ärzte ab:

> […] Medizinische Versorgungszentren gem. § 95 Abs. 1 SGB V, Eigeneinrichtungen nach § 105 Abs. 1 Satz 2 und Abs. 5 Satz 1 sowie zugelassene Einrichtungen gem. § 119 b und § 311 Abs. 2 SGB V in dem Umfang, wie dies der Zahl der insgesamt dort tätigen Ärzte entspricht […].

Damit macht die Regelung isoliert betrachtet den Teilnahmeumfang des MVZ pauschal von der Anzahl der angestellten Ärzte abhängig, ohne hierbei – anders etwa als nach den Bereitschaftsdienstordnungen der KV Baden-Württemberg oder der KV

Bayern – danach zu differenzieren, in welchem Umfang der angestellte Arzt im MVZ tätig ist. In Zusammenschau mit § 3 Abs. 1 S. 3 und 4 ist der etwas missverständlich formulierte § 3 Abs. 1 S. 2 jedoch als zulässig anzusehen. Dort heißt es:

> Die Einteilung zum ärztlichen Bereitschaftsdienst erfolgt gegebenenfalls anteilig unter Berücksichtigung des Umfangs der Teilnahme an der vertragsärztlichen Versorgung gemäß Zulassungs- bzw. Anstellungsstatus. Maßgeblich sind die Anrechnungsfaktoren der Bedarfsplanungsrichtlinie.

Somit wird auch bei der Berechnung des Teilnahmeumfangs des MVZ der tatsächlich auf den einzelnen angestellten Arzt fallende Versorgungsauftrag berücksichtigt, womit sich die Regelung als zulässig erweist.

b) Umfang der Teilnahmepflicht von anstellenden Vertragsärzten

Selbiges gilt für die Bemessung des Teilnahmeumfangs solcher Ärzte, welche weitere Ärzte in ihrer Praxis beschäftigen, da auch hier § 3 Abs. 1 S. 2 i. V. m. S. 3 und 4 der Bereitschaftsdienstordnung einschlägig ist.

c) Umfang der Teilnahmepflicht von Betreibern einer Zweigpraxis

Betreiber einer Zweigpraxis werden hingegen mangels abweichender Regelung richtigerweise nach § 3 Abs. 1 S. 3 der Bereitschaftsdienstordnung im Umfang ihres Teilnahmeumfangs an der vertragsärztlichen Versorgung herangezogen.

d) Umfang der Teilnahmepflicht bei Jobsharing

In Ermangelung einer abweichenden Regelung werden auch Jobsharingpartner nach § 101 Abs. 1 S. 1 Nr. 4 SGB V in der Summe mit dem Umfang einer einzigen Zulassung und der anstellende Vertragsarzt in der Variante des § 101 Abs. 1 S. 1 Nr. 5 SGB V ebenfalls im Umfang seiner Zulassung herangezogen, während den angestellten Arzt mangels Zulassung schon gar keine Teilnahmepflicht trifft.

e) Umfang der Teilnahmepflicht von Mund-Kiefer-Gesichtschirurgen

In Bezug auf Mund-Kiefer-Gesichtschirurgen ist der KV Mecklenburg-Vorpommern hingegen eine Regelung zu empfehlen, welche deren besonderer Situation Rechnung trägt, indem diese entweder vom vertragsärztlichen bzw. vertragszahnärztlichen Bereitschaftsdienst befreit werden oder ihre jeweilige Teilnahmepflicht auf einen Umfang reduziert wird, welcher in der Summe nicht den sich aus einer einzigen Zulassung ergebenden Teilnahmeumfang übersteigt.

f) Umfang der Teilnahmepflicht von Ärzten mit zwei Fachgebieten

Im Hinblick auf Ärzte mit zwei Fachgebieten ist die Regelung des § 3 Abs. 1 S. 3 der Bereitschaftsdienstordnung nicht zu beanstanden, da diese wie gesehen im Ergebnis nur eine volle Zulassung besitzen und damit auch nicht über Gebühr zur Teilnahme herangezogen werden.

g) Umfang der Teilnahmepflicht von Belegärzten

Belegärzte werden richtigerweise ohne Rücksicht auf ihre Belegarzttätigkeit in Ermangelung einer Sonderregelung nach § 3 Abs. 1 S. 3 der Bereitschaftsdienstordnung im vollen Umfang ihrer Zulassung zum Bereitschaftsdienst verpflichtet.

IV. Heranziehung

Nachdem der Bereitschaftsdienst in Mecklenburg-Vorpommern alleine von der Kassenärztlichen Vereinigung in deren Bereitschaftsdienstordnung organisiert wird, zieht diese auch ohne ausdrückliche Regelung denknotwendig die Vertragsärzte und MVZ zum Bereitschaftsdienst heran.

V. Rechtsschutz gegen die Heranziehung zum Bereitschaftsdienst

1. Zuständigkeit für das Widerspruchsverfahren

Eventuelle Widersprüche seitens der Ärzteschaft gegen ihre Heranziehung sind dementsprechend auch gegen die KV Mecklenburg-Vorpommern zu richten.

2. Rechtsweg

Auch Klagen gegen die Teilnahmepflicht sind gegen die Kassenärztliche Vereinigung zu richten und damit auf dem Sozialrechtsweg zu bestreiten.

VI. Zusammenfassung

Die ÄK Mecklenburg-Vorpommern ist nach § 33 Abs. 3 S. 2 HeilBerG-MV ausdrücklich dazu verpflichtet, entweder eine eigene Bereitschaftsdienstordnung zu erlassen, oder aber zumindest ihr Einvernehmen zu einer entsprechenden Regelung zu geben. Nachdem beides bislang nicht geschehen ist, verstößt die Ärztekammer gegen eine ihr gesetzlich auferlegte Pflicht. Der Bereitschaftsdienst wird in Mecklenburg-Vorpommern vielmehr alleine von der Kassenärztlichen Vereinigung geregelt, welcher aber – wie allen übrigen Kassenärztlichen Vereinigungen auch – eine ausreichende formellgesetzliche Rechtsgrundlage des Bundesgesetzgebers für die Normierung einer Teilnahmepflicht fehlt. Darüber hinaus werden nach der Bereitschaftsdienstordnung in unzulässiger Weise auch ermächtigte Einrichtungen i. S. d. § 119b SGB V sowie wohl auch ermächtigte Krankenhausärzte von der Teilnahmepflicht erfasst. Schließlich fehlt es auch an einer Sonderregelung für den Teilnahmeumfang zugelassener Mund-Kiefer-Gesichtschirurgen.

I. Niedersachsen

In Niedersachsen haben Ärztekammer[98] und Kassenärztliche Vereinigung[99] jeweils eine eigenständige Bereitschaftsdienstordnung erlassen. Auffällig ist hierbei jedoch, dass die beiden Regelungen nahezu wortgleich sind. Zu Abweichungen kommt es nur dann, wenn sich die von der jeweiligen Regelungsbefugnis erfassten Adressatenkreise unterscheiden. Darüber hinaus haben beide Körperschaften vereinbart, den Bereitschaftsdienst gemeinsam nach einer einheitlichen Bereitschaftsdienstordnung durchzuführen, wie sich jeweils Satz 3 der Präambeln der beiden Bereitschaftsdienstordnungen entnehmen lässt:

> Die Ärztekammer Niedersachsen (ÄKN) und die Kassenärztliche Vereinigung Niedersachsen (KVN) haben beschlossen, den Bereitschaftsdienst nach Maßgabe einer einheitlichen Bereitschaftsdienstordnung gemeinsam durchzuführen.

Formal handelt es sich daher zwar um zwei eigenständige Satzungen, wie sich konträr zur Zielsetzung einer gemeinsamen Durchführung auch aus § 2 S. 1 der Bereitschaftsdienstordnung der Ärztekammer ergibt, wonach zwei voneinander verschiedene Bereitschaftsdienstordnungen bestehen:

> Der ärztliche Bereitschaftsdienst wird grundsätzlich durch den Vorstand der KVN geregelt, soweit sich aus dieser Bereitschaftsdienstordnung nichts Abweichendes ergibt.

Aufgrund der nahezu wortgleichen Vorschriften und der gemeinsamen Organisation handelt es sich allerdings de facto letztlich um eine gemeinsame Bereitschaftsdienstordnung, die aber in zwei getrennten Bereitschaftsdienstordnungen normiert ist. Nachdem darüber hinaus aber das Gros der Einrichtung und Durch-

---

98 Deren Bereitschaftsdienstordnung ist abrufbar unter: https://www.aekn.de/fileadmin/media/Downloadcenter/Amtliche_Bekanntmachungen/3_Bereitschaftsdienstordnung_der_AErztekammer_Niedersachsen/Bereitschaftsdienstordnung_01_06_2018.pdf (Stand: 03.02.2020).

99 Deren Bereitschaftsdienstordnung ist abrufbar unter: https://www.kvn.de/internet_media/%C3%9Cber+uns/Aufgaben+und+Ziele/KVN_Recht/Bereitschaftsdienstordnung_+Stand+15_+August+2019-p-3179.pdf (Stand: 03.02.2020).

führung des Bereitschaftsdienstes der Kassenärztlichen Vereinigung obliegt,[100] stellt sich die Regelung des Bereitschaftsdienstes in Niedersachsen letztlich als Kombination dreier verschiedener Ausgestaltungsvarianten dar, namentlich der getrennten, der gemeinsamen sowie der alleinigen Organisation durch die Kassenärztliche Vereinigung.

I. Ausreichende Rechtsgrundlage

1. Ärztekammer

a) Für die Regelung des ärztlichen Bereitschaftsdienstes

Indem der Landesgesetzgeber der Ärztekammer in § 25 Nr. 1 lit. h) HKG-NI den Erlass einer Bereitschaftsdienstordnung vorschreibt, hat er diese ausdrücklich zur Regelung des ärztlichen Bereitschaftsdienstes ermächtigt.

b) Für die Normierung einer Teilnahmepflicht

Eine den Vorgaben des BVerwG genügende Rechtsgrundlage für die Teilnahmepflicht des Arztes am Bereitschaftsdienst liegt mit den §§ 33 Abs. 1 S. 2 Nr. 2, Abs. 3 S. 1 Nr. 2 HKG-NI vor. Zudem ist die ÄK Niedersachsen den von § 33 Abs. 3 S. 1 HKG-NI aufgestellten inhaltlichen Anforderungen an die Bereitschaftsdienstordnung mit den §§ 3 und 7 Abs. 1 S. 2 und Abs. 2 nachgekommen und hat diese darüber hinaus auch in § 26 Abs. 1 S. 2 und 3, Abs. 2 S. 1 BO-NI normiert.

2. Kassenärztliche Vereinigung

a) Für die Regelung des ärztlichen Bereitschaftsdienstes

Mit § 75 Abs. 1b S. 1 SGB V besteht eine Ermächtigungsgrundlage für die Regelung des vertragsärztlichen Bereitschaftsdienstes durch die Kassenärztliche Vereinigung.

b) Für die Normierung einer Teilnahmepflicht

Dahingegen fehlt es an einer – nach hier vertretener Auffassung zwingend erforderlichen – Normierung einer Teilnahmepflicht in einem formellen Gesetz des Bundesgesetzgebers. Damit ist die Verpflichtung von Vertragsärzten durch die Kassenärztliche Vereinigung als verfassungswidrig zu bewerten. Nachdem die

[100] Siehe hierzu den oben abgedruckten § 2 S. 1 der Bereitschaftsdienstordnung der ÄK Niedersachsen sowie § 2 Abs. 1 der Bereitschaftsdienstordnung der KV Niedersachsen: „Der ärztliche Bereitschaftsdienst wird durch den Vorstand der KVN geregelt."

Ärztekammer in ihrer Bereitschaftsdienstordnung – hierzu sogleich – ausdrücklich auf die Heranziehung von zugelassenen Ärzten verzichtet, können diese nach momentaner Rechtslage in Niedersachsen nicht verpflichtend zum Bereitschaftsdienst herangezogen werden. Solange der Bundesgesetzgeber keine ausreichende Rechtsgrundlage für die Teilnahmepflicht schafft, ist daher dringend eine Änderung der Bereitschaftsdienstordnung der ÄK Niedersachsen dahingehend zu empfehlen, dass diese auch die Vertragsärzteschaft zur Teilnahme am Bereitschaftsdienst verpflichtet.

II. Adressatenkreis der Teilnahmepflicht

Für Niedersachsen haben die dortige Ärztekammer und Kassenärztliche Vereinigung zwar nahezu wortgleiche, aber dennoch eigenständige Bereitschaftsdienstordnungen erlassen. Insofern bedarf es hier der getrennten Prüfung der Zulässigkeit des jeweils von der Teilnahmepflicht normierten Adressatenkreises.

1. Bereitschaftsdienstordnung der Ärztekammer

a) Grundsätzliche Teilnahmepflicht von Vertragsärzten

Obgleich ihre Regelungsbefugnis auch die zur vertragsärztlichen Versorgung niedergelassenen Ärzte erfasst, hat die ÄK Niedersachsen auf deren Verpflichtung verzichtet, wie sich aus § 2 S. 1 –

> Der ärztliche Bereitschaftsdienst wird grundsätzlich durch den Vorstand der KVN geregelt, soweit sich aus dieser Bereitschaftsdienstordnung nichts Abweichendes ergibt.

– i.V.m. § 5 Abs. 1 ihrer Bereitschaftsdienstordnung

> Am Bereitschaftsdienst nehmen alle in einer Praxis oder in einem medizinischen Versorgungszentrum nicht als Weiterzubildende tätigen Kammermitglieder teil, wobei der Vorstand der Bezirksstelle der ÄKN über die Heranziehung von nicht an der vertragsärztlichen Versorgung teilnehmenden Kammermitgliedern entscheidet.

– ergibt. Insoweit kommt es in Niedersachsen wie schon im Geltungsbereich der BÄK Nordbaden, Nordwürttemberg und Südbaden nicht zu einer Doppelverpflichtung von niedergelassenen Vertragsärzten zu zwei nebeneinander bestehenden Bereitschaftsdiensten.

b) Grundsätzliche Teilnahmepflicht von Nicht-Vertragsärzten

Zur Teilnahme verpflichtet werden gem. § 5 Abs. 1 der Bereitschaftsdienstordnung hingegen die nicht zur vertragsärztlichen Versorgung zugelassenen Kammermitglieder der ÄK Niedersachsen.

c) *Einzelfälle*

aa) Teilnahmepflicht von in Vertragsarztpraxen angestellten Ärzten

In Vertragsarztpraxen angestellte Ärzte werden aufgrund ihrer Mitgliedschaft in der Ärztekammer gem. § 5 Abs. 1 der Bereitschaftsdienstordnung der ÄK Niedersachsen in nicht zu beanstandender Weise herangezogen.

bb) Teilnahmepflicht von in Medizinischen Versorgungszentren angestellten Ärzten

Aus selbigem Grund ist auch die in § 5 Abs. 1 normierte Teilnahmepflicht von in MVZ angestellten Ärzten rechtlich nicht zu beanstanden.

cc) Teilnahmepflicht von Medizinischen Versorgungszentren

Zu einer unzulässigen Verpflichtung von MVZ kommt es nicht, da nach dem oben zitierten § 5 Abs. 1 der Bereitschaftsdienstordnung lediglich die im MVZ beschäftigten Ärzte herangezogen werden.

dd) Teilnahmepflicht ermächtigter Ärzte und Einrichtungen

Ermächtigte Einrichtungen werden nicht von der Teilnahmepflicht am Bereitschaftsdienst erfasst. Für ermächtigte Ärzte ergibt sich diese nur in Bezug auf Niedergelassene, da diese unter den Adressatenkreis des § 5 Abs. 1 der Bereitschaftsdienstordnung fallen:

> Am Bereitschaftsdienst nehmen alle in einer Praxis oder in einem medizinischen Versorgungszentrum nicht als Weiterzubildende tätigen Kammermitglieder teil [...].

ee) Teilnahmepflicht psychologischer Psychotherapeuten

Psychologische Psychotherapeuten werden richtigerweise nicht zur Teilnahme verpflichtet.

2. Bereitschaftsdienstordnung der Kassenärztlichen Vereinigung

a) *Grundsätzliche Teilnahmepflicht von Vertragsärzten*

Nach § 5 Abs. 1 der Bereitschaftsdienstordnung nehmen am Bereitschaftsdienst der KV Niedersachsen entsprechend der Beschränkung ihrer Regelungsbefugnis lediglich solche Ärzte teil, welche eine Zulassung zur vertragsärztlichen Versorgung besitzen.

b) Grundsätzliche Teilnahmepflicht von Nicht-Vertragsärzten

Nicht-Vertragsärzten räumt § 5 Abs. 1 und 6 S. 1 der Bereitschaftsdienstordnung hingegen in zulässiger Weise lediglich eine freiwillige Teilnahmemöglichkeit ein.

c) Einzelfälle

aa) Teilnahmepflicht von in Vertragsarztpraxen angestellten Ärzten

Die Bereitschaftsdienstordnung der KV Niedersachsen verpflichtet in Vertragsarztpraxen angestellte Ärzte – hier kommt es zu einer der wenigen Abweichungen im Wortlaut im Vergleich zur Bereitschaftsdienstordnung der ÄK Niedersachsen – richtigerweise nicht.

bb) Teilnahmepflicht von in Medizinischen Versorgungszentren angestellten Ärzten

Ebenso hat sie auch keine Teilnahmepflicht für in MVZ angestellte Ärzte normiert.

cc) Teilnahmepflicht von Medizinischen Versorgungszentren

Demgegenüber verpflichtet die KV Niedersachsen die MVZ selbst in rechtlich nicht zu beanstandender Weise in § 5 Abs. 1 ihrer Bereitschaftsdienstordnung im Rahmen ihrer Regelungsbefugnis zur Teilnahme:

> Am Bereitschaftsdienst nehmen alle zugelassenen Vertragsärzte und medizinischen Versorgungszentren teil.

dd) Teilnahmepflicht ermächtigter Ärzte und Einrichtungen

Eine Teilnahmepflicht ermächtigter Ärzte oder ermächtigter Einrichtungen hat die KV Niedersachsen hingegen richtigerweise nicht normiert.

ee) Teilnahmepflicht psychologischer Psychotherapeuten

Nach dem Wortlaut des § 5 Abs. 1 der Bereitschaftsdienstordnung werden auch zugelassene psychologische Psychotherapeuten von der Teilnahmepflicht erfasst, da es sich auch bei diesen um niedergelassene Vertragsärzte handelt. Vermutlich sollen hiermit psychologische Psychotherapeuten allerdings nicht erfasst sein, da diese – trotz Einbezug in die Arztgruppe der Psychotherapeuten i. S. d. § 101 Abs. 4 S. 1 SGB V – letztlich keine Ärzte im klassischen Sinne darstellen. Aus Klarstellungsgründen sollte jedoch darüber nachgedacht werden, diese ausdrücklich von der Teilnahmepflicht auszunehmen.

III. Umfang der Teilnahmepflicht

1. Bereitschaftsdienstordnung der Ärztekammer

Hinsichtlich des Umfangs der Heranziehung der verpflichteten Ärzte stellt die Bereitschaftsdienstordnung in § 3 Abs. 2 S. 2 entsprechend dem von der Rechtsprechung aus Art. 3 Abs. 1 GG abgeleiteten Grundsatz zunächst klar, dass

> [...] eine gleichmäßige Belastung aller teilnehmenden Kammermitglieder anzustreben [ist].

Überdies legt sie in § 3 Abs. 4 S. 1 fest, dass

> [b]ei der Bildung der Bereitschaftsdienstbereiche [...] darauf zu achten [ist], dass die Dienstfrequenz je Kammermitglied in der Regel vier Dienste je Quartal nicht übersteigt.

a) Grundsätzlicher Umfang der Teilnahmepflicht von niedergelassenen Ärzten

Über diese Grundsätze hinaus setzt die Bereitschaftsdienstordnung hinsichtlich des Teilnahmeumfangs der niedergelassenen Ärzte allerdings keine Abstufung in Abhängigkeit des ärztlichen Tätigkeitsumfanges in Form von Anrechnungsfaktoren fest. Unabhängig davon, ob bei der praktischen Durchführung entsprechend dem in § 3 Abs. 2 S. 2 normierten Grundsatz hinsichtlich der Frequenz der Heranziehung auf den Umfang der ärztlichen Tätigkeit im Einzelfall Rücksicht genommen wird, ist der Ärztekammer aus Klarstellungs- und Transparenzgründen die Normierung einer Regelung mit entsprechender Abstufung zu empfehlen.

b) Einzelfälle

aa) Umfang der Teilnahmepflicht von in Arztpraxen angestellten Ärzten

Ebenso fehlt es in Bezug auf die in Arztpraxen angestellten Ärzte an einer Regelung zur Bestimmung ihres konkreten Teilnahmeumfangs. Auch diesbezüglich bedarf es daher einer Regelung durch die Ärztekammer, welche den konkreten ärztlichen Tätigkeitsumfang des angestellten Arztes als Bemessungsgrundlage für dessen Teilnahme am Bereitschaftsdienst zugrunde legt.

bb) Umfang der Teilnahmepflicht von in Medizinischen Versorgungszentren angestellten Ärzten

Selbiges gilt für in MVZ angestellte Ärzte. Der auf den ersten Blick in Betracht kommende § 5 Abs. 2 der Bereitschaftsdienstordnung kann auf diese keine Anwendung finden, da es sich bei angestellten Ärzten nicht um Ärzte handelt, welche sich in „einem medizinischen Versorgungszentrum zur gemeinsamen Berufsausübung zusammengeschlossen haben". Gemeint sind hiermit wohl nur die das MVZ betreibenden Ärzte.

cc) Umfang der Teilnahmepflicht von Betreibern einer Zweigpraxis

Betreiber einer Zweigpraxis werden am Ort der Zweigpraxis nach § 5 Abs. 3 S. 1 der Bereitschaftsdienstordnung entsprechend ihres dortigen Tätigkeitsumfanges zur Teilnahme herangezogen:

> Nach § 3 Abs. 1 Satz 2 in mehreren Bereitschaftsdienstbereichen zur Teilnahme am Bereitschaftsdienst verpflichtete Kammermitglieder werden an den weiteren Orten ihrer Tätigkeit (§ 17 Abs. 2 Satz 1 Berufsordnung ÄKN) entsprechend ihres dortigen Tätigkeitsumfangs zum dortigen Bereitschaftsdienst herangezogen.

Dies ist als rechtlich zulässig zu bewerten, da die Norm aufgrund ihres Wortlauts und mangels anderweitiger Regelung so zu verstehen ist, dass dies keine zusätzliche Heranziehung, sondern eine Aufteilung der Teilnahmeverpflichtung zwischen den verschiedenen Dienstbereichen entsprechend dem jeweiligen Tätigkeitsumfang vorsieht. Hieran vermag auch § 5 Abs. 3 S. 2, wonach für den Ort der Zweigpraxis „in der Regel von einem Viertel des üblichen Tätigkeitsumfangs ausgegangen" wird, nichts zu ändern, da es sich dabei um eine bloße, im Einzelfall widerlegbare Vermutung handelt.

dd) Umfang der Teilnahmepflicht bei Jobsharing

Für Jobsharingpartner hat die Bereitschaftsdienstordnung keine Sonderregelungen erlassen.

ee) Umfang der Teilnahmepflicht von Mund-Kiefer-Gesichtschirurgen

In Bezug auf Mund-Kiefer-Gesichtschirurgen ist mangels Rückgriffsmöglichkeit auf eine ausreichende allgemeine Regelung eine Sonderregelung erforderlich, welche deren besonderer Situation Rechnung trägt, indem diese entweder vom ärztlichen bzw. zahnärztlichen Bereitschaftsdienst befreit werden oder ihre jeweilige Teilnahmepflicht auf einen Umfang reduziert wird, welcher in der Summe nicht den Umfang einer vollen ärztlichen Tätigkeit übersteigt.

ff) Umfang der Teilnahmepflicht von Ärzten mit zwei Fachgebieten

Bezüglich des Teilnahmeumfangs von Ärzten mit einer Zulassung für zwei Fachgebiete hat die Bereitschaftsdienstordnung ebenfalls keinerlei Regelungen getroffen.

gg) Umfang der Teilnahmepflicht von Belegärzten

Selbiges gilt – richtigerweise – für den Teilnahmeumfang von Belegärzten.

2. Bereitschaftsdienstordnung der Kassenärztlichen Vereinigung

Wie schon die Ärztekammer setzt die KV Niedersachsen mit nahezu identischem Wortlaut grundsätzliche Regelungen für den Umfang der Heranziehung der zur Teilnahme verpflichteten Ärzte fest. So heißt es zunächst in § 3 Abs. 2 S. 2 der Bereitschaftsdienstordnung:

> Dabei[101] ist eine gleichmäßige Belastung aller teilnehmenden Ärzte anzustreben.

Weiter legt die Kassenärztliche Vereinigung in § 3 Abs. 4 S. 1 fest, dass

> [b]ei der Bildung der Bereitschaftsdienstbereiche […] darauf zu achten [ist], dass die Dienstfrequenz je Arzt in der Regel vier Dienste je Quartal nicht übersteigt.

a) Grundsätzlicher Umfang der Teilnahmepflicht von Vertragsärzten

Anders als die Ärztekammer trifft die Kassenärztliche Vereinigung darüber hinaus aber weitaus detailliertere Regelungen bezüglich der Bemessung des Teilnahmeumfangs der einzelnen zur Teilnahme verpflichteten Adressaten. In Bezug auf die Vertragsärzteschaft legt sie in Übereinstimmung mit den oben aufgestellten Grundsätzen in § 5 Abs. 2 fest, dass sich deren Umfang nach ihrem aus der Zulassung folgenden Versorgungsauftrag bemisst.

b) Einzelfälle

aa) Umfang der Teilnahmepflicht von Medizinischen Versorgungszentren

Auch hinsichtlich des Teilnahmeumfangs von MVZ trifft die Bereitschaftsdienstordnung in § 5 Abs. 4 S. 1 eine Regelung:

> Medizinische Versorgungszentren und Vertragsärzte werden entsprechend der Anzahl und des Tätigkeitsumfanges der im jeweiligen medizinischen Versorgungszentrum oder beim Vertragsarzt tätigen Ärzte zum Bereitschaftsdienst herangezogen.

Danach richtet sich deren Teilnahmeumfang zwar nicht unmittelbar nach dem sich aus ihrer Zulassung ergebenden Versorgungsauftrag, sondern bemisst sich nach dem Tätigkeitsumfang der dort angestellten Ärzte. Nachdem der Tätigkeitsumfang

---

[101] Gemeint ist die Festlegung der Bereitschaftsdienstbereiche, siehe § 3 Abs. 2 S. 1 der Bereitschaftsdienstordnung.

allerdings von den dem MVZ zustehenden Zulassungen abhängt, ist diese Regelung nicht zu beanstanden.

bb) Umfang der Teilnahmepflicht von anstellenden Vertragsärzten

Gleiches gilt in Bezug auf Ärzte, welche weitere Ärzte in ihrer Praxis angestellt haben, da eben zitierter § 5 Abs. 4 S. 1 auch für diese gilt.

cc) Umfang der Teilnahmepflicht von Betreibern einer Zweigpraxis

Die Bemessung des Teilnahmeumfangs von Betreibern einer Zweigpraxis nach § 5 Abs. 5 S. 1 bis 3 gestaltet sich letztlich analog zu derjenigen der ÄK Niedersachsen:

> Soweit am Zweigpraxisstandort außerhalb des Bereitschaftsdienstbereiches des Vertragsarztsitzes ein Sicherstellungsbedarf im Sinne von § 3 Abs. 4 Satz 1 besteht, werden Vertragsärzte und medizinische Versorgungszentren entsprechend ihres Tätigkeitsumfangs in der Zweigpraxis zum Bereitschaftsdienst am Zweigpraxisstandort herangezogen. Es ist hierbei in der Regel von einem Tätigkeitsumfang einer Viertelstelle auszugehen. Bei einer Heranziehung zum Bereitschaftsdienst am Zweigpraxisstandort wird die Dienstverpflichtung am Vertragsarztsitz entsprechend verringert.

Zu begrüßen ist hierbei, dass § 5 Abs. 5 S. 3 im Gegensatz zur Bereitschaftsdienstordnung der Ärztekammer explizit klarstellt, dass sich durch die Heranziehung zum Bereitschaftsdienst am Ort der Zweigpraxis die Dienstverpflichtung am Vertragsarztsitz entsprechend verringert und es somit zu keiner über die Zulassung hinausgehenden Heranziehung des Zweigpraxisinhabers kommt.

dd) Umfang der Teilnahmepflicht bei Jobsharing

Der angestellte Jobsharingpartner nach § 101 Abs. 1 S. 1 Nr. 5 SGB V wird mangels eigener Zulassung schon gar nicht von der Teilnahmepflicht der Bereitschaftsdienstordnung der KV Niedersachsen erfasst. Der Umfang der Teilnahmepflicht des anstellenden Arztes richtet sich demgegenüber nach dem Grundsatz des § 5 Abs. 2 der Bereitschaftsdienstordnung richtigerweise nach seiner Zulassung. Betreffend die Jobsharingpartner i. S. d. § 101 Abs. 1 S. 1 Nr. 4 SGB V hat die Bereitschaftsdienstordnung hingegen mit § 5 Abs. 3 S. 2 eine Sonderregelung erlassen:

> Bei Berufsausübungsgemeinschaften gemäß § 101 Abs. 1 Satz 1 Nr. 4 SGB V wird die Zahl der in der Bedarfsplanung berücksichtigten Vertragsarztsitze zugrunde gelegt.

Nachdem die Jobsharingpartner im Ergebnis im Umfang in Höhe einer einzigen Zulassung an der vertragsärztlichen Versorgung teilnehmen, ist die vorangestellte Regelung nicht zu beanstanden.

ee) Umfang der Teilnahmepflicht von Mund-Kiefer-Gesichtschirurgen

In Bezug auf Mund-Kiefer-Gesichtschirurgen ist eine Regelung zu empfehlen, welche deren besonderer Situation Rechnung trägt, indem diese entweder vom vertragsärztlichen bzw. vertragszahnärztlichen Bereitschaftsdienst befreit werden oder ihre jeweilige Teilnahmepflicht auf einen Umfang reduziert wird, welcher in der Summe nicht den sich aus einer einzigen Zulassung ergebenden Teilnahmeumfang übersteigt.

ff) Umfang der Teilnahmepflicht von Ärzten mit zwei Fachgebieten

Bezüglich des Teilnahmeumfangs von Ärzten mit einer Zulassung für zwei Fachgebiete hat die Bereitschaftsdienstordnung ebenfalls keinerlei Regelungen getroffen.

gg) Umfang der Teilnahmepflicht von Belegärzten

Selbiges gilt für den Teilnahmeumfang von Belegärzten.

IV. Heranziehung

Die oben dargestellte Aufteilung der Zuständigkeiten für die einzelnen Arztgruppen spiegelt sich auch in der Zuständigkeit für die Heranziehung zum Bereitschaftsdienst wieder. Hinsichtlich der Nicht-Vertragsärzte obliegt diese nach § 5 Abs. 1 ihrer Bereitschaftsdienstordnung der Ärztekammer, während die Kassenärztliche Vereinigung nach § 5 Abs. 1 ihrer Bereitschaftsdienstordnung in Bezug auf die Vertragsärzte zuständig ist.

V. Rechtsschutz gegen die Heranziehung zum Bereitschaftsdienst

1. Zuständigkeit für das Widerspruchsverfahren

Dementsprechend sind Widersprüche von Ärzten gegen ihre Heranziehung konsequenterweise auch gegen diejenige Körperschaft zu richten, welche sie zum Dienst verpflichtet hat.

2. Rechtsweg

Gegen Maßnahmen der Ärztekammern ist auch ohne ausdrückliche Regelung denknotwendig der Verwaltungsrechtsweg einzuschlagen, während ein Vorgehen gegen Maßnahmen der Kassenärztlichen Vereinigung vor die Sozialgerichtsbarkeit zu tragen ist.

VI. Zusammenfassung

Trotz zweier formal getrennter Bereitschaftsdienstordnungen handelt es sich in Niedersachsen aufgrund der nahezu wortgleichen Vorschriften und der gemeinsamen Organisation de facto um eine gemeinsame Bereitschaftsdienstordnung, welche jedoch vorrangig die Kassenärztliche Vereinigung befugt. Wie in den übrigen Bundesländern auch fehlt es für die Normierung einer Teilnahmepflicht durch die KV Niedersachsen an einer ausreichenden formellgesetzlichen Rechtsgrundlage des Bundesgesetzgebers. Dagegen ist sowohl der von der Bereitschaftsdienstordnung der KV Niedersachsen erfasste Adressatenkreis als auch derjenige der ÄK Niedersachsen rechtlich nicht zu beanstanden. Allerdings mangelt es der Bereitschaftsdienstordnung letztgenannter an einer Regelung, welche den Teilnahmeumfang in Abhängigkeit zum Umfang der ärztlichen Tätigkeit setzt. Schließlich ist auch eine Sonderregelung für die zur Teilnahme verpflichteten Mund-Kiefer-Gesichtschirurgen zu empfehlen. Weitaus besser gelingt die Regelung des Teilnahmeumfangs hingegen der Kassenärztlichen Vereinigung. Hier fehlt es lediglich an einer Regelung, welcher der besonderen Situation der zugelassenen Mund-Kiefer-Gesichtschirurgen Rechnung trägt.

J. Nordrhein

Die ÄK Nordrhein und die KV Nordrhein haben für ihren Geltungsbereich eine einzige, gemeinsame Bereitschaftsdienstordnung erlassen.[102] Deren Rechtsnatur wird weder in der Bereitschaftsdienstordnung selbst noch im HeilBerG-NW oder in weiteren Regelungen der Ärztekammer und Kassenärztlichen Vereinigung ausdrücklich bestimmt. Nachdem allerdings § 31 Abs. 3 S. 1 HeilBerG-NW Berufsordnung und Bereitschaftsdienstordnung[103] hinsichtlich ihres Erlasses gemeinsam nennt und es sich bei der Berufsordnung um eine Satzung handelt,[104] ist davon auszugehen, dass auch die Bereitschaftsdienstordnung Satzungsqualität besitzt.

---

[102] Abrufbar unter: https://www.kvno.de/downloads/allgem_veroeffentlichungen/notdienst.pdf (Stand: 03.02.2020).

[103] In § 31 Abs. 3 S. 1 HeilBerG-NW wird diese als Notfalldienstordnung bezeichnet.

[104] *Igl*, in: Igl/Welti (Hrsg.), Gesundheitsrecht, § 14 Rn. 2.

I. Ausreichende Rechtsgrundlage

Die Organisation des Bereitschaftsdienstes in einer gemeinsamen Regelung ändert nichts daran, dass sowohl für die Ärztekammer als auch die Kassenärztliche Vereinigung jeweils eine ausreichende Rechtsgrundlage existieren muss.

1. Ärztekammer

a) Für die Regelung des ärztlichen Bereitschaftsdienstes

Für die Ärztekammer hat der Landesgesetzgeber dies ausdrücklich in § 6 Abs. 1 S. 1 Nr. 3 HeilBerG-NW getan. Im Gegensatz zur Mehrheit der Länder schreibt er in § 31 Abs. 1 HeilBerG-NW zudem explizit vor, dass die ÄK Nordrhein den Bereitschaftsdienst neben der Normierung in der Berufsordnung auch in einer Bereitschaftsdienstordnung zu regeln hat. Dieser Vorgabe ist die Ärztekammer mit dem Erlass der gemeinsamen Bereitschaftsdienstordnung nachgekommen.

b) Für die Normierung einer Teilnahmepflicht

Mit den §§ 30 Nr. 2, 31 Abs. 2 S. 3 HeilBerG-NW existiert auch eine ausreichende Rechtsgrundlage für die Teilnahmepflicht von Ärzten am Bereitschaftsdienst. Den von § 31 Abs. 2 HeilBerG-NW geforderten obligatorischen Regelungsinhalten – daneben findet sich auch eine Vielzahl fakultativer Vorgaben – ist die ÄK Nordrhein in § 10 Abs. 1 der Bereitschaftsdienstordnung nachgekommen.

2. Kassenärztliche Vereinigung

a) Für die Regelung des ärztlichen Bereitschaftsdienstes

Mit § 75 Abs. 1b S. 1 SGB V besteht eine Ermächtigungsgrundlage für die Regelung des vertragsärztlichen Bereitschaftsdienstes durch die Kassenärztliche Vereinigung.

b) Für die Normierung einer Teilnahmepflicht

Dahingegen fehlt es an einer – nach hier vertretener Auffassung zwingend erforderlichen – Normierung einer Teilnahmepflicht in einem formellen Gesetz des Bundesgesetzgebers. Damit ist die Verpflichtung von Vertragsärzten durch die Kassenärztliche Vereinigung als verfassungswidrig zu bewerten. Nach der gemeinsamen Bereitschaftsdienstordnung der Ärztekammer mit der KV Nordrhein übernimmt die Heranziehung der Nicht-Vertragsärzte die Ärztekammer, während Vertragsärzte von der Kassenärztlichen Vereinigung herangezogen werden. Für erstgenannte existiert wie gesehen mit den §§ 30 Nr. 2, 31 Abs. 2 S. 3 HeilBerG-NW eine den vom BVerwG aufgestellten Anforderungen genügende Rechtsgrundlage. Nachdem es allerdings an einer ausreichenden Rechtsgrundlage für die Regelung der Teilnahmepflicht durch die Kassenärztliche Vereinigung fehlt, können Vertragsärzte in Nordrhein nach der momentanen Regelung nicht in rechtmäßiger Weise zur Teilnahme am Bereitschaftsdienst verpflichtet werden. Solange der Bundesgesetzgeber keine hinreichende Rechtsgrundlage für die Teilnahmepflicht von Vertragsärzten schafft, können Ärztekammer und Kassenärztliche Vereinigung einem dadurch drohenden Ärztemangel für den Bereitschaftsdienst vorbeugen, indem sie – aufgrund der Mitgliedschaft der niedergelassenen Vertragsärzte bei der Ärztekammer rechtlich unbedenklich – ihre Bereitschaftsdienstordnung dahingehend ändern, dass die ÄK Nordrhein nicht nur für die Heranziehung der Nicht-Vertragsärzte, sondern auch für diejenige der Vertragsärzte zuständig sein soll. Zu beachten ist allerdings, dass dies in Bezug auf die nach der Bereitschaftsdienstordnung ebenfalls verpflichteten MVZ mangels Mitgliedschaft in der Ärztekammer nicht möglich ist. Dies ist jedoch insoweit unschädlich, als die dort angestellten Ärzte gleichwohl herangezogen werden können, sofern eine entsprechende Regelung erlassen wird.

II. Adressatenkreis der Teilnahmepflicht

1. Grundsätzliche Teilnahmepflicht von Vertragsärzten

Von der gemeinsamen Bereitschaftsdienstordnung der ÄK Nordrhein und KV Nordrhein werden nach deren § 1 Abs. 1 lit. a in zulässiger Weise zunächst niedergelassene Vertragsärzte erfasst:

> Zur Teilnahme an dem organisierten ärztlichen Notdienst sind verpflichtet: a. Vertragsärzte mit vollem oder hälftigem Versorgungsauftrag gemäß § 95 Absatz 3 Satz 1 SGB V [...].

2. Grundsätzliche Teilnahmepflicht von Nicht-Vertragsärzten

Ebenso erfasst die Bereitschaftsdienstordnung nach § 1 Abs. 1 lit. e auch Nicht-Vertragsärzte:

> Zur Teilnahme an dem organisierten ärztlichen Notdienst sind verpflichtet: [...] e. niedergelassene Privatärzte.

Dies ist im Hinblick auf die Beteiligung der Ärztekammer nicht zu beanstanden.

3. Einzelfälle

a) Teilnahmepflicht von in Arztpraxen angestellten Ärzten

Nach § 1 Abs. 1 lit. b) der gemeinsamen Bereitschaftsdienstordnung werden sowohl in Vertrags- als auch in Privatpraxen angestellte Ärzte aufgrund ihrer Mitgliedschaft in der Ärztekammer in zulässiger Weise zur Teilnahme am Bereitschaftsdienst verpflichtet.

b) Teilnahmepflicht von in Medizinischen Versorgungszentren angestellten Ärzten

Die in MVZ angestellten Ärzte werden – obwohl dies aufgrund ihrer Mitgliedschaft in der ÄK Nordrhein möglich wäre – von der Bereitschaftsdienstordnung nicht unmittelbar zur Teilnahme verpflichtet: § 1 Abs. 1 lit. b) erfasst nur in einer Praxis angestellte Ärzte, § 1 Abs. 1 lit. c) verpflichtet nur das MVZ selbst. Vielmehr finden sie nach § 1 Abs. 3 lediglich im Rahmen des Teilnahmeumfangs des sie anstellenden MVZ Berücksichtigung.[105]

c) Teilnahmepflicht von Medizinischen Versorgungszentren

Die nach § 1 Abs. 1 lit. c) der Bereitschaftsdienstordnung[106] bestehende Verpflichtung von MVZ ist rechtlich zulässig, da ihnen eine eigene Zulassung zuteilwird.

d) Teilnahmepflicht ermächtigter Ärzte und Einrichtungen

Ermächtigte Ärzte werden von der Bereitschaftsdienstordnung nicht erfasst. Demgegenüber verpflichtet die Bereitschaftsdienstordnung in § 1 Abs. 1 lit. d) ausdrücklich ermächtigte Einrichtungen, am Bereitschaftsdienst teilzunehmen. Diese Regelung stellt sich jedoch als ebenso rechtswidrig dar wie eine auf deren Grundlage vorgenomme Heranziehung: Ermächtigte Einrichtungen sind weder Mitglieder der Ärztekammer oder Kassenärztlichen Vereinigung, noch haben sie eine Zulassung inne, weshalb in Bezug auf den Bereitschaftsdienst weder der ÄK Nordrhein, noch der KV Nordrhein eine entsprechende Regelungsbefugnis zusteht.

e) Teilnahmepflicht psychologischer Psychotherapeuten

Nach dem Wortlaut des § 1 Abs. 1 lit. a) der Bereitschaftsdienstordnung werden auch zugelassene psychologische Psychotherapeuten von der Teilnahmepflicht erfasst, da es sich auch bei diesen um Vertragsärzte i. S. d. § 95 Abs. 3 SGB V S. 1 handelt. Vermutlich sollen hiermit psychologische Psychotherapeuten allerdings nicht erfasst sein, da diese – trotz Einbezug in die Arztgruppe der Psychotherapeuten i. S. d. § 101 Abs. 4 S. 1 SGB V – letztlich keine Ärzte im klassischen Sinne dar-

---

105 Zur Zulässigkeit dieser Regelung unten, Kap. 3 J. III. 3. c).

106 § 1 Abs. 1 lit. c) lautet: „Zur Teilnahme an dem organisierten ärztlichen Notdienst sind verpflichtet […] zugelassene Medizinische Versorgungszentren (MVZ) gemäß § 95 Absatz 3 Satz 2 SGB V […].“

stellen. Aus Klarstellungsgründen sollte jedoch darüber nachgedacht werden, diese ausdrücklich von der Teilnahmepflicht auszunehmen.

III. Umfang der Teilnahmepflicht

1. Grundsätzlicher Umfang der Teilnahmepflicht von Vertragsärzten

Der Umfang der Teilnahmepflicht von Vertragsärzten richtet sich in Einklang mit den oben aufgestellten Grundsätzen nach dem Versorgungsauftrag des einzelnen Arztes: Vertragsärzte mit vollem Versorgungsauftrag werden nach § 1 Abs. 4 lit. a) mit dem Faktor 1,0 herangezogen, während solche mit hälftigem Versorgungsauftrag gem. § 1 Abs. 4 lit. b) entsprechend nur mit dem Faktor 0,5 verpflichtet werden.

2. Grundsätzlicher Umfang der Teilnahmepflicht von Nicht-Vertragsärzten

Unzulässig stellt sich hingegen die Bemessung des Teilnahmeumfangs rein privatärztlich tätiger Ärzte dar, da diese ohne Rücksicht auf den tatsächlichen Umfang ihrer ärztlichen Tätigkeit nach § 1 Abs. 4 lit. a) der Bereitschaftsdienstordnung pauschal mit dem Faktor 1,0 herangezogen werden und damit Nicht-Vertragsärzte mit geringerer Tätigkeit nicht nur gegenüber ihren Kollegen mit größerem Tätigkeitsumfang, sondern auch gegenüber den Vertragsärzten mit nur einem halbem oder drei Viertel Versorgungsumfang in nicht zu rechtfertigender Weise benachteiligt werden. Daher bedarf es einer mit § 1 Abs. 4 lit. b) vergleichbaren Regelung, wonach Nicht-Vertragsärzte nicht pauschal, sondern in Abhängigkeit ihres Tätigkeitsumfanges zum Bereitschaftsdienst herangezogen werden.

3. Einzelfälle

a) Umfang der Teilnahmepflicht von anstellenden Ärzten

Unabhängig davon, dass angestellte Ärzte nach § 1 Abs. 1 lit. b) der Bereitschaftsdienstordnung ohnehin bereits eine eigene Teilnahmeverpflichtung trifft, findet deren Tätigkeitsumfang darüber hinaus offenbar auch noch bei der Bemessung des Teilnahmeumfangs des sie anstellenden und nach § 1 Abs. 1 lit. a) bzw. e) und im Rückschluss aus § 1 Abs. 7 S. 1 ebenfalls verpflichteten Arztes Berücksichtigung, wie § 1 Abs. 3 bestimmt:

> Der Teilnahmeumfang einer Praxis mit angestellten Ärzten [...] am organisierten ärztlichen Notdienst ergibt sich aus der Summe der Anrechnungsfaktoren der dort angestellten Ärzte.

Danach richtet sich deren Teilnahmeumfang zwar – in Bezug auf anstellende Vertragsärzte – nicht unmittelbar nach dem sich aus ihrer Zulassung ergebenden Versorgungsauftrag, sondern bemisst sich nach dem Tätigkeitsumfang der dort angestellten Ärzte. Nachdem der Tätigkeitsumfang allerdings von den dem anstellenden Arzt zustehenden Zulassungen abhängt, ist diese Regelung nicht zu beanstanden. Auch hinsichtlich der anstellenden Nicht-Vertragsärzte ist die Regelung als zulässig anzusehen.

b) Umfang der Teilnahmepflicht von in Arztpraxen angestellten Ärzten

Bezüglich des Teilnahmeumfangs angestellter Ärzte nimmt die Bereitschaftsdienstordnung eine Differenzierung dahingehend vor, ob der sie anstellende Arzt zur vertragsärztlichen Versorgung zugelassen ist oder nicht.

aa) Anstellender Arzt ohne Zulassung

Für letztgenannten Fall bestimmt die Bereitschaftsdienstordnung in § 1 Abs. 4 lit. d) in nicht zu beanstandender Weise, dass sich der Teilnahmeumfang des angestellten Arztes nach dem Umfang seiner ärztlichen Tätigkeit zu richten hat:

> Die Heranziehung zum organisierten ärztlichen Notdienst erfolgt gemäß folgender Anrechnungsfaktoren: [...] d) In privatärztlichen Praxen angestellte Ärzte – nach der vertraglich vereinbarten Arbeitszeit je Anstellungsverhältnis – Tätigkeit bis 20 Stunden pro Woche – Faktor 0,5, – Tätigkeit mehr als 20 Stunden pro Woche – Faktor 1,0.

bb) Anstellender Arzt mit Zulassung

In Bezug auf bei Vertragsärzten angestellte Ärzte heißt es in § 1 Abs. 4 lit. c), dass diese

> [...] mit dem Faktor der auf sie entfallenden Vertragsarztsitze [...]

zum Bereitschaftsdienst herangezogen werden. Damit wird ihr Teilnahmeumfang entsprechend den oben aufgestellten Grundsätzen richtigerweise von dem auf sie entfallenden Versorgungsauftrag abhängig gemacht.

c) Umfang der Teilnahmepflicht von Medizinischen Versorgungszentren

Wie schon bei der Bestimmung des Teilnahmeumfangs anstellender Ärzte kommt es auch im Hinblick auf den Teilnahmeumfang von MVZ durch § 1 Abs. 3 der Bereitschaftsdienstordnung zu einem zulässigen Einbezug des Tätigkeitsumfangs der dort angestellten Ärzte, da die Norm ausdrücklich auch MVZ erfasst:

> Der Teilnahmeumfang […] eines MVZ […] am organisierten ärztlichen Notdienst ergibt sich aus der Summe der Anrechnungsfaktoren der dort angestellten Ärzte.

Danach richtet sich deren Teilnahmeumfang zwar nicht unmittelbar nach dem sich aus ihrer Zulassung ergebenden Versorgungsauftrag, sondern bemisst sich nach dem Tätigkeitsumfang der dort angestellten Ärzte. Nachdem der Tätigkeitsumfang allerdings von den dem MVZ zustehenden Zulassungen abhängt, ist diese Regelung nicht zu beanstanden. Zudem heißt es darüber hinaus in § 1 Abs. 4 lit. c), dass sich der Teilnahmeumfang von MVZ – was in Einklang mit der hier vertretenen Auffassung steht und § 1 Abs. 3 der Bereitschaftsdienstordnung für MVZ letztlich obsolet macht – nach der Anzahl ihrer Zulassungen richtet:

> Die Heranziehung zum organisierten ärztlichen Notdienst erfolgt gemäß folgender Anrechnungsfaktoren: MVZ mit dem Faktor der auf sie entfallenden Vertragsarztsitze […].

d) Umfang der Teilnahmepflicht von in Medizinischen Versorgungszentren angestellten Ärzten

Die in MVZ angestellten Ärzte werden wie dargestellt nicht selbst zur Teilnahme am Bereitschaftsdienst verpflichtet. Regelungen zur Bestimmung ihres Teilnahmeumfangs bedarf es daher nicht.

e) Umfang der Teilnahmepflicht von Betreibern einer Zweigpraxis

§ 1 Abs. 6 S. 1 und 2 der Bereitschaftsdienstordnung sieht hinsichtlich des Teilnahmeumfangs eines Zweigpraxisinhabers am ärztlichen Bereitschaftsdienst Folgendes vor:

> Übt ein Arzt seine ärztliche Tätigkeit an weiteren Orten aus (§ 24 Absatz 3 Ärzte-ZV, § 17 Absatz 4 BO), ist er grundsätzlich zur Teilnahme am Notdienst auch an seinen weiteren Tätigkeitsorten verpflichtet. Der Einteilungsfaktor beträgt an den weiteren Orten in der Regel 0,5.

Die Einteilung zum Bereitschaftsdienst am Ort der Zweigpraxis mit dem Faktor 0,5 ist nicht nur aufgrund ihrer Pauschalität – sie erfolgt ohne Rücksicht auf den am Ort der Zweigpraxis tatsächlich ausgeübten Tätigkeitsumfang – sondern insbesondere deshalb als unzulässig zu bewerten, weil es hierdurch zu einer über den sich aus der Zulassung ergebenden Versorgungsauftrag hinausgehenden Teilnahmeverpflichtung kommt, da die Regelung nicht etwa eine Aufteilung der aus der Zulassung folgenden Verpflichtung, sondern deren Erhöhung vorsieht, was jedoch nicht mit dem oben aufgestellten Grundsatz zu vereinbaren ist, wonach sich der Teilnahmeumfang des Zweigpraxisinhabers alleine nach seiner Zulassung zu richten hat.

f) Umfang der Teilnahmepflicht bei Jobsharing

Für Jobsharingpartner hat die Bereitschaftsdienstordnung keine Sonderregelungen erlassen, weshalb sich auch deren Teilnahmeumfang nach der Grundregel des § 1 Abs. 4 lit. a) und b) richtet. In der Jobsharingvariante des § 101 Abs. 1 S. 1 Nr. 5 SGB V angestellte Ärzte sind hingegen nach § 1 Abs. 2 der Bereitschaftsdienstordnung von vornherein nicht zur Teilnahme verpflichtet.

g) Umfang der Teilnahmepflicht von Mund-Kiefer-Gesichtschirurgen

In Bezug auf Mund-Kiefer-Gesichtschirurgen ist eine Regelung zu empfehlen, welche deren besonderer Situation Rechnung trägt, indem diese entweder vom vertragsärztlichen bzw. vertragszahnärztlichen Bereitschaftsdienst befreit werden oder ihre jeweilige Teilnahmepflicht auf einen Umfang reduziert wird, welcher in der Summe nicht den sich aus einer einzigen Zulassung ergebenden Teilnahmeumfang übersteigt.

h) Umfang der Teilnahmepflicht von Ärzten mit zwei Fachgebieten

Bezüglich des Teilnahmeumfangs von Ärzten mit einer Zulassung für zwei Fachgebiete hat die Bereitschaftsdienstordnung keinerlei Regelungen getroffen. Auch hier richtet sich deren Teilnahmeumfang daher nach der Grundregel des § 1 Abs. 4 lit. a) und b).

i) Umfang der Teilnahmepflicht von Belegärzten

Selbiges gilt für den Teilnahmeumfang von Belegärzten.

IV. Heranziehung

Nach § 8 Abs. 2 der Bereitschaftsdienstordnung entscheidet über die Heranziehung der Nicht-Vertragsärzte entsprechend ihrer Regelungs- und Entscheidungsbefugnis die ÄK Nordrhein, während der KV Nordrhein eine diesbezügliche Zuständigkeit für die Vertragsärzte zukommt.

V. Rechtsschutz gegen die Heranziehung zum Bereitschaftsdienst

1. Zuständigkeit für das Widerspruchsverfahren

Vertragsärzten steht nach § 8 Abs. 4 lit. a der Bereitschaftsdienstordnung gegen ihre Heranziehung durch die KV Nordrhein gegen diese ein Widerspruch zu. Dass niedergelassenen Nicht-Vertragsärzten dagegen kein Widerspruchsverfahren nach § 68 Abs. 1 S. 1 VwGO gegen Entscheidungen der Ärztekammer zur Verfügung steht und vielmehr nach § 8 Abs. 4 lit. b der Bereitschaftsdienstordnung direkt der Rechtsweg zu den Verwaltungsgerichten eröffnet ist, liegt in der Tatsache begründet, dass das Widerspruchsverfahren hierfür zum 01. November 2007 abgeschafft worden ist.[107]

2. Rechtsweg

Entsprechend der mit den gesetzlichen Kompetenzen übereinstimmenden Zuständigkeitsversteilung steht Nicht-Vertragsärzten gegen ihre Heranziehung durch die Ärztekammer nach § 8 Abs. 4 lit. b der gemeinsamen Bereitschaftsdienstordnung der Rechtsweg zu den Verwaltungsgerichten offen, während Vertragsärzte gegen ihre Verpflichtung durch die Kassenärztliche Vereinigung mangels abweichender Regelung konsequenterweise den Sozialrechtsweg einzuschlagen haben.

VI. Zusammenfassung

Für die verpflichtende Heranziehung der Ärzte durch die KV Nordrhein fehlt es nach hier vertretener Auffassung an einer ausreichenden Rechtsgrundlage des Bundesgesetzgebers. Bis zu einer entsprechenden Regelung ist daher zu empfehlen, dass die gemeinsame Bereitschaftsdienstordnung dahingehend geändert wird, dass die ÄK Nordrhein neben der Heranziehung der Nicht-Vertragsärzte auch für diejenige der Vertragsärzte zuständig sein soll. In Bezug auf die konkrete rechtliche Ausgestaltung der Teilnahmepflicht kann die Bereitschaftsdienstordnung weder im Hinblick auf den verpflichteten Adressatenkreis, noch die Bemessung des konkreten Teilnahmeumfangs überzeugen. Zunächst sollte die in § 1 Abs. 1 lit. d) der Bereitschaftsdienstordnung normierte Teilnahmepflicht von ermächtigten Einrichtungen gestrichen werden, da diese weder von der Ärztekammer, noch der Kassenärztlichen Vereinigung herangezogen werden dürfen. Des Weiteren ist im Hinblick auf die verpflichteten Nicht-Vertragsärzte zu beanstanden, dass diese nicht entsprechend des Umfangs ihrer ärztlichen Tätigkeit, sondern pauschal mit dem Faktor 1,0 zum Dienst herangezogen werden. Damit werden Ärzte mit geringerem Tätigkeitsumfang in nicht zu rechtfertigender Weise benachteiligt. Gleichermaßen erweist sich der

[107] Hierzu *Kamp*, NWVBl 2008, 41 ff.

Teilnahmeumfang der Betreiber von Zweigpraxen, welche in einem anderen Bereitschaftsdienstbezirk wie demjenigen des Vertragsarztsitzes liegen, als rechtswidrig, da sie dort pauschal ohne Rücksicht auf den Umfang der tatsächlich ausgeübten ärztlichen Tätigkeit zusätzlich mit dem Faktor 0,5 verpflichtet werden. Schließlich fehlt es an einer Sonderregelung für Mund-Kiefer-Gesichtschirurgen, welche angesichts deren geteilter Zulassung wünschenswert wäre.

K. Westfalen-Lippe

Wie schon die ÄK Nordrhein und die KV Nordrhein haben auch deren Äquivalente für den anderen Teil Nordrhein-Westfalens, die ÄK Westfalen-Lippe und die KV Westfalen-Lippe, eine gemeinsame Bereitschaftsdienstordnung erlassen.[108] Nachdem die ÄK Westfalen-Lippe in § 26 Abs. 2 S. 1 BO-WL davon spricht, dass für die Einrichtung und Durchführung des Bereitschaftsdienstes im Einzelnen „die von der Ärztekammer erlassenen Richtlinien" maßgebend sind, ist davon auszugehen, dass die gemeinsame Bereitschaftsdienstordnung jedenfalls von Seiten der Ärztekammer als Richtlinien und nicht etwa als Satzung erlassen worden sind.

I. Ausreichende Rechtsgrundlage

1. Ärztekammer

a) Für die Regelung des ärztlichen Bereitschaftsdienstes

Die ÄK Westfalen-Lippe ist – wie schon die ÄK Nordrhein – nach § 6 Abs. 1 S. 1 Nr. 3 HeilBerG-NW ausdrücklich zur Sicherstellung und damit Regelung eines ärztlichen Bereitschaftsdienstes ermächtigt. Wie für die ÄK Nordrhein gelten auch für die ÄK Westfalen-Lippe die Anforderungen des HeilBerG-NW bezüglich der Einrichtung eines ärztlichen Bereitschaftsdienstes. Demnach muss auch die ÄK Westfalen-Lippe eine Bereitschaftsdienstordnung ausarbeiten, was mit der gemeinsam mit der KV Westfalen-Lippe erlassenen Bereitschaftsdienstordnung geschehen ist.

b) Für die Normierung einer Teilnahmepflicht

Entsprechend den Vorgaben des BVerwG hat der Landesgesetzgeber in den §§ 30 Nr. 2, 31 Abs. 2 S. 3 HeilBerG-NW die Teilnahmepflicht des Arztes am Bereitschaftsdienst hinreichend selbst geregelt. Den vom Landesgesetzgeber in § 31 Abs. 2 HeilBerG-NW aufgestellten Mindestinhalten – d. h. die Teilnahmepflicht des

[108] Abrufbar unter: https://www.kvwl.de/arzt/recht/kvwl/notfalldienst/notfalldienstordnung_ae_kvwl.pdf (Stand: 03.02.2020).

Arztes darf nur für einen bestimmten regionalen Bereich gelten – ist die ÄK Westfalen-Lippe mit § 4 Abs. 2 ihrer gemeinsamen Bereitschaftsdienstordnung mit der KV Westfalen-Lippe gerecht geworden. Darüberhinausgehend hat sie entsprechende Regelungen auch in § 26 BO-WL erlassen.

2. Kassenärztliche Vereinigung

a) Für die Regelung des ärztlichen Bereitschaftsdienstes

Mit § 75 Abs. 1b S. 1 SGB V besteht eine Ermächtigungsgrundlage für die Regelung des vertragsärztlichen Bereitschaftsdienstes durch die Kassenärztliche Vereinigung.

b) Für die Normierung einer Teilnahmepflicht

Dahingegen fehlt es an einer – nach hier vertretener Auffassung zwingend erforderlichen – Normierung einer Teilnahmepflicht in einem formellen Gesetz des Bundesgesetzgebers. Damit ist die Verpflichtung von Vertragsärzten durch die Kassenärztliche Vereinigung als verfassungswidrig zu bewerten. Daraus ergeben sich für Westfalen-Lippe dieselben Konsequenzen wie für ihr nordrheinisches Pendant, da auch nach der Bereitschaftsdienstordnung von ÄK Westfalen-Lippe und KV Westfalen-Lippe (§ 4 Abs. 1) alleine letztgenannte zur Heranziehung von zugelassenen Ärzten zuständig ist.

II. Adressatenkreis der Teilnahmepflicht

1. Grundsätzliche Teilnahmepflicht von Vertragsärzten

Von der Teilnahmepflicht am Bereitschaftsdienst werden nach § 2 Abs. 1 S. 1 der gemeinsamen Bereitschaftsdienstordnung zunächst grundsätzlich alle niedergelassenen Vertragsärzte erfasst:

> Zur Teilnahme am Notfalldienst sind – zugelassene Vertragsärzte [...] verpflichtet.

Gem. § 2 Abs. 4 der Bereitschaftsdienstordnung gilt dies entgegen der hier vertretenen Auffassung auch für solche Vertragsärzte, deren Zulassung ruht:

> Vertragsärzte, deren Zulassung ruht, aber gleichwohl in privatärztlicher Niederlassung tätig sind, sind zur Teilnahme am Notfalldienst verpflichtet, wenn dem nicht schwerwiegende Gründe entgegenstehen.

Aufgrund der Beteiligung der Ärztekammer an der Bereitschaftsdienstordnung ist dies jedoch ausnahmsweise als zulässig anzusehen, da Vertragsärzte mit ruhender Zulassung aufgrund ihrer Mitgliedschaft in der Ärztekammer von letztgenannter herangezogen werden können.

2. Grundsätzliche Teilnahmepflicht von Nicht-Vertragsärzten

Ebenso werden – aufgrund der Beteiligung der Ärztekammer in rechtlich nicht zu beanstandender Weise – auch niedergelassene Ärzte zur Teilnahme verpflichtet, welche nicht zur vertragsärztlichen Versorgung zugelassen sind, wie § 2 Abs. 1 S. 1 der Bereitschaftsdienstordnung deutlich macht:

> Zur Teilnahme am Notfalldienst sind [...] – niedergelassene privatärztlich tätige Ärzte verpflichtet.

3. Einzelfälle

a) Teilnahmepflicht von in Vertragsarztpraxen angestellten Ärzten

Im Rahmen der gemeinsamen Bereitschaftsdienstordnung der Ärztekammer und Kassenärztlichen Vereinigung in Westfalen-Lippe scheint es nach deren § 2 Abs. 2 S. 1 so, als würden auch – rechtlich zulässig – die in Vertragsarztpraxen angestellten Ärzte herangezogen:

> Zur Teilnahme am Notfalldienst sind auch Ärzte verpflichtet, die in einem Anstellungsverhältnis an der ambulanten Versorgung [...].

Ein Blick in § 2 Abs. 2 S. 2 zeigt jedoch, dass diese letztlich nicht unmittelbar selbst verpflichtet werden, sondern ihre Anstellung lediglich – die rechtliche Zulässigkeit dieser Regelung zunächst dahingestellt – die Erhöhung des Anrechnungsfaktors des sie anstellenden Arztes zur Folge hat:

> Zur Erfüllung dieser Pflicht wird der Einteilungsfaktor der anstellenden Ärzte im Umfang des jeweiligen Anstellungsverhältnisses [...] erhöht [...].

Im Einklang hiermit stellt § 6 Abs. 3 S. 1 der Bereitschaftsdienstordnung noch einmal klar, dass die eigentlich nach § 2 Abs. 2 S. 1 selbst verpflichteten angestellten Ärzte „bei der Diensteinteilung durch Heranziehung des anstellenden Arztes [...] entsprechend § 2 Abs. 2 [...] berücksichtigt" werden. Im Ergebnis wird diese etwas umständliche Formulierung freilich zumeist keinerlei Auswirkungen auf die tatsächliche Teilnahme angestellter Ärzte am Bereitschaftsdienst haben, da sie in der Mehrheit der Fälle die Teilnahmepflicht des anstellenden Arztes aufgrund ihres Anstellungsverhältnisses oder mündlicher Absprachen ohnehin miterfüllen werden.

b) Teilnahmepflicht von in Medizinischen Versorgungszentren angestellten Ärzten

Gleichlaufend zur Teilnahme angestellter Ärzte in Vertragsarztpraxen ist die Heranziehung angestellter Ärzte in MVZ über den Verweis des § 2 Abs. 6 auf die Regelung zum in der Praxis angestellten Arzt geregelt. Auch in diesem Falle sind also die angestellten Ärzte nach § 2 Abs. 2 S. 1 eigentlich selbst verpflichtet, im Ergebnis führt deren Verpflichtung allerdings nur zu einer Erhöhung des Anrechnungsfaktors der auch zur Teilnahme verpflichteten MVZ. Der schon angesprochene § 6 Abs. 3 S. 1 gilt auch hier.

c) Teilnahmepflicht von Medizinischen Versorgungszentren

Eine – rechtlich zulässige – Verpflichtung von MVZ ergibt sich aus dem Verweis des § 2 Abs. 6 auf die vorstehenden Regelungen zum anstellenden Arzt sowie aus § 6 Abs. 3 S. 1, wonach die Pflicht der dort angestellten Ärzte durch Heranziehung des sie anstellenden MVZ erfüllt wird.

d) Teilnahmepflicht ermächtigter Ärzte und Einrichtungen

Die Verpflichtung niedergelassener ermächtigter Ärzte nach § 2 Abs. 1 S. 1 ist von der Regelungsbefugnis der Ärztekammer gedeckt und daher zulässig. Eine verpflichtende Heranziehung ermächtigter Einrichtungen findet sich in der Bereitschaftsdienstordnung hingegen nicht.

e) Teilnahmepflicht psychologischer Psychotherapeuten

Nach § 2 Abs. 8 der Bereitschaftsdienstordnung werden psychologische Psychotherapeuten in Einklang mit der hier vertretenen Auffassung ausdrücklich von der Teilnahmeverpflichtung ausgenommen:

> Psychologische Psychotherapeuten [...] nehmen nicht am ärztlichen Notfalldienst teil.

III. Umfang der Teilnahmepflicht

Hinsichtlich des Umfangs der Teilnahmepflicht normiert die Bereitschaftsdienstordnung in § 6 Abs. 5 zunächst Folgendes:

> Die Ärzte des Notfalldienstes haben Anspruch auf eine möglichst gleichmäßige Diensteinteilung in der Notfalldienstgruppe.

Dieser Grundsatz steht in Einklang mit der gefestigten Rechtsprechung, dass Ärzte im Hinblick auf Art. 3 Abs. 1 GG möglichst gleichmäßig zum Bereitschaftsdienst herangezogen werden sollen. Hilfreich ist eine solche Normierung freilich nur, wenn sich die übrigen Festsetzungen der Bereitschaftsdienstordnung, welche den Teilnahmeumfang der verpflichteten Ärzte und Einrichtungen betreffen, auch an diesen halten.

1. Grundsätzlicher Umfang der Teilnahmepflicht von Vertragsärzten

Dies ist bereits in Bezug auf den grundsätzlichen Teilnahmeumfang der verpflichteten Vertragsärzte nicht der Fall. Dazu heißt es in § 2 Abs. 1 der Bereitschaftsdienstordnung:

> Zur Teilnahme am Notfalldienst sind – zugelassene Vertragsärzte – auch soweit sie mit hälftigem Versorgungsauftrag oder unter Job-Sharing-Bedingungen nach § 101 Abs. 1 Nr. 4 SGB V an der vertragsärztlichen Versorgung teilnehmen [...] verpflichtet. Sie werden jeweils mit dem Einteilungsfaktor 1,0 berücksichtigt, auch wenn sie im Rahmen einer Berufsausübungsgemeinschaft tätig sind.

Diese Regelung erweist sich insofern als unzulässig, als Vertragsärzte ohne Rücksicht auf den Umfang ihrer Beteiligung an der vertragsärztlichen Versorgung allesamt pauschal mit dem Einteilungsfaktor 1,0 herangezogen werden. Art. 3 Abs. 1 GG – und auch der in § 6 Abs. 5 der Bereitschaftsdienstordnung normierte Grundsatz – gebieten es jedoch, den Teilnahmeumfang des einzelnen Arztes von seinem konkreten Versorgungsumfang abhängig zu machen, welcher sich wiederum nach seiner Zulassung richtet. Insofern bedarf es einer Neuregelung, welche die eben beschriebene Abstufung hinreichend berücksichtigt.

2. Grundsätzlicher Umfang der Teilnahmepflicht von Nicht-Vertragsärzten

Ebenso stellt sich die Ermittlung des Teilnahmeumfangs der Nicht-Vertragsärzte als unzulässig dar, da der auch hier einschlägige § 2 Abs. 1 der Bereitschaftsdienstordnung diese ebenfalls pauschal mit dem Faktor 1,0 verpflichtet, ohne auf deren konkreten Tätigkeitsumfang einzugehen:

> Zur Teilnahme am Notfalldienst sind [...] – niedergelassene privatärztlich tätige Ärzte verpflichtet. Sie werden jeweils mit dem Einteilungsfaktor 1,0 berücksichtigt, auch wenn sie im Rahmen einer Berufsausübungsgemeinschaft tätig sind.

3. Einzelfälle

a) Umfang der Teilnahmepflicht von anstellenden Ärzten

Bezüglich des Umfangs der Teilnahmepflicht anstellender Ärzte schreibt die Bereitschaftsdienstordnung in § 2 Abs. 2 Folgendes vor:

> Zur Teilnahme am Notfalldienst sind auch Ärzte verpflichtet, die in einem Anstellungsverhältnis an der ambulanten Versorgung mitwirken (vgl. § 32 b Ärzte-ZV, § 95 Abs. 9 SGB V, § 101 Abs. 1 Nr. 5 SGB V, § 19 Berufsordnung). Zur Erfüllung dieser Pflicht wird der Einteilungsfaktor der anstellenden Ärzte im Umfang des jeweiligen Anstellungsverhältnisses wie folgt erhöht [...].

Diese Berechnungsmethode des Teilnahmeumfangs anstellender Ärzte ist allerdings in Bezug auf anstellende Nicht-Vertragsärzte als unzulässig zu bewerten, da sich deren Teilnahmeverpflichtung nicht durch die Anstellung weiterer Ärzte erhöhen darf – diese wären vielmehr selbst aufgrund ihrer Mitgliedschaft in der Ärztekammer zur Teilnahme zu verpflichten. Unabhängig davon, dass der anstellende Arzt seine Pflicht durch die bei ihm angestellten Ärzte erfüllen kann, hat sich der Umfang dieser Pflicht entgegen der Regelung des § 2 Abs. 2 dennoch alleine nach seinem eigenen ärztlichen Tätigkeitsumfang zu richten.

Hinsichtlich der anstellenden Vertragsärzte ist die Regelung hingegen nicht zu beanstanden. Zwar richtet sich ihr Teilnahmeumfang nicht unmittelbar nach dem sich aus ihrer Zulassung ergebenden Versorgungsauftrag, sondern bemisst sich nach dem Tätigkeitsumfang der dort angestellten Ärzte. Nachdem der Tätigkeitsumfang allerdings von den dem anstellenden Vertragsarzt zustehenden Zulassungen abhängt, ist dies als zulässig anzusehen.

b) Umfang der Teilnahmepflicht von in Arztpraxen angestellten Ärzten

Wie soeben dargestellt, kommt in Arztpraxen angestellten Ärzten nach der Bereitschaftsdienstordnung keine eigene Verpflichtung zu, weshalb sich die Frage nach deren Teilnahmeumfang nicht stellt.

c) Umfang der Teilnahmepflicht von Medizinischen Versorgungszentren

Nach § 6 Abs. 3 S. 1 der Bereitschaftsdienstordnung wird die originär den angestellten Ärzten auferlegte Teilnahmepflicht am Bereitschaftsdienst durch die sie anstellenden MVZ erfüllt. Zwar richtet sich deren Teilnahmeumfang nach § 2 Abs. 2 der Bereitschaftsdienstordnung nicht unmittelbar nach dem sich aus ihrer Zulassung ergebenden Versorgungsauftrag, sondern bemisst sich nach dem Tätigkeitsumfang der dort angestellten Ärzte. Nachdem der Tätigkeitsumfang allerdings von den dem anstellenden Vertragsarzt zustehenden Zulassungen abhängt, ist dies als zulässig anzusehen.

d) Umfang der Teilnahmepflicht von in Medizinischen Versorgungszentren angestellten Ärzten

Wie dargestellt kommt den in MVZ angestellten Ärzten nach der Bereitschaftsdienstordnung keine eigene Verpflichtung zu, weshalb die Bemessung ihres Teilnahmeumfangs obsolet ist.

e) Umfang der Teilnahmepflicht von Betreibern einer Zweigpraxis

Hinsichtlich des Teilnahmeumfangs von Zweigpraxisinhabern trifft die Bereitschaftsdienstordnung keine Sonderregelungen, weshalb sich dieser nach der Grundregel des § 2 Abs. 1 richtet, welche sich allerdings wie gesehen als teilweise unzulässig darstellt.

f) Umfang der Teilnahmepflicht bei Jobsharing

Für den Teilnahmeumfang von Jobsharingpartnern i. S. d. § 101 Abs. 1 S. 1 Nr. 4 SGB V gilt hingegen ausdrücklich der in § 2 Abs. 1 der Bereitschaftsdienstordnung normierte Grundsatz:

> Zur Teilnahme am Notfalldienst sind – zugelassene Vertragsärzte – auch soweit sie mit hälftigem Versorgungsauftrag oder unter Job-Sharing-Bedingungen nach § 101 Abs. 1 Nr. 4 SGB V an der vertragsärztlichen Versorgung teilnehmen [...] verpflichtet. Sie werden jeweils mit dem Einteilungsfaktor 1,0 berücksichtigt, auch wenn sie im Rahmen einer Berufsausübungsgemeinschaft tätig sind.

Diese Regelung erweist sich als unzulässig, da sie jeden der Jobsharingpartner ausdrücklich mit dem Einteilungsfaktor 1,0 berücksichtigt, obwohl diese nach den obigen Grundsätzen in der Summe nur im Umfang einer Zulassung – mithin insgesamt mit dem Faktor 1,0 – zum Bereitschaftsdienst eingeteilt werden dürfen.

Bezüglich des anstellenden Jobsharingpartners i. S. d. § 101 Abs. 1 S. 1 Nr. 5 SGB V trifft die Bereitschaftsdienstordnung hingegen keine gesonderte Regelung. Der Teilnahmeumfang des anstellenden Arztes bemisst sich daher nach der allgemeinen Regelung des – unzulässigen – § 2 Abs. 1 der Bereitschaftsdienstordnung. Den angestellten Arzt trifft gem. § 2 Abs. 2 dagegen schon gar keine Teilnahmepflicht.

g) Umfang der Teilnahmepflicht von Mund-Kiefer-Gesichtschirurgen

Der besonderen Situation der Mund-Kiefer-Gesichtschirurgen wird die Bereitschaftsdienstordnung in § 2 Abs. 9 dadurch gerecht, dass sie diesen die Wahl zwischen der Teilnahme an ihrem oder dem zahnärztlichen Bereitschaftsdienst lässt:

> Fachärzte für Mund-Kiefer-Gesichtschirurgie haben die Wahl, am zahnärztlichen oder vertragsärztlichen Notfalldienst teilzunehmen. Kassenzahnärztliche Vereinigung Westfalen-Lippe und KVWL stellen sicher, dass der ausgewählte Dienst wahrgenommen wird.

h) Umfang der Teilnahmepflicht von Ärzten mit zwei Fachgebieten

Bezüglich des Teilnahmeumfangs von Ärzten mit einer Zulassung für zwei Fachgebiete hat die Bereitschaftsdienstordnung keinerlei Regelungen getroffen.

Auch hier richtet sich deren Teilnahmeumfang daher nach der Grundregel des – allerdings unzulässigen – § 2 Abs. 1.

i) Umfang der Teilnahmepflicht von Belegärzten

Selbiges gilt für den Teilnahmeumfang von Belegärzten.

IV. Heranziehung

§ 4 Abs. 1 der gemeinsamen Bereitschaftsdienstordnung bestimmt, dass,

> [u]m organisatorische Doppelstrukturen zu vermeiden, [...] die ÄKWL die KVWL mit der Organisation und Durchführung des Notfalldienstes, mit Ausnahme der Entscheidungen nach §§ 5 Abs. 1 S. 3, 6 Abs. 6, 11 Abs. 1, 13 Abs. 5 gegenüber niedergelassenen privatärztlich tätigen Ärzten [...]

beauftragt. Auf den ersten Blick hat die Ärztekammer daher ihre Entscheidungsbefugnisse auch hinsichtlich der Heranziehung niedergelassener Nicht-Vertragsärzte an die an sich hierfür nicht zuständige Kassenärztliche Vereinigung abgegeben, was mangels diesbezüglich bestehender ausdrücklicher gesetzlicher Ermächtigung durch den Landesgesetzgeber unzulässig wäre. Allerdings nimmt die Norm in Verbindung mit § 6 Abs. 6 die Heranziehung niedergelassener Nicht-Vertragsärzte hiervon ausdrücklich aus, sodass über deren Heranziehung richtigerweise die ÄK Westfalen-Lippe entscheidet. In Bezug auf die Vertragsärzteschaft ist hingegen die KV Westfalen-Lippe zuständig.

V. Rechtsschutz gegen die Heranziehung zum Bereitschaftsdienst

1. Zuständigkeit für das Widerspruchsverfahren

Dementsprechend entscheidet nach § 4 Abs. 7 der gemeinsamen Bereitschaftsdienstordnung[109] über Widersprüche von an der vertragsärztlichen Versorgung teilnehmenden Ärzten auch die Kassenärztliche Vereinigung, während für Nicht-Vertragsärzte wie schon für den Bereich Nordrhein aufgrund der diesbezüglichen Abschaffung des Widerspruchsverfahrens direkt der Klageweg gegen die Ärztekammer zu beschreiten ist.

---

[109] „Über Widersprüche von Ärzten, die an der vertragsärztlichen Versorgung teilnehmen, entscheidet [...] der Vorstand der KVWL als Widerspruchsstelle. Allen übrigen Ärzten steht ohne vorausgehendes Widerspruchsverfahren das Rechtsmittel der Klage gegen die ÄKWL zu."

2. Rechtsweg

Mangels abweichender Regelungen sind Klagen gegen die Verpflichtung zum Bereitschaftsdienst durch die Kassenärztliche Vereinigung gegen diese im Sozialrechtsweg, solche gegen die Heranziehung durch die Ärztekammer gegen diese im Verwaltungsrechtsweg geltend zu machen.

VI. Zusammenfassung

Wie schon in Nordrhein empfiehlt es sich zunächst, bis zu dem Erlass einer ausreichenden formellgesetzlichen Rechtsgrundlage durch den Bundesgesetzgeber für die Normierung einer Teilnahmepflicht der Vertragsärzte, die gemeinsame Bereitschaftsdienstordnung dahingehend zu ändern, dass die ÄK Westfalen-Lippe für die Heranziehung aller verpflichteten Ärzte zuständig sein soll, da dieser hierfür eine ausreichende Kompetenz zusteht. Des Weiteren bedarf es allerdings auch einer Regelungsänderung hinsichtlich des Teilnahmeumfangs der verpflichteten Vertragsärzte, da diese unzulässiger Weise ohne Rücksicht auf den Umfang ihres vertragsärztlichen Versorgungsauftrags allesamt mit dem Faktor 1,0 berücksichtigt werden. Entsprechendes gilt in Bezug auf die verpflichteten Nicht-Vertragsärzte. Auch anstellende Nicht-Vertragsärzte werden nach der momentanen Bereitschaftsdienstordnung übermäßig zur Teilnahme herangezogen. Hinsichtlich der Betreiber von Zweigpraxen bedarf es entweder einer Sonderregelung oder der Änderung der Grundregel zur Ermittlung des Teilnahmeumfangs. Als ebenfalls rechtswidrig erweist sich schließlich auch der Teilnahmeumfang von Ärzten in Jobsharing sowie Ärzten mit zwei Fachgebieten. Positiv ist hingegen hervorzuheben, dass die Bereitschaftsdienstordnung eine Sonderregelung für die Teilnahme von Mund-Kiefer-Gesichtschirurgen trifft.

L. Rheinland-Pfalz

Für Rheinland-Pfalz hat lediglich die Kassenärztliche Vereinigung eine Bereitschaftsdienstordnung zur Regelung des ärztlichen Bereitschaftsdienstes erlassen,[110] während die Ärztekammer hierauf verzichtet hat. Dies stellt die KV Rheinland-Pfalz auch noch einmal in ihrer Bereitschaftsdienstordnung klar, wenn in der Präambel alleine § 75 Abs. 1b SGB V und nicht etwa auch das Heilberufekammergesetz als Grundlage der Bereitschaftsdienstordnung genannt wird. Wie die Berufsordnung der ÄK Mecklenburg-Vorpommern verweist zwar auch die ÄK Rheinland-Pfalz in § 26 Abs. 2 S. 1 BO-RP darauf, dass „[f]ür die Einrichtung und Durchführung eines

---

[110] Abrufbar unter: https://www.kv-rlp.de/fileadmin/user_upload/Downloads/Mitglieder/Service/KV-Normen/KVRLP_BDO_ab_01.01.2020.pdf (Stand: 03.02.2020).

Notfalldienstes im Einzelnen […] die von der Ärztekammer erlassenen Richtlinien maßgebend" sein sollen. Wie schon in Mecklenburg-Vorpommern hat die Ärztekammer aber derartige Richtlinien nicht erlassen,[111] weshalb es bei einer alleinigen Einrichtung und Durchführung eines ärztlichen Bereitschaftsdienstes durch die KV Rheinland-Pfalz verbleibt. Auch hier wäre es empfehlenswert, wenn die Ärztekammer in § 26 Abs. 2 S. 1 BO-RP anstatt gar nicht erlassene Richtlinien zu bemühen, vielmehr klarstellen würde, dass sich der Bereitschaftsdienst in Rheinland-Pfalz alleine nach der Bereitschaftsdienstordnung der Kassenärztlichen Vereinigung richtet.

I. Ausreichende Rechtsgrundlage

1. Ärztekammer

a) Für die Regelung des ärztlichen Bereitschaftsdienstes

Der Landesgesetzgeber hat in § 15 Abs. 4 Nr. 4 HeilBG-RP die Ärztekammer ausdrücklich zur Regelung eines ärztlichen Bereitschaftsdienstes in der Berufsordnung ermächtigt.

b) Für die Normierung einer Teilnahmepflicht

Ebenso ist der Landesgesetzgeber von Rheinland-Pfalz mit den §§ 22 Abs. 1 Nr. 3, 23 S. 2 HeilBG-RP den vom BVerwG aufgestellten Anforderungen an die Mindestvorgaben zur Teilnahmepflicht nachgekommen. Dort schreibt der Landesgesetzgeber zwar ausdrücklich vor, dass die Ärztekammer den Bereitschaftsdienst in einer Berufsordnung zu regeln hat,[112] macht ihr aber gerade nicht die Vorgabe, den Bereitschaftsdienst darüber hinaus auch in einer eigenständigen Bereitschaftsdienstordnung zu normieren. Damit ist es in Rheinland-Pfalz jedenfalls grundsätzlich zulässig, dass der Bereitschaftsdienst alleine durch die Kassenärztliche Vereinigung in deren Bereitschaftsdienstordnung geregelt wird und die Ärztekammer auf eine eigene Regelung verzichtet. Dennoch stellt das HeilBG-RP der Ärztekammer in § 23 S. 2 detaillierte Anforderungen an den Inhalt der Regelungen der Berufsordnung zum Bereitschaftsdienst:

> Sie[113] hat insbesondere zu § 22 Abs. 1 Nr. 3 vorzusehen, dass die Teilnahmeverpflichtung am Notfalldienst nur für einen bestimmten regionalen Bereich gilt und Befreiung von der

[111] So die ÄK Rheinland-Pfalz auf Anfrage des Autors, E-Mail vom 25.03.2019.

[112] Siehe § 15 Abs. 4 Nr. 4 HeilBG-RP: „Durch besondere Satzungen sind insbesondere Bestimmungen zu treffen über […] 4. die allgemeine Berufsausübung der Kammermitglieder einschließlich der Berufsfortbildung und der Teilnahme an einem Notfalldienst (Berufsordnung) […]."

[113] Gemeint ist die Berufsordnung, siehe § 23 S. 1 HeilBG-RP.

Teilnahme auf Antrag aus schwerwiegenden Gründen sowie wegen Teilnahme an einem anderen Notfalldienst, einem Notarztdienst mit Notfallversorgung oder einer Integrierten Leitstelle im Sinne des Rettungsdienstgesetzes [...] ganz, teilweise oder vorübergehend erteilt werden kann.

In der Berufsordnung der ÄK Rheinland-Pfalz finden sich hierzu in § 26 BO-RP folgende Regelungen:

(1) [...] Auf Antrag einer Ärztin oder eines Arztes kann aus schwerwiegenden Gründen eine Befreiung vom Notfalldienst ganz, teilweise oder vorübergehend erteilt werden. Dies gilt insbesondere: [...] – wenn sie oder er an einem klinischen Bereitschaftsdienst mit Notfallversorgung teilnimmt [...].

(2) [...] Die Verpflichtung zur Teilnahme am Notfalldienst gilt für den festgelegten Notfalldienstbereich.

Damit kommt die Ärztekammer zwar ihrer gesetzlich normierten Pflicht insoweit nach, als die Berufsordnung vorsieht, dass die Teilnahmepflicht nur für einen bestimmten regionalen Bereich gilt und eine Befreiung aus schwerwiegenden Gründen ganz, teilweise oder vorübergehend erteilt werden kann. Darüber hinaus nennt sie als in Betracht kommenden Befreiungsgrund auch die Teilnahme an einem klinischen Bereitschaftsdienst und folglich „einem anderen Notfalldienst" i.S.d. § 23 S. 2 HeilBG-RP. Allerdings fehlt es an einer entsprechenden Normierung einer möglichen Befreiung wegen der Teilnahme an „einem Notarztdienst mit Notfallversorgung" sowie „einer Integrierten Leitstelle im Sinne des Rettungsdienstgesetzes". Diese können auch nicht unter einen „klinischen Bereitschaftsdienst mit Notfallversorgung" subsumiert werden. Weder beim Notarztdienst, noch einer Integrierten Leitstelle handelt es sich um einen klinischen, d.h. stationären Bereitschaftsdienst. Vielmehr sind diese gerade der ambulanten Versorgung zuzuordnen. Damit ist die ÄK Rheinland-Pfalz – wie schon die Ärztekammern von Bayern und Hessen – den an sie gerichteten formellgesetzlichen, zwingenden Vorgaben des Landesgesetzgebers nicht ausreichend nachgekommen. Insoweit verstößt die Ärztekammer mit der aktuellen Regelung in ihrer Berufsordnung – unabhängig von der mangels eigener Organisation eines Bereitschaftsdienstes durchaus berechtigten Frage nach der Sinnhaftigkeit der gesetzlichen Anforderungen an die Inhalte der Berufsordnung zum Bereitschaftsdienst – gegen zwingendes Recht.

2. Kassenärztliche Vereinigung

a) Für die Regelung des ärztlichen Bereitschaftsdienstes

Mit § 75 Abs. 1b S. 1 SGB V besteht eine Ermächtigungsgrundlage für die Regelung des vertragsärztlichen Bereitschaftsdienstes durch die Kassenärztliche Vereinigung.

b) Für die Normierung einer Teilnahmepflicht

Dahingegen fehlt es an einer – nach hier vertretener Auffassung zwingend erforderlichen – Normierung einer Teilnahmepflicht in einem formellen Gesetz des Bundesgesetzgebers. Damit ist die Verpflichtung von Vertragsärzten durch die Kassenärztliche Vereinigung als verfassungswidrig zu bewerten. Nachdem der Bereitschaftsdienst in Rheinland-Pfalz alleine von der Kassenärztlichen Vereinigung durchgeführt wird und die Teilnahmepflicht der Ärzte damit alleine auf ihrer Zulassung zur vertragsärztlichen Versorgung beruht, können Ärzte dort nicht verpflichtend zum Bereitschaftsdienst herangezogen werden, sofern der Bereitschaftsdienstordnung nicht für eine Übergangszeit weiter Geltung verschafft werden sollte.

II. Adressatenkreis der Teilnahmepflicht

1. Grundsätzliche Teilnahmepflicht von Vertragsärzten

Vertragsärzte sind nach § 8 Abs. 1 lit. a) der Bereitschaftsdienstordnung grundsätzlich zur Teilnahme am Bereitschaftsdienst verpflichtet:

> Zur Teilnahme am Bereitschaftsdienst im Bereich der Bereitschaftspraxis entsprechend § 6 Absatz 4 Satz 1 sind berechtigt und verpflichtet a) als Vertragsärzte zugelassene Ärzte [...].

2. Grundsätzliche Teilnahmepflicht von Nicht-Vertragsärzten

Zwar heißt es in § 1 Abs. 1 der Bereitschaftsdienstordnung der KV Rheinland-Pfalz, dass es „Aufgabe der niedergelassenen Ärztinnen und Ärzte [...] [ist], die ambulante vertragsärztliche Versorgung der Patienten zu jeder Zeit sicherzustellen". Die Regelung der Kassenärztlichen Vereinigung scheint daher zunächst hinsichtlich der verpflichtenden Teilnahme am vertragsärztlichen Bereitschaftsdienst nicht zwischen Vertrags- und Nicht-Vertragsärzten zu differenzieren. Daraus ergibt sich aber nicht, dass auch Nicht-Vertragsärzte in unzulässiger Weise von der Kassenärztlichen Vereinigung zur Teilnahme an deren Bereitschaftsdienst verpflichtet werden, geschweige denn es zu einer unzulässigen Delegation von Befugnissen der Ärztekammer auf die Kassenärztliche Vereinigung bezüglich der Nicht-Vertragsärzteschaft gekommen ist. Zum einen normiert § 1 Abs. 1 nur eine allgemeine Pflicht zur Sicherstellung der vertragsärztlichen Versorgung außerhalb der Sprechstundenzeiten und nicht etwa eine konkrete Pflicht zur Erfüllung dieser Aufgabe durch Teilnahme am vertragsärztlichen Bereitschaftsdienst, wie sich auch aus § 1 Abs. 4 der Bereitschaftsdienstordnung ergibt:

> Die Einrichtung und Regelung eines vertragsärztlichen Bereitschaftsdienstes berührt die persönliche Verpflichtung nach Absatz 1 nicht [...].

Zum anderen verpflichtet die Bereitschaftsdienstordnung in § 8 Abs. 1 lit. a) wie gesehen ausdrücklich nur Vertragsärzte.

3. Einzelfälle

a) Teilnahmepflicht von in Vertragsarztpraxen angestellten Ärzten

In einer Vertragsarztpraxis angestellte Ärzte werden von der Bereitschaftsdienstordnung der KV Rheinland-Pfalz richtigerweise nicht zur Teilnahme verpflichtet.

b) Teilnahmepflicht von in Medizinischen Versorgungszentren angestellten Ärzten

Auch die in MVZ angestellten Ärzte werden nicht zur Teilnahme herangezogen.

c) Teilnahmepflicht von Medizinischen Versorgungszentren

Dagegen werden MVZ selbst gem. § 8 Abs. 1 lit. c) der Bereitschaftsdienstordnung in rechtlich nicht zu beanstandender Weise von der Teilnahmepflicht am Bereitschaftsdienst erfasst.

d) Teilnahmepflicht ermächtigter Ärzte und Einrichtungen

Ermächtigte Einrichtungen werden nicht zur Teilnahme am Bereitschaftsdienst verpflichtet. Demgegenüber normiert die Bereitschaftsdienstordnung jedoch in § 8 Abs. 1 lit. b) eine Teilnahmepflicht ermächtigter Ärzte in eigener Niederlassung. Da diesen aber gerade keine Zulassung zuteilwird und deren Ermächtigung wie eingehend erörtert auch nicht mit dieser vergleichbar ist, stellt sich § 8 Abs. 1 lit. b) als rechtswidrig dar. Die Heranziehung ermächtigter Ärzte durch die KV Rheinland-Pfalz ist daher unrechtmäßig. Dies ist insofern überraschend, als das BSG in Bezug auf die – mittlerweile an das Urteil angepasste – Bereitschaftsdienstordnung der KV Hessen entschieden hat, dass eine Verpflichtung ermächtigter Ärzte zur Teilnahme am Bereitschaftsdienst mangels deren Zulassung und der fehlenden Vergleichbarkeit der Ermächtigung hiermit nicht mit höherrangigem Recht vereinbar ist.[114]

e) Teilnahmepflicht psychologischer Psychotherapeuten

Nach dem Wortlaut des § 8 Abs. 1 lit. a) der Bereitschaftsdienstordnung werden auch zugelassene psychologische Psychotherapeuten von der Teilnahmepflicht erfasst, da es sich auch bei diesen um Vertragsärzte i. S. d. §§ 24, 19a Ärzte-ZV handelt.

---

[114] BSG, Urt. v. 12.12.2018, B 6 KA 50/17 R, MedR 2019, 585.

Vermutlich sollen hiermit psychologische Psychotherapeuten allerdings nicht erfasst sein, da diese – trotz Einbezug in die Arztgruppe der Psychotherapeuten i. S. d. § 101 Abs. 4 S. 1 SGB V – letztlich keine Ärzte im klassischen Sinne darstellen. Aus Klarstellungsgründen sollte jedoch darüber nachgedacht werden, diese ausdrücklich von der Teilnahmepflicht auszunehmen.

III. Umfang der Teilnahmepflicht

1. Grundsätzlicher Umfang der Teilnahmepflicht von Vertragsärzten

Hinsichtlich des grundsätzlichen Teilnahmeumfangs von Vertragsärzten trifft die Bereitschaftsdienstordnung in § 8 Abs. 2 lediglich folgende Regelung:

> Sofern der Versorgungsauftrag nach Zulassungsrecht reduziert ist, reduziert sich die Verpflichtung zur Teilnahme am Bereitschaftsdienst entsprechend.

Wenngleich nicht ausdrücklich normiert, ergibt sich aus der Anordnung der Reduzierung der Teilnahmepflicht bei weniger als einem vollen Versorgungsauftrag, dass bei einem vollen Versorgungsauftrag wohl eine Heranziehung mit dem Faktor 1,0 erfolgt. Freilich wäre eine konkrete Abstufung der Teilnahmeverpflichtungen in Abhängigkeit des dem einzelnen Arzt zukommenden Versorgungsauftrages vorzugswürdig; rechtlich zu beanstanden ist die aktuelle Regelung allerdings nicht, da sie eine gleich häufige Heranziehung aller Vertragsärzte unabhängig ihrer Zulassung verhindert und vielmehr von deren Versorgungsumfang abhängig macht.

2. Einzelfälle

a) Umfang der Teilnahmepflicht von Medizinischen Versorgungszentren

Wie in zahlreichen anderen Bereitschaftsdienstordnungen macht auch die KV Rheinland-Pfalz den Teilnahmeumfang von MVZ nicht allein an deren Zulassung fest, sondern erhöht diesen durch den Verweis des § 8 Abs. 5 auf Abs. 4 – hierzu sogleich – um den Tätigkeitsumfang der dort angestellten Ärzte. Nachdem diese allerdings der durchschnittlichen Sprechstundentätigkeit eines Vertragsarztes mit einer vollen, drei Viertel bzw. hälftigen Zulassung entsprechen und sich der Teilnahmeumfang des MVZ damit im Ergebnis nicht von demjenigen unterscheiden wird, welcher sich bei einer unmittelbaren Anknüpfung an den sich aus der Zulassung ergebenden Tätigkeitsumfang ergäbe, ist die Regelung der Bereitschaftsdienstordnung nicht zu beanstanden.

b) Umfang der Teilnahmepflicht von anstellenden Vertragsärzten

Selbiges gilt in Bezug auf anstellende Vertragsärzte, da auch deren Teilnahmeumfang nach der soeben erwähnten Regelung in § 8 Abs. 4 der Bereitschaftsdienstordnung um den Tätigkeitsumfang der von ihnen angestellten Ärzte erhöht wird:

> Soweit Vertragsärzte angestellte Ärzte nach § 95 Absatz 9 Satz 1 SGB V beschäftigen, ist der Bereitschaftsdienstanteil des anstellenden Praxisinhabers nach Umfang und Zahl der Anstellungsverhältnisse unter Berücksichtigung der folgenden Anrechnungsfaktoren zu erweitern […].

c) Umfang der Teilnahmepflicht von Betreibern einer Zweigpraxis

Die Ermittlung des Teilnahmeumfangs von Betreibern einer Zweigpraxis stellt sich nach § 8 Abs. 6 der Bereitschaftsdienstordnung grundsätzlich als zulässig dar, da dieser auch bei Lage der Zweigpraxis in einem anderen Bereitschaftsdienstbereich als demjenigen des Vertragsarztsitzes nicht den Faktor 1,0 und damit auch nicht den Umfang der Zulassung übersteigen darf, wie § 8 Abs. 6 S. 2 Hs. 1 klarstellt:

> Der Umfang der Bereitschaftsdienstverpflichtung darf grundsätzlich den Faktor 1,0 nicht übersteigen […].

Bedenken bereitet hingegen § 8 Abs. 6 S. 2 Hs. 2, wonach § 8 Abs. 4 entsprechende Anwendung findet, sofern der Zweigpraxisinhaber weitere Ärzte angestellt hat. Wie schon in Bezug auf anstellende Ärzte ohne Zweigpraxis kommt es hierdurch über den Versorgungsauftrag hinaus zu einer übermäßigen und damit unzulässigen Heranziehung des Zweigpraxisinhabers. § 8 Abs. 6 S. 2 Hs. 2 ist daher nach den oben aufgestellten Grundsätzen ersatzlos zu streichen.

d) Umfang der Teilnahmepflicht bei Jobsharing

Jobsharingpartner i. S. d. § 101 Abs. 1 S. 1 Nr. 4 SGB V werden nach § 8 Abs. 3 der Bereitschaftsdienstordnung von vornherein von einer Teilnahmeverpflichtung ausgeschlossen:

> In ärztlichen Berufsausübungsgemeinschaften ist jeder Partner zur Teilnahme am vertragsärztlichen Bereitschaftsdienst verpflichtet. Dies gilt nicht für Ärzte, die in einer Berufsausübungsgemeinschaft unter Job-Sharing-Bedingungen nach § 101 Absatz 1 Nummer 4 SGB V zugelassen sind.

In Ermangelung einer Zulassung ist auch der angestellte Arzt beim Jobsharing nach § 101 Abs. 1 S. 1 Nr. 5 SGB V nicht zur Teilnahme verpflichtet. Lediglich den anstellenden Arzt trifft aufgrund seiner Zulassung zur vertragsärztlichen Versorgung eine Teilnahmepflicht. Deren Umfang richtet sich mangels abweichender Sonderregelung nach § 8 Abs. 2 der Bereitschaftsdienstordnung und folglich in zulässiger Weise nach seiner Zulassung.

e) Umfang der Teilnahmepflicht von Mund-Kiefer-Gesichtschirurgen

Auf die Sonderkonstellation von zugelassenen Mund-Kiefer-Gesichtschirurgen nimmt die Bereitschaftsdienstordnung insoweit Rücksicht, als sie diesen nach § 9 Abs. 6 eine Befreiungsmöglichkeit vom vertragsärztlichen Bereitschaftsdienst einräumt:

> Fachärzte für Mund-Kiefer-Gesichtschirurgie, die auch am vertragszahnärztlichen Notfalldienst teilnehmen, können sich auf Antrag vom vertragsärztlichen Bereitschaftsdienst befreien lassen. Die KV RLP fordert dafür bei der für den vertragszahnärztlichen Notfalldienst zuständigen Behörde einen entsprechenden Nachweis über die Teilnahme am Notdienst an.

f) Umfang der Teilnahmepflicht von Ärzten mit zwei Fachgebieten

Bezüglich des Teilnahmeumfangs von Ärzten mit einer Zulassung für zwei Fachgebiete hat die Bereitschaftsdienstordnung keinerlei Regelungen getroffen. Auch hier richtet sich deren Teilnahmeumfang daher nach der Grundregel des § 8 Abs. 2.

g) Umfang der Teilnahmepflicht von Belegärzten

Selbiges gilt für den Teilnahmeumfang von Belegärzten.

IV. Heranziehung

Die Heranziehung der Vertragsärzte erfolgt entsprechend der Generalklausel des § 12 Abs. 1 der Bereitschaftsdienstordnung konsequenterweise durch die Kassenärztliche Vereinigung:

> Zuständig für Entscheidungen nach dieser BDO ist der Vorstand der KV RLP.

V. Rechtsschutz gegen die Heranziehung zum Bereitschaftsdienst

1. Zuständigkeit für das Widerspruchsverfahren

Widersprüche von Ärzten gegen ihre Heranziehung sind denknotwendig gegen die KV Rheinland-Pfalz zu richten.

2. Rechtsweg

Einschlägiger Rechtsweg gegen die Heranziehung ist damit derjenige zu den Sozialgerichten.

VI. Zusammenfassung

Wenngleich die ÄK Rheinland-Pfalz keinen eigenen Bereitschaftsdienst organisiert, darf nicht außer Acht gelassen werden, dass sie den inhaltlichen Vorgaben des Landesgesetzgebers in § 23 S. 2 HeilBG-RP nur unvollständig nachgekommen ist und damit gegen verbindliche gesetzliche Vorgaben verstößt. Nachdem es darüber hinaus an einer ausreichenden formellgesetzlichen Rechtsgrundlage für die Normierung einer Teilnahmepflicht fehlt, können Ärzte in Rheinland-Pfalz momentan nicht verpflichtend zum Bereitschaftsdienst herangezogen werden. Darüber hinaus stellt sich die Verpflichtung ermächtigter Ärzte durch die Bereitschaftsdienstordnung ohnehin als rechtswidrig dar. Positiv ist hingegen zu bewerten, dass die Bereitschaftsdienstordnung mit einer eigenen Regelung der Sonderkonstellation der verpflichteten Mund-Kiefer-Gesichtschirurgen gerecht wird.

M. Saarland

Die Ärztekammer und Kassenärztliche Vereinigung im Saarland haben eine einzige, gemeinsame Bereitschaftsdienstordnung erlassen.[115] Diese macht über ihre Rechtsnatur keine Angaben. Aus der amtlichen Überschrift („Satzungen") des § 14 SHKG, in dessen Abs. 3 die inhaltlichen Vorgaben an die Bereitschaftsdienstordnung der Ärztekammer normiert sind, ergibt sich allerdings, dass es sich dabei um eine Satzung handelt.

---

[115] Abrufbar unter: https://www.kvsaarland.de/kvs-rechtsquellen/-/document_library/Wc5OTClC1PWU/view_file/678854?_com_liferay_document_library_web_portlet_DLPortlet_INSTANCE_Wc5OTClC1PWU_redirect=https%3A%2F%2Fwww.kvsaarland.de%2Fkvs-rechtsquellen%3Fp_p_id%3Dcom_liferay_document_library_web_portlet_DLPortlet_INSTANCE_Wc5OTClC1PWU%26p_p_lifecycle%3D0%26p_p_state%3Dnormal%26p_p_mode%3Dview (Stand: 03.02.2020).

I. Ausreichende Rechtsgrundlage

1. Ärztekammer

a) Für die Regelung des ärztlichen Bereitschaftsdienstes

Mit § 4 Abs. 1 Nr. 10 SHKG existiert eine ausreichende Ermächtigungsgrundlage für die Regelung des ärztlichen Bereitschaftsdienstes durch die ÄK Saarland. Zwar ergibt sich aus § 14 Abs. 3 S. 1 und 2 SHKG nicht ausdrücklich, dass die dort genannten Bestimmungen in einer Bereitschaftsdienstordnung zu regeln sind. Ebenso wäre eine entsprechende Normierung demnach auch in der Berufsordnung möglich. Nachdem diese allerdings bereits in § 14 Abs. 2 Nr. 9 des SHKG[116] genannt wird, ist hieraus zu entnehmen, dass der saarländische Landesgesetzgeber die Regelungen zum Bereitschaftsdienst wohl in einer eigenständigen Satzung geregelt haben möchte, was mit dem Erlass der gemeinsamen Bereitschaftsdienstordnung mit der Kassenärztlichen Vereinigung auch geschehen ist.

b) Für die Normierung einer Teilnahmepflicht

Ebenso normiert das SHKG in den §§ 14 Abs. 3 S. 2, 16 Abs. 2 Nr. 2 entsprechend den Vorgaben der Rechtsprechung des BVerwG die Teilnahmepflicht von Ärzten am Bereitschaftsdienst in hinreichendem Maße. Den inhaltlichen Vorgaben des § 14 Abs. 3 S. 1 und 2 SHKG ist die ÄK Saarland in ihrer gemeinsamen Bereitschaftsdienstordnung mit der KV Saarland nachgekommen.[117] Daran ändert auch die Tatsache nichts, dass § 14 Abs. 3 SHKG als Befreiungsgrund „außergewöhnliche[...] familiäre[...] Belastung" vorschreibt und die Bereitschaftsdienstordnung in § 9 Abs. 3 b) von „besonders belastende[n] familiäre[n] Pflichten" spricht. Unabhängig von der durchaus berechtigten Frage, warum Ärztekammer und Kassenärztliche Vereinigung nicht einfach den Wortlaut des SHKG übernommen haben, ergibt sich zwischen den beiden Varianten kein qualitativer Unterschied in den Anforderungen an den Befreiungsgrund. Nachdem beide Formulierungen als inhaltlich deckungsgleich anzusehen sind, genügt die ÄK Saarland daher auch dieser Vorgabe.

2. Kassenärztliche Vereinigung

a) Für die Regelung des ärztlichen Bereitschaftsdienstes

Mit § 75 Abs. 1b S. 1 SGB V besteht eine Ermächtigungsgrundlage für die Regelung des vertragsärztlichen Bereitschaftsdienstes durch die Kassenärztliche Vereinigung.

---

[116] „Es sind insbesondere Satzungsbestimmungen zu erlassen über [...] 9. Berufsordnung [...]."

[117] Siehe hierzu § 5 Abs. 3 sowie § 9 Abs. 1 und Abs. 3 a) bis c) der gemeinsamen Bereitschaftsdienstordnung.

b) Für die Normierung einer Teilnahmepflicht

Dahingegen fehlt es an einer – nach hier vertretener Auffassung zwingend erforderlichen – Normierung einer Teilnahmepflicht in einem formellen Gesetz des Bundesgesetzgebers. Damit ist die Verpflichtung von Vertragsärzten durch die Kassenärztliche Vereinigung als verfassungswidrig zu bewerten. Im Saarland besteht allerdings die Besonderheit, dass die Ärzte allesamt nicht von der Ärztekammer oder der Kassenärztlichen Vereinigung, sondern einem sog. Obmann herangezogen werden. Nachdem sowohl Vertrags- als auch Nicht-Vertragsärzte von der Regelungsbefugnis der Ärztekammer erfasst sind und mit den §§ 14 Abs. 3 S. 2 und 16 Abs. 2 Nr. 2 SHKG für die verpflichtende Heranziehung zum Bereitschaftsdienst auf berufsrechtlicher Grundlage wie gesehen eine ausreichende Rechtsgrundlage des Landesgesetzgebers besteht, ist es für die Praxis unschädlich, dass keine korrespondierende Rechtsgrundlage des Bundesgesetzgebers für die Pflicht zur Teilnahme am vertragsärztlichen Bereitschaftsdienst existiert, da der Obmann alle Ärzte auf berufsrechtlicher Grundlage heranziehen kann.[118]

II. Adressatenkreis der Teilnahmepflicht

1. Grundsätzliche Teilnahmepflicht von Vertragsärzten

Zur Teilnahme am Bereitschaftsdienst verpflichtet sind nach § 5 Abs. 1 lit. a) der gemeinsamen Bereitschaftsdienstordnung zunächst alle Vertragsärzte:

> Die Dienstverpflichtung am Bereitschaftsdienst erstreckt sich auf: a) zugelassene Vertragsärzte [...].

2. Grundsätzliche Teilnahmepflicht von Nicht-Vertragsärzten

Ebenso werden nach § 5 Abs. 1 lit. b) auch Nicht-Vertragsärzte vom Kreis der teilnahmeverpflichteten Ärzte erfasst:

> Die Dienstverpflichtung am Bereitschaftsdienst erstreckt sich auf: [...] b) sonstige selbstständig tätige Ärzte [...].

Aufgrund der Beteiligung der Ärztekammer ist deren verpflichtende Heranziehung nicht zu beanstanden. Entsprechend der ihr hierfür exklusiv zustehenden gesetzlichen Ermächtigung hat die ÄK Saarland den Bereitschaftsdienst für die niedergelassenen Nicht-Vertragsärzte in der gemeinsamen Bereitschaftsdienstordnung (mit)geregelt und damit selbst von ihrer Regelungsbefugnis Gebrauch gemacht.

---

118 Im Gegensatz zur KV Saarland kann die ÄK Saarland zwar keine MVZ zur Teilnahme verpflichten. Nachdem sie jedoch im Gegenzug die dort angestellten Ärzte heranziehen kann, wirkt sich dies im Ergebnis nicht aus.

3. Einzelfälle

a) Teilnahmepflicht von in Arztpraxen angestellten Ärzten

Auf eine – aufgrund der Beteiligung der Ärztekammer zulässige – Verpflichtung von in Arztpraxen angestellten Ärzten verzichtet die Bereitschaftsdienstordnung. Stattdessen erhöht sich durch die Anstellung nach § 5 Abs. 2 S. 2 der Umfang der Teilnahmepflicht des anstellenden Arztes.[119]

b) Teilnahmepflicht von in Medizinischen Versorgungszentren angestellten Ärzten

Den in MVZ angestellten Ärzten obliegt ebenfalls keine eigene Teilnahmepflicht. Analog zu den in Vertragsarztpraxen angestellten Ärzten erhöht sich auch hier nach § 5 Abs. 2 S. 4 vielmehr der Teilnahmeumfang des sie anstellenden MVZ.[120]

c) Teilnahmepflicht von Medizinischen Versorgungszentren

MVZ werden in zulässiger Weise gem. § 5 Abs. 1 lit. c) der Bereitschaftsdienstordnung zur Teilnahme verpflichtet.

d) Teilnahmepflicht ermächtigter Ärzte und Einrichtungen

Die Teilnahmepflicht am Bereitschaftsdienst im Saarland erfasst auch ermächtigte Ärzte, da diese als „sonstige selbstständig tätige Ärzte“ i. S. d. § 5 Abs. 1 lit. b) der Bereitschaftsdienstordnung anzusehen sind. Ihre Heranziehung ist dabei durch ihre Mitgliedschaft in der Ärztekammer von der Regelungsbefugnis letztgenannter gedeckt. Eine Verpflichtung ermächtigter Einrichtungen findet hingegen im Einklang mit den oben aufgestellten Grundsätzen nicht statt.

e) Teilnahmepflicht psychologischer Psychotherapeuten

Nach dem Wortlaut des § 5 Abs. 1 lit. a) der Bereitschaftsdienstordnung werden auch zugelassene psychologische Psychotherapeuten von der Teilnahmepflicht erfasst, da es sich auch bei diesen um zugelassene Vertragsärzte handelt. Vermutlich sollen hiermit psychologische Psychotherapeuten allerdings nicht erfasst sein, da diese – trotz Einbezug in die Arztgruppe der Psychotherapeuten i. S. d. § 101 Abs. 4 S. 1 SGB V – letztlich keine Ärzte im klassischen Sinne darstellen. Aus Klarstellungsgründen sollte jedoch darüber nachgedacht werden, diese ausdrücklich von der Teilnahmepflicht auszunehmen.

---

[119] Zur Zulässigkeit dieser Regelung unten, Kap. 3 M. III. 3. a).

[120] Zur Zulässigkeit dieser Regelung unten, Kap. 3 M. III. 3. c).

III. Umfang der Teilnahmepflicht

1. Grundsätzlicher Umfang der Teilnahmepflicht von Vertragsärzten

Hinsichtlich des grundsätzlichen Teilnahmeumfangs von Ärzten mit Zulassung zur vertragsärztlichen Versorgung trifft die Bereitschaftsdienstordnung in § 5 Abs. 2 S. 1 folgende Regelung:

> Zugelassene Vertragsärzte sowie sonstige selbständig tätige Ärzte sind grundsätzlich mit dem Faktor 1,0 dienstverpflichtet.

In Bezug auf Ärzte mit ganzer Zulassung und damit vollem Versorgungsauftrag ist diese nicht zu beanstanden. Demgegenüber stellt sich die Regelung jedoch als unzulässig dar, sofern ein Vertragsarzt lediglich eine halbe oder drei Viertel Zulassung besitzt und damit nur mit einem hälftigen bzw. drei Viertel Versorgungsauftrag an der vertragsärztlichen Versorgung teilnimmt. Trotz seines geringeren ärztlichen Tätigkeitsumfangs wird er nach der Bereitschaftsdienstordnung im selben Umfang wie ein Arzt mit voller Zulassung zum Bereitschaftsdienst herangezogen und damit entgegen des sich aus Art. 3 Abs. 1 GG abzuleitenden Grundsatzes der möglichst gleichmäßigen Heranziehung aller Vertragsärzte ungerechtfertigterweise benachteiligt. Hieran vermag auch der Wortlaut der Vorschrift („grundsätzlich“) nichts zu ändern, da hieraus nicht abgeleitet werden kann, dass der konkrete Versorgungsauftrag eines jeden Arztes – wie es erforderlich wäre – stets, sondern nur ausnahmsweise Berücksichtigung findet. Daher bedarf es vorliegend einer Ergänzung der bestehenden Regelung dahingehend, dass Ärzte mit hälftigem bzw. drei Viertel Versorgungsauftrag nur mit dem Faktor 0,5 respektive 0,75 zur Teilnahme verpflichtet werden.

2. Grundsätzlicher Umfang der Teilnahmepflicht von Nicht-Vertragsärzten

Ebenso stellt sich die Regelung des § 5 Abs. 2 S. 1 der Bereitschaftsdienstordnung in Bezug auf die Berechnung des Teilnahmeumfangs von nicht an der vertragsärztlichen Versorgung teilnehmenden Ärzten als unzulässig dar, da auch bei diesen der konkrete ärztliche Tätigkeitsumfang keine Berücksichtigung findet.

3. Einzelfälle

a) Umfang der Teilnahmepflicht von anstellenden Ärzten

Der Teilnahmeumfang eines anstellenden Vertragsarztes erhöht sich hingegen in Abhängigkeit des zeitlichen Tätigkeitsumfangs der bei ihm angestellten Ärzte nach § 5 Abs. 2 S. 2 der Bereitschaftsdienstordnung. Nachdem diese der durchschnittlichen Sprechstundentätigkeit eines Vertragsarztes mit einer vollen, drei Viertel bzw.

hälftigen Zulassung entsprechen und sich der Teilnahmeumfang des MVZ damit im Ergebnis nicht von demjenigen unterscheiden wird, welcher sich bei einer unmittelbaren Anknüpfung an den sich aus der Zulassung ergebenden Tätigkeitsumfang ergäbe, ist die Regelung der Bereitschaftsdienstordnung nicht zu beanstanden. In Bezug auf anstellende Nicht-Vertragsärzte ist die Regelung dagegen als unzulässig zu bewerten, da sich deren Teilnahmeverpflichtung nicht durch die Anstellung weiterer Ärzte erhöhen darf – diese wären vielmehr selbst aufgrund ihrer Mitgliedschaft in der Ärztekammer zur Teilnahme zu verpflichten. Unabhängig davon, dass der anstellende Arzt seine Pflicht durch die bei ihm angestellten Ärzte erfüllen kann, hat sich der Umfang dieser Pflicht entgegen der Regelung des § 5 Abs. 2 S. 2 dennoch alleine nach seinem eigenen ärztlichen Tätigkeitsumfang zu richten.

b) Umfang der Teilnahmepflicht von in Arztpraxen angestellten Ärzten

Angestellte Ärzte selbst trifft nach der momentanen Regelung keine eigene Teilnahmepflicht, weshalb auch die Ermittlung ihres Teilnahmeumfangs obsolet ist.

c) Umfang der Teilnahmepflicht von Medizinischen Versorgungszentren

Als nur teilweise zulässig stellt sich die Berechnung des Teilnahmeumfangs von MVZ nach § 5 Abs. 2 S. 4, 6 und 7 der Bereitschaftsdienstordnung dar:

> Das MVZ ist zum Bereitschaftsdienst i.H.d. Faktorsumme aller im MVZ tätigen Ärzte verpflichtet. […] Im MVZ tätige Ärzte mit eigener Zulassung sind mit dem Faktor 1,0 verpflichtet, im MVZ tätige angestellte Ärzte bei einem Beschäftigungsverhältnis bis zu 20 Wochenstunden mit dem Faktor 0,5. Bei allen anderen Beschäftigungsverhältnissen gilt der Faktor 1,0.

Entgegen des hier vertretenen Grundsatzes wird der Teilnahmeumfang von MVZ im Saarland nicht anhand deren Zulassung, sondern auf Grundlage des Tätigkeitsumfangs der dort angestellten Ärzte berechnet. Nachdem der Tätigkeitsumfang jedoch von den dem MVZ zustehenden Zulassungen abhängt, ist diese Regelung grundsätzlich nicht zu beanstanden. Allerdings ist die Regelung nicht hinreichend detailliert ausgestaltet, da sie keinen Anrechnungsfaktor 0,75 vorschreibt und damit keine einer drei Viertel Zulassung entsprechende Einteilung möglich ist. Infolgedessen wird ein MVZ, welches einen Arzt auf Grundlage einer drei Viertel Zulassung in Anstellung beschäftigt, in demselben Umfang zum Bereitschaftsdienst herangezogen wie ein MVZ, welches einen Arzt auf eine volle Zulassung angestellt hat. Damit verstößt die Regelung diesbezüglich gegen den aus Art. 3 Abs. 1 GG abgeleiteten Grundsatz, dass ein Arzt (bzw. MVZ) nicht in stärkerem Maße als andere Ärzte (bzw. MVZ) in gleicher Lage zum Bereitschaftsdienst herangezogen werden dürfen.

d) Umfang der Teilnahmepflicht von in Medizinischen Versorgungszentren angestellten Ärzten

Die in MVZ angestellten Ärzte trifft hingegen wie soeben gesehen schon keine eigene Teilnahmepflicht, weshalb sich Ausführungen zu deren Teilnahmeumfang erübrigen.

e) Umfang der Teilnahmepflicht von Betreibern einer Zweigpraxis

Als zulässig ist die Regelung der Bereitschaftsdienstordnung hinsichtlich Betreibern von Zweigpraxen zu bewerten. Dort heißt es in § 5 Abs. 3:

> Der Verpflichtete i.S.v. § 5 Abs. 1 BDO nimmt in dem Bereitschaftsdienstring am ärztlichen Bereitschaftsdienst teil, in dem er seine ärztliche Tätigkeit ausübt. Bei bereitschaftsdienstringübergreifender ärztlicher Tätigkeit entscheidet der Vorstand der KVS unter Berücksichtigung des Versorgungsbedarfs, in welchem Bereitschaftsdienstring die Teilnahme erfolgt. Hierbei sind auch anteilige Teilnahmen in verschiedenen Bereitschaftsdienstringen möglich.

Die Teilnahme an mehreren Bereitschaftsdiensten bei Lage der Zweigpraxis in einem anderen Dienstbereich wie demjenigen des Vertragsarztsitzes ist nicht zu beanstanden. Ebenso stellt sich der Umfang der Teilnahmepflicht als zulässig dar, da § 5 Abs. 3 S. 3 ausdrücklich von einer anteiligen Teilnahme spricht und damit verhindert, dass der Arzt über den sich aus seiner Zulassung ergebenden Versorgungsauftrag hinaus zum Bereitschaftsdienst verpflichtet wird.

f) Umfang der Teilnahmepflicht bei Jobsharing

Für Jobsharingpartner hat die Bereitschaftsdienstordnung keine Sonderregelungen erlassen, weshalb sich auch deren Teilnahmeumfang nach der Grundregel des § 5 Abs. 2 S. 1 richtet, welcher allerdings wie aufgezeigt in Bezug auf Ärzte, welche keinen vollen Versorgungsauftrag innehaben bzw. nicht in vollem Umfang ärztlich tätig sind, als rechtswidrig zu bewerten ist.

g) Umfang der Teilnahmepflicht von Mund-Kiefer-Gesichtschirurgen

In Bezug auf Mund-Kiefer-Gesichtschirurgen ist eine Regelung zu empfehlen, wonach diese entweder vom vertragsärztlichen bzw. vertragszahnärztlichen Bereitschaftsdienst befreit werden oder ihre jeweilige Teilnahmepflicht auf einen Umfang reduziert wird, welcher in der Summe nicht den sich aus einer einzigen Zulassung ergebenden Teilnahmeumfang übersteigt.

h) Umfang der Teilnahmepflicht von Ärzten mit zwei Fachgebieten

Bezüglich des Teilnahmeumfangs von Ärzten mit einer Zulassung für zwei Fachgebiete hat die Bereitschaftsdienstordnung keinerlei Regelungen getroffen. Auch hier richtet sich deren Teilnahmeumfang daher nach der Grundregel des § 5 Abs. 2 S. 1, welche jedoch wie dargestellt teilweise unzulässig ist.

i) Umfang der Teilnahmepflicht von Belegärzten

Selbiges gilt für den Teilnahmeumfang von Belegärzten.

IV. Heranziehung

Für die gemeinsame Bereitschaftsdienstordnung der ÄK und KV Saarland besteht die Besonderheit, dass über die Heranziehung aller niedergelassenen und zur Teilnahme verpflichteten Ärzte nach § 10 Abs. 5 S. 1 der Bereitschaftsdienstordnung der Obmann des jeweiligen Bereitschaftsdienstbereiches entscheidet:

> Der Obmann entscheidet über die Einteilung zum Bereitschaftsdienst [...].

Im Gegensatz zu allen übrigen wesentlichen, die Nicht-Vertragsärzte betreffenden Entscheidungen (Befreiung,[121] Ausschluss,[122] Disziplinarverfahren[123]) entscheidet damit nicht die Ärztekammer selbst über die Heranziehung der Nicht-Vertragsärzte. Entgegen auf den ersten Blick auftretenden Bedenken handelt es sich hierbei jedoch nicht um eine unzulässige Kompetenzübertragung. Der Obmann wird nach § 10 Abs. 1 S. 1 und Abs. 2 S. 2 der Bereitschaftsdienstordnung von den Ärzten des entsprechenden Bereitschaftsdienstbereichs aus ihrer Mitte gewählt. Es liegt also gerade keine unzulässige Delegation von Entscheidungskompetenzen auf eine fremde Körperschaft wie die Kassenärztliche Vereinigung vor. Vielmehr handelt es sich um eine Aufgabenübertragung auf die Ärzteschaft selbst. Diese Vorgehensweise ist rechtlich nicht zu beanstanden,[124] unterwirft sie die Nicht-Vertragsärzte doch gerade nicht der Entscheidungsgewalt einer Körperschaft, der sie gar nicht angehören, sondern gibt ihnen vielmehr die Befugnis zur Heranziehung zum Dienst durch die Wahl eines „Entscheiders" aus ihrer Mitte selbst in die Hand.

---

[121] Siehe § 9 Nr. 2 S. 1 der Bereitschaftsdienstordnung.

[122] Siehe § 5 Nr. 4 S. 2 der Bereitschaftsdienstordnung.

[123] Dazu § 14 S. 1 der Bereitschaftsdienstordnung.

[124] Vgl. *Hesral*, in: Schlegel/Voelzke/Engelmann (Hrsg.), juris Praxiskommentar SGB V, § 75 Rn. 126.

V. Rechtsschutz gegen die Heranziehung zum Bereitschaftsdienst

1. Zuständigkeit für das Widerspruchsverfahren

Nach § 10 Abs. 5 S. 2 der Bereitschaftsdienstordnung sind die Widersprüche sämtlicher Adressaten gegen ihre Heranziehung gegen die Kassenärztlichen Vereinigung zu richten:

Über Widersprüche gegen die Einteilung entscheidet der Vorstand der KVS.

Mangels abweichender Sonderregelung entscheidet die KV Saarland damit auch über Widersprüche von Nicht-Vertragsärzten, obwohl ihr hierfür keinerlei Kompetenz zusteht. Vielmehr ist hierzu alleine die Ärztekammer ermächtigt. Demnach bedarf es einer Ausnahmeregelung dahingehen, dass Widersprüche der Nicht-Vertragsärzte gegen ihre Heranziehung durch den Obmann gegen die ÄK Saarland zu richten sind.

2. Rechtsweg

Mangels abweichender Regelungen sind Klagen von Vertragsärzten gegen ihre Heranziehung gegen die Kassenärztliche Vereinigung auf dem Sozialrechtsweg, solche gegen die Verpflichtung durch die Ärztekammer gegen diese auf dem Verwaltungsrechtsweg geltend zu machen.

VI. Zusammenfassung

Wenngleich sich auch die Normierung einer Teilnahmepflicht durch die KV Saarland auf keine ausreichende gesetzliche Grundlage des Bundesgesetzgebers stützen kann, ist dies jedenfalls für die praktische Handhabung unbeachtlich, da an deren Bereitschaftsdienstordnung auch die ÄK Saarland beteiligt ist und alle Ärzte durch einen sog. Obmann auf berufsrechtlicher Grundlage herangezogen werden können. Allerdings erweist sich die Regelung des Teilnahmeumfangs bezüglich solcher Vertragsärzte als unzulässig, welche keine volle Zulassung besitzen. Entsprechendes gilt für Nicht-Vertragsärzte, da auch dort nicht nach dem Umfang ihrer tatsächlichen ärztlichen Tätigkeit differenziert wird. Ebenso ist die Ermittlung des Teilnahmeumfangs anstellender Nicht-Vertragsärzte und der MVZ nach den hier vertretenen Grundsätzen (teilweise) rechtswidrig. In Bezug auf Jobsharingpartner sowie Ärzte mit zwei Fachgebieten ist zudem entweder eine eigene Regelung, oder aber eine Überarbeitung der auch für diese geltende Grundregel erforderlich. Des Weiteren ist Ärztekammer und Kassenärztlicher Vereinigung auch eine Sonderregelung für verpflichtete Mund-Kiefer-Gesichtschirurgen zu empfehlen. Schließlich bedarf es einer Regelung, nach der Widersprüche von Nicht-Vertragsärzten gegen ihre Heranziehung nicht gegen die Kassenärztlichen Vereinigung, sondern gegen die Ärztekammer zu richten sind.

N. Sachsen

In Sachsen existiert lediglich eine Bereitschaftsdienstordnung der Kassenärztlichen Vereinigung,[125] während die Ärztekammer auf die Regelung eines Bereitschaftsdienstes auf berufsrechtlicher Grundlage verzichtet hat.

I. Ausreichende Rechtsgrundlage

Dennoch empfiehlt es sich, das Bestehen einer ausreichenden Ermächtigungsgrundlage auch für eine Regelung des Bereitschaftsdienstes durch die Ärztekammer zu prüfen, falls diese in Zukunft eine eigene Bereitschaftsdienstordnung zu erlassen gedenkt.

1. Ärztekammer

a) Für die Regelung des ärztlichen Bereitschaftsdienstes

Mit § 16 Abs. 3 SächsHKaG hat der Landesgesetzgeber die ÄK Sachsen zur Regelung eines ärztlichen Bereitschaftsdienstes in ihrer Berufsordnung ermächtigt. Den Erlass einer eigenständigen Bereitschaftsdienstordnung schreibt das SächsHKAaG der Ärztekammer nicht vor, weshalb deren Verzicht auf eine eigene Regelung nicht zu beanstanden ist.

b) Für die Normierung einer Teilnahmepflicht

Mit § 16 Abs. 2 Nr. 4, Abs. 3 S. 2 SächsHKaG hat der sächsische Landesgesetzgeber eine hinreichende, sprich den Vorgaben des BVerwG genügende Rechtsgrundlage für die Teilnahmepflicht von Ärzten am Bereitschaftsdienst geschaffen. In § 16 Abs. 3 SächsHKaG stellt er der Ärztekammer auch inhaltliche Vorgaben bezüglich des Bereitschaftsdienstes, welche die Ärztekammer in ihrer Berufsordnung umzusetzen hat. Diesen ist die Ärztekammer mit § 26 Abs. 1 S. 2 und 3 BO-SN nachgekommen.

---

[125] Abrufbar unter: https://www.kvs-sachsen.de/fileadmin/data/kvs/img/Mitglieder/Rechtsquellen/171229-Bereitschaftsdienstordnung-ab-01-01-2018.pdf (Stand: 03.02.2020).

2. Kassenärztliche Vereinigung

a) Für die Regelung des ärztlichen Bereitschaftsdienstes

Mit § 75 Abs. 1b S. 1 SGB V liegt eine Ermächtigungsgrundlage für die Regelung des vertragsärztlichen Bereitschaftsdienstes durch die Kassenärztliche Vereinigung vor.

b) Für die Normierung einer Teilnahmepflicht

Dahingegen fehlt es an einer ausdrücklichen Normierung der Teilnahmepflicht in einem formellen Bundesgesetz. Damit ist die Verpflichtung von Vertragsärzten durch die Kassenärztliche Vereinigung als verfassungswidrig zu bewerten. Nachdem der Bereitschaftsdienst in Sachsen alleine von der Kassenärztlichen Vereinigung geregelt wird und die Teilnahmepflicht der Ärzte damit alleine auf ihrer Zulassung zur vertragsärztlichen Versorgung beruht, können Ärzte dort nicht verpflichtend zum Bereitschaftsdienst herangezogen werden, sofern der Bereitschaftsdienstordnung nicht für eine Übergangszeit weiter Geltung verschafft werden sollte oder die Ärztekammer eine eigene Bereitschaftsdienstordnung erlässt.

II. Adressatenkreis der Teilnahmepflicht

1. Grundsätzliche Teilnahmepflicht von Vertragsärzten

Nach § 2 Abs. 1 S. 1 Nr. 1 der Bereitschaftsdienstordnung werden Vertragsärzte grundsätzlich zur Teilnahme am Bereitschaftsdienst der KV Sachsen verpflichtet:

> Zur Teilnahme am ärztlichen Bereitschaftsdienst der KV Sachsen sind verpflichtet: 1. Vertragsärzte mit vollem und hälftigem Versorgungsauftrag [...].

2. Grundsätzliche Teilnahmepflicht von Nicht-Vertragsärzten

In § 26 Abs. 2 BO-SN heißt es zwar, dass „[f]ür die Einrichtung und Durchführung des kassenärztlichen Bereitschaftsdienstes [...] auch die von der Kassenärztlichen Vereinigung Sachsen erlassene Kassenärztliche Bereitschaftsdienstordnung vom 14. Mai 2014 in der jeweils geltenden Fassung bindend" ist. Dies ist jedoch nicht in der Weise zu verstehen, dass auch die allein von der Regelungs- und Entscheidungsbefugnis der Ärztekammer umfassten Nicht-Vertragsärzte verpflichtend der Bereitschaftsdienstordnung der KV Sachsen und damit deren Regelungsgewalt unterworfen werden. Dies würde eine unzulässige Delegation von Befugnissen der Ärztekammer auf die Kassenärztliche Vereinigung darstellen, da letztgenannter für Nicht-Vertragsärzte keine Kompetenz zukommt und die Ärztekammer mangels entsprechender ausdrücklicher gesetzlicher Ermächtigung durch den Landesgesetzgeber ihre Befugnisse auch nicht übertragen darf. Vielmehr ist § 26 Abs. 2 BO-SN wohl als – letztlich rein deklaratorischer – Hinweis zu verstehen, dass diejenigen Ärzte, die gleichzeitig auch zur vertragsärztlichen Versorgung zugelassen sind und damit grundsätzlich neben ihrer berufsrechtlichen Teilnahmepflicht aus § 16 Abs. 2 Nr. 4 SächsHKaG aufgrund ihrer Zulassung nach § 95 SGB V auch am vertragsärztlichen Bereitschaftsdienst der Kassenärztlichen Vereinigung teilzunehmen haben und diese auch nicht durch eine eventuelle berufsrechtliche Regelung seitens der Ärztekammer verdrängt wird. Dies deckt sich mit Satz 2 der Präambel der Bereitschaftsdienstordnung der KV Sachsen, wonach sich die Kassenärztliche Vereinigung „[z]ur Wahrnehmung des Sicherstellungsauftrages [...] der in ihrem Zuständigkeitsbereich an der vertragsärztlichen Versorgung teilnehmenden Ärzte [...]" und damit gerade nicht der niedergelassenen Nicht-Vertragsärzte bedient. Ebenso normiert der eben zitierte § 2 Abs. 1 S. 1 Nr. 1 der Bereitschaftsdienstordnung lediglich eine verpflichtende Teilnahme von Vertragsärzten. Den niedergelassenen Nicht-Vertragsärzten steht dagegen nach § 4 Abs. 1 der Bereitschaftsdienstordnung eine rein auf ihrer freien Entscheidung beruhende Teilnahmemöglichkeit zu. Zwar unterwerfen sie sich nach § 4 Abs. 2[126] in diesem Fall der Regelungsgewalt der KV Sachsen und damit einer Körperschaft, der sie mangels Zulassung gar nicht angehören. Da die Teilnahme allerdings auf freiwilliger Basis erfolgt, ist dies rechtlich nicht zu beanstanden.

3. Einzelfälle

a) Teilnahmepflicht von in Vertragsarztpraxen angestellten Ärzten

Zu einer unzulässigen Heranziehung von in Vertragsarztpraxen angestellten Ärzten kommt es in Sachsen nicht. Diese betreffend normiert die Bereitschaftsdienstordnung in § 2 Abs. 5 S. 1 lediglich, dass die anstellenden Vertragsärzte berechtigt sind, „den ärztlichen Bereitschaftsdienst durch die bei Ihnen [sic] angestellten Ärzte ausführen zu lassen". Eine eigene Teilnahmepflicht der angestellten Ärzte findet sich dagegen nicht. Vielmehr steht ihnen wie soeben dargestellt nach § 4 Abs. 1 der Bereitschaftsdienstordnung die freiwillige Teilnahme offen.

b) Teilnahmepflicht von in Medizinischen Versorgungszentren angestellten Ärzten

Auch die in MVZ angestellten Ärzte werden von der Bereitschaftsdienstordnung der KV Sachsen nicht unmittelbar verpflichtet. Vielmehr stellt – dessen rechtliche Zulässigkeit im Hinblick auf die Bestimmung des Teilnahmeumfangs des MVZ zunächst dahingestellt[127] – § 2 Abs. 1 S. 3 in Bezug auf diejenigen angestellten Ärzte,

[126] „Diese haben während der Tätigkeit im Bereitschaftsdienst dieselben Rechte und Pflichten wie Vertragsärzte."

[127] Hierzu unten, Kap. 3 N. III. 2. a).

welche eine eigene – wenngleich ruhende – Zulassung innehaben, klar, dass diese „im Rahmen der Heranziehung des MVZ zum ärztlichen Bereitschaftsdienst berücksichtigt" werden.

c) Teilnahmepflicht von Medizinischen Versorgungszentren

Dahingegen werden MVZ selbst in zulässiger Weise nach § 2 Abs. 1 Nr. 2 der Bereitschaftsdienstordnung zur Teilnahme verpflichtet, welche ihre Dienstverpflichtung analog zu den anstellenden Vertragsarztpraxen nach § 2 Abs. 5 S. 1 durch die bei ihnen angestellten Ärzte ausführen lassen können.

d) Teilnahmepflicht ermächtigter Ärzte und Einrichtungen

Eine unzulässige Verpflichtung ermächtigter Ärzte und Einrichtungen lässt sich der Bereitschaftsdienstordnung der KV Sachsen nicht entnehmen.

e) Teilnahmepflicht psychologischer Psychotherapeuten

Nach dem Wortlaut des § 2 Abs. 1 Nr. 1 der Bereitschaftsdienstordnung werden auch zugelassene psychologische Psychotherapeuten von der Teilnahmepflicht erfasst, da es sich auch bei diesen um Vertragsärzte i. S. d. § 95 Abs. 3 SGB V S. 1 handelt. Vermutlich sollen hiermit psychologische Psychotherapeuten allerdings nicht erfasst sein, da diese – trotz Einbezug in die Arztgruppe der Psychotherapeuten i. S. d. § 101 Abs. 4 S. 1 SGB V – letztlich keine Ärzte im klassischen Sinne darstellen. Aus Klarstellungsgründen sollte jedoch darüber nachgedacht werden, diese ausdrücklich von der Teilnahmepflicht auszunehmen.

III. Umfang der Teilnahmepflicht

1. Grundsätzlicher Umfang der Teilnahmepflicht von Vertragsärzten

Vertragsärzte werden im Einklang mit dem oben vertretenen Grundsatz nach § 2 Abs. 4 S. 2 Nr. 1 und 2 der Bereitschaftsdienstordnung entsprechend ihres sich aus der Zulassung ergebenden Versorgungsumfangs bei vollem Versorgungsauftrag mit dem Faktor 1,0 (Nr. 1) bzw. bei hälftigem Versorgungsauftrag mit dem Faktor 0,5 (Nr. 2) herangezogen. Hieraus lässt sich trotz fehlender ausdrücklicher Normierung ableiten, dass Ärzte mit einer drei Viertel Zulassung mit dem Faktor 0,75 heranzuziehen sind.

2. Einzelfälle

a) Umfang der Teilnahmepflicht von Medizinischen Versorgungszentren

Als zulässig erweist sich auch die Bestimmung des Teilnahmeumfangs von MVZ nach § 2 Abs. 2 S. 2 der Bereitschaftsdienstordnung, wenngleich hierbei nicht auf deren Zulassung, sondern auf den Tätigkeitsumfang der dort angestellten Ärzte abgestellt wird:

> Der Teilnahmeumfang eines MVZ am ärztlichen Bereitschaftsdienst ergibt sich aus der Summe der Anrechnungsfaktoren sämtlicher im MVZ tätigen Ärzte.

Nachdem die Anrechnungsfaktoren nach § 2 Abs. 4 S. 2 Nr. 5 der Bereitschaftsdienstordnung der durchschnittlichen Sprechstundentätigkeit eines Vertragsarztes mit einer vollen, drei Viertel bzw. hälftigen Zulassung entsprechen und sich der Teilnahmeumfang des MVZ damit im Ergebnis nicht von demjenigen unterscheiden wird, welcher sich bei einer unmittelbaren Anknüpfung an den sich aus der Zulassung ergebenden Tätigkeitsumfang ergäbe, ist die Regelung der Bereitschaftsdienstordnung nicht zu beanstanden.

b) Umfang der Teilnahmepflicht von anstellenden Vertragsärzten

Ebenso gestaltet sich der Teilnahmeumfang eines weitere Ärzte anstellenden Vertragsarztes als zulässig, da dessen eigenem vertragsärztlichen Versorgungsauftrag bei der Bestimmung des Teilnahmeumfangs am ärztlichen Bereitschaftsdienst nach § 2 Abs. 2 S. 1 der Bereitschaftsdienstordnung –

> Beschäftigt ein Vertragsarzt einen angestellten Arzt nach § 95 Abs. 9 SGB V wird der Anrechnungsfaktor des angestellten Arztes (s. Abs. 4) dem des anstellenden Vertragsarztes hinzugerechnet.

– der Tätigkeitsumfang der bei ihm angestellten Ärzte hinzugerechnet wird und sich dieser wie in Bezug auf die in einem MVZ angestellten Ärzte nach § 2 Abs. 4 S. 2 Nr. 5 der Bereitschaftsdienstordnung richtet.

c) Umfang der Teilnahmepflicht von Betreibern einer Zweigpraxis

In Bezug auf den Teilnahmeumfang von Ärzten, welche neben ihrem Vertragsarztsitz einen Zweigstandort betreiben, ist eine Differenzierung dahingehend vorzunehmen, ob sich die Zweigpraxis im selben Bereitschaftsdienstbezirk wie demjenigen des Vertragsarztsitzes, oder aber in einem anderen Dienstbereich befindet. In erstgenanntem Fall ist die Regelung in der Bereitschaftsdienstordnung der KV Sachsen nicht zu beanstanden, da es in Ermangelung einer Sonderregelung zu keiner unzulässigen Erhöhung des Teilnahmeumfangs des Zweigpraxisbetreibers über seine Zulassung hinauskommt. Demgegenüber stellt sich die Ermittlung des Teilnahmeumfangs in zweitgenannter Variante – d. h. bei Lage der Zweigpraxis in einem anderen Bereitschaftsdienstbezirk – als unzulässig dar, nachdem § 2 Abs. 6 der Bereitschaftsdienstordnung hierzu Folgendes bestimmt:

> Wird ein an der vertragsärztlichen Versorgung teilnehmender Arzt außerhalb seines Bereitschaftsdienstbereiches, dem sein Vertragsarztsitz zugeordnet ist, zusätzlich in einer Zweigpraxis [...] tätig, so ist er [...] grundsätzlich auch im Bereitschaftsdienstbereich, in dem sich der zusätzliche Tätigkeitsort befindet, zur Teilnahme am Bereitschaftsdienst im Umfang des Anrechnungsfaktors von mindestens 0,25 verpflichtet.

Dass der Vertragsarzt auch im Bezirk seiner Zweigpraxis zur Teilnahme am Bereitschaftsdienst herangezogen wird, ist zwar grundsätzlich nicht zu beanstanden. Als unzulässig ist hingegen zum einen zu bewerten, dass der Teilnahmeumfang am Ort der Zweigpraxis pauschal ohne Rücksicht auf den tatsächlichen Umfang der ärztlichen Tätigkeit mindestens den Faktor 0,25 beträgt. Zum anderen steht die Regelung in klarem Widerspruch zu dem hier vertretenem Grundsatz, dass der Betrieb einer Zweigpraxis nicht zu einer Erhöhung des Teilnahmeumfangs am Bereitschaftsdienst über den Umfang der Zulassung zur vertragsärztlichen Versorgung hinaus führen darf, da die Genehmigung einer Zweigpraxis weder zu einer weiteren Zulassung, noch zur Erhöhung des Versorgungsauftrages führt; vielmehr kommt es lediglich zu einer Aufteilung des sich aus der Zulassung ergebenden Versorgungsumfangs zwischen den beiden Praxisstandorten.

d) Umfang der Teilnahmepflicht bei Jobsharing

Beanstandungslos stellt sich hingegen die Regelung der Bereitschaftsdienstordnung in Bezug auf die am Jobsharing beteiligten Ärzte dar. Während angestellte Ärzte i. S. d. § 101 Abs. 1 S. 1 Nr. 5 SGB V mangels Zulassung zur vertragsärztlichen Versorgung schon gar keine Teilnahmepflicht trifft und der anstellende Arzt wie ein gewöhnlicher Vertragsarzt im Umfang seiner Zulassung herangezogen wird, bestimmt § 2 Abs. 4 S. 2 Nr. 3 der Bereitschaftsdienstordnung – der folglich lediglich für Jobsharingpartner i. S. d. § 101 Abs. 1 S. 1 Nr. 4 SGB V gelten kann –, dass

> Job-Sharing-Gemeinschaftspraxen (Senior- und Juniorpartner) entsprechend dem Umfang des Versorgungsauftrages als Einheit

und dementsprechend richtigerweise in der Summe nur im Umfang einer Zulassung herangezogen werden.

e) Umfang der Teilnahmepflicht von Mund-Kiefer-Gesichtschirurgen

In Bezug auf Mund-Kiefer-Gesichtschirurgen ist eine Regelung zu empfehlen, welche deren besonderer Situation Rechnung trägt, indem diese entweder vom vertragsärztlichen bzw. vertragszahnärztlichen Bereitschaftsdienst befreit werden oder ihre jeweilige Teilnahmepflicht auf einen Umfang reduziert wird, welcher in der

Summe nicht den sich aus einer einzigen Zulassung ergebenden Teilnahmeumfang übersteigt.

f) Umfang der Teilnahmepflicht von Ärzten mit zwei Fachgebieten

Bezüglich des Teilnahmeumfangs von Ärzten mit einer Zulassung für zwei Fachgebiete hat die Bereitschaftsdienstordnung keinerlei Regelungen getroffen.

g) Umfang der Teilnahmepflicht von Belegärzten

Selbiges gilt für den Teilnahmeumfang von Belegärzten.

IV. Heranziehung

Für die Heranziehung der Vertragsärzte zum vertragsärztlichen Bereitschaftsdienst ist auch ohne ausdrückliche Regelung denknotwendig die Kassenärztliche Vereinigung zuständig.

V. Rechtsschutz gegen die Heranziehung zum Bereitschaftsdienst

1. Zuständigkeit für das Widerspruchsverfahren

Eventuelle Widersprüche gegen Entscheidungen der KV Sachsen sind konsequenterweise auch gegen diese zu richten.

2. Rechtsweg

Einschlägiger Rechtsweg ist derjenige zu den Sozialgerichten.

VI. Zusammenfassung

Nachdem der Bereitschaftsdienst in Sachsen alleine von der Kassenärztlichen Vereinigung durchgeführt wird und die Teilnahmepflicht der Ärzte damit alleine auf ihrer Zulassung zur vertragsärztlichen Versorgung beruht, können Ärzte dort nicht verpflichtend zum Bereitschaftsdienst herangezogen werden, da es diesbezüglich nach hier vertretener Auffassung an einer ausreichenden formellgesetzlichen Rechtgrundlage des Bundesgesetzgebers fehlt. Dagegen ist der von der Teilnahmepflicht erfasste Adressatenkreis nicht zu beanstanden. Anders verhält sich dies jedoch mit den Regelungen zur Ermittlung des Teilnahmeumfangs derjenigen Zweigpraxisbetreiber, deren Zweigpraxis sich außerhalb des Bereitschaftsdienstbezirks des Vertragsarztsitzes befindet. Schließlich ist der KV Sachsen auch eine Sonderregelung für die verpflichteten Mund-Kiefer-Gesichtschirurgen zu empfehlen.

O. Sachsen-Anhalt

In Sachsen-Anhalt organisieren Ärztekammer und Kassenärztliche Vereinigung den ärztlichen Bereitschaftsdienst in einer gemeinsamen Bereitschaftsdienstordnung mit Satzungsqualität.[128] Letzteres ergibt sich daraus, dass die Bereitschaftsdienstordnung seitens der Ärztekammer Anhang ihrer Berufsordnung ist und diese, wie § 15 Abs. 1 Nr. 9 i. V. m. Nr. 11 KGHB-LSA zeigt, Satzungsqualität besitzt.

I. Ausreichende Rechtsgrundlage

1. Ärztekammer

a) Für die Regelung des ärztlichen Bereitschaftsdienstes

Die Ermächtigung der Ärztekammer zur Regelung eines ärztlichen Bereitschaftsdienstes hat der Landesgesetzgeber in § 5 Abs. 1 Nr. 4 KGHB-LSA ausdrücklich normiert. Nach § 20 Abs. 2 KGHB-LSA hat die ÄK Sachsen-Anhalt den Bereitschaftsdienst zudem in einer Bereitschaftsdienstordnung zu regeln. Dieser Anforderung ist die Ärztekammer mit dem Erlass der gemeinsamen Bereitschaftsdienstordnung nachgekommen.

b) Für die Normierung einer Teilnahmepflicht

Die von § 20 Abs. 2 KGHB-LSA aufgestellten inhaltlichen Vorgaben an die Teilnahmepflicht hat die Ärztekammer in ihrer gemeinsamen Bereitschaftsdienstordnung mit der Kassenärztlichen Vereinigung in den §§ 2, 3, 4, 6 und 7 zwar hinreichend berücksichtigt. Bedenken ergeben sich allerdings in Bezug auf die Frage, ob der Landesgesetzgeber eine den Vorgaben des BVerwG entsprechende Regelung als formelles Gesetz erlassen hat. Zwar hat dieser in § 19 Abs. 2 Nr. 2 KGHB-LSA festgelegt, dass eine grundsätzliche Teilnahmepflicht einer hinreichend bestimmten Arztgruppe am ärztlichen Bereitschaftsdienst besteht:

---

[128] Abrufbar unter: https://www.kvsa.de/fileadmin/user_upload/PDF/Praxis/Recht/Bereit schaftsdienstordnung_20181128_VV_veroeffentlichung.pdf (Stand: 03. 02. 2020).

> Die Kammerangehörigen, die ihren Beruf ausüben, haben insbesondere die Pflicht, [...] 2. am Notfalldienst teilzunehmen und sich dafür fortzubilden, soweit sie als Ärzte und Ärztinnen, [...] in eigener Praxis [...] oder in Einrichtungen zur ambulanten Versorgung tätig sind, auch wenn sie eine Bezeichnung nach § 22 Abs. 2 führen [...].

Im Gegensatz etwa zu Hamburg hat der Landesgesetzgeber in § 20 Abs. 2 Nr. 2 KGHB-LSA auch geregelt, dass die Ärztekammer in ihrer Bereitschaftsdienstordnung Regelungen über die Befreiung vom Bereitschaftsdienst zu treffen hat:

> Die Ärztekammer, die Tierärztekammer und die Zahnärztekammer erlassen als Bestandteil der Berufsordnung eine Notfalldienstordnung, die insbesondere regelt: [...] 2. Befreiung von der Teilnahmepflicht [...].

Im Ergebnis genügt diese Regelung allerdings wie schon in Hamburg nicht den vom BVerwG aufgestellten Mindestinhalten, die der Landesgesetzgeber bezüglich der Einrichtung eines ärztlichen Bereitschaftsdienstes in einem formellen Gesetz selbstständig zu regeln hat, um dem Vorbehalt des Gesetzes gerecht zu werden. Denn das Gericht schreibt nicht nur vor, dass ein formelles Gesetz lediglich die grundsätzliche Möglichkeit einer Befreiung vorsehen muss. Vielmehr spricht das BVerwG explizit davon, dass der Landesgesetzgeber in „Richtlinien" regeln muss, „unter welchen Voraussetzungen ein teilnahmepflichtiger Arzt ausnahmsweise Befreiung beanspruchen oder nach Ermessen der Ärztekammer erhalten kann."[129] Mit der bestehenden Regelung hat der Gesetzgeber in Sachsen-Anhalt zwar geregelt, dass eine Befreiung von der Teilnahmepflicht möglich sein muss. Er hat aber entgegen der ausdrücklichen Vorgaben des Gerichts nicht geregelt, unter welchen Voraussetzungen dies geschehen kann. Vielmehr überlässt er diese insbesondere für die Intensität des Eingriffs der Teilnahmepflicht in die Grundrechte des Arztes nicht unbedeutende Entscheidung vollständig der Entscheidungsgewalt der Ärztekammer. Damit stellt – sofern wie hier der Rechtsprechung des BVerwG gefolgt wird – das KGHB-LSA keine ausreichende Rechtsgrundlage für die Heranziehung eines Arztes zum Bereitschaftsdienst der Ärztekammer dar. Anders als in Hamburg hat die Ärztekammer in Sachsen-Anhalt nach aktuellem Stand auch nicht auf eine Regelung des Bereitschaftsdienstes verzichtet, sondern diesen gemeinsam mit der KV Sachsen-Anhalt in Satzungsform geregelt. Infolgedessen können Nicht-Vertragsärzte nach momentanem Stand nicht zur Teilnahme an einem Bereitschaftsdienst verpflichtet werden, da es der Kassenärztlichen Vereinigung hierfür schon aufgrund der grundgesetzlichen Kompetenzverteilung an einer Regelungsbefugnis fehlt und die Ärztekammer in Sachsen-Anhalt sich auf keine ausreichende formelle Rechtsgrundlage des Landesgesetzgebers stützen kann. Letztgenanntem ist daher – wenngleich die Anzahl der in Betracht kommenden Nicht-Vertragsärzte deutlich geringer sein wird als diejenige der Vertragsärzte – insbesondere im Interesse der Sicherstellung einer ausreichenden ambulanten ärztlichen Versorgung zu den sprechstundenfreien Zeiten dringend zu empfehlen, die Anforderungen an eine mögliche Befreiung von der Dienstverpflichtung gesetzlich festzulegen.

---

[129] BVerwG, Urt. v. 12.12.1972, I C 30.69, NJW 1973, 576 (577).

2. Kassenärztliche Vereinigung

a) Für die Regelung des ärztlichen Bereitschaftsdienstes

Mit § 75 Abs. 1b S. 1 SGB V besteht eine Ermächtigungsgrundlage für die Regelung des vertragsärztlichen Bereitschaftsdienstes durch die Kassenärztliche Vereinigung.

b) Für die Normierung einer Teilnahmepflicht

Dahingegen fehlt es wie soeben erwähnt an einer – nach hier vertretener Auffassung zwingend erforderlichen – Normierung einer Teilnahmepflicht in einem formellen Gesetz des Bundesgesetzgebers. Damit ist die Verpflichtung von Vertragsärzten durch die Kassenärztliche Vereinigung als verfassungswidrig zu bewerten. Nachdem es auch der ÄK Sachsen-Anhalt an einer ausreichenden formellen Rechtsgrundlage des Landesgesetzgebers fehlt, können im Ergebnis nach momentaner Gesetzeslage weder Vertrags- noch Nicht-Vertragsärzte zur Teilnahme an einem ärztlichen Bereitschaftsdienst verpflichtet werden. Sowohl dem Bundes- als auch dem Landesgesetzgeber ist daher im Interesse einer ausreichenden ärztlichen Versorgung der Bevölkerung in Sachsen-Anhalt auch zu den sprechstundenfreien Zeiten zu empfehlen, jeweils eine den Anforderungen des BVerwG genügende Rechtsgrundlage für die Verpflichtung von Ärzten zur Teilnahme an einem Bereitschaftsdienst zu schaffen.

II. Adressatenkreis der Teilnahmepflicht

Unabhängig hiervon lohnt sich dennoch ein Blick auf die momentane Regelung des Bereitschaftsdienstes in Sachsen-Anhalt durch die gemeinsame Bereitschaftsdienstordnung.

1. Grundsätzliche Teilnahmepflicht von Vertragsärzten

Die gemeinsame Bereitschaftsdienstordnung bezieht in zulässiger Weise nach § 2 Abs. 1 S. 1 zunächst alle niedergelassenen Vertragsärzte verpflichtend in den Adressatenkreis einer Teilnahmepflicht ein:

> Zur Teilnahme am allgemeinen ärztlichen Bereitschaftsdienst sind diejenigen Ärzte verpflichtet, die an der ambulanten Versorgung und nicht an einem durch die Kassenärztliche Vereinigung Sachsen-Anhalt eingerichteten fachgebietlichen Bereitschaftsdienst genehmigt teilnehmen.

2. Grundsätzliche Teilnahmepflicht von Nicht-Vertragsärzten

Nachdem auch niedergelassene Nicht-Vertragsärzte an der ambulanten Versorgung teilnehmen, werden diese von § 2 Abs. 1 S. 1 ebenfalls zur Teilnahme verpflichtet. Aufgrund der Beteiligung der Ärztekammer ist dies auch nicht zu beanstanden.

3. Einzelfälle

a) Teilnahmepflicht von in Vertragsarztpraxen angestellten Ärzten

Da am Erlass der gemeinsamen Bereitschaftsdienstordnung in Sachsen-Anhalt auch die Ärztekammer beteiligt ist, stellt sich die in § 2 Abs. 1 S. 1 normierte Verpflichtung in Vertragsarztpraxen angestellter Ärzte als „an der ambulanten Versorgung" teilnehmende Ärzte als rechtmäßig dar.

b) Teilnahmepflicht von in Medizinischen Versorgungszentren angestellten Ärzten

Auch die in MVZ angestellten Ärzte werden über § 2 Abs. 1 S. 1 der Bereitschaftsdienstordnung als Teilnehmer an der ambulanten Versorgung erfasst. Dass diese mangels (aktiver) Zulassung nicht von der Kassenärztlichen Vereinigung herangezogen werden dürfen, ist aufgrund der Beteiligung der Ärztekammer vorliegend unschädlich, da sie als Mitglieder der Ärztekammer unter deren Regelungsbefugnis fallen.

c) Teilnahmepflicht von Medizinischen Versorgungszentren

Ebenso werden die MVZ selbst in rechtlich zulässiger Weise nach § 2 Abs. 2 S. 2 der Bereitschaftsdienstordnung zur Teilnahme verpflichtet. Grundlage hierfür bildet aber im Gegensatz zu den dort angestellten Ärzten ihre Zulassung zur vertragsärztlichen Versorgung.

d) Teilnahmepflicht ermächtigter Ärzte und Einrichtungen

Ermächtigte Ärzte und ermächtigte Einrichtungen werden nach § 2 Abs. 1 S. 2[130] ausdrücklich von einer Teilnahmeverpflichtung ausgenommen.

---

[130] § 2 Abs. 1 S. 2 der gemeinsamen Bereitschaftsdienstordnung lautet: „Eine Ausnahme stellen lediglich die nach § 116 SGB V ermächtigten Ärzte bzw. Ärzte in ermächtigten Einrichtungen nach § 116 ff SGB V, § 31 a Abs. 1 Ärzte-ZV dar."

e) Teilnahmepflicht psychologischer Psychotherapeuten

Nach dem Wortlaut des § 2 Abs. 1 S. 1 der Bereitschaftsdienstordnung werden auch zugelassene psychologische Psychotherapeuten von der Teilnahmepflicht erfasst, da es sich auch bei diesen um an der ambulanten Versorgung teilnehmende Ärzte handelt. Vermutlich sollen hiermit psychologische Psychotherapeuten allerdings nicht erfasst sein, da diese – trotz Einbezug in die Arztgruppe der Psychotherapeuten i. S. d. § 101 Abs. 4 S. 1 SGB V – letztlich keine Ärzte im klassischen Sinne darstellen. Aus Klarstellungsgründen sollte jedoch darüber nachgedacht werden, diese ausdrücklich von der Teilnahmepflicht auszunehmen.

III. Umfang der Teilnahmepflicht

1. Grundsätzlicher Umfang der Teilnahmepflicht von Vertragsärzten

Der Umfang der Teilnahmepflicht von Vertragsärzten am Bereitschaftsdienst in Sachsen-Anhalt richtet sich gem. § 2 Abs. 2 S. 6 der Bereitschaftsdienstordnung richtigerweise nach dem Umfang des sich aus der Zulassung ergebenden Versorgungsauftrages:

> Der Umfang der Verpflichtung zur Teilnahme richtet sich für die an der vertragsärztlichen Versorgung teilnehmenden Ärzte [...] nach dem Umfang des vom Zulassungsausschuss bei der Kassenärztlichen Vereinigung Sachsen-Anhalt erteilten Versorgungsauftrages [...].

2. Grundsätzlicher Umfang der Teilnahmepflicht von Nicht-Vertragsärzten

Obgleich nicht an der vertragsärztlichen Versorgung teilnehmende Ärzte ebenfalls zur Teilnahme am Bereitschaftsdienst verpflichtet sind, findet sich für diese hingegen keine korrespondiere Regelung. Infolgedessen bleibt unklar, nach welchen Kriterien sich deren Teilnahmeumfang bemisst. Folglich sollten Ärztekammer und Kassenärztliche Vereinigung eine Regelung in ihre Bereitschaftsdienstordnung aufnehmen, welche entsprechend den obigen Grundsätzen den konkreten zeitlichen Umfang der ärztlichen Tätigkeit als Bemessungsmaßstab für die Teilnahmeverpflichtung am Bereitschaftsdienst festlegt.

3. Einzelfälle

a) Umfang der Teilnahmepflicht von anstellenden Vertragsärzten

Ausdrücklich normiert ist hingegen der Umfang der Teilnahmepflicht von Vertragsärzten, welche in ihrer Praxis weitere Ärzte angestellt haben. In Bezug auf diese bestimmt § 2 Abs. 2 S. 6 der Bereitschaftsdienstordnung, dass sich deren Teilnahmeumfang neben ihrem eigenen Versorgungsauftrag zusätzlich nach der „erteilten Genehmigung zur Anstellung eines Arztes" bemisst. Nachdem diese vom Umfang des sich aus den dem anstellenden Vertragsarzt zustehenden Zulassungen ergebenden Versorgungsauftrags abhängt, ist die Regelung nicht zu beanstanden.

b) Umfang der Teilnahmepflicht von in Arztpraxen angestellten Ärzten

Hinsichtlich der in einer Praxis angestellten Ärzte weist die Bereitschaftsdienstordnung dagegen keinen Regelungsgehalt auf. Damit bleibt – wie schon in Bezug auf die selbständigen, rein privatärztlich tätigen Ärzte – unklar, nach welchen Kriterien sich die Häufigkeit ihrer Heranziehung zum Bereitschaftsdienst bemisst. Folglich bedarf es einer entsprechenden Regelung, welche deren Teilnahmeumfang in Abhängigkeit des Umfanges ihrer ärztlichen Tätigkeit stellt.

c) Umfang der Teilnahmepflicht von Medizinischen Versorgungszentren

Wie schon in Bezug auf die anstellenden Ärzte stellt sich auch die Bemessung des Teilnahmeumfangs der MVZ als zulässig dar, da sich diese ebenfalls nach § 2 Abs. 2 S. 6 der Bereitschaftsdienstordnung richtet und den Tätigkeitsumfang angestellter Ärzte mit oder ohne (ruhende) Zulassung einbezieht:

> Der Umfang der Verpflichtung zur Teilnahme richtet sich für [...] Medizinische Versorgungszentren [...] nach dem Umfang des vom Zulassungsausschuss bei der Kassenärztlichen Vereinigung Sachsen-Anhalt erteilten Versorgungsauftrages sowie der ggf. zusätzlich erteilten Genehmigung zur Anstellung eines Arztes oder weiteren übernommenen Versorgungsaufträgen, wie z. B. für das Medizinische Versorgungszentrum tätige zugelassene Vertragsärzte.

d) Umfang der Teilnahmepflicht von in Medizinischen Versorgungszentren angestellten Ärzten

Bezüglich des Teilnahmeumfangs von in MVZ angestellten Ärzten findet sich in der gemeinsamen Bereitschaftsdienstordnung wie schon für in Arztpraxen angestellte Ärzte keine Regelung, weshalb auch hier unklar bleibt, wie sich deren Teilnahmeumfang bestimmt.

e) Umfang der Teilnahmepflicht von Betreibern einer Zweigpraxis

Auch zu Betreibern einer Zweigpraxis finden sich keine Regelungen, welche deren Teilnahmeumfang gesondert regeln. Es ist daher davon auszugehen, dass der Betrieb einer Zweigpraxis in Übereinstimmung mit den oben aufgestellten Grundsätzen nicht zusätzlich zum sich aus der Zulassung ergebenden Versorgungsauftrag bzw. dem Umfang der ärztlichen Tätigkeit zu einer Erhöhung der Teilnahmeverpflichtung führt.

f) Umfang der Teilnahmepflicht bei Jobsharing

In Bezug auf das Jobsharing stellt § 2 Abs. 2 S. 11 der Bereitschaftsdienstordnung klar, dass

> Ärzte, die nach § 101 Abs. 1 Nr. 4 oder 5 SGB V an der vertragsärztlichen Versorgung teilnehmen, [...] nicht gesondert berücksichtigt [werden].

Folglich kommt es auch nicht zu deren übermäßigen Heranziehung zum Bereitschaftsdienst.

g) Umfang der Teilnahmepflicht von Mund-Kiefer-Gesichtschirurgen

In Bezug auf Mund-Kiefer-Gesichtschirurgen ist den beiden Körperschaften hingegen eine Regelung zu empfehlen, welche deren besonderer Situation Rechnung trägt, indem diese entweder vom vertragsärztlichen bzw. vertragszahnärztlichen Bereitschaftsdienst befreit werden oder ihre jeweilige Teilnahmepflicht auf einen Umfang reduziert wird, welcher in der Summe nicht den sich aus einer einzigen Zulassung ergebenden Teilnahmeumfang übersteigt.

h) Umfang der Teilnahmepflicht von Ärzten mit zwei Fachgebieten

Bezüglich des Teilnahmeumfangs von Ärzten mit einer Zulassung für zwei Fachgebiete hat die Bereitschaftsdienstordnung keine Regelungen getroffen.

i) Umfang der Teilnahmepflicht von Belegärzten

Selbiges gilt für den Teilnahmeumfang von Belegärzten.

IV. Heranziehung

Die Heranziehung der Nicht-Vertragsärzte zum Bereitschaftsdienst erfolgte – wie sich auf Anfrage ergab[131] – bis zum Jahre 2014 durch einen Heranziehungsbescheid der Ärztekammer. Bei der letzten Novellierung der Bereitschaftsdienstdienstordnung ist diese Regelung allerdings entfallen. Nunmehr gilt ohne Unterscheidung

---

[131] So die ÄK Sachsen-Anhalt auf Anfrage des Autors, E-Mail vom 28.02.2019.

dahingehend, ob der Arzt zur vertragsärztlichen Versorgung zugelassen ist oder nicht, für die gesamte niedergelassene Ärzteschaft § 2 Abs. 2 der Bereitschaftsdienstordnung:

> Die Heranziehung erfolgt durch Übersendung des Bereitschaftsdienstplanes, mit dem der Arzt zum Bereitschaftsdienst eingeteilt wird.

Daraus geht zwar nicht ausdrücklich hervor, wer den Bereitschaftsdienstplan übersendet und damit für die Heranziehung zuständig ist. Auf Anfrage bei der ÄK Sachsen-Anhalt ergab sich jedoch, dass hierfür ausschließlich die KV Sachsen-Anhalt verantwortlich sei.[132] Folglich werden nunmehr auch ausschließlich privatärztlich tätige niedergelassene Ärzte durch Übersendung des Dienstplanes durch die KV Sachsen-Anhalt zum Dienst herangezogen. Dieser Verfahrensweise begegnen jedenfalls auf den ersten Blick rechtliche Bedenken. Wie etwa in Thüringen[133] scheint damit für die Entscheidung, ob ein Nicht-Vertragsarzt am Bereitschaftsdienst teilzunehmen hat – und damit in seiner beruflichen Freiheit beeinträchtigt wird – mit der Kassenärztlichen Vereinigung eine Körperschaft zuständig, welcher der Nicht-Vertragsarzt mangels Zulassung nach § 95 SGB V überhaupt nicht angehört. Hierbei würde es sich auch nicht nur um eine bloße organisatorische Maßnahme wie etwa die Festlegung der einzelnen Bereitschaftsdienstbereiche handeln. Die Entscheidung über die Teilnahmepflicht stellt vielmehr eine den Nicht-Vertragsarzt in seiner beruflichen Freiheit beeinträchtigende Maßnahme dar. Gegenüber einem Nicht-Vertragsarzt steht der Kassenärztlichen Vereinigung diese Entscheidung jedoch – jedenfalls ohne Aufgabenübertragung durch die Ärztekammer auf Grundlage einer ausdrücklichen gesetzlichen Ermächtigung durch den Landesgesetzgeber – nicht zu. Diese bleibt vielmehr der Ärztekammer überlassen. Zwar kann die Ärztekammer eine derartige Entscheidung in rechtlich nicht zu beanstandender Weise ihren Mitgliedern, sprich den Ärzten selbst, übertragen. Eine Delegation auf eine fremde Körperschaft ist allerdings, wie schon ausführlich dargelegt, unzulässig. Demnach wäre § 2 Abs. 2 der gemeinsamen Bereitschaftsdienstordnung der Ärztekammer und Kassenärztlichen Vereinigung in Sachsen-Anhalt aufgrund einer unzulässigen Delegation einer die Nicht-Vertragsärzte betreffenden Entscheidungsbefugnis rechtswidrig.

Allerdings ist – wie die ÄK Sachsen-Anhalt auf weitere Nachfrage konkretisiert hat[134] – nach der Regelung in Sachsen-Anhalt gar keine gesonderte Entscheidung darüber erforderlich, ob ein Arzt am Bereitschaftsdienst teilzunehmen hat oder nicht. Vielmehr sind alle niedergelassenen Ärzte von vornherein bereits aufgrund ihrer Teilnahme an der vertragsärztlichen Versorgung oder aufgrund ihrer berufsrechtlichen Pflicht aus § 19 Abs. 2 Nr. 2 d KGHB-LSA verpflichtet, am Bereitschaftsdienst teilzunehmen, ohne dass es einer Entscheidung im Einzelfall bedarf. Ärzte nehmen

---

[132] So die ÄK Sachsen-Anhalt auf Anfrage des Autors, E-Mail vom 28.02.2019.

[133] Dazu noch unten, Kap. 3 Q. II. 2. b).

[134] So die ÄK Sachsen-Anhalt auf eine weitere Anfrage des Autors, E-Mail vom 01.03. 2019.

nur dann nicht am Bereitschaftsdienst teil, wenn sie einen erfolgreichen Befreiungsantrag gestellt haben. Aufgrund der generellen Teilnahmepflicht aller Ärzte entscheidet die KV Sachsen-Anhalt damit nicht darüber, ob ein Nicht-Vertragsarzt am Bereitschaftsdienst teilzunehmen hat, da dies wie gesehen nach der Konzeption in Sachsen-Anhalt gar nicht nötig ist. Die Kassenärztliche Vereinigung teilt den ohnehin schon verpflichteten Nicht-Vertragsarzt lediglich in den Dienstplan ein. Damit obliegt ihr eine rein organisatorische Maßnahme, die für sich genommen keinen eigenen Eingriff in die berufliche Freiheit des Arztes darstellt und daher auch nicht zu beanstanden ist.

V. Rechtsschutz gegen die Heranziehung zum Bereitschaftsdienst

1. Zuständigkeit für das Widerspruchsverfahren

Nach § 2 Abs. 7 S. 2 der Bereitschaftsdienstordnung entscheiden über Widersprüche seitens der Ärzteschaft gegen ihre Heranziehung durch die Kassenärztliche Vereinigung beide Körperschaften gemeinsam:

> Über den Widerspruch gegen eine Entscheidung der Kassenärztlichen Vereinigung entscheidet der Vorstand der Kassenärztlichen Vereinigung Sachsen-Anhalt im Benehmen mit der Ärztekammer Sachsen-Anhalt.

Wer über Widersprüche gegen die Heranziehung durch die Ärztekammer entscheidet, ist hingegen nicht geregelt. Mangels anderweitiger Regelung ist davon auszugehen, dass über den Widerspruch gegen Entscheidungen der Ärztekammer in zulässiger Weise denknotwendig auch die Ärztekammer selbst entscheidet. Andernfalls – d. h., wenn die KV Sachsen-Anhalt alleine oder mit der Ärztekammer gemeinsam über deren Widersprüche entscheiden würde – läge eine unzulässige Befugnisüberschreitung seitens der Kassenärztlichen Vereinigung vor. Aus Klarstellungsgründen ist daher zu empfehlen, in die Bereitschaftsdienstordnung eine Regelung einzufügen, wonach für Widersprüche der Nicht-Vertragsärzte alleine die Ärztekammer zuständig ist.

2. Rechtsweg

Mangels abweichender Regelungen sind Klagen von Vertragsärzten auf dem Sozialrechtsweg, solche gegen Entscheidungen der Ärztekammer gegen diese auf dem Verwaltungsrechtsweg geltend zu machen.

VI. Zusammenfassung

Zunächst bleibt festzuhalten, dass der sächsische Landesgesetzgeber mit § 19 Abs. 2 Nr. 2 KGHB-LSA nicht den Vorgaben des BVerwG an den Mindestinhalt der Teilnahmepflicht nachgekommen ist. Damit fehlt es in Sachsen-Anhalt nicht nur an einer ausreichenden formellgesetzlichen Rechtsgrundlage für die Teilnahmepflichtverpflichtung durch die Kassenärztliche Vereinigung, sondern auch an einer solchen für die Heranziehung durch die Ärztekammer. Infolgedessen können in Sachsen-Anhalt nach momentaner Gesetzeslage weder Vertrags- noch Nicht-Vertragsärzte zur Teilnahme an einem ärztlichen Bereitschaftsdienst verpflichtet werden. In Bezug auf den Teilnahmeumfang der selbstständigen Nicht-Vertragsärzte, aber auch denjenigen der angestellten Ärzte fehlt es zudem an einer am Umfang der ärztlichen Tätigkeit ausgerichteten Regelung. Schließlich ist Ärztekammer und Kassenärztlicher Vereinigung auch eine Sonderregelung für die Teilnahme der Mund-Kiefer-Gesichtschirurgen zu empfehlen.

P. Schleswig-Holstein

Auch die Ärztekammer und Kassenärztliche Vereinigung in Schleswig-Holstein regeln den Bereitschaftsdienst in einer gemeinsamen Bereitschaftsdienstordnung.[135]

I. Ausreichende Rechtsgrundlage

1. Ärztekammer

a) Für die Regelung des ärztlichen Bereitschaftsdienstes

Mit § 3 Abs. 1 Nr. 4 HBKG-SH hat das Land Schleswig-Holstein eine ausreichende Ermächtigungsgrundlage für die Regelung eines ärztlichen Bereitschaftsdienstes durch die Ärztekammer geschaffen.

b) Für die Normierung einer Teilnahmepflicht

Ebenso hat der Landesgesetzgeber mit den §§ 30 Nr. 3, 31 Abs. 3 S. 2 Hs. 2 HBKG-SH eine den Anforderungen des BVerwG genügende Rechtsgrundlage für die Verpflichtung von Ärzten zur Teilnahme am ärztlichen Bereitschaftsdienst normiert. Den vom Landesgesetzgeber in § 31 Abs. 3 HBKG-SH in Bezug auf die Teilnahmepflicht aufgestellten Mindestinhalten ist die ÄK Schleswig-Holstein mit § 26 S. 2 und 3 BO-SH nachgekommen.

---

[135] Abrufbar unter: https://www.kvsh.de/index.php?StoryID=439 (Stand: 03.02.2020).

2. Kassenärztliche Vereinigung

a) Für die Regelung des ärztlichen Bereitschaftsdienstes

Mit § 75 Abs. 1b S. 1 SGB V besteht unstreitig eine Ermächtigungsgrundlage für die Regelung des vertragsärztlichen Bereitschaftsdienstes durch die Kassenärztliche Vereinigung.

b) Für die Normierung einer Teilnahmepflicht

Dahingegen fehlt es an einer – nach hier vertretener Auffassung daneben zwingend erforderlichen – Normierung einer Teilnahmepflicht in einem formellen Gesetz des Bundesgesetzgebers. Damit ist die Verpflichtung von Vertragsärzten durch die Kassenärztliche Vereinigung als verfassungswidrig zu bewerten. Wie schon im Saarland ist es im Ergebnis allerdings unschädlich, dass die Heranziehung der Vertragsärzte mangels bundesgesetzlicher Normierung der Teilnahmepflicht nicht auf vertragsarztrechtlicher Grundlage möglich ist, da die Verpflichtung sowohl der Vertrags- als auch Nicht-Vertragsärzte aufgrund der landesgesetzlichen Regelung der Teilnahmepflicht in den §§ 30 Nr. 3 und 31 Abs. 3 S. 2 Hs. 2 HBKG-SH jedenfalls auf eine rechtmäßige berufsrechtliche Grundlage gestützt werden kann, da in Schleswig-Holstein alle Ärzte vom sog. Notdienstbeauftragten und nicht etwa der Kassenärztlichen Vereinigung zum Bereitschaftsdienst herangezogen werden.

II. Adressatenkreis der Teilnahmepflicht

1. Grundsätzliche Teilnahmepflicht von Vertragsärzten

Die gemeinsame Bereitschaftsdienstordnung von Ärztekammer und Kassenärztlicher Vereinigung in Schleswig-Holstein erfasst nach Abschnitt IV Abs. 1 zunächst alle Vertragsärzte:

> Zur Teilnahme am Notdienst sind grundsätzlich alle niedergelassenen Ärzte [...] verpflichtet.

2. Grundsätzliche Teilnahmepflicht von Nicht-Vertragsärzten

Ebenso werden vom Wortlaut obiger Vorschrift auch niedergelassene Ärzte erfasst, welche keine Zulassung zur vertragsärztlichen Versorgung besitzen. Aufgrund der Beteiligung der ÄK Schleswig-Holstein begegnet die Einbeziehung von Nicht-Vertragsärzten keinen Bedenken.

3. Einzelfälle

a) Teilnahmepflicht von in Vertragsarztpraxen angestellten Ärzten

In Vertragsarztpraxen angestellte Ärzte werden nach Abschnitt IV Abs. 1 S. 1 der Bereitschaftsdienstordnung[136] als Mitglieder der ÄK Schleswig-Holstein rechtmäßig zur Teilnahme am Bereitschaftsdienst verpflichtet. In Privatpraxen angestellte Ärzte trifft hingegen keine Teilnahmeverpflichtung.

b) Teilnahmepflicht von in Medizinischen Versorgungszentren angestellten Ärzten

Nach Abschnitt IV Abs. 1 S. 1 der Bereitschaftsdienstordnung werden auch die in MVZ angestellten Ärzte zur Teilnahme verpflichtet, was aufgrund der Beteiligung der Ärztekammer, deren Mitglieder auch die angestellten Ärzte sind, rechtlich nicht zu beanstanden ist.

c) Teilnahmepflicht von Medizinischen Versorgungszentren

In Bezug auf MVZ besteht die Besonderheit, dass diese selbst nicht zur Teilnahme verpflichtet werden. Nachdem allerdings auch bei einer unmittelbaren Heranziehung des MVZ dieses seine Teilnahmepflicht zumeist auf die dort angestellten Ärzte überträgt, wird sich die Nichtheranziehung der MVZ durch die Bereitschaftsdienstordnung in Schleswig-Holstein in der praktischen Umsetzung nicht gravierend von der Situation bei einer unmittelbaren Verpflichtung der MVZ unterscheiden, da die Bereitschaftsdienstordnung wie soeben gesehen die dort angestellten Ärzte verpflichtet.

d) Teilnahmepflicht ermächtigter Ärzte und Einrichtungen

Von Abschnitt IV Abs. 1 S. 1 der Bereitschaftsdienstordnung werden – wenngleich nicht ausdrücklich genannt – auch ermächtigte Ärzte erfasst, sofern diese niedergelassen sind. Für ermächtigte Einrichtungen wurde hingegen in Übereinstimmung mit den oben aufgestellten Grundsätzen keine Teilnahmepflicht normiert.

e) Teilnahmepflicht psychologischer Psychotherapeuten

Nach dem Wortlaut des Abschnitt IV Abs. 1 S. 1 der Bereitschaftsdienstordnung werden auch zugelassene psychologische Psychotherapeuten von der Teilnahmepflicht erfasst, da es sich auch bei diesen um niedergelassene Ärzte i. S. d. § 95 Abs. 3

---

[136] Dieser lautet: „Zur Teilnahme am Notdienst sind grundsätzlich alle niedergelassenen Ärzte und beim Vertragsarzt gem. § 32b Ärzte-ZV sowie bei einem MVZ angestellte Ärzte verpflichtet.“

SGB V S. 1 handelt. Vermutlich sollen hiermit psychologische Psychotherapeuten allerdings nicht erfasst sein, da diese – trotz Einbezug in die Arztgruppe der Psychotherapeuten i. S. d. § 101 Abs. 4 S. 1 SGB V – letztlich keine Ärzte im klassischen Sinne darstellen. Aus Klarstellungsgründen sollte jedoch darüber nachgedacht werden, diese ausdrücklich von der Teilnahmepflicht auszunehmen.

III. Umfang der Teilnahmepflicht

1. Grundsätzlicher Umfang der Teilnahmepflicht von Vertragsärzten

Hinsichtlich des konkreten Teilnahmeumfangs von zur vertragsärztlichen Versorgung zugelassenen Ärzten finden sich in der gemeinsamen Bereitschaftsdienstordnung von Ärztekammer und Kassenärztlicher Vereinigung keinerlei Regelungen. Insofern bleibt unklar, wie sich dieser für den einzelnen Arzt ermittelt oder ob nicht – was unzulässig wäre – jeder Arzt unabhängig seines Versorgungsauftrages in gleichem Maße zur Teilnahme herangezogen wird. Folglich ist den beiden Körperschaften zu empfehlen, entsprechende Ausführungen in ihre Bereitschaftsdienstordnung aufzunehmen.

2. Grundsätzlicher Umfang der Teilnahmepflicht von Nicht-Vertragsärzten

Selbiges gilt für den Umfang der Teilnahmepflicht von nicht zur vertragsärztlichen Versorgung zugelassenen Ärzten. Auch diesbezüglich fehlt es an einer entsprechenden Regelung.

3. Einzelfälle

a) Umfang der Teilnahmepflicht von anstellenden Ärzten

In Ermangelung einer Regelung kann daher auch keine Aussage darüber getroffen werden, ob anstellende Ärzte richtigerweise nur im Umfang ihrer eigenen Zulassung bzw. bei rein privatärztlicher Tätigkeit alleine im zeitlichen Umfang ihrer ärztlichen Tätigkeit herangezogen werden oder – was unzulässig wäre – ihre Teilnahmeverpflichtung darüber hinaus auch von der Tätigkeit der bei ihnen angestellten Ärzte abhängig gemacht wird.

b) Umfang der Teilnahmepflicht von in Vertragsarztpraxen angestellten Ärzten

Demgegenüber bestimmt die Bereitschaftsdienstordnung in Abschnitt IV Abs. 1 S. 4 in Bezug auf angestellte Ärzte Folgendes:

> Angestellte Ärzte sind anteilig entsprechend dem Umfang ihres Beschäftigungsverhältnisses zur Teilnahme verpflichtet.

Angestellte Ärzte werden demnach in Abhängigkeit ihrer tatsächlichen ärztlichen Tätigkeit zum Bereitschaftsdienst und damit in Einklang mit den hier aufgestellten Grundsätzen eingeteilt.

c) Umfang der Teilnahmepflicht von in Medizinischen Versorgungszentren angestellten Ärzten

Für in MVZ angestellte Ärzte hat die Bereitschaftsdienstordnung in Abschnitt IV Abs. 1 S. 3 folgende Regelung getroffen:

> Ärzte in [...] einem MVZ werden so häufig zum Notdienst herangezogen, wie dies der Zahl der in [...] einem MVZ tätigen Ärzte bzw. deren Zulassungsstatus entspricht.

Aufgrund der Beteiligung der Ärztekammer an der Bereitschaftsdienstordnung ist zunächst nicht zu beanstanden, dass die angestellten Ärzte selbst herangezogen werden. Richtig ist auch, dass deren Teilnahmeumfang nicht vom Versorgungsauftrag des MVZ abhängig ist. Ebenso ist das Abstellen auf die Zulassung, welche der Arzt durch seine Anstellung in das MVZ eingebracht bzw. bei einer Beschäftigung ohne Anstellung weiterhin selbst innehat, die aber für die Dauer seiner Tätigkeit im MVZ ruht, nicht zu beanstanden. Demgegenüber wird jedoch in Bezug auf in einem MVZ tätige Ärzte, welche rein privatärztlich tätig sind, nicht berücksichtigt, dass sich ihr Teilnahmeumfang nach ihrem konkreten Tätigkeitsumfang zu richten hat, da vorliegend nur pauschal auf die Anzahl der angestellten Ärzte abgestellt wird, obwohl sich deren jeweiliger zeitlicher Tätigkeitsumfang in Abhängigkeit ihres Beschäftigungsverhältnisses durchaus deutlich unterscheiden kann. Der ÄK und KV Schleswig-Holstein ist daher zu empfehlen, Abschnitt IV Abs. 1 S. 3 ihrer Bereitschaftsdienstordnung dahingehend abzuändern, dass privatärztlich tätige Ärzte in einem MVZ anteilig entsprechend dem Umfang ihres Beschäftigungsverhältnisses zur Teilnahme verpflichtet sind.

d) Umfang der Teilnahmepflicht von Betreibern einer Zweigpraxis

Demgegenüber ist die Regelung hinsichtlich des Teilnahmeumfangs von Betreibern einer Zweigpraxis in Abschnitt IV Abs. 1 S. 2 der Bereitschaftsdienstordnung nicht zu beanstanden, da diese ausdrücklich davon spricht, dass am „Ort der Zweigpraxis [...] anteilig entsprechend des Umfangs der Tätigkeit" Bereitschaftsdienst zu leisten ist und damit gewährleistet wird, dass der Teilnahmeumfang in der

Summe nicht über die Zulassung des Arztes bzw. seine tatsächliche ärztliche Tätigkeit hinausgeht.

e) Umfang der Teilnahmepflicht bei Jobsharing

Ausführungen zum Teilnahmeumfang von Ärzten in Jobsharing erübrigen sich, da diese nach Abschnitt IV Abs. 1 S. 5 schon gar nicht zur Teilnahme verpflichtet sind:

> Nicht zur Teilnahme am Notdienst verpflichtet sind Ärzte, die als Job-Sharing-Partner gemäß § 101 Abs. 1 Nr. 4 SGB V zugelassen oder als angestellte Ärzte nach § 101 Abs. 1 Nr. 5 SGB V genehmigt wurden.

f) Umfang der Teilnahmepflicht von Mund-Kiefer-Gesichtschirurgen

In Bezug auf Mund-Kiefer-Gesichtschirurgen ist eine Regelung zu empfehlen, welche deren besonderer Situation Rechnung trägt, indem diese entweder vom vertragsärztlichen bzw. vertragszahnärztlichen Bereitschaftsdienst befreit werden oder ihre jeweilige Teilnahmepflicht auf einen Umfang reduziert wird, welcher in der Summe nicht den sich aus einer einzigen Zulassung ergebenden Teilnahmeumfang übersteigt.

g) Umfang der Teilnahmepflicht von Ärzten mit zwei Fachgebieten

Bezüglich des Teilnahmeumfangs von Ärzten mit einer Zulassung für zwei Fachgebiete hat die Bereitschaftsdienstordnung keinerlei Regelungen getroffen.

h) Umfang der Teilnahmepflicht von Belegärzten

Selbiges gilt für den Teilnahmeumfang von Belegärzten.

IV. Heranziehung

Über die Einteilung der Dienste sowohl der Vertrags- als auch der Nicht-Vertragsärzte entscheidet nach Abschnitt III Abs. 4 S. 5 der Bereitschaftsdienstordnung[137] nicht die Kassenärztliche Vereinigung oder Ärztekammer selbst, sondern der sog. Notdienstbeauftragte. Wenngleich die Notdienstversammlung – die nach Abschnitt III Abs. 4 S. 2 sowohl aus niedergelassenen Vertrags- als auch Nicht-Ver-

---

[137] „Der Notdienstbeauftragte bzw. im Verhinderungsfalle sein Stellvertreter teilt die Dienste ein.“

tragsärzten besteht – nach Abschnitt III Abs. 4 S. 1 der Bereitschaftsdienstordnung[138] Vorschläge für den Posten des Notdienstbeauftragten geben kann, wird dieser letztlich vom Vorstand der KV Schleswig-Holstein bestimmt, welcher hierbei gem. Abschnitt III Abs. 4 S. 3 auch nicht an die Vorschläge der Notdienstversammlung gebunden ist. In Zusammenschau mit Abschnitt II Abs. 1 S. 1 der Bereitschaftsdienstordnung, wonach die „Einteilung in Notdienstbezirke und die Durchführung der Notdienste [...] der KVSH" obliegen, ist der Notdienstbeauftragte als ein Organ der KV Schleswig-Holstein zu qualifizieren. Da die Normen nicht zwischen Vertrags- und Nicht-Vertragsärzten unterscheiden, entscheidet die KV Schleswig-Holstein mithin durch den von ihr bestimmten Notdienstbeauftragten auch über die Einteilung der Dienste für Nicht-Vertragsärzte. Dies vermag allerdings noch keine unzulässige Überschreitung ihrer Befugnisse begründen. Die Einteilung der Dienste ist gerade nicht mit der Verpflichtung der Nicht-Vertragsärzte zur Teilnahme – sprich der Heranziehung – gleichzusetzen. Hierfür zeichnet sich die dazu befugte ÄK Schleswig-Holstein durch ihre Beteiligung an der Regelung der gemeinsamen Bereitschaftsdienstordnung zuständig. Vielmehr handelt es sich bei der Einteilung der Dienste durch den Notdienstbeauftragten nach Abschnitt III Abs. 4 S. 5 der Bereitschaftsdienstordnung um eine rein organisatorische Maßnahme, welche lediglich die bereits von der Ärztekammer getroffene Entscheidung zur Heranziehung der Nicht-Vertragsärzte in dem von ihr bestimmten Umfang praktisch umsetzt, da der Notdienstbeauftragte bei seiner Einteilung an die von Ärztekammer und Kassenärztlicher Vereinigung gemeinsam erlassenen Regelungen gebunden ist. Damit erweitert die KV Schleswig-Holstein auch nicht über ein ihr zugehöriges Organ ihre Regelungsbefugnisse unzulässigerweise auf die Nicht-Vertragsärzte. Gegen eine bloße Übertragung organisatorischer Aufgaben wie vorliegend der Einteilung der zur Teilnahme verpflichteten Ärzte in Dienstpläne ergeben sich daher keine rechtlichen Bedenken.[139]

V. Rechtsschutz gegen die Heranziehung zum Bereitschaftsdienst

1. Zuständigkeit für das Widerspruchsverfahren

Widersprüche von Vertragsärzten gegen ihre Heranziehung sind nach Abschnitt XI S. 1 und 2 der Bereitschaftsdienstordnung an die Kassenärztliche Vereinigung und solche von Nicht-Vertragsärzten nach Abschnitt XII S. 1 und 2 an die Ärztekammer zu richten.

---

[138] „Für jeden Notdienstbezirk besteht eine Notdienstversammlung, die dem Vorstand Vorschläge zur Bestimmung des jeweiligen Notdienstbeauftragten und seines Stellvertreters machen kann."

[139] Vgl. *Hesral*, in: Schlegel/Voelzke/Engelmann (Hrsg.), juris Praxiskommentar SGB V, § 75 Rn. 126.

2. Rechtsweg

Mangels abweichender Regelungen sind denknotwendig Klagen von Vertragsärzten gegen ihre Heranziehung auf dem Sozialrechtsweg, solche von Nicht-Vertragsärzten auf dem Verwaltungsrechtsweg geltend zu machen.

VI. Zusammenfassung

Wenngleich auch in Schleswig-Holstein keine ausreichende Rechtsgrundlage des Bundesgesetzgebers für die Normierung einer Teilnahmepflicht durch die Kassenärztliche Vereinigung existiert, besitzt dies keine praktische Relevanz, da auch die Heranziehung der Vertragsärzte wegen der landesgesetzlichen Regelung der Teilnahmepflicht in den §§ 30 Nr. 3 und 31 Abs. 3 S. 2 Hs. 2 HBKG-SH auf eine rechtmäßige berufsrechtliche Grundlage gestützt werden kann, da in Schleswig-Holstein alle Ärzte vom sog. Notdienstbeauftragten und nicht etwa der Kassenärztlichen Vereinigung zum Bereitschaftsdienst herangezogen werden. Während der von der Bereitschaftsdienstordnung erfasste Adressatenkreis der Teilnahmepflicht rechtlich nicht zu beanstanden ist, fehlt es in Bezug auf den konkreten Umfang der Teilnahmepflicht sowohl von Vertrags- als auch Nicht-Vertragsärzten an einer Regelung, welche deren Teilnahmeumfang von ihrem vertragsärztlichen Versorgungsauftrag respektive dem zeitlichen Umfang ihrer ärztlichen Tätigkeit abhängig macht. Auch die Ermittlung des Teilnahmeumfangs von in einem MVZ angestellten, rein privatärztlich tätigen Ärzten erweist sich als unzulässig. Schließlich ist eine Sonderregelung bezüglich der Teilnahme von Mund-Kiefer-Gesichtschirurgen zu empfehlen.

Q. Thüringen

In Thüringen haben Kassenärztliche Vereinigung[140] und Ärztekammer[141] schließlich jeweils getrennte, nicht deckungsgleiche Bereitschaftsdienstordnungen erlassen. Vorweg sei jedoch sogleich gesagt, dass diese trotz ihrer Eigenständigkeit starke Überschneidungen aufweisen, wie bereits § 26 Abs. 2 S. 1 BO-TH deutlich macht, wonach sich die Erfüllung der berufsrechtlichen Pflicht der Mitglieder der Ärztekammer zur Teilnahme am Bereitschaftsdienst nach beiden Bereitschaftsdienstordnungen richtet:

[140] Deren Bereitschaftsdienstordnung ist abrufbar unter: https://www.kv-thueringen.de/fileadmin/media2/Justitiariat/Rechtsquellen/Bereitschaftsdienstordnung_ab_01102019.pdf (Stand: 03.02.2020).

[141] Deren Bereitschaftsdienstordnung findet sich unter: https://www.laek-thueringen.de/files/15F0ACABC27/Notfalldienstordnung.pdf (Stand: 03.02.2020).

Für die Einrichtung und Durchführung eines Notfalldienstes im einzelnen sind die Notfalldienstordnung der LÄKT und Notdienstordnung der KVT maßgebend.

Darüber hinaus haben Ärztekammer und Kassenärztliche Vereinigung durch Vereinbarung über gemeinsame Grundsätze vom 03. Juni 2009[142] eine enge Zusammenarbeit zur Organisation des Bereitschaftsdienstes begründet. Diese wirkt sich auch auf die im Folgenden zu untersuchende Struktur der beiden Bereitschaftsdienstordnungen aus.

I. Ausreichende Rechtsgrundlage

1. Ärztekammer

a) Für die Regelung des ärztlichen Bereitschaftsdienstes

Mit § 22 S. 1 und 2 ThürHeilBG hat der Landesgesetzgeber die ÄK Thüringen zur Regelung des Bereitschaftsdienstes in ihrer Berufsordnung ermächtigt.

b) Für die Normierung einer Teilnahmepflicht

Zudem hat der Landesgesetzgeber in §§ 21 Nr. 2, 22 S. 2 ThürHeilBG auch den Vorgaben des BVerwG entsprechend ausdrücklich die Teilnahmepflicht der Ärzte am Bereitschaftsdienst im erforderlichen Maße geregelt. Den in § 22 S. 1 und 2 ThürHeilBG aufgestellten Anforderungen ist die ÄK Thüringen in § 26 BO-TH nachgekommen.

2. Kassenärztliche Vereinigung

a) Für die Regelung des ärztlichen Bereitschaftsdienstes

Mit § 75 Abs. 1b S. 1 SGB V besteht eine Ermächtigungsgrundlage für die Regelung des vertragsärztlichen Bereitschaftsdienstes durch die Kassenärztliche Vereinigung.

b) Für die Normierung einer Teilnahmepflicht

Dahingegen fehlt es auch in Thüringen an einer – nach hier vertretener Auffassung daneben zwingend erforderlichen – Normierung einer Teilnahmepflicht in einem formellen Gesetz des Bundesgesetzgebers. Damit ist die Verpflichtung von Vertragsärzten durch die Kassenärztliche Vereinigung als verfassungswidrig zu bewerten. Nach der momentanen Regelung des Bereitschaftsdienstes in Thüringen

[142] Erschienen im Ärzteblatt Thüringen 2009, S. 480.

richtet sich dieser aufgrund der Verweise in § 1 Abs. 2 und 3 der Bereitschaftsdienstordnung der ÄK Thüringen nach der Bereitschaftsdienstordnung der Kassenärztlichen Vereinigung. Sofern in Thüringen bis zu einer ausreichenden gesetzlichen Regelung der Teilnahmepflicht am vertragsärztlichen Bereitschaftsdienst durch den Bundesgesetzgeber weiterhin eine Verpflichtung von Ärzten zu einem Bereitschaftsdienst erfolgen soll, bedarf es demnach einer Novellierung der Bereitschaftsdienstordnung der ÄK Thüringen dahingehend, dass sich die Teilnahme sowohl der Vertrags- als auch der Nicht-Vertragsärzte nach dieser und nicht nach der insoweit rechtswidrigen Bereitschaftsdienstordnung der Kassenärztlichen Vereinigung richtet.

II. Adressatenkreis der Teilnahmepflicht

1. Bereitschaftsdienstordnung der Ärztekammer

a) Grundsätzliche Teilnahmepflicht von Vertragsärzten

Nach § 1 Abs. 1 der Bereitschaftsdienstordnung der ÄK Thüringen sind Vertragsärzte als ambulant tätige Ärzte zur Teilnahme am Bereitschaftsdienst der Ärztekammer verpflichtet. Allerdings richtet sich deren Teilnahme nach § 1 Abs. 3 nicht etwa nach den Regelungen der Bereitschaftsdienstordnung der Ärztekammer, sondern nach denjenigen der KV Thüringen:

> Für die Ärzte, die auf dieser Grundlage am Notfalldienst/Notdienst teilnehmen, gelten die Regelungen der Notdienstordnung der KVT, soweit nachfolgend nichts anderes bestimmt ist.

b) Grundsätzliche Teilnahmepflicht von Nicht-Vertragsärzten

Von der Bereitschaftsdienstordnung werden gem. § 1 Abs. 1 entsprechend einer der Ärztekammer hierfür zustehenden Regelungsbefugnis aus dem ThürHeilBG auch niedergelassene Nicht-Vertragsärzte verpflichtet.

c) Einzelfälle

aa) Teilnahmepflicht von in Vertragsarztpraxen angestellten Ärzten

In Vertragsarztpraxen angestellte Ärzte werden als Mitglieder der Ärztekammer in rechtlich zulässiger Weise gem. § 1 Abs. 1 der Bereitschaftsdienstordnung der ÄK Thüringen ausdrücklich von der Teilnahmepflicht erfasst.

bb) Teilnahmepflicht von in Medizinischen Versorgungszentren angestellten Ärzten

Ebenfalls werden die in MVZ angestellten Ärzte von der Ärztekammer als deren Mitglieder durch § 1 Abs. 1 der Bereitschaftsdienstordnung verpflichtet.

cc) Teilnahmepflicht von Medizinischen Versorgungszentren

Dagegen hat die ÄK Thüringen MVZ selbst richtigerweise nicht zur Teilnahme an ihrem Bereitschaftsdienst verpflichtet.

dd) Teilnahmepflicht ermächtigter Ärzte und Einrichtungen

Eine – rechtlich zulässige – Teilnahmepflicht niedergelassener ermächtigter Ärzte wird von der ÄK Thüringen zwar nicht explizit normiert, ergibt sich aber aus § 1 Abs. 1 der Bereitschaftsdienstordnung, da dieser alle niedergelassenen Ärzte erfasst. Ermächtigten Einrichtungen wird hingegen keine Teilnahmepflicht auferlegt.

ee) Teilnahmepflicht psychologischer Psychotherapeuten

Psychologische Psychotherapeuten werden richtigerweise nicht zur Teilnahme verpflichtet.

2. Bereitschaftsdienstordnung der Kassenärztlichen Vereinigung

a) Grundsätzliche Teilnahmepflicht von Vertragsärzten

Vertragsärzte werden gem. § 4 Abs. 1 S. 1 der Bereitschaftsdienstordnung der KV Thüringen von der Teilnahmepflicht am vertragsärztlichen Bereitschaftsdienst erfasst.

b) Grundsätzliche Teilnahmepflicht von Nicht-Vertragsärzten

Bezüglich nicht zur vertragsärztlichen Versorgung zugelassener Ärzte trifft die KV Thüringen unter Beachtung ihrer auf Vertragsärzte beschränkten Regelungskompetenz hingegen keinerlei Regelungen über eine verpflichtende Teilnahme. Vielmehr räumt sie Nicht-Vertragsärzten in § 4 Abs. 3 S. 1 ihrer Bereitschaftsdienstordnung lediglich eine Teilnahmemöglichkeit auf freiwilliger Basis ein:

> Darüber hinaus können weitere approbierte Ärzte, die nicht gemäß Absatz 1 zur Teilnahme am ärztlichen Bereitschaftsdienst verpflichtet sind, auf Antrag am ärztlichen Bereitschaftsdienst teilnehmen […].

Dennoch kommt es im Hinblick auf nicht zugelassene Ärzte in Thüringen nach der momentanen Ausgestaltung des Bereitschaftsdienstes zu einer unzulässigen Delegation von Befugnissen auf die Kassenärztliche Vereinigung. Denn während die Entscheidung über die Heranziehung der Nicht-Vertragsärzte (Abs. 4 S. 1 der Präambel der Bereitschaftsdienstordnung der ÄK Thüringen)[143] ebenso wie die Berufsaufsicht (§ 3 S. 1 der Bereitschaftsdienstordnung der ÄK Thüringen) bei der Ärztekammer verbleibt und auch die nach § 22 S. 2 ThürHeilBG vorgeschriebenen Voraussetzungen für eine Befreiung vom Bereitschaftsdienst von der Ärztekammer selbst aufgestellt werden (§ 26 Abs. 1 S. 2 BO sowie § 2 S. 1 der Bereitschaftsdienstordnung der ÄK Thüringen), überlässt die Ärztekammer die nähere Ausgestaltung des Bereitschaftsdienstes in Abs. 2 der Präambel –

> Das Nähere zur Ausgestaltung des organisierten ärztlichen Notfalldienstes/Notdienstes und die regionale Organisation obliegen der Kassenärztlichen Vereinigung Thüringen (KVT).

– sowie § 1 Abs. 3 ihrer Bereitschaftsdienstordnung –

> Für die Ärzte, die auf dieser Grundlage am Notfalldienst/Notdienst teilnehmen, gelten die Regelungen der Notdienstordnung der KVT, soweit nachfolgend nichts anderes bestimmt ist.

– der KV Thüringen. Trotz zweier formal getrennter und eigenständiger Bereitschaftsdienstordnungen existiert für Thüringen durch die Einbeziehung der niedergelassenen Nicht-Vertragsärzte in den Regelungskomplex der Kassenärztlichen Vereinigungen daher nur ein Bereitschaftsdienst, der nahezu vollständig durch die Bereitschaftsdienstordnung der KV Thüringen geregelt wird. Die ÄK Thüringen hat hingegen damit faktisch überhaupt keinen Bereitschaftsdienst eingerichtet.[144] Zwar „überträgt" die ÄK Thüringen der Kassenärztlichen Vereinigung nicht ausdrücklich die ihr vom Landesgesetzgeber eingeräumte Befugnis, den ärztlichen Bereitschaftsdienst für Nicht-Vertragsärzte zu regeln. Dadurch, dass sie es der KV Thüringen allerdings überlässt, die nähere Ausgestaltung des Bereitschaftsdienstes auch für die nicht zur vertragsärztlichen Versorgung zugelassenen Ärzte zu regeln (Abs. 2 der Präambel) und die Nicht-Vertragsärzte durch den Verweis in § 1 Abs. 3 explizit diesen Regelungen der Kassenärztlichen Vereinigung unterwirft, findet hierdurch im Ergebnis genau eine solche Übertragung von Befugnissen – wenn man so will, eine „verkappte" Delegation – statt.[145] Denn wenngleich niedergelassene

---

[143] Dass die Entscheidung über die Heranziehung von Nicht-Vertragsärzten bei der ÄK Thüringen verbleibt, stellt auch § 4 Nr. 3 S. 3 und 4 der Bereitschaftsdienstordnung der KV Thüringen klar: „Über die Teilnahme am ärztlichen Bereitschaftsdienst und ihre Abrechnungsbefugnis entscheidet der Vorstand der KVT. Dies gilt nicht für die über die Landesärztekammer Thüringen zur Teilnahme am ärztlichen Bereitschaftsdienst verpflichteten Ärzte."

[144] Warum die beiden Körperschaften daher nicht gleich eine gemeinsame Bereitschaftsdienstordnung erlassen haben – wie dies im Übrigen für Thüringen bis 2009 der Fall gewesen ist, siehe § 5 der Bereitschaftsdienstordnung der ÄK Thüringen – oder lediglich eine Bereitschaftsdienstordnung der Kassenärztlichen Vereinigung besteht, erschließt sich nicht.

[145] Vgl. *Augsberg*, Rechtsetzung zwischen Staat und Gesellschaft, S. 177, der einer wie hier vorliegenden dynamischen Verweisung die Wirkung einer Delegation zuspricht; vgl. auch *Axer*,

Nicht-Vertragsärzte durch die ÄK Thüringen in deren Bereitschaftsdienstordnung ausdrücklich weiterhin aufgrund ihrer Zugehörigkeit zur Ärztekammer und nicht durch die KV Thüringen zur Teilnahme an einem ärztlichen Bereitschaftsdienst verpflichtet sind,[146] werden sie durch den Einbezug in die Regelungen der Bereitschaftsdienstordnung der KV Thüringen faktisch dem Regelungsregime einer Körperschaft unterworfen, der sie mangels Zulassung zur vertragsärztlichen Versorgung gar nicht angehören. Der KV Thüringen ist es damit möglich, in ihrer Bereitschaftsdienstordnung nicht nur den Bereitschaftsdienst für die Vertragsärzteschaft, sondern auch für die nicht zur vertragsärztlichen Versorgung zugelassenen Ärzte zu regeln, obgleich ihr hierfür nach der grundgesetzlichen Kompetenzordnung gar keine Befugnis zusteht. Diese wird ihr vielmehr erst durch die Bestimmungen der Bereitschaftsdienstordnung der Ärztekammer übertragen. Gleichzeitig gibt die Ärztekammer damit ihr Recht auf, die Einzelheiten des Bereitschaftsdienstes für Nicht-Vertragsärzte – zu denken ist insbesondere an Regelungen über die Bestimmung des Umfangs der Teilnahmepflicht – selbst zu regeln und hat keinen Einfluss auf von der KV Thüringen künftig möglicherweise vorzunehmende Änderungen der Regeln zum Bereitschaftsdienst.[147] Daher ist die Situation in Thüringen auch nicht mit einer gemeinsamen Bereitschaftsdienstordnung vergleichbar, da die Ärztekammer in einem solchen Fall selbst aktiv an der Normsetzung beteiligt ist und der Regelungsinhalt in Bezug auf die Nicht-Vertragsärzte damit weiterhin ihrem Einfluss untersteht. Ebenso kommt es gerade nicht nur zu einer – wie in Baden-Württemberg in zulässiger Weise geschehenen[148] – Übertragung von Befugnissen auf der Ärztekammer unterstehende, rechtlich unselbstständige Untergliederungen, sondern zu einer Delegation auf eine selbstständige, von der Ärztekammer rechtlich unabhängige Körperschaft, was im klaren Gegensatz zu der grundgesetzlichen Kompetenzverteilung zwischen Bund und Ländern steht.

Diese Übertragung von Befugnissen geht auch mit erheblichen Auswirkungen für die niedergelassene Nicht-Vertragsärzteschaft einher. Denn die Ausgestaltung der Regelung in Thüringen erfolgt nicht dergestalt, dass der Nicht-Vertragsarzt – wie in den Bereitschaftsdienstordnungen anderer Kassenärztlicher Vereinigungen – freiwillig am vertragsärztlichen Bereitschaftsdienst teilnimmt und sich damit aus freien Stücken deren Regelungen und Kontrolle unterwirft. Vielmehr sind Nicht-Vertragsärzte nach § 1 S. 1 der Bereitschaftsdienstordnung der ÄK Thüringen[149] zur

Normsetzung der Exekutive in der Sozialversicherung, S. 381 sowie zur Unzulässigkeit dynamischer Verweisungen *Dreier*, in: Dreier, Grundgesetz Kommentar Band 2, Art. 20 GG (Demokratie) Rn. 118.

[146] Siehe hierzu § 4 Abs. 3 S. 5 der Bereitschaftsdienstordnung der KV Thüringen: „Dies gilt nicht für die über die Landesärztekammer Thüringen zur Teilnahme am ärztlichen Bereitschaftsdienst verpflichteten Ärzte."

[147] Vgl. *Augsberg*, Rechtsetzung zwischen Staat und Gesellschaft, S. 177.

[148] Siehe Kap. 3 A.

[149] Dieser lautet: „Ambulant tätige Ärzte gemäß § 21 ThürHeilBG […] sind berechtigt und verpflichtet, am organisierten ärztlichen Notfalldienst/Notdienst teilzunehmen."

Teilnahme am Bereitschaftsdienst verpflichtet. Dies steht im deutlichen Widerspruch dazu, dass die Entscheidung, ob ein niedergelassener Arzt an der vertragsärztlichen Versorgung teilnehmen und sich damit den Regelungen der Kassenärztlichen Vereinigung unterwerfen möchte – von wirtschaftlichen Zwängen einmal abgesehen[150] – vollständig seiner freien Entscheidung überlassen bleibt.[151] Dadurch, dass nach der Bereitschaftsdienstordnung der ÄK Thüringen der niedergelassene Nicht-Vertragsarzt aber letztlich verpflichtet wird, am Bereitschaftsdienst der KV Thüringen teilzunehmen, wird ihm diese Entscheidung im Hinblick auf den ärztlichen Bereitschaftsdienst genommen. Dass die Zahl der Nicht-Vertragsärzte im Verhältnis zu derjenigen der Vertragsärzteschaft nur sehr gering ausfällt und deren Einbezug in das Regelungswerk der Kassenärztlichen Vereinigung daher unproblematisch sei, wie *Clemens* meint,[152] stellt kein tragfähiges Gegenargument dar. Für die durch Gesetz begründete Tatsache, dass der Kassenärztlichen Vereinigung hinsichtlich der Nicht-Vertragsärzte keine Regelungsbefugnis zusteht, kann es keine Rolle spielen, wie groß der Adressatenbereich ist, auf den eine Körperschaft ihren Geltungsbereich unzulässiger Weise erstrecken möchte. Abs. 2 der Präambel sowie § 1 Abs. 3 der Bereitschaftsdienstordnung der ÄK Thüringen sind daher als Übertragung von Regelungsbefugnissen auf die Kassenärztliche Vereinigung zu bewerten und stellen infolge der vorangegangenen Ausführungen eine unzulässige Delegation von Befugnissen dar. Diese ist im Falle Thüringens auch nicht ausnahmsweise durch eine ausdrückliche formellgesetzliche Befugnis des Landesgesetzgebers an die Ärztekammer, ihre Kompetenz auf die Kassenärztliche Vereinigung übertragen zu können, zulässig, da eine solche nicht existiert – § 5 Abs. 5 ThürHeilBG spricht lediglich von der Möglichkeit, mit Kammern, Verbänden und Vereinen Arbeitsgemeinschaften zu bilden.

Gleiches gilt im Übrigen auch für Abs. 4 S. 2 der Präambel sowie § 2 S. 2 der Bereitschaftsdienstordnung der ÄK Thüringen, welche die Entscheidungsbefugnis über von Nicht-Vertragsärzten gestellte Befreiungsanträge der KV Thüringen übertragen. Denn obgleich die Ärztekammer die Voraussetzungen einer Befreiung vom Bereitschaftsdienst eines Nicht-Vertragsarztes in ihrer Berufsordnung sowie Bereitschaftsdienstordnung selbst geregelt hat, entscheidet sie nicht selbst darüber, ob diese Voraussetzungen auch im Einzelfall tatsächlich vorliegen, sondern vielmehr die KV Thüringen. Damit sind Nicht-Vertragsärzte in Bezug auf die für sie nicht unerhebliche Frage, ob sie den Bereitschaftsdienst ableisten müssen, der Entscheidung einer Körperschaft ausgesetzt, der sie mangels Zulassung zur vertragsärztlichen Versorgung gar nicht angehören. Ob ein Nicht-Vertragsarzt seiner berufsrechtlichen Teilnahmepflicht nachkommen muss oder er von dieser befreit ist, hängt also vom „Gutdünken" einer Körperschaft ab, deren Mitglied er gar nicht ist. Folglich

[150] Da über 90 % der Bevölkerung gesetzlich krankenversichert ist, ist die Teilnahme an der vertragsärztlichen Versorgung für den Großteil der Ärzte praktisch alternativlos, vgl. *Fahlbusch*, Ambulante ärztliche Behandlung in Europa, S. 52 f.

[151] *Fahlbusch*, Ambulante ärztliche Behandlung in Europa, S. 52.

[152] *Clemens*, FS Böckenförde, S. 259 (272).

hat die ÄK Thüringen der KV Thüringen eine wesentliche Entscheidungsbefugnis übertragen und damit in unzulässiger Weise die nur ihr zustehende Kompetenz delegiert. In der Übertragung dieser Entscheidungsbefugnis kann auch kein bloßes Mandat gesehen werden. Unabhängig davon, ob dieses rechtlich zulässig wäre[153], ist es für ein Mandat erforderlich, dass die Stelle, der die Aufgabe übertragen wird, im Namen der übertragenden Stelle handelt. Zwar „beauftragt" die ÄK Thüringen in Abs. 4 S. 2 der Präambel zu ihrer Bereitschaftsdienstordnung die KV Thüringen zur Entscheidung über Befreiungsanträge von Nicht-Vertragsärzten. Darüber, dass diese dabei allerdings im Namen der ÄK Thüringen entscheidet, verlieren weder die Bereitschaftsdienstordnung der Ärztekammer noch die der Kassenärztlichen Vereinigung ein Wort. Vielmehr tätigt sie diese Entscheidung aufgrund der ihr von der Ärztekammer übertragenen Befugnis im eigenen Namen. Daher handelt es sich vorliegend gerade nicht um ein Mandat, sondern auch hier um die unzulässige Delegation einer Entscheidungsbefugnis.

Dass die Regelungen dem in wirtschaftlicher Hinsicht zu begrüßenden Zweck dienen, überflüssige Doppelstrukturen und damit unnötigen finanziellen und zeitlichen Aufwand zu vermeiden, vermag an der rechtlichen Einschätzung freilich nichts zu ändern. Hierfür wäre vielmehr erforderlich, dass der thüringische Gesetzgeber die Ärztekammer im ThürHeilBG zu derartigen Kompetenzübertragungen ausdrücklich ermächtigt. Die genannten Regelungen sind daher ebenso als rechtswidrig anzusehen wie auf ihrer Grundlage ergangene Verwaltungsakte.[154] Folglich können niedergelassene Nicht-Vertragsärzte nicht zur Teilnahme am Bereitschaftsdienst der KV Thüringen verpflichtet werden. Da die ÄK Thüringen darüber hinaus keinen eigenen Bereitschaftsdienst organisiert hat – sie verweist ja zur genaueren Ausgestaltung und Organisation lediglich auf die Regelungen der Kassenärztlichen Vereinigung – sind niedergelassene Nichtvertragsärzte in Thüringen zwar nach der Bereitschaftsdienstordnung der ÄK Thüringen zur Teilnahme verpflichtet, ihre Heranziehung aber praktisch nicht umsetzbar, solange die Ärztekammer keine Regelungen zur Ausgestaltung und Organisation eines eigenen Bereitschaftsdienstes in ihrer Bereitschaftsdienstordnung trifft. Übrig bleibt daher allein die freiwillige Teilnahme am Bereitschaftsdienst der KV Thüringen und damit die freiwillige Unterwerfung unter deren Regelungsgewalt.

c) Einzelfälle

aa) Teilnahmepflicht von in Vertragsarztpraxen angestellten Ärzten

Die KV Thüringen hat mangels Regelungsbefugnis richtigerweise keine Teilnahmepflicht angestellter Ärzte normiert.

---

[153] Siehe hierzu *Mötzung*, Der ärztliche Notfalldienst in rechtlicher Sicht, S. 87 ff.

[154] *Mötzung*, Der ärztliche Notfalldienst in rechtlicher Sicht, S. 87.

bb) Teilnahmepflicht von in Medizinischen Versorgungszentren angestellten Ärzten

Dagegen darf die Kassenärztliche Vereinigung die in MVZ angestellten Ärzte nicht unmittelbar heranziehen, da diese nicht im Besitz einer (aktiven) Zulassung sind. Dementsprechend hat die KV Thüringen diese auch nicht in ihrer Bereitschaftsdienstordnung zur Teilnahme verpflichtet, sondern in § 4 Abs. 2 S. 1 lediglich normiert, dass die MVZ ihre Teilnahmepflicht durch die bei ihnen angestellten Ärzte erfüllen – hiermit wird letztgenannten aber gerade keine eigene Teilnahmepflicht auferlegt.

cc) Teilnahmepflicht von Medizinischen Versorgungszentren

Die Verpflichtung zugelassener MVZ zur Teilnahme am Bereitschaftsdienst durch § 4 Abs. 1 S. 2 der Bereitschaftsdienstordnung der KV Thüringen ist aufgrund der Zulassung von MVZ zur vertragsärztlichen Versorgung zulässig.

dd) Teilnahmepflicht ermächtigter Ärzte und Einrichtungen

Ermächtigte Einrichtungen werden richtigerweise nicht von der Bereitschaftsdienstordnung der KV Thüringen zur Teilnahme am vertragsärztlichen Bereitschaftsdienst verpflichtet. Demgegenüber kommt es zu einer rechtswidrigen Heranziehung ermächtigter Ärzte. Obgleich diese nicht ausdrücklich von der Bereitschaftsdienstordnung genannt werden, fallen sie als nach § 95 Abs. 1 S. 1 SGB V an der vertragsärztlichen Versorgung teilnehmende Ärzte unter § 4 Abs. 1 S. 1, da diesem zufolge alle „an der vertragsärztlichen Versorgung teilnehmenden Ärzte" zur Teilnahme verpflichtet sind. Mangels Zulassung und fehlender Vergleichbarkeit der Ermächtigung mit erstgenannter steht es der Kassenärztlichen Vereinigung jedoch nicht zu, diese zum Bereitschaftsdienst zu verpflichten. Infolgedessen ist § 4 Abs. 1 S. 1 in Bezug auf ermächtigte Ärzte ebenso als rechtswidrig anzusehen wie deren mögliche Heranziehung durch die KV Thüringen. Dies ist insofern überraschend, als das BSG in Bezug auf die – mittlerweile an das Urteil angepasste – Bereitschaftsdienstordnung der KV Hessen entschieden hat, dass eine Verpflichtung ermächtigter Ärzte zur Teilnahme am Bereitschaftsdienst mangels deren Zulassung und der fehlenden Vergleichbarkeit der Ermächtigung hiermit nicht mit höherrangigem Recht vereinbar ist.[155] Die Kassenärztliche Vereinigung sollte daher entweder den Wortlaut des § 4 Abs. 1 S. 1 ihrer Bereitschaftsdienstordnung derart verengen, dass diese nicht mehr unter den Adressatenkreis fallen, oder aber ermächtigte Ärzte ausdrücklich vom geregelten Teilnehmerkreis ausnehmen.

---

155 BSG, Urt. v. 12.12.2018, B 6 KA 50/17 R.

ee) Teilnahmepflicht psychologischer Psychotherapeuten

Nach § 4 Abs. 1 S. 3 der Bereitschaftsdienstordnung werden psychologische Psychotherapeuten richtigerweise ausdrücklich von der Teilnahmeverpflichtung ausgenommen:

> Psychologische Psychotherapeuten [...] nehmen nicht am ärztlichen Bereitschaftsdienst teil.

III. Umfang der Teilnahmepflicht

1. Bereitschaftsdienstordnung der Ärztekammer

In der Bereitschaftsdienstordnung der ÄK Thüringen finden sich keinerlei Regelungen zur Ermittlung des konkreten Teilnahmeumfangs der verpflichteten Ärzte. Dies ist insoweit konsequent, als die Bereitschaftsdienstordnung nach Absatz 2 ihrer Präambel sowie § 1 Abs. 3 die nähere Ausgestaltung der Kassenärztlichen Vereinigung überlässt. Nachdem es sich hierbei allerdings wie aufgezeigt um eine unzulässige Delegation von Regelungsbefugnissen handelt und damit in der Folge rein privat tätige Ärzte momentan nicht verpflichtend zum Bereitschaftsdienst herangezogen werden können, ist es der Ärztekammer nahezulegen, im Rahmen einer eigenen Organisation des Bereitschaftsdienstes auch Regelungen den konkreten Teilnahmeumfang betreffend festzulegen, sofern die Ärztekammer eine Verpflichtung nicht zur vertragsärztlichen Versorgung zugelassener Ärzte anstrebt.

2. Bereitschaftsdienstordnung der Kassenärztlichen Vereinigung

Demgegenüber hat die KV Thüringen detaillierte Regelungen zur Ermittlung des Teilnahmeumfangs der einzelnen verpflichteten Akteure getroffen. Hierbei stellt sie in § 5 Abs. 1 S. 1 ihrer Bereitschaftsdienstordnung zunächst den Grundsatz auf, dass sich die Frequenz der Heranziehung nach dem Umfang der Teilnahme an der vertragsärztlichen Versorgung richtet:

> Die zur Teilnahme am ärztlichen Bereitschaftsdienst verpflichteten Ärzte und MVZ/Einrichtungen werden entsprechend dem Umfang ihrer Teilnahme an der vertragsärztlichen Versorgung zum ärztlichen Bereitschaftsdienst eingeteilt.

a) Grundsätzlicher Umfang der Teilnahmepflicht von Vertragsärzten

In Bezug auf den grundsätzlichen Teilnahmeumfang der verpflichteten Vertragsärzte legt sie in Übereinstimmung mit den oben aufgestellten Grundsätzen in § 5 Abs. 4 lit. a) ihrer Bereitschaftsdienstordnung weiterhin fest, dass sich dieser nach deren Versorgungsauftrag bemisst, welcher sich wiederum aus ihrem Zulassungsstatus ermittelt:

Niedergelassene Vertragsärzte entsprechend ihres Versorgungsauftrages, – mit vollem Versorgungsauftrag Faktor 1,0 – mit drei Viertel Versorgungsauftrag Faktor 0,75 – mit hälftigem Versorgungsauftrag Faktor 0,5.

b) Einzelfälle

aa) Umfang der Teilnahmepflicht von Medizinischen Versorgungszentren

Den Teilnahmeumfang der verpflichteten MVZ macht die Bereitschaftsdienstordnung in § 5 Abs. 1 S. 2 dagegen nicht von der Zulassung des MVZ, sondern vom Teilnahmeumfang der dort tätigen Ärzte abhängig:

> Der Teilnahmeumfang eines MVZ/einer Einrichtung ergibt sich aus den Anrechnungsfaktoren gemäß Abs. 4 aller im MVZ/in der Einrichtung tätigen Ärzte zum Zeitpunkt der Dienstplanerstellung.

Nachdem die dortigen Anrechnungsfaktoren allerdings der durchschnittlichen Sprechstundentätigkeit eines Vertragsarztes mit einer vollen, drei Viertel bzw. hälftigen Zulassung entsprechen und sich der Teilnahmeumfang des MVZ damit im Ergebnis nicht von demjenigen unterscheiden wird, welcher sich bei einer unmittelbaren Anknüpfung an den sich aus der Zulassung ergebenden Tätigkeitsumfang ergäbe, ist die Regelung der Bereitschaftsdienstordnung nicht zu beanstanden.

bb) Umfang der Teilnahmepflicht von anstellenden Vertragsärzten

Analog gestaltet sich aufgrund des Verweises des § 5 Abs. 1 S. 3 der Bereitschaftsdienstordnung auf die Regelungen zum Teilnahmeumfang des MVZ die Situation in Bezug auf solche Vertragsärzte, welche weitere Ärzte in ihrer Praxis angestellt haben.

cc) Umfang der Teilnahmepflicht von Betreibern einer Zweigpraxis

Unzulässig gestaltet sich hingegen der Teilnahmeumfang derjenigen Vertragsärzte, welche einen Zweigstandort betreiben. Diesbezüglich bestimmt § 4 Abs. 4 S. 1 der Bereitschaftsdienstordnung, dass diese dort zusätzlich, d. h. über ihren Versorgungsauftrag hinaus, am Bereitschaftsdienst teilzunehmen haben:

> Im Falle einer befristeten Genehmigung der KVT zum Betreiben einer Zweigpraxis bzw. der Genehmigung einer Filiale außerhalb des Bereitschaftsdienstbereiches der Hauptpraxis ist der Zweigpraxis-/Filialinhaber verpflichtet, zusätzlich am ärztlichen Bereitschaftsdienst im Bereich der Zweigpraxis/Filiale teilzunehmen.

Darüber hinaus wird Zweigpraxisbetreibern nach § 4 Abs. 4 S. 2 der Tätigkeitsumfang der in der Zweigpraxis angestellten Ärzte angerechnet:

Wenn angestellte Ärzte [...] ausschließlich in der Filiale tätig sind, richtet sich die Teilnahmeverpflichtung nach den in § 5 Abs. 4 festgelegten Anrechnungsfaktoren für den Bereitschaftsdienstbereich, in dem sich die Filiale befindet.

Nach den obigen Grundsätzen darf der Betrieb einer Zweigpraxis – unabhängig ihrer Lage – jedoch gerade nicht zu einer Erhöhung des Teilnahmeumfangs am Bereitschaftsdienst führen, da dieser nicht zu einer Erweiterung der Zulassung und damit auch nicht zu einer Anhebung des vertragsärztlichen Versorgungsauftrages führt. Beide Regelungen sind daher als rechtswidrig zu betrachten.

dd) Umfang der Teilnahmepflicht bei Jobsharing

Am Jobsharing teilnehmende Ärzte werden von der Bereitschaftsdienstordnung nicht gesondert erwähnt. Für das Jobsharing nach § 101 Abs. 1 S. 1 Nr. 4 SGB V hat dies zur Folge, dass sich deren Teilnahmeumfang nach der Grundregel des § 5 Abs. 1 S. 1 und folglich richtigerweise alleine nach dem Umfang ihrer Teilnahme an der vertragsärztlichen Versorgung richtet. Selbiges gilt für den anstellenden Jobsharingpartner nach § 101 Abs. 1 S. 1 Nr. 5 SGB V. Der von ihm angestellte Arzt ist hingegen schon gar nicht zur Teilnahme verpflichtet.

ee) Umfang der Teilnahmepflicht von Mund-Kiefer-Gesichtschirurgen

In Bezug auf Mund-Kiefer-Gesichtschirurgen ist der KV Thüringen eine Regelung zu empfehlen, welche deren besonderer Situation Rechnung trägt, indem diese entweder vom vertragsärztlichen bzw. vertragszahnärztlichen Bereitschaftsdienst befreit werden oder ihre jeweilige Teilnahmepflicht auf einen Umfang reduziert wird, welcher in der Summe nicht den sich aus einer einzigen Zulassung ergebenden Teilnahmeumfang übersteigt.

ff) Umfang der Teilnahmepflicht von Ärzten mit zwei Fachgebieten

Im Hinblick auf Ärzte mit zwei Fachgebieten ist die Grundregel des § 5 Abs. 1 S. 1 der Bereitschaftsdienstordnung nicht zu beanstanden, da diese wie gesehen im Ergebnis nur eine volle Zulassung besitzen und damit auch nicht über Gebühr zur Teilnahme herangezogen werden.

gg) Umfang der Teilnahmepflicht von Belegärzten

Belegärzte werden richtigerweise ohne Rücksicht auf ihre Belegarzttätigkeit im vollen Umfang ihrer Zulassung zum Bereitschaftsdienst verpflichtet.

IV. Heranziehung

Über die Heranziehung niedergelassener Nicht-Vertragsärzte entscheidet in zulässiger Weise die hierfür auch ermächtigte ÄK Thüringen nach § 1 Abs. 2 S. 1 ihrer Bereitschaftsdienstordnung selbst:

> Über die Heranziehung der Ärzte, die im Rahmen ihrer ambulanten ärztlichen Tätigkeit nicht an der vertragsärztlichen Versorgung teilnehmen, zum Notfalldienst/Notdienst entscheidet die LÄKT.

Über die Heranziehung niedergelassener Vertragsärzte entscheidet hingegen konsequenterweise die KV Thüringen.

V. Rechtsschutz gegen die Heranziehung zum Bereitschaftsdienst

1. Zuständigkeit für das Widerspruchsverfahren

Nachdem über die Heranziehung von niedergelassene Nicht-Vertragsärzten die ÄK Thüringen entscheidet, sind Widersprüche vonseiten der Ärzte gegen ihre Heranziehung folgerichtig auch gegen die Ärztekammer zu richten. Entsprechend normiert diese auch in § 1 Abs. 2 S. 2 ihrer Bereitschaftsdienstordnung:

> Gegen die Entscheidung der LÄKT kann der Arzt Widerspruch einlegen.

Bezüglich der Vertragsärzteschaft entscheidet dagegen mangels anderweitiger Regelung in jedem Fall die Kassenärztliche Vereinigung.

2. Rechtsweg

Nicht-Vertragsärzte werden wie gesehen von der Ärztekammer herangezogen. Daher ist – entsprechend den obigen Ausführungen – der Verwaltungsrechtsweg einzuschlagen. In den Regelungsbereichen, welche die ÄK Thüringen unzulässigerweise der KV Thüringen übertragen hat, wäre hingegen – wie sich auch aus Abs. 5 der Präambel der Bereitschaftsdienstordnung der ÄK Thüringen ableiten lässt – die Sozialgerichtsbarkeit zuständig. Insoweit ergibt sich für die niedergelassenen Nicht-Vertragsärzte eine geteilte Rechtswegzuständigkeit. Für Streitigkeiten betreffend die niedergelassene Vertragsärzteschaft ist dagegen stets der Verwaltungsrechtsweg einzuschlagen.

VI. Zusammenfassung

Wenngleich Kassenärztliche Vereinigung und Ärztekammer formal das Modell zweier getrennter Bereitschaftsdienstordnungen gewählt haben, existiert in Thüringen aufgrund der weitgehenden Übertragung der Regelungsbefugnisse der ÄK Thüringen auf die KV Thüringen im Ergebnis nur ein Bereitschaftsdienst, der faktisch vollständig von der Kassenärztlichen Vereinigung organisiert und durchgeführt wird. Nachdem es für die Normierung einer Teilnahmepflicht durch die Kassenärztliche Vereinigung jedoch an einer ausreichenden formellgesetzlichen Rechtsgrundlage fehlt, ist eine Novellierung der Bereitschaftsdienstordnung der ÄK Thüringen dahingehend zu empfehlen, dass sich die Teilnahme sowohl der Vertrags- als auch der Nicht-Vertragsärzte nach dieser und nicht nach der insoweit rechtswidrigen Bereitschaftsdienstordnung der Kassenärztlichen Vereinigung richtet.

Die Regelung sowohl der Teilnahmepflicht als auch des konkreten Umfangs der Teilnahme durch die ÄK Thüringen ist nicht zu beanstanden. Demgegenüber kommt es in Bezug auf die nicht zur vertragsärztlichen Versorgung zugelassenen Ärzte durch den Verweis auf die Bereitschaftsdienstordnung der Kassenärztlichen Vereinigung zu einer rechtlich unzulässigen Delegation, weshalb sich die Heranziehung der Nicht-Vertragsärzte durch die KV Thüringen als rechtswidrig darstellt. Von der Teilnahmepflicht am vertragsärztlichen Bereitschaftsdienst der Kassenärztlichen Vereinigung werden darüber hinaus nach § 4 Abs. 1 S. 1 der Bereitschaftsdienstordnung unzulässiger Weise auch ermächtigte Ärzte herangezogen. Daneben ist der KV Thüringen auch eine Sonderregelung bezüglich der Teilnahme von Mund-Kiefer-Gesichtschirurgen nahezulegen.

R. Abschließendes Fazit der Umsetzung der Teilnahmepflicht

Über die Hälfte der Ärztekammern und Kassenärztlichen Vereinigungen haben sich für eine alleinige Bereitschaftsdienstordnung letztgenannter Körperschaft entschieden, während sechs Ärztekammern und Kassenärztliche Vereinigungen den Bereitschaftsdienst gemeinsam organisieren und nur drei Ärztekammern und Körperschaften jeweils eigene, nebeneinander bestehende Bereitschaftsdienstordnungen erlassen haben. Selbst in den beiden letztgenannten Fällen liegt die Hauptverantwortung für Organisation und Durchführung des Bereitschaftsdienstes jedoch zumeist bei der Kassenärztlichen Vereinigung. Nachdem sich momentan zudem nirgendwo eine alleinige Regelung des Bereitschaftsdienstes durch die Ärztekammer findet, kann von einer deutlichen Fokussierung der rechtlichen Ausgestaltung und praktischen Umsetzung des Bereitschaftsdienstes auf die Kassenärztlichen Vereinigungen gesprochen werden.

Unabhängig der Organisationsform kann die Regelung der Teilnahmepflicht in den Bereitschaftsdienstordnungen der Ärztekammern und Kassenärztlichen Vereinigungen nur sehr bedingt überzeugen. Wenngleich der in der jeweiligen Bereitschaftsdienstordnung festgelegte Adressatenkreis der Teilnahmepflicht rechtlich bis auf wenige Ausnahmen nicht zu beanstanden ist, weisen die Bestimmungen zur

Ermittlung des konkreten Teilnahmeumfangs häufig gravierende Mängel auf. So existieren entweder keine, der Situation der einzelnen Arztgruppen gerecht werdende Regelungen – die KV Berlin hat etwa gar keine Bestimmungen zur Ermittlung des Teilnaheumfangs getroffen, – oder es kommt zu einer übermäßigen und damit rechtswidrigen Heranziehung einzelner Adressaten. Letzteres trifft insbesondere auf den Teilnahmeumfang von Nicht-Vertragsärzten und Zweigpraxisbetreibern zu. Des Weiteren fehlt es in fast allen Bereitschaftsdienstordnungen an einer Regelung, welche der Sonderkonstellation der verpflichteten Mund-Kiefer-Gesichtschirurgen gerecht wird. Angesichts dieser Mängel herrscht seitens der Ärztekammern und Kassenärztlichen Vereinigungen daher erheblicher Verbesserungsbedarf.

Kapitel 4

Vorschlag für die Normierung der Teilnahmepflicht

Auf Grundlage der vorangegangenen Erkenntnisse soll nunmehr – ähnlich der Musterberufsordnung – ein Vorschlag unterbreitet und erläutert werden, wie die Ärztekammern und Kassenärztlichen Vereinigungen die Teilnahmepflicht in ihren Bereitschaftsdienstordnungen regeln sollten. In Abhängigkeit der Wahl der Organisationsform ergeben sich hierbei jedoch einige Unterschiede, weshalb für jede Variante ein eigener Normtext vorgestellt wird, welcher die unterschiedlichen rechtlichen Rahmenbedingungen berücksichtigt.

A. Für jeweils getrennte Bereitschaftsdienstordnungen

I. Bereitschaftsdienstordnung der Ärztekammer

1. Normtext

(1) Alle in eigener Praxis oder in Anstellung tätigen, nicht zur vertragsärztlichen Versorgung zugelassene Ärzte sind zur Teilnahme am allgemeinen Bereitschaftsdienst verpflichtet, sofern sie hierfür geeignet sind und nicht bereits an einem fachärztlichen Bereitschaftsdienst teilnehmen.

(2) [1]Der Umfang der Teilnahme richtet sich nach dem zeitlichen Umfang der eigenen ärztlichen Tätigkeit. [2]Danach ergeben sich folgende Anrechnungsfaktoren: Bei einer wöchentlichen Tätigkeit

a. ab dreißig Stunden 1,0

b. ab zwanzig Stunden 0,75

c. ab zehn Stunden 0,5

d. bis zehn Stunden 0,25.

2. Erläuterungen

Durch das Merkmal „Alle“ wird deutlich, dass im Einklang mit dem aus Art. 3 Abs. 1 GG abgeleiteten Grundsatz der möglichst gleichmäßigen Heranziehung aller in Betracht kommenden Ärzte grundsätzlich alle Ärzte zur Teilnahme verpflichtet werden. Eine bedeutsame Einschränkung dieses Grundsatzes ergibt sich demgegenüber aus der Formulierung „sofern sie hierfür geeignet sind", welche der hier vertretenen Auffassung Rechnung trägt, dass nicht pauschal von einer Eignung aller Ärzte ausgegangen werden kann. Die objektive Beweislast liegt in diesem Falle bei dem den Ausschluss von der Teilnahmepflicht begehrenden Arzt. Durch die Formulierung „in eigener Praxis oder in Anstellung" erfasst der Adressatenkreis alle für eine verpflichtende Teilnahme am Bereitschaftsdienst der Ärztekammern in Betracht kommenden Arztgruppen, erfährt aber eine gewichtige Beschränkung dahingehend, dass hiervon nur solche Ärzte erfasst sein sollen, die „nicht zur vertragsärztlichen Versorgung zugelassen sind". Obgleich auch die zugelassenen Vertragsärzte von der Regelungsbefugnis der Ärztekammern umfasst sind, erscheint deren Herausnahme sinnvoll, da sie bei einem Nebeneinander zweier unabhängiger Bereitschaftsdienstordnungen bereits zur Teilnahme am Bereitschaftsdienst der Kassenärztlichen Vereinigungen verpflichtet sind und sich damit deren doppelte Teilnahmeverpflichtung – Stichwort additiver Grundrechtseingriff – vermeiden lässt. Eine übermäßige Belastung der verpflichteten Ärzte wird hingegen dadurch verhindert, dass sie nur dann am allgemeinen ärztlichen Bereitschaftsdienst teilzunehmen haben, sofern sie „nicht bereits an einem eingerichteten fachärztlichen Bereitschaftsdienst teilnehmen". Dadurch, dass sich der konkrete Teilnahmeumfang stets „nach dem zeitlichen Umfang der eigenen ärztlichen Tätigkeit" zu richten hat, bedarf es auch keiner Sonderregelungen bezüglich der in den bestehenden Bereitschaftsdienstordnungen oftmals ohnehin rechtswidrigen Berechnungsgrundsätze für anstellende Ärzte, angestellte Ärzte, Zweigpraxisbetreiber und Jobsharingpartner. Vielmehr wird durch diesen Grundsatz sowie der angeführten Anrechnungsfaktoren eine gerechte Heranziehung aller Teilnahmeverpflichteten nach denselben Kriterien erreicht, da insbesondere stets allein auf den eigenen Tätigkeitsumfang und nicht etwa auf denjenigen möglicherweise angestellter Ärzte abgestellt wird. Ebenfalls keiner abweichenden Regelung bedürfen die Mund-Kiefer-Gesichtschirurgen, da sich auch deren Teilnahmeumfang nach der vorliegenden Norm alleine nach dem tatsächlichen Umfang ihrer ärztlichen Tätigkeit richtet und so eine übermäßige Heranziehung vermieden wird.

II. Bereitschaftsdienstordnung der Kassenärztlichen Vereinigung

1. Normtext

(1) Alle zur vertragsärztlichen Versorgung zugelassenen Ärzte und Medizinischen Versorgungszentren sind zur Teilnahme am allgemeinen Bereitschaftsdienst verpflichtet, sofern sie hierfür geeignet sind und nicht bereits an einem fachärztlichen Bereitschaftsdienst teilnehmen.

(2) [1]Der Umfang der Teilnahme richtet sich nach dem Umfang des sich aus der eigenen Zulassung ergebenden Versorgungsauftrages. [2]Danach ergeben sich folgende Anrechnungsfaktoren:

a. Für jeden vollen Versorgungsauftrag bzw. bei Zulassung für zwei Fachgebiete 1,0

b. Bei einem drei Viertel Versorgungsauftrag 0,75

c. Bei einem hälftigen Versorgungsauftrag 0,5

d. Bei weniger als einem hälftigen Versorgungsauftrag 0,25.

[3]Bei Betrieb einer Zweigpraxis in einem anderen Bereitschaftsdienstbereich darf der Umfang der Teilnahme in der Summe nicht über den sich aus der Zulassung ergebenden vertragsärztlichen Versorgungsauftrag hinausgehen.

(3) Psychologische Psychotherapeuten sind von der Teilnahmepflicht ausgenommen.

(4) Zugelassene Mund-Kiefer-Gesichtschirurgen haben nach ihrer Wahl im Gesamtumfang ihres vertragsärztlichen und vertragszahnärztlichen Versorgungsauftrages entweder am vertragsärztlichen oder vertragszahnärztlichen Bereitschaftsdienst teilzunehmen.

2. Erläuterungen

Wie im Rahmen der Normierung der Teilnahmepflicht am Bereitschaftsdienst der Ärztekammern macht auch hier das Merkmal „Alle" deutlich, dass im Hinblick auf Art. 3 Abs. 1 GG grundsätzlich alle in Betracht kommenden Adressaten von der Teilnahmepflicht erfasst sind. Entsprechend der eingeschränkten Regelungsbefugnis der Kassenärztlichen Vereinigungen werden nur die „zur vertragsärztlichen Versorgung zugelassenen Ärzte und Medizinischen Versorgungszentren" herangezogen. Durch diese Formulierung werden nicht nur ausdrücklich auch zugelassene MVZ erfasst, sie macht durch die Beschränkung gerade auf die Zulassung deutlich, dass weder angestellte Ärzte und ermächtigte Einrichtungen noch die zwar an der vertragsärztlichen Versorgung teilnehmenden, aber gerade keine Zulassung besitzenden ermächtigten Ärzte zum verpflichteten Adressatenkreis gehören. Analog zum Regelungsvorschlag für die Bereitschaftsdienstordnung einer Ärztekammer steht auch hier die Teilnahmepflicht unter dem Vorbehalt der Eignung des Arztes bzw. des MVZ. Ebenso gilt die Pflicht zur Teilnahme zur Vermeidung übermäßiger Belastungen auch hier nur, sofern die Ärzte bzw. MVZ „nicht bereits an einem eingerichteten fachärztlichen Bereitschaftsdienst teilnehmen". Der konkrete Teilnahmeumfang bemisst sich für alle Teilnahmeverpflichteten gleichermaßen „nach dem Umfang des sich aus der eigenen Zulassung ergebenden Versorgungsauftrages". Durch diese Formulierung gilt nicht nur für alle Teilnehmer dieselbe Berechnungsgrundlage, vielmehr wird zunächst durch die Betonung auf die „eigene[...]" Zulassung sichergestellt, dass auch bei der Berechnung des Teilnahmeumfangs anstellender Vertragsärzte oder demjenigen von MVZ nicht in rechtswidriger Weise auf die dort angestellten Ärzte zurückgegriffen wird. Darüber hinaus gewährleistet das Abstellen auf den „Umfang des [...] Versorgungsauftrages" auch, dass Jobsharingpartner sowie Ärzte mit einer Zulassung für zwei Fachgebiete nicht über ihren Versorgungsauftrag hinaus herangezogen werden. Die Einteilung in Anrechnungsfaktoren in Abhängigkeit des Versorgungsauftrages sorgt zudem für gerechte Einzelfallergebnisse. Hierbei wird durch Abs. 2 S. 2 lit. a) zudem der Fall berücksichtigt, dass ein anstellender Arzt oder ein MVZ mehr als eine Zulassung besitzt und dementsprechend häufiger als mit dem Faktor 1,0 heranzuziehen ist. Des Weiteren stellt Absatz 2 S. 3 klar, dass auch Zweigpraxisbetreiber mit dem Standort der Zweigpraxis in einem anderen Bereitschaftsdienstbereich nicht über den Umfang ihres vertragsärztlichen Versorgungsauftrages hinaus verpflichtet werden dürfen und verhindert so eine übermäßige Heranziehung. Absatz 3 stellt entsprechend den obigen Grundsätzen zum Adressatenkreis der Teilnahmepflicht klar, dass psychologische Psychotherapeuten von der Teilnahmeverpflichtung ausgenommen sind. Schließlich stellt die in Absatz 4 normierte Sonderregelung für zugelassene Mund-Kiefer-Gesichtschirurgen sicher, dass deren Zulassung sowohl zur vertrags- als auch vertragszahnärztlichen Versorgung hinreichend berücksichtigt wird und es zu keiner übermäßigen Heranziehung kommt.

B. Für eine gemeinsame Bereitschaftsdienstordnung

I. Normtext

(1) Alle zur vertragsärztlichen Versorgung zugelassenen Ärzte und Medizinischen Versorgungszentren sowie alle rein privatärztlich tätigen Ärzte und angestellten Ärzte sind zur Teilnahme am allgemeinen Bereitschaftsdienst verpflichtet, sofern sie hierfür geeignet sind und nicht bereits an einem fachärztlichen Bereitschaftsdienst teilnehmen.

(2) [1]Der Umfang der Teilnahme der zugelassenen Ärzte und Medizinischen Versorgungszentren richtet sich nach dem Umfang des sich aus der eigenen Zulassung ergebenden Versorgungsauftrages. [2]Danach ergeben sich folgende Anrechnungsfaktoren:

a. Für jeden vollen Versorgungsauftrag bzw. bei Zulassung für zwei Fachgebiete 1,0

b. Bei einem drei Viertel Versorgungsauftrag 0,75

c. Bei einem hälftigen Versorgungsauftrag 0,5

d. Bei weniger als einem hälftigen Versorgungsauftrag 0,25.

[3]Bei Betrieb einer Zweigpraxis in einem anderen Bereitschaftsdienstbereich darf der Umfang der Teilnahme in der Summe nicht über den sich aus der Zulassung ergebenden vertragsärztlichen Versorgungsauftrag hinausgehen.

(3) [1]Der Umfang der Teilnahme der rein privatärztlich tätigen Ärzte und angestellten Ärzte richtet sich nach dem zeitlichen Umfang der eigenen ärztlichen Tätigkeit. [2]Danach ergeben sich folgende Anrechnungsfaktoren: Bei einer wöchentlichen Tätigkeit

a. ab dreißig Stunden 1,0

b. ab zwanzig Stunden 0,75

c. ab zehn Stunden 0,5

d. bis zehn Stunden 0,25.

(4) Psychologische Psychotherapeuten sind von der Teilnahmepflicht ausgenommen.

(5) Zugelassene Mund-Kiefer-Gesichtschirurgen haben nach ihrer Wahl im Gesamtumfang ihres vertragsärztlichen und vertragszahnärztlichen Versorgungsauftrages entweder am vertragsärztlichen oder vertragszahnärztlichen Bereitschaftsdienst teilzunehmen.

II. Erläuterungen

Der Normtext stellt eine Kombination der Vorschläge für die Normierung der Teilnahmepflicht bei getrennten Bereitschaftsdienstordnungen von Ärztekammer und Kassenärztlicher Vereinigung dar. Die dortigen Ausführungen gelten, sofern sich aus den folgenden Erläuterungen nichts Abweichendes ergibt, daher auch hier entsprechend. Zur Teilnahme am Bereitschaftsdienst werden zugelassene Vertragsärzte und zugelassene MVZ sowie Nicht-Vertragsärzte und angestellte Ärzte verpflichtet. Aufgrund der Beteiligung beider Körperschaften ist dieser umfassende Adressatenkreis rechtlich nicht zu beanstanden. Während die Vertragsärzte von beiden Körperschaften herangezogen werden können, wird die Verpflichtung der MVZ durch die Beteiligung der Kassenärztlichen Vereinigung und die Verpflichtung der Nicht-Vertragsärzte – zu denen auch niedergelassene ermächtigte Ärzte zählen – sowie angestellten Ärzte durch die Beteiligung der Ärztekammer ermöglicht. Die in Absatz 5 getroffene Sonderregelung für zugelassene Mund-Kiefer-Gesichtschirurgen ist in Bezug auf deren rein privatärztlich tätige Kollegen nicht erforderlich, da deren übermäßige Heranziehung bereits durch das Abstellen auf den zeitlichen Umfang ihrer ärztlichen Tätigkeit nach Absatz 3 verhindert wird.

C. Für eine alleinige Bereitschaftsdienstordnung der Kassenärztlichen Vereinigung

I. Normtext

(1) Alle zur vertragsärztlichen Versorgung zugelassenen Ärzte und Medizinischen Versorgungszentren sind zur Teilnahme am allgemeinen Bereitschaftsdienst verpflichtet, sofern sie hierfür geeignet sind und nicht bereits an einem fachärztlichen Bereitschaftsdienst teilnehmen.

(2) [1]Der Umfang der Teilnahme richtet sich nach dem Umfang des sich aus der eigenen Zulassung ergebenden Versorgungsauftrages. [2]Danach ergeben sich folgende Anrechnungsfaktoren:

a. Für jeden vollen Versorgungsauftrag bzw. bei Zulassung für zwei Fachgebiete 1,0

b. Bei einem drei Viertel Versorgungsauftrag 0,75

c. Bei einem hälftigen Versorgungsauftrag 0,5

d. Bei weniger als einem hälftigen Versorgungsauftrag 0,25.

[3]Bei Betrieb einer Zweigpraxis in einem anderen Bereitschaftsdienstbereich darf der Umfang der Teilnahme in der Summe nicht über den sich aus der Zulassung ergebenden vertragsärztlichen Versorgungsauftrag hinausgehen.

(3) Psychologische Psychotherapeuten sind von der Teilnahmepflicht ausgenommen.

(4) Zugelassene Mund-Kiefer-Gesichtschirurgen haben nach ihrer Wahl im Gesamtumfang ihres vertragsärztlichen und vertragszahnärztlichen Versorgungsauftrages entweder am vertragsärztlichen oder vertragszahnärztlichen Bereitschaftsdienst teilzunehmen.

II. Erläuterungen

Der Normtext unterscheidet sich weder in seiner Formulierung noch seiner Bedeutung von demjenigen bei einem Nebeneinander zweier Bereitschaftsdienstordnungen von Ärztekammer und Kassenärztlicher Vereinigung.

D. Für eine alleinige Bereitschaftsdienstordnung der Ärztekammer

I. Normtext

(1) Alle in eigener Praxis oder in Anstellung tätigen Ärzte sind zur Teilnahme am allgemeinen Bereitschaftsdienst verpflichtet, sofern sie hierfür geeignet sind und nicht bereits an einem eingerichteten fachärztlichen Bereitschaftsdienst teilnehmen.

(2) [1]Der Umfang der Teilnahme richtet sich nach dem zeitlichen Umfang der eigenen ärztlichen Tätigkeit. [2]Danach ergeben sich folgende Anrechnungsfaktoren: Bei einer wöchentlichen Tätigkeit

a. ab dreißig Stunden 1,0

b. ab zwanzig Stunden 0,75

c. ab zehn Stunden 0,5

d. bis zehn Stunden 0,25.

II. Erläuterungen

Anders als bei der zuvor dargestellten alleinigen Bereitschaftsdienstordnung der Kassenärztlichen Vereinigung weicht der vorliegende Normtext von der Formulierung der durch die Ärztekammer geregelten Teilnahmepflicht bei einem Nebeneinander zweier Bereitschaftsdienstordnungen insoweit ab, als hier keine Beschränkung auf die nicht zur vertragsärztlichen Versorgung zugelassenen Ärzte erfolgt. Wenngleich dies nicht zwingend ist, empfiehlt sich die Erweiterung des Adressatenkreises insofern, als die ärztliche Versorgung zu den sprechstundenfreien Zeiten ansonsten alleine von den Nicht-Vertragsärzten sicherzustellen wäre, was aufgrund ihrer verhältnismäßig geringen Anzahl kaum oder jedenfalls nur unter enormer Belastung der einzelnen Teilnehmer möglich wäre und wohl auch in Konflikt mit Art. 3 Abs. 1. GG und Art. 12 Abs. 1 GG treten würde. Zu beachten ist weiterhin, dass auch bei den zugelassenen Vertragsärzten bei der Ermittlung des Teilnahmeumfangs alleine auf den Umfang ihrer ärztlichen Tätigkeit abgestellt wird, da mangels Beteiligung der Kassenärztlichen Vereinigung an der Bereitschaftsdienstordnung kein Rückgriff auf die Zulassung möglich ist. Ohnehin trägt die für Vertrags- und Nicht-Vertragsärzte gleichermaßen geltende Berechnungsgrundlage dazu bei, eine möglichst gleichmäßige Heranziehung aller Ärzte zu erreichen. Ansonsten kann vorliegend auf die Ausführungen zur Normierung einer Teilnahmepflicht durch die Ärztekammer bei einem Nebeneinander zweier Bereitschaftsdienstordnungen beider Körperschaften verwiesen werden.

Kapitel 5

Zusammenfassung in Thesen

Abschließend sollen die im Laufe der Arbeit gewonnen Erkenntnisse noch einmal thesenartig zusammengefasst werden.

A. Allgemeine Thesen zum ärztlichen Bereitschaftsdienst

I. Empfehlung zur einheitlichen Bezeichnung als „(ärztlicher) Bereitschaftsdienst"

Um die durch den uneinheitlichen Sprachgebrauch bestehende Verwechslungsgefahr insbesondere mit dem Rettungsdienst und den Notaufnahmen der Krankenhäuser zu vermeiden, welche im Einzelfall aufgrund des damit verbundenen Zeitverlustes nicht nur gesundheits-, sondern schlimmstenfalls gar lebensbedrohlich sein können, sollte für die ambulante ärztliche Versorgung außerhalb der Sprechstundenzeiten durch die Ärztekammern und Kassenärztlichen Vereinigungen einheitlich – d. h. in Gesetzgebung, Rechtsprechung und Praxis gleichermaßen – die Bezeichnung „(ärztlicher) Bereitschaftsdienst" verwendet werden.

II. Schwierige Abgrenzung zu den weiteren Säulen der ambulanten Notfallversorgung

Wenngleich der ärztliche Bereitschaftsdienst in der Theorie recht eindeutig vom Rettungsdienst und den Notaufnahmen der Krankenhäuser abgrenzbar ist, bereitet dies in der Praxis deutlich größere Schwierigkeiten. Begründet liegt dies im Erfordernis einer ex ante Beurteilung, welche nicht nur dem Patienten oder dessen Angehörigen als Laien, sondern auch dem Arzt selbst aufgrund des Zeitdrucks Probleme bereiten kann.

III. „Doppelzuständigkeit“ von Bund und Ländern für die Einrichtung eines ärztlichen Bereitschaftsdienstes

Sowohl dem Bund als auch den Ländern kommt nach der momentanen Kompetenzordnung des Grundgesetzes eine Gesetzgebungskompetenz für die Einrichtung eines ärztlichen Bereitschaftsdienstes zu. Trotz weitgehender Deckungsgleichheit in Bezug auf den sachlichen Regelungsgegenstand als auch den erfassten Adressatenkreis ergibt sich ein gewichtiger Unterschied dahingehend, dass die Zuständigkeit des Bundes entsprechend dem Kompetenztitel des Art. 74 Abs. 1 Nr. 12 GG auf die zur vertragsärztlichen Versorgung zugelassenen Ärzte (und MVZ) beschränkt ist, wohingegen die Kompetenz der Länder sowohl Vertrags- als auch Nicht-Vertragsärzte erfasst. Damit ergibt sich lediglich für die Vertragsärzte eine überschneidende Zuständigkeit. Das Nebeneinander – es besteht gerade kein Über- und Unterordnungsverhältnis – der Bundes- und Länderkompetenz ist dabei rechtlich nicht zu beanstanden, sondern vielmehr dem in Deutschland bestehenden System der Trennung in gesetzliche und private Krankenversicherung geschuldet. Der Bereitschaftsdienst auf bundesrechtlicher Grundlage stellt sich als Bestandteil der Sozialversicherung – zu der die gesetzliche Krankenversicherung einschließlich des Vertragsarztwesens zu zählen ist – dar, während der Bereitschaftsdienst der Länder Teil des ärztlichen Berufsrechts ist. Unabhängig der rechtlichen Zulässigkeit lässt sich die Sinnhaftigkeit dieser „Kompetenzgemengelage“ durchaus in Zweifel ziehen, da diese dafür sorgt, dass sowohl der Bund als auch die Länder zur Schaffung eines jeweils eigenen Bereitschaftsdienstes die hierfür notwendige Infrastruktur schaffen müssen, die aufgrund desselben sachlichen Regelungsgegenstandes nahezu identisch ist. Die dadurch entstehenden Doppelstrukturen sorgen dabei für einen unnötig hohen Kosten- und Verwaltungsaufwand, welcher sich leicht vermeiden ließe, wenn man die Zuständigkeit für die Einrichtung eines ärztlichen Bereitschaftsdienstes alleine den Ländern oder dem Bund überlassen würde.

IV. Ausreichende Ermächtigung der Ärztekammern und Kassenärztlichen Vereinigungen zur Einrichtung eines ärztlichen Bereitschaftsdienstes

Während der Bund die Kassenärztlichen Vereinigungen mit der Einrichtung und Durchführung des vertragsärztlichen Bereitschaftsdienstes betraut hat, haben die Länder die Organisation des ärztlichen Bereitschaftsdienstes auf die Ärztekammern übertragen. Mittlerweile können sich beide Körperschaften hierbei auf eine ausreichende formellgesetzliche Rechtsgrundlage des Bundes respektive der Länder stützen. Für die Kassenärztlichen Vereinigungen ergibt sich diese aus § 75 Abs. 1b S. 1 SGB V, während die Landesgesetzgeber entsprechende Regelungen in ihrem jeweiligen Heilberufe-Kammergesetz erlassen haben.

V. Vielfältige Möglichkeiten zur Ausgestaltung des Bereitschaftsdienstes in den Bereitschaftsdienstordnungen

Sowohl die Ärztekammern als auch die Kassenärztlichen Vereinigungen regeln den Bereitschaftsdienst in sog. Bereitschaftsdienstordnungen, welche zumeist in Form einer Satzung erlassen werden. Hierbei kommen den beiden Körperschaften vielfältige Ausgestaltungsmöglichkeiten zu, welche sich dem Grunde nach allesamt als rechtlich zulässig erweisen, solange diese die sich zwar weitflächig, aber in Bezug auf die ohne Zulassung tätigen Ärzte nicht vollständig überschneidenden Regelungsbefugnisse beachten. Im Einzelnen können Ärztekammern und Kassenärztliche Vereinigungen jeweils voneinander rechtlich unabhängige Bereitschaftsdienstordnungen schaffen oder den Bereitschaftsdienst in einem gemeinsamen Regelungswerk organisieren. Weiterhin ist es grundsätzlich auch zulässig, dass eine der beiden Körperschaften vollständig auf eine eigene Regelung verzichtet und der Bereitschaftsdienst alleine von der anderen Körperschaft geregelt wird. Abhängig von der Wahl der Ausgestaltungsvariante kann es hierbei zu nicht unerheblichen Unterschieden insbesondere in der Größe des heranziehbaren Adressatenkreises oder dem im Streitfall einzuschlagenden Rechtsweg kommen. Ein deutlicher Vorzug kann hierbei keiner der vier Organisationsvarianten bescheinigt werden, wenngleich eine gemeinsame oder alleinige Organisation durch die Vermeidung unnötiger Doppelstrukturen zumindest wirtschaftliche Vorteile mit sich bringt.

B. Thesen zur Teilnahmepflicht am ärztlichen Bereitschaftsdienst

I. Außerordentliche Bedeutung einer verpflichtenden Teilnahme für die Sicherstellung des Bereitschaftsdienstes

Die Teilnahme am Bereitschaftsdienst bildet den Ausgangspunkt für nahezu alle im Rahmen des Bereitschaftsdienstes auftretenden Rechte und Pflichten. Angesichts des wachsenden Ärztemangels sowie der häufig fehlenden Bereitschaft der Ärzte erweist sich eine verpflichtende Teilnahme mittlerweile als alternativlos, um eine ausreichende ärztliche Versorgung der Patienten auch außerhalb der Sprechstundenzeiten sicherstellen zu können. Gegen die Normierung einer derartigen Pflicht bestehen unter Beachtung gewisser Grundsätze auch keine verfassungsrechtlichen Bedenken.

II. Zumeist ausreichende formellgesetzliche Rechtsgrundlage für die Normierung einer Teilnahmepflicht durch die Ärztekammern

Nachdem die Teilnahmepflicht einen nicht nur unerheblichen Eingriff in die Rechte der verpflichteten Ärzte darstellt, darf deren Regelung nicht alleine dem Satzungsrecht der Ärztekammern überlassen werden, sondern bedarf einer formellgesetzlichen Regelung des Landesgesetzgebers, welche die Teilnahmepflicht zumindest in ihren Grundzügen regelt. Im Einklang mit der Rechtsprechung des BVerwG ist daher zu fordern, dass die Landesgesetzgeber neben der Teilnahmeverpflichtung jedenfalls den verpflichteten Adressatenkreis bestimmen und festlegen, unter welchen Voraussetzungen ein an sich verpflichteter Arzt ausnahmsweise von seiner Teilnahme zu befreien ist. Diesen Anforderungen sind die Länder mit Ausnahme von Hamburg und Sachsen-Anhalt nachgekommen. In den beiden genannten Ländern hat das Fehlen einer ausreichenden Rechtsgrundlage zur Folge, dass eine Heranziehung der dortigen Ärzte durch die jeweilige Ärztekammer als rechtswidrig zu bewerten ist, sofern eine solche erfolgt.

III. Keine ausreichende formellgesetzliche Rechtsgrundlage für die Normierung einer Teilnahmepflicht durch die Kassenärztlichen Vereinigungen

Entgegen der Rechtsprechung des BSG bedarf es auch für die Verpflichtung der Vertragsärzte durch die Kassenärztlichen Vereinigungen zur Teilnahme am vertragsärztlichen Bereitschaftsdienst – wie schon für die Normierung einer Teilnahmepflicht durch die Ärztekammern – einer formellgesetzlichen Rechtsgrundlage, welche ausdrücklich eine Teilnahmeverpflichtung der Ärzte vorschreibt. Nachdem eine solche nicht existiert und auch nicht aus bestehenden Vorschriften wie § 95 Abs. 3 Abs. 1 SGB V oder § 75 Abs. 1b S. 1 SGB V abgeleitet werden kann, stellt sich die verpflichtende Heranziehung von Vertragsärzten durch die Kassenärztlichen Vereinigungen nach momentaner Gesetzeslage als rechtswidrig dar. Es ist daher zwingend erforderlich, dass der Bundesgesetzgeber diesbezüglich eine ausreichende Regelung schafft. Hierbei sollte er sich an den vom BVerwG für die Teilnahmepflicht am Bereitschaftsdienst der Ärztekammern aufgestellten inhaltlichen Vorgaben orientieren.

IV. Grundsätzliche Vereinbarkeit einer Teilnahmepflicht mit den Grundrechten der Ärzte

Die verpflichtende Heranziehung zu einem ärztlichen Bereitschaftsdienst ist grundsätzlich mit den Grundrechten der Ärzte vereinbar. Dies liegt neben der verhältnismäßig geringen Eingriffsintensität insbesondere darin begründet, dass der Bereitschaftsdienst mit der Sicherstellung der ärztlichen Versorgung zu den sprechstundenfreien Zeiten gewichtigen Allgemeinwohlinteressen, namentlich dem Schutz der körperlichen Unversehrtheit, der Gesundheit und dem Leben der Patienten, dient. Zu beachten ist jedoch, dass dies in Bezug auf die Teilnahmepflicht am Bereitschaftsdienst der Kassenärztlichen Vereinigungen nur unter der beträchtlichen Einschränkung gilt, dass der Bundesgesetzgeber die Teilnahmepflicht jedenfalls in ihren Grundzügen in einem formellen Gesetz regelt, was bislang allerdings nicht geschehen ist.

V. Keine pauschale Annahme der Eignung aller ärztlichen Fachrichtungen für den Bereitschaftsdienst möglich

Die Annahme der Rechtsprechung und weiten Teilen der Literatur, ein jeder niedergelassener Arzt sei unabhängig seiner Fachrichtung aufgrund seines Medizinstudiums, seiner Praxistätigkeit sowie seiner speziellen Fortbildungspflicht geeignet, den sich im Bereitschaftsdienst stellenden Anforderungen an die Behandlung der Patienten gerecht zu werden, erweist sich als wenig realitätsnah und kann bei einer fehlerhaften Behandlung sowohl für den Arzt als auch den Patienten erhebliche Konsequenzen nach sich ziehen. Vielmehr liegt bei vielen Facharztrichtungen die Vermutung nahe, dass die dort tätigen Ärzte nicht oder nur sehr bedingt als für die Teilnahme an einem allgemeinen ärztlichen Bereitschaftsdienst geeignet anzusehen sind. Dies gilt umso mehr, je länger sie sich zeitlich von ihrer ärztlichen Ausbildung entfernen. Um welche Facharztgruppen es sich im Einzelnen handelt, ist jedoch keine Frage juristischer, sondern vielmehr medizinischer Natur und kann hier daher nicht seriös beantwortet werden. An Alternativen für die derzeit bestehende Heranziehung grundsätzlich aller niedergelassenen Ärzte mangelt es nicht. Zu empfehlen ist dabei eine Kombination der in Betracht kommenden Modelle in der Weise, dass neben dem allgemeinen ärztlichen Bereitschaftsdienst zunächst – soweit sinnvoll und realisierbar – die Einrichtung fachärztlicher Bereitschaftsdienste weiter ausgebaut wird. Fachärzte, die hinreichend darlegen können, weder zur Teilnahme am allgemeinen, noch an einem fachärztlichen Bereitschaftsdienst geeignet zu sein, sollten stattdessen anteilig die Kosten für den Bereitschaftsdienst mittragen.

VI. Erfordernis einer exakten Bestimmung des Adressatenkreises der Teilnahmepflicht

Bei der Normierung der Teilnahmepflicht durch die Ärztekammern und Kassenärztlichen Vereinigungen in ihren Bereitschaftsdienstordnungen ist es erforderlich, dass diese den Adressatenkreis der verpflichteten Ärzte genau bestimmen, da nicht jeder Arzt zum Bereitschaftsdienst verpflichtet werden kann. Während die Rechtmäßigkeit einer Teilnahmeverpflichtung durch die Ärztekammer von der Mitgliedschaft des Arztes in dieser abhängt, ist bei einer Verpflichtung durch die Kassenärztliche Vereinigung die Zulassung zur vertragsärztlichen Versorgung entscheidend. Hierdurch kommt es zu unterschiedlichen Adressatenkreisen des berufsrechtlichen und vertragsärztlichen Bereitschaftsdienstes.

1. Grundsätzlich keine Verpflichtung der Nicht-Vertragsärzte durch Kassenärztliche Vereinigungen

Die Kassenärztliche Vereinigung hat im Gegensatz zur Ärztekammer zunächst ihre auf die Vertragsärzteschaft beschränkte Regelungsbefugnis zu beachten, aufgrund derer sie – sofern sie den Bereitschaftsdienst nicht in einer gemeinsamen Bereitschaftsdienstordnung mit der Ärztekammer organisiert oder letztgenannte ihr eine entsprechende Befugnis in zulässiger Weise übertragen hat – die nicht zur vertragsärztlichen Versorgung zugelassenen Ärzte nicht zur Teilnahme verpflichten kann.

2. Divergierende Regelungsbefugnisse der beiden Körperschaften in besonders gelagerten Einzelfällen

Darüber hinaus ergeben sich auch in besonders gelagerten Einzelfällen unterschiedliche Regelungsbefugnisse von Ärztekammer und Kassenärztlicher Vereinigung.

a) In Arztpraxen angestellte Ärzte

So dürfen in Arztpraxen angestellte Ärzte in Ermangelung einer (aktiven) Zulassung nur von der Ärztekammer zur Teilnahme verpflichtet werden.

b) Medizinische Versorgungszentren und dort angestellte Ärzte

Selbiges gilt für die in MVZ angestellten Ärzte. Für die MVZ selbst kann hingegen nur die Kassenärztliche Vereinigung in zulässiger Weise eine Teilnahmepflicht normieren, sofern diese eine Zulassung besitzen. Daneben wird ihnen die Zulassung der dort nicht in einem Anstellungsverhältnis tätigen, selbst jedoch nicht verpflichteten Vertragsärzte in Bezug auf die Teilnahmepflicht wie eine eigene Zulassung zugerechnet.

c) Ermächtigte Ärzte und Einrichtungen

Ermächtigte Einrichtungen können dagegen weder zur Teilnahme am Bereitschaftsdient der Ärztekammern noch zur Teilnahme am Bereitschaftsdienst der Kassenärztlichen Vereinigungen verpflichtet werden. Ebenso kann letztgenannte auch ermächtigte Ärzte nicht verpflichtend zu ihrem Bereitschaftsdienst heranziehen. Dagegen steht es den Ärztekammern frei, niedergelassene ermächtigte Ärzte zur Teilnahme zu verpflichten.

d) Psychologische Psychotherapeuten

Psychologische Psychotherapeuten dürfen hingegen weder von den Ärztekammern noch den Kassenärztlichen Vereinigungen zur Teilnahme an einem ärztlichen Bereitschaftsdienst herangezogen werden.

VII. Erfordernis einer einheitlichen Bemessungsgrundlage für die Bestimmung des Teilnahmeumfangs

Entsprechend dem aus Art. 3 Abs. 1 GG abgeleiteten Grundsatz, dass alle Ärzte möglichst gleichmäßig zum Bereitschaftsdienst herangezogen werden sollen, bedarf es für die Ermittlung des konkreten Teilnaheumfangs der verpflichteten Ärzte einer einheitlichen Bemessungsgrundlage. Während für die Bereitschaftsdienstordnung der Kassenärztlichen Vereinigungen hierfür der Umfang des sich aus der eigenen Zulassung ergebenden vertragsärztlichen Versorgungsauftrags zugrunde zu legen ist, empfiehlt es sich, für eine Heranziehung durch die Ärztekammern auf den zeitlichen Umfang der eigenen ärztlichen Tätigkeit des einzelnen Arztes abzustellen. Erfolgt die Bestimmung des Teilnahmeumfangs nach einer Bereitschaftsdienstordnung demnach ungeachtet des Umfangs der Teilnahme des jeweiligen Arztes an der ärztlichen Versorgung, ist diese in der Regel daher als rechtswidrig anzusehen. Dementsprechend ergeben sich für den Teilnahmeumfang bestimmter Arztgruppen die folgenden Grundsätze.

1. Anstellende Ärzte

Anstellende Ärzte sind alleine nach dem Umfang ihrer eigenen Zulassung(en) bzw. dem Umfang ihrer eigenen ärztlichen Tätigkeit zum Bereitschaftsdienst einzuteilen. Eine alternative Berechnung des Teilnahmeumfangs von anstellenden Vertragsärzten – etwa durch Anknüpfung an den Tätigkeitsumfang der dort angestellten Ärzte – ist im Hinblick auf Art. 3 Abs. 1 GG nur dann zulässig, sofern der anstellende Vertragsarzt im Ergebnis nicht in höherem Maße zum Bereitschaftsdienst verpflichtet wird, wie es bei einer Anknüpfung an seinen sich aus der Zulassung ergebenden Versorgungsauftrag der Fall wäre.

2. Angestellte Ärzte

Der Teilnahmeumfang angestellter Ärzte am Bereitschaftsdienst der Ärztekammern darf sich ebenfalls alleine nach dem Umfang ihrer ärztlichen Tätigkeit richten. Zur Teilnahme am Bereitschaftsdienst der Kassenärztlichen Vereinigungen sind sie hingegen schon gar nicht erst verpflichtet.

3. Medizinische Versorgungszentren und dort angestellte Ärzte

MVZ selbst trifft bereits keine Verpflichtung zur Teilnahme am Bereitschaftsdienst der Ärztekammern. Lediglich die dort angestellten Ärzte haben an diesem teilzunehmen, wobei sich der konkrete Umfang auch hier aus dem Umfang ihrer ärztlichen Tätigkeit zu ergeben hat. Demgegenüber sind MVZ zwar zur Teilnahme am vertragsärztlichen Bereitschaftsdienst der Kassenärztlichen Vereinigungen verpflichtet, allerdings nur in dem Umfang des sich aus ihrer eigenen Zulassung ergebenden Versorgungsauftrages. Eine alternative Berechnung des Teilnahmeumfangs – etwa durch Anknüpfung an den Tätigkeitsumfang der dort angestellten Ärzte – ist im Hinblick auf Art. 3 Abs. 1 GG nur dann zulässig, sofern das MVZ im Ergebnis nicht in höherem Maße zum Bereitschaftsdienst verpflichtet wird, wie es bei einer Anknüpfung an den sich aus der Zulassung ergebenden Versorgungsauftrag der Fall wäre.

4. Betreiber einer Zweigpraxis

Betreiber einer Zweigpraxis dürfen unabhängig von der Lage ihres Zweigstandortes lediglich im Umfang ihrer tatsächlichen ärztlichen Tätigkeit respektive alleine im Umfang ihrer Zulassung – welche sich durch den Betrieb einer Zweigpraxis gerade nicht erhöht – zur Teilnahme herangezogen werden.

5. Jobsharing

In der Anstellungsvariante des Jobsharings i. S. d. § 101 Abs. 1 S. 1 Nr. 5 SGB V trifft nur den anstellenden Vertragsarzt eine Teilnahmepflicht am vertragsärztlichen Bereitschaftsdienst, zu welchem er in vollem Umfang, d. h. wie ein gewöhnlicher Vertragsarzt mit ganzer Zulassung auch, heranzuziehen ist. In der Jobsharingvariante des § 101 Abs. 1 S. 1 Nr. 4 SGB V sind zwar beide Ärzte aufgrund ihrer jeweiligen Zulassung zur Teilnahme am Bereitschaftsdienst verpflichtet, dürfen aber im Ergebnis aufgrund der Beschränkung ihres gemeinsamen Leistungsumfangs auf eine einzelne Zulassung in der Summe nur wie ein einzelner Arzt mit voller Zulassung zum vertragsärztlichen Bereitschaftsdienst herangezogen werden. Zum Bereitschaftsdienst der Ärztekammern sind beide beteiligten Ärzte unabhängig von der Wahl des vertragsärztlichen Jobsharingmodells verpflichtet, wobei sich ihr Teilnahmeumfang jeweils nach dem tatsächlichen Umfang ihrer ärztlichen Tätigkeit richten sollte.

6. Mund-Kiefer-Gesichtschirurgen

Der Sonderkonstellation zugelassener Mund-Kiefer-Gesichtschirurgen – sie besitzen sowohl eine Zulassung zur vertrags- als auch zur vertragszahnärztlichen Versorgung – ist am besten dadurch Rechnung zu tragen, dass der Umfang ihrer Teilnahmepflicht sowohl am vertragsärztlichen als auch am vertragszahnärztlichen Bereitschaftsdienst von vornherein auf ein zumutbares Maß begrenzt wird. Mithin sollte bereits im Rahmen der Normierung der Teilnahmepflicht in der jeweiligen Bereitschaftsdienstordnung festgelegt werden, dass sich die Teilnahmepflicht bei einer Tätigkeit als Mund-Kiefer-Gesichtschirurg und der damit verbundenen doppelten Zulassung auf jeweils den halben Umfang der üblichen Teilnahmepflicht bei einem vollen Versorgungsauftrag begrenzt bzw. eine Teilnahmepflicht vollständig erlischt und durch entsprechende häufigere Heranziehung zum anderen Bereitschaftsdienst kompensiert wird. Der aufgrund der Mitgliedschaft in der Zahnärztekammer bestehenden Gefahr einer zu häufigen Heranziehung von Mund-Kiefer-Gesichtschirurgen zum Bereitschaftsdienst der Ärztekammer kann hingegen schon dadurch vorgebeugt werden, dass sich deren Teilnahmeumfang nach ihrer wöchentlichen ärztlichen Tätigkeit zu richten hat.

7. Ärzte mit Zulassung für zwei Fachgebiete

Nachdem Ärzten mit einer Zulassung für zwei Fachgebiete nur ein voller Versorgungsauftrag zukommt, dürfen diese zum Bereitschaftsdienst der Kassenärztlichen Vereinigungen auch nur in einem dem Umfang einer Zulassung entsprechenden Maße herangezogen werden. Zum Bereitschaftsdienst der Ärztekammern sind Ärzte mit Zulassung für zwei Fachgebiete nach dem oben aufgestellten Grundsatz alleine entsprechend dem Umfang ihrer ärztlichen Tätigkeit zu verpflichten.

8. Belegärzte

Es gebietet sich nicht, Ärzte aufgrund ihrer belegärztlichen Tätigkeit pauschal in geringerem Maße zum Bereitschaftsdienst heranzuziehen. Daher ist auch für diese allein der Umfang ihres vertragsärztlichen Versorgungsauftrages bzw. ihrer ärztlichen Tätigkeit maßgeblich. Besonders gelagerten Einzelfällen kann durch Normierung eines speziellen Befreiungstatbestandes in der Bereitschaftsdienstordnung hinreichend Rechnung getragen werden.

VIII. Fehlerhafte Umsetzung der Teilnahmepflicht in den Bereitschaftsdienstordnungen

Bei der Ausgestaltung und Durchführung des Bereitschaftsdienstes lässt sich eine starke Fokussierung auf die Kassenärztlichen Vereinigungen erkennen. Nicht nur haben sich über die Hälfte der Ärztekammern und Kassenärztlichen Vereinigungen für eine alleinige Bereitschaftsdienstordnung letztgenannter Körperschaft entschieden, während sich nach aktuellem Stand hingegen nirgends eine alleinige Organisation durch eine Ärztekammer finden lässt. Auch im Falle einer gemeinsamen Organisation oder jeweils getrennten Bereitschaftsdienstordnungen wird der Großteil der Verantwortung von den Kassenärztlichen Vereinigungen wahrgenommen.

Unabhängig von der Organisationsform kann die Normierung der Teilnahmepflicht in den einzelnen Bereitschaftsdienstordnungen der Ärztekammern und Kassenärztlichen Vereinigungen jedoch nur bedingt überzeugen. Wenngleich der jeweils festgelegte Adressatenkreis der Teilnahmepflicht rechtlich mehrheitlich nicht zu beanstanden ist, weisen die Regelungen zur Bestimmung des Teilnahmeumfangs häufig gravierende Mängel auf. So existieren entweder keine, der Situation der einzelnen Arztgruppe gerecht werdende Regelungen – die KV Berlin hat etwa vollständig auf Ausführungen zur Bestimmung des Teilnahmeumfangs verzichtet – oder es kommt zu einer übermäßigen und damit rechtswidrigen Heranziehung einzelner Adressaten. Letzteres trifft insbesondere auf den Teilnahmeumfang von Nicht-Vertragsärzten und Zweigpraxisbetreibern zu. Des Weiteren ist denjenigen Körperschaften, welche dies noch nicht getan haben, zu empfehlen, eine der Sonderkonstellation der verpflichteten Mund-Kiefer-Gesichtschirurgen gerecht werdende Regelung zu treffen. Angesichts der aufgezählten Mängel herrscht seitens der Ärztekammern und Kassenärztlichen Vereinigungen beträchtlicher Verbesserungsbedarf. Hierbei könnten die im Rahmen dieser Untersuchung erarbeiteten Formulierungsvorschläge für die Normierung der Teilnahmepflicht behilflich sein.

Literaturverzeichnis

Ahnefeld, F. W./*Dick*, W./*Knuth*, P./*Schuster*, H. P., Grundsatzpapier Rettungsdienst – Grundlagen und Grundsätze zur Weiterentwicklung der Rettungsdienste und der notfallmedizinischen Versorgung in der Bundesrepublik Deutschland, in: Notfall & Rettungsmedizin 1998, S. 68 ff.

Andreas, M./*Debong*, B./*Bruns*, W., Handbuch Arztrecht in der Praxis, Baden-Baden 2001.

Augsberg, S., Rechtsetzung zwischen Staat und Gesellschaft, Berlin 2003.

Augurzky, B./*Beivers*, A./*Giebner*, M./*Kirstein*, A., Organisation der Notfallversorgung in Dänemark – Lösungsansätze für deutsche Probleme?, in: Klauber, J./Geraedts, M./Friedrich, J./Wasem, J. (Hrsg.), Krankenhaus-Report 2015, Schwerpunkt: Strukturwandel, Stuttgart 2015, S. 77 ff.

Axer, P., Normsetzung der Exekutive in der Sozialversicherung, Tübingen 2000.

Bäcker, M./*Denninger*, E./*Graulich*, K. (Hrsg.), Handbuch des Polizeirechts, 6. Auflage, München 2018, zitiert als: *Lisken/Denninger*, Handbuch des Polizeirechts.

Bahner, B., Recht im Bereitschaftsdienst, Berlin 2013.

Bäune, S./*Meschke*, A./*Rothfuß*, S., Kommentar zur Zulassungsverordnung für Vertragsärzte und Vertragszahnärzte (Ärzte-ZV, Zahnärzte-ZV), Berlin 2008.

Becker, U./*Kingreen*, T., Kommentar zu SGB V – Gesetzliche Krankenversicherung, 6. Auflage, München 2018.

Berchtold, J./*Huster*, S./*Rehborn*, M. (Hrsg.), NomosKommentar zum Gesundheitsrecht – SGB V und SGB XI, 2. Auflage, Baden-Baden 2018.

Berger, A., Die Bundesärztekammer, Baden-Baden 2005.

Bergmann, K. O./*Pauge*, B./*Steinmeyer*, H.-D. (Hrsg.), NomosKommentar Gesamtes Medizinrecht, 3. Auflage, Baden-Baden 2018.

Bettermann, K. A./*Merten*, D., Zwei Gutachten zur Verfassungsmäßigkeit des Krankenversicherungskostendämpfungsgesetzes 1977 – Kassenarztrechtsteil, Köln 1980.

Bieback, K.-J., Begriff und verfassungsrechtliche Legitimation von „Sozialversicherung", in: VSSR 2003, S. 1 ff.

Bielitz, A., Anmerkung zu BSG, Urt. v. 12. 12. 2012 – B 6 KA 5/12 R (LSG Nordrh.-Westf.), in: MedR 2013, S. 559 f.

Bielitz, A., Die Verpflichtung niedergelassener Ärzte zur Teilnahme am allgemeinen ärztlichen Notfalldienst, in: NJW 2012, S. 1253 ff.

Bielitz, A., Erweiterte Notfalldienstverpflichtung niedergelassener Ärzte bei Praxistätigkeit an weiteren Orten?, in: MedR 2013, S. 291 ff.

Boerner, D., Normenverträge im Gesundheitswesen, München 2003.

Bohne, K., Delegation ärztlicher Tätigkeiten, Frankfurt am Main 2012.

Bösche, J. W., Die Bedeutung der Allgemeinmedizin in der ärztlichen Versorgung: Rechtliche Grundlagen der Ausbildung, der Weiterbildung sowie der Fortbildung für den Arzt und der Vorbereitungszeit für Ärzte auf die kassenärztliche Tätigkeit, in: Deutsches Ärzteblatt 1981, S. A-1157 ff.

Briers, C., Der Patient im ärztlichen Bereitschaftsdienst: Analyse von Bereitschaftsdiensteinsätzen im Ballungsgebiet München von Mai 2011 bis Dezember 2011, München 2013.

Brockmann, J., Ambulante Krankenversorgung ohne kassenärztliche Vereinigungen?, Baden-Baden 2011.

Busse, P., Heranziehung eines Fach- und Belegarztes zum ärztlichen Notfalldienst (Anmerkung zum Urteil des BVerwG vom 12.12.1972, Az. I C 30/69), in: NJW 1973, S. 1428 f.

Clausen, T./*Schroeder-Printzen*, J. (Hrsg.), Münchener Anwaltshandbuch Medizinrecht, 2. Auflage, München 2013, zitiert als: *Terbille/Clausen/Schroeder-Printzen*, Münchener Anwaltshandbuch Medizinrecht.

Clemens, T., Normenstrukturen im deutschen Recht, in: Grawert, R./Schlink, B./Wahl, R./Wieland, J. (Hrsg.), Offene Staatlichkeit – Festschrift für Ernst-Wolfgang Böckenförde zum 65. Geburtstag, Berlin 1995, S. 259 ff.

Conze, P./*Karb*, S./*Wölk*, W., Personalbuch Arbeits- und Tarifrecht öffentlicher Dienst, 5. Auflage, München 2017.

Dahm, F.-J./*Möller*, K.-H./*Ratzel*, R., Rechtshandbuch Medizinische Versorgungszentren, Berlin 2005.

Dalichau, G, Kommentar zu SGB V, Band 5, Berlin 2019, zitiert als: Hauck/Noftz, Kommentar zu SGB V Band 5.

Dalichau, G./*Grüner*, B. (Bearb.), Kommentar zur Gesetzlichen Krankenversicherung – SGB V Band II, Losebl. (Stand: 01. Mai 2009), Köln.

Dettling, H.-U./*Gerlach*, A. (Hrsg.), Kommentar zum Krankenhausrecht, 2. Auflage, München 2018.

Deutscher Ärztetag, Beschlussprotokoll zum 109. Deutschen Ärztetag, https://www.bundesaerztekammer.de/fileadmin/user_upload/downloads/Beschluss109DAET.pdf (Stand: 18.10.2019).

Dieckmann, J., Praxis verzweifelt gesucht – Der Vorklinik-Coach: Rezepte gegen Ausbildungsdefizite, in: Via medici 2011, S. 12 ff.

Diehm, A., Umfang des Bereitschaftsdienstes bei Zweigpraxen, in: NZS 2019, S. 436.

Dreier, H. (Hrsg.), Grundgesetz Kommentar Band 2, 3. Auflage, Tübingen 2015.

Düring, R./*Frehse*, H./*Hauck*, E. (Hrsg.), Handbuch der Krankenversicherung Teil II – Sozialgesetzbuch V Band 3, 19. Auflage (90. Ergänzungslieferung), Stuttgart 2019, zitiert als: Peters, Handbuch der Krankenversicherung Teil II – Sozialgesetzbuch V Band 3.

Eberle, A., Die Rechtsprobleme des ärztlichen Bereitschaftsdienstes in neuer Sicht, in: NJW 1973, S. 2225 ff.

Ebsen, I./*Klein*, H./*Wenner*, U., Die Leistungserbringer im Beziehungsfeld der Sachleistung, in: Ebsen (Hrsg.), Handbuch Gesundheitsrecht, Bern 2015, S. 117 ff.

Ehlers, D./*Fehling*, M./*Pünder*, H. (Hrsg.), Besonderes Verwaltungsrecht Band 2, 3. Auflage, Heidelberg 2013.

Eichenhofer, E./*Koppenfels-Spies*, K. v./*Wenner*, U. (Hrsg.), Kommentar zum Sozialgesetzbuch V, 3. Auflage, Köln 2018.

Epping, V./*Hillgruber*, C. (Hrsg.), Beck'scher Online-Kommentar Grundgesetz, 41. Edition (Stand: 15.05.2019), München.

Fahlbusch, K., Ambulante ärztliche Behandlung in Europa, Baden-Baden 2006.

Fehn, K./*Lechleuthner*, A., Amtshaftung bei notärztlichem Behandlungsfehler, in: MedR 2000, S. 114 ff.

Frankenhauser-Mannuß, J., Die zentrale Koordination von Hilfeersuchen im ärztlichen Bereitschaftsdienst, Heidelberg 2015.

Frankenhauser-Mannuß, J./*Götz*, K./*Scheuer*, M./*Szecsenyi*, J./*Leutgeb*, R., Ärztlicher Bereitschaftsdienst in Deutschland: Befragung von Bereitschaftsdienstärzten zur gegenwärtigen Situation (Kritische Aussagen), in: Gesundheitswesen 2014, S. 428 ff.

Giesen, R./*Kreikebohm*, R./*Rolfs*, C./*Udsching*, P., Beck'scher Online-Kommentar Sozialrecht, 53. Edition (Stand: 01. Juni 2019), München.

Gleichner, E., Job-Sharing in der Vertragsarztpraxis: Die geänderten Richtlinien, in: MedR 2000, S. 399 ff.

Graml, G., Das ärztliche Verbot der Zuweisung gegen Entgelt, Berlin 2012.

Gürkan, I., Reform der Notfallversorgung – Bitte ein bisschen mehr Mut!, in: Gesundheitsökonomie & Qualitätsmanagement 2018, S. 173 f.

Haage, H., PsychotherapeutenG, 2. Online-Auflage, Baden-Baden 2018.

Hagedorn, M., Anmerkung zu BSG, Urteil vom 21.11.1972–6 RKa 41/71, in: NJW 1973, S. 2262 f.

Halbe, B./*Orlowski*, U./*Preusker*, U. K./*Schiller*, H./*Wasem*, J. (Hrsg.), Versorgungsstrukturgesetz (GKV-VStG), Heidelberg 2012.

Hambüchen, U. (Hrsg.), Handbuch des Fachanwalts Sozialrecht, 2. Auflage, Neuwied 1990.

Hänlein, A., Rechtsquellen im Sozialversicherungsrecht, Berlin 2001.

Hänlein, A., Zur Vereinbarkeit der Zulassungsbeschränkungen für Vertragsärzte gem. § 101 bis 103 SGB V in der Fassung des Gesundheitsstrukturgesetzes mit höherrangigem Recht, in: VSSR 1993, S. 169 ff.

Hänlein, A./*Schuler*, R. (Hrsg.), Lehr- und Praxiskommentar Sozialgesetzbuch V, 5. Auflage, Baden-Baden 2016.

Häußler, S./*Liebold*, R./*Narr*, H., Die kassenärztliche Tätigkeit, 2. Auflage, Berlin 1982.

Heberer, J., Das ärztliche Berufs- und Standesrecht, 2. Auflage, Landsberg 2001.

Hermann, M., Die ambulante Behandlung im Krankenhaus (§ 116b Abs. 2–4 SGB V), Hamburg 2013.

Herzog, R./*Scholz*, R./*Herdegen*, M./*Klein*, H. (Hrsg.), Grundgesetz Kommentar, 87. Ergänzungslieferung (Stand: März 2019), München, zitiert als: *Maunz/Dürig*, Grundgesetz Kommentar.

Hirche, W., Arztrecht Kompakt, 7. Auflage, Berlin 2001.

Hobusch, S., Recht im Gesundheitswesen für Juristen und Nichtjuristen, München 2019.

Höfling, W./*Rixen*, S., Die Landes-Gesetzgebungskompetenzen im Gewerberecht nach der Föderalismusreform, GewArch 2008, S. 1 ff.

Höfling, W./*Rixen*, S., Lotterie der Gesetzgebungskompetenzen im Heimrecht? Die Landesgesetzgebungskompetenz für das Heimrecht nach der Föderalismusreform, in: RsDE 2007, S. 1 ff.

Hofmann, H./*Henneke*, H.-G. (Hrsg.), Kommentar zum Grundgesetz, 14. Auflage, Köln 2017, zitiert als: *Schmidt-Bleibtreu/Hofmann/Henneke*, Kommentar zum Grundgesetz.

Hollenbach, A., Grundrechtsschutz im Arzt-Patienten-Verhältnis, Berlin 2003.

Hömig, D./*Wolff*, H. A., Handkommentar zum Grundgesetz, 12. Auflage, Baden-Baden 2018.

Hörnemann, G., Die Selbstverwaltung der Ärztekammern, Konstanz 1989.

Huber, P. M./*Voßkuhle*, A. (Hrsg.), Kommentar zum Grundgesetz Band 1, 7. Auflage, München 2018, zitiert als: *v. Mangoldt/Klein/Starck*, Kommentar zum Grundgesetz Band 1.

Huber, P. M./*Voßkuhle*, A. (Hrsg.), Kommentar zum Grundgesetz Band 2, 7. Auflage, München 2018, zitiert als: *v. Mangoldt/Klein/Starck*, Kommentar zum Grundgesetz Band 2.

Hufen, F., Zur verfassungsrechtlichen Beurteilung der Gebietsabgrenzung Hausarzt/Facharzt in § 73 SGB V, Frankfurt am Main 1997.

Igl, G./*Welti*, F. (Hrsg.), Gesundheitsrecht, 3. Auflage, München 2018.

in der Schmitten, J., Verfügbarkeit von betäubungsmittelrezeptpflichtigen (BtM-) Analgetika im Ärztlichen Notdienst, Düsseldorf 2005.

Isensee, J., Der Bundesstaat – Bestand und Entwicklung, in: Badura, P./Dreier, H. (Hrsg.), Festschrift 50 Jahre Bundesverfassungsgericht, Zweiter Band, Tübingen 2001, S. 719 ff.

Isensee, J., Kassenarztmonopol und nichtärztliche Leistungserbringer, Köln 1995.

Janda, C., Medizinrecht, Konstanz 2010.

Jarass, H. D./*Pieroth*, B., Grundgesetz Kommentar, 15. Auflage, München 2018.

Jörg, M., Das neue Kassenarztrecht, München 1993.

Kahl, W./*Waldhoff*, C./*Walter*, C., Bonner Kommentar zum Grundgesetz Ordner 5, 196. Aktualisierung (Stand: Februar 2019), Heidelberg.

Kahl, W./*Waldhoff*, C./*Walter*, C., Bonner Kommentar zum Grundgesetz Ordner 15, 126. Aktualisierung (Stand: Dezember 2006), Heidelberg.

Kamp, M., Reform des Widerspruchsverfahrens in Nordrhein-Westfalen, in: NWVBl 2008, S. 41 ff.

Kamps, H., Der neue Teilnahmestatus der eingeschränkten Zulassung gemäß § 101 Abs.1 Nr. 4 SGB V, in: MedR 1998, S. 103 ff.

Katzenberger, P., Die Rechtsverhältnisse des Belegarztes, Würzburg 1971.

Katzenmeier, C./*Lipp*, V. (Hrsg.), Arztrecht, 7. Auflage, München 2015, zitiert als: *Laufs/Katzenmeier/Lipp*, Arztrecht.

Kaya, E., Rechtsfragen medizinischer Versorgungszentren auf Gründungs- und Zulassungsebene, Baden-Baden 2012.

Kern, B.-R./*Rehborn*, M. (Hrsg.), Handbuch des Arztrechts, 5. Auflage, München 2019, zitiert als: *Laufs/Kern/Rehborn*, Handbuch des Arztrechts.

Killinger, E., Die Besonderheiten der Arzthaftung im medizinischen Notfall, Heidelberg 2009.

Kingreen, T., Die Entwicklung des Gesundheitsrechts 2014/2015, in: NJW 2015, S. 3413 ff.

Klöck, O., Das Medizinische Versorgungszentrum im GKV-Versorgungsstrukturgesetz, in: NZS 2013, S. 368 ff.

Kluth, W., Kassenärztliche Vereinigungen, in: MedR 2003, S. 123 ff.

Knickrehm, S./*Kreikebohm*, R./*Waltermann*, R. (Hrsg.), Kommentar zum Sozialrecht, 6. Auflage, München 2019.

Kohlhaas, M., Medizin und Recht, München 1969.

Konerding, S., Der Vertragsarztsitz im Medizinischen Versorgungszentrum, Baden-Baden 2009.

Kopetsch, T., Gehen dem deutschen Gesundheitswesen die Ärzte aus? – Studie zur Altersstruktur- und Arztzahlenentwicklung – Teil 1, in: Der Internist 2002, S. 76 ff.

Körner, A./*Leitherer*, S./*Mutschler*, B./*Rolfs*, C. (Hrsg.), Kasseler Kommentar Sozialversicherungsrecht, 104. Ergänzungslieferung (Stand: 01. Juni 2018), München.

Köster, C./*Wrede*, S./*Herrmann*, T./*Meyer*, S./*Willms*, G./*Broge*, B./*Szecsenyi*, J., Ambulante Notfallversorgung – Analyse und Handlungsempfehlungen, Göttingen 2016.

Kremer, R./*Wittmann*, C., Vertragsärztliche Zulassungsverfahren, 3. Auflage, Heidelberg 2018.

Kühl, K., Sicherstellung ambulanter medizinischer Versorgung in ländlichen Regionen, Baden-Baden 2012.

Laufs, A., Zur neuen Berufsordnung für die deutschen Ärztinnen und Ärzte, in: NJW 1997, S. 3071 ff.

Lennartz, M., Zweite Praxis verdoppelt die Notdienstpflichten nicht, in: DFZ 2015, S. 36.

Lindenau, L., Das Medizinische Versorgungszentrum, Heidelberg 2008.

Lippert, H.-D., Die Rechtsstellung des niedergelassenen Arztes in Rettungs- und Notarztdienst, in: MedR 1983, S. 167 ff.

Lippert, H.-D./*Weissauer*, W., Das Rettungswesen, Berlin 1984.

Maaß, Das Kassenarztrecht der Reichsversicherungsordnung, Berlin 1990.

Management Consult Kestermann GmbH, Gutachten zur ambulanten Notfallversorgung im Krankenhaus – Fallkostenkalkulation und Strukturanalyse, https://www.dkgev.de/fileadmin/default/Mediapool/2_Themen/2.2_Finanzierung_und_Leistungskataloge/2.2.3._Ambulante_Verguetung/2.2.3.4._Ambulante_Notfallvehandlung_durch_Krankenhaeuser/2015-02-17_Gutachten_zur_ambulanten_Notfallversorgung_im_Krankenhaus_2015.pdf (Stand: 18.10. 2019).

Martens, H.-H., Zum ärztlichen Notfalldienst, in: NJW 1970, S. 494 ff.

Merten, D./*Papier*, H.-J. (Hrsg.), Handbuch der Grundrechte in Deutschland und Europa – Band III Grundrechte in Deutschland: Allgemeine Lehren II, Heidelberg 2009.

Meschke, A., Freiberufliche Tätigkeit und Kooperationen in Berufsausübungsgemeinschaften, in: MedR 2018, S. 655 ff.

Michels, R./*Möller*, K.-H., Ärztliche Kooperationen, Herne/Berlin 2007.

Mißlbeck, A., Braucht die Notfallmedizin einen Facharzt?, in: Berliner Ärztezeitung 05/2012, S. 14 ff.

Möller, K.-H., Auswirkungen des VÄndG auf Medizinische Versorgungszentren, in: MedR 2007, S. 263 ff.

Montgomery, F. U./*Hübner*, M./*Dörfer*, B.-S./*Kreitz*, S./*Lehmann*, A., Vertragsärztliche Tätigkeit – eine berufsrechtsfreie Zone?, in: MedR 2015, S. 555 ff.

Mötzung, O., Der ärztliche Notfalldienst in rechtlicher Sicht, Würzburg 1976.

Muschalik, T., in: Ratajczak/Schwarz-Schilling (Hrsg.), Zulassung und Praxisverkauf – Ist das GSG partiell verfassungswidrig?, Berlin 1997, S. 15 ff.

Nagel, E., Das Gesundheitswesen in Deutschland, 5. Auflage, Köln 2013.

Narr, H., Ärztliches Berufsrecht, Stuttgart 1973.

Naumann, P./*Skibbe*, B., Das Versorgungsstrukturgesetz in der Praxis, Nürnberg 2012.

Nellessen, K.-W., Notfalldienst, Bereitschaftsdienst, Rettungsdienst, in: NJW 1979, S. 1919 f.

Neugebauer, G., Das Wirtschaftlichkeitsgebot in der gesetzlichen Krankenversicherung, Berlin 1996.

Niehues, C., Notfallversorgung in Deutschland, Stuttgart 2012.

Noftz, W. (Hrsg.), Kommentar zu SGB V, Band 3, Berlin 2019, zitiert als: *Hauck/Noftz*, Kommentar zu SGB V Band 3.

Orlowski, M., Der Rettungsdienst und die Berufsfreiheit des Art. 12 Absatz 1 GG, Regensburg 1997.

Peikert, P., Medizinische Versorgungszentren und Vertragsarztrechtänderungsgesetz, in: Luxenburger, B./Beeretz, R./Dahm, F.-J./Harneit, P./Ratzel, R./Schulz-Hillenbrand, R./Stegers, C. (Hrsg.), Medizinrecht heute: Erfahrungen, Analysen, Entwicklungen, Festschrift 10 Jahre Arbeitsgemeinschaft Medizinrecht im DAV, Bonn 2008, S. 389 ff.

Pestalozza, C., Kompetentielle Fragen des Entwurfs eines Vertragsarztrechtsänderungsgesetzes (BR-Drs. 353/06), Berlin 2006.

Pitschas, R., Vertragswettbewerb in der ambulanten Gesundheitsversorgung, Frankfurt am Main 2010.

Plagemann, F./*Bergmann*, C., MVZ sucht Kassenarztsitz – oder: Wie bringe ich meine Zulassung in ein MVZ ein? – Aktuelle Rechtsprechung und jüngste Entwicklungen zur ambulanten Leistungserbringung durch MVZ, in: DStR 2017, S. 1392 ff.

Plagemann, H. (Hrsg.), Münchener Anwaltshandbuch Sozialrecht, 5. Auflage, München 2018.

Plantholz, M., Funktionelle Selbstverwaltung des Gesundheitswesens im Spiegel der Verfassung, Berlin 1998.

Plute, G., Krankenkassen und Rettungswesen, Lengerich 1991.

Porten, S., Handbuch Honorararztrecht, Berlin 2014.

Prehn, A., Bedeutung des ärztlichen Berufsrechts für den Vertragsarzt – eine verfassungsrechtliche Analyse, in: MedR 2015, S. 560 ff.

Prütting, D., Rettungsgesetz Nordrhein-Westfalen, 4. Auflage, Köln 2016.

Pschyrembel, W. (Begr.), Klinisches Wörterbuch, 267. Auflage, Berlin 2017.

Quaas, M., Rechtsfragen der ambulanten Versorgung im Krankenhaus, Baden-Baden 2011.

Quaas, M./*Zuck*, R./*Clemens*, T./*Gokel*, J. M., Medizinrecht, 4. Auflage, München 2018.

Ratzel, R./*Lippert*, H.-D., Kommentar zur Musterberufsordnung der Deutschen Ärzte (MBO), 6. Auflage, Heidelberg 2015.

Ratzel, R./*Luxenburger*, B. (Hrsg.), Handbuch Medizinrecht, 3. Auflage, Heidelberg 2015.

Rau, S., Deregulierung im Gesundheitsdienstleistungsbereich: das Vertragsarztrechtsänderungsgesetz, in: DStR 2007, S. 351 ff.

Reiermann, J., Der berufsrechtliche Überhang, Halle an der Saale 2011.

Reinhardt, T., Delegation und Mandat im öffentlichen Recht, Berlin 2006.

Reuther, F., Die Vergütung des Vertragsarztes und die Stabilität des Beitragssatzes, Berlin 2006.

Riedel, E./*Derpa*, U., Kompetenzen des Bundes und der Länder im Gesundheitswesen, Berlin 2002.

Rieger, H.-J., Lexikon des Arztrechts, Berlin 1984.

Ries, H.-P./*Schnieder*, K.-H./*Papendorf*, B./*Großbölting*, R./*Berg*, S., Arztrecht, 4. Auflage, Berlin 2017.

Rixen, S., Art 12 Abs. 1 GG als Grundrecht der Vertragsärzte: Effektive Gewährleistung oder „zahnloses" Versprechen?, in: MedR 2018, S. 667 ff.

Rixen, S., Die Gewissensfreiheit der Gesundheitsberufe aus verfassungsrechtlicher Sicht, in: Bormann, F.-J./Wetzstein, V. (Hrsg.), Gewissen – Dimensionen eines Grundbegriffs medizinischer Ethik, Berlin 2014.

Rixen, S., In guter Verfassung? – Das Vertragsarztrechtsänderungsgesetz (VÄndG) auf dem Prüfstand der Gesetzgebungskompetenzen des Grundgesetzes, in: VSSR 2007, S. 213 ff.

Rixen, S., Sozialrecht als öffentliches Wirtschaftsrecht, Tübingen 2005.

Rompf, T., Vertragsärztliche Kooperationen im Lichte des ärztlichen Berufsrechts, in: MedR 2015, S. 570 ff.

Rompf, T./*Schröder*, J./*Willaschek*, T., Kommentar zum Bundesmantelvertrag Ärzte, Köln 2014.

Ruland, F./*Becker*, U./*Axer*, P. (Hrsg.), Sozialrechtshandbuch, 6. Auflage, Baden-Baden 2018.

Ruppel, T., Der Anspruch der Vertragsärzte auf kostendeckende Einzelleistungsvergütung, Baden-Baden 2018.

Ruschemeier, H., Der additive Grundrechtseingriff, Berlin 2019.

Sachs, M. (Hrsg.), Grundgesetz Kommentar, 8. Auflage, München 2018.

Schallen, R. (Hrsg.), Kommentar zur Zulassungsverordnung für Vertragsärzte, Vertragszahnärzte, Medizinische Versorgungszentren, Psychotherapeuten, 9. Auflage, Heidelberg 2017.

Schallen, R./*Kleinheidt*, J./*Schäfer*, A., Verträge für angestellte Ärzte, Zahnärzte und Vertreter, 2. Auflage, Heidelberg 2013.

Schirmer, H. D., Eingliederung der Psychologischen Psychotherapeuten und Kinder- und Jugendlichenpsychotherapeuten in das System der vertragsärztlichen Versorgung, in: MedR 1998, S. 435 ff.

Schirmer, H. D., Vertragsarztrecht kompakt, Köln 2006.

Schlegel, R./*Voelzke*, T/*Engelmann*, K. (Hrsg.), Juris PraxisKommentar SGB V, 3. Auflage, Saarbrücken 2008.

Schmidt am Busch, B., Die Gesundheitssicherung im Mehrebenensystem, Tübingen 2007.

Schmidt-Aßmann, E., Grundrechtspositionen und Legitimationsfragen im öffentlichen Gesundheitswesen, Berlin 2001.

Schnapp, F./*Wigge*, P. (Hrsg.), Handbuch des Vertragsarztrechts, 3. Auflage, München 2017.

Schneider, G., Handbuch des Kassenarztrechts, Köln 1994.

Schnitzler, J., Das Recht der Heilberufe, Baden-Baden 2004.

Schüffner, M./*Schnall*, L., Hypertrophie des ärztlichen Sozialrechts, Berlin 2009.

Schulin, B. (Hrsg.), Handbuch des Sozialversicherungsrechts, Band 1 – Krankenversicherungsrecht, München 1994.

Schulz, M., Der Bereitschaftsdienst in öffentlich-rechtlich organisierten Krankenhäusern, Frankfurt am Main 2003.

Schütze, B. (Hrsg.), SGB X – Sozialverwaltungsverfahren und Sozialdatenschutz, 8. Auflage, München 2014, zitiert als: *v. Wulffen/Schütze*, SGB X.

Sefrin, P., Überlegungen zu alternativen Versorgungssystemen: Notfallmedizin auf dem Prüfstand, in: Deutsches Ärzteblatt 1997, S. A-3404 ff.

Siewert, J., Das Vertragsarztrecht, 5. Auflage, Sankt Augustin 1994.

Slowik, M./*Wehner*, C./*Dräther*, H./*Fahlenbrach*, C./*Richard*, S., Sektorübergreifende Neuordnung der Notfallversorgung, in: Klauber, J./Geraedts, M./Friedrich, J./Wasem, J. (Hrsg.), Krankenhaus-Report 2018, Schwerpunkt: Bedarf und Bedarfsgerechtigkeit, Stuttgart 2018, S. 233 ff.

Sodan, H., (Hrsg.), Grundgesetz, 4. Auflage, München 2018.

Sodan, H., (Hrsg.), Handbuch des Krankenversicherungsrechts, 3. Auflage, München 2018.

Sodan, H., Das Verbot kollektiven Verzichts auf die vertragsärztliche Zulassung als Verfassungsproblem, Berlin 2010.

Sodan, H., Freie Berufe als Leistungserbringer im Recht der gesetzlichen Krankenversicherung, Tübingen 1997.

Sodan, H., Gesundheitsreform 2006/2007 – Systemwechsel mit Zukunft oder Flickschusterei?, in: NJW 2006, S. 3617 ff.

Sodan, H., Verfassungsrechtliche Anforderungen an Regelungen gemeinschaftlicher Berufsausübung von Vertragsärzten – Zum Spannungsverhältnis von Berufs- und Sozialversicherungsrecht, in: NZS 2001, S. 169 ff.

Spellbrink, W., Die Rechtsstellung des Psychotherapeuten nach dem Psychotherapeutengesetz – zugleich eine Einführung in das Psychotherapeutengesetz, in: NZS 1999, S. 1 ff.

Spickhoff, A. (Hrsg.), Medizinrecht, 3. Auflage, München 2018.

Staber, J., Ambulante Notfallversorgung im Krankenhaus – Lukrative Erlösquelle oder lästiger Kostenfaktor?, in: Hartweg, H.-R./Proff, M./Elsner, C./Kaestner, R./Agor, K./Beivers, A. (Hrsg.), Aktuelle Managementstrategien zur Erweiterung zur Erweiterung der Erlösbasis von Krankenhäusern – Mit innovativen Versorgungsansätzen zur Erlösoptimierung, Wiesbaden 2018, S. 1 ff.

Staffa, G., Analyse der Inanspruchnahme des kassenärztlichen Notfalldienstes in einem Hamburger Notfalldienstbezirk im Zeitraum August 1996 bis August 1997, Hamburg 2008.

Starck, C., Grundgesetz und ärztliche Berufsordnungen, Baden-Baden 1969.

Steinhilper, G., Selbstständige freiberufliche Tätigkeit und Kooperation: von Vertragsärzten und angestellten Ärzten, in: MedR 2018, S. 639 ff.

Stellpflug, M., Berufsausübung der Psychologischen Psychotherapeuten und Kinder- und Jugendlichenpsychotherapeuten im Sinne der Heilberufs- und Kammergesetze, in: MedR 2005, S. 71 ff.

Stern, K., Das Staatsrecht der Bundesrepublik Deutschland – Band IV/1, München 2006.

Stern, K., Das Staatsrecht der Bundesrepublik Deutschland – Band IV/2, München 2011.

Stern, K./*Becker*, F. (Hrsg.), Grundrechte-Kommentar, 3. Auflage, Köln 2019.

Stoscheck, J., Ärztlicher Bereitschaftsdienst auch für Pathologen, https://www.aerztezeitung.de/politik_gesellschaft/berufspolitik/article/827448/kv-bayerns-beschliesst-aerztlicher-bereitschaftsdienst-pathologen.html (Stand: 18.10.2019).

Tettinger, P. J./*Wank*, R./*Ennuschat*, J., Gewerbeordnung Kommentar, 8. Auflage, München 2011.

Thomsen, H., Der ärztliche Notfalldienst, Marburg 1986.

Tiemann, B./*Tiemann*, S., Kassenarztrecht im Wandel, Berlin 1983.

Tiller, R.-E., Der ärztliche Notfalldienst, Berlin 1972.

Triepel, H., Delegation und Mandat im öffentlichen Recht, Utrecht 1942.

Ulsenheimer, K., Arztstrafrecht in der Praxis, 5. Auflage, Heidelberg 2015.

Vogt, G., Ärztliche Selbstverwaltung im Wandel, Köln 1998.

Voßkuhle, A./*Kaiser*, A.-B., Grundwissen – Öffentliches Recht: Der Grundrechtseingriff, in: JuS 2009, S. 313 ff.

Wagner, R./*Knittel*, S. (Hrsg.), Kommentar zur sozialen Krankenversicherung und Pflegeversicherung Band 2: SGB V Vor § 69 bis § 283, 103. Auflage (Stand: Juni 2018), München, zitiert als: *Krauskopf*, Kommentar soziale Krankenversicherung und Pflegeversicherung Band 2.

Wahl, A., Kooperationsstrukturen im Vertragsarztrecht, Berlin 2001.

Weber, C./*Braun*, F., Ambulante Notfallbehandlung im Krankenhaus: Sachleistung oder Kostenerstattung?, in: NZS 2002, S. 400 ff.

Weidinger, P., Die Praxis der Arzthaftung, Köln 2010.

Wemhöner, G., Die Rechtsstellung des ermächtigten Arztes bzw. der ermächtigten ärztlich geleiteten Einrichtung in Abgrenzung zum Kassenarztrecht, Münster 1994.

Wenner, U., Strukturproblem der Gesundheitsversorgung in Deutschland – Herausforderungen für die Rechtsprechung des BSG, in: MedR 2015, S. 175 ff.

Wenner, U., Vertragsarztrecht nach der Gesundheitsreform, München 2008.

Wenzel, F. (Hrsg.), Handbuch des Fachanwalts Medizinrecht, 3. Auflage, Köln 2013.

Werner, S./*Gerlof*, H., Ärztlicher Notdienst bei vielen Patienten unbekannt, in: Schmerzmedizin 2016, S. 52.

Wiegand, D., Kassenarztrecht. Kommentar zu den §§ 69–106 SGB V mit dem Zulassungs- und Vertragsrecht, 3. Auflage, Heidelberg 1995.

Wimmer, R., Rechtsstaatliche Defizite im vertragsärztlichen Berufsrecht, in: NJW 1995, S. 1577 ff.

Winkler, D., Der „additive Grundrechtseingriff": Eine adäquate Beschreibung kumulierender Belastungen?, in: JA 2014, S. 881 ff.

Wodarz, K., Beteiligung von MVZ an MVZ – zugleich Anmerkung zu SG Marburg, Gerichtsbescheid vom 20. Januar 2014 – S 12 KA 117/13, in: NZS 2014, S. 531 ff.

Wolff, J./*Bachof*, O./*Stober*, R./*Kluth*, W., Verwaltungsrecht I, 13. Auflage, München 2017.

Wolff, J./*Bachof*, O./*Stober*, R./*Kluth*, W., Verwaltungsrecht II, 7. Auflage, München 2010.

Wollenschläger, F./*Schmidl*, A., Kompetentielle Grundfragen des Krankenhausstrukturgesetzes: das neue Qualitätsziel in der Krankenhausplanung, in: GesR 2016, S. 542 ff.

Wollenschläger, F./*Schmidl*, A., Qualitätssicherung als Ziel der Krankenversicherung – Regelungskompetenzen der Länder und verfassungsrechtliche Grenzen für Maßnahmen der Qualitätssicherung, in: VSSR 2014, S. 117 ff.

Ziermann, K., Sicherstellung der vertragszahnärztlichen Versorgung durch Medizinische Versorgungszentren, in: MedR 2004, S. 540 ff.

Zuck, R., Rechtsfragen der Ambulanz, Düsseldorf 1991.

Sachwortverzeichnis